KOLLEG ETHIK NEU

Herausgegeben von Bernd Rolf und Jörg Peters

Erarbeitet von Bernd Rolf und Jörg Peters
unter Verwendung von Beiträgen von
Klaus Draken, Matthias Gillissen und Martina Peters

Unter Beratung und Mitarbeit von Marcel Remme

C.C.BUCHNER

KOLLEG ETHIK NEU

Unterrichtswerk für Ethik in der Sekundarstufe II

Herausgegeben von Bernd Rolf und Jörg Peters
Erarbeitet von Bernd Rolf und Jörg Peters unter Verwendung von Beiträgen von Klaus Draken, Matthias Gillissen und Martina Peters
Unter Beratung und Mitarbeit von Marcel Remme

Zu diesem Lehrwerk sind erhältlich:
- Digitales Lehrermaterial **click & teach** Einzellizenz, Bestell-Nr. 220511
- Digitales Lehrermaterial **click & teach** Box (Karte mit Freischaltcode), ISBN 978-3-661-22051-2

Weitere Materialien finden Sie unter www.ccbuchner.de.

Dieser Titel ist auch als digitale Ausgabe **click & study** unter www.ccbuchner.de erhältlich.

1. Auflage, 1. Druck 2021
Alle Drucke dieser Auflage sind, weil untereinander unverändert, nebeneinander benutzbar.

Dieses Werk folgt der reformierten Rechtschreibung und Zeichensetzung. Ausnahmen bilden Texte, bei denen künstlerische, philologische oder lizenzrechtliche Gründe einer Änderung entgegenstehen.

Die Mediencodes enthalten ausschließlich optionale Unterrichtsmaterialien. An keiner Stelle im Schülerbuch dürfen Eintragungen vorgenommen werden.

Layout und Satz: mgo360 GmbH & Co. KG, Bamberg
Umschlag: mgo360 GmbH & Co. KG, Bamberg
Druck und Bindung: Firmengruppe Appl, aprinta Druck, Wemding

www.ccbuchner.de

ISBN: 978-3-661-22050-5

KOLLEG
ETHIK
NEU

folgt den **Vorgaben des Bildungsplans** Ethik für die gymnasiale Oberstufe in Baden-Württemberg und bereitet gezielt auf das Abitur am Ende der Qualifikationsphase vor. Das Lehrbuch führt differenziert in die Inhalte und Methoden des Faches ein und vermittelt grundlegende Kompetenzen zur **ethisch-moralischen Urteilsbildung**.

In fünf Kapiteln werden alle im Bildungsplan aufgeführten **Standards für inhaltsbezogene Kompetenzen** aufgegriffen:
Der Band beginnt mit einer allgemeinen Einführung in die **Grundlagen philosophischer Ethik**, die u. a. wichtige Argumentationstechniken für den Oberstufenunterricht vermittelt.
Das erste Großkapitel **Freiheit und Selbstverständnis des Menschen** behandelt die anthropologischen Grundlagen der Ethik und die Zusammenhänge zwischen Freiheit, Moralität und Verantwortung, u. a. auch in der digitalen Welt.
Im Kapitel **Moralphilosophie** geht es um Möglichkeiten und Grenzen der Tugendethik, des Utilitarismus und der Pflichtethik sowie um eine Auseinandersetzung mit moralkritischen Positionen.
Die Begründung einer Ethik der Verantwortung und Probleme der Natur-, Technik- und Wissenschaftsethik sowie der Medizinethik sind Themen des Kapitels **Verantwortung und Angewandte Ethik**.
Das Kapitel **Gerechtigkeit, Recht und Zusammenleben** behandelt Theorien von Recht und Gerechtigkeit sowie Grundlagen und Probleme des Zusammenlebens in einer pluralistischen Gesellschaft und einer globalisierten Welt. Dabei wird auch die Rolle von **Religion** in einer säkularisierten Welt reflektiert und religionskritische Positionen werden ebenso dargestellt wie Perspektiven des Miteinanders der Religionen.

Die Großkapitel führen mit motivierenden **Auftaktseiten** in die Thematik ein und sind in je drei bis vier Teilkapitel unterteilt, die die Vorgaben des Bildungsplans für Grund- und Leistungskurse (letztere gekennzeichnet durch ein Sternchen* beim entsprechenden Kapitel) erfüllen und mit **aktuellen Materialien im übersichtlichen Doppelseitenprinzip** darstellen.
Besonderes Augenmerk liegt auf der Förderung der **prozessbezogenen Kompetenzen.** In jedem Teilkapitel ist mindestens eine Dopelseite zudem der schwerpunktmäßigen Förderung einer ➔ **METHODENKOMPETENZ** gewidmet. Nach einer methodischen Anleitung, deren Umsetzung in einem Musterbeispiel gezeigt wird, folgt ein Material, das Gelegenheit zur selbständigen Anwendung gibt. Zur Festigung der jeweiligen Kompetenzen werden diese im Rahmen der Aufgaben in den weiteren Kapiteln wiederholt aufgegriffen. Am Ende des Buches werden die erworbenen Kompetenzen noch einmal gezielt in Beispielen zur **Abiturvorbereitung** angewandt und trainiert.
Darüber hinaus enthält das Unterrichtswerk Angebote zur **inneren Differenzierung:** So gibt es einerseits **QR-Codes**, über die längere Texte (von mehreren Doppelseiten des Schulbuchs) heruntergeladen werden können, sodass ethisch-philosophische Grundlagentexte im Zusammenhang gelesen und erarbeitet werden können. Andererseits bietet *Kolleg Ethik neu* auf manchen Doppelseiten auch leichter verständliche Texte zur Erläuterung und **Hilfestellungen** zu manchen (etwas komplexeren) Aufgaben an, jeweils gekennzeichnet durch das Icon **H**.
Durch den Einbezug audiovisueller Medien sollen philosophische Inhalte möglichst anschaulich und konkret gemacht werden: Durchgängig finden sich **Medienhinweise**, etwa auf Spielfilme und YouTube-Dokumentationen. Zu einigen Themen werden **Filmprojekte** vorgeschlagen, die dazu dienen können, eine gemeinsame phänomenale Basis für die Problemerarbeitung und ethisch-moralische Urteilsbildung zu schaffen.
Den Abschluss jedes Teilkapitels bildet eine Doppelseite, die der Sicherung des erworbenen Fachwissens dient: Unter dem Titel **Wissen kompakt** werden die Inhalte des Kapitels in Form von Begriffsdefinitionen, zusammenfassenden Texten und grafischen Übersichten anschaulich dargestellt.

Ethische bzw. philosophische **Fachbegriffe**, die in den Texten mit einem Sternchen (*) gekennzeichnet sind, werden in einem **Glossar** am Ende des Buches erklärt. Der Anhang enthält auch einen kurzen **Methodenüberblick**, in dem die in den einzelnen Kapiteln dargestellten methodischen Kompetenzen noch einmal alphabetisch verzeichnet sind. Die Übersicht wird ergänzt durch Darstellungen weiterer Methoden, die für die Arbeit mit dem Unterrichtswerk relevant sind. Neben dem **Personen- und Sachregister** findet sich schließlich auch noch eine Übersicht zu den in den Aufgaben verwendeten **Operatoren**, gestaffelt nach den drei Anforderungsbereichen.

* empfohlen für den Leistungskurs

GERECHTIGKEIT UND RECHT

*GERECHTIGKEIT UND GLOBALISIERTE WELT

RELIGION IN DER SÄKULARISIERTEN GESELLSCHAFT

ABITURVORBEREITUNG

* empfohlen für den Leistungskurs

Carlos Fund
WAU! WAU!
Wahnsinn, eine dicke Brieftasche!
Süßigkeiten
Party
Spiele
Snowboard
IPad
C BEIER

GRUNDLAGEN PHILOSOPHISCHER ETHIK

A

1 Erläutern Sie Carlos Problem. Benennen Sie die Handlungsmöglichkeiten, zwischen denen er sich entscheiden muss. Wozu würden Sie ihm raten? Begründen Sie Ihre Auffassung.

2 Nennen Sie weitere Beispiele für Dilemmata, in denen man sich befinden kann, und diskutieren Sie, ob und inwiefern Moral und Ethik dabei aus Ihrer Sicht eine Rolle spielen.

Moral und Ethik – worum geht es da?

M1 Warum eigentlich (nicht)?

Du sollst nicht lügen.
Du sollst ein Versprechen halten.
Du sollst anderen in der Not helfen.

Du sollst nicht töten.
Du sollst die Menschwürde achten.
Du sollst die Umwelt schützen.

M2 Annemarie Pieper: *Über* Moral reden

Annemarie Pieper (*1941) war bis 2001 Professorin für Philosophie an der Universität Basel. Ihre *Einführung in die Ethik* gehört zu den Standardwerken des Faches.

Wir fällen […] tagtäglich unzählige moralische Urteile, und dies so selbstverständlich, dass es uns kaum noch auffällt. Ob wir z. B.

- uns selber anklagen, schlampig gearbeitet zu haben,
- beim Einkaufen jemandem, der sich an der Kasse vordrängelt, Rücksichtslosigkeit vorwerfen,
- über die Reklame im Fernsehen schimpfen und dabei von Verdummungseffekten reden,
- uns über politische Ereignisse entrüsten

oder

- dem Nachbarn für seine angebotene Hilfe danken,
- uns über ein besonders gut gelungenes Werk freuen,
- einen kritischen Kommentar in der Tageszeitung mit Genugtuung zur Kenntnis nehmen,

so drückt sich in allen diesen ablehnenden bzw. zustimmenden Äußerungen ein Werturteil aus über das, was wir für gut halten.

Wer es nun nicht dabei belässt, einfach moralisch zu urteilen, sondern sich dafür interessiert, was das Moralische eigentlich ist und ob es überhaupt einen Sinn hat, moralisch zu handeln, wie man solches Handeln begründen und rechtfertigen kann, wer solche Fragen stellt, fängt an, Ethik zu betreiben.

Die Ethik erörtert alle mit dem Moralischen zusammenhängenden Probleme auf einer allgemeineren, grundsätzlicheren und insofern abstrakteren Ebene, indem sie rein *formal* die Bedingungen rekonstruiert, die erfüllt sein müssen, damit eine Handlung, ganz gleich welchen Inhalt sie im Einzelnen haben mag, zu Recht als eine moralische Handlung bezeichnet werden kann. Die Ethik setzt somit nicht fest, welche konkreten Einzelziele moralisch gute, für jedermann erstrebenswerte Ziele sind; vielmehr bestimmt sie die Kriterien, denen gemäß allererst verbindlich festgesetzt werden kann, welches Ziel als gutes Ziel anzuerkennen ist. […] Die Ethik betreibt nicht selber Moral, sondern redet *über* Moral. [Sie hat] […] Moral (Sitte) und Moralität (Sittlichkeit) zu ihrem Gegenstand. Ihre Fragen unterscheiden sich von denen der Moral dadurch, dass sie sich nicht unmittelbar auf singuläre Handlungen bezieht, also auf das, was hier und jetzt in einem bestimmten Einzelfall zu tun ist, sondern auf einer Metaebene moralisches Handeln grundsätzlich thematisiert, indem sie z. B. nach dem Moralprinzip oder nach einem Kriterium zur Beurteilung von Handlungen fragt […]. Demjenigen, der sich aus einem Interesse am Handeln und um des Handelns willen mit Ethik beschäftigt, [werden] Argumentationsstrategien an die Hand gegeben, vermittels deren er in der Lage ist, moralische Probleme und Konflikte menschlichen Handelns als solche klar zu erfassen, mögliche Lösungsvorschläge zu entwickeln und auf ihre moralischen Konsequenzen hin zu durchdenken sowie sich nach reiflicher Überlegung selbständig „mit guten Gründen“ für eine bestimmte Lösung zu entscheiden.

Letzteres ist das eigentliche Ziel der Ethik: die gut begründete moralische Entscheidung als das einsichtig zu machen, was jeder selbst zu erbringen hat und sich von niemandem abnehmen lassen darf – weder von irgendwelchen Autoritäten noch von angeblich kompetenteren Leuten (Eltern, Lehrern, Klerus u. a.). In Sachen Moral ist niemand von Natur aus kompetenter als andere, sondern allenfalls graduell aufgeklärter und daher besser in der Lage, seinen Standort zu finden und kritisch zu bestimmen.

Einführung in die Ethik (1991)

M3 Norbert Hoerster: Begründung moralischer Prinzipien durch Ethik

Norbert Hoerster (*1937) war Professor für Rechts- und Sozialphilosophie an der Universität Mainz.

Das Problem der Begründung oder Rechtfertigung von Moral – von moralischen Verhaltensweisen, Einstellungen, Urteilen – wurde nicht von Philosophen erfunden: Es ist ein Problem, mit dem wir alle fast täglich im Alltag konfrontiert werden. Bin ich in einer bestimmten Situation berechtigt zu lügen? Ist Ehebruch ausnahmslos moralisch verboten? Nach welchen Gesichtspunkten sollen wir unsere Kinder erziehen? [...] Solche und ähnliche Fragen lassen sich mit einem einfachen Ja oder Nein oder mit einem lapidaren Satz nicht zufriedenstellend beantworten. Zufriedenstellend ist eine Antwort nur dann, wenn wir diese Antwort als stichhaltig, begründet, gerechtfertigt betrachten können.

Die Antworten, die wir in unseren moralischen Alltagsüberlegungen und -argumentationen geben, werden diesem Erfordernis lediglich mehr oder weniger gerecht und können insofern auch nur bis zu einem gewissen Grade zufriedenstellen. Gewöhnlich haben wir weder genug Zeit noch die Ausbildung und das Wissen, um bis zur letztmöglichen Begründung unserer Auffassungen vorzudringen. Das zu tun, ist die Aufgabe der Ethik; sie versucht, die letzten Begründungsprinzipien des moralisch Richtigen und Guten zu ermitteln. [...]

Ein Beispiel

Angenommen, A möchte sich von seiner Frau scheiden lassen, um seine Sekretärin zu heiraten. B, ein Freund des A, macht ihm deshalb Vorhaltungen; er hält A's Schritt für moralisch falsch. B macht sich also das moralische Urteil zu eigen: „A sollte sich nicht scheiden lassen." Im Zuge der von A geforderten Begründung dieses Urteils könnte B früher oder später (je nach seiner moralischen Grundüberzeugung) etwa die folgenden Sätze ins Treffen führen:

1. „Wenn du dich scheiden lässt, versündigst du dich; nach dem Willen Gottes darf eine gültig geschlossene Ehe zu Lebzeiten der Ehegatten nicht aufgelöst werden"; oder
2. „Du hast deiner Frau durch die Eheschließung in bindender und feierlicher Form versprochen, zeitlich unbegrenzt eine enge Lebensgemeinschaft mit ihr zu führen. Ein solches Versprechen darf man nicht brechen, nur weil man jemanden kennengelernt hat, den man momentan attraktiver findet"; oder
3. „Das Unglück, das du durch eine Scheidung über deine Frau und deine Kinder brächtest, würde das Glück, das du in deinem Alter noch für dich und deine neue Frau erwarten könntest, weit überwiegen. Man darf sein eigenes Glück nicht auf Kosten anderer verfolgen"; oder
4. „Auf die Dauer gesehen, würdest du dir in deiner Situation mit einer Scheidung und einer Wiederheirat nur schaden. Man sollte nie etwas tun, wodurch man auf lange Sicht die eigenen Interessen verletzt". [...]

Man beachte, dass in jedem der vier Argumente mindestens zwei verschiedene Behauptungen enthalten sind: Zum einen vertritt B jeweils ein bestimmtes moralisches Prinzip („Wer Gottes Willen zuwiderhandelt, ... Wer ein Versprechen bricht, ... Wer andere unglücklich macht, ... Wer sich selber schadet, der handelt moralisch falsch."). Und zum anderen behauptet B, dass A in seiner konkreten Situation unter dieses moralische Prinzip fällt und daher, wenn er sich scheiden lässt, moralisch falsch handelt. [...] [Wenn A nun eines der von B geltend gemachten Prinzipien attackiert,] (etwa indem er behauptet, der Wille Gottes sei für die Bestimmung des moralisch Richtigen nicht der entscheidende Gesichtspunkt) [...] und wenn B sodann versucht, das [...] Moralprinzip A gegenüber mit Argumenten zu verteidigen, dann – so wird man annehmen dürfen – hat der Disput zwischen den beiden eine derartig fundamentale Ebene erreicht, dass er als moralphilosophisch oder ethisch bezeichnet werden kann. *Ethik und Moral (1976)*

A

1 Sprechen Sie darüber, wie die moralischen Gebzw. Verbote begründet werden können. > M1

2 Erläutern Sie, womit sich Moral und Ethik jeweils befassen, und stellen Sie das Verhältnis beider Begriffe in einer Skizze dar. > M2

3 Führen Sie den ethischen Diskurs fort, indem Sie Argumente finden, die A gegenüber B anführen könnte. > M3

H

Werte und Normen

M1 René Magritte: Die persönlichen Werte

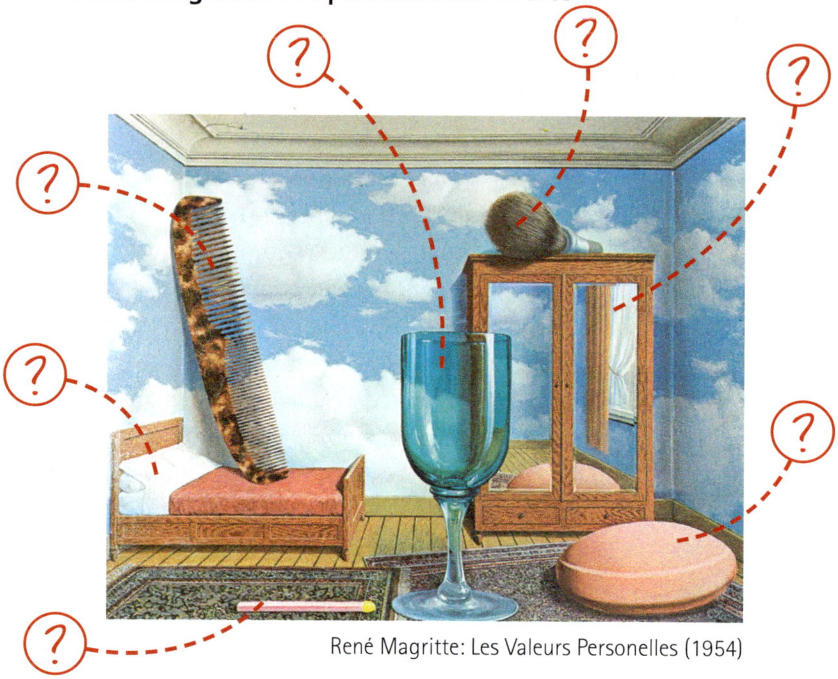

René Magritte: Les Valeurs Personelles (1954)

M2 Robert Spaemann: Das an sich Gute

Robert Spaemann (1927-2018) lehrte Philosophie an den Universitäten Stuttgart, Heidelberg und München. Von ihm stammen viele Beiträge zu aktuellen ethischen Debatten.

Achten wir einmal darauf, wie in [...] [alltäglichen] Zusammenhängen das Wort „gut“ verwendet wird. Der Arzt sagt: „Es ist gut, wenn Sie noch einen Tag im Bett bleiben.“ Genau genommen müsste er bei der Verwendung des Wortes „gut“ zwei Zusätze machen. Er müsste sagen: „Es ist gut für Sie“, und er müsste dazu noch sagen: „Es ist gut für Sie, falls Sie in erster Linie gesund werden wollen.“ [...] Und sagt einem nicht der Finanzfachmann: „Es ist gut, wenn Sie jetzt noch einen Bausparvertrag abschließen; nächstes Jahr wird es mit der Prämie schlechter, und die Wartezeit wird länger.“ [...] Wenn er sagte „gut“, dann meinte er: „Gut für Sie, falls es Ihnen in erster Linie darum geht, Ihr Vermögen längerfristig zu vergrößern.“
In all diesen Ratschlägen bedeutet also das Wort „gut“ soviel wie: „gut für irgendjemanden in einer bestimmten Hinsicht“; und da kann es durchaus sein, dass dasselbe für denselben Menschen in verschiedenen Hinsichten gut und schlecht ist. Zum Beispiel sind viele Überstunden für den Lebensstandard gut, aber für die Gesundheit schlecht. Und es kann sein, dass dasselbe für den einen gut, für den anderen schlecht ist – der Ausbau der Autostraße für den Autofahrer gut, für die Anlieger schlecht usw.
Wir verwenden aber das Wort „gut“ noch in einem anderen Sinn, sozusagen in einem „absoluten“ Sinn, das heißt ohne Zusatz von „für“ und „in einer bestimmten Hinsicht“. [...] Wenn wir hören, dass Eltern ein kleines Kind, weil es versehentlich ins Bett gemacht hat, grausam misshandeln, dann urteilen wir nicht, diese Handlung sei eben für die Eltern befriedigend, also „gut“, für das Kind dagegen „schlecht“ gewesen, sondern wir missbilligen ganz einfach das Handeln der Eltern, weil wir es in einem absoluten Sinne schlecht finden, wenn Eltern etwas tun, was für ein Kind schlecht ist. Und wenn wir von einer Kultur hören, wo dies der Brauch ist, dann urteilen wir, diese Gesellschaft habe eben einen schlechten Brauch. Und wo ein Mensch sich verhält wie der polnische Pater Maximilian Kolbe, der sich freiwillig für den Tod im Hungerbunker von Auschwitz meldete, um einen Familienvater im Austausch zu retten, da finden wir nicht, dass das eben für den Vater gut und für den Pater schlecht gewesen, absolut gesehen aber gleichgültig sei, sondern wir sehen einen Mann wie diesen als jemanden an, der die Ehre des Menschengeschlechtes gerettet hat, die von seinen Mördern geschunden wurde.

Moralische Grundbegriffe (1982)

M3 Michael Hauskeller: Instrumentelle und inhärente Werte

Michael Hauskeller (*1964) lehrt Praktische Philosophie an der Universität Liverpool.

[Es] gibt es unterschiedliche Arten der Bewertung. Man kann [...] eine Sache im Hinblick auf ihren Nutzen (für uns) bewerten, also relativ zu unseren Interessen; man kann aber auch von solchem Nutzen ganz absehen und ihr dann trotzdem noch einen (positiven oder negativen) Wert zuerkennen. [...]
Einen instrumentellen Wert für mich hätte eine Sache dann, wenn sie gut für etwas ist, das gut für mich ist. Ein Auto etwa hat an sich einen (hohen) instrumentellen Wert, wenn man damit schnell, sicher und bequem von einem Ort zum anderen fahren kann, und wenn ich dies zu schätzen weiß, hat es auch für mich einen solchen Wert. [...] Allerdings ließe sich schwerlich sagen, dass das Auto auch dann noch einen instrumentellen Wert habe, wenn niemandes Interessen je durch die Benutzung eines solchen Autos befriedigt würden. [...]
Einen inhärenten Wert für mich hat eine Sache offenbar dann, wenn sie für mich gut bzw. ein Gut ist, obwohl sie entweder für nichts (also nicht für etwas) gut ist oder, wenn sie doch für etwas gut ist, dies doch nicht der Grund dafür ist, dass sie für mich gut ist [...] Eine Sache [kann] nur insofern einen inhärenten Wert besitzen [...], als sie von jemandem um ihrer selbst willen wertgeschätzt wird. [...] Der Wert, den die Sache dann für uns hat, ist nun nicht mehr relativ, sondern in gewissem Sinne absolut, insofern er nicht abhängig ist von den Zwecken und Interessen, die wir verfolgen. Wenn wir sie wertschätzen, dann nicht um des Vorteils willen, den sie uns bringt oder den wir von ihr erwarten, sondern um ihrer selbst willen. Diese Art der Wertschätzung ist der Kern jeder Moral. *Versuch über die Grundlagen der Moral (2001)*

M4 Detlef Horster: Wozu Normen gut sind

Detlef Horster (*1942) war bis 2007 Professor für Sozialphilosophie an der Universität Hannover.

Moralische [...] Pflichten leiten sich aus [...] [Werten] ab: Ein hoher Wert ist beispielsweise das menschliche Leben oder unsere Gesundheit bzw. körperliche und geistige Unversehrtheit. Wir haben entsprechend moralische Normen, Regeln oder Pflichten, die diese Werte realisieren sollen. Da gibt es das moralische Verbot, dass man nicht töten soll, bzw. das moralische Gebot, dass wir Leben schützen sollen. Da gibt es das Verbot, Menschen zu quälen oder zu foltern. Ein anderer hoher Wert ist die wechselseitige Anerkennung und Achtung. Daraus ergibt sich die Pflicht des rücksichtsvollen Umgangs miteinander oder die Pflicht, ein einmal gegebenes Versprechen zu halten. Wenn wir einige dieser unbestrittenen moralischen Regeln ansehen und miteinander vergleichen, können wir deren Kerngehalt ermitteln und folgende Moraldefinition vornehmen: Moral ist die Gesamtheit der Regeln, die zur Realisierung der Werte oder zum Wohl der Menschen beiträgt, bzw. man kann auch sagen, dass die moralischen Regeln, wenn sie angewendet werden, die Menschen, die vom Handeln anderer betroffen sind, schützen sollen. Das bedeutet vor allem, wenn wir die letztgenannte Pflicht, das Halten von Versprechen, ins Auge fassen –, dass es durchaus sein kann, dass man manchmal zu Handlungen verpflichtet ist, die nicht im eigenen Interesse liegen, ja, die zuweilen unserem Eigeninteresse zuwiderlaufen und zu deren Einhaltung man sich bei freier Wahlmöglichkeit nicht ohne Weiteres verpflichten würde. *Was ist Moral? (2012)*

A

1. Erläutern Sie, inwiefern jemand die dargestellten Gegenstände als persönliche Werte ansehen kann. Ergänzen Sie die Darstellung durch die Nennung weiterer möglicher Werte, insbesondere aus dem Bereich Moral und Ethik. > M1
2. Visualisieren Sie die begrifflichen Unterscheidungen von Robert Spaemann und Michael Hauskeller und setzen Sie sie in Bezug zueinander. > M2/M3
3. Erklären Sie den Zusammenhang zwischen Werten, Normen (Regeln) und Pflichten nach Detlef Horster. > M4
4. Stellen Sie in einer Liste Beispiele für instrumentelle Werte („gut für etwas") und moralische Werte („gut an sich") gegenüber. Leiten Sie aus den von Ihnen zusammengestellten inhärenten Werten moralische Normen ab.

Dimensionen der Ethik

M1 Verschiedene Aussagen zum Thema Foltern

„Foltern ist moralisch illegitim."

„In der Gesellschaft a ist zum Zeitpunkt t die Mehrzahl der Personen davon überzeugt, dass Foltern in manchen Fällen moralisch legitim ist."

„Folter ist das gezielte Zufügen von psychischem oder physischem Leid, um den Willen des Folteropfers zu brechen und Aussagen zu erpressen."

„Es besteht ein statistisch signifikanter Zusammenhang zwischen einer autoritären Erziehung und dem Ausbilden der Überzeugung, dass Foltern in manchen Fällen moralisch legitim ist."

„Foltern ist in manchen Fällen moralisch legitim."

M2 Nico Scarano: Normative und deskriptive Ethik

Nico Scarano (*1965) lehrt Philosophie an der Universität Erlangen-Nürnberg. 2017 wurde er mit dem „Preis für gute Lehre" des bayerischen Wissenschaftsministeriums geehrt.

Als „Ethiken" können [...] Theorien bezeichnet werden, die sich mit den verschiedenen Aspekten des Phänomens Moral auseinandersetzen. Nun gibt es jedoch zu diesem Phänomen sehr unterschiedliche Zugangsweisen. Insofern lassen sich auch verschiedene Typen von Ethiken bzw. Moraltheorien voneinander abgrenzen. [...]

Die Frage „Was ist Moral?" lässt sich zum einen als eine Frage danach verstehen, worin denn die „richtige Moral" besteht. Welche Handlungsweisen sind moralisch erlaubt, welche verboten, welche moralisch indifferent? Wie müssen unsere grundlegenden politischen Institutionen beschaffen sein, damit sie unter moralischen Gesichtspunkten als legitim gelten können? [...] Solche Untersuchungen sind Teil einer normativen Theorie der Moral, gehören also zur normativen Ethik. [...] Auch wenn es die unterschiedlichsten Arten normativer Ethiken gibt, die sich den verschiedensten Gegenstandsbereichen zuwenden und in unterschiedlichen philosophischen Traditionen verwurzelt sind, so ist ihnen doch allen das Merkmal gemeinsam, dass sie selbst moralische Urteile fällen und insofern moralisch nicht neutral sind.

Neben dem normativen Teil der Theorie der Moral, der normativen Ethik, gibt es jedoch auch Disziplinen, die sich demselben Gegenstand mit einer ganz anderen Absicht zuwenden. Von solchen Disziplinen kann nicht gesagt werden, sie seien auf der Suche nach der richtigen Moral. [...] Ihr Ziel besteht darin, die vielfältigen Aspekte und Erscheinungsformen dieses Phänomens zu beschreiben und für sie Erklärungen auszuarbeiten. [...] Wenn wir wissen wollen, welche Rolle die Moral in unserem Leben spielt, wenn wir erklären möchten, was es heißt, moralischen Regeln zu folgen oder sich von seinen moralischen Überzeugungen leiten zu lassen, um also die Grundlagen unserer moralischen Praxis zu erfassen, kommt es zunächst nicht darauf an, welches die richtige Moral ist. Vielmehr fragen wir dann nach den allgemeinen Grundzügen, nach der Natur von Moral überhaupt. [...] Zwar variieren von Gesellschaft zu Gesellschaft die Inhalte der moralischen Vorstellungen und Ideale. [...] Aber der Stellenwert, den das Phänomen für das menschliche Handeln hat, bleibt trotz dieser Divergenzen in einem gewissen Sinn der gleiche. [...] Untersuchungen, die sich auf diese Art der Moral als einem natürlichen Phänomen zuwenden, versuchen, soweit wie möglich deskriptiv vorzugehen, ihren Untersuchungsgegenstand also auf normativ neutrale Weise zu beschreiben. [...] Die menschliche Moral ist also nicht allein Gegenstand normativer Disziplinen, sie kann auf vielfältige Weise auch zum Gegenstand deskriptiv arbeitender Wissenschaften werden. [...]

Metaethik – ein systematischer Überblick (2002)

M3 Nico Scarano: Metaethik – ein Diskurs zweiter Ordnung

[Normative als auch deskriptive Ethiken beziehen sich in verschiedener Weise auf moralische Urteile.] Aber was ist eigentlich ein moralisches Urteil? Worin unterscheiden sich moralische Urteile von anderen Urteilsarten? Diese Frage ist keineswegs trivial. Sowohl normative als auch deskriptive Ethiken sind aber auf eine Antwort angewiesen. Es ist die Aufgabe der Metaethik, diese Frage zu beantworten. Metaethische Theorien fällen selbst keine moralischen Urteile wie die normativen Ethiken. Sie beschreiben auch nicht, welche moralischen Urteile gefällt werden und welche Rolle moralische Urteile für unser Denken und Handeln spielen, wie die deskriptiv arbeitenden Moraltheorien. Vielmehr setzen sie eine Stufe tiefer an und fragen, was überhaupt unter einem moralischen Urteil zu verstehen ist. Die Metaethik fällt also selbst keine moralischen Urteile, sondern macht Aussagen und formuliert Hypothesen über diese. Ihr Aufgabengebiet erstreckt sich also auf die Analyse der vielfältigen formalen Aspekte einer besonderen Urteilsklasse. Deshalb kann man von der Metaethik auch als einem „Diskurs zweiter Ordnung" sprechen). [...]
Wird [...] zugestanden, dass [...] ihre Aufgabe [...] in der Ausarbeitung einer Theorie der formalen Aspekte moralischer Urteile liegt, dann lassen sich ihre Fragestellungen relativ eindeutig eingrenzen. [...] Zunächst gehören zum Gebiet der Metaethik die Untersuchungen, die sich mit den sprachlichen Ausdrucksformen der Moral befassen, [...] [sowie] die Analyse grundlegender moralischer Begriffe, wie der des „moralischen Sollens" oder des „moralisch Guten" [...]. [Sie versucht], die allgemeinen semantischen* und pragmatischen* Prinzipien zu rekonstruieren, die die Produktion und das Verstehen moralischer Äußerungen betreffen. [...] Die Grundform einer moralischen Äußerung sind prädikative Aussagen*, in denen bestimmten Gegenständen ein moralisches Prädikat zu- oder abgesprochen wird. Wir reden beispielsweise davon, dass bestimmte Handlungen „moralisch gut", andere „moralisch schlecht" oder „moralisch indifferent" sind. Wir schreiben also den Handlungen selbst spezifische moralische Eigenschaften zu. Nicht nur Einzelhandlungen klassifizieren wir nach moralischen Gesichtspunkten, auch Handlungsweisen werden von uns moralisch beurteilt. Manche Handlungsarten sind als solche „moralisch verboten", andere „erlaubt", wieder andere „moralisch geboten". [...] Und Personen sind „tugendhaft", „ehrlich" oder „unehrlich", sie sind manchmal „skrupellos" oder auch „moralisch integer". [...] Mit der Äußerung eines moralischen Satzes [...] machen wir keine Aussage, die wahr oder falsch sein kann. Vielmehr führen wir mit der Äußerung solcher Sätze kraft der Bedeutung der in ihnen vorkommenden moralischen Ausdrücke eine ganz andere Art von Sprechhandlung aus.
Je nach Theorie steht dabei jeweils eine etwas andere sprachpragmatische Funktion im Mittelpunkt. So wird beispielsweise im Emotivismus die Hauptfunktion moralischer Äußerungen im Zum-Ausdruck-Bringen, der Expression, einer subjektiven Einstellung, beispielsweise eines moralischen Gefühls, gesehen. Demgegenüber steht im Präskriptivismus eher der vorschreibende Aspekt unserer moralischen Sprache im Vordergrund. Moralische Äußerungen werden damit in ihrer Funktion normalen Imperativen angeglichen. Wichtig zum Verständnis all dieser Ansätze ist deren Annahme, dass semantische Fragen nicht unabhängig von pragmatischen Fragen beantwortet werden können. [...] Es ist nicht unerheblich, ob moralische Urteile wahr oder falsch sein können. Je nachdem, wie man diese Frage beantwortet, kommt man beispielsweise zu einer ganz anderen Auffassung darüber, was es heißt, ein moralisches Urteil zu begründen. *Metaethik – ein systematischer Überblick (2002)*

A

1. Analysieren Sie, wie sich die Aussagenarten voneinander unterscheiden. > M1
2. Stellen Sie die Unterscheidung von normativer und deskriptiver Ethik in graphischer Form dar. > M2
3. Ergänzen Sie Ihre graphische Darstellung der Dimensionen der Ethik (A2) um die Metaethik. Finden Sie weitere Beispiele für metaethische Fragen. > M3
4. Beurteilen Sie, welcher Dimension der Ethik die Aussagen in M1 zuzuordnen sind > M1-M3

Ethisch argumentieren

M1 Im Straßenverkehr

An Straßenkreuzungen, an denen die Vorfahrt nicht durch ein Verkehrsschild geregelt ist, haben Fahrzeuge, die von rechts kommen, Vorfahrt. An dieser Straßenkreuzung steht kein Schild, das die Vorfahrt regelt. Also ist es richtig, dass ich dem von rechts kommenden Fahrzeug Vorfahrt gewähre.

Auf dieser Straße fahren alle Autofahrer schneller als 50 km/h. Also darf ich auch schneller als 50 km/h fahren.

M2 David Hume: Vom Sein zum Sollen

Der Schotte David Hume (1711-1776) war einer der einflussreichsten Philosophen des 18. Jahrhunderts.

Bei jedem System der Moral, das mir bislang begegnet ist, habe ich stets festgestellt, dass der Autor eine gewisse Zeit in der üblichen Argumentationsweise fortschreitet und begründet, dass es einen Gott gibt, oder Beobachtungen über menschliches Verhalten trifft. Dann plötzlich stelle ich überrascht fest, dass anstatt der üblichen Verbindungen von Worten, nämlich durch „ist" und „ist nicht", ich nur auf Sätze stoße, welche mit „soll" oder „soll nicht" verbunden sind. Diese Änderung geschieht unmerklich. Sie ist jedoch sehr wichtig. Dieses „soll" oder „soll nicht" drückt eine neue Verknüpfung oder Behauptung aus. Darum muss sie notwendigerweise beobachtet und erklärt werden. Zugleich muss notwendigerweise ein Grund angegeben werden für etwas, was sonst vollständig unbegreiflich erscheint: Wie nämlich diese neue Verknüpfung eine logische Folgerung sein kann von anderen, davon ganz verschiedenen Verknüpfungen. Da die Autoren diese Vorsicht meistens nicht gebrauchen, so erlaube ich mir, sie meinen Lesern zu empfehlen.

Ein Traktat über die menschliche Natur (1739-40)

M3 Herbert Schnädelbach: Der naturalistische Fehlschluss

Herbert Schnädelbach (*1936) war Professor für Philosophie an der Humboldt-Universität in Berlin [s. auch S. 402].

Das Argument ist [...] bekannt: Man darf nicht von dem, was ist, einfach ableiten, was sein soll. Tatsachenbehauptungen allein rechtfertigen keine normativen Forderungen; ein unvermittelter Übergang vom Beschreiben zum Vorschreiben, vom Deskriptiven zum Präskriptiven ist weder in grammatischer noch in sachlicher Hinsicht erlaubt. Warum dieses Verbot, das man allgemein David Hume als das „Hume'sche Gesetz" zuschreibt, etwas betrifft, was angeblich naturalistisch und zudem ein Fehlschluss sein soll, liegt freilich nicht auf der Hand. Mit dem Sein, aus dem man Hume zufolge kein Sollen ableiten kann, ist ja nicht bloß die Natur gemeint, sondern der Inbegriff aller Seinsbereiche, und im Übrigen ist ein solcher Übergang im streng logischen Sinn kein Schluss, denn aus einem Satz allein kann man keinen anderen erschließen; man benötigt dazu mindestens eine weitere Prämisse.

Die Redeweise „Naturalistischer Fehlschluss" ist in der Tat nur historisch zu erklären. Sie ist die deutsche Übersetzung des Ausdrucks „naturalistic fallacy", den George Edward Moore in seinem Hauptwerk *Principia Ethica* (1903) in kriti-scher Absicht einführte. Mit „fallacy" meinte er in Übereinstimmung mit der englischen Umgangsspra-che etwas Trügerisches, Irreführendes, mit dem man glaubt, korrekt argumentieren zu können – also eine begriffliche Verirrung durch Verwechslung, und dies als eine Denkfalle, in die man leicht geraten kann. [...]

Die Kritik am Naturalistischen Fehlschluss [...] richtet sich gegen die Vermengung von Werturteilen mit Tatsachenfeststellungen und gegen das Ignorieren der Sein-Sollen-Differenz. Es besteht weithin Konsens unter Philosophen, dass sich Werturteile nicht auf Sollenssätze zurückführen lassen und umgekehrt.

Was Philosophen wissen (2012)

M4 Der praktische Syllogismus

Wer hat es nicht im Mathematikunterricht so gelernt? Aus den beiden Prämissen „a = b“ und „b = c“ ergibt sich die Schlussfolgerung: „a = c“. Eine solche Schlussfigur nennt man in der Logik *Syllogismus* (altgr. für „Zusammenrechnen“).

Ein *praktischer Syllogismus* ist eine besondere Schlussform, die dazu dient, Handlungsaufforderungen zu begründen. Dabei wird von einem normativen Obersatz und einem deskriptiven Untersatz eine normative Konklusion hergeleitet. Beispielsweise folgt aus der Norm: „Versprechen soll man halten“ und dem deskriptiven Untersatz „X hat Y ein Versprechen gegeben“, dass X sein Versprechen gegenüber Y halten soll. Wichtig ist dabei, dass der Obersatz eine Norm enthält, sonst wäre die Schlussfolgerung nicht korrekt, denn aus Tatsachen lassen sich nach dem sogenannten Hume‘schen Gesetz keine Normen ableiten.

In alltäglichen ethischen Begründungen werden die normativen Prämissen oft vergessen oder unterschlagen. Dann sind die Begründungen jedoch nicht stichhaltig. Aus dem Satz „X hat Y getan“ lässt sich nicht ohne Weiteres folgern: „X ist ein Straftäter“. Diese Aussage kann nur dann als begründet gelten, wenn man die normative Prämisse voraussetzt: „Y ist eine Straftat“. Aber selbst dann, wenn eine normative Prämisse genannt und aus ihr logisch korrekt eine Schlussfolgerung abgeleitet wird, heißt das nicht, dass das (ethische) Urteil deshalb auch immer richtig sein muss, wie sich unschwer an folgendem Beispiel erkennen lässt:

- *Normative Prämisse:* Wer die Staatsführung kritisiert, ist ein Terrorist (und muss zu einer lebenslänglichen Freiheitsstrafe verurteilt werden).
- *Tatsachendeskription:* X hat die Staatsführung kritisiert.
- *Schlussfolgerung:* Also ist X ein Terrorist (und muss zu einer lebenslänglichen Freiheitsstrafe verurteilt werden).

Obwohl hier formal korrekt gefolgert wird, kann das Ergebnis nicht überzeugen, und zwar deshalb, weil die zugrunde gelegte normative Prämisse problematisch ist. Auch logische Korrektheit ist also noch keine zureichende Bedingung für ein ethisch zureichendes Urteil. Deshalb ist es in ethischen Argumentationen wichtig,

a) darzulegen, von welchen normativen Prämissen ausgegangen wird,

b) die Stimmigkeit dieser Prämissen zu überprüfen.

Autorenbeitrag

M5 Wie in den sozialen Medien oft argumentiert wird …

A ist ja wohl eindeutig ein Asylsuchender. Also gestattet ihm auch endlich die Einreise nach Deutschland!

Zuletzt sind über 200.000 Asylsuchende nach Deutschland gekommen. Geht's noch? Macht endlich die Grenzen dicht!

Frau X hat nach der zwölften Schwangerschaftswoche abgetrieben. Das muss man sich mal vorstellen! So etwas gehört doch bestraft!

Die steigenden Corona-Fallzahlen gefährden unsere Gesundheit immer mehr! Jetzt kann man gar nicht anders, als die Ausgangssperre zu verhängen!

Wie viel Messungen sollen denn noch durchgeführt werden? Der ganze Autoverkehr auf der Hauptstraße führt jetzt schon zu einer Feinstaubbelastung von mehr als 50 µg/m^3. Eine Sperrung der Straße für Autos ist die einzige Lösung!

A

1 Vergleichen Sie die Rechtfertigungen der beiden Verkehrsteilnehmer und beurteilen Sie ihre Überzeugungkraft. > M1

2 Erklären Sie, was unter dem Hume'schen Gesetz (bzw. unter dem naturalistischen Fehlschluss) zu verstehen ist, und wenden Sie es auf die Rechtfertigungen in M1 an. > M2/M3

3 Ergänzen Sie die ethischen Begründungen (M5) nach dem Muster eines praktischen Syllogismus (M4) und überprüfen Sie ihre Folgerichtigkeit. > M4/M5

Hinweis:

Das *Toulmin-Schema* erweitert den praktischen Syllogismus so, dass er für komplexere Begründungen eingesetzt werden kann. Siehe dazu S. 294f.

Ethik als Teilgebiet der Philosophie

M1 Denker und Denkerin

Auguste Rodin: Der Denker

Markus Lüpertz: Philosophin

M2 Was heißt es, zu philosophieren?

Selbstdenken und Anleitung zum Selbstdenken – darin besteht die Aufgabe derer, die philosophieren.

Annemarie Pieper, Selber denken (1997)

Das griechische Wort Philosoph (philosophos) ist gebildet im Gegensatz zum Sophos. Es heißt: der die Erkenntnis (das Wesen) Liebende im Unterschied von dem, der im Besitze der Erkenntnis sich einen Wissenden nannte. Dieser Sinn des Wortes besteht bis heute: das Suchen der Wahrheit, nicht der Besitz der Wahrheit ist das Wesen der Philosophie [...]. Philosophie heißt: auf dem Wege sein. Ihre Fragen sind wesentlicher als ihre Antworten, und jede Antwort wird zur neuen Frage.

Karl Jaspers, Einführung in die Philosophie (1953)

M3 Thomas Nagel: Grundsätzliches Fragen

Thomas Nagel (*1937), Professor für Philosophie in New York, ist einem breiteren Leserkreis durch seine leicht verständliche Einführung in die Philosophie mit dem Titel *Was bedeutet das alles?* bekannt geworden.

Das Hauptanliegen der Philosophie besteht darin, sehr allgemeine Vorstellungen in Frage zu stellen und zu verstehen, die sich ein jeder von uns tagtäglich macht, ohne über sie nachzudenken. Ein Historiker mag fragen, was in einem bestimmten Zeitraum der Vergangenheit geschah, doch ein Philosoph wird fragen: „Was ist die Zeit?" Ein Mathematiker wird das Verhältnis der Zahlen untereinander erforschen, doch ein Philosoph fragt: „Was ist eine Zahl?" Ein Physiker wird fragen, woraus die Atome bestehen und was für die Schwerkraft verantwortlich ist, doch ein Philosoph wird fragen, woher wir wissen können, dass es außerhalb unseres eigenen Bewusstseins etwas gibt. Ein Psychologe mag untersuchen, wie ein Kind eine Sprache erlernt, doch ein Philosoph fragt eher: „Was ist dafür verantwortlich, dass ein Wort eine Bedeutung hat?" Jeder kann sich fragen, ob es unrecht ist, sich ohne eine Eintrittskarte ins Kino zu schleichen, doch ein Philosoph wird fragen: „Was macht etwas zu einer rechten oder unrechten Handlung?"

Wir könnten unser Leben nicht führen, würden wir unsere Vorstellungen von der Zeit, den Zahlen, von Wissen, Sprache, Recht und Unrecht nicht die meiste Zeit unhinterfragt voraussetzen; in der Philosophie jedoch machen wir diese Dinge zum Gegenstand der Untersuchung. Wir sind bemüht, unser Verständnis der Welt und unserer selbst ein Stück weit zu vertiefen. Dies ist offensichtlich nicht leicht. Je grundlegender die Ideen sind, die wir zu erforschen versuchen, um so weniger Werkzeug haben wir hierfür zur Verfügung. [...] Man philosophiert [...], indem man fragt, argumentiert, bestimmte Gedanken ausprobiert und mögliche Argumente gegen sie erwägt, und darüber nachdenkt, wie unsere Begriffe wirklich beschaffen sind.

Was bedeutet das alles? (1990)

M4 Immanuel Kant: Leitfragen der Philosophie

Immanuel Kant (s. S. 52) war der bedeutendste deutsche Philosoph des 18. Jahrhunderts.

Das Feld der Philosophie [...] lässt sich auf folgende Fragen bringen:

1) Was kann ich wissen?
2) Was soll ich tun?
3) Was darf ich hoffen?
4) Was ist der Mensch? [...]

Im Grunde könnte man aber alles dieses zur Anthropologie rechnen, weil sich die drei ersten Fragen auf die letzte beziehen. *Logik (1800)*

H M5 Die Teilgebiete der Philosophie

Die vier Fragen, die Kant in seinen Vorlesungen über Logik benennt, sind ein hilfreiches Instrument, um das komplexe Gebiet der Philosophie zu strukturieren.

Die Frage „Was kann ich wissen?" wird vor allem in der Erkenntnistheorie behandelt (die Kant selbst als „Metaphysik" bezeichnet). Auch Wissenschaftstheorie und Logik können viel zur Beantwortung dieser Frage beitragen. Mit der Frage „Was soll ich tun?" ist die Ethik oder Moralphilosophie angesprochen. Sie befasst sich mit Normen des menschlichen Handelns.

Die Hoffnung, von der in der dritten Frage die Rede ist, bezieht sich auf den Glauben an ein Ziel oder einen Zweck des menschlichen Daseins. So fragt die Geschichtsphilosophie, ob es eine zielgerichtete Entwicklung in der Geschichte gibt, so dass sich künftige Entwicklungen voraussagen lassen. Und in der Religionsphilosophie und der rationalen Theologie wird z. B. darüber nachgedacht, ob wir auf ein Weiterleben nach dem Tode hoffen können oder ob sich die Existenz Gottes beweisen lässt.

Die Frage „Was ist der Mensch?" ist die Kernfrage der Anthropologie, kann aber darüber hinaus auch als Grundfrage der Philosophie überhaupt angesehen werden. Die Theorien darüber, was ein Mensch wissen kann, was er tun soll und hoffen darf, beruhen ja immer auf einem bestimmten Bild, das wir von uns selbst als Menschen haben, ob wir den Menschen beispielsweise als triebgesteuertes, durch die Natur festgelegtes oder als freies und vernünftiges Wesen ansehen. *Autorenbeitrag*

M6 Fragen über Fragen

1. Wie können wir zweifelsfreies Wissen erwerben?
2. Hat das Leben einen Sinn?
3. Darf man Menschen klonen?
4. Sind unserer Erkenntnis Grenzen gesetzt?
5. Muss man immer die Wahrheit sagen?
6. Was ist eigentlich Bewusstsein?
7. Ist der Mensch ein soziales Wesen?
8. Was ist Wahrheit?
9. Darf man seine Interessen auf Kosten anderer durchsetzen?
10. Was ist Gerechtigkeit?
11. Welche Verpflichtungen haben wir anderen gegenüber?
12. Ist der Mensch auf Erziehung angewiesen?
13. Muss man Vorschriften und Befehle immer befolgen?
14. Ist der Mensch die Krone der Schöpfung?
15. Dürfen wir alles tun, was technisch machbar ist?
16. Wie verhalten sich Geist und Gehirn zueinander?

A

1 Beschreiben Sie, wie Rodin und Lüpertz das (Nach-)Denken in ihren Skulpturen darstellen, und formulieren Sie je ein Beispiel für eine mögliche Frage, über die der Denker bzw. die Philosophin sich gerade Gedanken machen könnte. > M1

2 Setzen Sie Ihre Ergebnisse aus Aufgabe 1 in Bezug zu den Bestimmungen der Philosophie: Inwiefern sehen Sie Entsprechungen? > M2

3 Finden Sie weitere Beispiele für grundsätzliche Fragen, die sich aus alltäglichen bzw. wissenschaftlichen Fragen ergeben. > M3

4 Erklären Sie, inwiefern Ethik nach Kant ein Teilgebiet der Philosophie ist und Anthropologie für Ethik eine besondere Bedeutung hat. > M4

5 Ordnen Sie die in M6 aufgeführten Fragen den Leitfragen Kants (M4) zu und finden Sie weitere Beispiele. > M4–M6

Wissen kompakt

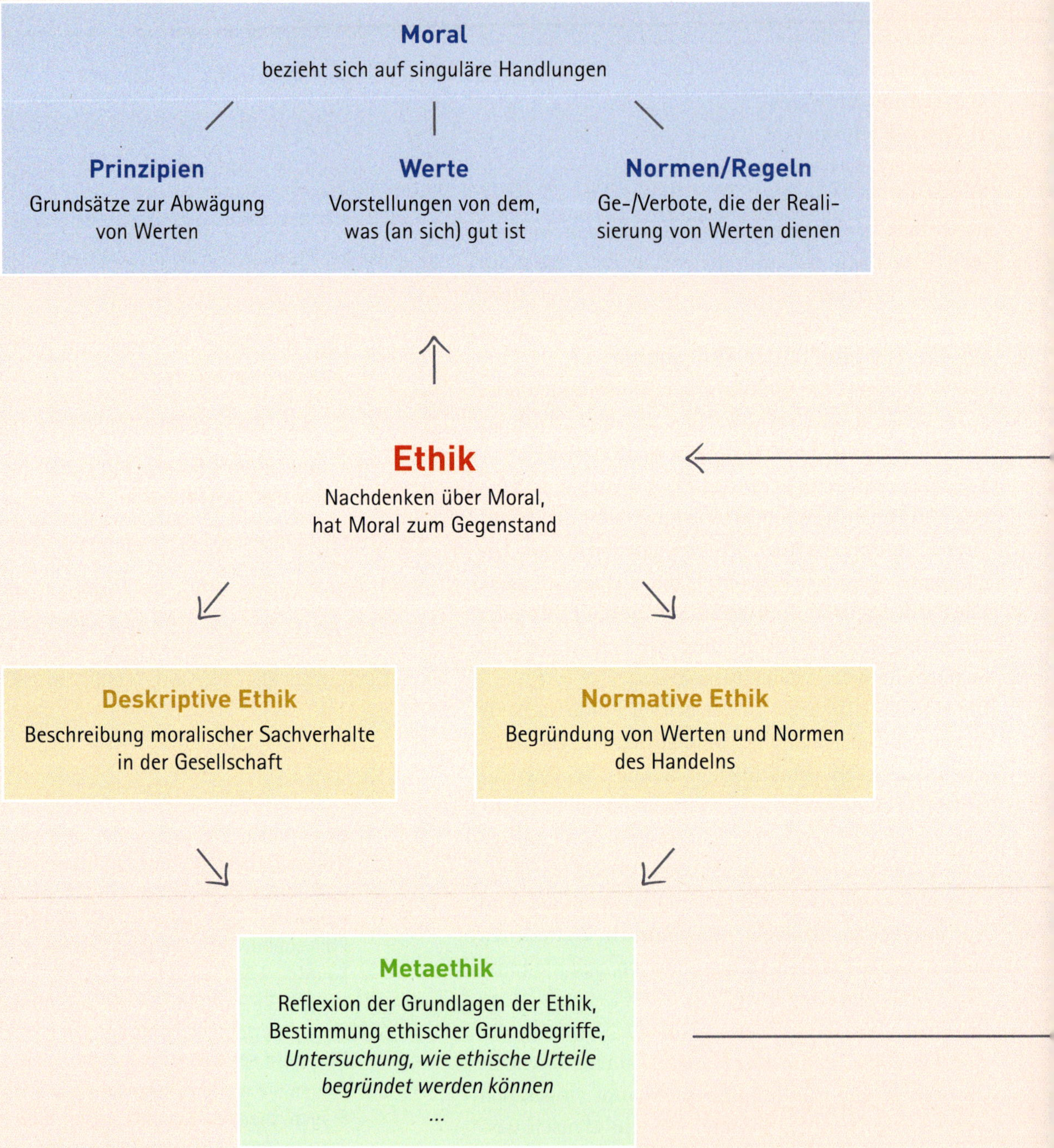

Philosophie:
Grundsätzliches Fragen

Die vier kantischen Fragen:

1. Was kann ich wissen?
(Erkenntnistheorie, Wissenschaftstheorie)

2. Was soll ich tun?
(Ethik)

3. Was darf ich hoffen?
(Geschichtsphilosophie, Religionsphilosophie)

Grundlage:
4. Was ist der Mensch?
(Anthropologie)

Tatsachenurteil
Urteil über etwas, das *ist*

Werturteil
Urteil über etwas, das *sein soll*

„Naturalistischer Fehlschluss"
fehlerhafte Schlussfolgerung vom bloßen Sein auf ein Sollen

Praktischer Syllogismus
Schlussfolgerung aus einer normativen und einer deskriptiven Prämisse

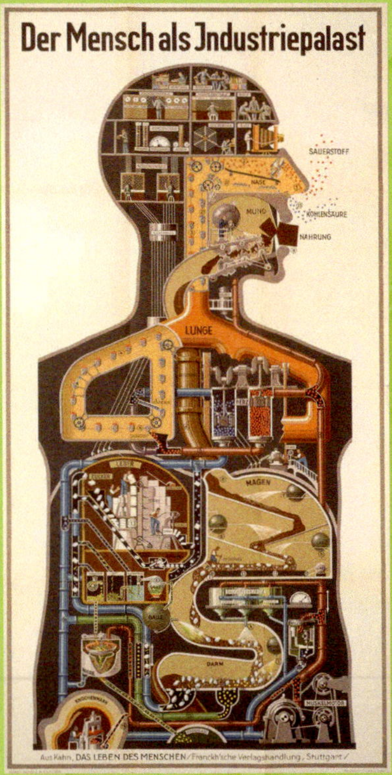

Wie hat sich Entwicklung vom Tier zum Menschen vollzogen?

Funktionieren Menschen wie Maschinen?

Kann der Mensch frei entscheiden und handeln?

Kann man Intelligenz künstlich herstellen?

Lässt sich das Gehirn des Menschen optimieren?

Erweitert die Digitalisierung unseren Freiheitsspielraum oder bedroht sie unsere Freiheit?

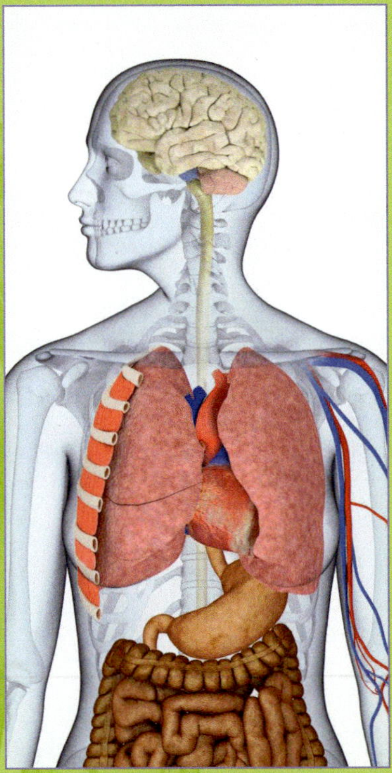

FREIHEIT UND SELBSTVERSTÄNDNIS DES MENSCHEN

*

A

1 Beschreiben Sie die Abbildungen und formulieren Sie davon ausgehend Ihre Assoziationen und Gedanken zum Wesen des Menschen.
2 Finden Sie erste Antworten auf die sechs Fragen.

(Un)frei(willig)?

M1 In Gefangenschaft

Wegen seiner Aktivitäten gegen die Apartheidspolitik in seiner Heimat wurde der spätere südafrikanische Präsident Nelson Mandela 1963 inhaftiert und verbrachte 27 Jahre in Gefangenschaft. Sein Wille wurde dadurch jedoch nicht gebrochen und sein Traum der Gleichberechtigung nicht zerstört:

„Nur mein Fleisch und meine Gebeine sind hinter hohen Mauern eingeschlossen. [...] In meinen Gedanken bin ich frei wie ein Falke.“ „Es gibt nur wenige Unglücksfälle auf dieser Welt, die sich nicht in einen persönlichen Triumph verwandeln lassen, wenn [S]ie den nötigen eisernen Willen [...] besitzen.“

Meine Waffe ist das Wort (2011)

M2 Peter Bieri: Frei oder unfrei? – Drei Fallbeispiele

Der Schweizer Philosoph und Schriftsteller Peter Bieri (*1944) lehrte bis zu seiner Emeritierung 2007 an der Freien Universität Berlin.

Der erpresste Wille

Betrachten wir [ein] [...] klassische[s] Beispiel [...]: die Drohung mit der Waffe. Der Kassierer in der Bank wird mit vorgehaltener Pistole gezwungen, das Geld herauszugeben. Er ist bei klarem Verstand und insgesamt ein besonnener Mann. Er leidet nicht unter dem bizarren inneren Zwang, Leuten Geld hinterherzuwerfen. Wenn er Geld aushändigt, dann nur aus den üblichen Gründen. Solche Gründe gibt es bei dem Mann mit der Maske nicht. Wenn es nach dem Kassierer ginge, bekäme er keinen Pfennig. Trotzdem händigt er ihm jetzt das ganze Geld aus. Was ist geschehen?

„Er tut es gegen seinen Willen“, sagen wir in solchen Fällen manchmal. Diese Wendung darf man indessen nicht missverstehen. [...] Niemand kann etwas gegen seinen [...] Willen tun, denn jedes Tun ist Ausdruck eines Willens. [...] Was die fragliche Redeweise bedeuten muss, ist dieses: Er tut etwas, was er *eigentlich* nicht will, was seinem eigentlichen Willen zuwiderläuft. Zwar will er es, aber er will es nur gezwungenermaßen. [...]

Obwohl er im Prinzip zwischen zwei Dingen entscheiden konnte und also die Wahl hatte, war das eine – der Tod – etwas, für das er sich nicht *wirklich* entscheiden konnte, denn er ist ein derart großes Übel, dass er es unmöglich wollen konnte. Deshalb blieb ihm nichts anderes übrig, als die Forderung des Bankräubers erfüllen zu wollen. [...] So ist es bei jeder Erpressung. Der Erpresser erzwingt in mir einen Willen, den ich ohne seine Drohung nicht hätte.

Unter Hypnose

Nehmen wir an, man hat Sie hypnotisiert und Ihnen auf diesem Wege einen Willen eingepflanzt, den man durch ein Codewort abrufen und aktivieren kann. Wenn man Sie anruft und das Codewort sagt, lassen Sie alles liegen, fahren los und sprengen das Rathaus in die Luft. Anders als vorhin sind jetzt andere im Spiel, etwa Terroristen. Sie sind deren Marionette, man benützt Sie als ein Werkzeug, Sie funktionieren wie ein ferngelenktes Spielzeugauto, mit dem man eine Bombe platziert. Deshalb kann es scheinen, als bestünde Ihre offenkundige Unfreiheit und Versklavung hauptsächlich darin, dass es da Drahtzieher gibt, die Ihnen, ohne dass Sie sich wehren konnten, einen Willen aufgezwungen haben. Doch dieser Eindruck trügt. Es ist oft so, dass andere an unserer Willensbildung beteiligt sind, ohne dass wir uns deshalb unfrei vorkommen. Worauf es ankommt, ist, *wie* sie Einfluss darauf nehmen, was wir wollen. Wenn ihr Einfluss uns unfrei macht, dann deshalb, weil wir, wie im Fall der Hypnose, in unserem Nachdenken übergangen werden. Was der Hypnotiseur ausschaltet, ist unsere Fähigkeit zu überlegen und den Willen in Übereinstimmung mit unseren Schlussfolgerungen zu bilden. Was er uns wegnimmt, ist der kritische Abstand zu uns selbst, der die Freiheit der Entscheidung ausmacht. Wenn die Trance vorbei ist, haben wir diesen Abstand zurückgewonnen. [...] Nach der Tat gewinnen wir die Freiheit der Entscheidung zurück und sind entsetzt, zum einen über die Tat selbst, zum anderen über die Unfreiheit, die uns befallen hatte wie eine Lähmung.

Der Sucht verfallen

Nehmen Sie an, Sie sind einer Sucht verfallen. Stets von neuem greifen Sie zur Zigarette, Tablette oder Flasche. Vielleicht ist es auch eine Spielsucht, die Sie immer wieder ins Casino treibt. [...] Oft schon war Ihnen danach, endlich aufzuhören. Sie haben sich ausgemalt, wohin es auf die Dauer führen würde: zu Krankheit, Ruin oder sogar Tod. Auch kennen Sie andere, denen Ihre Sucht fremd ist oder die sie losgeworden sind. Sie wissen also um andere Möglichkeiten des Tuns und Wollens. Und man hat Ihnen gesagt, was man tun kann, um sich aus dem Griff des zerstörerischen Willens zu befreien. Doch es hat nichts genützt. Sie haben sich all das vor Augen gehalten, Sie haben es sich tausendmal vorgesagt und mögen es sogar aufgeschrieben haben, um sich besser daran festhalten zu können: Bei nächster Gelegenheit haben Sie wieder Jetons oder Schnaps gekauft. Sie sind unfrei, ein Sklave Ihrer Sucht.

Schließlich enden Sie im Krankenhaus oder Armenhaus. „Bedauerlich", sagt man zu Ihnen, „aber Sie wollten es ja so." Sie spüren, dass das irgendwie stimmt und doch auch wieder nicht. Sie möchten sich verteidigen, wissen aber nicht wie, denn es ist ja richtig: Sie wollten trinken, und Sie wollten spielen, Sie wollten es immer wieder, ein halbes Leben lang. Deshalb nicken Sie jetzt kleinlaut. „Schließlich wird niemand zum Trinken gezwungen", sagt man Ihnen weiter, oder: „Für Sie bestand, wie für jeden anderen, die Möglichkeit, einen Bogen um das Casino zu machen." Wieder denken Sie: Das stimmt, und es stimmt nicht. Aber wie sollen Sie erklären, dass es so einfach nicht ist?

Das Handwerk der Freiheit (2001)

M3 Aristoteles: Freiwilligkeit und Unfreiwilligkeit

Für den griechischen Philosophen Aristoteles (384–322 v. Chr.) ist die Freiwilligkeit die Grundlage der Ethik.

Lob und Tadel [gibt es] nur bei dem [...], was freiwillig geschieht, während das Unfreiwillige Nachsicht und manchmal auch Mitgefühl findet [...].

Als unfreiwillig gilt, was unter Zwang oder aus Unwissenheit geschieht. Gewaltsam ist ein Vorgang, dessen bewegendes Prinzip von außen her eingreift, und zwar so, dass bei seinem Einwirken die handelnde oder die erleidende Person in keiner Weise mitwirkt: wenn z. B. jemand durch einen Sturmwind irgendwohin entführt wird, oder durch Menschen, in deren Gewalt er sich befindet.

Taten aber, die aus Angst vor noch größerem Unheil oder für ein edles Ziel ausgeführt werden – wenn z. B. ein Tyrann jemandem ein Verbrechen zu tun befiehlt, dessen Eltern und Kinder er in seiner Gewalt hat, und wenn diesen im Falle der Ausführung der Tat das Leben geschenkt, sonst aber verwirkt wäre – lassen die Streitfrage entstehen, ob sie unfreiwillig oder freiwillig sind. [...]

[I]mmer da, wo das bewegende Prinzip im Menschen liegt, steht es auch in der Macht des Menschen, zu handeln oder nicht zu handeln. So ist denn dieses Handeln freiwillig.

Nikomachische Ethik (350 v. Chr.)

A

1. Erläutern Sie, inwiefern man in Gefangenschaft unfrei ist und welche Freiheiten einem noch bleiben. > M1
2. Diskutieren Sie Peter Bieris Sicht auf die Erpressung, die Hypnose und das Suchtverhalten. > M2
3. Wenden Sie Aristoteles' Unterscheidung von freiwilligem und unfreiwilligem Handeln auf die Fallbeispiele in M2 an und nehmen Sie Stellung zu seiner Auffassung. > M3/M2

Frei *von* etwas und *zu* etwas sein

M1 Isaiah Berlin: Negative und positive Freiheit

Isaiah Berlin (1909–1997) war ein russisch-britischer Philosoph. Bei seiner Antrittsvorlesung an der Universität Oxford traf er 1955 eine wegweisende Unterscheidung zweier Freiheitsbegriffe.

Einen Menschen zwingen heißt ihn seiner Freiheit berauben – seiner Freiheit in Bezug auf was oder von was? [...] Ich möchte hier nun weder die Geschichte dieses [...] Wortes noch jene mehr als zweihundert Bedeutungen erörtern, die die Ideenhistoriker gesammelt haben. Ich möchte nur zwei dieser Bedeutungen untersuchen – aber eben jene beiden zentralen, die viel Menschheitsgeschichte hinter sich und, wie ich behaupten möchte, auch noch vor sich haben. Um die erste dieser politischen Bedeutungen des Begriffs „Freiheit" (*freedom* und *liberty* verwende ich hier gleichbedeutend), um die „negative" Freiheit, wie ich sie nennen möchte, geht es in der Antwort auf die Frage: „In welchem Bereich muss (oder soll) man das Subjekt – einen Menschen oder eine Gruppe von Menschen – sein und tun lassen, wozu es imstande ist, ohne dass sich andere Menschen einmischen?" Um die zweite Bedeutung – ich möchte sie die „positive" Freiheit nennen – geht es in der Antwort auf die Frage: „Von was oder von wem geht die Kontrolle oder die Einmischung aus, die jemanden dazu bringen kann, dieses zu tun oder zu sein und nicht jenes andere?" [...]
Gewöhnlich sagt man, ich sei in dem Maße frei, wie niemand in mein Handeln eingreift, kein Mensch und keine Gruppe von Menschen. Politische Freiheit in diesem Sinne bezeichnet den Bereich, in dem sich ein Mensch ungehindert durch andere betätigen kann. Wenn andere mich daran hindern, etwas zu tun, das ich sonst tun könnte, bin ich insofern unfrei; und wenn andere diesen Bereich über ein bestimmtes Mindestmaß hinaus einengen, kann man von mir sagen, ich unterläge einem Zwang, oder vielleicht auch, ich sei „versklavt". Der Ausdruck „Zwang" erstreckt sich jedoch nicht auf alle Formen von Unvermögen oder Nicht-tun-können. Wenn ich nicht höher als zwei Meter springen kann, wenn ich nicht lesen kann, weil ich blind bin, wenn ich die dunklen Stellen bei Hegel nicht verstehe, wäre es abwegig, zu behaupten, ich sei insofern versklavt oder unterläge einem Zwang. Zwang setzt einen willentlichen Eingriff anderer Menschen in den Bereich voraus, in dem ich sonst handeln könnte. Politische Unfreiheit herrscht nur dort, wo man von Menschen daran gehindert wird, ein Ziel zu erreichen. Bloßes Unvermögen, ein Ziel zu erreichen, ist nicht politische Unfreiheit. [...]
Freisein in diesem Sinne bedeutet für mich, dass ich von anderen nicht behelligt oder gestört werde. Je größer der Bereich der Ungestörtheit, desto größer meine Freiheit. [...] Die Verteidigung der Freiheit widmet sich dem „negativen" Ziel, Einmischung abzuwehren. Einem Menschen mit Verfolgung drohen, wenn er sich nicht einem Dasein unterwirft, in dem ihm jede Wahl verwehrt ist; ihm alle Türen bis auf eine versperren, mag die Aussicht, die sich hinter dieser Tür bietet, auch noch so herrlich sein, mögen die Motive derer, die dies arrangieren, noch so wohltätig sein – heißt gegen die Wahrheit sündigen, dass er ein Mensch ist, ein Wesen, das sein eigenes Leben zu leben hat. [...]
Die „positive" Bedeutung des Wortes „Freiheit" leitet sich aus dem Wunsch des Individuums ab, sein eigener Herr zu sein. Ich will, dass mein Leben und meine Entscheidungen von mir abhängen und nicht von irgendwelchen äußeren Mächten. Ich will das Werkzeug meiner eigenen, nicht fremder Willensakte sein. Ich will Subjekt, nicht Objekt sein; will von Gründen, von bewussten Absichten, die zu mir gehören, bewegt werden, nicht von Ursachen, die gleichsam von außen auf mich einwirken. Ich will jemand sein, nicht niemand; ein Handelnder – einer, der Entscheidungen trifft, nicht einer, über den entschieden wird, ich will selbstbestimmt sein, nicht Gegenstand des

Wirkens der äußeren Natur oder anderer Menschen, als wäre ich ein Ding oder ein Tier oder ein Sklave, der unfähig ist, die Rolle eines Menschen zu spielen, also eigene Ziele und Strategien ins Auge zu fassen und zu verwirklichen. All dies meine ich zumindest auch, wenn ich sage, dass ich vernunftbegabt bin und dass ich mich durch meinen Verstand als menschliches Wesen von der übrigen Welt unterscheide. Vor allem möchte ich meiner selbst als eines denkenden, wollenden, aktiven Wesens bewusst sein, möchte verantwortlich für meine Entscheidungen sein und sie aus meinen eigenen Ideen und Absichten erklären können. Ich fühle mich in dem Maße frei, wie ich glaube, alles dies sei so, und in dem Maße versklavt, wie ich mir klarmachen muss, dass es nicht so ist.

Zwei Freiheitsbegriffe (1958)

H M2 Matthias Warkus: Unterschiedliche Freiheitseinschränkungen

Matthias Warkus (*1981) lehrt Philosophie an den Universitäten Jena und Weimar und ist auch als Publizist tätig.

Was heißt überhaupt Freiheit? Ganz naiv könnte man vielleicht sagen: Frei ist, wer jederzeit tun kann, was er will. [...] Davon, zu tun, was wir wollen, können uns nun äußere Einflüsse abhalten. Es gibt Regeln unterschiedlicher Verbindlichkeit, die mit einem unterschiedlichen Maß an Macht durchgesetzt werden, Verbotsgesetze etwa. Auch wenn ich es gerne möchte: Ich darf innerorts nicht mit 160 Stundenkilometern im Auto durch die Gegend rasen, ich darf niemanden töten und ich darf keine Steuern hinterziehen. Wie stark meine Freiheit dadurch praktisch eingeschränkt ist, hängt davon ab, wie diese Regeln gegenüber meiner Person durchgesetzt werden und welche Einstellung ich zu ihnen habe.

Dann gibt es natürlich auch Umstände, die keine Regeln sind, mich aber gegebenenfalls effektiv davon abhalten, zu tun, was ich will: Wenn ich Plattfüße habe, kann ich tendenziell nicht sonderlich hoch springen; wenn ich wenig Geld habe, kann ich nicht viermal im Jahr in den Urlaub fliegen. Wenn die Mieten in der Nähe meiner Arbeitsstätte exorbitant sind, kann ich dort nicht wohnen, sondern muss pendeln. [...]

All diese verschiedenen Einschränkungen meiner Freiheit auf einen Nenner zu bringen, ist ziemlich schwer. Haben sie überhaupt irgendetwas miteinander zu tun? [...] [Der englische Philosoph Ian Carter stellt] zwei solche Arten von Einschränkungen einander gegenüber [...]. In seinem Beispiel fährt ein starker Raucher auf eine Kreuzung zu, an der er sich völlig uneingeschränkt entscheiden kann, ob er nach rechts oder links abbiegen möchte. Links geht es zum Bahnhof, wo er einen Zug zu einem wichtigen Termin erreichen möchte; rechts befindet sich ein Tabakladen, der bald schließt. Er biegt nach rechts ab, um Zigaretten zu kaufen, um seine Sucht zu befriedigen, obwohl er weiß, dass er dadurch seinen Zug und seinen Termin verpassen wird, was er eigentlich nicht möchte. Wie frei ist dieser Mensch?

Hier kommt eine Unterscheidung ins Spiel, die der Philosoph Isaiah Berlin [...] populär machte: jene zwischen positiver und negativer Freiheit. Negative Freiheit ist Freiheit von äußeren Einschränkungen; positive Freiheit ist die Freiheit, über sich selbst zu bestimmen. Der Raucher in Carters Beispiel ist hinsichtlich seiner Entscheidung an der Kreuzung negativ völlig frei, da ihn keine äußere Einwirkung zwingt, rechts abzubiegen. Positiv ist er jedoch alles andere als frei: Er tut etwas, was ihn anwidert, und unterlässt dafür etwas, was er eigentlich sehr gerne tun möchte.

[...] Positive Freiheit soll immer Selbst-Gesetzgebung des Individuums bleiben; die Fähigkeit, darüber zu entscheiden, was er wirklich will, soll dem einzelnen Menschen nie ganz abgesprochen werden.

Warkus' Welt (2018)

A

1 Erläutern Sie, worin nach Isaiah Berlin der Unterschied zwischen negativer und positiver Freiheit besteht, und fertigen Sie ein Schaubild dazu an. > M1

2 Erläutern Sie Berlins Unterscheidung von negativer und positiver Freiheit anhand der Beispiele aus Matthias Warkus' Text. > M2

3 Diskutieren Sie anhand von Beispielen aus Ihrem Lebensumfeld, inwiefern beide Arten von Freiheit wichtig sind. > M1/M2

Handlungs- und Willensfreiheit

METHODENKOMPETENZ: Zentrale Begriffe der Ethik bestimmen

In einem ethischen Diskurs ist begriffliche Klarheit unerlässlich, um Missverständnisse zu vermeiden. Gerade bei vielschichtigen Bedeutungsebenen eines Begriffs sollte immer eine genaue Definition zugrunde gelegt werden. Es bieten sich v. a. zwei Verfahren an (vgl. *Abenteuer Ethik* 2, S. 56-57):

1. Begriffsklassifikation

- Bestimmen und erläutern Sie den zum Begriff gehörigen Oberbegriff.
- Bestimmen Sie die spezifische Differenz, d. h. das, was den Begriff von anderen Begriffen, die der Oberbegriff umfasst, unterscheidet.
- Erläutern Sie diese Bestimmung durch Beispiele.

2. Abgrenzung von anderen (verwandten/entgegengesetzten) Begriffen:

- Benennen, bestimmen und erläutern Sie den Abgrenzungsbegriff, der wegen seiner Nähe oder Gegensätzlichkeit zu dem zu bestimmenden Begriff zur Unterscheidung dienen kann.
- Erklären Sie in einer Gegenüberstellung, was in Abgrenzung dazu (Gegensätzlichkeit, andere Bedeutungsnuance, etc.) die Besonderheit des zu bestimmenden Begriffs ausmacht.
- Erläutern Sie diese Bestimmung durch Beispiele.

M1 Fernando Savater: Was Freiheit bedeutet

Fernando Savater (*1947) ist Professor für Philosophie an der Universität Madrid.

Der Begriff Freiheit wird [...] in [...] unterschiedlichen Bedeutungen verwendet, die in der Erörterung des Themas häufig durcheinandergeraten. Es ist daher ratsam, sie so weit wie möglich zu unterscheiden.

a) Die Freiheit als Fähigkeit, gemäß den eigenen Wünschen und Plänen zu handeln. Dies ist die gebräuchlichste Bedeutung des Wortes, auf die wir uns am häufigsten beziehen, wenn das Thema im Gespräch auftaucht. Es bezieht sich auf Situationen, in denen physische, psychologische oder rechtliche Hindernisse fehlen, die unseren Willen beschränken könnten. Nach diesem Verständnis ist derjenige frei – sich zu bewegen, zu gehen oder zu kommen –, der nicht gefesselt oder eingesperrt ist, bedroht oder gefoltert wird oder unter Drogeneinfluss steht.

Darüber hinaus ist in diesem Sinne frei – am öffentlichen Leben teilzunehmen, sich um öffentliche Ämter zu bewerben –, wer nicht durch diskriminierende Gesetze an den Rand gedrängt oder ausgeschlossen ist, wer nicht in furchtbarem Elend oder völliger Unwissenheit lebt und so weiter. Meiner Auffassung nach umfasst diese Definition von Freiheit nicht nur die Möglichkeit, das Gewollte anzustreben, sondern auch eine gewisse Chance, es zu erreichen. Wenn es überhaupt keine Erfolgsaussicht gibt, würden wir auch nicht sagen, dass es Freiheit gibt: Vor dem Unmöglichen ist niemand wirklich frei.

b) Die Freiheit zu wollen, was ich will – noch vor jeglichem Versuch, das Gewollte wirklich zu erreichen. [...] So stramm gefesselt oder sicher eingesperrt ich auch sein mag, niemand kann mich daran hindern, eine Reise machen zu wollen – man kann mich lediglich daran hindern, sie tatsächlich anzutreten. Wenn ich nicht will, kann mich niemand zwingen, meinen Folterer zu hassen oder die verordneten Meinungen zu glauben, die er mir mit Gewalt aufnötigen will. Mein Wollen ist frei, auch wenn die Umstände die Möglichkeit seiner Ausführung vereiteln. [...] Ein Beispiel dafür unter Tausenden bot der Stoiker Cato der Jüngere im alten Rom, als er die Rebellion der Republikaner gegen Cäsar unterstützte. Nachdem die Rebellen besiegt waren, sagte Cato [...], die Sache der Besiegten habe zwar den Göttern missfallen, ihm selbst jedoch gefallen. Die Götter – die Notwendigkeit, die Geschichte, das Unvermeidliche – können die Pläne des Menschen vereiteln. Doch sie können nicht verhindern, dass er diese Pläne hat und keine anderen. *Die Fragen des Lebens (1999)*

M2 Bestimmung des Begriffs *Handlungsfreiheit* durch Begriffsklassifikation:

Handlungsfreiheit ist nicht mit Freiheit schlechthin gleichzusetzen, sondern stellt – neben Willensfreiheit, Wahlfreiheit usw. – eine spezifische Form von Freiheit dar. Mit dem Oberbegriff Freiheit bezeichnet man einen Zustand, in dem jemand nicht durch irgendwelche Bedingungen oder Zwänge eingeschränkt wird, also unabhängig ist.

Oberbegriff: Freiheit

Bei der Handlungsfreiheit bezieht sich diese Unabhängigkeit speziell auf das Handeln des Menschen. Jemand ist in diesem Sinne frei, wenn er seine Pläne und Absichten verwirklichen kann, d. h., wenn er das, was er will, auch ausführen kann, ohne dass er durch äußere Einschränkungen daran gehindert wird.

Spezifische Differenz von Handlungsfreiheit

Über Handlungsfreiheit verfügt jemand z. B. dann, wenn er seinen Willen, eine Urlaubsreise anzutreten, ungehindert in die Tat umsetzen kann. Unfrei ist er dann, wenn er durch behördliche Reisebeschränkungen im Zuge einer Pandemie, daran gehindert wird, in den Urlaub zu fahren.

Beispiel

M3 Bestimmung des Begriffs *Willensfreiheit* durch Abgrenzung

Der Begriff Willensfreiheit kann von dem der Handlungsfreiheit abgegrenzt werden.

Jemand besitzt Handlungsfreiheit, wenn er tun und lassen kann, was er will. D. h. er ist in seinem Handeln frei und wird nicht daran gehindert, seinen Willen, etwa sich ein neues Smartphone zu kaufen oder seine Meinung zu einem bestimmten politischen Ereignis zu posten, in die Tat umzusetzen.

Abgrenzungsbegriff: Handlungsfreiheit

Der Begriff Willensfreiheit bezieht sich dagegen auf den Willen, der einer Handlung zugrundeliegt. Die Frage ist nicht, ob ich meinen Willen ungehindert verwirklichen kann, sondern ob der Wille selbst frei zustande kommt. Unter Willensfreiheit versteht man die Freiheit *zu wollen*, was man will – noch vor jedem Versuch, das Gewollte wirklich zu erreichen. Ein Wille ist dann frei, wenn durch nichts bedingt ist.

Gegenüberstellung von Willensfreiheit

Bedingt wäre z. B. ein Wille, wenn er auf einer Sucht (etwa Drogensucht) beruht oder auf psychischen Zwängen, z. B. einer Neurose. Wenn derartige determinierende Faktoren nicht vorliegen, ist der Wille frei, selbst wenn das dem Willen entsprechende Handeln nicht möglich sein sollte. So konnte man zwar z. B. Nelson Mandela ins Gefängnis sperren, doch seine Ablehnung der Apartheid dadurch nicht ändern.

Beispiel

M4 Anwendung: Bestimmung weiterer Freiheitsbegriffe

ANWENDUNG

- Freiwilligkeit (vgl. S. 25, M3)
- Wahlfreiheit (vgl. S. 38, M1)
- Positive Freiheit (vgl. S. 26, M1)
- Selbstbestimmung (vgl. S. 40f., M2)

A

1 Vollziehen Sie nach, wie die Begriffe *Handlungsfreiheit* und *Willensfreiheit* durch Begriffsklassifikation bzw. Abgrenzung bestimmt werden. > M1–M3

2 Bestimmen Sie die Begriffe, indem Sie eines der vorgeschlagenen Verfahren anwenden. > M4

Wenn die Handlungsfreiheit eingeschränkt wird – Beispiel: Corona-Pandemie

M1 Demonstration mit Distanz

Nachdem einige Städte Demonstrationen wegen der Corona-Regeln verboten hatten, entschied das Bundesverfassungsgericht am 15.04.2020, dass das Grundrecht auf Versammlungsfreiheit nicht eingeschränkt werden darf, wenn der Mindestabstand von 1,5 Metern zwischen den Teilnehmenden eingehalten wird.

Demonstration für Freiheitsrechte auf dem Marienplatz in München am 17.04.2020

M2 Unverhältnismäßige Freiheitseinschränkungen

Der Zittauer Videoproduzent Steffen Golembiewski und 23 weitere Bürgerinnen und Bürger haben am 06.04.2020 eine Erklärung zum Umgang mit dem Corona-Virus veröffentlicht.

Wir protestieren gegen die massiven, unverhältnismäßigen Grundrechtsverletzungen durch Einschränkung unserer persönlichen Freiheit und die unabsehbaren Folgen für unsere wirtschaftliche und damit existentielle Basis.

Die Aussetzung der Bürgerrechte wird mit einer fraglichen und einseitigen Risikobewertung der Corona-Gefahr begründet. Wir sollen die wissenschaftlich nicht erwiesene Annahme hinnehmen, das Virus sei gefährlicher als jede bisher bekannte „normale“ Grippe. Unsere Auffassung: Mithilfe in falsche Zusammenhänge gebrachter Zahlen und Statistiken werden die Menschen massiv in Angst und Panik versetzt. Es wird zum Beispiel nicht unterschieden, ob ein Patient „an Corona“ oder „mit Corona“ verstorben ist, obwohl dies für eine seriöse Bewertung elementar wäre. Wir wissen aus öffentlich zugänglichen Quellen, dass jedes Jahr täglich zum Beispiel in Deutschland ca. 2.600 Menschen versterben. In Italien sind dies ca. 1.700 Menschen täglich. Aus den dieser Tage veröffentlichten Zahlen ist kein signifikanter Anstieg zu erkennen.

Angesichts dessen sind die angeordneten Maßnahmen unverhältnismäßig, insbesondere da sie die gesamte Bevölkerung dafür in Haft nehmen, obwohl das Virus für mindestens 95% der Bevölkerung ungefährlich ist. Massive Grundrechtsverletzungen, wie die Einschränkungen des Persönlichkeitsrechts, der Wegfall der Versammlungsfreiheit, das Verbot ungehinderter Berufsausübung oder die Beschneidungen der Religionsausübung, werden rechtsstaatswidrig als alternativlose Gegenmaßnahmen vermittelt. [...] Eigenverantwortliches Handeln wird uns mündigen Bürgern abgesprochen. [...]

Wir fordern:

- Eine vernünftige Risikobewertung und daran ausgerichtet verhältnismäßige Schutzmaßnahmen.
- Sofortige Wiedereinführung aller Bürgerrechte.
- Sofortige Wiederaufnahme des Wirtschaftsbetriebes!

Facebook 06.04.2020

M3 Juli Zeh: Grundrechte sind kein Luxus nur für gute Zeiten

Die Juristin Juli Zeh (*1974) ist Verfassungsrichterin des Landes Brandenburg und Schriftstellerin.

Heute zeigen sich laut „Politbarometer“ knapp 90 Prozent der Deutschen mit Maßnahmen einverstanden, die aufgrund der Ausbreitung von Covid-19 große Teile ihrer Grundfreiheiten quasi auf null setzen. Binnen weniger Wochen wurden Schulen und Kitas geschlossen, Ausgangssperren und Arbeitsverbote erlassen, Gottesdienste unterbunden, Reise- und Versammlungsfreiheit abgeschafft. Die Telekom übermittelt Handy-Daten ans Robert Koch-Institut, um „Bewegungsströme“ zu analysieren. [...] Es ist von Krieg, Notstand und „Ermächtigung“ die Rede. Die Liste der betroffenen Grundgesetzartikel ist unglaublich lang. […]

Natürlich ist es notwendig und richtig, etwas gegen die Ausbreitung von Covid-19 zu unternehmen. Nicht notwendig oder richtig ist die Behauptung, es müsse „alles getan“ werden, weil im „Krieg gegen das Virus“ alles erlaubt sei. Solche Äußerungen ignorieren die Existenz von Rechtsstaatlichkeit und Grundrechtsschutz. […]

Das Coronavirus steigert das Unbehagen an der zeitgenössischen Lebensform zu panischen Reflexen wie kein anderes Ereignis der vergangenen Jahrzehnte. Angesichts der Pandemie verwandelt sich Politik zunehmend in eine Form von Gefahrenabwehr. Dabei heiligt der Zweck die Mittel und duldet keinen Widerspruch. Wer dem Streben nach Sicherheit die Idee von Freiheit entgegensetzen will, muss sich sagen lassen, ihm seien die unzähligen potenziellen Opfer egal. Auf diese Weise entsteht ein giftiger Antagonismus, der die demokratische Diskursfähigkeit zerstört: Menschenrechte gegen Menschenleben.

Entweder wir verhindern schlimmes Leid oder wir halten uns an die freiheitliche Grundordnung. Dieser Fundamentalirrtum betrachtet unser Grundgesetz als Schönwetter-Papier, das Gültigkeit besitzen mag, solange alles einigermaßen gut läuft. In Krisensituationen aber sollen andere Regeln gelten. Dann werden Grundrechte zu einem Luxus, den man sich „in Zeiten wie diesen“ nicht mehr erlauben zu können glaubt.

Dabei ist das Grundgesetz in Wahrheit viel klüger als jede apokalyptische Rhetorik, die Menschenrechte und Menschenleben als unvereinbar erscheinen lässt. Der Ausgleich zwischen Freiheit und Sicherheit als konkurrierende Wertekonzepte gehört zum Kerngeschäft unserer Verfassungswirklichkeit. Auch die Vermittlung zwischen allgemeinen und persönlichen Interessen ist alltägliche Daueraufgabe. Der Schlüssel zur Lösung heißt „Verhältnismäßigkeit“. Niemals, auch nicht „in Zeiten wie diesen“, heiligt der Zweck sämtliche Mittel.

Eine freiheitsbeschränkende Maßnahme muss immer geeignet sein, ihr Ziel überhaupt zu erreichen. Sie muss außerdem erforderlich sein, das heißt, sie muss das „mildest mögliche Mittel“ darstellen. Es gibt kein Recht des Staates darauf, so viel wie möglich zu tun und alles Denkbare auszuprobieren, in der Hoffnung, irgendetwas davon möge zum Erfolg führen. Auch in Krisenzeiten gilt nicht „Viel hilft viel“, sondern „So viel wie nötig, so wenig wie möglich“. […]

Die Aufgabe von demokratischer Politik […] [besteht] nicht darin, ein vermeintliches Optimum herauszufinden, sondern Legitimität herzustellen. Die Bürger haben ein Recht darauf zu hinterfragen, ob allgemeine Kontaktverbote tatsächlich milder sind als zum Beispiel die sogenannte Umkehrisolation, bei der Risikogruppen gezielt geschützt werden. Oder warum man uns verpflichtet, zu Hause zu bleiben, statt das Tragen von Mundschutz anzuordnen, um das öffentliche Leben fortsetzen zu können. Das sind keine pietätlosen Fragen, sondern notwendige Bestandteile einer Abwägung, die unerlässlich ist, um Grundrechtseingriffe im Rahmen der Verfassung zu legitimieren. […]

Demokratisches Handeln muss also stets berücksichtigen, dass es entgegenstehende, schutzwürdige Interessen gibt. Wer dabei vergisst, dass ein allgemeines Lebensrisiko existiert, weshalb wir trotz aller Sehnsucht nach Sicherheit niemals in der Lage sein werden, Krankheiten, Unfälle oder Verbrechen endgültig zu verhindern, wird notorisch über das Ziel hinausschießen.

Focus Magazin Nr. 15 vom 04.04.2020

A

1 Erläutern Sie den Konflikt, der mit der Frage des Verbots bzw. der Erlaubnis von Demonstrationen angesprochen ist. > M1

2 Recherchieren Sie, welche Maßnahmen seit Beginn der Corona-Pandemie 2020 in Deutschland getroffen wurden, um die Ausbreitung des Virus einzudämmen. Beurteilen Sie, inwiefern dadurch gesetzlich garantierte Grundfreiheiten eingeschränkt wurden. > M1 H

3 Erarbeiten Sie Steffen Golembiewskis Argumente gegen Freiheitseinschränkungen. > M2

4 Analysieren Sie Juli Zehs Auffassung der Aufgabe demokratischer Politik und beurteilen Sie ihren Vorschlag zur Abwägung von Freiheit und Sicherheit. > M3

Ist mein Wille wirklich frei?

M1 Arthur Schopenhauer: Handlungen unter Voraussetzung der Willensfreiheit

Der deutsche Philosoph Arthur Schopenhauer (1788-1860) gewann mit seiner Schrift *Über die Freiheit des menschlichen Willens* 1839 den Preis der Königlich Norwegischen Societät der Wissenschaften.

[Wir] [...] wollen [...] uns einen Menschen denken, der, etwa auf der Gasse stehend, zu sich sagte: „Es ist 6 Uhr abends, die Tagesarbeit ist beendigt. Ich kann jetzt einen Spaziergang machen; oder ich kann in den Klub gehn; ich kann auch auf den Turm steigen, die Sonne untergehn zu sehn; ich kann auch ins Theater gehn; ich kann auch diesen oder aber jenen Freund besuchen; ja ich kann auch zum Tor hinauslaufen, in die weite Welt, und nie wiederkommen. Das alles steht allein bei mir, ich habe völlige Freiheit dazu; tue jedoch davon jetzt nichts, sondern gehe ebenso freiwillig nach Hause, zu meiner Frau." Das ist geradeso, als wenn das Wasser spräche: „Ich kann hohe Wellen schlagen (ja! nämlich im Meer und Sturm), ich kann reißend hinabeilen (ja! nämlich im Bette des Stroms), ich kann schäumend und sprudelnd hinunterstürzen (ja! nämlich im Wasserfall), ich kann frei als Strahl in die Luft steigen (ja! nämlich im Springbrunnen), ich kann endlich gar verkochen und verschwinden (ja! bei 80° Wärme); tue jedoch von dem allen jetzt nichts, sondern bleibe freiwillig, ruhig und klar im spiegelnden Teiche." Wie das Wasser jenes alles nur dann kann, wann die bestimmenden Ursachen zum einen oder zum andern eintreten; ebenso kann jener Mensch, was er zu können wähnt, nicht anders als unter der selben Bedingung. Bis die Ursachen eintreten, ist es ihm unmöglich: dann aber muss er es sogar wie das Wasser, sobald es in die entsprechenden Umstände versetzt ist. [...]

Ich kann [...], *wenn ich will*, alles, was ich habe, den Armen geben und dadurch selbst einer werden – wenn ich *will*! – Aber ich vermag nicht, es zu *wollen*; weil die entgegengesetzten Motive zu viel Gewalt über mich haben, als dass ich es könnte. Hingegen, wenn ich einen anderen Charakter hätte, und zwar in dem Maße, dass ich ein Heiliger wäre, dann würde ich es wollen können; dann aber würde ich [...] auch nicht umhinkönnen, es zu wollen, würde es also tun müssen. [...]

Unter der Voraussetzung der Willensfreiheit wäre jede menschliche Handlung ein unerklärliches Wunder – eine Wirkung ohne Ursache.

Die beiden Grundprobleme der Ethik (1841)

M2 Wolfgang Prinz: Wie Entscheidungen entstehen

Wolfgang Prinz (*1942) war bis 2010 Direktor des Max-Planck-Instituts für Kognitions- und Neurowissenschaften in Leipzig. Im folgenden Interview erklärt er die in der Hirnforschung vorherrschende Auffassung zur Frage der Willensfreiheit.

Frage: Sie gehen von Ihrem Forschungsbereich der Handlungssteuerung immer wieder auch in philosophische Bereiche, beschäftigen sich mit [...] der Frage nach der Willensfreiheit. In diesem Zusammenhang haben Sie den Satz geprägt: „Wir tun nicht, was wir wollen, sondern wir wollen, was wir tun." Was meinen Sie damit? [...]

Wolfgang Prinz: Wir glauben, dass wir, wenn wir handeln, uns erst entscheiden und dann tätig werden. Ich als mentaler Akteur kommandiere meinen physischen Körper: Ich tue, was ich will. Die Wissenschaft erklärt unser Handeln aber anders. [Einige Experimente der Hirnforschung deuten darauf hin, dass] eine Entscheidung früher im Gehirn als im Bewusstsein einer Person statt[findet]. Das kann nur bedeuten, dass unser bewusster Willensimpuls so etwas wie ein Ratifizieren einer Entscheidung ist, die das Gehirn schon getroffen hat: Ich will, was ich tue. [...] [Darüber hinaus ist] die Idee eines freien menschlichen Willens [...] mit wissenschaftlichen Überlegungen prinzipiell nicht zu vereinbaren. Wissenschaft geht davon aus, dass alles, was geschieht, seine Ursachen hat und dass man diese Ursachen finden kann. Für mich ist unverständlich, dass jemand, der empirische Wissenschaft betreibt, glauben kann, dass freies, also nichtdeterminiertes Handeln denkbar ist.

Hirnforschung und Willensfreiheit (2004)

M3 John Hospers: Der freie Wille – ein bloßer Aberglaube

John Hospers (1908-2011) war Professor für Philosophie an der University of Southern California.

Mit jedem Tag, der vergeht, kann die Wissenschaft uns mehr sagen über die Gründe von Dingen – über die determinierenden Faktoren, die bewirken, dass etwas so geschieht, wie es geschieht. Dies schließt menschliche Handlungen ebenso ein wie Vorgänge in der physikalischen Welt: Wir wissen mehr als je zuvor über die Gründe dafür, dass sich die Leute so verhalten, wie sie sich verhalten.

Zukünftige Ereignisse werden mehr und mehr vorhersagbar. Früher waren Sonnenfinsternisse nicht vorhersagbar, jetzt können wir ihr Auftreten 10000 Jahre im Voraus und bis auf die Zehntelsekunde vorhersagen. Früher konnte der Weg eines Projektils nicht vorhergesagt werden; jetzt kann er mit einer solchen Genauigkeit geplant werden, dass wir wissen, wie wir es anfangen müssen, damit es ein Ziel in bestimmter Entfernung gerade im richtigen Moment trifft.

Selbst wenn wir nicht genau wissen, was geschehen wird, z. B. wie ein Stein den Berg hinabrollen wird, so ist dies nicht deswegen so, weil der Weg des Steins nicht vollständig bestimmt wäre durch die Kräfte, die auf ihn wirken, sondern deswegen, weil wir nicht jede dieser Kräfte kennen: wo genau der Stein diese Felsspalte trifft, ob die glatte Seite des Steins beim Herabrollen vom Berg auf den glatten Teil des Bodens stößt, während dieses bestimmten Teils seiner Reise abwärts und so weiter. Wir kennen die Gesetze, aber nicht alle Ausgangsbedingungen. Aber niemand – zumindest niemand, der auch nur etwas von Wissenschaft versteht – glaubt, dass der Weg des Steins nicht berechnet werden könnte, wenn wir die tausendundeinen Faktoren, die betrachtet werden müssen, wenn der Weg des Steins bergabwärts berechnet wird, kennen würden oder uns darum bemühten, sie kennenzulernen.

Nun hat niemals irgendjemand behauptet, dass Steine frei sind oder einen freien Willen haben. Es ist aber wohl behauptet worden, dass Menschen dies haben, und die Wissenschaft zeigt schrittweise, was diese Behauptung ist – ein bloßer Aberglaube. Wir wissen heute viel mehr als je zuvor über die Erbanlage und Umweltbedingungen, die Gesetze des menschlichen Verhaltens, all die Faktoren, die bewirken, dass die Menschen sich so verhalten, wie sie sich verhalten. Der Mensch wird mehr und mehr dem Stein ähnlich. Er mag denken, er sei frei, aber dies ist ein Irrtum: Er ist nicht eine Spur freier als der Stein. Die Kräfte, die auf ihn wirken, sind komplexer und daher schwieriger zu entdecken als die, die auf den Stein wirken; aber es ist hier wie dort ähnlich. Ob er weiß, was sie sind oder nicht, es gibt sie, und sie machen ihn unausweichlich zu dem, was er ist, und bestimmen das, was er tut. Jeder, der die Gesetze und alle seine Umstände zu jeder Zeit kennt, könnte alles vorhersagen, was er in jeder zukünftigen Situation tun würde; er könnte, kurz gesagt, zeigen, wie jeder Moment des menschlichen Lebens determiniert ist.

An Introduction to Philosophical Analysis (1970)

A

1. Erläutern Sie Schopenhauers Auffassung, dass Handlungen unter der Voraussetzung der Willensfreiheit ein unerklärliches Wunder wären. > M1
2. Diskutieren Sie die Auffassung von Wolfgang Prinz zur Frage der Determiniertheit menschlichen Handelns. > M2
3. Rekonstruieren Sie Hospers Begründung dafür, dass Willensfreiheit eine Illusion ist. > M3

Willensfreiheit auf dem Prüfstand

M1 Ansgar Beckermann: Die Experimente Benjamin Libets

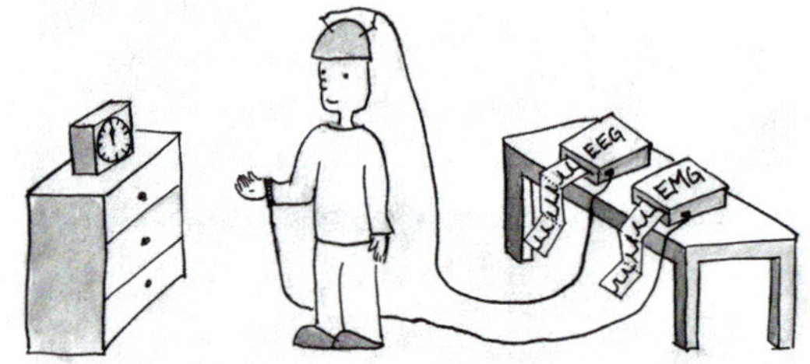

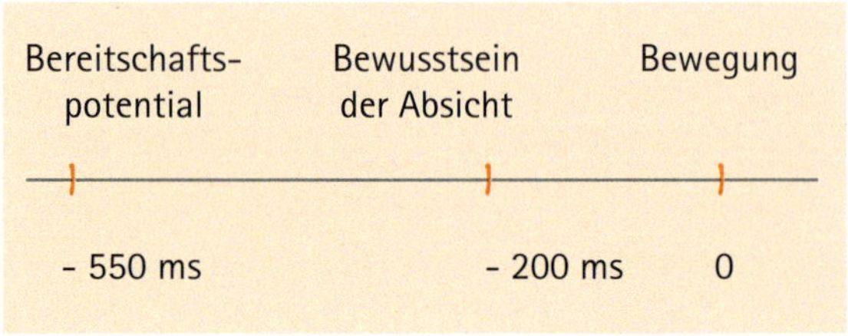

Zu den empirischen Befunden, die in den Augen vieler Neurobiologen gegen die Möglichkeit von Willensfreiheit sprechen, gehören insbesondere die Resultate der Experimente von Benjamin Libet [...]. Der Versuchsaufbau sieht so aus: Eine Person sitzt vor einem Tisch, auf dem eine sehr schnell laufende Uhr steht. Die Person erhält folgende Instruktion: 1. Führe innerhalb eines bestimmten Zeitraums, wann immer du möchtest, eine Handbewegung aus. (Die Person kann also den Zeitpunkt der Ausführung der Bewegung frei bestimmen.) 2. Merke dir den Zeitpunkt, an dem dir bewusst wird, dass du die Hand bewegen willst. (Dafür muss sich die Person die Stellung des Zeigerpunktes der Uhr merken.) Während der ganzen Zeit wird über am Schädel der Person angebrachte Elektroden ihr EEG abgeleitet.

Die Ergebnisse des Experiments waren auf den ersten Blick tatsächlich verblüffend. Der bewusste Wille, die Bewegung auszuführen, wird von den Versuchspersonen im Mittel 200 ms vor Ausführung der Bewegung registriert. Jedoch bereits 550 ms bevor sich die Hand bewegt, baut sich ein Bereitschaftspotential auf, das anzeigt, dass im Gehirn der Versuchsperson eine Bewegung vorbereitet wird. Schon 350 ms, d. h. eine Drittelsekunde bevor den Versuchspersonen bewusst wird, dass sie die Bewegung ausführen wollen, beginnt ihr Gehirn also mit der Vorbereitung der Ausführung dieser Bewegung.

Das ist sicher verblüffend. Aber was folgt daraus [...] für die Frage nach der Willensfreiheit?

Roth kommt in seinem Buch *Fühlen, Denken, Handeln* zu einem klaren Schluss: Die Experimente von Libet [...] zeigen, dass es keine Willensfreiheit gibt. Warum? [...] Die zeitliche Reihenfolge ist das entscheidende Argument für Roth. Der Willensakt kommt zu spät; er tritt erst auf, wenn die Entscheidung längst gefallen ist, wenn das Gehirn bereits entschieden hat. Also wird das, was geschieht, nicht durch den Willensakt, sondern durch Gehirnprozesse bestimmt.

Gehirn, Ich, Freiheit (2008)

M2 Brigitte Falkenburg: Kritische Betrachtung der Versuche Libets

Brigitte Falkenburg (*1953) ist Professorin für Philosophie an der Technischen Universität Dortmund.

Den Zeitpunkt der Handlungsabsicht im Vergleich zum Bereitschaftspotential zu messen, stellt das experimentelle Verhältnis von Reiz und Reaktion auf den Kopf. Ein mentaler Reiz – die Absicht, die Hand zu bewegen, die im Bewusstsein auftaucht – wird mit der Messung einer physischen Reaktion – dem Bereitschaftspotential – verknüpft. Da sich der mentale „Reiz“ nicht experimentell überprüfbar im Bewusstsein der Versuchsperson isolieren lässt, ist ein wichtiges Kriterium dafür verletzt, das experimentelle Ergebnis verlässlich zu deuten.

[...] Libets Vorstellung von einem Handlungswillen, der sich als isoliertes mentales Ereignis vom Rest des Bewusstseins abhebt, ist eine Idealisierung. Dabei kann er überhaupt nicht kontrollieren, welche kausal

relevanten Faktoren er vernachlässigt. Nach den Kriterien der experimentellen Methode […] ist schlicht und einfach völlig unklar, was Libet eigentlich genau gemessen hat. […]
Nach Henrik Walter und anderen Kritikern war die entscheidende Absicht beim Libet-Experiment nicht, die Hand zu bewegen, sondern vielmehr die Absicht, den Instruktionen des Experimentators gerecht zu werden. Libets Anweisung an die Versuchsperson war, „nicht im Voraus zu planen, wann sie handeln würde; sie sollte vielmehr die Handlung ‚von sich aus' erscheinen lassen". […] Was sie dann spürten, war aber nicht ihre Handlungsabsicht, sondern […] eine periphere Muskelspannung, die sie dazu brachte, anweisungsgemäß einen Bewegungsdrang zu verspüren. „Wenn dies stimmt, dann zeigt sich, dass eine bewusste Absicht unmittelbar vor der Bewegung selbst keine Rolle mehr spielt, allenfalls die bewusste Empfindung des Überschreitens einer Schwelle. Die Personen warteten auf ein Startsignal, mit der schon längst gefassten Absicht, einen Finger zu bewegen." Zur Deutung des Experiments akzeptierten sie nur das blanke empirische Resultat: Neuronale Prozesse leiten die (freiwillige? oder von Libet gewollte? oder durch eine Empfindung verursachte?) Handbewegung ein, bevor die Versuchsperson konstatiert, dass sie einen Bewegungsimpuls spürt. Darüber hinaus heben sie hervor, dass absichtliche Handlungen oft auf einer längeren Zeitskala geplant werden – auf Tage, Wochen, Monate oder Jahre im Voraus.

Mythos Determinismus (2012)

M3 Ansgar Beckermann: Mein Gehirn oder ich?

Ansgar Beckermann (*1945) war von 1995 bis 2012 Professor für Philosophie an der Universität Bielefeld.

Bestenfalls […] zeigen [die Forschungen Libets], dass im Gehirn einer Person zu einem Zeitpunkt neuronale Prozesse stattfinden, die an der Verursachung bestimmter Handlungen beteiligt sind, der vor dem Zeitpunkt liegt, an dem sich die Person bewusst wird, eine entsprechende Entscheidung getroffen zu haben. Bedeutet dies, dass das Gehirn Entscheidungen trifft, bevor die Person sie treffen kann? Nur, wenn man voraussetzt, dass es einen klaren Gegensatz zwischen Person und Gehirn gibt: Wenn die Person etwas entscheidet, wird es nicht vom Gehirn entschieden, und umgekehrt. Dieser Gegensatz scheint mir auf einem cartesischen* […] Menschenbild zu beruhen, demzufolge Personen etwas sind, das außerhalb des natürlichen Ereigniszusammenhangs steht und das in der Lage ist, von außen in diesen Zusammenhang einzugreifen. Und dieses Menschenbild ist […] unhaltbar. Menschen sind biologische Wesen mit besonderen kognitiven Fähigkeiten – nicht mehr, aber auch nicht weniger. Wenn das so ist, spricht aber sehr viel für die Annahme, dass mentale Eigenschaften und Prozesse neuronal realisiert sind. Mit anderen Worten: Wenn wir vor einer Entscheidung überlegen, was wir tun sollen (und diese Überlegungen laufen sicher zum Teil unbewusst ab), dann ist auch dieser Überlegensprozess neuronal realisiert, d. h., dann gibt es einen neuronalen Prozess, der in einem bestimmten Sinne dieser Überlegensprozess ist. So gesehen ist es also erstens gar kein Wunder, wenn unseren Entscheidungen neuronale Prozesse vorhergehen. Und zweitens folgt daraus keinesfalls, dass nicht wir diese Entscheidungen treffen. Dass ich eine Entscheidung treffe, kann doch nichts anderes heißen, als dass diese Entscheidung auf meinen Wünschen, meinen Präferenzen* und meinen Überlegungen beruht. Und dass diese Wünsche, Präferenzen und Überlegungen neuronal realisiert sind, ändert überhaupt nichts daran, dass es sich dabei um meine Wünsche, meine Präferenzen und meine Überlegungen handelt. Kurz: Aus naturalistischer Sicht ist das, was Libet festgestellt hat, genau das, was man sowieso hätte erwarten sollen.

Greifen die Argumente der Hirnforscher zu kurz? (2005)

A

1 Erläutern Sie Libets Experiment anhand der Abbildungen. > M1
2 Diskutieren Sie Roths Schlussfolgerung aus dem Libet-Experiment. > M1
3 Stellen Sie die Argumente gegen eine deterministische Deutung des Libet-Experiments zusammen. > M2/M3
4 Nehmen Sie Stellung im Streit um die Deutung des Libet-Experiments. > M1–M3

Spielräume der Freiheit

M1 Der Mensch – eine Maschine?

Michael F. Patt

M2 Julian Nida-Rümelin: Die naturalistische Unbestimmtheit unserer Entscheidungen

Julian Nida-Rümelin (*1954) ist Professor für Philosophie an der Universität München. 2001/2002 war er Kulturstaatsminister in Berlin.

Wie verhält sich Freiheit zu Kausalität? [...] [Die Frage lautet], ob *naturalistische Bestimmtheit* mit der Freiheit menschlicher Entscheidung vereinbar ist. Ich verstehe dabei „naturalistische Bestimmtheit" [...] im Sinne der vollständigen Erklärbarkeit von Ereignissen durch naturwissenschaftliche Theorien. [...] Stellen Sie sich vor, Sie sind zu Hause als Heimwerker tätig. Ein Physiker beobachtet Sie und registriert alle Vorgänge auf das genaueste. Ihm stehen alle Analyse-Instrumentarien der klassischen Physik zur Verfügung. Er wird jede beschleunigte Bewegung auf Grund einwirkender Kräfte erklären können. [...] [Es] ist nicht anzunehmen, dass irgendein Ereignis während Ihrer Heimwerkerei sich einer befriedigenden Erklärung im Rahmen klassischer Physik verweigern wird. Dass bei Ihrer Heimwerkerei ein biologischer Körper, nämlich der Ihre, und die mit den Möglichkeiten der klassischen Physik nicht zu berücksichtigenden biologischen Gesetzmäßigkeiten eine nicht unwesentliche Rolle spielen, fällt in der physikalischen Beschreibung des Prozesses gar nicht auf. *A fortiori** gilt das für [...] die, wie wir annehmen wollen, rationalen Absichten, die Ihre Heimwerkerei steuern. Diese „höheren" Ebenen der [...] intentionalen Erklärung bleiben auf der physikalischen Beschreibungsebene *unauffällig*. [...]

Man kann, da unsere Entscheidungen auf der Abwägung von Gründen beruhen, dies auch so formulieren, dass unsere *Handlungsgründe naturalistisch* unterbestimmt sind. [...] Naturalistisch unterbestimmt ist ein Ereignis oder ein Vorgang, [...] wenn es nicht möglich ist, aus einer vollständigen Beschreibung eines vorausgehenden Weltzustandes und den bestehenden naturwissenschaftlichen Gesetzmäßigkeiten das betreffende Ereignis (den Vorgang, die Tatsache) deduktiv* herzuleiten. [...] Die naturwissenschaftlichen Gesetzmäßigkeiten legen zusammen mit einem in naturwissenschaftlicher Terminologie vollständig beschriebenen Weltzustand den jeweiligen Nachfolgezustand nicht fest. Zu jedem naturwissenschaftlich beschreibbaren Weltzustand zum Zeitpunkt t_1 gibt es eine Menge von möglichen Zuständen, die ohne Verletzung der naturwissenschaftlichen Gesetzmäßigkeiten zum Zeitpunkt t_2 bestehen können. Die naturalistische Unterbestimmtheit unseres Verhaltens, d. h. des öffentlich zugänglichen und naturwissenschaftlich beschreibbaren Bestandteils unserer Handlungen äußert sich dann darin, dass in diesem Möglichkeitsraum, d. h. in der Menge von Nachfolgezuständen zu t2 eine Vielzahl alternativer Verhaltensweisen der betreffenden Person enthalten ist. [...] Die vollständige naturwissenschaftliche Beschreibung der Ausgangsbedingungen belässt einen Spielraum der Freiheit, einen Spielraum der Effektivität von Deliberation*, einen Spielraum alternativer Möglichkeiten des Beabsichtigens und des Handelns.

Über menschliche Freiheit (2005)

M3 Thomas Nagel: Die Unzulänglichkeit des Reduktionismus

Thomas Nagel (s. S. 18) lehrte an der New York University School of Law.

Wir Menschen sind Bestandteil der Welt, und der Wunsch nach einem einheitlichen Weltbild lässt sich nicht unterdrücken. Im Licht großer Erfolge mag es zunächst naheliegen, diese Einheit des Weltbilds durch eine vergrößerte Reichweite von Physik und Chemie anzustreben, die so vieles an der Naturordnung erklären konnten. Diese Erfolge haben bislang die Form einer Reduzierung [...] angenommen: Es gilt, die Grundelemente zu entdecken, aus denen alles zusammengesetzt ist [...].

Die Molekularbiologie vergrößert ständig unser Wissen von unserer eigenen physikalischen Zusammensetzung, Wirkungsweise und Entwicklung. Soweit wir das sagen können, ist unser geistiges Leben mitsamt unseren subjektiven Erfahrungen und das geistige Leben anderer Lebewesen letztlich stark mit den physikalischen Ereignissen im Gehirn verknüpft [...].

Vielleicht sind es diese Entwicklungen in der Neurophysiologie und Molekularbiologie, die zu der Hoffnung ermuntert haben, den Geist in eine einzige physikalische Konzeption der Welt einfügen zu können [...]. Als Analysen des Mentalen sind alle [...] [reduktionistischen] Theorien jedoch unzureichend, weil sie etwas Entscheidendes unberücksichtigt lassen, was jenseits der von außen beobachtbaren Gründe dafür liegt, anderen mentale Zustände zuzuschreiben, nämlich den Aspekt mentaler Phänomene, der vom Standpunkt der ersten Person, aus der Binnenperspektive des bewussten Subjekts, evident ist: wie einem zum Beispiel Zucker schmeckt oder wie Rot aussieht oder wie Zorn empfunden wird. [...]

Das Bewusstsein ist das hervorstechendste Hindernis für einen umfassenden Naturalismus, der einzig auf den Ressourcen der physikalischen Wissenschaften beruht. Die Existenz des Bewusstseins impliziert offenbar, dass die physikalische Beschreibung des Universums trotz ihres Detailreichtums und ihrer Erklärungskraft nur ein Teil der Wahrheit ist und dass die Naturordnung bei weitem weniger schlicht ist, als sie es wäre, wenn Physik und Chemie alles erklärten.

Geist und Kosmos (2012)

Naturalismus und Reduktionismus

Unter *Naturalismus* versteht man die Auffassung, dass alles (auch Geistiges und Sittliches) ausschließlich auf natürliche Prozesse zurückzuführen und kausal erklärbar ist. Demnach kann es Willensfreiheit nicht geben.

Diese Auffassung wird auch *reduktionistisch* genannt, insofern sie davon ausgeht, dass mentale Phänomene vollständig auf biologische, chemische und physikalische Prozesse reduzierbar sind.

1 Erklären Sie die Funktionsweise eines Getränkeautomaten und diskutieren Sie den Vergleich des Menschen mit einem Automaten. > M1

2 Erläutern Sie Julian Nida-Rümelins Auffassung der naturalistischen Unterbestimmtheit unserer Entscheidungen am Beispiel des Handwerkers und nehmen Sie Stellung dazu. > M2

3 Beurteilen Sie auf der Grundlage von Thomas Nagels Ausführungen die Plausibilität der reduktionistischen Erklärung mentaler Phänomene. > M3

Freiheit im Rahmen universeller Bedingtheit

M1 Peter Bieri: Die Freiheit der Wahl

Wir können überlegen, bevor wir etwas tun, und in diesem Überlegen zeigt sich ein *Spielraum verschiedener Möglichkeiten*, zwischen denen wir *wählen* können. Ich kann überlegen, ob ich jetzt an diesem Buch weiterschreibe oder lieber ins Kino oder essen gehe. Ich bin der felsenfesten Überzeugung, dass mir all diese Handlungen offenstehen. Wenn schon zum Voraus feststünde, was ich tun werde: Was hätte es dann für einen Sinn, darüber nachzudenken, was ich tun will? Es ist aus dieser Perspektive *unmöglich*, mir vorzustellen, ich hätte keine Wahl. [...] [Zur Erfahrung der Freiheit gehört nämlich,] dass ich der *Urheber* meines Tuns bin und nicht ein Wesen, das als bloßer Spielball des Weltgeschehens eine zuvor gezogene Weltlinie entlanggeführt wird.

Das gilt auch, wenn ich aus dieser Perspektive erneut auf mein vergangenes Tun zurückblicke. Es gehört zu meinem Selbstverständnis als freie Person, dass ich damals auch etwas anderes hätte tun können, als ich tatsächlich tat. Jeder vergangene Moment war auch eine vergangene Gegenwart mit einer vergangenen Zukunft, und in jedem dieser Momente galt dasselbe, was jetzt gilt: Ich hätte auch anders handeln können. Ich hatte die Wahl und die Freiheit der Entscheidung.

Das Handwerk der Freiheit (2001)

M2 Peter Bieri: Der losgelöste Wille: ein Alptraum

Nehmen wir an, Sie hätten einen unbedingt freien Willen. Es wäre ein Wille, der von nichts abhinge: ein vollständig losgelöster, von allen ursächlichen Zusammenhängen freier Wille. Ein solcher Wille wäre ein aberwitziger, abstruser Wille. Seine Losgelöstheit nämlich würde bedeuten, dass er unabhängig wäre von Ihrem Körper, Ihrem Charakter, Ihren Gedanken und Empfindungen, Ihren Phantasien und Erinnerungen. Es wäre, mit anderen Worten, ein Wille ohne Zusammenhang mit all dem, was Sie zu einer bestimmten Person macht. In einem substantiellen Sinne des Worts wäre er deshalb gar nicht *Ihr* Wille. Statt zum Ausdruck zu bringen, was *Sie* – dieses bestimmte Individuum – aus der Logik Ihrer Lebensgeschichte heraus wollen, bräche ein solcher Wille, aus einem kausalen Vakuum kommend, einfach über Sie herein, und Sie müssten ihn als einen vollständig entfremdeten Willen erleben [...].

Das ist das Ergebnis, zu dem wir gelangen werden, wenn wir die Idee der Unbedingtheit beim Wort nehmen [...]. Beginnen wir mit dem Einfluss, den das Überlegen [...] auf den Willen ausübt. Dieser Einfluss stellt eine Bedingtheit dar, und deshalb könnten wir auf einen unbedingt freien Willen keinen solchen Einfluss ausüben. Das heißt nichts weniger als dieses: *Es könnte das Phänomen des Entscheidens nicht geben.* [...] Ein unbedingter Wille ist, wie er ist, man kann ihn nicht lenken. Besäßen wir einen solchen Willen, so hätten wir über seine Richtung nicht die geringste Macht und nicht die geringste Kontrolle. Da es der Einfluss des Überlegens auf den Willen ist, der [...] die Urheberschaft des Wollens ausmacht, könnten wir uns nicht als Urheber eines unbedingten Willens erfahren. Das Verhältnis zu einem solchen Willen müsste vollkommen passiv bleiben: Wir könnten ihn nur als etwas erleben, das uns *zustößt.* Und damit wäre noch eine weitere Erfahrung verbunden: Da dieser Wille an der Gesamtheit unseres Nachdenkens, Überlegens und Urteilens vorbeiliefe, müsste er uns als vollkommen *fremd* erscheinen. Diese Konsequenz ist überraschend, denn sie bedeutet, dass ein unbedingt freier Wille exakt diejenigen Merkmale besäße, die [...] die *Unfreiheit* eines Willens ausmachen: Unbeeinflussbarkeit, fehlende Urheberschaft, Fremdheit. [...]

[W]enn wir annehmen, dass Sie einen unbedingten Willen besitzen, so kommt das der Annahme gleich, dass Sie *keinen* Willen besitzen. [...]

Jetzt gilt es, sich Klarheit über die gedankliche Situation zu verschaffen, die durch dieses Ergebnis entstanden ist. Zunächst können wir folgende Einsicht festhalten: *Es ist ein fundamentaler Fehler, den Unterschied zwischen Freiheit und Unfreiheit des Willens mit dem Kontrast zwischen Unbedingtheit und Bedingtheit in Verbindung zu bringen.* [...] Die Idee der Bedingtheit ist gegenüber den Ideen der Freiheit und Unfreiheit vorgeordnet, und deshalb begeht man einen schwerwiegenden und folgenreichen Fehler, wenn man den Gedanken der Bedingtheit benutzt, um den Unterschied zwischen Freiheit und Unfreiheit zu erklären, denn das bedeutet, die wahre begriffliche Ordnung auf den Kopf zu stellen.

Im Lichte dieser Beobachtung wird ein zweiter Fehler sichtbar, den es zu vermeiden gilt: Man versteht die Frage nach der Freiheit des Willens gänzlich falsch, wenn man sie mit der anderen Frage in Verbindung bringt, ob es in der Welt Ereignisse gibt, die durch keinerlei Vorbedingungen eindeutig bestimmt und festgelegt werden. Es ist eine mikrophysikalische Entdeckung, das es solche Ereignisse gibt [gemeint ist, dass in der Quantenphysik keine exakten Vorhersagen möglich sind]. Doch diese Entdeckung kann für die Frage nach der Willensfreiheit keinerlei Bedeutung haben. Nicht nur, weil das Phänomen des Willens einer anderen, viel grobkörnigeren Ebene der Beschreibung und Analyse angehört und weil es unklar ist, ob sich mikrophysikalische Unbestimmtheit von der feinkörnigen auf die grobkörnige Ebene überträgt. Der wahre Grund liegt tiefer und ist wiederum begrifflicher Natur: *Man sucht die Freiheit am falschen Ort, wenn man sie in der Lockerung oder Abwesenheit von Bedingtheit und Bestimmtheit sucht.* [...]

[W]as wir tun müssen, ist zu *verstehen*, wie sich Freiheit und Unfreiheit im Rahmen universeller Bedingtheit unterscheiden. *Das Handwerk der Freiheit (2001)*

M3 Michael Pauen: Determination und Freiheit – unvereinbar?

Michael Pauen (s. S. 40) ist Professor für Philosophie an der Universität Magdeburg.

[Wenn] das Prinzip des Determinismus auf unsere physische Realität zutrifft [...], dann hätte hier niemals etwas anderes passieren können, als tatsächlich passiert ist. [...] Vertreten wird diese Position insbesondere von den Verfechtern des sogenannten Inkompatibilismus. In ihren Augen sind Freiheit und Determinismus miteinander unvereinbar [...]. Wenn unsere Handlungen vollständig von Ereignissen in der Vergangenheit determiniert sind, dann können sie dem Inkompatibilismus zufolge nicht frei sein.

Im Gegensatz dazu versucht der Kompatibilismus die Vereinbarkeit von Freiheit und Determinismus zu erweisen. Die Vertreter dieser Position glauben also, dass freie Handlungen auch in einer vollständig deterministischen Welt möglich sind. [...] [Sie gehen von einem Freiheitsbegriff aus, der sich als Selbstbestimmung umschreiben lässt.] Will man [...] an der Unterscheidung von Selbst- und Fremdbestimmung [...] festhalten, dann muss man zugestehen, dass es ein „Selbst" oder besser: eine Person geben kann, die die Fähigkeit zur Selbstbestimmung besitzt. [...] Eine selbstbestimmte Handlung muss nicht autonom gegenüber sämtlichen handlungsbestimmenden Faktoren sein; erforderlich ist lediglich die Unabhängigkeit gegenüber denjenigen Faktoren, die nicht dem „Selbst" zuzurechnen sind.

Grundprobleme der Philosophie des Geistes (2001)

Kompatibilismus und Inkompatibilismus

Unter *Kompatibilismus* versteht man die Auffassung, dass die Freiheit des Willens mit der Annahme einer durchgängigen kausalen Bestimmtheit (Determiniertheit) der Naturvorgänge kompatibel, d. h. verträglich ist. Der *Inkompatibilismus* hält beides für unvereinbar.

A

1 Analysieren Sie, was nach Bieri die Erfahrung eines freien Willens ausmacht. > M1

2 Vollziehen Sie Bieris Gedankenexperiment nach. > M2

3 Erklären Sie, warum Unbedingtheit ein falscher Ausgangspunkt für die Bestimmung der Willensfreiheit ist. > M2

4 Unterscheiden Sie die unterschiedlichen Positionen in der Kontroverse um die Willensfreiheit und nehmen Sie dazu Stellung. > M3

Freiheit als Selbstbestimmung

M1 Peter Bieri: Der Entschluss des Emigranten

Nehmen wir [...] an, Sie sind [ein] Emigrant, der zwischen Fliehen und Bleiben hin- und hergerissen ist. Es könnte sein, dass Sie nicht allein sind, während Sie am Bahnhof auf den Zug warten. Frau und Kinder sind bei Ihnen, Sie haben sich entschieden, mit der ganzen Familie auszuwandern. Wiederum war es eine Qual, sich zu einem Entschluss durchzuringen. Den Ausschlag gegeben hat die Frage der Sicherheit, die jetzt nicht nur Sie selbst, sondern auch die Angehörigen betrifft. Wenn Sie keine Familie hätten, denken Sie, wäre alles klar: Sie wären längst in den Widerstand gegangen, Sicherheit hin oder her. Doch so einfach ist es jetzt nicht: Wie wägt man ab zwischen der Verpflichtung dem Land und der Verpflichtung der Familie gegenüber? Nacht für Nacht haben Sie damit verbracht, sich das eine, dann das andere und dann wieder das eine auszumalen. Sie sind den verschlungenen Pfaden Ihrer Phantasie gefolgt, und das, was Sie von den Phantasien Ihrer Frau und der Kinder wussten, war Teil Ihres Gedankenspiels. Die Frage, die schließlich am meisten Schwerkraft entwickelte, war: Könnten Sie damit leben, dass Frau und Kinder eines Tages abgeholt würden, während Sie für den Widerstand unterwegs wären? Wann immer Sie das fordernde Gesicht Ihres ledigen, kompromisslosen Freundes vor sich sahen, schoben sich – und Sie erlebten es als ein Sichstemmen gegen seinen Anspruch – Bilder von Deportationen darüber, Bilder, die schließlich den Sieg über die Angst vor der Feigheit davontrugen.

Was Sie als Ihre Freiheit erleben, ist, dass Sie am Ende dasjenige wollen, was in Ihrem Urteil überwiegt – dass Ihr Wille Ihrem Urteil gehorcht. „Ich hätte auch etwas anderes wollen können“, mögen Sie sich später im Zug sagen. Und nun ist es entscheidend nicht zu übersehen, *dass es einen verschwiegenen Zusatz gibt:* „wenn ich anders geurteilt hätte“. Die Freiheit, derer Sie sich durch Ihre inneren Worte versichern, ist die Tatsache, dass Sie die Macht besitzen, dasjenige zu wollen, was Sie für richtig halten. [...]

[Aus der Sicht eines unbedingten Freiheitsverständnisses müsste eine solche Einengung der Möglichkeiten ...] eine Beschneidung der Freiheit bedeuten, und die Einschränkung auf eine einzige Möglichkeit schien einer Vernichtung der Freiheit gleichzukommen. Nun sehen wir, dass es, wenn wir nur genau genug hinsehen, keineswegs so ist. [...] Die Freiheit des Willens, das zeigt unser Beispiel, bedeutet nicht seine vollständige Ungebundenheit. Es macht die Freiheit eines Willens aus, dass er auf bestimmte Weise gebunden ist. Es liegt in der Natur von Entscheidungen, dass sie den Willen binden.

Das Handwerk der Freiheit (2001)

M2 Michael Pauen: Freiheit und personale Präferenzen

Michael Pauen (s. S. 39) hat den Begriff der personalen Freiheit geprägt.

[Basis der Konzeption von personaler Freiheit] sind zwei Annahmen darüber, was Freiheit nicht ist.

Freie Handlungen müssen [...] erstens von Ereignissen unterschieden werden, die unter Zwang oder vollständig unter dem Diktat externer Notwendigkeiten zustande gekommen sind. [...] Ich bezeichne als Zwang solche externen Einflussfaktoren, die das Zustandekommen einer Handlung *gegen* den Willen des Handelnden bewirken oder bewirken können. Sollte sich herausstellen, dass der vermeintliche Mörder nur durch einen für ihn nicht zu überwindenden äußeren Zwang zu seiner Tat gebracht werden konnte, dann könnte man ihn nicht mehr für die Tat verantwortlich machen. [...] In jedem Falle dürfen freie Handlungen nicht ausschließlich auf äußere Umstände zurückzuführen sein. Diese Forderung werde ich im Folgenden als das „*Autonomieprinzip**“ bezeichnen. [...]

Freie Handlungen müssen zweitens auch von zufälligen Ereignissen abgegrenzt werden. Sollten wir

erfahren, dass eine zufällige neuronale Aktivität im Motorcortex [der für Bewegung zuständigen Hirnregion] einer Person dafür verantwortlich war, dass die Person einen Schuss abgegeben hat, dann könnten wir ebenfalls nicht mehr von einer freien Handlung sprechen. Der Grund besteht offenbar darin, dass sich die fragliche Aktivität unter diesen Umständen völlig unabhängig von dem Handelnden ereignet hat. Der entscheidende Unterschied zwischen einem zufälligen Ereignis und einer freien Handlung scheint mithin darin zu bestehen, dass die freie Handlung eine Person zum Urheber hat und folglich dieser Person auch zugeschrieben werden kann. Freie Handlungen müssen also dem *„Urheberprinzip“* entsprechen. [...]
Doch was heißt es, einer Person eine Handlung zuzuschreiben? Der hier gemeinte Sinn von Zuschreibbarkeit lässt sich am einfachsten erläutern, wenn man berücksichtigt, dass Freiheit [...] einen Handlungsspielraum zwischen einer Option x und einer Option y impliziert. Zuschreibbar ist eine Handlung unter diesen Bedingungen dann, wenn der Bezug auf die Person eine kritische Rolle in der Erklärung dafür spielt, dass die Handlung x statt der Handlung y vollzogen worden ist, d. h. wenn erst der Bezug auf die Person selbst *verständlich* machen kann, warum in der gegebenen Situation die Handlung x und nicht die Handlung y vollzogen worden ist. [...]
Nehmen wir einmal an, ich hätte die feste Überzeugung, dass finanzielle Hilfen für die Dritte Welt angesichts der dort herrschenden Armut zwingend geboten seien, während der Konsum von Gebrauchsartikeln wegen des damit verbundenen Verbrauchs von Umweltressourcen eingeschränkt werden müsse. Unter diesen Voraussetzungen sieht es zumindest auf den ersten Blick so aus, als könnte man es mir zuschreiben, wenn ich mein Weihnachtsgeld für die Dritte Welt spende, statt es für die Anschaffung eines neuen CD-Spielers auszugeben. Diese Handlung scheint also dem Urheberprinzip zu entsprechen. [...]
[Freiheit in diesem Sinne lässt sich] als *„Selbstbestimmung“* verstehen, sofern man eine Handlung x dann und nur dann als selbstbestimmt bezeichnet, wenn der Bezug auf die handelnde Person eine kritische Rolle in der Erklärung dafür spielt, dass x und nicht eine alternative Handlung y ausgeführt wurde. Damit ist wie gesagt gemeint, dass erst der Bezug auf die Person selbst verständlich macht, warum in der fraglichen Situation x und nicht y ausgeführt wurde. Selbstbestimmung stellt erstens eine *hinreichende* Bedingung für Autonomie und für Urheberschaft dar. [...] [Sie] ist unverträglich mit Fremdbestimmung und daher auch mit Zwang und externer Determination – selbstbestimmte Handlungen erfüllen also das Autonomieprinzip. Gleichzeitig entsprechen selbstbestimmte Handlungen auch der Forderung nach Urheberschaft: Von *Selbstbestimmung* kann schließlich nur dann die Rede sein, wenn die handelnde Person *selbst* bestimmt, was sie tut. Dies schließt aus, dass die fragliche Aktivität zufällig zustande gekommen ist, vielmehr muss es möglich sein, die Handlung der Person zuzuschreiben. Selbstbestimmte Handlungen erfüllen damit auch das Urheberprinzip. [...]
Ich werde im Folgenden diejenigen Merkmale, die das „Selbst“ ausmachen, allgemein als *personale Merkmale* bezeichnen. [...] Bei *personalen Präferenzen* [...] handelt es sich um *spezifische* Überzeugungen, Wünsche und Dispositionen, die eine Person als ein ganz bestimmtes Individuum gegenüber anderen Individuen auszeichnen. Diese Präferenzen dürften also eine zentrale Rolle in der Erklärung dafür spielen, dass eine Person eine bestimmte Handlungsoption einer anderen Option vorgezogen hat. [...] Frei im Sinne [personaler Freiheit] handelt eine Person, die in einer bestimmten Situation eine Option x statt einer Option y wählt, genau dann, wenn sich die Entscheidung für x und gegen y auf die personalen Präferenzen der Person zurückführen lässt. *Illusion Freiheit? (2004)*

A

1 Erläutern Sie Peter Bieris Verständnis von Freiheit am Beispiel des Emigranten. > M1

2 Erarbeiten Sie Michael Pauens Konzeption der personalen Freiheit. > M2

3 Vergleichen Sie die Konzeption von Freiheit als Selbstbestimmung mit der deterministischen Position von Schopenhauer und Hospers und nehmen Sie dazu Stellung.
> M1/M2 und S. 32f., M1/M3

H

Der Einfluss des Unbewussten

M1 Sigmund Freud: Nicht Herr im eigenen Haus

Der österreichische Arzt Sigmund Freud (1856-1939) erlangte als Begründer der Psychoanalyse weltweite Bekanntheit.

Der Mensch [...] fühlt sich souverän in seiner eigenen Seele. Irgendwo im Kern seines Ichs hat er sich ein Aufsichtsorgan geschaffen, welches seine eigenen Regungen und Handlungen überwacht, ob sie mit seinen Anforderungen zusammenstimmen. [...] In gewissen Krankheiten, allerdings gerade bei den von uns studierten Neurosen, ist es anders. Das Ich fühlt sich unbehaglich, es stößt auf Grenzen seiner Macht in seinem eigenen Haus, der Seele. Es tauchen plötzlich Gedanken auf, von denen man nicht weiß, woher sie kommen; man kann auch nichts dazu tun, sie zu vertreiben. Diese fremden Gäste scheinen selbst mächtiger zu sein als die dem Ich unterworfenen; sie widerstehen allen sonst so erprobten Machtmitteln des Willens, bleiben unbeirrt durch die logische Widerlegung, unangetastet durch die Gegenaussage der Realität. Oder es kommen Impulse, die wie die eines Fremden sind, so dass das Ich sie verleugnet, aber es muss sich doch vor ihnen fürchten und Vorsichten gegen sie treffen. Das Ich sagt sich, das ist eine Krankheit, eine fremde Invasion, es verschärft seine Wachsamkeit, aber es kann nicht verstehen, warum es sich in so seltsamer Weise gelähmt fühlt. [...]

Die Psychoanalyse unternimmt es, diese unheimlichen Krankheitsfälle aufzuklären [...] und kann dem Ich endlich sagen: „Es ist nichts Fremdes in dich gefahren; ein Teil von deinem eigenen Seelenleben hat sich deiner Kenntnis und der Herrschaft deines Willens entzogen. Darum bist du auch so schwach in der Abwehr; du kämpfst mit einem Teil deiner Kraft gegen den anderen. [...] Das Seelische in dir fällt nicht mit dem dir Bewussten zusammen; es ist etwas anderes, ob etwas in deiner Seele vorgeht und ob du es auch erfährst." [...] Dass die seelischen Vorgänge an sich unbewusst sind und nur durch eine unvollständige und unzuverlässige Wahrnehmung dem Ich zugänglich und ihm unterworfen werden, komm[t] der Behauptung gleich, dass *das Ich nicht Herr sei in seinem eigenen Haus.* *Eine Schwierigkeit der Psychoanalyse (1917)*

M2 Sigmund Freud: Der psychische Apparat

Zur Kenntnis dieses psychischen Apparates sind wir durch das Studium der individuellen Entwicklung des menschlichen Wesens gekommen. Die älteste dieser psychischen Provinzen oder Instanzen nennen wir das Es, sein Inhalt ist alles, was ererbt, bei Geburt mitgebracht, konstitutionell festgelegt ist, vor allem aber die aus der Körperorganisation stammenden Triebe, die hier einen ersten uns in seinen Formen unbekannten psychischen Ausdruck finden.

Unter dem Einfluss der uns umgebenden realen Außenwelt hat ein Teil des Es eine besondere Entwicklung erfahren. Ursprünglich als Rindenschicht mit den Organen zur Reizaufnahme und den Einrichtungen zum Reizschutz ausgestattet, hat sich eine besondere Organisation hergestellt, die von nun an zwischen Es und Außenwelt vermittelt. Diesem Bezirk unseres Seelenlebens lassen wir den Namen des *Ichs.*

[...] Infolge der vorgebildeten Beziehung zwischen Sinneswahrnehmung und Muskelaktion hat das Ich die Verfügung über die willkürlichen Bewegungen. Es hat die Aufgabe der Selbstbehauptungen, erfüllt sie, indem es nach außen die Reize kennenlernt, Erfahrungen über sie aufspeichert (im Gedächtnis), überstarke Reize vermeidet (durch Flucht), mäßigen Reizen begegnet (durch Anpassung) und endlich lernt, die Außenwelt in zweckmäßiger Weise zu seinem Vorteil zu verändern (Aktivität); nach innen gegen das Es, indem es die Herrschaft über die Triebansprüche gewinnt, entscheidet, ob sie zur Befriedigung zugelassen werden sollen, diese Befriedigung auf die in der Außenwelt günstigen Zeiten und Umstände verschiebt oder ihre Erregungen überhaupt unterdrückt.

In seiner Tätigkeit wird es durch die Beachtungen der in ihm vorhandenen oder in dasselbe eingetragenen Reizspannungen geleitet. Deren Erhöhung wird allgemein als *Unlust*, deren Herabsetzung als *Lust* empfunden. [...]

Als Niederschlag der langen Kindheitsperiode, während der der werdende Mensch in Abhängigkeit von seinen Eltern lebt, bildet sich in seinem Ich eine besondere Instanz heraus, in der sich dieser elterliche Einsatz fortsetzt. Sie hat den Namen des *Über-Ichs* erhalten. Insoweit dieses Über-Ich sich vom Ich sondert und sich ihm entgegenstellt, ist es eine dritte Macht, der das Ich Rechnung tragen muss. [...]

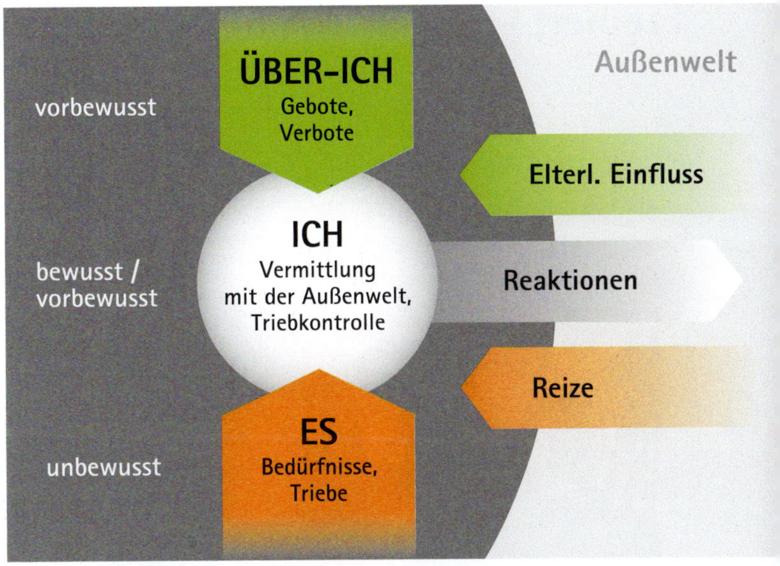

Eine Handlung des Ichs ist dann korrekt, wenn sie gleichzeitig den Anforderungen des Es, des Über-Ichs und der Realität genügt, also deren Ansprüche miteinander zu versöhnen weiß. [...]

Die Macht des Es drückt die eigentliche Lebensansicht des Einzelwesens aus. Sie besteht darin, seine mitgebrachten Bedürfnisse zu befriedigen. Eine Absicht, sich am Leben zu erhalten und sich durch die Angst vor Gefahren zu schützen, kann dem Es nicht zugeschrieben werden. Dies ist die Aufgabe des Ichs, das auch die günstigste und gefahrloseste Art der Befriedigung mit Rücksicht auf die Außenwelt herauszufinden hat. Das Über-Ich mag neue Bedürfnis geltend machen, seine Hauptleistung bleibt aber die Einschränkung der Befriedigungen. [...]

Nach unserer Voraussetzung hat das Ich die Aufgabe, den Ansprüchen seiner drei Abhängigkeiten von der Realität, dem Es und dem Über-Ich zu genügen und dabei doch seine Organisation aufrechtzuhalten, seine Selbständigkeit zu behaupten. [...]

Die schwerste Anforderung an das Ich ist wahrscheinlich die Niederhaltung der Triebansprüche des Es, wofür es große Aufwände an Gegenbesetzungen zu unterhalten hat.

Es kann aber auch der Anspruch des Über-Ichs so stark und so unerbittlich werden, dass das Ich seinen anderen Aufgaben wie gelähmt gegenübersteht. Wir ahnen, in den ökonomischen Konflikten, die sich hier ergeben, machen Es und Über-Ich oft gemeinsame Sache gegen das bedrängte Ich, das sich zur Erhaltung seiner Norm an die Realität anklammern will. Werden die beiden Ersteren zu stark, so gelingt es ihnen, die Organisation des Ichs aufzulockern und zu verändern, so dass seine richtige Beziehung zur Realität gestört oder selbst aufgehoben wird. [...]

Wir haben [...] den psychischen Vorgängen drei Qualitäten zugeschrieben, sie sind entweder bewusst, vorbewusst oder unbewusst. [...] Das, was vorbewusst ist, wird [...] ohne unser Zutun bewusst, das Unbewusste kann durch unsere Bemühung bewusst gemacht werden, wobei wir die Empfindung haben dürfen, dass wir oft sehr starke Widerstände überwinden. [...] Dem [Über-Ich kann] man den Charakter des Vorbewussten nicht bestreiten [...]. Das Unbewusste ist die allein herrschende Qualität im Es. *Abriss der Psychoanalyse (1938)*

A

1 Diskutieren Sie, was Freuds These für die Frage nach der Freiheit des Willens bedeutet. > M1

2 Erklären Sie, wie der psychische Apparat nach Freud aufgebaut ist und wie er funktioniert. > M2

3 Erläutern Sie auf der Grundlage der Zuweisung der psychischen Qualitäten (Z. 83–92), welchen Einfluss das Unbewusste nach Freud auf unsere Entscheidungen hat. > M2

Freiheit – Verantwortung – Strafe

M1 Vor Gericht

M2 John Hospers: Ist nicht jeder Kriminelle unschuldig?

Nehmen wir als Beispiel einen Kriminellen, der, sagen wir, mehrere Menschen erwürgt hat und nun dazu verurteilt ist, auf dem elektrischen Stuhl zu sterben. Sowohl die Geschworenen wie auch die Öffentlichkeit halten ihn für voll verantwortlich [...], denn die Morde waren bis ins kleinste Detail vorausgeplant, und der Angeklagte schildert den Geschworenen genau, wie er sie im Einzelnen geplant hat.

Doch nun erfahren wir, wie es zu allem gekommen ist: wir erfahren von Eltern, die ihn vom Säuglingsalter an ablehnten, von einer Kindheit, die er in einem Heim nach dem anderen verbrachte, in denen es ihm stets wieder klar wurde, dass er nicht er wünscht war; von dem stets wieder enttäuschten Wunsch, geliebt zu werden, von der harten Schale von Gleichgültigkeit und Bitterkeit, die er sich zulegte, um die schmerzliche und demütigende Tatsache des Unerwünschtseins zu verbergen, und seinen späteren Versuchen, die Wunden seines zerbrochenen Ichs durch defensive Aggressivität zu heilen. [...]

Der unglücklich Geschädigte ist sich der inneren Triebkräfte, die ihm diesen grausigen Tribut abverlangen, nicht bewusst; er wehrt sich, er greift zur List, er schwelgt in Pseudo-Aggressivität, er fühlt sich elend, aber er weiß nicht, was sich in seinem Inneren abspielt und die Katastrophe des Verbrechens vorbereitet. [...]

[Und] könnte es nicht sein, dass es [zudem noch] eine bestimmte Kombination von Speisen zu sich genommen hat – etwa Thunfischsalat zusammen mit Erbsen, Pilzsuppe und Heidelbeertorte. Was wäre, wenn uns gelänge, die Faktoren ausfindig zu machen, die allen Morden, die in den letzten zwanzig Jahren in diesem Land begangen wurden, gemeinsam sind, und feststellen, dass just dieser Faktor in allen Faktoren und als einziger in allen Faktoren enthalten ist? Natürlich ist dieses Beispiel empirisch absurd. Aber könnte es nicht sein, dass es eine bestimmte Kombination von Faktoren gibt, die regelmäßig zu einem Mord führt [...]? Gesetzt den Fall, dass solche spezifischen Faktoren entdeckt würden: wäre dann nicht evident, dass es töricht und sinnlos und außerdem unmoralisch ist, Menschen für Verbrechen verantwortlich zu machen? Oder [...] stellen wir uns vor, ein Neurologe sei in einem Mordprozess als Gutachter bestellt und lege Röntgenaufnahmen des Gehirns des Kriminellen vor. „Wie jeder sehen kann", argumentiert er etwa, „war die sella turcia bereits im Alter von neunzehn Jahren verkalkt; eigentlich sollte sie ein biegsamer Knochen sein, der wächst, ohne das Wachstum der Drüse zu beeinträchtigen." [...] Sämtliche Verhaltensstörungen des Angeklagten könnten aus dieser frühzeitigen Verkalkung herrühren. Freilich, diese besondere Erklärung mag empirisch falsch sein; aber wer kann sagen, dass es keinerlei Faktoren dieser Art (wenn auch weit komplexere) gibt? [...]

„Aber", wendet ein Kritiker ein, „es ist doch unmoralisch, die Menschen derart unterschiedslos zu entlasten. Ich hätte es für vertretbar gehalten, jemanden zu entschuldigen, weil er in einer schlechten Gegend aufgewachsen ist." [...] [W]enn er in einer schlechten Gegend aufgewachsen ist und ein hochgradig narzisstisches Kind war und von seinen Eltern abgelehnt oder vernachlässigt wurde und ... (hier folgt eine endliche Zahl von Bedingungen), und wenn dieser Komplex von Faktoren regelmäßig bestimmte Verhaltensmerkmale im Erwachsenenalter zur Folge hat und unweigerlich zur Folge hat – das heißt sie treten ein, ganz gleich, was er oder andere dagegen unternehmen –, dann ist er für uns in moralischer Hinsicht entschuldigt und wir sagen, er sei für seine Tat nicht verantwortlich. *Zweifel eines Deterministen (1978)*

M3 Gerhard Roth: Aufgabe des Schuldprinzips?

Gerhard Roth (*1942) ist ein deutscher Hirnforscher.

Im bekannten Strafrechts-Lehrbuch von Wessels und Beulke [...] [heißt es]: „In Übereinstimmung mit dem Menschenbild des Grundgesetzes beruht das deutsche Strafrecht auf dem Schuld- und Verantwortungsprinzip: Strafe setzt Schuld voraus [...]. Grundlage des Schuld- und Verantwortungsprinzips ist die Fähigkeit des Menschen, sich frei und richtig zwischen Recht und Unrecht zu entscheiden. Nur wenn diese Entscheidungsfreiheit existiert, hat es Sinn, einen Schuldvorwurf gegen den Täter zu erheben." [...]
Ein solcher „moralischer" Schuldbegriff ist auf einem starken Begriff von Willensfreiheit aufgebaut. Dies steht nicht nur den [...] Erkenntnissen [der Hirnforschung] entgegen. [...] Sofern sich die Erkenntnisse der Hirnforschung und der Persönlichkeitspsychologie weiter erhärten, muss im Strafrecht das Prinzip der moralischen Schuld aufgegeben werden. Es rückt damit der Gedanke der Normenverletzung in den Vordergrund, bei der die Gesellschaft das Recht hat, sie zu ahnden. Erziehung, Therapie und Schutz der Gesellschaft vor unerziehbaren bzw. nicht therapierbaren Straftätern treten dann anstelle des strafrechtlichen Sühnegedankens. *Das Problem der Willensfreiheit (2004)*

M4 Reinhard Merkel: Schuldzuweisung im Strafrecht

Reinhard Merkel (*1950) ist emeritierter Professor für Strafrecht und Rechtsphilosophie an der Universität Hamburg und war Mitglied im Deutschen Ethikrat.

Im Strafgesetzbuch regelt Paragraf 20 das Problem der Schuldfähigkeit und des Schuldausschlusses. Danach handelte ohne Schuld, wer entweder unfähig war, das verletzte Verhaltensgebot überhaupt zu kennen, oder wer beim Begehen der Tat sein Handeln nicht entsprechend steuern konnte. Einfacher gesagt: Wer nicht wissen kann, dass man nicht töten darf, weil er etwa schwer geisteskrank ist, den können wir nicht zur Verantwortung ziehen. Und wer die Norm zwar kennt, aber in der konkreten Situation unfähig war, ihr Folge zu leisten, der wird auch noch entschuldigt. Alle anderen nicht – wenn wir einmal von Ausnahmelagen wie dem entschuldigenden Notstand absehen, wo jemand in einer Zwangssituation beispielsweise den Tod eines anderen herbeiführt, um dadurch sein eigenes Leben zu schützen. [...] Wir verurteilen jemanden, weil wir davon ausgehen, dass er sein Verhalten hätte anders steuern können. [...] Ich halte es auch für eine unausweichliche Voraussetzung für die Schuldzuschreibung, dass das Individuum die Zukunft als offen erlebt und nicht weiß, wie es entscheiden wird, bevor es entschieden hat. [...]
Ich bezweifle [...], dass wir auf die Schuldzuschreibung ganz verzichten können. Es genügt nicht, nach einer Straftat den Leuten zu sagen: „Wir sorgen schon dafür, dass dieser Mensch das nie wieder macht – entweder er ist hinreichend abgeschreckt oder therapiert, oder wir halten ihn in Sicherheitsverwahrung." [...] Es muss also etwas hinzukommen, damit die vom Täter gebrochene Norm in ihrer Geltung wiederhergestellt werden kann. Die Justiz gleicht in dieser Hinsicht einer Reparaturanstalt für die symbolische Wiederherstellung verletzter Normen. Wer eine Norm bricht, muss für ihre „Reparatur" bezahlen.

Reparaturanstalt für verletzte Normen (2008)

A

1 Diskutieren Sie die Aussagen in der Abbildung. > M1
2 Beurteilen Sie, ob der Kriminelle in dem Fallbeispiel schuldig ist oder nicht. Erörtern Sie dabei, wieweit die dargestellten Faktoren das Handeln tatsächlich determinieren können. > M2
3 Stellen Sie die Argumente dar, die für und gegen die Aufrechterhaltung des Schuldprinzips im Strafrecht und in moralischen Fragen angeführt werden, und nehmen Sie dazu Stellung. > M3/M4

Die Verbindung von Freiheit und Menschenwürde

M1 Susan Neiman: Unter dem Galgen

Die amerikanische Philosophin Susan Neiman (*1955) war Professorin an der Yale Universität und in Tel Aviv. Seit 2000 ist sie Direktorin am Einstein Forum in Potsdam.

Ein Mann meint, immer wenn er an einem „gewissen Haus" – so nennt es Kant – vorbeikäme, überwältige ihn die Versuchung. (Im Gegensatz zu dem unseren war das 18. Jahrhundert dezent.) Gleichgültig was er sich vorher eingeredet hat, sobald er das Bordell erreicht, muss er es betreten. Er wäre gern klug, er wäre gern treu, vielleicht glaubt er, Sex sollte nicht käuflich sein. Doch weder die Bande der Liebe noch die Furcht vor Krankheit oder Schande sind stärker als die Forderungen des Fleisches. Können wir diesen Mann verstehen? Kein Problem, meint Kant. Was aber wäre, wenn er, unmittelbar nachdem er aus dem Sündenpfuhl auftaucht, gehängt würde – und vor dem Bordell ein Galgen errichtet ist, um ihn daran zu erinnern? Plötzlich entdeckt er, dass er der Versuchung sehr gut widerstehen kann. Gewöhnliche Wünsche – nach Sex, Reichtum oder anderen Formen vergänglicher Lust – können uns noch so strahlend erscheinen, sie alle verblassen vor dem Wunsch zu leben. Das ist geradezu eine Sache der Logik: Ohne Leben kein Genuss. Alle Freuden der Welt zusammen wiegen das nicht auf.

Denken wir uns nun denselben Mann, wie er vor einen Tyrannen gerufen und vor eine Wahl gestellt wird. Der Herrscher möchte einen unschuldigen Untertanen, der gegen sein Regime die Stimme erhoben hat, hinrichten lassen. Aber noch gibt es im Land den Anschein von Recht, und das verlangt, den Schein eines gerechten Verfahrens zu wahren. Jemand muss einen Brief schreiben und den Unschuldigen denunzieren, ihn fälschlich eines Schwerverbrechens beschuldigen. Unserem Lüstling ist diese Aufgabe zugedacht. Sollte er sich weigern, würde der Herrscher dafür sorgen, dass er seinerseits hingerichtet wird. Wie im ersten Fall meint Kant, es sei leicht, sich in diesen Burschen hineinzuversetzen. Doch anders als im ersten Fall zögern wir plötzlich: Wir wissen nicht, was wir tun würden. Kant betont immer die Grenzen des Wissens, und zu dem, was wir nie mit Gewissheit kennen können, gehört das Innerste unserer Seele. Niemand von uns ist moralisch so gefestigt, dass er sich sicher ist, angesichts von Tod und Folter nicht einzuknicken. Die meisten von uns würden es vermutlich. Dennoch wissen wir alle, was wir tun sollten: uns weigern, den Brief zu schreiben, auch wenn es uns das Leben kostet. Und wir alle wissen, dass wir genau das tun könnten – ob wir nun am Ende schwanken oder nicht. In diesem Augenblick, sagt Kant, erkennen wir mit Ehrfurcht und Staunen unsere Freiheit. Nicht Lust, wohl aber Gerechtigkeit vermag Menschen zu Taten zu bewegen, die das stärkste animalische Verlangen, die Liebe zum Leben selbst, überwinden. Das zu betrachten ist so schwindelerregend, wie in den Himmel über uns zu schauen: Mit dieser Macht ausgestattet, sind wir so unendlich wie er. *Moralische Klarheit. Leitfaden für erwachsene Idealisten (2010)*

M2 Julian Nida-Rümelin: Warum Menschenwürde auf Freiheit beruht

Für Immanuel Kant besteht eine enge Verbindung zwischen der Menschenwürde und der Freiheit. Es ist die Freiheit des Menschen, seine Fähigkeit, autonom, nach selbst gewählten Grundsätzen zu handeln, die ihm seine spezifische Würde verleiht. [...] Die menschliche Würde ist Ausdruck der besonderen Fähigkeit des Menschen, moralisch, d. h. allein aus Achtung vor dem Sittengesetz, zu handeln. [...]

Die kantische Freiheit besteht darin, nicht lediglich das zu tun, was den eigenen Neigungen, die gerade dominieren mögen, entspricht, sondern sich wenigstens so weit zu distanzieren, dass die Befolgung dieser Neigungen nur in den Grenzen stattfindet, die es einem selbst und allen anderen Menschen (bzw.

genauer: Vernunftwesen) ermöglichen, ihr eigenes Leben zu leben. [...] Die Augenblicksneigungen kontrollieren zu können, ist unabdingbare Voraussetzung für ein gutes Leben, das durch Selbstachtung und durch die Achtung gegenüber anderen geprägt ist. Die Freiheit, die für ein Leben in Selbstachtung und in Achtung gegenüber anderen unverzichtbar ist, [...] verlangt, dass [...] mein Handeln und Urteilen das Ergebnis eigener Abwägung ist und nicht lediglich kausale Folge von Vorprägungen genetischer und biographischer Art sowie von Umweltbedingungen. [...] Bei manchen zeitgenössischen Theoretikern wird diese kantische Freiheit existentialistisch radikalisiert. [...] [Für den israelischen Philosophen Avishai Margalit begründet] die menschliche Fähigkeit, „dem eigenen Leben zu jedem beliebigen Zeitpunkt eine völlig neue Deutung zu geben und es dadurch radikal zu ändern", Gefühle der Achtung und der Selbstachtung [...]. „[...] Achtung vor dem Menschen bedeutet daher auch, niemals jemanden aufzugeben, da alle Menschen fähig sind, ihrem Leben eine entscheidende Wendung zum Besseren zu geben."

Dies ist zweifellos ein stärkerer Begriff von Freiheit als der, den ich für unverzichtbar halte, um Achtung und Selbstachtung zu begründen. [...] Die Fähigkeit, sich am Ergebnis der Abwägung von Gründen in seinem Handeln und Urteilen zu orientieren, impliziert nicht, dass radikale Freiheit möglich ist, dass ich meinem Leben zu jedem Zeitpunkt eine radikale Wendung geben kann, dass ich mich selbst neu interpretieren und mich von dem, was meine Biographie geprägt hat, vollständig lösen kann. [...] Unsere Freiheit ist eine lediglich bedingte Freiheit: [...] Die Steuerung durch Gründe findet in den Grenzen statt, die durch unser genetisches Erbe und durch unsere biographischen Prägungen abgesteckt sind. Diese Grenze ist nicht trennscharf, und traumatische Erfahrungen äußern sich auch darin, dass die Grenzen neu abgesteckt werden. Schwere Lebenskrisen zwingen zur Reflexion und können damit neue Spielräume für die Affektion* durch Gründe schaffen. Lebenskrisen können aber auch zu affektiven Störungen führen, die die Spielräume freien, d. h. durch Gründe geleiteten Handelns verengen.

Die in Jahrhunderten gebildete moralische Sprache und die Sprache des (Straf-)Rechts gründen nicht auf einer Chimäre* der Freiheit, [...] sondern werden getragen von einem komplexen Netzwerk moralischer Urteile und Empfindungen, Reaktionsweisen und Erwartungen. Wir trauen uns wechselseitig zu, dass wir uns von guten Gründen affizieren* lassen, daher bringen wir Gründe vor, die für oder gegen eine Handlung, die für oder gegen eine Überzeugung sprechen. Wir achten uns als verantwortliche Individuen insofern, als wir uns wechselseitig zutrauen, guten Gründen folgen zu können. Wir achten uns selbst, weil wir uns selbst zutrauen, uns von guten Gründen leiten zu lassen. Wir wissen, dass wir den genetischen und biographischen Prägungen nicht entkommen, dass wir nur innerhalb dieser Prägungen Gründen zur Wirksamkeit verhelfen können. Wir wissen mit einem Wort, dass es diese für unsere Selbstachtung konstitutive Freiheit gibt und dass es sich um eine bedingte Freiheit handelt. [...] Mit dem Begriff und der normativen Rolle von Menschenwürde, die auf Selbstachtung begründet ist, ist eine Position skizziert, die man als ethischen Humanismus bezeichnen kann. [...] Ethische Begründungen, die auf Menschenwürde rekurrieren, sind Ausdruck unseres menschlichen Selbstbildes.

Über menschliche Freiheit (2005)

A

1 Erläutern Sie anhand des von Susan Neimann dargestellten Beispiels, warum Menschen für ihr Handeln verantwortlich sind, und nehmen Sie Stellung dazu. > M1

2 Analysieren Sie Julian Nida-Rümelins Ausführungen über den Zusammenhang von Freiheit und Menschenwürde. > M2

3 Erklären Sie, inwiefern Freiheit nach Nida-Rümelin lediglich bedingte Freiheit ist. > M2

4 Erläutern Sie die Auffassung des ethischen Humanismus, dass dem menschlichen Selbstbild eine normative Kraft innewohnt. > M2

Hinweis:

Kants Verständnis der Menschenwürde wird aufgegriffen und vertieft im Kapitel *Pflichtethik*, S. 158ff.

Wissen kompakt

Negative Freiheit:
Freiheit *von* etwas, Unabhängigkeit

Freiwilligkeit:
Freiheit von *Zwang*, Übereinstimmung mit dem eigenen Willen

Positive Freiheit:
Freiheit *zu* etwas, Selbstbestimmung

Freiheit

Willensfreiheit:
Freiheit, sich einen eigenen *Willen* zu *bilden*

Wahlfreiheit:
Freiheit, zwischen *zwei (oder mehr) Optionen* zu wählen

Handlungsfreiheit:
Freiheit, das *tun und lassen* zu können, was man will

Kontroverse um das Verhältnis von Freiheit und Sicherheit

durch die *Grundrechte* geschützte Freiheiten, zu handeln (z. B. Freizügigkeit, Berufsfreiheit, Religionsfreiheit)

Einschränkungen der Grundrechte durch behördliche Anordnung in Krisenzeiten (z. B. Kontaktverbot, Reisebeschränkungen während der Corona-Krise)

Verhältnismäßigkeit einer freiheitseinschränkenden Maßnahme: Sie muss geeignet sein, ihr Ziel zu erreichen und das mildest mögliche Mittel zur Herstellung von Sicherheit sein.

Debatte um die Willensfreiheit

Inkompatibilismus:

Willensfreiheit ist nicht mit Determinismus vereinbar.

Mentale Phänomene sind durch natürliche Vorgänge erklärbar *(Naturalismus)*.

Alles, was in der Natur geschieht, hat eine Ursache *(Determinismus)*.

Willensfreiheit *(Unbedingtheit)* ist eine bloße Illusion.

Kompatibilismus:

Willensfreiheit ist mit Determinismus vereinbar.

Unsere Entscheidungen sind naturalistisch unterbestimmt.

Entscheiden bedeutet, zwischen verschiedenen Optionen wählen zu können.

Willensfreiheit ist nicht *Unbedingtheit* (Freiheit von Determination), sondern Bestimmung durch die eigenen Präferenzen *(Selbstbestimmung)*.

Bedingte Freiheit

Faktoren, die unsere Entscheidungen beeinflussen können:

- unbewusste Wünsche, Triebe (z. B. Sexualtrieb)
- biologische, genetische Faktoren
- soziologische Faktoren
- ...

Verantwortlichkeit / Schuldfähigkeit:

sind gegeben, wenn jemand prinzipiell fähig ist, einer Norm Folge zu leisten

Würde des Menschen:

die Fähigkeit, autonom, d. h. nach selbst gewählten Grundsätzen, zu handeln

Der Mensch als Geschöpf Gottes

M1 Die Erschaffung des Menschen

„[Am sechsten Tag] […] sprach Gott: Lasst uns Menschen machen als unser Bild, uns ähnlich. Sie sollen walten über die Fische des Meeres, über die Vögel des Himmels, über das Vieh, über die ganze Erde […]." (Genesis 1,26)

M2 Thomas von Aquin: Der Mensch – ein Bild Gottes

Der italienische Philosoph und Kirchenlehrer Thomas von Aquin (1225-1274) hat in seiner Auslegung des biblischen Schöpfungsberichtes das christlich-mittelalterliche Menschenbild in exemplarischer Weise formuliert.

Wo ein Bild ist, da [findet sich] auch Ähnlichkeit […]; wo aber Ähnlichkeit, da ist nicht allsobald auch ein Bild. Daraus geht hervor, dass die Ähnlichkeit zur Natur des Bildes gehört; und dass das „Bild" etwas zur Ähnlichkeit hinzufügt, nämlich die Eigentümlichkeit, dass von einem anderen aus dasselbe eingeprägt worden. Denn „Bild" wird etwas genannt aus dem Grunde, weil es auf die Ähnlichkeit von etwas Anderem sich richtet und weil es von diesem ausgeht, dem es ähnlich ist. […] Offenbar nun besteht im Menschen eine Ähnlichkeit mit Gott; und diese Ähnlichkeit leitet sich von Gott [als Urbild] ab […]. Da jedoch das Urbild das nach ihm Gebildete unendlich überragt, so ist diese Ähnlichkeit keine Gleichheit. Und deshalb ist im Menschen ein unvollkommenes Bild Gottes. […]

Der Mensch [trägt] kraft seiner vernünftigen Natur Gottes Bild in sich […], weil diese am meisten Gott nachahmen kann. […] In den anderen sichtbaren Kreaturen […] [wird] eine Spur Gottes gefunden; im Menschen allein besteht ein Bild Gottes. Nur aber wegen seiner Vernunft ragt der Mensch hervor über die anderen sichtbaren Kreaturen. Also nur im vernünftigen Geiste findet sich das Bild Gottes […].

Was die Ähnlichkeit mit der göttlichen Natur betrifft, so scheinen die vernünftigen Kreaturen hinanzureichen bis zur Ähnlichkeit in der besonderen Seinsweise Gottes, insofern sie […] darin Gott nachahmen, […] dass Er vernünftig erkennt. […]

Das Bild Gottes ist in der Seele, weil sich diese auf Gott als auf ihren Gegenstand richten kann […].

Die verdienstvolle Kenntnis und Liebe Gottes ist nur vorhanden vermittelst des Glaubens; eine irgend welche Kenntnis und Liebe Gottes jedoch wird auch durch die Natur geboten. Und dies selber ist der Natur entsprechend, dass der Geist, um Gott zu erkennen, sich der Vernunft bedienen kann; wonach, wie oben gesagt worden, das Bild Gottes immerdar im vernünftigen Geiste bleibt. Freilich kann dabei dieses Bild so kümmerlich sein, dass es beinahe gar nicht besteht, wie bei denen, welche den Gebrauch der Vernunft nicht haben; oder es kann hässlich und finster sein wie bei den Sündern; oder hell und schön, wie bei den Gerechten […]. *Summa theologica (1266-1273)*

M3 Giovanni Pico della Mirandola: Nichts Wunderbareres als der Mensch

Der italienische Philosoph Giovanni Pico della Mirandola (1463-1494) beschreibt in seiner Rede *Über die Würde des Menschen* ausgehend vom biblischen Schöpfungsbericht das Menschenbild des Humanismus.

In den Schriften der Araber habe ich gelesen, der [...] [nordafrikanische Philosoph] Abdala habe auf die Frage, was sozusagen auf der Bühne dieser Welt als das Bewundernswerteste erscheine, geantwortet, nichts erscheine der Bewunderung würdiger als der Mensch. [...] Als ich über den Sinn dieser Worte nachsann, stellten die vielen Äußerungen mich nicht zufrieden, die über die Vortrefflichkeit der menschlichen Natur von vielen Leuten vorgetragen werden, es sei der Mensch der Mittler unter den Geschöpfen, den Wesen über ihm sei er ein vertrauter Freund, und Lenker sei er derer, die tiefer stehen als er; mit der Schärfe seiner Sinne, mit seinem Forschergeist und mit dem Lichte seines Verstandes begreife er die Natur [...]. Bedeutende Vorzüge sind dies zwar, doch nicht entscheidende [...]. Schließlich glaubte ich erkannt zu haben, warum der Mensch [...] das Lebewesen ist, das jegliche Bewunderung verdient [...].
Schon hatte der höchste Vater und Schöpfergott dieses Haus der Welt [...] nach den Gesetzen geheimer Weisheit kunstvoll errichtet. [...] Als das Werk vollendet war, da wünschte sein Erbauer, es sollte jemanden geben, der imstande wäre, die Einrichtung des großen Werkes zu [...] zu bewundern. Deswegen dachte er, als alles schon vollendet war, zuletzt daran, den Menschen zu erschaffen [...], stellte ihn in den Mittelpunkt der Welt und redete ihn so an:
„Keinen bestimmten Platz habe ich dir zugewiesen, auch keine bestimmte äußere Erscheinung und auch nicht irgendeine besondere Gabe habe ich dir verliehen, Adam, damit du den Platz, das Aussehen und alle die Gaben, die du dir selber wünschst, nach deinem eigenen Willen und Entschluss erhalten und besitzen kannst. Die fest umrissene Natur der übrigen Geschöpfe entfaltet sich nur innerhalb der von mir vorgeschriebenen Gesetze. Du wirst von allen Einschränkungen frei nach deinem eigenen freien Willen, dem ich dich überlassen habe, dir selbst deine Natur bestimmen. In die Mitte der Welt habe ich dich gestellt, damit du von da aus bequemer alles ringsum betrachten kannst, was es auf der Welt gibt. Weder als einen Himmlischen noch als einen Irdischen habe ich dich geschaffen und weder sterblich noch unsterblich dich gemacht, damit du wie ein Former und Bildner deiner selbst nach eigenem Belieben und aus eigener Macht zu der Gestalt dich ausbilden kannst, die du bevorzugst. Du kannst nach unten hin ins Tierische entarten, du kannst aus eigenem Willen wiedergeboren werden nach oben in das Göttliche."

Über die Würde des Menschen (1487)

M4 Gregor Delvaux de Fenffe: Der Mensch im Mittelpunkt

Gregor Delvaux de Fenffe ist ein deutscher Historiker, Journalist und Medienpädagoge.

Das Wort Humanismus leitet sich ab vom lateinischen Begriff der „Humanitas", Menschlichkeit. Der Humanismus [...] [ist eine] Weltanschauung, die sich an den Interessen, den Werten und der Würde jedes einzelnen Menschen orientiert. [...]
Christlicher Glaube und die Hoffnung auf das Jenseits sind durchaus präsent, ersetzen aber nicht länger die Beschäftigung mit der Gegenwart und den vergänglichen, irdischen Phänomenen. [...] [Es entwickelt sich eine] neue Geisteshaltung, die den Menschen für sich entdeckt und in den Mittelpunkt von Kunst, Kultur und Wissenschaft rückt. [...]
Die Humanisten tragen der Tatsache Rechnung, dass der Mensch aus eigenem Antrieb fähig ist, sich und seine Welt zu begreifen, kritisch zu hinterfragen und weiterzuentwickeln.

Planet Wissen (2019)

A

1 Beschreiben Sie die Abbildung, indem Sie auf Ihre Kenntnisse des alttestamentarischen Schöpfungsberichtes (vgl. *Abenteuer Ethik 1, S. 194f.*) zurückgreifen. > M1

2 Erklären Sie, wodurch sich der Mensch nach christlich-mittelalterlichem Verständnis auszeichnet. > M2

3 Erläutern Sie das humanistische Menschenbild zur Zeit der Renaissance und vergleichen Sie es mit dem mittelalterlichen (M2). > M3/M4

Der aufgeklärte Mensch

M1 Das Licht der Erkenntnis

Minerva, die römische Göttin der Weisheit, spendet das Licht der Erkenntnis, wodurch die Religionen der Welt zusammenfinden.

Daniel Chodowiecki, 1792

M2 Immanuel Kant: Habe Mut, dich deines Verstandes zu bedienen!

Immanuel Kant (1724-1804), einer der bedeutendsten Vertreter der Aufklärungsphilosophie, gab 1783 in der gleichnamigen Schrift eine programmatische Antwort auf die Frage *Was ist Aufklärung?*

Aufklärung ist der Ausgang des Menschen aus seiner selbstverschuldeten Unmündigkeit. Unmündigkeit ist das Unvermögen, sich seines Verstandes ohne Leitung eines anderen zu bedienen. *Selbstverschuldet* ist diese Unmündigkeit, wenn die Ursache derselben nicht am Mangel des Verstandes, sondern der Entschließung und des Mutes liegt, sich seiner ohne Leitung eines andern zu bedienen. Sapere aude! Habe Mut, dich deines eigenen Verstandes zu bedienen! ist also der Wahlspruch der Aufklärung.

Faulheit und Feigheit sind die Ursachen, warum ein so großer Teil der Menschen, nachdem sie die Natur längst von fremder Leitung freigesprochen [...], dennoch gerne zeitlebens unmündig bleiben; und warum es anderen so leicht wird, sich zu deren Vormündern aufzuwerfen. Es ist so bequem, unmündig zu sein. Habe ich ein Buch, das für mich Verstand hat, einen Seelsorger, der für mich Gewissen hat, einen Arzt, der für mich die Diät beurteilt usw., so brauche ich mich ja nicht selbst zu bemühen. Ich habe nicht nötig zu denken, wenn ich nur bezahlen kann; andere werden das verdrießliche Geschäft schon für mich übernehmen. Dass der bei weitem größte Teil der Menschen (darunter das ganze schöne Geschlecht) den Schritt zur Mündigkeit, außer dem dass er beschwerlich ist, auch für sehr gefährlich halte: dafür sorgen schon jene Vormünder, die die Oberaufsicht über sie gütigst auf sich genommen haben. Nachdem sie ihr Hausvieh zuerst dumm gemacht haben und sorgfältig verhüteten, dass diese ruhigen Geschöpfe ja keinen Schritt außer dem Gängelwagen, darin sie sie einsperreten, wagen durften, so zeigen sie ihnen nachher die Gefahr, die ihnen drohet, wenn sie es versuchen, allein zu gehen. Nun ist diese Gefahr zwar eben so groß nicht, denn sie würden durch einige Mal Fallen wohl endlich gehen lernen; allein ein Beispiel von der Art macht doch schüchtern und schreckt gemeiniglich von allen ferneren Versuchen ab.

Es ist also für jeden einzelnen Menschen schwer, sich aus der ihm beinahe zur Natur gewordenen Unmündigkeit herauszuarbeiten. Er hat sie sogar lieb gewonnen, und ist vor der Hand wirklich unfähig, sich seines eigenen Verstandes zu bedienen, weil man ihn niemals den Versuch davon machen ließ. Satzungen und Formeln, diese mechanischen Werkzeuge eines vernünftigen Gebrauchs oder vielmehr Missbrauchs seiner Naturgaben, sind die Fußschellen einer immerwährenden Unmündigkeit. Wer sie auch abwürfe, würde dennoch auch über den schmalesten Graben einen nur unsicheren Sprung tun, weil er zu dergleichen freier Bewegung nicht gewöhnt ist. Daher gibt es nur wenige, denen es gelungen ist, durch eigene Bearbeitung ihres Geistes sich aus der Unmündigkeit heraus zu wickeln, und dennoch einen sicheren Gang zu tun.

Dass aber ein Publikum* sich selbst aufkläre, ist eher möglich; ja es ist, wenn man ihm nur Freiheit lässt, beinahe unausbleiblich. Denn da werden sich immer einige Selbstdenkende, sogar unter den eingesetzten Vormündern des großen Haufens, finden, welche, nachdem sie das Joch der Unmündigkeit selbst abgeworfen haben, den Geist einer vernünftigen Schätzung des eigenen Werts und des Berufs jedes Menschen, selbst zu denken, um sich verbreiten werden. [...]

Zu dieser Aufklärung aber wird nichts erfordert als Freiheit; und zwar die unschädlichste unter allem, was nur Freiheit heißen mag, nämlich die: von seiner Vernunft in allen Stücken *öffentlichen Gebrauch* zu machen. [...] Ich verstehe aber unter dem öffentlichen Gebrauche seiner eigenen Vernunft denjenigen, den jemand *als Gelehrter* von ihr vor dem ganzen Publikum der *Leserwelt* macht. [...]

Wenn denn nun gefragt wird: Leben wir jetzt in einem aufgeklärten Zeitalter? so ist die Antwort: Nein, aber wohl in einem Zeitalter der *Aufklärung*. Dass die Menschen, wie die Sachen jetzt stehen, im Ganzen genommen, schon im Stande wären oder darin auch nur gesetzt werden könnten, [...] sich ihres eigenen Verstandes ohne Leitung eines Andern sicher und gut zu bedienen, daran fehlt noch sehr viel. Allein, dass jetzt ihnen doch das Feld geöffnet wird, sich dahin frei zu bearbeiten, und die Hindernisse der allgemeinen Aufklärung, oder des Ausganges aus ihrer selbst verschuldeten Unmündigkeit, allmählich weniger werden, davon haben wir doch deutliche Anzeigen.

Beantwortung der Frage: Was ist Aufklärung (1783)

M3 Volker Steenblock: Was ist „Aufklärung"? H

Volker Steenblock (1958-2018) lehrte Philosophie an der Universität Bochum.

Umgangssprachlich reden wir von der Aufklärung im Gegensatz zum Unwissen. Gemeint ist die Klärung und Erhellung zuvor „dunkler" oder geheimnisvoller Vorgänge sowie zuvor unbefragter Einrichtungen und Überlieferungen. [...] Wir sprechen [...] davon, dass der Himmel „sich aufklärt". Hier wird deutlich, dass der Begriff, wie auch im Englischen („enlightenment") und Französischen („lumières") die Metapher vom Licht enthält, das in die Dunkelheit vor- bzw. unaufgeklärter Verhältnisse zu bringen ist. Dies kann nach der Überzeugung der Aufklärer durch die Kraft der „autonomen" menschlichen Vernunft geschehen, die auf keine dogmatische Belehrung durch fremdbestimmende „heteronome" Instanzen angewiesen und zur vernünftigen Einrichtung der menschlichen Gesellschaft durchaus fähig ist. Ein Grundansatz der Aufklärung ist es darum, den Glauben an äußere Mächte und an das Schicksal aufzuheben und das Schicksal des Menschengeschlechtes in die eigenen Hände zu nehmen. Die wohl berühmteste Definition der Aufklärung findet sich in Immanuel Kants Schrift *Was ist Aufklärung?* [...] Liest man Kants Forderung genau, erkennt man die potentielle Sprengkraft des von ihm geforderten Selbstdenkens: gegen Fürstenwillkür, für das Menschenrecht auf Selbstbestimmung, gegen Herrschaftsverhältnisse, die nicht von den Beherrschten legitimiert werden, gegen ein Verständnis von Religion und Kirche als blindem Autoritäts- und Jenseitsglauben.

Kleine Philosophiegeschichte (2002)

A

1 Beschreiben und interpretieren Sie Chodowieckis Kupferstich. Welche Bedeutung hat das Licht für die Vertreter der Religionen? > M1

2 Stellen Sie dar, was Sie bereits über Aufklärung (im Verhältnis zu Glauben und Religion) wissen (s. z. B. *Abenteuer Ethik* 3, S. 280). > M2

3 Erläutern Sie das Menschenbild der Aufklärung im Hinblick auf Vernunft, Freiheit und Selbstbestimmung. > M2/M3

4 Beurteilen Sie die Bedeutung von Kants Menschenbild für die heutige Zeit. > M2/M3

Der Mensch als Produkt der Evolution

M1 Eine Idee erschüttert die Welt

Als der Naturwissenschaftler Charles Darwin bei der Auswertung seiner Forschungsreise um die Welt (1831-1835) zu der Erkenntnis gelangte, dass die Arten der Lebewesen nicht unveränderlich sind, sondern sich nach Gesetzen der Natur entwickeln, war er gleichermaßen fasziniert wie erschrocken. Lange hütete er seine Entdeckung als Geheimnis, bis er sich schließlich 1844 dem Botaniker Joseph Hooker anvertraute – mit den Worten: „Es ist, als gestehe man einen Mord." Erst 15 Jahre später fasste er den Mut, seine Forschungsergebnisse zu veröffentlichen. Charakteristisch für die Reaktion seiner Zeitgenossen ist eine Bemerkung der Frau des Bischofs von Worcester: „Mein Gott, hoffen wir, dass es nicht wahr ist; sollte es aber doch wahr sein, so lasst uns dafür beten, dass es nicht allgemein bekannt wird."

Autorenbeitrag

Zeitgenössische Karikatur der Evolutionstheorie Charles Darwins (Zeichnung von 1882)

M2 Charles Darwin: Die Entstehung der Arten

Mit der Schrift *On the Origin of Species* begründete Charles Darwin (1809-1882) im Jahre 1859 die Evolutionstheorie.

Als ich mich als Naturforscher an Bord des „Beagle" befand, war ich aufs höchste überrascht durch gewisse Merkwürdigkeiten in der Verbreitung der Tiere und Pflanzen Südamerikas sowie durch die geologischen Beziehungen der gegenwärtigen Bewohner dieses Erdteils zu den früheren. [...] Diese Tatsachen [schienen mir] Licht zu werfen auf die Entstehung der Arten, das Geheimnis aller Geheimnisse, wie einer unserer größten Philosophen sie nannte. Nach meiner Heimkehr (1837) wurde mir immer klarer, dass sich vielleicht durch Sammeln und Vergleichen aller damit zusammenhängenden Tatsachen etwas zur Lösung der Frage tun ließe. [...]

Was die Entstehung der Arten betrifft, so muss ein Naturforscher, der die gegenseitige Verwandtschaft der organischen Wesen, ihre embryonalen Beziehungen, ihre geographische Verbreitung, ihre geologische Aufeinanderfolge und ähnliche Tatsachen erwägt, zu dem Schlusse kommen, dass die Arten nicht unabhängig voneinander erschaffen worden sind, sondern ähnlich den Varietäten von anderen Arten abstammen. [...]

Niemand wird überrascht sein, dass vieles über den Ursprung der Arten und Varietäten unerklärt bleibt, wenn er bedenkt, wie gering unsere Kenntnis der gegenseitigen Beziehungen der uns umgebenden Lebewesen ist. [...] Mag aber auch vieles dunkel sein und noch lange unaufgeklärt bleiben: auf Grund meiner sorgsamen Studien und des unbefangensten Urteils, dessen ich fähig bin, halte ich trotzdem die Meinung für irrig, der bis vor kurzem die meisten Naturforscher zuneigten (wie auch ich selber in früheren Jahren), dass nämlich jede Art selbständig erschaffen sein soll. Ich bin fest überzeugt, dass die Arten nicht unveränderlich, sondern dass die zu einer Gattung gehörenden die Nachkommen anderer, meist schon erloschener Arten, und dass die anerkannten Varietäten einer bestimmten Art Nachkommen dieser sind. Und ebenso fest bin ich überzeugt, dass die natürliche Zuchtwahl [engl.: *natural selection*] das wichtigste, wenn auch nicht einzige Mittel der Abänderung war.

Die Entstehung der Arten (1859)

M3 Charles Darwin: Die Abstammung des Menschen

Bis zur Veröffentlichung der Forschungsergebnisse zur Abstammung des Menschen vergingen weitere 22 Jahre.

Der hauptsächlichste Schluss, zu dem ich in diesem Buche gelangt bin und welcher jetzt die Ansicht vieler Naturforscher ist, welche wohl kompetent sind, ein gesundes Urteil zu bilden, ist der, dass der Mensch von einer weniger hoch organisierten Form abstammt. Die Grundlage, auf welcher diese Folgerung ruht, wird nie erschüttert werden, denn die große Ähnlichkeit zwischen dem Menschen und den niederen Tieren [...] dies sind Tatsachen, welche nicht bestritten werden können. [...] Es ist unglaublich, dass alle diese Tatsachen Falsches aussagen sollten. Jeder, der nicht [...] damit zufrieden ist, die Erscheinungen der Natur als unverbunden anzusehen, kann nicht länger glauben, dass der Mensch das Werk eines besonderen Schöpfungsaktes ist. Er wird gezwungen sein zuzugeben, dass die große Ähnlichkeit des Embryos des Menschen mit dem z. B. eines Hundes, – der Bau seines Schädels, seiner Glieder und seines ganzen Körpers, nach demselben Grundplane wie bei den anderen Säugetieren und zwar unabhängig von dem Gebrauche, welcher etwa von den Teilen gemacht wird, [...] und eine Menge analoger Tatsachen – dass alles dies in der offenbarsten Art auf den Schluss hinweist, dass der Mensch mit anderen Säugetieren der gemeinsame Nachkomme eines gleichen Urerzeugers ist.
Wir haben gesehen, dass der Mensch unaufhörlich individuelle Verschiedenheiten in allen Teilen seines Körpers und in seinen geistigen Eigenschaften darbietet. Diese Verschiedenheiten oder Abänderungen scheinen durch dieselben allgemeinen Ursachen herbeigeführt worden zu sein und denselben Gesetzen zu gehorchen, wie bei den niederen Tieren. [...]
Betrachtet man die embryologische Bildung des Menschen – die Homologien, welche er mit den anderen Tieren darbietet, die Rudimente, welche er behalten hat [...], so können wir uns teilweise in unserer Phantasie den früheren Zustand unserer ehemaligen Urerzeuger konstruieren und können dieselben dann in der zoologischen Reihe an ihren gehörigen Platz bringen. Wir lernen daraus, dass der Mensch von einem behaarten, geschwänzten Vierfüßer abstammt, welcher wahrscheinlich in seiner Lebensweise ein Baumtier und ein Bewohner der alten Welt war. [...]
Die hauptsächlichste Folgerung, zu welcher ich in diesem Werke gelangte, nämlich dass der Mensch von einer niedriger organisierten Form abgestammt ist, wird für viele Personen, wie ich zu meinem Bedauern wohl annehmen kann, äußerst widerwärtig sein. [...]
Wir müssen indessen anerkennen, wie mir scheint, dass der Mensch mit allen seinen edlen Eigenschaften, mit der Sympathie, welche er für die Niedrigsten empfindet, mit dem Wohlwollen, welches er nicht bloß auf andere Menschen, sondern auch auf die niedrigsten lebenden Wesen ausdehnt, mit seinem gottähnlichen Intellekt, welcher in die Bewegungen und die Konstitution des Sonnensystems eingedrungen ist, mit allen diesen hohen Kräften doch noch in seinem Körper den unauslöschlichen Stempel eines niederen Ursprungs trägt.

Die Abstammung des Menschen und die geschlechtliche Zuchtwahl (1871)

A

1. Erläutern Sie mögliche Gründe für Darwins Gewissensqualen und die Reaktion der Öffentlichkeit. Vergleichen Sie dazu die zeitgenössische Darstellung der Evolutionstheorie mit der Abbildung aus der Lutherbibel (S. 50, M1) und leiten Sie Konsequenzen für das Selbstverständnis des Menschen ab. > M1
2. Stellen Sie Darwins Entdeckungen in ihren Einzelheiten dar und erläutern Sie, worin Darwin selbst ihr revolutionäres Potential sah. > M2/M3
3. Recherchieren Sie, wie die Religionsgemeinschaften heute zur Evolutionstheorie stehen.

Medienhinweis

Wer Wind sät ... (USA 1960, Regie: Stanley Kramer) – Gerichtsdrama zum Thema Kreationismus versus Evolutionslehre (vgl. *Abenteuer Ethik 3*, S. 282f.)

Evolution durch natürliche Auslese

M1 Auf dem Weg zum Menschen

Darstellungen aus dem Neanderthal-Museum, Mettmann

M2 Ernst Mayr: Was ist natürliche Auslese?

Der deutsch-amerikanische Biologe Ernst Mayr (1904-2005) ist der Hauptvertreter der modernen synthetischen Evolutionstheorie, die Darwins Erkenntnisse mit Ergebnissen der Genforschung verbindet.

Darwins Wahl des Wortes selection, „Auslese“ (in älteren Übersetzungen: „Zuchtwahl“), war nicht besonders glücklich. Es lässt ein wirkendes Wesen oder Prinzip in der Natur vermuten, das, da es die Zukunft voraussagen kann, „die Besten“ auswählt. Die natürliche Auslese tut selbstverständlich nichts dergleichen. Der Ausdruck steht einfach für die Tatsache, dass nur ein paar (im Durchschnitt zwei) von allen Nachkommen eines Elternpaares lange genug überleben, um sich fortzupflanzen. Es gibt weder eine spezielle Selektionskraft in der Natur noch einen bestimmten Handelnden, der selektiert. Es gibt viele Gründe für den Erfolg der wenigen Überlebenden.
Einem Teil, vielleicht sogar einem Großteil des Überlebens liegt ein zufallsabhängiger Prozess zugrunde, das heißt: Glück. Zum größten Teil hängt es vom überlegenen Funktionieren der physiologischen Vorgänge im Körper des überlebenden Individuums ab, kraft dessen es mit den Wechselfällen der Umwelt besser fertig werden kann als andere Mitglieder der Population. [...] Den Erfolg eines Individuums bestimmt genau die Fähigkeit der inneren Maschinerie des Körpers des Lebewesens (einschließlich des Immunsystems), mit den Herausforderungen der Umwelt fertig zu werden. Nicht die Umwelt selektiert, sondern der Organismus, der sich im Meistern der Umwelt als mehr oder weniger erfolgreich erweist. Es gibt keine äußere Selektionskraft.
Einige wenige Beispiele mögen dies verdeutlichen. Nehmen wir zum Beispiel die Widerstandskraft gegen Krankheitserreger. Bakterien und andere Krankheitsverursacher stellen die Umwelt dar; die Abwehr eines Tieres gegen sie besteht aus intrazellulären Selektionsprozessen. [...] Der Erfolg eines Organismus hängt in hohem Maße von seiner normalen Entwicklung vom befruchteten Ei bis zum Erwachsensein ab. Gegen fast alle Abweichungen von der Normalität im Laufe der Entwicklung wird Selektion wirksam.
Da für viele Leute der Begriff „Selektion“ oder „Auslese“ eine teleologische* Konnotation hat – das heißt, einen Zweck unterstellt –, wurden viele alternative Begriffe zur Diskussion gestellt. Etwa „Überleben der Geeignetsten“ [...] und so fort. Eines versuchen alle diese Begriffe deutlich zu machen: Selektion ist ein Aposteriori-Phänomen, das heißt, es ist das Überleben einiger weniger Individuen, die entweder mehr Glück haben als die anderen Mitglieder einer Population oder aber über bestimmte Eigenschaften verfügen, die ihnen in ihrer Umwelt eine Überlegenheit verleihen. Die probabilistische* Natur kann gar nicht stark genug betont werden. [...]
Schließlich ist hervorzuheben, dass es sich bei der Auslese um zwei Spielarten von Qualität handelt. Was Darwin „natürliche Auslese“ nannte, bezieht sich auf jede Eigenschaft, die dem Überleben zuträglich ist, etwa eine bessere Nutzung der Ressourcen, eine bessere Anpassung an Wetter und Klima, eine höhere Widerstandskraft gegen Krankheiten und eine größere Fähigkeit, Feinden zu entkommen.
Abgesehen von den überlegenen Eigenschaften zum Überleben kann ein Individuum jedoch auch schlicht dadurch einen höheren genetischen Beitrag für die nächste Generation leisten, dass es sich erfolgreicher fortpflanzt. Diese Art von Selektion bezeichnete Darwin als „sexuelle Auslese“. Besonders beeindruckt war er von den männlichen sekundären Geschlechtsmerkmalen, etwa von dem prachtvollen Gefieder männlicher Paradiesvögel, der riesenhaften Größe der Elefantenrobben oder dem eindrucksvollen Geweih von Hirschen. Neuere Forschungen haben gezeigt, dass Selektion die Evolution solcher Merkmale entweder begünstigt, weil sie im Konkurrenzkampf mit anderen Männchen um die Weibchen recht hilfreich sind oder weil Weibchen von Männchen mit diesen Eigenschaften angezogen werden.

... und Darwin hat doch recht (1991)

A

1 Erläutern Sie, was mit der Bildfolge zum Ausdruck gebracht werden soll. > M1
2 Erklären Sie den Mechanismus der Evolution nach Darwin bzw. Mayr. > M2
3 Wenden Sie das Erklärungsmodell auf die Evolution des aufrechten Ganges an. > M1/M2

Recht des Stärkeren? – Der Sozialdarwinismus

M1 Herbert Spencer: Überleben der Passendsten

Auch Darwins Kennzeichnung der natürlichen Selektion durch die Metapher *struggle for life* („Kampf ums Dasein") wurde vielfach als unglücklich empfunden. Eine angemessenere Bezeichnung prägte 1864 der englische Philosoph Herbert Spencer (1820-1903) mit dem Ausdruck *survival of the fittest* („Überleben der Passendsten bzw. Angepasstesten"), den Darwin später übernahm.

Wenn [...] Individuen einer Spezies [...] notwendig in zahllosen Richtungen und Graden auseinander gehen müssen, [...] dann müssen auch unter allen Individuen einige stets weniger als andere der Gefahr ausgesetzt sein, dass ihr Gleichgewicht durch eine besondere einwirkende Kraft [...] vollständig zerstört werde. [...] [Die] notwendige Folge wird sein, dass jene Individuen, deren Funktionen am meisten von dem Gleichgewichte mit dem modifizierten Aggregate* äußerer Kräfte abweichen, zu Grunde gehen müssen, während dagegen jene fortleben werden, deren Funktionen am ehesten dem Gleichgewicht mit dem abgeänderten Aggregate äußerer Kräfte nahe kommen. Dieses *Überleben des Passendsten* aber hat auch die Vermehrung des Passendsten zur Folge.

Die Prinzipien der Biologie (1864, dt. 1877)

M2 Ideologisierung eines Begriffs

Rassisten und Nationalsozialisten – u. a. Ernst Haeckel (1834-1919), Houston Stewart Chamberlain (1855-1929), Adolf Hitler (1889-1945) – missbrauchten die von Darwin verworfene Formulierung *struggle for life* zur Stützung ihrer Ideologie.

Dieser große Wettkampf um die Lebensbedürfnisse findet überall und jederzeit statt [...]. Die Tatsache des großen Wettkampfes ist ganz allgemein. Sie brauchen bloß Ihren Blick auf die menschliche Gesellschaft zu lenken, in der ja überall, in allen verschiedenen Fächern der menschlichen Tätigkeit dieser Wettkampf ebenfalls existiert [...].

Ernst Haeckel, in: Natürliche Schöpfungsgeschichte (1868)

Die erste, grundlegende Bedingung [für die Entstehung edler Rassen] ist das Vorhandensein *vortrefflichen Materials.* [...] Der Kampf, an dem ein von Hause aus schwaches Menschenmaterial zu Grunde geht, stählt das starke: außerdem stärkt der Kampf ums Überleben dieses Starke durch Ausscheidung schwächerer Elemente. Die Kindheit großer Rassen sehen wir stets von Krieg umtobt [...].

Houston Stewart Chamberlain, in: Die Grundlagen des 19. Jahrhunderts (1899)

[Das Verbinden von Höher- und Minderwertigem] widerspricht dem Willen der Natur zur Höherzüchtung des Lebens überhaupt. Die Voraussetzung hierzu liegt [...] im restlosen Sieg des Ersteren. Der Stärkere hat zu herrschen und sich nicht mit dem Schwächeren zu verschmelzen. [...]. Der Kampf ums tägliche Brot lässt alles Schwache und Kränkliche, weniger Entschlossene unterliegen, während der Kampf der Männchen um das Weibchen nur dem Gesündesten das Zeugungsrecht oder doch die Möglichkeit hierzu gewährt. Immer aber ist der Kampf ein Mittel zur Förderung der Gesundheit und Widerstandskraft der Art und mithin eine Ursache zur Höherentwicklung derselben. [...] Was wir heute an menschlicher Kultur, an Ergebnissen von Kunst, Wissenschaft und Technik vor uns sehen, ist nahezu ausschließlich schöpferisches Produkt des Ariers*. Gerade diese Tatsache aber lässt den nicht unbegründeten Rückschluss zu, dass er allein der Begründer höheren Menschentums überhaupt war, mithin der Urtyp dessen, was wir unter dem Worte „Mensch" verstehen. [...] Den gewaltigsten Gegensatz zum Arier bildet der Jude. [...] Die völkische Weltanschauung [...] glaubt somit keineswegs an eine Gleichheit der Rassen, sondern erkennt mit ihrer Verschiedenheit auch ihren höheren und minderen Wert und fühlt sich durch diese Erkenntnis verpflichtet, gemäß dem ewigen Wollen, das dieses beherrscht, den Sieg des Besseren, Stärkeren zu befördern, die Unterordnung des Schlechteren und Schwächeren zu verlangen.

Adolf Hitler, in: Mein Kampf (1924)

M3 Hoimar von Ditfurth: Wer überlebt?

Die nationalsozialistische Propaganda [war] unermüdlich bestrebt [...], uns davon zu überzeugen, dass die Mitglieder nichtgermanischer Völker und Rassen, insbesondere Juden und Slawen, nicht in dem gleichen vollgültigen Sinne als „Menschen" angesehen werden könnten wie wir (sondern nur als „Untermenschen", sozusagen als Mitglieder degenerierter Nebenlinien unserer Art). [...] Nicht wenige Menschen unterliegen diesem Irrtum [, dass eine solchermaßen inhumane Betrachtungsweise sich aus der Beobachtung der Verhältnisse in der Natur ableiten lasse,] bis auf den heutigen Tag [...]. So spukt in den Köpfen allzu vieler Menschen bis heute der Darwin'sche Begriff vom „Kampf ums Dasein" herum als Bestätigung ihres Verdachts, dass in der belebten Natur ein unerbittlicher Kampf aller gegen alle stattfinde. [...] Gemeint aber ist mit dem zugegeben missverständlich – martialischen – Terminus eine Form natürlicher Auslese, in welcher der „Tüchtigste" in aller Regel keineswegs deshalb „überlebt", weil er seine Konkurrenten umbringt. Entscheidend ist auch gar nicht die Frage seines Überlebens als Individuum. Was die Artentwicklung vorantreibt, ist die Entscheidung darüber, wessen Erbanlagen mit der größeren Wahrscheinlichkeit an die nachfolgende Generation weitergegeben werden. Dabei kann ein Lebewesen den Kürzeren ziehen, das als Individuum womöglich unbehelligt steinalt wird, das aber seine „Erbanlagen" (in Gestalt einer entsprechenden Zahl direkter Nachkommen) nicht mit der gleichen Häufigkeit an die nächste Generation weitergeben kann wie seine Konkurrenten – vielleicht, weil es bei der Werbung um einen Sexualpartner nicht geschickt genug vorgeht oder nicht findig genug bei der Nahrungsbeschaffung für seinen Nachwuchs oder nicht wachsam genug bei dessen Sicherung gegen natürliche Feinde oder aus einem Dutzend anderer denkbarer Gründe. Das [...] Erbgut der Konkurrenten hat sich in unserem Fall als das der „Tüchtigeren" im „Kampf ums Dasein" durchgesetzt, ohne dass in diesem „Kampf" ein einziger Tropfen Blut geflossen zu sein braucht.

Innenansichten eines Artgenossen (1990)

M4 Christian Illies / Vittorio Hösle: Ein Denkfehler

Unter „Sozialdarwinismus" werden die Ansätze zusammengefasst, welche evolutionsbiologische Kategorien auf soziale und gesellschaftliche Prozesse übertragen, um mit ihrer Hilfe zu Werturteilen über solche Prozesse zu gelangen. Vereinfacht ist das Argument solcher in der praktischen Ausprägung oft sehr verschiedener Richtungen, dass das Selektionsgeschehen erstens nicht neutral sei, sondern einen evolutionären Fortschritt impliziere, und zweitens auch für gesellschaftliche Prozesse Bedeutung habe. Es gehe darum, auch den gesellschaftlichen Fortschritt nicht zu behindern, sondern gerade zu befördern, drohten doch sonst Rückschritt und Degeneration. Der beste Weg dahin sei in der Regel, den Kampf ums Dasein zu intensivieren. Lasse man die Menschen diesen Kampf untereinander frei austragen, so werde es zu positiven sozialen Entwicklungen kommen. [...] Der [...] philosophisch wichtigste Einwurf [dagegen] ist erstmals ausführlich von George Edward Moore in seinen *Principia Ethica* [...] entwickelt worden [...]: Der Sozialdarwinismus beruht auf einem fundamentalen Denkfehler, den Moore einen „naturalistischen Fehlschluss" nennt. Selbst wenn – so ließe sich etwa sagen – die Säugetiere die Dinosaurier verdrängt haben, folgt doch daraus nicht, dass dies „gut" ist. Eine Tatsachenbeschreibung – und auch zukünftige Ereignisse sind Tatsachen – legitimiert nicht, Werturteile zu fällen.

Darwin (2005)

A

1 Untersuchen Sie, inwiefern die Metapher „Kampf ums Dasein" durch Haeckel, Chamberlain und Hitler (s. M2) gegenüber dem, was Spencer und Darwin damit meinen (s. M1), umgedeutet wird. > M1/M2

2 Erläutern Sie die Annahmen des Sozialdarwinismus und nehmen Sie dazu Stellung. > M2/M3

3 Setzen Sie sich mit van Ditfurths Kritik am Sozialdarwinismus auseinander. > M3

4 Beurteilen Sie, ob der Sozialdarwinismus auf einem naturalistischen Fehlschluss (vgl. S. 16, M3) beruht. > M4

Der weltoffene Mensch

zu M1: Gehlen, S. 60-65

M1 Arnold Gehlen: Die organische Unspezialisiertheit des Menschen

Arnold Gehlen (1904-1976) lehrte Philosophie und Soziologie u. a. an den Universitäten in Leipzig und Wien. Er ist einer der Hauptvertreter der modernen philosophischen Anthropologie.

Dieses Buch setzt sich [einer sehr verbreiteten] [...] Ansicht entgegen. Das ist die [...] „naturalistische" und sich „biologisch" nennende Auffassung des Menschen vom Tiere aus [...]. Sieht man den Menschen von außen an, seinen Körperbau [...], so drängt sich allerdings eine bestimmte Theorie auf [...], die Theorie von der geradlinigen Abstammung des Menschen von den Anthropoiden. Diese Theorie behauptet gerade deswegen biologisch zu denken, weil sie vom Leiblichen, vom Körperbau, von den Entwicklungsgesetzen organischen Lebens aus denkt. Eben deswegen kommt sie an die „Innenseite" des Menschen nicht heran [...].

Wenn es um den Menschen geht, darf also eine biologische Betrachtung nicht bloß auf das Somatische, Körperliche gehen. Worin besteht dann die anthropobiologische Fragestellung? Sie besteht allein in der Frage nach den *Existenzbedingungen* des Menschen. Man sehe sich dieses sonderbare und unvergleichliche Wesen an, dem alle tierischen Lebensbedingungen fehlen, und frage sich: vor welchen Aufgaben steht ein solches Wesen, wenn es sein Leben erhalten, sein Dasein fristen, wenn es seine bare Existenz durchhalten will? [...]

Morphologisch ist [...] der Mensch im Gegensatz zu allen höheren Säugern hauptsächlich durch Mängel bestimmt, die jeweils im exakt biologischen Sinne als Unangepasstheiten, Unspezialisiertheiten, als Primitivismen, d. h. als Unentwickeltes zu bezeichnen sind: also wesentlich negativ. Es fehlt das Haarkleid und damit der natürliche Witterungsschutz; es fehlen natürliche Angriffsorgane, aber auch eine zur Flucht geeignete Körperbildung; der Mensch wird von den meisten Tieren an Schärfe der Sinne übertroffen, er hat einen geradezu lebensgefährlichen Mangel an echten Instinkten und er unterliegt während der ganzen Säuglings- und Kinderzeit einer ganz unvergleichlich langfristigen Schutzbedürftigkeit. Mit anderen Worten: innerhalb natürlicher, urwüchsiger Bedingungen würde er als bodenlebend inmitten der gewandtesten Fluchttiere und der gefährlichsten Raubtiere schon längst ausgerottet sein.

Die Tendenz der Naturentwicklung geht nämlich dahin, organisch hochspezialisierte Formen in ihre je ganz bestimmten Umwelten einzupassen, also die unübersehbar mannigfaltigen in der Natur zustande kommenden „Milieus" als Lebensräume für darin eingepasste Lebewesen auszunutzen. Die flachen Ränder tropischer Gewässer wie die ozeanische Tiefsee, die kahlen Abhänge nördlicher Alpengebirge wie das Unterholz lichter Mischwälder sind ebenso spezifische Umwelten für spezialisierte, nur darin lebensfähige Tiere, wie die Haut der Warmblüter für die Parasiten, und so in unzähligen, je besonderen Fällen. Der Mensch dagegen hat, morphologisch gesehen, so gut wie keine Spezialisierungen. Er besteht aus einer Reihe von Unspezialisiertheiten, die unter entwicklungsbiologischem Gesichtspunkt als Primitivismen erscheinen: sein Gebiss z. B. hat eine primitive Lückenlosigkeit und eine Unbestimmtheit der Struktur, die es weder zu einem Pflanzenfresser- noch zu einem Fleischfressergebiss, d. h. Raubtiergebiss machen. Gegenüber den Großaffen, die hochspezialisierte Baumtiere mit überentwickelten Armen für Hangelkletterei sind, die Kletterfuß, Haarkleid und gewaltigen Eckzahn haben, ist der Mensch als Naturwesen gesehen hoffnungslos unangepasst. Er ist von einer einzigartigen [...] biologischen Mittellosigkeit.

Der Mensch (1940)

M2 Unzufriedenheit

Bill Watterson: Calvin und Hobbes

M3 Arnold Gehlen: Die Weltoffenheit des Menschen

Die Resultate der neueren Biologie geben uns die Möglichkeit, die exponierte und riskierte Konstitution des Menschen in einen weiteren Zusammenhang zu stellen. Die „Umwelt“ der meisten Tiere, und gerade der höheren Säuger ist das nicht auswechselbare Milieu, an das der spezialisierte Organbau des Tieres angepasst ist, innerhalb dessen wieder die ebenso artspezifischen angeborenen Instinktbewegungen arbeiten. Spezialisierter Organbau und Umwelt sind also Begriffe, die sich gegenseitig voraussetzen. Wenn nun der Mensch *Welt* hat, [...] so bedeutet auch dies zunächst eine negative Tatsache. Der Mensch ist weltoffen, heißt: er *entbehrt* der tierischen Einpassung in ein Ausschnitt-Milieu. [...] Die physische Unspezialisiertheit des Menschen, seine organische Mittellosigkeit sowie der erstaunliche Mangel an echten Instinkten bilden also unter sich einen Zusammenhang, zu dem die „Weltoffenheit“ (M. Scheler) oder, was dasselbe ist, die Umweltenthebung den Gegenbegriff bilden. Umgekehrt entsprechen beim Tier die Organspezialisierung, das Instinktrepertoire und die Umweltfesselung einander. Es ist das anthropologisch entscheidend wichtig. Wir haben damit einen Strukturbegriff des Menschen [...]. Wir haben jetzt [...] den Entwurf eines organisch mangelhaften, *deswegen* weltoffenen, d. h. in keinem *bestimmten* Ausschnitt-Milieu *natürlich* lebensfähigen Wesens, und verstehen jetzt auch, was es mit den Bestimmungen auf sich hat, der Mensch sei „nicht festgestellt“ oder „sich selbst noch Aufgabe“. Es muss die bloße Existenzfähigkeit eines solchen Wesens fraglich sein, und die bare Lebensfristung ein Problem, das zu lösen der Mensch allein auf sich selbst gestellt ist, und wozu er die Möglichkeiten aus sich selbst herauszuholen hat. Das wäre also das handelnde Wesen. *Der Mensch (1940)*

Weltoffenheit

Der Begriff bezeichnet in der philosophischen Anthropologie (vgl. S. 19) die Entbundenheit des Menschen von organischen Zwängen seiner Umwelt und die Öffnung zu einer von ihm selbst geschaffenen kulturellen Welt.

1 Erläutern Sie Gehlens Kritik an einer ausschließlich naturalistischen Betrachtung des Menschen und analysieren Sie seinen anthropologischen Ansatz. > M1

2 Überlegen Sie, wie Calvin Hobbes davon überzeugen könnte, dass auch Menschen trotz der aufgezählten Mängel zufrieden sein können. > M2

3 Erklären Sie den Zusammenhang von Spezialisierung - Umweltgebundenheit und Unspezialisiertheit – Weltoffenheit. Was würde Gehlen auf die Feststellung des Tigers im Comic M2 antworten? > M3/M2

4 Interpretieren Sie die Bestimmungen, der Mensch sei „nicht festgestellt“ oder „sich selbst noch Aufgabe“. > M3

Der Mensch ist ein Kulturwesen!

METHODENKOMPETENZ: Einen philosophischen/ethischen Text analysieren

Philosophische/ethische Texte sind in der Regel argumentativer Art. In ihnen wird versucht, Fragen zu klären, Probleme zu lösen, Standpunkte zu begründen. Um den Gedankengang bzw. die Argumentation eines solchen Textes genau zu erfassen, empfiehlt es sich, in folgenden Schritten vorzugehen:

- Klären Sie die Frage, die dem Text (ausdrücklich oder unausdrücklich) zugrunde liegt.
- Bestimmen Sie die zentrale These des Textes.
- Analysieren Sie den gedanklichen Aufbau bzw. die Argumentationsstruktur des Textes, indem sie darlegen, mit welchen *(sprachlichen) Mitteln* gearbeitet wird. Belegen Sie Ihre Ausführungen dabei jeweils durch Zitate.

M1 „Ein Bild vom Menschen" – Analyse eines Textes von Arnold Gehlen

Aufgabenstellung: Analysieren Sie den folgenden Text.

Wir sehen [...], wo wir auch hinblicken, den Menschen über die Erde verbreitet und trotz seiner physischen Mittellosigkeit sich zunehmend die Natur unterwerfen. Es ist dabei keine „Umwelt", kein Inbegriff natürlicher und urwüchsiger Bedingungen angebbar, der erfüllt sein muss, damit „der Mensch" leben kann, sondern wir sehen ihn überall, unter Pol und Äquator, auf dem Wasser und auf dem Lande, in Wald, Sumpf, Gebirge und Steppe „sich halten". Und zwar lebt er als „Kulturwesen", d. h. von den Resultaten seiner *voraussehenden*, geplanten und gemeinsamen Tätigkeit, die ihm erlaubt, aus sehr beliebigen Konstellationen von Naturbedingungen durch deren voraussehende und tätige Veränderungen sich Techniken und Mittel seiner Existenz zurechtzumachen. Man kann daher die „Kultursphäre" jeweils den Inbegriff tätig *veränderter* urwüchsiger Bedingungen nennen, innerhalb deren der Mensch allein lebt und leben kann. Irgendwelche Techniken der Nahrungsbeschaffung und -zubereitung, irgendwelche Waffen, Organisationsformen gemeinsamer Tätigkeit und Schutzmaßnahmen vor Feinden, vor der Witterung usw. gehören daher zu den Beständen auch der primitivsten Kultur, und „Naturmenschen", d. h. kulturlose gibt es überhaupt nicht. [...]
Der Mensch ist also organisch „Mängelwesen" (Herder), er wäre in jeder natürlichen Umwelt lebensunfähig, und so muss er sich eine *zweite Natur*, eine künstliche bearbeitete und passend gemachte Ersatzwelt, die seiner versagenden organischen Ausstattung entgegenkommt, erst schaffen, und er tut dies überall, wo wir ihn sehen. Er lebt sozusagen in einer künstlich entgifteten, handlich gemachten und von ihm ins Lebensdienliche veränderten Natur, die eben die Kultursphäre ist. Man kann auch sagen, dass er biologisch zur Naturbeherrschung gezwungen ist. *Ein Bild vom Menschen (1942)*

Textanalyse (Beispiel):

Im vorliegenden Textausschnitt aus dem Aufsatz „Ein Bild vom Menschen" (1942) befasst sich Arnold Gehlen mit der Frage, wie sich der Mensch trotz seiner physischen Mittellosigkeit über die Erde verbreiten und sich zunehmend die Natur unterwerfen konnte. Seine These lautet, dass ihm dies als Kultur schaffendes Wesen möglich war.

Frage

Zentrale These

Gedanklicher Aufbau / Argumentationsstruktur:

Der Text geht von der Feststellung aus, dass der Mensch durch „physische Mittellosigkeit“ (Z. 2) bestimmt ist. Im Unterschied zum Tier fehlt es ihm – wie Gehlen schon in seiner Schrift „Der Mensch“ dargelegt hat – an organischen Spezialisierungen, die der Anpassung an bestimmte Umweltbedingungen dienen. Er hat z. B. kein Haarkleid, das ihn vor Kälte schützt, er besitzt keine natürlichen Angriffsorgane usw. Der Mensch lässt sich daher auch – mit einem Begriff von Herder, den Gehlen hier aufgreift – als organisches „Mängelwesen“ (Z. 16) bezeichnen. Aufgrund dieser mangelhaften organischen Ausstattung ist er jedem Tier in seiner spezifischen Umwelt unterlegen, so dass er – unter ausschließlich natürlichen Bedingungen – schon längst ausgestorben sein müsste.

- Feststellung

- Folgerung

Im Widerspruch dazu steht nach Gehlen die Beobachtung, dass sich der Mensch über die ganze Erde verbreitetet hat und in vielfältigen Umwelten lebensfähig ist: am Pol und am Äquator, auf dem Wasser und auf dem Lande, in Wald, Sumpf, Gebirge und Steppe usw. (vgl. Z. 4-6). Daher stellt sich die Frage, wodurch ihm dies möglich ist.

- Widersprüchliche Beobachtung

Gehlen erklärt die Verbreitung des Menschen in vielfältigen Umwelten durch dessen Fähigkeit, die Bedingungen der Natur in einer „*voraussehenden*, geplanten und gemeinsamen Tätigkeit“ (Z. 7) zu verändern und sich durch „Techniken“ (Z. 9) zurechtzumachen. Als Beispiele dafür führt Gehlen u. a. an, dass der Mensch Mittel entwickelt hat, Nahrung zu beschaffen (man denke etwa an Pfeil und Bogen zur Jagd) und zuzubereiten (z. B. am Feuer). Den Mangel eines Haarkleides gleicht der Mensch dadurch aus, dass er Kleidung herstellt und schützende Wohnstätten errichtet, so dass er es sich nicht nur in gemäßigten Klimazonen, sondern auch in Regionen mit lebensfeindlicher Kälte aushalten kann. Das Fehlen natürlicher Angriffsorgane kompensiert er durch Herstellung von Waffen zum Kampf gegen Feinde usw.

- Erklärung

- Veranschaulichung durch Beispiele

Den „Inbegriff tätig veränderter urwüchsiger Bedingungen“ (Z. 10f.), die „ins Lebensdienliche veränderte Natur“ (Z. 20f.) bezeichnet Gehlen als „Kultursphäre“ (Z. 10, 21). Die Kultur lässt sich also definieren als „eine künstlich bearbeitete und passend gemachte Ersatzwelt“, die „zweite Natur“ (Z. 17) des Menschen.

- Definition

Die Konsequenz dieser Theorie ist, dass es „Naturmenschen, d. h. kulturlose“ Menschen (Z. 15) überhaupt nicht geben kann. Die organische Unspezialisiertheit zwingt den Menschen, seine natürliche Umwelt zu bearbeiten, d. h. er muss Kultur schaffen, damit er überleben kann.

- Konsequenz / Schlussfolgerung

M2 „Mensch und Institutionen“ – Analyse eines Textes von Arnold Gehlen

Aufgabenstellung:
Analysieren Sie den folgenden Text (S. 64, M1).

ANWENDUNG

A

1 Vollziehen Sie nach, wie die Analyse des Textes „Ein Bild vom Menschen“ angelegt ist. > M1

2 Verfassen Sie nach dem Muster in M1 eine Analyse des Textes „Mensch und Institutionen“. > M2

Hinweis:

Ethische Fragen der Bearbeitung der Natur und der Technik werden in den Kapiteln *Naturethik* (S. 220ff.) und *Technik- und Wissenschaftsethik* (S. 246ff.) weitergeführt.

Braucht der Mensch Institutionen?

M1 Arnold Gehlen: Institutionen als Formen der Kultur

[Im] Fischer-Lexikon „Anthropologie" [steht]: „Die Instinkte bestimmen beim Menschen nicht, wie beim Tier, einzelne Verhaltensabläufe. Stattdessen nimmt jede Kultur aus der Vielheit der möglichen menschlichen Verhaltensweisen bestimmte Varianten heraus und erhebt sie zu gesellschaftlich sanktionierten Verhaltensmustern."

Unter diesen Gesichtspunkten erscheinen die Institutionen einmal als die Formen der Bewältigung lebenswichtiger Aufgaben oder Umstände, so wie die Fortpflanzung oder die Verteidigung oder die Ernährung ein geregeltes und dauerndes Zusammenwirken erfordern; sie erscheinen von der anderen Seite als die *stabilisierenden Gewalten*: Sie sind die Formen, die ein seiner Natur nach riskiertes und unstabiles, affektüberlastetes* Wesen findet, um sich gegenseitig und um sich selbst zu ertragen, etwas worauf man in sich und den anderen zählen und sich verlassen kann.

Der Einzelne erlebt [...] eine Institution wie das Eigentum oder die Ehe als ein überpersönliches vorgefundenes Muster, dem er sich einordnet; oder in anderen Fällen tritt er in eine *Institution* seines Berufes, eine Behörde, eine Fabrik ein in dem Bewusstsein, dass sie als dieselbe seit langem bestand und bestehen wird, im Wechsel der Menschen, die in sie ein- oder wieder austreten. [...]

Die Formen, in denen die Menschen miteinander leben oder arbeiten, in denen sich die Herrschaft ausgestaltet oder der Kontakt mit dem Übersinnlichen – sie alle gerinnen zu [...] Institutionen, die schließlich den Individuen gegenüber etwas wie eine Selbstmacht gewinnen, so dass man das Verhalten des Einzelnen in der Regel ziemlich sicher voraussagen kann, wenn man seine Stellung in dem System der Gesellschaft kennt, wenn man weiß, von welchen Institutionen er eingefasst ist. Die Forderungen des Berufs oder der Familie, des Staates oder irgendwelcher Verbände, denen man angehört, regeln uns nicht nur in unserem Verhalten ein, sie greifen bis in unsere Wertgefühle und Willensentschlüsse durch, und diese verlaufen dann ohne Bremsung und Zweifel wie von selbst, d. h. selbstverständlich, ohne dass eine andere Möglichkeit vorstellbar wäre, also schließlich mit der Überzeugungskraft des Natürlichen. Vom Inneren der Einzelperson her gesehen bedeutet das [...] eine lebenswichtige Entlastung. *Mensch und Institution (1960)*

M2 Theodor W. Adorno / Arnold Gehlen: Freiheit und Institution

1965 kam es im Westdeutschen Rundfunk zu einem Streitgespräch zwischen Arnold Gehlen und Theodor W. Adorno (1903-1969), einem Hauptvertreter der Kritischen Theorie, über die Rolle von Institutionen.

Adorno: Wir sind uns darüber einig, dass die Menschen heute [...] von den Institutionen und das heißt hier in erster Linie von der ins Ungeheuerliche zusammengeballten Wirtschaft und in zweiter von den Verwaltungen in einem umfassenden Sinn [...] abhängig sind. [...] Sie sind dazu geneigt, diese Institutionen als eine Notwendigkeit aufgrund der Mangelsituation des Menschen [...] zu bejahen. [...] Demgegenüber würde ich sagen: Auf der einen Seite ist genau diese Macht der Institutionen über die Menschen das, was man in der alten Sprache der Philosophie als heteronom bezeichnete. [...] Sie stehen den Menschen als eine fremde und bedrohliche Macht entgegen. [...] Sie sind [...] geneigt, [...] diese Art Fatalität als etwas Schicksalhaftes und letztlich auf die Natur des Menschen Zurückweisendes zu akzeptieren. [...] Dem würde zunächst einmal entgegenzustellen sein die Analyse, die kritische Analyse dieser Institutionen und dann schließlich die Frage, [...] ob [...] diese Institutionen zu verändern wären und solche an ihre Stelle zu setzen, die für die Menschen vielleicht [...] nicht diese entsetzlich drückende Last sind, die jeden Einzelnen unter sich zu begraben droht und die schließlich so etwas wie die Bildung eines freien

Subjekts überhaupt nicht mehr zulässt. [...] Ich meine [...] die Frage, ob die Institutionen wirklich eine Notwendigkeit der Menschennatur sind oder ob sie die Frucht einer geschichtlichen Entwicklung sind, deren Gründe durchsichtig sind und die sich unter Umständen auch verändern lässt [...].

Gehlen: Herr Adorno, ich gebe Ihnen vollkommen zu, diese fundamentalen anthropologischen Einrichtungen wie Familie, Recht, Ehe, Eigentum usw. [...] bieten ein ungeheuer mannigfaches Bild in der Geschichte, und ich kann auch nicht absehen, dass sich diese Substanzen selbst einmal auflösen. Sie werden sich weiter transformieren. [...] [Der Streitpunkt] liegt vielleicht darin, dass ich geneigt bin, [...] dem Gesichtspunkt der Sicherheit eine große Rolle einzuräumen. Ich glaube, dass die Institutionen Bändigungen der Verfallsbereitschaft des Menschen sind. Ich glaube auch, dass die Institutionen den Menschen vor sich selbst schützen. Gewiss auch Freiheit beschränken. Aber man sieht ja immer wieder, dass es Revolutionäre gibt. [...] Nicht wahr, wir sind beide ungefähr gleich alt und wir haben nun alle erlebt: vier Regierungsformen, drei Revolutionen und zwei Weltkriege. [...] In der Zeit ist doch ungeheuer viel an Institutionen zerrieben und abgebaut worden. Der Erfolg ist eine allgemeine innere Unsicherheit [...]. Da bin ich doch dafür, dass man das, was an Institutionen da ist, nun auch [...] konserviert. Und da kann ja dann wirklich jeder sehen, an seiner Stelle, dass er da mal etwas verbessert, aber damit kann man nicht anfangen. [...] Erst muss man hineingehen, muss ziemlich viel schlucken. [...]

Adorno: [...] Ich mache eigentlich [...] die Beobachtung, dass die Menschen sich viel zu genau in den ihnen vorgezeichneten Bahnen bewegen, dass sie viel zu wenig Widerstand überhaupt noch aufbringen. [...] Die Menschen sind heute wesentlich Anhängsel der Maschinerie und nicht die ihrer selbstmächtigen Subjekte. Ich will ja gar nichts anderes, als dass die Welt so eingerichtet wird, dass die Menschen nicht ihre überflüssigen Anhängsel sind, sondern [...] dass die Dinge um der Menschen willen da sind und nicht die Menschen um der Dinge willen, die sie noch dazu selbst gemacht haben. [...] Ich meine, die Not, die die Menschen zu diesen Entlastungen treibt, ist gerade die Belastung, die von den Institutionen, also von der ihnen fremden und über sie übermächtigen Einrichtung der Welt ihnen angetan wird. [...] Und das scheint mir geradezu ein Urphänomen der Anthropologie heute zu sein, dass die Menschen sich flüchten zu genau der Macht, die ihnen das Unheil [...] antut.

Gehlen: Ich möchte [...] einen Gegenvorwurf anbringen. Obzwar ich das Gefühl habe, dass wir uns in tiefen Prämissen einig sind, habe ich den Eindruck, dass es gefährlich ist und dass Sie die Neigung haben, den Menschen mit dem bisschen unzufrieden zu machen, was ihm aus dem ganzen katastrophalen Zustand noch in den Händen geblieben ist.

Adorno: Ja, dann möchte ich darauf wirklich den Satz von Grabbe zitieren: „Denn nichts als nur Verzweiflung kann uns retten." *Ist die Soziologie eine Wissenschaft vom Menschen? Ein Streitgespräch (1965)*

Institution

Eine Institution ist eine staatliche, gesellschaftliche, kirchliche Einrichtung bzw. ein festes vorgegebenes Muster (wie in Schule, Ehe, Beruf, Recht), die das Verhalten und Handeln von Individuen und Gruppen so formen, stabilisieren und lenken, dass es im Ergebnis für andere Interaktionsteilnehmerinnen und -teilnehmer erwartbar wird.

A

1. Stellen Sie dar, was Institutionen nach Arnold Gehlen für den Menschen leisten. > M1
2. Untersuchen Sie, worin Adorno und Gehlen gegensätzlicher Auffassungen sind und worin sie sich im Laufe des Gesprächs annähern. > M2
3. Erörtern Sie an einzelnen Beispielen, ob und inwiefern Institutionen das Leben des Individuums stabilisieren und entlasten oder seine Freiheit einschränken. > M1/M2

Medienhinweis:

Freiheit und Institution – Arnold Gehlen und Theodor W. Adorno im Gespräch (YouTube-Video)

Der Mensch als Geistwesen

M1 Max Scheler: Der Mensch als Geistwesen

Nach Max Scheler nimmt der Mensch sowohl eine Stellung in einem biopsychischen Stufenbau im Verhältnis zu Pflanze und Tier (natursystematischer Begriff) als auch eine metaphysische Sonderstellung als geistige Person (Wesensbegriff) ein, die unabhängig von der biopsychischen Welt gedacht werden muss.

Das Wesen des Menschen und das, was man seine *„Sonderstellung"* nennen kann, steht hoch über dem, was man Intelligenz und Wahlfähigkeit nennt, und würde auch nicht erreicht, wenn man sich diese Intelligenz und Wahlfähigkeit quantitativ beliebig, ja bis ins Unendliche gesteigert vorstellte. Aber auch das wäre verfehlt, wenn man sich das Neue, das den Menschen zum Menschen macht, nur dächte als eine zu psychischen Stufen: Gefühlsdrang, Instinkt, assoziatives Gedächtnis, Intelligenz und Wahl hinzukommende neue Wesensstufe *psychischer* und der *Vitalsphäre* angehöriger Funktionen und Fähigkeiten, die zu erkennen in der Kompetenz der Psychologie und Biologie läge. Das neue Prinzip steht *außerhalb* alles dessen, was wir „Leben" im weitesten Sinne nennen können. Das, was den Menschen allein zum „Menschen" macht, ist nicht eine neue Stufe des Lebens – erst recht nicht nur eine Stufe der einen Manifestationsform dieses Leben, der „Psyche" – , sondern es ist ein allem und *jedem Leben überhaupt, auch dem Leben im Menschen entgegengesetztes Prinzip: […] „Geist".* Das Aktzentrum, in dem der Geist […] erscheint, bezeichnen wir als „Person". […]

Was aber ist nun jener „Geist", jenes neue und so ent scheidende Prinzip? […] Die Grundbestimmung eines geistigen Wesens […] [ist] *seine existentielle Entbundenheit vom Organischen*, seine Freiheit, Ablösbarkeit – oder doch die seines Daseinszentrums – von dem Bann, von dem Druck, von der Abhängigkeit vom *Organischen*, vom *„Leben"* und allem, was zum Leben gehört – also auch von seiner triebhaften „Intelligenz". Ein „geistiges" Wesen ist also nicht mehr trieb- und umweltgebunden, sondern „umweltfrei" und, wie wir es nennen wollen, *„weltoffen"*: Ein solches Wesen hat *„Welt"*. Ein solches Wesen vermag ferner die auch ihm ursprünglich gegebenen „Widerstands"- und Reaktionszentren seiner Umwelt, die das Tier allein hat und in die es ekstatisch aufgeht, zu *„Gegenständen"* zu erheben und das *Sosein* dieser Gegenstände prinzipiell *selbst* zu erfassen, ohne die Beschränkung, die diese Gegenstandswelt oder ihre Gegebenheit durch das vitale Triebsystem und die ihm vorgelagerten Sinnesfunktionen und Sinnesorgane erfährt. […] Alles, was das Tier merken und fassen kann von seiner Umwelt, liegt in den sicheren Zäunen und *Grenzen seiner Umweltstruktur.* […] Der Verlauf des tierischen Verhaltens hat stets die Form:

T →/← **U**

Ganz anders ein Wesen, das *„Geist"* hat. Ein solches ist – wenn und soweit es sich seines Geistes sozusagen auch bedient – eines Verhaltens fähig, das eine genau *entgegengesetzte* Verlaufsform besitzt. […] Die Form eines solchen Verhaltens ist die der *„Weltoffenheit"*, der prinzipiellen Abschüttelung des Umweltbannes:

M ←/→ **W** → → …

Dieses Verhalten ist, wo es einmal konstitutionell vorhanden ist, seiner Natur nach unbegrenzt erweiterungsfähig – so weit eben, als die „Welt" vorhandener Sachen reicht.

Der Mensch ist das X, das sich in unbegrenztem Maße „weltoffen" verhalten kann. Menschwerdung ist Erhebung zur Weltoffenheit kraft des Geistes.

Stellung des Menschen im Kosmos (1928)

M2 Markus Gabriel: Geist als Selbstverhältnis

Markus Gabriel (*1980), Philosophieprofessor in Bonn, stellt im Folgenden eine Auffassung des menschlichen Geistes dar, die auf den dänischen Philosophen Sören Kierkegaard (1813-1855) zurückgeht.

Wir können uns die Frage stellen, wer wir eigentlich sind. Mit dieser Frage beginnt die Menschheitsentwicklung. Der Mensch unterscheidet sich vom Tier dadurch, dass er nicht einfach nur ist, was auch immer er ist, sondern sich auf Selbstsuche befindet. Deswegen diskutieren wir auch ständig miteinander, wer wir eigentlich sein wollen oder wer wir eigentlich sein sollen. Der Mensch weiß, dass er sein eigenes Wesen verändern kann und sogar soll. Wir wissen alle, dass Mord und Totschlag überwunden werden sollen, dass der Welthunger abgeschafft gehört oder dass alle Menschen ein gewisses Maß an Wohlstand haben sollen. Wir wissen auch, dass wir in vielen Dingen ratlos sind. [...]

Der Mensch unterscheidet sich vom Tier weder dadurch, dass er denkt, noch dadurch, dass er rational ist. Auch Tiere denken und folgen einer Ordnung von Begriffen. Mein Hund weiß, wo sein Futternapf steht und versucht mich davon zu überzeugen, ihm mehr Futter zu geben, als ihm meines Erachtens zuträglich ist. In dieser Interaktion sind auch beim Hund viele Begriffe im Spiel, wenn er vielleicht auch nicht darüber nachdenken mag, dass er Begriffe hat. Hunde denken vermutlich nicht über das Denken nach, dies ist zumindest auf unserem Planeten ein fragwürdiges Privileg des Menschen. Doch auch diese Fähigkeit, über das Denken nachzudenken, ist noch nicht mit dem Geist identisch. Denn unser Selbstverhältnis besteht ja nicht nur darin, dass wir über unsere Gedanken nachdenken. Dies überlassen wir in der Regel der Philosophie. Geist ist mehr als Nachdenken, worüber auch immer.

Geist ist der Umstand, dass wir uns zu uns selbst als zu einem anderen verhalten, zu einer Person, die wir kennenlernen und manchmal verändern. Wir sind nicht nur Subjekte des Denkens, Nachdenker, sondern vor allem Personen; und Personen verhalten sich zu sich selbst. [...]

Der Mensch leidet häufig an Unsicherheiten und Ängsten, ist aber genauso gut zur Selbstsicherheit oder Überheblichkeit imstande. Das menschliche psychische Spektrum ist deswegen auch sehr viel reicher als unsere Emotionen. Tiefe Unsicherheiten oder feste Zuversicht sind nicht einfach Emotionen wie Zorn oder Freude, sondern Ausdruck von Geist. Geist kann auch krank werden, es gibt geistige Krankheiten, die nicht einfach nur emotionale Störungen sind. Deshalb werden viele geistige Krankheiten auch dadurch behandelt, dass der Patient die Einstellung zu sich selbst überhaupt erst kennenlernt, unter der er unbewusst leidet, um in die Lage versetzt zu werden, ein neues Selbstverhältnis aufzubauen, das dann durchaus auch emotional befriedigend sein kann. [...]

Die Art, wie wir uns beobachten, wie wir uns überhaupt sehen, zeigt unseren Geist an. Unsere Existenz ist eine Art, uns zu uns selbst zu verhalten, die uns gar nicht immer bewusst ist. Der Geist ist die Etablierung und Aufrechterhaltung eines Selbstverhältnisses. Dabei sind unsere Selbstverhältnisse immer auch Teil unserer Verhältnisse zu anderen. [...] Wir realisieren in unserem Leben mit anderen, in unseren vielfältigen persönlichen Beziehungen immer auch unser eigenes ideales Selbstbild, aber auch unsere Ängste. [...]

Entscheidend [ist dabei], dass wir immer verstehen, dass es möglich ist, uns zu ändern. Wir könnten jemand anderes werden. Deswegen vergleichen wir uns mit anderen Menschen oder überlegen uns, welche Lebensform uns eigentlich angemessen ist.

Warum es die Welt nicht gibt (2013)

A

1 Fertigen Sie ein Schaubild zu Max Schelers Stufenkonzept an und erläutern Sie seine Begriffe mit Hilfe der heutigen Biologie. > M1

2 Vergleichen Sie Max Schelers Begriff „Weltoffenheit" mit dem Arnold Gehlens (vgl. S. 61, M3) und beurteilen Sie Schelers Verständnis der Freiheit des Menschen. > M1

3 Erläutern Sie Markus Gabriels Auffassung des Geistes und erörtern Sie seine Bedeutung für das menschliche Handeln. > M2

Der Mensch – das seiner selbst bewusste Wesen

M1 Helmuth Plessner: Die exzentrische Positionalität des Menschen

Helmuth Plessner (1892-1985) entwickelte seine Theorie der exzentrischen Positionalität des Menschen aufgrund einer Einordnung in den Stufenbau des Organischen.

[I]m Verhältnis eines physischen Körpers zu seiner Begrenzung [...] gibt es zwei Möglichkeiten: dem Körper ist seine Begrenzung äußerlich. Er hört da auf, wo das umrundende Medium beginnt. Solche Körper nennen wir anorganisch. Oder aber die Begrenzung gehört zum Körper, beispielsweise durch eine Membran in sich. Solche Körper heißen organisch. Sie sind in sich, auch wenn sie äußerlich begrenzt sein mögen. Sie haben Positionalität. [...] In seiner Lebendigkeit unterscheidet sich der organische Körper vom anorganischen dadurch, dass er Positionalität hat, d. h. dadurch, dass er gegen sein Umfeld abgegrenzt ist und ein, je nach Organisationsstufe verschiedenes, Verhältnis zu seiner Grenze hat. [...]

Ein Lebewesen ist nicht nur in seine Umgebung, sondern auch gegen sie gestellt. Es lebt in dynamischer Bezogenheit sowohl auf sein Umfeld als auch im Gegensinne zu ihm, dem lebendigen Ding, zurück [...] Das gilt für alles Lebendige: Pflanzen, Tiere und Menschen. [...]

Im Unterschied zur Pflanze ist beim Tier das positionale Moment Konstitutionsprinzip des lebendigen Dinges geworden: eine besondere Wendung, durch die es in seine eigene Mitte gesetzt ist, in das Hindurch seines zur Einheit vermittelten Seins. Das Tier lebt aus seiner Mitte heraus in seine Mitte hinein, aber es lebt nicht als Mitte. Die Schranke der tierischen Organisation liegt darin, dass dem Individuum sein selber Sein verborgen ist. [...] Es erlebt Inhalte im Umfeld, Fremdes und Eigenes. Es vermag auch über den eigenen Leib Herrschaft zu gewinnen, es bildet ein auf es selbst rückbezügliches System, ein Sich, aber es erlebt nicht – sich. [...] Sein Leben aus der Mitte bildet zwar den Halt seiner Existenz, steht aber nicht in Beziehung zu ihm, ist ihm nicht gegeben. [...] Ist das Leben des Tieres zentrisch, so ist das Leben des Menschen, ohne die Zentrierung aufzugeben, exzentrisch. Exzentrizität ist die Positionalität des Menschen, die Form seiner Gestelltheit gegen das Umfeld. Der Mensch, in seine Grenze gesetzt, lebt über sie hinaus, die ihn, das lebendige Ding, begrenzt. Er lebt und erlebt nicht nur, sondern er erlebt sein Erleben. [...]

Positional liegt ein Dreifaches vor: Das Lebendige ist Körper, im Körper (als Innenleben der Seele) und außer dem Körper als Blickpunkt, von dem aus es beides ist. Ein Individuum, welches positional derart dreifach charakterisiert ist, heißt Person. Es ist das Subjekt seines Erlebens, seiner Wahrnehmungen und seiner Aktionen, seiner Initiative. [...]

In der Distanz zu ihm selber ist sich das Lebewesen Mensch als Innenwelt gegeben, als die Welt „im" Leib. [...] Geht das Lebewesen in seinem Selbstsein auf, naiv oder reflektiert, so erlebt es, „wird" seiner Erlebnisse „inne" und vollzieht damit psychische Realität. Dieser Vollzug aber ist zugleich an das Selbstsein, die psychische Realität, gebunden. [...]

Sein Selbstsein wird dem Menschen auch darin Welt, dass seine Konstitution nicht an irgendwelche Akte gebunden ist. Als Innenwelt ist er vorhanden, ob er davon weiß oder nicht. Gegeben ist sie ihm freilich nur in Akten der Reflexion. Dass er solche Akte vollziehen kann, hat seinen Grund letztlich in der Lebendigkeit des Seins. Dies ist eben ihm selbst vorweg und bildet infolgedessen ein Zentrum für Akte der Rückwendung auf das eigene Sein. Damit das eigene Sein sich selbst als einer Wirklichkeit sui generis* begegnet, muss es zu seinem Wesen gehören, außerhalb seiner selbst zu stehen. In solcher Beziehung [...], die in Akten nicht gestiftet wird, sondern ein für allemal mit der Seinsform der Exzentrizität gegeben ist – be-

steht die Konstitution des Selbstseins als einer eigenen, an Akte nicht gebundenen Welt. [...]
Wie wird der Mensch dieser seiner Lebenssituation gerecht? [...] Als exzentrisch organisiertes Wesen muss er sich zu dem, was er schon ist, erst machen. [...] Der Mensch lebt nur, indem er ein Leben führt. [...] Weil dem Menschen durch seinen Existenztyp aufgezwungen ist, das Leben zu führen, welches er lebt, [...] braucht er ein Komplement nichtnatürlicher, nichtgewachsener Art. Darum ist er von Natur, aus Gründen seiner Existenzform künstlich. [...]. Der Lebenskreis des Menschen, dem er als selbständiger Organismus von Bedürfnissen und Trieben auf Tod und Leben eingeschmiedet ist, [hebt sich] in eine die Natur überlagernde Sphäre und schließt sich dort in der Freiheit. [...] So bricht ihm immer wieder unter den Händen das Leben seiner eigenen Existenz in Natur und Geist, in Gebundenheit und Freiheit, in Sein und Sollen auseinander. Dieser Gegensatz besteht. Naturgesetz tritt gegen Sittengesetz, Pflicht kämpft mit Neigung, der Konflikt ist die Mitte seiner Existenz, wie sie sich dem Menschen unter dem Aspekt seines Lebens notwendig darstellt.

Der Mensch als Lebewesen (1982)

H M2 Peter Kunzmann u. a.: Plessners Stufen des Organischen

Alles Lebendige zeichnet sich durch seine ***Positionalität*** aus: Es setzt sich gegen die außer ihm bestehende Umwelt ab, auf die es bezogen ist und von der es Rückwirkungen empfängt.
De **Organisationsform** der *Pflanze* ist offen, d. h. sie gliedert sich unmittelbar abhängig ihrer Umgebung ein. Die geschlossene Form der *Tiere* dagegen zentriert den Organismus stärker auf sich selbst durch die Ausbildung von Organen (mit dem Gehirn als Zentralorgan) und ermöglicht so größere Unabhängigkeit.
Erst der ***Mensch*** zeichnet sich durch seine *exzentrische Positionalität* aus, da er sich aufgrund seines Selbstbewusstseins reflexiv zu sich selbst verhalten kann. Er erfasst sich so in einem dreifachen Aspekt: als gegenständlicher *Körper*, als *Seele* im Körper und als *Ich*, von dem aus er die exzentrische Position zu sich einnimmt.

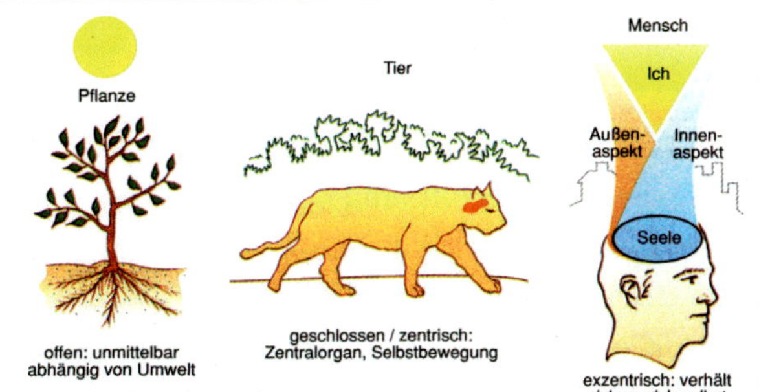

Plessner: Der Stufenbau des Organischen

Aufgrund der Distanz, die der Mensch so zu sich hat, ist sein Leben eine von ihm selbst zu vollziehende Aufgabe. Er muss erst aus sich machen, was er ist, und ist daher von Natur auf *Kultivierung* angelegt und angewiesen. Natur und Kultur, Sinnlichkeit und Geistigkeit sind so beim Menschen stets eine vermittelte Einheit.

dtv-Atlas Philosophie (2003)

Selbstbewusstsein

Der Mensch verfügt nicht nur über Bewusstsein (Gedanken, Gefühle usw.), sondern er weiß auch, dass *er* es ist, der diese Gedanken, Gefühle usw. hat. Das bedeutet: Er besitzt ein Ich, von dem aus er sich zu einem Inneren (Selbst, Seele) verhalten kann.

A

1 Analysieren Sie Helmuth Plessners Bestimmung des Menschen ausgehend von den Begriffen *zentrische* und *exzentrische Positionalität*. > M1/M2

2 Erklären Sie, inwiefern die Seinsweise der Exzentrizität Reflexion und Selbstbewusstsein ermöglicht. > M1/M2

3 Erläutern Sie, was es bedeutet, dass der Mensch durch den Gegensatz von Natur und Kultur, Sinnlichkeit und Geistigkeit bestimmt ist und „erst aus sich machen muss, was er ist". > M2

Hinweis:

Die Frage nach dem Selbstbewusstsein und Personenstatus wird weiter vertieft in den Kapiteln *Utilitarismus* (S. 138ff.) und *Medizinethik* (S. 268ff.).

Menschen kooperieren!

M1 Nahrungsbeschaffung

M2 Michael Tomasello: Die Evolution der menschlichen Kooperation

Michael Tomasello (*1950) ist ein amerikanischer Anthropologe und Verhaltensforscher. Von 1998 bis 2018 war er Direktor am Max-Planck-Institut für evolutionäre Anthropologie in Leipzig.

Menschen haben [im Unterschied zu Menschenaffen] [...] eine Folge von für die Spezies einzigartigen kognitiven und sozialen Fertigkeiten für die Koordination mit anderen [...] entwickelt. [...] Diese einzigartigen menschlichen Anpassungen für Kooperationsverhalten entwickelten sich in zwei entscheidenden Schritten. [...]
[Vor etwa 2 Millionen Jahren führte] eine globale Abkühlungs- und Trockenheitsperiode [dazu, dass] manche Frühmenschen [...] damit [begannen], den größten Teil ihrer Nahrung durch aktivere Zusammenarbeit zu gewinnen; tatsächlich wurde die Zusammenarbeit obligat*. Das bedeutete, dass die Individuen auf viel dringlichere Weise wechselseitig voneinander abhängig waren als zuvor.
Ein wesentlicher Teil des Prozesses obligater gemeinsamer Nahrungssuche bestand in der Partnerwahl. Individuen, die kognitiv oder in anderer Hinsicht für die Zusammenarbeit ungeeignet waren – beispielsweise diejenigen, die nicht in der Lage waren, mit anderen ein gemeinsames Ziel zu bilden –, wurden nicht wiederholt als Partner gewählt, und das bedeutete keine Nahrung. Ebenso wurden Individuen, die sozial oder moralisch in ihren gemeinsamen Interaktionen mit anderen unkooperativ waren – zum Beispiel diejenigen, die versuchten, die ganze Beute für sich selbst einzuheimsen –, als regelmäßige Partner gemieden und waren daher dem Untergang geweiht. Das Ergebnis war, dass es eine starke und aktive soziale Selektion für kooperativ kompetente und motivierte Individuen gab. Das [...] brachte neue Formen der Kognition und Sozialität hervor. [...]
[D]ie neuen frühmenschlichen Fertigkeiten der kooperativen Kommunikation [...] zeigten sich ursprünglich in den neuen und einzigartig menschlichen Gesten des Zeigens und Gebärdenspiels, das von den Partnern benutzt wurde, um ihre individuellen Rollen und Perspektiven auf einen gemeinsamen Zweck hin zu koordinieren. Diese Gesten beruhten auf einigen neuen Formen kognitiver Schlüsse. So könnte beispielsweise ein Individuum gegenüber einem anderen auf einen toten Ast an einem Baum zeigen. Ohne gemeinsamen Hintergrund wäre eine solche Geste sinnlos. Aber wenn sie zusammen auf Antilopenjagd wären und aufgrund ihrer vorherigen gemeinsamen Erfahrung einen gemeinsamen Hintergrund hätten und wüssten, dass der andere einen Speer braucht, aber seinen eigenen gestern zerbrochen hatte (und dass dieser tote Ast von geeigneter Größe und Beschaffenheit wäre), dann könnte die einfache Zeigegeste so etwas mitteilen wie „Hier ist ein möglicher neuer Speer für dich." [...]
Die neuen frühmenschlichen Fertigkeiten der kooperativen Kommunikation ermöglichten so [...] neue Formen des Denkens, insbesondere die Fähigkeit, verschiedene Perspektiven auf vielfältige Weisen mit einem Partner zu koordinieren [...].
Frühmenschliche Individuen, die für die gemeinsame Nahrungssuche sozial selektiert wurden, bezogen sich auf bestimmte neue Weisen auf andere Individuen. Am wichtigsten war, dass sie starke Kooperations-

motive hatten, und zwar sowohl, um mit anderen auf kooperative Ziele hinzuarbeiten, als auch, um Mitgefühl mit anderen zu haben und ihnen zu helfen, da sie ihre Partner waren oder noch sein könnten. Wenn ein Individuum für den Erfolg bei der Nahrungssuche von einem Partner abhängig war, dann ergab es einen guten evolutionären Sinn, ihm immer, wenn es nötig war, zu helfen, um sicherzustellen, dass er sich in einem guten Zustand für zukünftige Exkursionen befand.

Darüber hinaus entwickelten frühmenschliche Individuen, die sozial für die gemeinsame Nahrungssuche selektiert wurden, eine neue Art von kooperativer Rationalität, die sie dazu führte, andere als Partner zu behandeln, die gleichermaßen anspruchsberechtigt sind – das heißt [...] mit einem Sinn für Fairness. [...] Die im kleinen Maßstab stattfindende, gemeinsame Nahrungssuche der Frühmenschen wurde schließlich durch [...] demografische Faktoren destabilisiert, die zu den modernen Menschen (Homo sapiens sapiens) vor 150 000 Jahren führten [...], [u. a. durch die] Konkurrenz zu anderen Gruppen von Menschen. Die Konkurrenz zu anderen Gruppen bedeutete, dass eine locker strukturierte Population von zusammenarbeitenden Individuen sich in eine enger geknüpfte soziale Gruppe verwandeln musste, um ihre Lebensweise gegenüber Eindringlingen zu verteidigen. Das Ergebnis war das Gefühl, dass unsere gesamte soziale Gruppe eine große gemeinsame Tätigkeit war, die auf den Erfolg der Gruppe abzielte. [...] Das bedeutete, dass die Erkennung der anderen aus der eigenen Kulturgruppe wesentlich wurde; im Kontext von manchmal feindlicher Gruppenkonkurrenz musste man auch selbst von den anderen in der eigenen Gruppe erkannt werden. [...] Und so entstand die Neigung der modernen Menschen zur aktiven Konformität mit der Gruppe und ihren konventionellen Kulturpraktiken. [...] Dinge auf die hergebrachte Weise zu tun, wurde somit notwendig für [...] [das] Überleben. [...]

Außerdem nutzten die modernen Menschen ihre sprachlichen Fertigkeiten, um sich miteinander kooperativ über eine bestimmte Überzeugung oder Handlung auszutauschen. Dabei lieferten sie Gründe dafür, warum die anderen ihnen zustimmen sollten (zum Beispiel sollten wir in diese Richtung gehen und nicht in jene, weil es auf diesem Pfad Antilopenspuren gibt, auf jenem aber nicht). Diejenigen, die sich an diesem Prozess sinnvoll beteiligen konnten, waren auch diejenigen, die sich kooperativ verhielten, indem sie sich selbst „guten“ Gründen unterordneten: Meine persönliche Vorliebe spielt keine Rolle, sondern ich werde zustimmen und werde mich derjenigen Entscheidung anschließen – wie immer sie auch ausfallen mag –, die von den meisten und besten Gründen gestützt wird, anhand von Kriterien, mit denen wir alle einverstanden sind. Dadurch, dass sie sich an diesem Prozess beteiligten, wurde das Denken der Individuen in einem viel weiteren und vernunftbasierteren „Überzeugungsnetz“ organisiert, das von den normativen Rationalitätsmaßstäben der Gruppe strukturiert war.

Das Leben in einer Kulturgruppe moderner Menschen bedeutete vor allem anderen, sich anzupassen [...], um mit den sozialen Normen der Gruppe übereinzustimmen. Manche sozialen Normen bezogen sich nur auf Konformität und Gruppenidentität, aber andere berührten das Mitgefühl der Menschen und ihren Sinn für Fairness (das und den sie von den Frühmenschen geerbt hatten), und diese wurden zu moralischen Normen. [...] Auf diese Weise internalisierten die modernen Menschen nicht nur moralische Handlungen, sondern auch moralische Rechtfertigungen und schufen so innerhalb der moralischen Gemeinschaft eine vernunftbasierte moralische Identität.

Mensch werden (2020)

A

1 Versetzen Sie sich in die dargestellte Jagdszene und erläutern Sie, über welche Fähigkeiten Frühmenschen verfügen müssen, um dabei erfolgreich zu sein. > M1

2 Erklären Sie, wie es nach Michael Tomasello zur Selektion kognitiver und sozialer Fähigkeiten für Kooperation gekommen ist. > M2

H

3 Kampf ums Dasein (s. S. 58f.) oder Kooperation? Erörtern Sie die unterschiedlichen Auffassungen des menschlichen Zusammenlebens und prüfen Sie, ob zwischen beiden wirklich ein Gegensatz besteht. > M2

Der handelnde Mensch

M1 Tätigkeiten des Menschen

M2 Hannah Arendt: Arbeiten, Herstellen, Handeln

Hannah Arendt (1906-1975) thematisiert in ihrem philosophischen Hauptwerk *Vita activa* (1958) den Menschen als tätiges Wesen. (Bei der Unterscheidung der Tätigkeiten geht sie auf Aristoteles zurück: vgl. S. 120f.)

Mit dem Wort Vita activa sollen im Folgenden drei menschliche Grundtätigkeiten zusammengefasst werden: Arbeiten, Herstellen und Handeln. Sie sind Grundtätigkeiten, weil jede von ihnen einer der Grundbedingungen entspricht, unter denen dem Geschlecht der Menschen das Leben auf der Erde gegeben ist.

Die Tätigkeit der Arbeit entspricht dem biologischen Prozess des menschlichen Körpers, der in seinem spontanen Wachstum, Stoffwechsel und Verfall sich von Naturdingen nährt, welche die Arbeit erzeugt und zubereitet, um sie als die Lebensnotwendigkeiten dem lebendigen Organismus zuzuführen. Die Grundbedingung, unter der die Tätigkeit des Arbeitens steht, ist das Leben selbst.

Im Herstellen manifestiert sich das Widernatürliche eines von der Natur abhängigen Wesens [...]. Das Herstellen produziert eine künstliche Welt von Dingen, die sich den Naturdingen nicht einfach zugesellen, sondern sich von ihnen dadurch unterscheiden, dass sie der Natur bis zu einem gewissen Grade widerstehen und von den lebendigen Prozessen nicht einfach zerrieben werden. In dieser Dingwelt ist menschliches Leben zu Hause, das von Natur in der Natur heimatlos ist; und die Welt bietet Menschen eine Heimat in dem Maße, in dem sie menschliches Leben überdauert, ihm widersteht und als objektiv-gegenständlich gegenübertritt. Die Grundbedingung, unter der die Tätigkeit des Herstellens steht, ist Weltlichkeit, nämlich die Angewiesenheit menschlicher Existenz auf Gegenständlichkeit und Objektivität.

Das Handeln ist die einzige Tätigkeit der Vita activa, die sich ohne Vermittlung von Materie, Material und Dingen direkt zwischen Menschen abspielt. Die Grundbedingung, die ihr entspricht, ist das Faktum der Pluralität, nämlich die Tatsache, dass nicht ein Mensch, sondern viele Menschen auf der Erde leben und die Welt bevölkern. Zwar ist menschliche Bedingtheit in all ihren Aspekten auf das Politische bezogen, aber die Bedingtheit durch Pluralität steht zu dem, dass es so etwas wie Politik unter den Menschen gibt, noch einmal in einem ausgezeichneten Verhältnis [...]. Das Handeln bedarf einer Pluralität, in der zwar alle dasselbe sind, nämlich Menschen, aber dies auf die merkwürdige Art und Weise, dass

keiner dieser Menschen je einem anderen gleicht, der einmal gelebt hat oder lebt oder leben wird.
Alle drei Grundtätigkeiten und die ihnen entsprechenden Bedingungen sind nun nochmals in der allgemeinsten Bedingtheit menschlichen Lebens verankert, dass es nämlich durch Geburt zur Welt kommt und durch Tod aus ihr wieder verschwindet. Was die Mortalität angeht, so sichert die Arbeit das Am-Leben-Bleiben des Individuums und das Weiterleben der Gattung; das Herstellen errichtet eine künstliche Welt, die von der Sterblichkeit der sie Bewohnenden in gewissem Maße unabhängig ist und so ihrem flüchtigen Dasein so etwas wie Bestand und Dauer entgegenhält; das Handeln schließlich, soweit es der Gründung und Erhaltung politischer Gemeinwesen dient, schafft die Bedingungen für eine Kontinuität der Generationen, für Erinnerung und damit für Geschichte. Auch an der Natalität sind alle Tätigkeiten gleichermaßen orientiert, da sie immer die Aufgabe haben, für die Zukunft zu sorgen, bzw. dafür, dass das Leben und die Welt dem ständigen Fluss von Neuankömmlingen, die als Fremdlinge in sie hineingeboren werden, gewachsen und auf ihn vorbereitet bleibt. *Vita activa (1967)*

M3 Hannah Arendt: Die Enthüllung der Person im Sprechen und Handeln

[Offenbar vollzieht] alles politische Handeln, sofern es sich nicht der Mittel der Gewalt bedient, sich durch Sprechen. [...] Stumm ist nur die Gewalt [...].
Das Faktum menschlicher Pluralität, die grundsätzliche Bedingung des Handelns wie des Sprechens, manifestiert sich auf zweierlei Art, als Gleichheit und als Verschiedenheit. Ohne Gleichartigkeit gäbe es keine Verständigung unter Lebenden, kein Verstehen der Toten und kein Planen für eine Welt, die nicht mehr von uns, aber doch immer noch von unseresgleichen bevölkert sein wird. Ohne Verschiedenheit, das absolute Unterschiedensein jeder Person von jeder anderen, die ist, war oder sein wird, bedürfte es weder der Sprache noch des Handelns für eine Verständigung [...]. Menschliche Pluralität ist eine Vielheit, die die paradoxe Eigenschaft hat, dass jedes ihrer Glieder in seiner Art einzigartig ist.
Sprechen und Handeln sind die Tätigkeiten, in denen die [...] Einzigartigkeit sich darstellt. Sprechend und handelnd unterscheiden Menschen sich aktiv voneinander, anstatt lediglich verschieden zu sein [...]. Dies aktive In-Erscheinung-Treten eines grundsätzlich einzigartigen Wesens beruht, im Unterschied von dem Erscheinen des Menschen in der Welt durch Geburt, auf einer Initiative, die er selbst ergreift [...]. Kein Mensch kann des Sprechens und des Handelns ganz und gar entraten, und dies wiederum trifft auf keine andere Tätigkeit der Vita activa zu. Die Arbeit mag noch so charakteristisch für den menschlichen Stoffwechsel mit der Natur sein, das besagt nicht, dass jeder Mensch auch arbeiten müsste; er kann sehr gut andere zwingen, für ihn zu arbeiten, ohne dass seinem Menschsein darum Abbruch geschähe. Und genau das Gleiche gilt für das Herstellen, sofern man sehr wohl die Welt der Dinge benutzen und genießen kann, ohne je selbst auch nur ein einziges nützliches Ding hergestellt und ihrem vielfältigen Reichtum hinzugefügt zu haben. [...] Ein Leben ohne alles Sprechen und Handeln andererseits [...] wäre buchstäblich kein Leben mehr, sondern ein in die Länge eines Menschenlebens gezogenes Sterben; es würde nicht mehr in der Welt unter Menschen erscheinen, sondern nur als ein Dahinschwindendes sich überhaupt bemerkbar machen; wir wüssten von ihm nicht mehr als wir, die Lebenden, von denen wissen, die in den Tod schwinden, den wir nicht kennen. *Vita activa (1967)*

A

1. Vergleichen Sie die Tätigkeiten, die in den Abbildungen gezeigt werden. Was ist ihnen gemeinsam, worin unterscheiden Sie sich? > M1
2. Stellen Sie dar, wie sich Arbeiten, Herstellen und Handeln unterscheiden, indem Sie zu jeder Form des Tätigseins eine Definition erstellen und Beispiele finden. > M2
3. Untersuchen Sie, inwiefern nach Hannah Arendt das Handeln und Sprechen die Tätigkeiten sind, die den Menschen in besonderer Weise auszeichnen. > M3
4. Nehmen Sie Stellung zur Tragfähigkeit der begrifflichen Unterscheidungen Hannah Arendts. > M2/M3

Allein durch Erziehung

M1 John Locke: Das Kind – ein unbeschriebenes Blatt

Im Werk des englischen Philosophen John Locke (1632-1704) nimmt die Frage der Erziehung des Menschen eine zentrale Rolle ein.

Ich darf wohl sagen, dass von zehn Menschen, denen wir begegnen, neun das, was sie sind, gut oder böse, nützlich oder unnütz, durch ihre Erziehung sind. Sie ist es, welche die großen Unterschiede unter den Menschen schafft. Die kleinen oder nahezu unmerklichen Eindrücke auf unsere zarte Kindheit haben sehr bedeutende und dauernde Folgen: es ist wie mit den Quellen mancher Flüsse, wo ein behutsames Anlegen der Hand die lenksamen Wasser in Kanäle leitet, die ihnen einen ganz andersgerichteten Lauf geben; durch diese Leitung, die ihnen gleich zu Anfang an der Quelle gegeben wird, streben sie in verschiedene Richtungen und gelangen endlich zu sehr entfernten und auseinanderliegenden Orten. [...]

[Ein kleines Kind ist nichts anderes] als weißes Papier oder Wachs [...], das man bilden und formen kann, wie man will. [...]

Bedenke aber, dass man Kinder nicht durch Gebote belehren kann, die ihrem Gedächtnis immer wieder entschlüpfen. Was sie nach deiner Meinung unbedingt tun müssen, das festige in ihnen durch unerlässliche Übung [...], sooft die Gelegenheit dazu wiederkehrt; und wenn es möglich ist, schaffe die Gelegenheiten. Das wird Gewohnheiten in ihnen erzeugen, die, einmal eingewurzelt, von selbst zwanglos und selbstverständlich wirken, ohne Hilfe des Gedächtnisses. [...]

Das große Thema, mit dem sich die Erziehung zu befassen hat, ist die Frage, welche Gewohnheiten man entwickeln soll; daher hüte man sich, in diesem wie in anderen Fällen, etwas zur Gewohnheit werden zu lassen, dessen Ausübung man nicht fortgesetzt und gesteigert haben will. [...]

Am meisten Zeit, Mühe und Beharrlichkeit erfordert es, in [...] [den Zöglingen] die Grundsätze und die Ausübung der Tugend und der guten Lebensart zu verankern. [...] Klugheit [...] und gute Lebensart sind [...] in jeder Stellung und bei allen Vorkommnissen im Leben notwendig; und die meisten jungen Männer haben unter dem Mangel daran zu leiden [...] eben aus dem Grunde, weil diese Eigenschaften, die am notwendigsten gelehrt werden müssen und am meisten der Hilfe bedürfen, ganz allgemein vernachlässigt [...] werden. *Gedanken über Erziehung (1693)*

M2 Immanuel Kant: Der Mensch bedarf der Erziehung

Auch Immanuel Kant (s. S. 158ff.) hat sich mit der Frage befasst, was Erziehung für den Menschen bedeutet.

Der Mensch ist das einzige Geschöpf, das erzogen werden muss. Unter der Erziehung nämlich verstehen wir die Wartung (Verpflegung, Unterhaltung), Disziplin (Zucht) und Unterweisung nebst der Bildung. Dem zufolge ist der Mensch Säugling, – Zögling, – und Lehrling.

Die Tiere gebrauchen ihre Kräfte, sobald sie deren nur welche haben, regelmäßig, d. h. in der Art, dass sie ihnen selbst nicht schädlich werden. Es ist in der Tat bewundernswürdig, wenn man z. E. die jungen Schwalben wahrnimmt, die kaum aus den Eiern gekrochen, [...] es nichts desto weniger zu machen wissen, dass sie ihre Exkremente aus dem Neste fallen lassen. [...] Ernährung brauchen wohl die meisten Tiere, aber keine Wartung. Unter Wartung nämlich versteht man die Vorsorge der Eltern, dass die Kinder keinen schädlichen Gebrauch von ihren Kräften machen. [...]

Disziplin oder Zucht ändert die Tierheit in die Menschheit um. Ein Tier ist schon alles durch seinen Instinkt; eine fremde Vernunft hat bereits alles für dasselbe besorgt. Der Mensch aber braucht eigene Vernunft. Er hat keinen Instinkt, und muss sich selbst den Plan seines Verhaltens machen. Weil er aber nicht sogleich im Stande ist, dieses zu tun, sondern roh auf die Welt kommt: so müssen es andere für ihn tun. [...]
Disziplin verhütet, dass der Mensch nicht durch seine tierischen Antriebe von seiner Bestimmung, der Menschheit, abweiche. Sie muss ihn z. E. einschränken, dass er sich nicht wild und unbesonnen in Gefahren begebe. Zucht ist also bloß negativ, nämlich die Handlung, wodurch man dem Menschen die Wildheit benimmt, Unterweisung hingegen ist der positive Teil der Erziehung. [...]
Der Mensch braucht Wartung und Bildung. Bildung begreift unter sich Zucht und Unterweisung. Diese braucht, soviel man weiß, kein Tier. Denn keins derselben lernt etwas von den Alten, außer die Vögel ihren Gesang. [...]
Der Mensch kann nur Mensch werden durch Erziehung. Er ist nichts, als was die Erziehung aus ihm macht.

Über Pädagogik (1803)

M3 Immanuel Kant: Freiheit und Zwang in der Erziehung

Eines der größten Probleme der Erziehung ist, wie man die Unterwerfung unter den gesetzlichen Zwang mit der Fähigkeit, sich seiner Freiheit zu bedienen, vereinigen könne. [...] Ich soll meinen Zögling gewöhnen, einen Zwang seiner Freiheit zu dulden, und soll ihn selbst zugleich anführen, seine Freiheit gut zu gebrauchen. Ohne dies ist alles bloßer Mechanism, und der der Erziehung Entlassene weiß sich seiner Freiheit nicht zu bedienen. Er muss früh den unvermeidlichen Widerstand der Gesellschaft fühlen, um die Schwierigkeit, sich selbst zu erhalten, zu entbehren, und zu erwerben, um unabhängig zu sein, kennen zu lernen. Hier muss man Folgendes beobachten:

1) dass man das Kind, von der ersten Kindheit an, in allen Stücken frei sein lasse (ausgenommen in den Dingen, wo es sich selbst schadet, z. E. wenn es nach einem blanken Messer greift), wenn es nur nicht auf die Art geschieht, dass es anderer Freiheit im Wege ist, z. E. wenn es schreiet, oder auf eine allzu laute Art lustig ist, so beschwert es andere schon.
2) Muss man ihm zeigen, dass es seine Zwecke nicht anders erreichen könne, als nur dadurch, dass es andere ihre Zwecke auch erreichen lasse, z. E. dass man ihm kein Vergnügen mache, wenn es nicht tut, was man will, dass es lernen soll etc.
3) Muss man ihm beweisen, dass man ihm einen Zwang auflegt, der es zum Gebrauche seiner eigenen Freiheit führt, dass man es kultiviere, damit es einst frei sein könne, d. h. nicht von der Vorsorge anderer abhängen dürfe. [...] Ohne jene Behandlung sind Kinder, besonders reicher Eltern, und Fürstensöhne [...] das ganze Leben hindurch Kinder. Hier hat die öffentliche Erziehung ihre augenscheinlichsten Vorzüge, denn bei ihr lernet man seine Kräfte messen, man lernet Einschränkung, durch das Recht anderer. Hier genießt keiner Vorzüge, weil man überall Widerstand fühlt, weil man sich nur dadurch bemerklich macht, dass man sich durch Verdienst hervortut. Sie gibt das beste Vorbild des künftigen Bürgers.

Über Pädagogik (1803)

Sozialisation und Erziehung
Unter Sozialisation versteht man die Anpassung einer Person an die Verhaltensmuster einer Gesellschaft durch Verinnerlichung ihrer Normen. Sie umfasst sowohl die absichtsvollen und planvollen Maßnahmen (Erziehung) als auch die Einwirkungen, die sich durch die Interaktion mit dem sozialen Umfeld ergeben.

A

1 Erläutern Sie Lockes Auffassung der Prägung des Menschen durch Erziehung anhand von Beispielen. > M1
2 Erklären Sie, warum der Mensch nach Kant der Erziehung bedarf, und vergleichen Sie seine Begründung mit der Lockes. > M2
3 Stellen Sie Kants Auffassung von Freiheit und Zwang in der Erziehung dar und nehmen Sie dazu Stellung. > M3

Wozu Bildung bilden kann

M1 Universalgelehrte und Genies

Leonardo da Vinci (1452-1519) und Gottfried Wilhelm Leibniz (1646-1716) gelten als Universalgelehrte und Genies unseres Kulturkreises.

M2 Peter Bieri: Wie wäre es, gebildet zu sein?

Bildung ist etwas, das Menschen mit sich und für sich machen: Man bildet sich. Ausbilden können uns andere, bilden kann sich jeder nur selbst. Das ist kein bloßes Wortspiel. Sich zu bilden, ist tatsächlich etwas ganz anderes, als ausgebildet zu werden. Eine Ausbildung durchlaufen wir mit dem Ziel, etwas zu können. Wenn wir uns dagegen bilden, arbeiten wir daran, etwas zu werden – wir streben danach, auf eine bestimmte Art und Weise in der Welt zu sein. Wie kann man sie beschreiben?

Bildung als Selbsterkenntnis

Es kennzeichnet Personen, dass sie sich, was ihre Meinungen, Wünsche und Emotionen anbelangt, zum Problem werden und sich um sich selbst kümmern können. Bildung ist etwas, das an diese Fähigkeit anknüpft. [...] Es geht darum, sich in seinem Denken, Fühlen und Wollen zu verstehen, statt diese Dinge nur geschehen zu lassen. Es geht um die Interpretation meiner Vergangenheit und das Durchleuchten meiner Entwürfe für die Zukunft, kurz: um das Schaffen und Fortschreiben von Selbstbildern. Und der Gebildete ist auch darin reflektiert, dass er Fragen wie diese stellt: Woher weiß ich, dass ein Selbstbild kein Trugbild ist? Haben wir einen privilegierten Zugang zu uns selbst? Sind Selbstbilder gefunden oder erfunden? [...]

Bildung als Selbstbestimmung

Ich kann mit der Welt meines Wollens, meiner Gedanken und Gefühle aus verschiedenen Gründen unzufrieden sein: weil es an Übersicht und innerer Stimmigkeit fehlt; weil ich mir draußen ständig Beulen hole; weil ich mir darin fremd vorkomme. Dann brauche ich im weitesten Sinne des Worts eine éducation sentimentale, diejenige Art von Bildung also, die man einst mit gutem Grund Herzensbildung nannte: Gestützt auf wachsende Einsicht in die Logik und Dynamik meines seelischen Lebens, lerne ich, dass Gedanken, Wünsche und Gefühle kein unabwendbares Schicksal sind, sondern etwas, das man bearbeiten und verändern kann. Ich erfahre, was es heißt, nicht nur in meinem Tun, sondern auch in meinem Wollen und Erleben selbstbestimmt zu werden. [...]

Bildung als Weltorientierung

Die Menge von dem, was es zu wissen und zu verstehen gibt, ist gigantisch, und sie wächst mit jedem Tag. Sich zu bilden, kann nicht heißen, außer Atem hinter allem herzulaufen. Die Lösung ist, sich eine grobe Landkarte des Wissbaren und Verstehbaren zurechtzulegen und zu lernen, wie man über die einzelnen Provinzen mehr lernen könnte. Bildung ist also ein doppeltes Lernen: Man lernt die Welt kennen, und man lernt das Lernen kennen. Dabei entstehen zwei Dinge, die gleichermaßen wichtig sind. Das eine ist ein Sinn für die Proportionen. Man braucht, um gebildet zu sein, nicht die genaue Anzahl der Sprachen zu kennen, die es auf der Erde gibt. Aber man sollte wissen, dass es eher 4000 sind als 40. [...] Das Zweite, was im Zuge der Weltorientierung entsteht, ist ein Sinn für Genauigkeit: ein Verständnis davon, was es heißt, etwas genau zu kennen und zu verstehen: ein Gestein, ein Gedicht, eine Krankheit, eine Symphonie, ein Rechtssystem, eine politische Bewegung, ein Spiel. Es gibt niemanden, der mehr als nur einen winzigen Ausschnitt der Welt genau kennt. Doch das verlangt die Idee der Bildung auch nicht. Aber der Gebildete ist einer, der eine Vorstellung davon hat, was Genauigkeit ist und dass sie in verschiedenen Provinzen des Wissens ganz Unterschiedliches bedeutet. [...]

Bildung als historisches Bewusstsein

Das aufgeklärte Bewusstsein ist [...] ein Bewusstsein der historischen Zufälligkeit. Es drückt sich aus in der Fähigkeit, die eigene Kultur aus einer gewissen Distanz heraus zu betrachten und ihr gegenüber eine ironische und spielerische Einstellung einzunehmen. Das heißt nicht: sich nicht zu der eigenen Lebensform zu bekennen. Es heißt nur, von dem naiven und arroganten Gedanken abzurücken, die eigene Lebensform sei einem angeblichen Wesen des Menschen angemessener als jede andere. Solche Anmaßung, die zur Essenz eines jeden Imperialismus und einer jeden Missionierung gehört, ist ein untrügliches Zeichen von Unbildung. [...]

Bildung als moralische Sensibilität

[...] Aus der Einsicht in die Kontingenz [Zufälligkeit] der eigenen kulturellen Identität entsteht Toleranz – kein förmliches Dulden des Fremden, sondern echter und selbstverständlicher Respekt vor anderen Arten, zu leben. Nicht, dass das immer leicht wäre. Besonders schwierig ist es dann, wenn das Fremde die eigenen moralischen Erwartungen verletzt. Was machen wir mit Grausamkeit, die uns in Rage versetzt, anderswo aber akzeptierter Bestandteil des Lebens ist? Bildung ist die schwer zu erlernende Kunst, die Balance zu halten zwischen dem Anerkennen des Fremden und dem Bestehen auf der eigenen moralischen Vision. Es gilt, diese Spannung auszuhalten: Bildung verlangt hier Furchtlosigkeit.

Wir hatten gesehen: Je besser jemand die Sprache des Erlebens beherrscht, desto differenzierter empfindet er. Das hat zur Folge, dass auch seine Beziehungen zu den anderen reicher werden. Das gilt vor allem für die Fähigkeit, die wir Einfühlungsvermögen nennen. Sie ist ein Gradmesser für Bildung: Je gebildeter jemand ist, desto besser ist er darin, sich in die Lage anderer zu versetzen. [...]

Leidenschaftliche Bildung

Der Gebildete ist an seinen heftigen Reaktionen auf alles zu erkennen, was Bildung verhindert. Die Reaktionen sind heftig, denn es geht um alles: um Orientierung, Aufklärung und Selbsterkenntnis, um Phantasie, Selbstbestimmung und moralische Sensibilität, um Kunst und Glück. Gegenüber absichtlich errichteten Hindernissen und zynischer Vernachlässigung kann es keine Nachsicht geben und keine Gelassenheit. Boulevardblätter, die aus purer Profitgier alles zerstören, wovon ich gesprochen habe, können nur den heftigsten Ekel hervorrufen. Überhaupt ist der Gebildete einer, der vor bestimmten Dingen Ekel empfindet: vor der Verlogenheit von Werbung und Wahlkampf; vor Phrasen, Klischees und allen Formen der Unaufrichtigkeit; vor den Euphemismen und der zynischen Informationspolitik des Militärs; vor allen Formen der Wichtigtuerei und des Mitläufertums, wie man sie auch in den Zeitungen des Bürgertums findet, die sich für den Ort der Bildung halten. Der Gebildete sieht jede Kleinigkeit als Beispiel für ein großes Übel, und seine Heftigkeit steigert sich bei jedem Versuch der Verharmlosung. Denn wie gesagt: Es geht um alles.

Wie wäre es, gebildet zu sein? (2005)

A

1 Recherchieren Sie, was da Vinci und Leibniz zu Universalgelehrten macht, und beurteilen Sie, inwiefern man sie als umfassend gebildet bezeichnen kann. Finden Sie weitere Persönlichkeiten, auf die auf die diese Beschreibung zutrifft. > M1

2 Erklären Sie den Unterschied zwischen Bildung und Ausbildung und erläutern Sie die verschiedenen Merkmale von Bildung durch Beispiele. > M2

3 Erörtern Sie auf der Basis der Ausführungen Peter Bieris, ob und inwiefern Bildung für den Menschen wichtig ist. > M2

Selbstoptimierung des Menschen durch Technik

M1 Neue Symbiosen

Cyborg Neil Harbisson

Technologische Fortschritte kreieren neue Symbiosen zwischen Mensch und Maschine. [...]
Herztransplantationen mit Roboter-Herzen, 3D-Druck von Organen und Gliedmaßen, Implantate, die Blinde zu Sehenden machen und Taube wieder hören lassen – all das ist bereits möglich. Warum also nicht noch einen Schritt weiter gehen und mit Hörgeräten Körpertemperatur und Puls überwachen und gleichzeitig Musik abspielen? Der Künstler und Mitbegründer der „Cyborg Foundation" Neil Harbisson hat sich eine Antenne implantieren lassen, die seine Farbenblindheit behandelt und ihn Farben in einer ganz neuen Art und Weise erleben lasst: Er sagt, er könne sie hören.
Superreiche Technologie-Gurus in den USA gehen noch einen Schritt weiter: Sie wollen sich experimentelle Implantate in ihre Gehirne einsetzen lassen, die ihnen eine direkte Kommunikation mit einfachen Formen Künstlicher Intelligenz ermöglichen. In eine ähnliche Richtung zielen smarte digitale Tattoos: Das Unternehmen Dangerous Things hat einen NFC-Chip entwickelt, der durch einen Tattoo-ähnlichen Prozess in den Finger gestochen wird. Der Träger kann damit zum Beispiel Autos öffnen oder Codes per Fingerzeig eingeben. *Die Cyborgisierung des Menschen (2016)*

M2 Stefan Lorenz Sorgner: Das Menschenbild des Transhumanismus

Stefan Lorenz Sorgner (*1973) ist Philosoph und Direktor des Beyond Humanism Network.

Transhumanisten teilen [...] [die Grundhaltung], dass der angemessene Einsatz von Techniken [...] die Wahrscheinlichkeit erhöht, die Grenzen des Menschseins zu erweitern, was in unserem Interesse wäre, da auf diese Weise auch die Wahrscheinlichkeit, ein gutes Leben zu führen, gefördert wird. [...] Der Transhumane [gehört] noch zur menschlichen Art [...], [besitzt] jedoch bereits Eigenschaften, die über das Normalmenschliche hinausgehen [...].
Das entscheidende Merkmal des Transhumanismus ist die Bejahung des Gebrauchs von neuen Technologien zur Erhöhung der Wahrscheinlichkeit der Entstehung des Trans- bzw. Posthumanen, sodass die Evolution nicht mehr nur von der natürlichen Selektion *(natural selection)* abhängt, sondern auch die menschliche Selektion *(human selection)* richtungweisend eingreifen kann. Diese Entwicklung ruft durchaus auch die Frage hervor, ob sie nicht den Reifeprozess des Menschen verdeutlicht. So wie Kleinkinder stark von der Beeinflussung der Umwelt abhängig sind und erst als Teenager lernen, Herr über das eigene Leben zu werden, so war die menschliche Evolution von der *natural selection* abhängig. Nun kommt der Mensch so langsam in das evolutionäre Teenagealter, da er nun immer mehr in der Lage ist, auch über evolutionäre Prozesse Herr werden zu können. [...]
Die starke Bejahung auch von radikalen Enhancement-Technologien ist das charakteristische Merkmal des Transhumanismus und stellt wohl den innovativsten Aspekt der Bewegung dar. Transhumanisten bejahen insbesondere das Enhancement von emotionalen, physiologischen und intellektuellen Fähigkeiten und die Verlängerung der *health span*, also der Gesundheitsspanne, damit der Trans- oder auch der Posthumane entstehen kann. Bei dem Trans- bzw. dem Posthumanen handelt es sich jedoch nicht nur

um eine neue Beschreibung des Menschen, also um eine neue anthropologische Position, sondern vielmehr um Weiterentwicklungen des Menschen. Bezeichnend für dieses Anliegen ist eine optimistische Haltung hinsichtlich der Zukunft und hinsichtlich der Weiterentwicklung des Menschen.

Der entscheidende Grund für Transhumanisten, die Überwindung des Menschen zu bejahen, liegt darin, dass sie davon ausgehen, dass durch eine Verbesserung der emotionalen, physiologischen und intellektuellen Fähigkeiten und der Verlängerung der Gesundheitsspanne auch die individuelle Wahrnehmung der eigenen Lebensqualität erhöht wird. Wer mehr Fähigkeiten besitzt und in einem gesunden Zustand länger am Leben bleibt, führt in der Regel ein besseres Leben als derjenige, bei dem dies nicht zutrifft. [...]

Die Bereiche und Fähigkeiten, die für eine Förderung des guten Lebens besonders relevant seien, seien die Emotionen, physiologische und intellektuelle Fähigkeiten und die Gesundheitsspanne. *Transhumanismus (2016)*

M3 Francis Fukuyama: Die gefährlichste Idee der Welt

Francis Fukuyama (*1952) ist einer der bekanntesten US-amerikanischen Politikwissenschaftler.

Was würde – wenn es technologisch machbar wäre – dagegen sprechen, über den gegenwärtigen Stand der Menschheit hinauszugehen? Die scheinbare Sinnhaftigkeit eines solchen Projekts [...] ist Teil seiner Gefahr. Es ist sehr wahrscheinlich, dass wir von den verlockenden Angeboten der Biotechnologie kosten wollen, ohne dabei die damit verbundenen erschreckend hohen moralischen Kosten in Betracht zu ziehen.

Die amerikanische Unabhängigkeitserklärung besagt, dass „alle Menschen gleich geschaffen sind". [...] Im Zentrum des politischen Liberalismus steht die Ansicht, dass [...] jedes Individuum [...] einen ihm innewohnenden Wert besitzt. In der Veränderung des menschlichen Wesens besteht aber das Kernstück des transhumanistischen Projekts. Wenn wir anfangen, uns in etwas Überlegenes zu verwandeln, welche Rechte werden die dann verbesserten Geschöpfe beanspruchen und welche im Vergleich zu den Zurückgelassenen besitzen? Kann es sich überhaupt noch irgendjemand leisten, nicht zu folgen, wenn einige voranpreschen? Diese Fragen sind schon für reiche und weit entwickelte Gesellschaften beunruhigend genug. Fügt man die Auswirkungen für die Bürger der ärmsten Länder der Welt hinzu – für die die Wunder der Biotechnologie wahrscheinlich unerreichbar sein werden , so die Gefahr für die Idee der Gleichheit immer bedrohlicher.

Die Befürworter des Transhumanismus glauben zu verstehen, was einen guten Menschen ausmacht. Sie sind glücklich, die beschränkten, sterblichen, natürlichen Wesen, die sie um sich herum sehen, zugunsten von etwas Besserem zurückzulassen. Aber verstehen sie wirklich, worin die höchsten menschlichen Güter bestehen? Trotz all unserer offensichtlichen Fehler sind wir Menschen wunderbar komplexe Produkte eines langen Evolutionsprozesses – Produkte, deren Ganzes viel mehr ist als die Summe unserer Teile. [...] Eines unserer Schlüsselmerkmale zu ändern erfordert zwangsläufig das Ändern eines komplexen Paketes miteinander verknüpfter Eigenschaften, und wir werden niemals in der Lage sein, das endgültige Ergebnis vorherzusehen. [...] Die Umweltbewegung hat uns Demut und Respekt für den Erhalt der Unversehrtheit der nicht-menschlichen Natur gelehrt. Wir benötigen eine ähnliche Demut in Bezug auf unsere menschliche Natur. *The World's Most Dangerous Ideas (2004)*

A

1 Recherchieren Sie weitere Möglichkeiten der Selbstoptimierung und diskutieren Sie, wie sinnvoll es ist, von ihnen Gebrauch zu machen. > M1

2 Analysieren Sie, von welchem Menschenbild der Transhumanismus ausgeht und wie er Maßnahmen zum Enhancement des Menschen begründet. > M2

3 Erläutern Sie Francis Fukuyamas Argumente gegen die Bestrebungen des Transhumanismus und nehmen Sie selbst dazu Stellung. > M3

Hinweis:

Die Auseinandersetzung mit den Ideen des Trans- und Posthumanismus wird im Kapitel *Freiheit und digitale Welt* (S. 82ff.) fortgesetzt.

Wissen kompakt

Humanismus der Renaissance:
Der Mensch besitzt *Würde*, die darin besteht, dass er nicht auf eine bestimmte Lebensform festgelegt ist, sondern die **Freiheit** hat, diese selbst zu wählen.

Bibel / Mittelalter:
Der Mensch ist als *Bild Gottes* geschaffen, d. h. er kann Gott erkennen und ist **frei**, nach Gottes Geboten zu leben.

Transhumanismus
Der Mensch ist **frei**, sich *durch technische Eingriffe selbst zu optimieren* und die bisherigen Grenzen des Menschseins zu überwinden. (Kritik: Die Überwindung der natürlichen Lebensgrundlagen birgt Gefahren.)

Selbstverständnis

(im Kontext

Freiheit /

Erziehungs- / Bildungstheorie:
Der Mensch bedarf der *Erziehung*, um **selbstbestimmt** handeln zu können, und ist **frei**, sich zu *bilden*, d. h. sich selbst zu gestalten.

Hannah Arendt:
Der Mensch hat die **Freiheit**, die Natur zu *bearbeiten*, Gegenstände *herzustellen* und *handelnd* das Gemeinwesen zu gestalten.

Michael Tomasello:
Der Mensch ist **frei**, mit anderen zu kooperieren; er verfügt über einzigartige kognitive und soziale Fähigkeiten der *Kooperation*.

Aufklärung:
Der Mensch verfügt über die Fähigkeit, sich von Bevormundung jeglicher Art zu **befreien**: „Habe Mut, dich deines *Verstandes* zu bedienen."

Darwinismus:
Der Mensch ist ein Produkt der *biologischen Evolution* und als solches durch deren Gesetzmäßigkeiten **bestimmt**. (Kritik: Eine rein biologische Betrachtung wird der Innenseite des Menschen nicht gerecht.)

des Menschen

von

Determination)

Sozialdarwinismus:
Das Gesetz des *Überlebens des Stärkeren* **bestimmt** auch das gesellschaftliche Leben. (Kritik: Der Sozialdarwinismus beruht auf einem naturalistischen Fehlschluss.)

Arnold Gehlen:
Der Mensch ist charakterisiert durch **Freiheit** im Sinne von *Weltoffenheit*. Er kompensiert seine organische Unspezialisiertheit durch die Entwicklung von Kultur.

Max Scheler:
Der Mensch ist das weltoffene Wesen, d. h. er kann sich aus der Abhängigkeit vom Organischen **befreien** und sich der Welt des *Geistes* zuwenden.

Helmuth Plessner:
Der Mensch kann sich von einer exzentrischen Position aus **zu sich selbst verhalten**, er besitzt *Selbstbewusstsein*.

Die digitale Revolution

M1 Was Digitalisierung für mich bedeutet

Seit Mitte März 2020 durfte ich wegen der Corona-Pandemie monatelang nicht mehr zur Schule gehen. Damit ich nichts verpasse, haben mir meine Lehrerinnen und Lehrer Aufgaben und Arbeitsblätter als PDF nach Hause geschickt. Teilweise konnte ich mich auch per Zoom mit ihnen austauschen. Mit meinen Mitschülern traf ich mich auf einer Gaming-Plattform. Das war in der Krise alles ganz hilfreich. Aber aus meiner Sicht kann das Homeschooling den normalen Unterricht nicht ersetzen. Mir fehlt es, meine Freunde zu treffen. Man kann auch schwer einschätzen, ob man richtig gelernt hat, weil man nicht genug Rückmeldungen bekommt. Deshalb habe ich mich gefreut, als die Schulen nach den Sommerferien wieder geöffnet wurden.

Das Internet ist eine wichtige Quelle für meine Recherchen. Hier kann ich jederzeit erfahren, was gerade ein Politiker am anderen Ende der Welt twittert oder wie die Lage von Menschen in abgelegenen Krisengebieten ist. Sorge bereitet mir allerdings, dass die Netzwerkverbindungen von Regimekritikern in autoritär geführten Staaten durch Spyware überwacht werden und diese Kollegen Repressionen unterliegen, wie etwa der Menschenrechtsaktivist Ahmed Mansoor in der Vereinigten Arabischen Republik.

Ich stehe der Digitalisierung sehr kritisch gegenüber. Der deutsche Buchhandel hat in den letzten Jahren Millionen von Kunden verloren, weil viele Menschen nur noch im Netz lesen. Außerdem macht uns die Konkurrenz der Online-Händler wie Amazon zu schaffen, deren Umsatz von Jahr zu Jahr neue Rekorde erreicht. Das trifft auch viele andere lokale Geschäfte. Etwas online zu bestellen und es sich nach Hause liefern zu lassen, ist für die Kunden halt sehr bequem. Ich fürchte, dass unsere Innenstädte bald veröden – schon jetzt sieht man dort zahlreiche leer stehende Ladenlokale. Gegen die Konkurrenz aus dem Internet kommt auf Dauer kein lokaler Händler an.

Autorenbeiträge

M2 Richard David Precht: Das Gespenst der Digitalisierung

Richard David Precht (*1964) ist Publizist und Honorarprofessor für Philosophie an der Universität Lüneburg.

Ein Gespenst geht um in der globalisierten Gesellschaft – das Gespenst der Digitalisierung. Alle Welt sieht das Gespenst, mit frohen Hoffnungen die einen, mit Ängsten und Befürchtungen die anderen. Wo sind die Industrie oder die Dienstleister, die sich nicht von der Digitalisierung betroffen fühlen? Wo die Menschen, die nicht schon jetzt an ihren zweischneidigen Beglückungen und Bespaßungen teilhaben? […]

Der große Barockphilosoph Gottfried Wilhelm Leibniz ahnte nicht entfernt, was er tat, als er Ernst August von Hannover, Herzog von Braunschweig, vorschlug, die ganze Welt in einer Universalsprache zu codieren – einer Sprache aus Einsen und Nullen –, dass diese mathematische Darstellungsweise einst unsere Lebens- und Arbeitswelt revolutionieren würde, die Art, wie wir uns verständigen und wie wir

denken. Dass sie zu selbstständig miteinander agierenden Maschinen führen würde, einem Internet der Dinge, zu Robotern und zu einer künstlichen Intelligenz (KI), deren Programmierer davon träumen, jede menschliche Gehirnleistung zu übertreffen. [...]
[H]eute, am Anfang der vierten industriellen Revolution, werden nahezu alle Lebensbereiche des Menschen umgewälzt. [...] Die Umwälzungen werden vergleichbar sein mit der ersten und zweiten industriellen Revolution. Die erste verwandelte im 18. und 19. Jahrhundert Agrar- in Industriestaaten, die zweite schuf Anfang des 20. Jahrhunderts die moderne Konsumgesellschaft. [...] [D]ie dritte, die mikroelektronische Revolution der Siebziger- und Achtzigerjahre, ging vergleichsweise glimpflich über die Bühne. Doch die vierte wird, so viel scheint gewiss, erheblich größere Ausschläge auf der Richterskala verzeichnen. Denn nicht die Produktionsmaschinen ändern sich diesmal, sondern vor allem die Informationsmaschinen. Die Geschwindigkeit, in der jetzt und in Zukunft Informationen ausgetauscht und vernetzt werden, ist beispiellos in der Geschichte der Menschheit. Die Speicherkapazität von Computerchips hat sich in den letzten zehn Jahren vertausendfacht und wird in den nächsten Jahrzehnten weiter explodieren.
Jeder Bereich unseres Wirtschaftens wird gegenwärtig digitalisiert, von der Beschaffung der Rohstoffe über die Produktion, das Marketing, den Vertrieb, die Logistik bis hin zum Service. Neue Wirtschaftszweige ersetzen alte Domänen. [...] Die Dynamik der vielen neuen Geschäftsmodelle ist *disruptiv* – das Zauberwort der digitalen Revolution. Statt alte Technologie und altbewährte Serviceleistungen Schritt für Schritt zu verbessern, werden sie schlichtweg ersetzt. Der Taxiverkehr weicht Uber, das Hotelgewerbe wird von Airbnb untergraben, das selbstfahrende Auto ersetzt die Höchstleistungsprodukte der konventionellen Autoindustrie. Erhebliche Teile der Fertigung werden in Zukunft additiv durch den 3D-Drucker bewerkstelligt. Das klassische Kundengeschäft der Banken könnte bald hinfällig sein, weil digitalisierter Zahlungsverkehr keine Mittelsmänner und Institutionen mehr braucht. Ein erheblicher Teil der Wertschöpfung ist damit dezentralisiert. [...]
Die Propheten des Silicon Valley künden davon, Mensch und Maschine zu verschmelzen. Nur mit einem Chip im Gehirn erscheint ihnen Homo sapiens optimal. Der gegenwärtige jedenfalls gilt als defizitär. [...] Infrage gestellt sind also nicht nur ungezählte als ineffektiv gebrandmarkte Wirtschaftsformen, Geschäftsmodelle und Unternehmen. Infrage gestellt ist unser menschliches Selbstverständnis, die „ineffektive" Weise, wie wir leben und zusammenleben und wie wir Politik betreiben. Doch wird der Mensch „besser" und glücklicher, wenn er „smarter" ist und wir „optimierter" miteinander umgehen? [...] [D]as Heil [liegt] niemals in der Technik selbst [...], sondern in der Art und Weise, wie wir mit ihr umgehen, ihre Möglichkeiten nutzen und ihre Gefahren rechtzeitig in die Schranken weisen. [...] Soll sie uns helfen oder ersetzen? Haben Menschen tatsächlich einen Optimierungsbedarf? Müssen wir uns nicht an den wahren Bedürfnissen von Menschen orientieren, statt diese der Technik anzupassen? *Hirten, Jäger, Kritiker (2018)*

Digitalisierung
Als *Digitalisierung* (von lat. *digitus*: Finger) bezeichnet man das Umwandeln von analog vorliegender Daten in digitale Signale und ihre Verarbeitung oder Speicherung in digitaltechnischen Systemen (Computer, Smartphone, Roboter usw.). Seit Beginn der 70er Jahre des 20. Jahrhunderts hat die elektronische Datenverarbeitung zu schwerwiegenden Umwälzungen im Gesellschafts- und Privatleben geführt, die als digitale Revolution bezeichnet werden.

A

1 Diskutieren Sie die verschiedenen Aussagen zur Digitalisierung. Welche Hoffnungen und Befürchtungen verbinden Sie selbst mit diesem Prozess? > M1
2 Erklären Sie, was unter der vierten industriellen Revolution zu verstehen ist und wie diese sich in verschiedenen gesellschaftlichen Bereichen auswirkt. > M2
3 Stellen Sie dar, welche Herausforderungen nach Richard David Precht mit der Digitalisierung verbunden sind, und nehmen Sie Stellung zu seiner Auffassung. > M2

Neue Formen der Kommunikation

M1 Danah Boyd: Was die sozialen Medien ermöglichen

Danah Boyd (*1977) ist eine US-amerikanische Medienwissenschaftlerin. Sie lehrt an den Universitäten New York und Harvard.

[Es ist] wichtig zu verstehen, auf welche Weise die Technologie neue soziale Möglichkeiten eröffnet und auf welche Weise sie die bisherigen Annahmen über den täglichen zwischenmenschlichen Austausch in Frage stellen. [...]

Insbesondere vier [...] [Merkmale] prägen zahlreiche der medienbestimmten Umgebungen, die von sozialen Medien geschaffen werden [...].

Inhalte, die mithilfe sozialer Medien verbreitet werden, sind oft sehr lange abrufbar, weil Technologien darauf ausgerichtet sind, *Persistenz* zu ermöglichen. Die Tatsache, dass Inhalte oft langlebig sind, birgt erhebliche Implikationen. Unter anderem ermöglicht sie einen asynchronen Austausch. Alice kann Bob mitten in der Nacht schreiben, während Bob tief und fest schläft. Doch wenn er morgens aufwacht oder drei Wochen später von einem Sommerlager zurückkommt, ist Alices Nachricht immer noch da, selbst wenn Alice sie längst vergessen hat. Persistenz bedeutet, dass Gespräche, die über soziale Medien geführt werden, nicht flüchtig, sondern langlebig sind. [...] Persistenz bedeutet auch, dass die Äußerungen derjenigen, die soziale Medien nutzen, in nie dagewesener Weise „protokolliert" werden.

Mithilfe sozialer Medien können die Menschen sich mit einem breiten Publikum austauschen und aus großen Entfernungen auf alle möglichen Inhalte zugreifen, was die potenzielle *Sichtbarkeit* jeder einzelnen Nachricht erhöht. Meistens sind die Inhalte, die Menschen mithilfe sozialer Medien online stellen, für eine breite Nutzerbasis abrufbar, weil die meisten Systeme darauf ausgelegt sind, Mitteilungen standardmäßig einem breiten Publikum zugänglich zu machen. Viele populäre Systeme verlangen von ihren Nutzern, dass sie die Sichtbarkeit ihrer Mitteilungen aktiv eingrenzen, wenn sie nicht wollen, dass jeder sie sehen kann. Das unterscheidet die virtuellen von physischen Räumen [...]. In vernetzten Öffentlichkeiten sind Mitteilungen im Allgemeinen automatisch öffentlich und werden nur durch bewusste Eingrenzung privat.

Soziale Medien sind oft darauf ausgerichtet, Menschen bei der *Verbreitung* von Informationen zu unterstützen [...]. Selbst wenn diese Funktionen nicht bereits ins System integriert sind, lassen sich die Inhalte oft leicht herunterladen oder duplizieren und anschließend weiterversenden. Die Leichtigkeit, mit der jeder Nutzer Informationen online mit anderen teilen kann, ist beispiellos. Das kann positiv und äußerst effektiv, aber auch problematisch sein. Die leichte Verbreitbarkeit von Inhalten kann dazu dienen, Menschen für ein politisches Anliegen zu mobilisieren, sie kann aber auch dazu führen, dass sich üble Gerüchte wie ein Lauffeuer verbreiten.

Seit dem Aufkommen von Suchmaschinen sind die Mitteilungen anderer Menschen auch leicht *auffindbar*. Meine Mutter hätte für ihr Leben gern einen Suchknopf gedrückt, um zu sehen, wo meine Freunde und ich uns aufhielten und worüber wir redeten. Heute kann jeder neugierige Nutzer Datenbanken anzapfen und zahllose Nachrichten abrufen, die andere geschrieben haben. Selbst Mitteilungen, die für den öffentlichen Zugriff bestimmt sind, wurden nicht unbedingt mit dem Gedanken online gestellt, dass sie über eine Suchmaschine immer wieder aufgerufen werden können. Suchmaschinen machen es leicht, geheime Gedankenaustausche ans Licht zu bringen. Sie sind oft darauf ausgelegt, kontextbezogene Hinweise auszuschalten, womit sich die Wahrscheinlichkeit erhöht, dass aus dem inhaltlichen Zusammenhang gerissene Suchergebnisse kritiklos übernommen werden.

Es ist kompliziert (2014)

M2 Bernhard Pörksen / Hanne Detel: Kontrollverlust im digitalen Zeitalter

Bernhard Pörksen (*1969) ist Professor für Medienwissenschaften, Hanne Detel (*1983) wissenschaftliche Mitarbeiterin an der Universität Tübingen.
In dem folgenden Beitrag beziehen sie sich auf den 2012 bekannt gewordenen Fall zweier Arbeitskolleginnen, die in einer Pause ihre Sex-Erlebnisse des Vorabends per E-Mail austauschten. Dadurch, dass eine von ihnen versehentlich den E-Mail-Verteiler ihrer ganzen Abteilung anklickte und ein Kollege die E-Mails weiterverbreitete, wurden ihre intimen Geständnisse im ganzen Internet bekannt.

[In dem Schicksal der beiden Angestellten offenbart sich die] *Erfahrung eines elementaren Kontrollverlustes* [...]. Was immer digital vorliegt, kursiert womöglich eines Tages unkontrolliert, wird von einer nicht mehr kontrollierbaren Zahl von Menschen rezipiert, kommentiert und kombiniert, in seiner Bedeutung verändert, in gänzlich neue Zusammenhänge eingebettet und immer wieder aktualisiert und erneut propagiert. [...]
Was [...] verursacht den Kontrollverlust? Die erste, die sehr konkrete Antwort lautet: Es ist einfach Nachlässigkeit und fehlende Fantasie [...]: Man kann sich schlicht nicht vorstellen, was mit den eigenen Daten passieren kann, in welchen merkwürdigen oder auch fatalen Kombinationen sie im Medium der Öffentlichkeit zu einem zurückkehren und eventuell eines Tages das eigene Image ruinieren. [...]
Es existiert [aber] noch ein weiterer basaler Mechanismus, ein weiteres Meta-Muster des Kontrollverlustes, das Kontextverletzung genannt werden soll. [...] Kontextverletzung bedeutet, dass der ursprüngliche Äußerungs- und Handlungskontext [...] verschoben und verändert wird. Erst diese Verletzung ursprünglich gemeinter, als gegeben angenommener Kontexte und der Bruch mit den gerade noch bestehenden Rahmenbedingungen der Kommunikation und des Handelns erzeugen die neue Bedeutung [...].
Welche verschiedenen Varianten und Formen der Kontextverletzung lassen sich ausfindig machen? Die Antwort lautet:

- Die Kontextverletzung, die den Kontrollverlust provoziert, ist immer und notwendigerweise *räumlicher Natur*: Was an einem Ort gesagt oder getan wurde, wird plötzlich an vielen anderen Orten der Welt bekannt – und im Extremfall global registriert und simultan rezipiert. Es ist der beschützte, der abgeschirmte Informationsraum, der aufgesprengt wird. *Daten und Dokumente werden deterritorialisiert.*
- Die Kontextverletzung ist darüber hinaus immer und in jedem Fall *zeitlicher Natur*. Es ist Vergangenes, das mit einem Mal und womöglich dauerhaft und ohne Chance auf ein gnädiges Vergessen gegenwärtig erscheint – und auch in Zukunft präsent bleibt. *Daten und Dokumente werden, so könnte man formulieren, entzeitlicht.*
- Diese Kontextverletzung ist [...] unter allen Umständen *publikums- und öffentlichkeitsspezifischer Natur*. Es ist das kleine, das ausgesuchte Publikum der eigenen Äußerungen und Handlungen, das mit einem Mal durch ein potenzielles Weltpublikum ersetzt wird. Plötzlich werden Geheimnisse öffentlich, wird Intimes und Privates, das eben noch im kleinen Kreis verhandelt wurde, publiziert – und im Extremfall von einem feixenden Mob kommentiert. *Daten und Dokumente werden unter Umständen global bekannt.*
- Diese Kontextverletzung ist schließlich [...] *modaler Natur*. Die Handelnden glauben häufig an die Flüchtigkeit des aus der konkreten Situation heraus Geäußerten [...] – und rechnen offenkundig nicht mit der permanenten Speicherung des eigentlich für den Augenblick Präsentierten.

Der entfesselte Skandal (2012)

A

1 Stellen Sie die Merkmale dar, durch die sozialen Medien nach Danah Boyd gekennzeichnet sind, und erläutern Sie die damit verbundenen Vor- und Nachteile. > M1

2 Erklären Sie, inwiefern das Internet nach Bernhard Pörksen und Hanne Detel zu Kontextverschiebungen und Kontrollverlust führen kann. > M2

3 Finden Sie weitere Beispiele für Kontrollverlust in den sozialen Medien. > M2

Alles registriert: Die Macht der Daten

M1 Amazon Go: Der Supermarkt der Zukunft?

2016 wurde in Seattle/USA der erste Amazon Go-Laden eröffnet, der zeigt, wie das Einkaufen der Zukunft aussehen könnte: Kundinnen und Kunden können sich dort einfach Artikel aus den Regalen nehmen und das Geschäft verlassen, ohne auch nur eine Minute an der Kasse zu stehen. Kameras und andere Sensoren registrieren, wer welche Waren mitgenommen hat. Der Preis wird nachträglich per App abgebucht, die sich die Kunden auf ihr Smartphone heruntergeladen haben.

M2 Shoshana Zuboff: Was Google mit unseren Daten macht

Die Sozialpsychologin Shoshana Zuboff (*1950) ist emeritierte Professorin an der Harvard Business School, an der sie als eine der ersten Frauen lehrte.

Bis 1999 [sammelte der Suchmaschinenanbieter Google die Daten der Nutzer lediglich,] um die Geschwindigkeit, Genauigkeit und Relevanz der Suchergebnisse zu verbessern und die Entwicklung von neuen Produkten wie Übersetzungen zu unterstützen. [...] Dies änderte sich abrupt im April 2000 [durch ein] Patent mit dem Titel „Generierung von Benutzerinformationen zur Verwendung in der zielgerichteten Werbung". [...] Google würde Verhaltensdaten von nun an nicht mehr ausschließlich zur Verbesserung des Angebots für die Nutzer auswerten, sondern um die Gedanken der Nutzer zu lesen: mit dem Ziel, die Werbung an ihren Interessen zu orientieren, die sich wiederum aus ihrem Onlineverhalten ableiten lassen. Neue Datensätze, die sogenannten Benutzerprofilinformationen (user profile information, UPI), würden die Genauigkeit dieser Vorhersagen enorm erhöhen.

Wie gewinnt man die UPIs? Den Erfindern zufolge schlicht „aus Rückschlüssen". Mithilfe der neu entwickelten Werkzeuge lassen sich die Informationen durch die Integration der Daten und die Analyse der Suchmuster des Nutzers ermitteln, seiner Aufrufe bestimmter Seiten und zahlreicher anderer Signale seines Onlineverhaltens. Damit sind Informationen zu gewinnen, die der Nutzer gar nicht persönlich preisgegeben hat, räumen die Google-Forscher ein: UPIs „können selbst dann ermittelt [...] werden, wenn dem System keine explizite Information gegeben wurde".

Die Informatiker haben damit klar gesagt, dass sie gewillt und mithilfe ihrer Erfindung auch in der Lage sind, sich über die Entscheidungsrechte der Nutzer hinwegzusetzen. [...]

Die Erfindung eröffnete ganz neue Möglichkeiten, Gedanken, Gefühle, Absichten und Interessen von Einzelpersonen und Gruppen zu erschließen. Sie basiert auf einer automatisierten Datenauswertung, die man mit einem Einwegspiegel vergleichen kann, denn der geheime Zugriff auf die Verhaltensdaten einer Person erfolgt ohne deren Wissen und Zustimmung. Diese totale Abschöpfung der Verhaltensdaten ermöglichte enorme Gewinne durch einen historisch einmaligen Wettbewerbsvorteil auf den neuartigen Prognosemärkten. [...] Daraufhin wurde das System über die Google-Suchmaschine hinaus erweitert und das gesamte Internet als Vehikel für zielgerichtete

Werbung des Unternehmens genutzt. [...] Mit ihr erzielte Google 2004 einen Jahresumsatz von mehr als 350 Millionen US-Dollar; 2010 lag er schon jenseits von 10 Milliarden Dollar. [...]

Diese „Überwachungsökonomie“ zeichnet sich dadurch aus, dass die frühere Beziehung zwischen der Firma und ihren Nutzern, die auf Gegenseitigkeit beruhte, einem abgeleiteten Geschäftsmodell untergeordnet wird: Es geht jetzt vor allem um das Abgreifen von Informationsmehrwert zu anderen Zwecken. Damit sind die Nutzer nicht mehr die Subjekte der Wertschöpfung, sondern Objekte, aus denen das Unternehmen Google jenen Rohstoff gewinnt und sich aneignet, den es in seinen maschinellen Lernfabriken zu Prognosen verarbeitet. Dieses Endprodukt wird dann an die eigentlichen Kunden verkauft – und das sind Unternehmen, die Geld ausgeben, um auf dem neuen Terminmarkt für Verhaltensinformationen mitzumischen. [...]

Die neue Marktform enthält eine klare Botschaft: Reale Bedürfnisse der Menschen zu befriedigen, ist weniger lukrativ, also weniger wichtig, als Prognosen über ihr Verhalten zu verkaufen. [...]

Eine weitere qualitative Entwicklung war die Nutzung von Verbundeffekten, die neue Anforderungen an die gewonnenen Verhaltensdaten stellt. Das heißt, die Ausbeute muss nicht nur ständig anwachsen, sondern auch immer diversifizierter werden, und das gleich in zwei Dimensionen: Zum einen muss die Datengewinnung von der virtuellen auf die reale Welt übergreifen, in der unser tatsächliches Leben stattfindet. Die Überwachungskapitalisten haben begriffen, dass ihre künftigen Einnahmen von zusätzlichen Datenmengen abhängen. Zum Beispiel über unseren Blutkreislauf und den Inhalt unserer Kühlschränke oder unsere Gewohnheiten im Schlaf- und im Wohnzimmer, unseren Weg zur Arbeit und unsere Parkplätze. Nichts wird ausgelassen.

Zum anderen zielen die Verbundeffekte in die Tiefe, erschließen immer privatere Dimensionen. Man geht davon aus, dass prognostisch noch aussagekräftigere und damit lukrativere Verhaltensdaten aus den intimsten Bereichen des Ichs zu gewinnen sind. Man will mehr über die Persönlichkeitsstruktur herausfinden, über Stimmungen und Gefühle, Lügen und Schwächen. Jeder Aspekt der Privatsphäre muss erfasst und in Datenpartikel zerlegt werden, die auf dem Fließband der Produktion von Gewissheiten weiterverarbeitet werden. [...]

Der Überwachungskapitalismus hat es vor allem auf unsere Wohnungen abgesehen. 2017 verkauften die Firmen SmartHome-Geräte im Gesamtwert von 14,7 Milliarden Dollar, 2016 waren es noch 6,8 Milliarden. 2021 soll der Umsatz die 100-Milliarden-Grenze übersteigen. Zu den Absurditäten der ersten Generation gehören angeblich intelligente Zahnbürsten, Glühbirnen, Kaffeetassen, Öfen und Entsafter oder auch verdauungsanregende Gerätschaften. Andere sind bedenklicher: eine Überwachungskamera mit Gesichtserkennung für den Hausgebrauch, ein Alarmsystem, das ungewöhnliche Vibrationen vor einem Einbruch aufzeichnet, GPS-Ortungsgeräte für Innenräume, überall anzubringende Sensoren, die Temperatur, Bewegungen und etliches mehr analysieren, oder Cyborg-Kakerlaken, die Geräusche erkennen. Selbst das Kinderzimmer wird zur Quelle für weitere Verhaltensdaten. [...]

Der Überwachungskapitalismus kündigt damit die Regression in ein Zeitalter des selbstbestimmten Kapitals und der fremdbestimmten Individuen an – also genau das Gegenteil dessen, was für eine blühende Demokratie und die Erfüllung der Menschheitsträume nötig wäre.

Willkommen im Überwachungskapitalismus (2019)

A

1 Angenommen, es gäbe auch an Ihrem Wohnort einen Amazon Go-Supermarkt. Würden Sie dort alle Dinge, die sie benötigen, einkaufen? Entscheiden Sie sich und begründen Sie Ihre Auffassung. > M1

2 Erläutern Sie, wie sich das Geschäftsmodell von Google nach Shoshana Zuboff im Jahr 2000 verändert hat, und finden Sie Beispiele für andere Internetdienste, die nach dem beschriebenen Muster vorgehen. > M2

3 Erarbeiten Sie Shoshana Zuboffs Kritik am „Überwachungskapitalismus“ und nehmen Sie dazu Stellung. > M2

Unter staatlicher Kontrolle

M1 Gefahr erkannt?

Am Berliner Bahnhof Südkreuz gibt es ein Projekt zur automatischen Gesichtserkennung, das mithilfe von Überwachungskameras und Computerprogrammen die Lage an Bahnhöfen filmen und auswerten und so für die Sicherheit der Reisenden sorgen soll. Abweichungen von der „Normalität" können registriert und Personen identifiziert werden – so wie der Politiker Thomas de Maiziere im obigen Beispielbild.

M2 „Citizen Scoring"

Wer wagt es, sich vorzudrängeln, in der Schlange von Menschen, die am Schalter geduldig wartet? Wer geht bei Rot über die Ampel oder wirft seinen Müll einfach auf den Gehweg? Begeht man auf Pekings Straßen oder woanders in China eine dieser normalerweise vernachlässigbaren Sünden, wird einem schon bald klar werden: Es gibt keinen unbeobachteten Moment. Der Übeltäter wird für diese Vergehen zwar nicht eingesperrt. Aber er bekommt die Konsequenzen auf andere Weise zu spüren; etwa, wenn es um die nächste Beförderung geht, oder um eine Kreditanfrage. Dann wird der im Vorteil sein, der sich aus Sicht der chinesischen Regierung immer brav verhalten hat.

Was die Führung derzeit vorhat, droht zum größten Volkserziehungsprogramm zu werden, das die Menschheit je erlebt hat. Von „Social Credit System" ist die Rede, einer Art [...] [organisiertes Auskunftssystem] für so gut wie alle Belange des gesellschaftlichen Lebens. [...] In rund einem Dutzend Versuchsregionen, die über das ganze Land verteilt liegen, wird „Citizen Scoring", die Bürgerbewertung, bereits ausprobiert. Dort gibt der Staat seinen Bürgern Noten. Wer zum Beispiel über das Internet gesunde Babynahrung bestellt, erhält Pluspunkte. Wer sich hingegen Pornos ansieht oder zu viel Zeit mit Computerspielen verbringt, muss mit Abzügen rechnen. Vorgesehen ist, dass Nutzer mit mindestens 1.300 Punkten die höchste Bewertung AAA [und damit Vorteile z. B. bei der Krankenversicherung oder Studienplatzvergabe] erhalten. [...] Wer hingegen unter einen Wert von 600 fällt, landet in der schlechtesten Kategorie D. Betroffene müssen dann sogar befürchten, ihre Jobs zu verlieren.

Vergeben werden sollen die Punkte über Regierungsbehörden; die dazu – so der Plan – von privatwirtschaftlichen Unternehmen Zugriff auf zum Beispiel das Surfverhalten der Nutzer haben. [...] Zudem sollen aber neben den Behörden auch Banken und Arbeitgeber, Vermieter, Einkaufsplattformen, Reiseveranstalter und Fluggesellschaften Einsicht in die Bewertung erhalten. Nun, da sich die Gesichtserkennungstechnologie bewährt hat, soll auch das Verhalten der Bürger im Straßenverkehr, in Bahnhöfen, auf Flughäfen und in Einkaufszentren mit in die Bewertung einfließen. Gesichtsdatenbanken zum Abgleich hat der Staat längst, denn jeder chinesische Bürger hat einen Personalausweis mit einem biometrischen Foto. [...]

Ob mit der Gesichtserkennungstechnologie, kombiniert mit der Bürgerbewertung, künftig auch die Linientreue überprüft wird? Möglich sei das, befürchtet der Pekinger Netzaktivist Wang Bo, der nicht mit seinem richtigen Namen genannt werden möchte. Er berichtet von der Versuchsstadt Rongcheng [...]. Wer sich dort regelmäßig die Website der parteinahen Volkszeitung anschaue, bekomme Bonuspunkte. [...] Wer es hingegen wage, in den sozialen Medien ständig über die Missstände im Land zu schimpfen, bekomme Punkte abgezogen [...].

taz (2018)

M3 Cyberwaffen

Omar Radi ist ein Journalist aus Marokko, und bei der Regierung ist er nicht beliebt. Er berichtet über Dinge, die man in seinem Land lieber verschweigt: Korruption im Umfeld des Königshauses, krumme Geschäfte von Bodenspekulanten, Proteste gegen Polizeigewalt. Leute wie Radi werden in Marokko häufig überwacht. Auf welche Weise, weiß der Journalist seit ein paar Monaten genau: In sein Handy wurde ein Schnüffelprogramm geschleust.

Die Bürgerrechtsorganisation Amnesty International hat im Frühjahr das Mobiltelefon untersucht und gerade einen Bericht dazu veröffentlicht. Radi wurde demnach mehrfach durch ein Spionageprogramm namens „Pegasus“ ausgehorcht, das die israelische Firma NSO weltweit an Polizeibehörden und Geheimdienste verkauft. „Pegasus“ schnitt seine Gespräche mit und merkte sich, welche Orte der Journalist besuchte. [...] [Die NSO verkauft] Cyberwaffen. [Shalev] Hulio [der Chef der Firma] nennt sie „Werkzeuge, die es Regierungen erlauben, Verbrechen und Terror zu untersuchen und zu verhindern“. [...] Er wolle nicht, dass mit seiner Software Menschenrechte verletzt würden, sagt er. Doch Geheimdienstarbeit sei ein schwieriges Geschäft, und „manchmal sei so etwas eben nötig, um die Bösewichte zu fangen“. [...] Hulio verweist lieber auf Erfolge: Auf die Dankbarkeit seiner Kunden, also der Geheimdienste und Strafverfolgungsbehörden. Terroristen, Drogenhändler und Sexualstraftäter müssten bekämpft werden, erklärt er, und eine Spionagesoftware wie Pegasus sei das denkbar geringste Übel. [...] [In seinen] Augen wäre es die einzig denkbare Alternative, auf allen Telefonen und in allen Apps standardmäßig Hintertüren für Strafverfolger einzubauen. [...] Und nur weil ein Bürgerrechtler überwacht wurde, heiße das noch lange nicht, dass es für die Überwachung nicht doch legitime Gründe gebe. [...] Dann erzählt er lieber wieder von einem Erfolg, diesmal von dem mexikanischen Drogenboss „El Chapo“, früher mal einer der mächtigsten und reichsten Verbrecher der Welt. Bei seiner Festnahme sei NSO beteiligt gewesen, sagt Hulio, das Mobiltelefon eines Anwalts von „El Chapo“ sei mit Pegasus infiziert gewesen.

Die Zeit (2020)

M4 Hans-Jürgen Papier: Was in Deutschland (nicht) erlaubt ist

Hans-Jürgen Papier (*1943) war von 2002 bis 2010 Vorsitzender des Bundesverfassungsgerichtes in Karlsruhe.

Das Grundgesetz enthält einen Auftrag zur Abwehr von Beeinträchtigungen der Grundlagen einer freiheitlichen demokratischen Ordnung unter Einhaltung der Regeln des Rechtsstaats. [...]. So führt der Menschenwürdegehalt des Grundrechts auf Unverletzlichkeit der Wohnung (Art. 13 Abs. 1 GG) zu einem absoluten [...] Überwachungs- und Erhebungsverbot im Bereich des so genannten Kernbereichs privater Lebensgestaltung [...], [also z. B.] bei Gesprächen, die den Bereich der Privatwohnung [normalerweise] nicht verlassen [...]. Allerdings sind die Bürger zur höchstpersönlichen Kommunikation auf die Telekommunikation nicht in gleicher Weise angewiesen wie auf eine Wohnung. Aus diesem Grund führt das Risiko, dass eine Abhörmaßnahme Kommunikation aus dem Kernbereich privater Lebensgestaltung erfasst, nicht per se zur Unzulässigkeit der Abhörmaßnahme an sich. [...] [Allerdings muss die] gesetzliche Eingriffsgrundlage beispielsweise für einen heimlichen Zugriff auf informationstechnische Systeme [...] vorsehen, dass zumindest tatsächliche Anhaltspunkte einer konkreten Gefahr für die hinreichend gewichtigen Schutzgüter bestehen. Bloße Vermutungen oder allgemeine Erfahrungssätze allein reichen nicht aus, um diesen Zugriff zu rechtfertigen.

Wie der Staat Freiheit und Sicherheit vereint (2008)

A

1. Informieren Sie sich über den Stand des Projekts und diskutieren Sie, was unter Abweichungen von der „Normalität“ zu verstehen ist. > M1
2. Nehmen Sie Stellung zum Citizen Scoring in China. Können Sie sich ein solches System auch in Deutschland vorstellen? Warum bzw. warum nicht? > M2
3. Wägen Sie die Vorzüge und Nachteile von Spionageprogrammen gegeneinander ab. > M3
4. Unter welchen Bedingungen darf ein Programm wie Pegasus Ihrer Ansicht nach eingesetzt werden? Begründen Sie Ihre Auffassung mit Bezug auf das Grundgesetz. > M3/M4

Privatsphäre – ein Auslaufmodell?

M1 Christian Heller: Post-Privacy

Christian Heller (*1984) ist Blogger und Netztheoretiker. In seinem PlomWiki protokollierte er als Post-Privacy-Experiment seinen Tagesablauf und seine Bargeldausgaben bis Mai 2016.

Die Privatsphäre ist ein Auslaufmodell. Unser Sein und Handeln, egal wie persönlich oder geheimniskrämerisch, ist zunehmend für andere einsehbar. Wir müssen lernen, damit klarzukommen. Wir treten ein in das Zeitalter der *Post-Privacy*: in ein Leben nach der Privatsphäre. [...] Das *Ende der Privatsphäre* bedeutet nämlich nicht unbedingt den Weltuntergang. Was es uns an Freiheit bringt, nicht beobachtet zu werden, das wird in mancher Weise überschätzt. Hingegen eröffnet uns der Pfad, der uns in die Post-Privacy führt, viele neue Freiheitsräume – und die gilt es, zu erkunden. Die Post-Privacy kommt – und wir sollten lernen, das Beste aus ihr zu machen. [...]

Findet eine begehrte Information einmal den Weg ins Netz, dann ist sie dort nur schwer wieder herauszubekommen oder sonst wie unter Kontrolle zu bringen. Das Netz ist eine Verbreitungs-, Kopier- und Gedächtnismaschine sondergleichen. [...] Sind unsere Daten bereits irgendwo gespeichert, dann haben wir die Kontrolle über sie verloren – egal, was die versprechen, denen wir sie anvertraut haben. [...] Es wird keinen Bereich mehr geben, in dem wir uns vor fremden Blicken sicher glauben können. [...]

Was passiert, wenn der Schutz durch Unsichtbarkeit wegfällt? [...] Transparenz öffnet Anschlüsse für Solidarität, verschafft Reichweite und befördert die Kommunikation. Aber sie macht selbstverständlich auch angreifbarer. [...] Diese erhöhte Angreifbarkeit kann zur Schwächung, aber letzten Endes auch zur Stärkung führen. [...] Transparenz ist eine oft harte Prüfung. Was diese Prüfung überlebt, geht jedoch gestärkt aus ihr hervor. [...] Am Ende weiß der Körper der sich transparent gemacht hat, sehr viel genauer, wo seine Stärken und seine Schwächen liegen – worauf er sich verlassen kann und woran er besser noch arbeitet. Warum sollte Stärke durch Transparenz nicht auch eine Option für den Einzelnen sein? Wer sich der Prüfung durch Transparenz aussetzt, legt damit Scham und Erpressbarkeit ab: Ist der Ruf erst ruiniert, lebt es sich ganz ungeniert. Er öffnet sich aber auch Kritik, Verbesserungsvorschlägen, Hinweisen auf Fallstricke in der eigenen Lebensführung. [...] Sich auf diese Weise der Kritik und der Anregung der Welt bis vielleicht noch ins Intimste zu öffnen heißt nicht unbedingt, die eigene Selbstbestimmung aufzugeben. Welchen Vorschlägen ich folge, welche Warnungen oder Kritiken ich ernst nehme, ist letztlich immer noch mir selbst überlassen. In dem Maße, in dem der Input an Bewertungen und Verbesserungsvorschlägen aus dem Rest der Welt zunimmt, müsste ich auch üben, „Nein, das lasse ich so“ oder „Diese Meinung interessiert mich nicht“ zu sagen. [...]

Der Glaube an unsere Selbstbestimmtheit und unsere Individualität wird angegriffen von Algorithmen, die unser Verhalten aus Umweltfaktoren und Statistik vorhersagen. Unsere Abhängigkeiten und Fremdbestimmungen werden sichtbar, der Wandel unseres Verhaltens je nach Umfeld, unser gelegentlicher Gleichschritt mit anderen. Je tiefer die Sensoren und die Berechnungen der Post-Privacy in unser Leben eindringen, desto mehr schrumpft der Bereich, über den wir allein die Deutungshoheit besitzen – und damit der Bereich, über den wir uns als unser eigener „Autor“ begreifen.

Aber was verlieren wir damit genau? Doch eigentlich nur die Illusion einer Eigenständigkeit, die wir nie hatten, und einer Abgeschlossenheit gegenüber der Welt, der wir nie unterlagen. Post-Privacy verdeutlicht, dass wir nicht unabhängig, isoliert funktionieren. [...]

Post-Privacy reißt einige der Mauern ein, die uns voneinander trennen. *Post-Privacy (2011)*

M2 Petra Grimm: Der Wert des Privaten

Petra Grimm (*1962) ist Professorin für Medienforschung und Kommunikationswissenschaft an der Hochschule der Medien in Stuttgart.

Privatheit ist ein Wert, der im Zuge der fortschreitenden Digitalisierung ein sehr kostbares Gut geworden ist. Der Grund hierfür ist, dass Privates im alltäglichen Handeln immer seltener geschützt werden kann. [...]
Weitgehend Konsens besteht darüber, dass der Begriff *Privatheit* vor allem bedeutet, das „*Etwas*" einer Person (z. B. Wohnung, Informationen, Handlungen, Entscheidungen) vor dem Zugang anderer bzw. Zugriff durch andere zu schützen. Es geht also um die Kontrolle, die eine Person darüber haben sollte, wer wann in welchem Maße und in welchem Zusammenhang auf etwas zugreift, das zu dieser Person gehört [...].
Warum Privatheit ein wertvolles Gut ist, lässt sich mit einem Gedankenexperiment nachvollziehen: Angenommen, man würde in einer Gesellschaft leben, in der es nichts Privates mehr gäbe – Unternehmen, Staat, Nachbarn, Kollegen, Chefs und Freunde wüssten, welche Wünsche, Interessen und Gefühle man hat, ob man gesund oder krank ist, wie viel Geld man zur Verfügung hat, welche Partei man wählt, ob man Alkohol trinkt, religiös ist, ob man sich immer moralisch verhält usw. Das Leben jedes Einzelnen wäre also für alle transparent. Was würde sich dadurch verändern?
Keine Geheimnisse mehr haben zu dürfen, nicht mehr entscheiden zu können, wem man etwas mitteilt oder vorenthält, würde unser Zusammenleben [...] betreffen. [...] Aber [...] auch unsere Freiheit und *Autonomie* würden ohne Privatheit beeinträchtigt werden. Wenn alles öffentlich wäre, über was wir nachdenken, reden, was wir fühlen, uns erhoffen und wovor wir Angst haben, dann hätten wir keinen Raum für persönliche Gedanken und Gefühle und keinen Ort, wo wir vor Kontrolle, Zwang und Diskriminierung geschützt sind. [...]
Ein weiterer Grund, warum der Schutz des Privaten für den Einzelnen und die Gesellschaft wichtig ist, ist dessen Bedeutung für die Identität und Integrität einer Person. Wenn der Einzelne nicht überschauen kann, was Dritte über ihn wissen, kann dies sein Verhalten beeinflussen und zu einer *Normierung* führen. Auf diesen Aspekt hat auch das Bundesverfassungsgericht bereits in seinem legendären Volkszählungsurteil (1983) zum sogenannten Recht auf informationelle Selbstbestimmung hingewiesen: Das Recht auf informationelle Selbstbestimmung beschreibt das Recht des Einzelnen, grundsätzlich selbst über die Preisgabe und Verwendung seiner personenbezogenen Daten zu bestimmen – ist also ein Grundrecht auf Datenschutz. Begründet wird das Recht auf informationelle Selbstbestimmung damit, dass durch die Bedingungen der modernen Datenverarbeitung die Selbstbestimmung bei der freien Entfaltung der Persönlichkeit gefährdet werde: Wer nicht weiß oder beeinflussen kann, welche Informationen bezüglich seines Verhaltens gespeichert und bevorratet werden, werde aus Vorsicht sein Verhalten anpassen. Man nennt dies *chilling effect*: Damit ist ein vorauseilendes, selbstbeschränkendes Handeln aus Angst vor möglichen Folgen gemeint. So kann die Tatsache der ständigen Datenerfassung Menschen dazu veranlassen, sich in ihrem Verhalten einzuschränken, nicht aufzufallen bzw. sich an vermeintlich Normatives zu halten. Sich nur stromlinienförmig zu verhalten und zu äußern bzw. die eigene Meinung zu verschweigen oder gar den Kontakt zu Menschen zu unterbinden, die sich kritisch äußern, bedeutet einen Verzicht auf *Meinungsfreiheit*, *Integrität* und *Authentizität*. Dies würde fatale Folgen für unsere auf diesen Werten begründete Demokratie haben. Es würde sich damit im digitalen Zeitalter eine selbstzensorische Schweigespirale in Gang setzen.

Digitale Ethik (2019)

A

1 Erklären Sie, was Christian Heller unter Post-Privacy versteht und wie er sie begründet. > M1
2 Analysieren und beurteilen Sie Petra Grimms Argumente für den Schutz der Privatheit. > M2
3 Recherchieren Sie die Bestimmungen des Bundesdatenschutzgesetzes (2018). Welche Daten werden geschützt, welche Rechte haben die Betroffenen?

Die gefilterte Realität

M1 Obama

Wenn zwei Personen bei einer Internet-Suchmaschine den Suchbegriff *Obama* eingeben, kann es geschehen, dass sie unterschiedliche Informationen erhalten.
Person A stößt beispielsweise in der Trefferliste als Erstes auf einen Wikipedia-Eintrag, der sie über Folgendes informiert: Barack Hussein Obama war von 2009 bis 2017 der 44. Präsident der USA.
Person B dagegen bekommt als erstes eine Seite der Bewegung *Birther* vorgeschlagen, auf der Verschwörungstheoretiker behaupten, Barack Obama sei in Kenia geboren und habe daher kein Recht, Präsident der USA zu sein.

M2 Eli Pariser: Filterblasen und Ich-Schleifen

Der US-Amerikaner Eli Pariser (*1980) wurde als Polit-Aktivist bekannt. Er ist Board President der Internet-Plattform MoveOn.org.

Eine Zeit lang schien es, als würde das Internet die Gesellschaft komplett redemokratisieren. Blogger und Bürger-Journalisten würden die öffentlichen Medien mit einem Streich neu formieren. [...] Regierungen auf allen Ebenen würden transparenter und wären ihren Bürgern deutlicher Rechenschaft schuldig. Aber die von mir erträumte Ära der Bürgerbeteiligung ist nicht eingetreten. Demokratie verlangt, dass man Dinge aus den Blickwinkeln anderer sieht, doch wir sind immer mehr in unseren eigenen kleinen Welten gefangen. Demokratie verlangt gemeinsame Grundsätze, aber man setzt uns in parallele, aber getrennte Universen.
Mein Unbehagen nahm konkretere Formen an, als ich bemerkte, dass meine konservativen Freunde von meiner Facebook-Seite verschwunden waren. Politisch tendiere ich nach links, aber ich möchte gerne hören, was Konservative denken, und habe deshalb extra einige zu meinen Freunden hinzugefügt. Ich wollte wissen, welche Links sie posten, wollte ihre Kommentare lesen und etwas von ihnen lernen. Aber ihre Links tauchten nie unter meinen Neuigkeiten auf. [...]
Der Grundcode des neuen Internets ist recht simpel. Die neue Generation der Internetfilter schaut sich an, was Sie zu mögen scheinen – wie Sie im Netz aktiv waren oder welche Dinge oder Menschen Ihnen gefallen – und zieht entsprechende Rückschlüsse. Prognosemaschinen entwerfen und verfeinern pausenlos eine Theorie zu Ihrer Persönlichkeit und sagen voraus, was Sie als Nächstes tun und wollen. Zusammen erschaffen diese Maschinen ein ganz eigenes Informationsuniversum für jeden von uns – das, was ich die Filter Bubble nenne – und verändern so auf fundamentale Weise, wie wir an Ideen und Informationen gelangen. [...]
Die Filter Bubble hat negative Auswirkungen auf persönlicher und kultureller Ebene. Es gibt direkte Konsequenzen für all jene unter uns, die personali-

sierte Filter nutzen (und das werden wir bald alle tun, ob wir es wissen oder nicht). Zudem hat es gesellschaftliche Konsequenzen, wenn eine Vielzahl von Menschen ein Leben in der Filter Bubble zu führen beginnt. Es lässt sich gut nachvollziehen, wie Filter unsere individuelle Erfahrung formen, wenn wir sie uns als eine Art Informationsdiät vorstellen. [...]
Letzten Endes kann die Filter Bubble uns der Möglichkeit berauben, selbst darüber zu entscheiden, wie wir leben möchten. Um eigenverantwortlich über sein Leben zu entscheiden, [...] muss man verschiedene Möglichkeiten und Lebensentwürfe vor Augen haben. Wer sich in eine Filter Bubble begibt, lässt die Unternehmen vorsortieren, welche Möglichkeiten man kennenlernt. Man meint vielleicht, man steuere sein Schicksal selbst, doch die Personalisierung führt uns in einen Informationsdeterminismus, bei dem jeder getätigte Klick bestimmt, was man als Nächstes zu sehen bekommt – so sind wir gezwungen, unsere Suchgeschichte ewig zu wiederholen. Wir laufen Gefahr, in einer statischen, immer enger werdenden Ich-Welt gefangen zu werden – einer endlosen Ich-Schleife.

Filter Bubble (2012)

M3 Romy Jaster / David Lanius: Echokammern

Romy Jaster ist wissenschaftliche Mitarbeiterin an der Humboldt-Universität Berlin, David Lanius lehrt am Karlsruher Institut für Technologie.

Nicht Filterblasen erklären [...], wieso wir uns von Andersdenkenden fernhalten, sondern psychische Faktoren. Wir suchen, lesen und verbreiten Inhalte, von denen wir ohnehin überzeugt sind und an die wir glauben wollen. Das Problem liegt im Bestätigungsfehler, in unserer Tendenz zur Vermeidung kognitiver Dissonanz und den daraus resultierenden Echokammern*. Wir müssen gar nicht systematisch durch Algorithmen manipuliert werden, um anderslautende Meinungen und andersdenkende Menschen zu ignorieren. Das tun wir ganz von allein – weil es unangenehm und anstrengend ist, sich mit anderen Meinungen auseinanderzusetzen. Die Algorithmen der sozialen Medien verhindern dieses Verhalten nicht. Doch genauso wenig erzwingen sie es.

Die Wahrheit schafft sich ab (2020)

M4 Bernhard Pörksen: Rückzug in Selbstbestätigungsmilieus

[D]ie Idee der von Algorithmen determinierten Extremabschottung [widerspricht] der alltäglichen Erfahrung. Wer surft, in Blogs und Foren unterwegs ist, der bemerkt: Das Wesen des Netzes ist die Verlinkung. Und jeder Link ist – potenziell – ein Ticket in ein anderes Wirklichkeitsuniversum. Man muss nur draufklicken. Und schon wird man unvermeidlich herauskatapultiert aus der eigenen Filterblase. [...]
Zweitens ist das, was *Filterblase* genannt wird, immer auch ein Symptom unseres Informationsverhaltens, Indiz unserer eigenen Intentionen und Faszinationen. Menschen sind bestätigungssüchtige Wesen. Sie suchen, lesen und verbreiten, wovon sie ohnehin überzeugt sind und woran sie unbedingt glauben wollen. [...] Der Rückzug in Selbstbestätigungsmilieus ist so leicht möglich wie nie zuvor. Es können sich Impfgegner zusammenfinden, die meinen, dass Impfungen Autismus erzeugen. Es können sich Extremisten unterschiedlichster Couleur verbünden, Menschen mit eigenwilligen Hobbys und ausgefallenen Ideen. Sie alle können sich finden, Halt, Kraft und frisches Selbstbewusstsein geben. Das ist schrecklich und schön. Entscheidend ist aber, dass es sich hier um eine selbstfabrizierte, von Individuen oder Gruppen vorangetriebene Einigelung handelt. Diese ist auch deshalb so leicht möglich, weil das Netz von der Logik des Senders (das gebündelte Informationspaket, etwa in Form einer Zeitung) auf die Logik des Empfängers (zum Beispiel in Gestalt einer persönlichen Suchanfrage) umstellt und damit der Bestätigungssehnsucht des Einzelnen sehr weit entgegenkommt.

Neue Zürcher Zeitung (2018)

A

1. Überlegen Sie, wie es zu den unterschiedlichen Suchergebnissen kommen kann. > M1
2. Erklären Sie unter Einbezug der Abbildung, was unter einer Filter-Bubble zu verstehen ist und wie sie sich nach Eli Pariser auf das Individuum auswirken kann. > M2
3. Stellen Sie Jasters und Lanius' sowie Pörksens Kritik an der Theorie der Filterblase dar und nehmen Sie Stellung zur Frage, ob ein Rückzug in Selbstbestätigungsmilieus durch soziale Medien vorangetrieben wird. > M3/M4

Freiheit und Kontrolle im Internet

METHODENKOMPETENZ: Verschiedene Informationen und Sichtweisen zur Deutung ethischer Fragestellungen nutzen

Um ethisch relevante Sachverhalte angemessen deuten zu können, ist es wichtig, sich aus unterschiedlichen Quellen und Blickwinkeln genaue Informationen darüber zu erschließen. Gehen Sie dabei wie folgt vor:

- Benennen Sie den betreffenden ethisch relevanten Sachverhalt und formulieren Sie die damit verbundene Fragestellung.
- Recherchieren Sie zur Fragestellung und achten Sie dabei auf eine bewusste Quellenauswahl (geprüfte, aktuelle Datenbasis; unterschiedliche Zugänge etc.) und – im Folgenden – auf entsprechende Quellenangaben in Fuß- und Endnoten.
- Heben Sie in einer kurzen Darstellung der relevanten Informationen zum Sachverhalt ggf. die verschiedenen Aspekte hervor.
- Reflektieren Sie die Informationen, um zu einer Deutung in Bezug auf die Fragestellung zu gelangen.

M1 Datenfilterung als Bedrohung der Informationsfreiheit? (Musterbeispiel)

Das Internet wird von vielen als Instrument unbegrenzter Kommunikation gepriesen, andere sehen durch personalisierte Filterung von Daten die Informationsfreiheit bedroht. Um die Frage zu klären, was die Datenfilterung von Internetdiensten für unsere Freiheit bedeutet, scheinen mir folgende Quellen und Fakten relevant:

Ethisch relevanter Sachverhalt / Fragestellung

In einem Blog des Medienanalysten Jeff Schultz erhält man detaillierte Zahlen zur Nutzung des Internets: Täglich werden auf Instagram über 67 Millionen Posts hochgeladen, auf Facebook 4,3 Billionen Messages gepostet, und auf YouTube sind mehr als 4 Millionen Stunden neue Inhalte zu sehen (Stand Juni 2019).[1] Eric Schmid, der Direktor von Facebook, rechnete einmal vor: Wenn man sämtliche menschliche Kommunikation ab Beginn der Zeitrechnung bis ins Jahr 2003 aufzeichnen würde, benötigte das etwa fünf Milliarden Gigabyte Speicherplatz, 2010 häuften wir diese Datenmenge alle zwei Tage an[2], 2025 werden es geschätzt 463 Billionen GB pro Tag sein[3].

Darstellung der Informationen zu einem Aspekt des Sachverhalts

Quellenauswahl (Fußnoten)

Eine solche Menge an Daten ungefiltert zur Verfügung zu stellen, würde eine völlige Informationsüberflutung für die einzelnen Nutzerinnen und Nutzer bedeuten. Man wäre damit überfordert und würde möglicherweise sogar die Recherche abbrechen. Insofern ist es hilfreich, wenn Anbieter im Internet möglichst gezielt eine Informationsauswahl treffen.

Deutung in Bezug auf die Fragestellung

Wer z. B. für eine Suchanfrage im Internet Google als Suchmaschine nutzt, weiß, dass hier pro Anfrage aus der unübersehbaren Datenmenge zunächst zehn Treffer angezeigt werden. Die genaue Funktionsweise der Filter, die dabei zum Einsatz kommen, ist allerdings keinem Laien bekannt. Bei Experten wie Christoph Kappes[4] erfährt man, dass für das Ranking bei Google Eigenschaften wie die Verlinkungsanzahl einer Seite und das Alter der Domain wichtig sind sowie das eigene Such- und Klickverhalten der vergangenen neun (oder sogar mehr) Monate. Insgesamt kommen über zweihundert Kriterien zum Einsatz, die mit komplizierten mathematischen Verfahren gewichtet, aber als Geschäftsgeheimnis des Suchkonzerns niemals öffentlich werden.

Quellenauswahl (Fußnoten)

Darstellung der Informationen zu einem Aspekt des Sachverhalts

Ähnlich wie bei den Suchmaschinen verhält es sich auch bei den Sozialen Medien. In einer Untersuchung von Katharina Klug und Charlotte Strang[5] ist zu lesen, dass Facebook zur Sortierung der Datenmenge seit 2010 den Algorithmus EdgeRank benutzt. Bei der Auswahl der Newsfeeds sind gewisse Kernkriterien erkennbar – etwa die „likes“, „shares“ oder „comments“ der Nutzerinnen und Nutzer, deren Interaktionsstärke mit anderen Nutzerinnen und Nutzern, die allgemeine Relevanz und die Aktualität der Nachricht – die genauen Kriterien der Filterung werden jedoch auch hier streng geheim gehalten.

Quellenauswahl (Fußnoten)

Suchmaschinen wie Google und Soziale Medien wie Facebook kommen den Nutzerinnen und Nutzer also einerseits entgegen, indem sie ihnen ermöglichen, sich im Internet zu informieren und sich aus der unübersehbaren Zahl von Daten diejenigen zu herausfiltern, die sie besonders interessieren. Damit leisten sie einen wichtigen Beitrag zur Informationsfreiheit. Aber dadurch, dass sie die Kriterien, nach denen gefiltert wird, geheim halten und für die Nutzerinnen und Nutzer nicht transparent machen, beschneiden sie diese zugleich in ihrer Freiheit. *Wer* im Internet *was findet, wer was zu lesen* bekommt, wird zu einem großen Teil nicht von den Suchenden selbst bestimmt, sondern von Algorithmen und Software-Codes, die ihnen unbekannt sind. Das macht die betroffenen Personen nicht vollkommen unfrei (es lässt ihnen ja immer noch die Möglichkeit, sich über andere Quellen zu informieren), aber es macht die Kommunikation eng und kann zur Bildung von Filterblasen und Echokammern führen. Die grenzenlose Freiheit, die das Internet verspricht, wäre erst dann wirklich gegeben, wenn die Anbieter von Internetdiensten die Kriterien, nach denen sie Daten filtern, transparent machen und die Nutzerinnen und Nutzer die Möglichkeit erhalten, diese Kriterien selbst zu bestimmen.

Deutung in Bezug auf die Fragestellung

1 http://blog.microfocus.com/how-much-data-is-created-on-the-internet-each-day/ [zuletzt geöffnet 25.07.2020]

2 http://techcrunch.com/2010/08/04/schmidt-data/?guccounter=1&guce_referrer=aHR0cHM6Ly 93d3cuZ29vZ2 xlLmNvbS8&guce_referrer_sig=AQAAAM3X0-0ts6IrFgYy14eiXqHm1htCZm CtHKIRX9bcs2GByPZltX0rX2 zEV7R_n-USq27-HwTHmKeFhnKL0R4LE47fWfv0G6b3ZpXV5lWWLLA1m M8GbcKeMPLG87Q010HhUGF SwSxdQ4Oo 2jyH14NP_8Jzi7Jkvg7puv51QTyMjrOr [zuletzt geöffnet 25.07.2020]

3 http://blog.microfocus.com/how-much-data-is-created-on-the-internet-each-day/ [zuletzt geöffnet 25.07.2020]

4 http://christophkappes.de/wp-content/uploads/downloads/2012/06/TZD_Kappes-Christoph_-Filter-Bubble.pdf [zuletzt geöffnet 25.07.2020]

5 http://www.researchgate.net/publication/322386054_Das_Phanomen_der_Filter_Bubble_Eine_explorative_Analyse_der_Wahrnehmung_und_der_Akzeptanz_personalisierter_Informationen_in_Sozialen_Medien_am_Beispiel_des_Facebook-Newsfeed [zuletzt geöffnet 25.07.2020]

Endnote: vollständige Quellenangaben (*hier:* geprüfte Internetquellen)

M2 Privatsphäre im Internet: Wer kontrolliert meine Daten?

ANWENDUNG

Jede Person hat das Recht auf Schutz der sie betreffenden personenbezogenen Daten.

Art. 8(1) der Charta der Grundrechte der Europäischen Union (2012)

„Privacy Shield“: EuGH kippt Datendeal zwischen USA und EU

Meldung der Tageschau am 16.07.2020, https://www.tagesschau.de/ausland/eugh-datenaustausch-usa-101.html

A

1 Vollziehen Sie nach, wie die Erschließung, Darstellung und Deutung der Informationen zum Problem personenbezogener Filterung im Internet durchgeführt werden. > M1

2 Erläutern Sie anhand der Zitate, inwiefern Datenschutz im Internet ein ethisch relevanter Sachverhalt ist. Führen Sie Recherchen dazu durch und deuten Sie die erschlossenen Informationen. > Anleitung/M2

Künstliche Intelligenz (KI) auf dem Vormarsch

M1 Was Maschinen alles können

Beispiel 1: Deep Blue

Am 10. Februar 1996 verlor der damalige Schachweltmeister Garri Kasparow in Philadelphia, USA, die erste Partie seines Sechs-Partien-Wettkampfs gegen den IBM-Computer Deep Blue. [...] Maschinelle Rechenkraft hatte über menschliche Intuition triumphiert. Ein Meilenstein in der Geschichte der Computerentwicklung und eine Sensation, denn noch nie hatte ein Schachcomputer den amtierenden Schachweltmeister in einer Partie unter Turnierbedingungen besiegt. Das sorgte in der ganzen Welt für Schlagzeilen. Teilweise auch für hysterische Reaktionen. Skeptiker sahen die Menschheit in Gefahr und fürchteten, Menschlichkeit würde bald auch in anderen Bereichen durch kalte Berechnungen von Maschinen ersetzt werden. *Zeit online (2016)*

Beispiel 2: In der medizinischen Versorgung

Das Weltwirtschaftsforum [...] identifiziert [...] drei Kernbereiche, in denen KI die medizinische Versorgung [bis 2030] stark beeinflussen wird.

Erstens soll KI helfen, proaktiv den Einsatz medizinischer Versorgung zu steuern. Computer sollen helfen, individuelle Risikoprofile zu entwickeln. Dadurch sollen schwere Krankheiten schneller erkannt und Vorsorgeuntersuchungen zielgenauer durchgeführt werden. [...]

Zweitens [...] könnten Kliniken [bis 2030] nach der Vorstellung des WEF zu digitalen Steuerungszentren rund um die Gesundheit von Patienten werden, die auf Grundlage umfassender Daten Lösungen individuell für Patienten zusammenstellen.

Drittens sollen neuen Technologien das Verhältnis zwischen Patienten und Ärzten verbessern. [...] KI könnte im besten Fall helfen, Ärzten bei der Diagnose von Krankheiten zu assistieren und zeitaufwendigen Papierkram vermeiden. *Stephan Scheuer (2020)*

Beispiel 3: Google Duplex

Auf der Google VO*-Entwicklerkonferenz 2018 wurde Google Duplex vorgestellt – ein intelligenter Assistent, der Sprachanrufe ausführen kann und demnächst in Handys verfügbar sein soll. Auf YouTube kann man das vorgeführte Beispieltelefonat (hier in deutscher Übersetzung) anhören:

Friseursalon: Hallo, was kann ich für Sie tun?
Anruferin (weibliche Stimme): Hi, ich rufe an, um einen Haarschnitt für eine Klientin zu buchen. Ich suche nach einem Termin am 3. Mai. [...]
Friseursalon: Um welche Zeit möchten Sie denn kommen?
Anruferin: Um 12 Uhr.
Friseursalon: Um 12 Uhr ist nichts mehr frei. Der nächste Termin wäre um 13:15 Uhr.
Anruferin: Haben Sie denn noch etwas zwischen 10 und 12 Uhr frei?
Friseursalon: Das hängt davon ab, welchen Service Sie bekommen möchten. Was hätten Sie denn gerne?
Anruferin: Nur einen Damen-Haarschnitt.
Friseursalon: Okay, dann um 10 Uhr.
Anruferin: 10 Uhr ist prima.
Friseursalon: Okay, wie ist ihr Vorname?
Anruferin: Der Vorname ist Lisa.
Friseursalon: Okay, perfekt. Dann reserviere ich einen Termin für Lisa am 3. Mai um 10 Uhr.
Anruferin: Okay, das ist gut. Danke.
Friseursalon: In Ordnung. Haben Sie noch einen schönen Tag. Auf Wiedersehen. *Google/Youtube (2018)*

M2 Manuela Lenzen: Wann ist eine Maschine intelligent?

Manuela Lenzen (*1967) ist wissenschaftliche Mitarbeiterin am Zentrum für interdisziplinäre Forschung der Universität Bielefeld und Wissenschaftsjournalistin mit den Schwerpunkten Philosophie und Kognitionswissenschaften.

Trotz beeindruckender Fortschritte in den letzten Jahren gibt es bis heute kein Dialogsystem, das Menschen, ohne sich besonderer Tricks zu bedienen, längere Zeit in die Irre führen könnte. [...] [Aber] ein System muss ja nicht gleich so intelligent sein, dass man es mit einem Menschen verwechselt. [...]

Setzen wir noch einmal etwas bescheidener an und gehen versuchsweise davon aus, ein System sei intelligent, wenn es etwas vollbringt, für das ein Mensch Intelligenz benötigt. Wenn man zum Beispiel weiß, dass viele Menschen am ersten Samstag der Sommerferien in den Urlaub starten werden, und selbst erst in der zweiten Woche losfährt, um weniger im Stau stehen zu müssen, ist das intelligent. [...]

Einen guten Zeitpunkt für eine Autobahnfahrt auszurechnen, gegeben das voraussichtliche Verkehrsaufkommen und die Lage der Baustellen auf dem Weg, ist für ein Computerprogramm eine leichte Übung. Ein Roboter allerdings, der den Plan fasste, jemanden zu täuschen, und diesen auch mehr oder weniger geschickt in die Tat umsetzte, wäre viel intelligenter als alles, was die künstlichen Intelligenzen bislang zuwege bringen. KI-Forscher hängen den Begriff „Intelligenz" für ihre Arbeit daher meist ein ganzes Stück niedriger. Statt von Intelligenz sprechen sie lieber von Kognition oder von einzelnen kognitiven Fähigkeiten.

Klassische Intelligenztests messen Fähigkeiten, die uns große Mühe machen: Rechenaufgaben, Logikrätsel, das Drehen komplexer geometrischer Körper in der Vorstellung, Gedächtnisleistung. Neben diesen klassischen Begriff von Intelligenz sind in den letzten Jahren viele weitere getreten: emotionale Intelligenz, soziale Intelligenz, musische Intelligenz, Körperintelligenz, sogar spirituelle Intelligenz. Alle diese Fähigkeiten zusammen bilden die allgemeine menschliche Intelligenz. Der Mensch kann zwar, verglichen mit dem Taschenrechner, nur sehr langsam rechnen und macht immer wieder Fehler. Aber die Systeme, denen der Mensch sich geschlagen geben muss, sind Spezialisten. [...] Der Mensch mag der Maschine in vielen einzelnen Gebieten unterlegen sein, dafür beherrscht er sie alle zugleich. [...] Menschen sind Generalisten, ihre Intelligenz besteht darin, sich immer wieder neuen Aufgaben widmen zu können.

Der allergrößte Teil der KI-Forschung zielt bis heute auf den Bau von Spezialisten, etwa Übersetzungssystemen oder Software zur Gesichtserkennung. [...] [Ein weiterer] Ansatz der KI-Forschung zielt hingegen auf künstliche allgemeine Intelligenz, [...] die für die Analyse medizinischer Fachtexte ebenso zu gebrauchen wäre wie für die Auskunft am Bahnschalter, die Smalltalk ebenso meistern würde wie die Analyse von Daten aus dem Massenspektrometer. [...] [Doch dieses Extrem einer] künstliche[n] Intelligenz von menschlicher Flexibilität [...] suchen wir auf unserem Planeten bislang vergeblich. *Künstliche Intelligenz (2018)*

Künstliche Intelligenz

Bezüglich der Künstlichen Intelligenz (KI) wird heute zwischen schwacher und starker KI unterschieden. Als schwache KI bezeichnet man den computerbasierten Einsatz von Algorithmen, die einzelne Leistungen erbringen können, die sonst nur der menschlichen Kognition zugeschrieben werden.

Unter starker KI (im Englischen *Artificial General Intelligence* genannt) versteht man ein digitales System, das in allen Bereichen die intellektuellen Fähigkeiten eines Menschen tatsächlich besitzt bzw. übertrifft und diese nicht nur simuliert.

A

1 Erläutern Sie, inwiefern die vorgestellten Programme als intelligent bezeichnet werden können. > M1

2 Beurteilen Sie, ob man Dialogsysteme wie in Beispiel 3 mit Menschen verwechseln kann. > M1

3 Erläutern Sie Manuela Lenzens Auffassung von Künstlicher Intelligenz und nehmen Sie dazu Stellung. > M2

Robots und Cobots in der Arbeitswelt

M1 Neuer Kollege?

Jetzt nicht gleich so aufregen, nur weil jemand an Ihrem Schreibtisch sitzt. Wahrscheinlich hat der Chef nur wieder was von der Hannover Messe mitgebracht...

M2 Clarissa Henning: Arbeit 4.0

Clarissa Henning ist wissenschaftliche Mitarbeiterin am Institut für Digitale Ethik (IDE) an der Hochschule der Medien in Stuttgart.

Was bedeutet „Arbeit 4.0"? Der Begriff leitet sich vom Begriff „Industrie 4.0" ab und bezieht sich auf die vierte industrielle Revolution. [...]

[Dazu werden u. a. folgende Thesen diskutiert:]

- *In Zukunft wird annähernd die Hälfte aller Jobs wegfallen. [...]*

  [Nach einer] Studie der Technologiewissenschaftler Carl B. Frey und Michael A. Osborne aus dem Jahr 2013 [verlieren] in zehn bis 20 Jahren nahezu die Hälfte (in Deutschland: 42 Prozent) aller heutigen Arbeitnehmer ihren Job durch die Automatisierung von Arbeitsprozessen. [...] Besonders leicht automatisierbar sind Tätigkeiten, für die man Regeln definieren kann, die eine Maschine befolgt. Diese Tätigkeiten werden häufig mit Routinetätigkeiten gleichgesetzt. [...]
- *Arbeitnehmer werden sich zukünftig schlechteren Arbeitsbedingungen unterwerfen müssen.*

  Ebenfalls ganz und gar nicht neu an der vierten industriellen Revolution ist die These, dass sich Arbeitsbedingungen verschlechtern [...]. [Der Mensch] ist gezwungen, sich den modernen Industriemaschinen anzupassen, um mit dem neu gesetzten Maßstab der Effizienz, wie ihn Maschinen vorgeben, mithalten zu können. Das bedeutet: Wenn eine Maschine zwei Euro pro Stunde im Unterhalt kostet, pausenlos arbeiten kann und womöglich durch weniger „Krankheitstage" im Jahr (Wartung, Reparatur) ausfällt, senkt das den Stundenlohn der menschlichen Kollegen für dieselbe Arbeit. Menschliche Arbeitnehmer müssten sich also schlechteren Arbeitsbedingungen zu geringer Bezahlung unterwerfen, um mit den Maschinen konkurrenzfähig zu bleiben.

Digitale Ethik (2020)

M3 Clarissa Henning: Das Können von Menschen und Maschinen nutzen?

Spätestens seitdem der IBM-Supercomputer Deep Blue 1997 den damals amtierenden Schachweltmeister Garri Kasparow im Schach geschlagen hat, scheint klar: Das letzte Stündlein des Menschen hat geschlagen, Maschinen rütteln am Thron unserer geistigen Überlegenheit. Es scheint nur noch eine Frage der Zeit, bis Maschinen uns vorgeben, was wir zu tun haben. Allerdings: Robotern fällt leicht, was Menschen schwerfällt, und Menschen fällt leicht, was Robotern schwerfällt. Das heißt, Maschinen sind nicht in allem besser. Sie können zwar leicht dazu befähigt werden, Rechenaufgaben oder Logikaufgaben (z. B. Schach, Intelligenztests etc.) zu lösen, schwere Lasten zu bewegen oder Strukturen zu erkennen. Bei einfachen motorischen Aufgaben, Kreativität oder dem Verstehen von Sinnzusammenhängen können sie jedoch nur schwerlich mithalten – und das zudem bei einem immens hohen Energiebedarf.

Wäre es nicht das Beste, man brächte das Können der Maschine mit den Fähigkeiten des Menschen zusammen und beide zögen kollegial an einem Strang, anstatt sich als Gegner gegenüberzutreten?
Als Beispiel hierfür können die Lehren dienen, die aus dem vermeintlich epochalen Schachsieg von Deep Blue über Kasparow gezogen wurden: Nachdem das Interesse am Schachspiel „Mensch gegen Maschine" wegen der menschlichen Chancenlosigkeit stark abgenommen hatte, ging man bei Turnieren dazu über, Teams aus Mensch und Maschine entweder gegen dieselbe Form von Team oder gegen Schachcomputer antreten zu lassen. Im „Mensch-Maschine-Team" bekamen die menschlichen Spieler von ihrem Computer-Teampartner Spielzüge empfohlen, die sie im Hinblick auf andere Spielzüge mittels des Computers abwägen konnten. Die strategische Entscheidung traf dann der menschliche Spieler. Das Ergebnis überraschte: Mithilfe einer nur mäßigen Schachsoftware konnte ein menschlicher Profispieler beispielsweise den hochspezialisierten Schachcomputer Hydra schlagen. Die eigentliche Sensation war aber, dass den Gesamtsieg eines Schachturniers nicht etwa ein Schachgroßmeister mit maschineller Unterstützung nach Hause trug. Es waren zwei Amateurspieler, die drei verschiedene Computer benutzten, um ihre Spielzüge strategisch zu überprüfen und durchzuexerzieren, die alle anderen Teilnehmer schlugen.
Was lernen wir aus diesem Beispiel? Maschinen sind dem Menschen nicht per se überlegen. Beide haben unterschiedliche Stärken, eine Aufgabe zu bewältigen. Maschinen können uns Fakten liefern (etwa welche Spielzüge uns zur Verfügung stehen) und berechnen, welche Konsequenzen welcher Spielzug nach sich ziehen würde. Doch Strategie, wozu auch subtile Täuschungsmanöver oder riskante Spielzüge gehören können, sowie Kreativität lassen sich offenbar nicht berechnen. Daher werden die besten Ergebnisse erzielt, wenn sich Mensch und Maschine ergänzen. Folglich sollten uns Maschinen auch in Hinblick auf die zukünftige Arbeitswelt unterstützend dienen in Form von „Cobots" (Collaborative Robots), die Seite an Seite mit dem Menschen arbeiten. Assistenzsysteme können körperliche Defizite des Menschen ausgleichen, indem sie beispielsweise körperliche Tätigkeiten abnehmen oder assistieren wie etwa Exoskelette. Der „Kollege" Roboter könnte dabei helfen, dem Arbeitnehmer Mensch im Arbeitsprozess neues Wissen beizubringen, das jeweils auf dessen Lernvermögen angepasst ist. Hierbei muss eine ausgewogene Arbeitsverteilung und Automatisierung von Tätigkeiten angestrebt werden, sodass der Mensch nicht dazu gezwungen ist, ausschließlich auf Signale und Anweisungen der Maschine zu achten, ohne deren Funktionalität zu verstehen und ohne sich Kompetenzen aneignen zu können. Da Maschinen ihre Umgebung sensorisch wahrnehmen und permanent Daten über ihre Umgebung erfassen, muss zudem gewährleistet werden, dass diese Daten nicht zur Verhaltens- und Leistungskontrolle ihrer menschlichen Pendants genutzt werden. *Digitale Ethik (2020)*

A

1 Nehmen Sie Stellung zur Karikatur: Hat der Arbeitnehmer aus Ihrer Sicht Grund, sich über den „neuen Kollegen" aufzuregen oder nicht? > M1

2 Diskutieren Sie die Thesen zur Arbeit 4.0: Für wie realistisch halten Sie die genannten Entwicklungen? > M2

3 Stellen Sie Clarissa Hennings Auffassung zum Verhältnis von Mensch und Maschine dar und erläutern Sie sie an Beispielen aus dem Videozusammenschnitt zur „automatica 2018". > M3

4 Diskutieren Sie die Chancen und Risiken einer (weiteren) Digitalisierung der Arbeitswelt. Entwerfen Sie dazu Szenarien einer Arbeitswelt im Jahre 2100 und berücksichtigen Sie ggf. auch Anregungen aus den Kapiteln „Technikethik" und „Verantwortungsethik" sowie „Gerechtigkeit und globalisierte Welt". > M1–M3

Medienhinweis:
Einen Einblick in den derzeitigen Entwicklungsstand von arbeitsunterstützenden Maschinen jeglicher Art bietet der Video-Zusammenschnitt zur „automatica 2018" (bzw. ggf. auch aktuelleren Datums), einer Fachmesse für intelligente Automation und Robotik. Link: https://www.youtube.com/watch?v=iXS3j-bzTQ8

Was verstehen Computer?

M1 Manuela Lenzen: Schutzrechte für Computer?

Können Computersysteme oder Roboter Bewusstsein haben? [...] Wäre eine Maschine empfindungsfähig, würde es sich verbieten, sie zu quälen. Sie wäre dann kein bloßes Ding mehr und könnte zumindest gewisse Schutzrechte für sich beanspruchen. [...] Ich habe noch keinen Roboterforscher gefunden, der Bedenken hätte, seine Maschine auszuschalten. Bislang gehen alle davon aus, dass in einem Roboter oder einem Computersystem in einem philosophischen Sinne niemand zu Hause ist. Auf absehbare Zeit wird es also Sachbeschädigung bleiben, einen Roboter zu zerlegen oder einen Computer aus dem Fenster zu werfen. *Künstliche Intelligenz (2018)*

M2 John R. Searle: Das Chinesische Zimmer

Der Amerikaner John R. Searle (*1932) war Professor für Philosophie an der University of California, Berkeley. Er befasst sich intensiv mit der Philosophie des Geistes.

Kein Computerprogramm kann jemals ein Geist sein, und zwar aus dem einfachen Grunde, weil ein Computerprogramm bloß syntaktisch ist und der Geist mehr als bloß syntaktisch ist. Der Geist ist semantisch – semantisch in dem Sinne, dass er mehr hat als eine formale Struktur: Er hat einen Gehalt.

Um dies zu veranschaulichen, habe ich ein Gedankenexperiment entwickelt. Man stelle sich vor, ein paar Computerprogrammierer hätten ein Programm geschrieben, das einen Computer in die Lage versetzt, das Verständnis des Chinesischen zu simulieren. Wenn dem Computer also beispielsweise eine Frage auf Chinesisch vorgelegt wird, wird er die Frage mit seinem Gedächtnis (seiner Datenbasis) konfrontieren und passende Antworten auf Chinesisch produzieren. Nehmen wir der Argumentation halber einmal an, dass die Antworten des Computers genauso gut sind wie die eines chinesischen Muttersprachlers. Versteht der Computer dann allein deshalb schon Chinesisch? Versteht er wirklich Chinesisch – in dem wörtlichen Sinne, in dem Chinesen Chinesisch verstehen? Nun, stellen Sie sich vor, Sie wären in ein Zimmer eingesperrt, in dem mehrere Körbe mit chinesischen Symbolen stehen. Und stellen Sie sich vor, dass Sie (wie ich) kein Wort Chinesisch verstehen, dass Ihnen aber ein auf Deutsch abgefasstes Regelwerk für die Handhabung dieser chinesischen Symbole gegeben worden wäre. Die Regeln geben rein formal – nur mit Rückgriff auf die Syntax und nicht die Semantik der Symbole – an, was mit den Symbolen gemacht werden soll. Eine solche Regel mag lauten: „Nimm ein Kritzel-Kratzel-Zeichen aus Korb 1 und lege es neben ein Schnörkel-Schnarkel-Zeichen aus Korb 2." Nehmen wir nun an, dass irgendwelche anderen chinesischen Symbole in das Zimmer gereicht werden, und dass Ihnen noch zusätzliche Regeln dafür gegeben werden, welche chinesischen Symbole jeweils aus dem Zimmer herauszureichen sind. Die hereingereichten Symbole werden von den Leuten draußen „Fragen" genannt, und die Symbole, die Sie dann aus dem Zimmer herausreichen, „Antworten" – aber dies geschieht ohne Ihr Wissen. Nehmen wir außerdem an, dass die Programme so trefflich und ihre Ausführung so brav sind, dass Ihre Antworten sich schon bald nicht mehr von denen eines chinesischen Muttersprachlers unterscheiden lassen. Da sind Sie nun also in Ihrem Zimmer eingesperrt und stellen Ihre chinesischen Symbole zusammen; Ihnen werden chinesische Symbole hereingereicht und daraufhin reichen Sie chinesische Symbole heraus. In so einer Lage, wie ich sie gerade beschrieben habe, könnten Sie einfach dadurch, was Sie mit den formalen Symbolen anstellen, kein bisschen Chinesisch lernen.

Der Witz der Geschichte ist nun schlicht folgender: Weil Sie ein formales Computerprogramm ausführen, verhalten Sie sich aus der Sicht eines Außenstehenden genau so, als verstünden Sie Chinesisch – und dennoch verstehen Sie nicht ein Wort Chinesisch.

Wenn aber die Ausführung eines passenden Computerprogramms in *Ihrem Fall* nicht ausreicht, um Chinesisch zu verstehen, dann reicht das auch bei *keinem digitalen Computer* aus. Auch hierfür lässt sich der Grund ganz einfach angeben. Wenn Sie kein Chinesisch verstehen, dann könnte auch kein Computer Chinesisch verstehen; denn kraft seiner Ausführung eines Programms hat kein digitaler Computer irgendetwas, das Sie nicht haben. Der Computer hat – genau wie Sie – nichts außer einem formalen Programm für die Handhabung uninterpretierter chinesischer Symbole. *Minds, Brains and Science (1984)*

M3 Können Computer Bewusstsein entwickeln?

Der folgende Text ist ein Ausschnitt aus einem Gespräch mit dem US-Computerwissenschaftler David Gelernter (*1955).

Meyer: Herr Gelernter, sind wir schon so weit, denkt das Internet heute schon, hat es eine Form von künstlicher Intelligenz?

Gelernter: [...] Es gibt sehr wohl eine Form von künstlicher Intelligenz, man kann dieses Wort zu Recht auch benutzen, aber diese künstliche Intelligenz dient uns dazu, [...] Probleme zu lösen, wo Menschen viel, viel länger brauchen würden. [...] Aber die tiefere Frage ist ja: Können wir eine Software entwickeln, die das menschliche Gehirn ersetzen kann? [...] [Z]urzeit gibt es das nicht. Weder ist ein einzelner Computer dazu in der Lage, noch viele Computer, die dann zusammengeschlossen werden oder im Internet irgendwie Netzwerke bilden. [...]

Meyer: Herr Gelernter, [...] [ich] würde [...] gerne mit Ihnen in die Zukunft schauen: Wenn Sie sagen, also die große Einschränkung ist, dass Computer kein Bewusstsein haben, ist denn nicht vorstellbar, dass die Softwareentwicklung so weit geht, die Computertechnik so weit geht, dass Computer Bewusstsein entwickeln?

Gelernter: [...] Also selbst wenn man davon ausgeht, dass vielleicht eine Maschine eines Tages mal in der Lage ist, so etwas wie ein Bewusstsein zu entwickeln, dann wird das auf keinen Fall ein digitaler Computer sein. Das halte ich für niemals möglich. [...] Und da berufe ich mich auf John Searle, einen Gedächtnisforscher. Also wenn man von einem wissenschaftlich-konservativen Standpunkt ausgeht, dann sagt man, das Bewusstsein gibt es nur beim Menschen – oder bei Tieren, die dem Menschen ähneln. [...] Und dieses Bewusstsein ist letztlich eine chemisch-physische Struktur des Gehirns. Als Beispiel nimmt man immer die Fotosynthese – zum Beispiel grüne Blätter oder Pflanzen, die mit Sonnenenergie sich aufladen und das wiederum in Energie verwandeln, um selber zu leben. Das kann man sich bei einem iPhone nun wirklich nicht vorstellen, dass da eine Form von Fotosynthese stattfindet [...]. Also würde ich sagen, digitale Speichermedien haben nicht diese chemisch-physische Beschaffenheit, die man braucht, um Bewusstsein zu entwickeln. [...]

Meyer: [...] [Sie sagen also], dass Computer im Prinzip die falsche Materie oder, wenn man es anders sagt, die falschen Körper haben, um denken zu können [...].

Gelernter: Ja, [...] da muss man zwischen zwei Dingen wirklich unterscheiden. Also nehmen wir mal an, wir vernachlässigen jetzt den Körper und konzentrieren uns wirklich nur noch auf das Gehirn, dann ist immer noch kein digitaler Computer in der Lage, so zu denken, wie man mit seinem Körper denkt, weil meiner Meinung nach ist es so, dass der Körper und das Gehirn erst das menschliche Denken insgesamt ermöglichen. Und diese Strukturen sind einfach verschieden. Was ganz wichtig ist und wofür wir den Körper unbedingt brauchen, das sind eben die Gefühle, das sind eben die Emotionen. Und das ist ein physisches Erleben, was wir da haben, das ist ein Zusammenspiel zwischen Körper und Geist, was dieses physische Erleben und die Emotionen erst möglich macht. Und das wiederum halte ich für sehr unwahrscheinlich, dass da ein digitales Speichermedium wie zum Beispiel ein Computer dazu in der Lage wäre.

Deutschlandfunk Kultur (22.06.2010)

A

1 Diskutieren Sie, ob es eines Tages nötig sein wird, Computern Schutzrechte zuzugestehen. > M1

2 Stellen Sie das Gedankenexperiment *Das chinesische Zimmer* dar. Was lässt sich nach Searle daraus folgern? > M2

3 Erläutern Sie, warum nach Gelernter Maschinen kein Bewusstsein entwickeln können. > M3

Der Chip im Gehirn

M1 Hirn-Computer-Schnittstellen

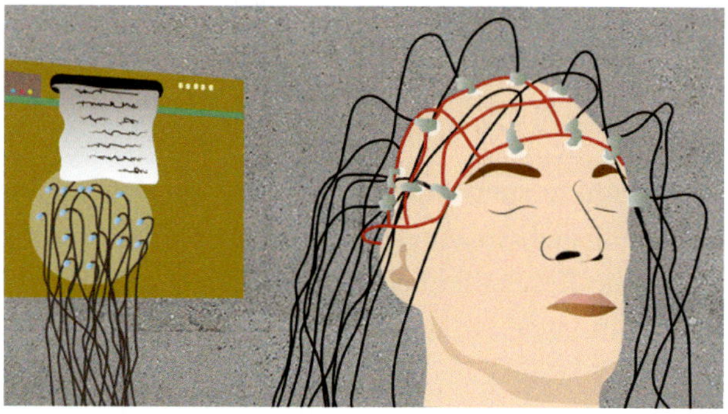

Weltweit arbeiten Forschungslabore an der Entwicklung von Hirn-Computer-Schnittstellen. Mit Chips, die ins Gehirn implantiert werden, sollen – so die Vision der Wissenschaftlerinnen und Wissenschaftler – z. B. gelähmte Menschen wieder laufen lernen können. Die Firma Neuralink des Tesla-Gründers Elon Musk will aber noch weiter gehen und nicht nur direkte Kommunikation zwischen Gehirn und Computer, sondern auch von Gehirn zu Gehirn ermöglichen. Ein mit digitalen Geräten verbundenes Gehirn könnte durch bloßes Denken ein reales Geschehen auslösen (ich richte meine Gedanken auf den Fernseher und die gewünschte Sendung beginnt; ich richte meine Gedanken auf die Kaffeemaschine und sie kocht Kaffee); ist es mit einem anderen Gehirn verbunden, kann die betreffende Person ihre Gedanken direkt mit einem anderen Menschen teilen. *Autorenbeitrag*

M2 Slavoj Žižek: Eine entscheidende Zäsur

Der slowenische Philosoph Slavoj Žižek (*1949) ist Professor an der Universität Ljubljana und einer der international bekanntesten Intellektuellen der Gegenwart.

So bedeutsam das Aufkommen des „Überwachsungskapitalismus" auch ist, es markiert nicht die entscheidende Zäsur. Ein viel größeres Potenzial für neue Formen von Herrschaft liegt meines Erachtens in Plänen für ein „Brain Computer-Interface". [...] Was ich denke, muss ich für mein Gegenüber nicht in sprachliche Zeichen übersetzen, die seine Bedeutung drastisch vereinfachen; mein Gegenüber empfängt es nun direkt. [...] Wird unsere Individualität den Übergang in eine solche [...] Ungeschiedenheit überleben? Bislang hat Technik sie durch ein Mehr an Entfremdung, durch zusätzliche Vermittlungsebenen zwischen uns und anderen gesteigert, ja sogar dadurch, dass sie uns von uns selbst entfremdet (die Bilder von uns, die auf einem Bildschirm erscheinen, sind nicht unmittelbar „wir selbst"). Was passiert, wenn diese Distanz verschwindet? Musk verteidigt sein Projekt vor allem mit dem Argument, dass das Individuum nicht restlos in ihm aufgeht: Es behält insofern ein Minimum an Distanz, als seine Gedanken und Gefühle nur bei ausdrücklicher Zustimmung von der Maschine (oder, mit ihrer Hilfe, von einem anderen Individuum) erfasst und/oder geteilt werden können. In Musks Worten: „Andere Menschen werden nicht einfach Ihre Gedanken lesen können – Sie müssen es zuvor erlauben. Tun Sie das nicht, dann passiert es auch nicht. So wie Ihr Mund nicht spricht, wenn Sie es ihm nicht erlauben." Woher weiß Musk, dass diese minimale Distanz bestehen bleibt? Die Vernetzung des Gehirns findet auf einer „objektiven" Ebene statt: Es wird an ein Gerät angeschlossen, das streng genommen nicht „unsere Gedanken liest", sondern Prozesse, die ihr neuronales Korrelat bilden. Diese neuronalen Prozesse sind mir nicht bewusst, wenn ich denke. Wie soll ich dann wissen, ob andere gerade zugeschaltet sind oder nicht? Ist es nicht eine viel plausiblere Annahme, dass mir als Teil eines Brain-Computer-Interface nicht einmal bekannt wäre, wann mein Innenleben für andere transparent ist? Kurzum: Wäre das verschaltete Gehirn nicht das ideale Medium einer (politischen) Kontrolle über das Innenleben von Menschen?
Bereits im Mai 2002 wurde berichtet, dass Wissenschaftler von der New York University einen Computerchip an das Hirn einer Ratte angeschlossen hatten, mit dem sie ihre Bewegungen wie ein ferngesteuertes

Spielzeugauto lenken konnten. Erstmals wurde der „Wille“ eines Lebewesens, wurden die „spontanen“ Entscheidungen, wie es sich bewegt, von einem externen Gerät übernommen. Die große philosophische Frage lautet hier natürlich: Wie hat die unglückselige Ratte ihre von außen gelenkten Bewegungen „erfahren“? Hat sie sie weiterhin als etwas Spontanes „erfahren“, die Fremdsteuerung also in keiner Weise bemerkt? Oder hat sie gemerkt, dass „irgendetwas nicht stimmt“, dass sie von einer äußeren Kraft ferngesteuert wird? Noch wichtiger sind diese Fragen, wenn es um Menschen geht – denn ethische Bedenken beiseitegelassen, dürfte es rein technisch nicht viel komplizierter sein, an ihnen dasselbe Experiment durchzuführen. Mit Blick auf eine Ratte mag man die menschliche Kategorie der „Erfahrung“ unzulässig finden, bei Menschen gilt dies selbstredend nicht. Also nochmals: Würde ein ferngesteuerter Mensch seine von außen gelenkten Bewegungen weiterhin als spontane erfahren? Würde er in keiner Weise bemerken, dass sie ferngesteuert sind, oder würde er merken, dass „irgendetwas nicht stimmt“, dass er von einer äußeren Kraft beherrscht wird? Und wie würde er diese „äußere Kraft“ wahrnehmen – als etwas „in ihm selbst“, als einen unbezwingbaren inneren Impuls, oder schlicht als äußeren Zwang? Kann man in dem Fall, dass er keinerlei Bewusstsein seiner Fremdsteuerung hat, noch länger behaupten, dies hätte keine Folgen für unser Verständnis von freiem Willen?

Singularität als Apokalypse (2020)

M3 Christiane Woopen: Die Funktionen invasiver Techniken

Die Medizinethikerin Christiane Woopen (*1962) lehrt an der Universität Köln. Von 2012 bis 2016 war sie Vorsitzende des Deutschen Ethikrates.

[Franziska Badenschier:] Frau Woopen, zunächst eine persönliche Frage: Wenn Sie morgen einen Schlaganfall hätten und der dazu führte, dass Sie zum Locked-In-Patienten würden, also sich nicht mehr bewegen und auch nicht mehr sprechen könnten – würden Sie sich dann wünschen, eine Hirn-Computer-Schnittstelle zu bekommen, um damit Gedanken zu äußern?

Christiane Woopen: Ich würde vermutlich eine Hirn-Computer-Schnittstelle nutzen wollen, wenn sie zum Beispiel die Kommunikation mit der Umgebung erleichtert. [...] Die Hirn-Computer-Schnittstelle wäre dann ein Hilfsmittel, um noch so weit wie nur möglich selbstbestimmt zu sein. Ich hätte auch nicht prinzipiell etwas gegen invasive Techniken einzuwenden, also gegen eine Sonde im Gehirn – wenn es dazu dient, Kontakt zur Umgebung aufzunehmen. [...] [Bei vielen Menschen existieren Bedenken] gegenüber einem dauerhaft im Gehirn sitzenden Fremdkörper, der andauernd elektrische Impulse abgibt. Ein solch intuitives Unbehagen ist dann aber auf den ethischen Gehalt hin zu untersuchen: Eine emotionale Abwehr ist noch nicht automatisch ein ethisches Argument, und sie lässt sich mitunter überwinden. [...]

Ethisch relevant wird hier in besonderen Maße eine immer wiederkehrende Frage: Ersetzt diese Art technischer Vermittlung eine fehlende oder gestörte Funktion, die natürlicherweise im Normalfall vorhanden ist – oder wird eine Funktion ergänzt, über die der Mensch als Mitglied seiner Gattung üblicherweise gar nicht verfügt? Wird also etwas zu medizinisch-therapeutischen Zwecken eingesetzt oder zur Leistungsverbesserung oder gar zur Übersteigung [der menschlichen Fähigkeiten]? [...]

Und damit kommen wir zu einer spannenden Frage, die sich im Zusammenhang mit Neurowissenschaften immer wieder stellt: Was für ein Verhältnis hat der Mensch zu sich selbst; wie will er sich gestalten? [...]

www.dasgehirn.info

A

1. Recherchieren Sie die neusten Entwicklungen in Bezug auf Hirn-Computer-Schnittstellen. > M1
2. Erarbeiten Sie die Argumente, die Slavoj Žižek und Christiane Woopen für bzw. gegen Hirn-Computer-Schnittstellen anführen. > M2/M3
3. Stellen Sie sich vor, Sie sind Mitglied des Deutschen Ethikrats und werden in einer Pressekonferenz gefragt, ob Sie Restriktionen für den Einsatz von Hirn-Computer-Schnittstellen empfehlen werden. Begründen Sie, welche Rahmenbedingungen und Regelungen aus Ihrer Sicht notwendig erscheinen. > M1-M3

Auf dem Weg zum Cyborg

M1 RoboCop

Der Polizist Alex nach seiner Operation zum Cyborg – Szene aus dem Film RoboCop (USA 2014)

M2 Ray Kurzweil: Menschheit 2.0

Ray Kurzweil (*1948) ist ein US-amerikanischer Erfinder und Futurist. Er gilt als Vordenker des Post- und Transhumanismus (vgl. S. 78f.).

Ich glaube, die Geschichte der Welt ist eine Evolution von Mustern [in sechs Epochen]. [...]

Epoche eins: Physik und Chemie. [...] Ein paar Hunderttausend Jahre nach dem Urknall begannen Atome zu entstehen [...]. Aufgrund ihrer elektrischen Eigenschaften wurden die Atome „klebrig", und einige Millionen Jahre später war die Chemie geboren, als sich Atome zusammenfanden, um relativ stabile Strukturen zu bilden, namentlich Moleküle. [...]

Epoche zwei: Biologie und DNS. Während der zweiten Epoche, vor einigen Milliarden Jahren, bildeten sich immer komplexere Kohlenstoffverbindungen, bis schließlich ein Molekülklumpen entstand, der über einen Mechanismus verfügte, um sich selbst zu kopieren – der Ursprung des Lebens. [...]

Epoche drei: Gehirne. [...] Die dritte Epoche begann mit der Fähigkeit der ersten Tiere, Muster zu erkennen, was bis heute die Hauptbeschäftigung unseres Gehirns ist. Zu guter Letzt entwickelte unsere Spezies die Fähigkeit, abstrakte geistige Modelle der Erfahrungswelt zu konzipieren und rational darüber nachzudenken. [...]

Epoche vier: Technik. [...] Diese entwickelte sich von einfachen Mechanismen hin zu aufwändigen Automaten (selbstständig funktionierende Maschinen), bis schließlich die Technik selbst, in Form von ausgefeilten Rechen- und Kommunikationsgeräten, fähig wurde, Informationsmuster wahrzunehmen, zu speichern und auszuwerten. [...]

Epoche fünf: Verschmelzung menschlicher Technik und Intelligenz. In einigen Jahrzehnten wird mit der fünften Epoche die Singulariät einsetzen. [...] Wir werden grundlegende Schranken der biologischen Evolution übersteigen und dabei die Intelligenz, die uns diese Evolution bescherte, bewahren und vermehren. [...]

Epoche sechs: Das Universum erwacht. [...] Intelligenz an sich, entsprungen dem menschlichen Gehirn sowie den technischen Kreationen des Menschen, wird in den Nachwehen der Singularität beginnen, Materie und Energie zu durchdringen. [...] In jedem Fall werden „dumme" Materie und Abläufe im Universum umfunktioniert werden zu einer Form höchster, erhabenster Intelligenz, welche die sechste Epoche der Informationsevolution ausmacht. [...]

Mit dem Herannahen der Singularität müssen wir unsere Begriffe bezüglich der Natur des menschlichen Lebens überdenken [...]. [U]nsere gebrechlichen menschlichen Körper der Version 1.0 [werden] in eine sehr viel beständigere und leistungsfähigere Version 2.0 [überführt]. [...] Der menschliche Körper 2.0 ist die Fortsetzung einer lang anhaltenden Entwicklung hin zu einer immer stärkeren Verbindung von Mensch und Technik. Computer begannen als riesige Maschinen in klimatisierten Räumen [...]. Von dort sind sie zunächst auf unseren Schreibtisch, dann auf unseren Schoß, und nun in unsere Hosentaschen vorgedrungen. Bald werden wir sie ganz selbstverständlich in unsere Körper und Gehirne einbauen. In den 2030ern werden wir aus überwiegend nichtbiologischen Teilen bestehen. [...]

[I]n den 2040ern [wird] nichtbiologische Intelligenz

milliardenfach größer sein als biologische.
Die bestechende Aussicht, schwere Krankheiten und Behinderungen heilen zu können, wird dafür sorgen, dass die besprochenen Techniken schnell vorangetrieben werden. Doch medizinische Anwendungen bilden nur die Spitze des Eisbergs. Sobald diese Techniken etabliert sind, wird uns nichts davon abhalten, sie zu benutzen, um das menschliche Potenzial zu vervielfachen. *Menschheit 2.0 (2005)*

M3 Ray Kurzweil: Mensch und Maschine

Der Umweltschützer Bill ist ein fiktiver Gesprächspartner, mit dem Ray Kurzweil seine Thesen diskutiert.

BILL [...]: Aber gießt man nicht das Kind mit dem Bade aus, mit dieser Körper-2.0-Geschichte? Wenn wir den kompletten Körper und das Gehirn durch Maschinen ersetzen, bleibt doch gar kein Mensch mehr übrig!

RAY: Da hast du eine andere Auffassung des Begriffs „Mensch" als ich. Aber wo willst du die Grenze ziehen? Biologische und nichtbiologische Eingriffe zur Verbesserung des menschlichen Körpers sind ja nichts Neues – und viele Menschen leiden noch.

BILL: Ich habe nichts dagegen, menschliches Leiden zu lindern. Aber wenn man den ganzen Körper durch eine leistungsfähigere Maschine ersetzt, dann hat man eben auch nur noch eine Maschine. Autos sind auch schneller als wir, aber wir betrachten sie deswegen nicht als Menschen.

RAY: Ich denke, das Problem ist das Wort „Maschine". In deiner Vorstellung ist eine Maschine weniger wertvoll – nicht so komplex, kreativ, intelligent, vernünftig und feinsinnig – wie ein Mensch. Heute ist das richtig [...]. Aber der Knackpunkt meiner ganzen These von der Singularität ist, dass der Maschinenbegriff – und der Begriff von nichtbiologischer Intelligenz – grundlegend verändert wird.

BILL: Genau das ist mein Problem. Unsere Einschränkungen sind ein Teil von dem, was uns zu Menschen macht. Wir behaupten ja nicht, die Schnellsten zu sein und das beste Gedächtnis zu haben. Aber wir zeichnen uns durch eine undefinierbare, spirituelle Qualität aus, die Maschinen inhärent nicht besitzen.

RAY: Nochmals die Frage: Wo zieht man die Grenze? Menschen ersetzen schon heute Teile ihres Körpers und ihres Gehirns durch nichtbiologische Ersatzstücke, welche ihre „menschlichen" Funktionen besser erfüllen.

BILL: „Besser" in dem Sinne, dass sie kranke oder beschädige Organe und Systeme ersetzen. Aber du willst praktisch unsere gesamte Menschlichkeit austauschen, um unsere Leitungsfähigkeit zu steigern – und das ist dann inhärent nicht menschlich.

RAY: Vielleicht haben wir unterschiedliche Meinungen, was es bedeutet, Mensch zu sein. Für mich sind es nicht die Beschränkungen, die den Menschen ausmachen – obwohl er viele hat –, sondern seine Fähigkeit, über sich selbst hinauszuwachsen. Wir sind nicht auf dem Boden geblieben. Wir sind nicht einmal auf der Erde geblieben. Und wir werden uns nicht mit den Grenzen abfinden, die die Natur uns gesteckt hat.

BILL: Aber wir müssen sehr vorsichtig sein mit unseren technischen Möglichkeiten. Ab einem gewissen Punkt geht eine gewisse unbeschreibbare Qualität verloren, die unserem Leben Sinn gibt.

RAY: Ich schätze, wir können uns darauf einigen, dass wir uns darüber klar werden müssen, wo die wichtigen Wesenszüge der Menschlichkeit liegen. Aber es gibt keinen Grund, an unseren Beschränkungen festzuhalten. *Menschheit 2.0 (2005)*

Cyborg

Der aus dem Kontext der Raumfahrt stammende Begriff (von engl. *cybernetic* und *organism*) bezeichnet ursprünglich einen für das All und seine Herausforderungen veränderten Menschen. Im weiteren Sinne versteht man darunter ein Mischwesen aus Mensch und Maschine, einen durch Technik optimierten Menschen.

A

1 Falls Sie den Film kennen: Beurteilen Sie, inwieweit RoboCop eher Mensch oder eher Maschine ist. > M1

2 Stellen Sie Ray Kurzweils Sicht der Zukunft der Menschheit dar und analysieren Sie, wie er sie begründet. > M2

3 Erläutern Sie Ray Kurzweils Bild des Menschen. > M3

Den Menschen überwinden?

M1 Richard David Precht: Perfektionierungsauftrag?

Richard David Precht (vgl. S. 82f.) hat sich kritisch mit Ray Kurzweils Verständnis der Evolution auseinandergesetzt.

[Aus der Sicht Ray Kurzweils hat] eine höhere Macht [...] den Lauf der Welt und mit ihm die Entwicklung des Menschengeschlechts festgelegt: die Evolution! Und Menschen, die der tiefen Einsicht in „das Gesetz von Chaos und Zeit" einsichtig sind, können ihren weiteren Gang präzise voraussehen, in Jahreszahlen, technischen Erfindungen und einer entsprechenden anthropologischen Entwicklung. [...] Da tritt die Entwicklungsgeschichte selbst als Akteur auf, wie ein KI-Ingenieur. Sie muss unentwegt „Probleme lösen" und kommt auf den Einfall, ein „schriftliches Protokoll" ihrer „Errungenschaften" anzufertigen, die DNS. [...] Aber die Evolution will noch weiter und bringt deshalb den Menschen hervor, der sie durch Technik rasant beschleunigt. Am Ende ist alles nur noch technischer Fortschritt. [...] Statt Menschen und Gesellschaften als frei und selbstbestimmt zu sehen, hält Kurzweil es mit einer deterministischen und für die Menschheit deshalb fatalistischen Geschichtsauffassung. Die Evolution regiert durch ihre Gesetze, und die menschliche Zivilisation hat ihr zu gehorchen. [...] [Diese] Sicht der Evolution ist wissenschaftlicher Humbug, weil sie [...] die Entwicklungsgeschichte selbst zum bewussten Akteur macht. Evolutionäre Prozesse mögen gewisse Regelhaftigkeiten und „Gesetze" aufweisen (etwa die, dass Säugetiere sieben Halswirbel, zwei Augen und vier Gliedmaßen haben), aber die Evolution selbst *macht* nichts. Sie ist keine Person und kein Gestalter, sondern ein absichtsloser Prozess. Sie *will* nicht die Artenvielfalt erhöhen, sie *sorgt* für nichts, und sie *drängt* keine Spezies dazu, sich zu verändern. [...] Trans- und Posthumanismus sind Denkweisen von gestern, als Philosophen die Evolution noch für vorherbestimmt hielten und mit einem Perfektionierungsauftrag ausstatteten; Mythologien aus einer Zeit, in der Menschen die Entwicklung der Menschheit noch ohne allzu tiefe Einsicht in Fragen der Individualität, der Soziologie und der Dimension des Sinns betrachteten. Menschen werden nicht willenlos von einem evolutionären Treiber getrieben. Und es geht ihnen gemeinhin eher darum, zufrieden zu leben als irgendwie „optimal". Rationalität, Effizienz und Fortschritt sind kein biologisches Naturgesetz und keine „Werte an sich". Wenn sie mit Werten wie der Menschenwürde, der Gerechtigkeit und der Freiheit zusammentreffen, sind sie nach Ansicht der meisten Menschen untergeordnet. Genau das bedeutet der viel gesagte Satz: „Im Mittelpunkt muss der Mensch stehen!"

Wenn wir künstliche Intelligenz in Zukunft sinnvoll einsetzen wollen, sodass sie den Zielen sehr vieler Menschen dient und nicht einer ominösen Evolution, müssen wir nicht den Menschen überwinden. Wir müssen das posthumanistische Denken hinter uns lassen, das noch immer so unheilvoll an ihr klebt.

Künstliche Intelligenz und der Sinn des Lebens (2020)

M2 Richard David Precht: Die transhumanistische Scheuklappe

Der Mensch, wie wir ihn heute kennen, ist kein Problem, das auf eine Lösung wartet; auch nicht auf eine Erlösung. Würde man Menschen dramatisch verändern, so hätten sie wahrscheinlich weit mehr zu verlieren, als zu gewinnen. Denn jede trans- oder posthumanistische Revolution verringert offensichtlich genau das, was den Menschen ausmacht: seine Humanität. Perfektion, unbestechliche Rationalität und rasante Verarbeitung ungeheurer Datenmengen mögen beeindruckende Dinge sein, dass sie Menschen grundsätzlich glücklich machen und ihrem Leben Sinn verleihen, ist, vorsichtig gesagt, äußerst unwahrscheinlich. Und dass es das Ziel sein soll, selbst mehr und mehr zu einer Maschine zu werden, ist nur befremdlichen Menschen eingängig.

Und doch sollen alle diese Ideen von Extremzüchtung, Mensch-Maschine-Verschmelzungen und „heruntergeladenen“ Gehirnen [...] die Probleme der Menschheit [...] lösen! [...]

[M]an fragt sich: Welche Probleme schweben den Hightech-Visionären vor, die dadurch gelöst werden? Je näher man hinsieht, umso klarer erkennt man, dass die Probleme ziemlich wenig mit den konkreten Problemen der Menschheit zu tun haben. Trans- und Posthumanisten interessieren sich gemeinhin wenig oder gar nicht für Umweltzerstörung, verdorrende Felder und verseuchte Meere. Sie befassen sich nicht mit Konflikten, Massakern und Kriegen und deren Ursachen. Und für das Schicksal von Millionen Menschen, die jedes Jahr verhungern oder an Seuchen sterben, fehlt ihnen jegliches Herz. Alle Kritik am Menschen mündet in der äußerst allgemeinen Feststellung, dass Menschen eben nicht intelligent genug und viel zu irrational sind, um ihre Probleme zu lösen. Maßgenommen wird am Computer, der all die großen Probleme der Menschheit nicht kennt. Nicht weil er dafür zu intelligent ist, sondern weil er kein biotisches Wesen ist und ohne Leib existiert. Computer verhungern nicht, entfesseln keine Kriege und zerstören auch nicht die Umwelt. [...]

In Kurzweils Visionen endet die überschaubare Zukunft im Jahr 2099 mit der endgültigen Verschmelzung von Mensch und Maschine. Und dann? Alle glücklich? [...] In der trans- und posthumanistischen Ideologie ist jedes „Wozu“ ja von vornherein festgelegt: um die Menschheit über sich hinauswachsen zu lassen [...].

Vermeintlich allgemeine Artmerkmale wie jene, dass Menschen von Natur aus nach Vorteilen schielen, nach immer „mehr“ streben, sich gar selbst überwinden wollen usw., leiden doch sehr stark daran, dass sie alles andere als allgemein sind. Was Menschen in Westeuropa im 21. Jahrhundert ziemlich selbstverständlich erscheint, war indigenen Völkern am Amazonas, in Neuguinea und anderswo jahrtausendelang fremd. Die trans- und posthumanistische Ideologie aber lebt von genau dieser Scheuklappe. Sie hält die Vervollkommnung für einen Gattungspfad, auf dem Naturvölker einfach noch nicht weit genug geschritten sind. Und sie kennt nichts als den Homo oeconomicus der wirtschaftswissenschaftlichen Lehrbücher, der unausgesetzt nach seinem Vorteil giert. Dabei überträgt sie ihn auf die Menschheit als Ganzes. [...] Folglich bleibt nichts als technische Expansion bis in den Weltraum, so lange, bis jede Galaxie unterworfen ist, entweder vom Menschen oder von seinen verselbstständigten Maschinen. Dass Menschen auch andere Antriebe haben als eine unstillbare Gier nach einem Mehr und menschliche Gesellschaften sich nicht notwendig ausbreiten wie Seuchen und Epidemien, kommt in diesem Weltbild nicht vor. Doch keine Wissenschaft, weder die Wirtschaftspsychologie noch die Verhaltensökonomik, weder die Sozialpsychologie noch die Soziologie, kann diese Sicht bestätigen. Ihnen zufolge ist bei befriedigten Grundbedürfnissen der größte Antrieb von Menschen der Drang nach Anerkennung und nicht der nach Expansion. [...]

Was beim Optimierungsauftrag an die Menschheit auf der Strecke bleibt, ist die Dimension des Individuums, des einzelnen Menschen. Individuell darf er als User sein, als Konsument und Verbraucher, nicht aber in der Entscheidung, sich nicht technisch optimieren zu wollen. [...] Tatsächlich aber dürfte das individuelle Glück viel mehr von der Frage abhängen: Was bedeutet der technische Fortschritt für jeden Einzelnen? Und nicht: Was bedeutet er für die Menschheit?

Künstliche Intelligenz und der Sinn des Lebens (2020)

A

1 Erläutern Sie Richard David Prechts Kritik an Ray Kurzweils Auffassung der Evolution (s. S. 104f.) unter Rückgriff auf die Darstellung des Darwinismus im vorhergehenden Kapitel (s. S. 54ff.). > M1

2 Analysieren Sie Richard David Prechts Argumentation gegen die post- und transhumanistische Auffassung des Menschen. > M2

3 Nehmen Sie Stellung in der Auseinandersetzung zwischen Richard David Precht und Ray Kurzweil um die künftige Vervollkommnung des Menschen durch seine Verschmelzung mit der Maschine. > M1/M2

Eine Ethik der Digitalisierung

M1 Frank-Walter Steinmeier: Den technologischen Fortschritt gestalten

Der folgende Text stammt aus einer Rede des Bundespräsidenten Frank-Walter Steinmeier (*1956) auf dem 37. Evangelischen Kirchentag 2019 in Dortmund.

Große Umbrüche sind im Gange. Demokratie verändert sich – auch mit den Möglichkeiten der Kommunikation. Und es ist gut, wenn mehr Menschen teilhaben können. Aber ist es nicht eine völlig verquere Sicht der Dinge, wenn eine technikfixierte Wahrnehmung von Gesellschaft und Demokratie daraus wird? Jahrelang haben uns die digitalen Pioniere verkündet, die Technologie sei der verstaubten Politik weit voraus, und die Digitalisierung müsse der Demokratie auf die Sprünge helfen. Ich fürchte, das ist eine Umkehrung des eigentlichen Problems. Ich glaube: Nicht um die Digitalisierung der Demokratie müssen wir uns zuallererst kümmern, sondern um die Demokratisierung des Digitalen! Die Rückgewinnung des politischen Raumes – gegen die Verrohung und Verkürzung der Sprache, aber auch gegen die ungeheure Machtkonzentration bei den „Big Five", bei einer Handvoll von Datenriesen aus dem Silicon Valley – das ist die drängendste Aufgabe! [...]

Natürlich darf man es sich nicht zu einfach machen. Es geht nicht um Euphorie oder Dystopie, Verherrlichung oder Verdammung, um ein schlichtes „Ja" oder „Nein" zur Digitalisierung. Sie findet statt. Neun von zehn Deutschen sind online, und ebenso viele halten den technischen Wandel für unaufhaltsam. Wirtschaft und Wohlstand mag er beflügeln. Aber auf seine gesellschaftlichen Folgen blicken viele [...] mit Sorgen. [...]

Zukunft hat bei uns Geschichte. Und wo immer uns Zukunft gelungen ist, da hatten viele ihren Anteil: Wissenschaftlerinnen und Ingenieure, Facharbeiter und Unternehmerinnen. Aber es waren nie nur Einzelne, sondern es braucht diese ganze, lebendige und vernetzte Gesellschaft. Die Deutschen sind nicht technikfeindlich, im Gegenteil: Diese Gesellschaft glaubt an den Fortschritt, weil sie ihn gestalten kann – weil sie ihm einen ethischen und gesellschaftlichen Rahmen setzt und eben nicht alles blind umsetzt, was technisch möglich wäre. [...].

[W]ir dürfen den technologischen Fortschritt niemals als monströses Naturereignis ansehen, dem wir machtlos ausgeliefert sind! Wir müssen verstehen wollen, was unser Menschsein und unseren Zusammenhalt gefährdet. Unsere in Teilen selbstverschuldete digitale Naivität muss Aufklärung und Mündigkeit weichen. Die digitale Welt ist bislang in erster Linie um uns herum und ohne unser Zutun gestaltet worden. Die digitale Welt von heute dient jetzt noch den Interessen derer, die unsere Geräte voreinstellen, unsere Anwendungen programmieren, unser Verhalten lenken wollen.

Deshalb brauchen wir den Mut, das Spiel zu unterbrechen und die Spielregeln zu überprüfen. Was einmal gestaltet worden ist, kann auch neu gestaltet werden! Was programmiert wurde, kann neu programmiert werden! [...]

Wir können schon heute Algorithmen nachvollziehbarer machen, ihre Arbeitsweise und Ergebnisfindung regelmäßig auf den Prüfstand stellen. Wir können schon heute lernende Computer so programmieren, dass sie ohne Diskriminierung oder Bevormundung funktionieren. Wir können schon heute Unternehmen verpflichten, Voreinstellungen datenschutzfreundlich vorzunehmen. Wir können schon heute Einrichtungen schaffen, die unsere Privatsphäre gegenüber großen Unternehmen durchsetzen, wo wir dies allein nicht leisten können. Wir können Polizei und Staatsanwaltschaften schon heute so ausstatten, dass sie Hass und Hetze im Netz der vermeintlichen Anonymität entreißen und konsequent

verfolgen können. Wir können den Arbeitsmarkt und die Sozialsysteme schon heute so gestalten und erneuern, dass das Versprechen der sozialen Sicherheit auch für neue Arbeitsformen und Berufswege, für Menschen in der Klick- und Plattformwirtschaft gilt. [...] All das können, und ich finde: das müssen wir heute schon tun! [...] [W]ir müssen so etwas etablieren wie eine Ethik der Digitalisierung: Grundregeln für die digitale Zukunft, deren Einhaltung wir auch in einer Zeit gewaltiger Umbrüche einfordern. [...]
Die Ethik der Digitalisierung ist und bleibt für mich zuallererst eine Ethik der Freiheit. Sie beginnt mit der Frage: Wie kann Technologie uns Menschen dienen? Wie führt sie zu mehr Selbstbestimmung – und nicht in neue Fremdbestimmung? [...]
Frei nach Kant würde ich sagen: Der technologische Fortschritt soll den Ausgang des Menschen aus der Unmündigkeit erleichtern und nicht der freiwillige Einstieg in neue Unmündigkeit werden! [...]

Zukunftsvertrauen in der digitalen Moderne (2019)

M2 Julian Nida-Rümelin / Nathalie Weidenfeld: Kein Automatismus

Die Schriftstellerin Nathalie Weidenfeld (*1970) hat zusammen mit ihrem Mann, dem Philosophen Julian Nida-Rümelin (s. S. 36), ein Buch zum „digitalen Humanismus" veröffentlicht.

[Der digitale Humanismus] [...] grenzt sich ab gegenüber einer Fehlinterpretation Künstlicher Intelligenz [...], wonach es zwischen Mensch und Computer keine kategoriale Differenz gibt [...]. Die optimistische Erwartung, dass die kognitiven Fähigkeiten von Softwaresystemen unbegrenzt entwicklungsfähig sind, geht oft einher mit einer Art Erlösungshoffnung: Demnach befreien die digitalen Technologien die Menschen von den Mühen und Beschränkungen ihres Daseins, schaffen Interaktions- und Kommunikationspartner neuen Typs und erweitern die menschlichen Wahrnehmungs- und Erkenntnisfähigkeiten ins Uferlose. [...]
Der digitale Humanismus setzt dieser Ideologisierung digitaler Technologien eine Haltung der Nüchternheit entgegen. Wie alle Technologien der Vergangenheit sind auch die digitalen ambivalent. Ihnen wohnt kein Automatismus der Humanisierung oder gar Erlösung inne, vielmehr hängt es von den konkreten Formen ihrer Nutzung ab, ob diese menschenfreundlich oder menschenfeindlich ist. Der digitale Humanismus plädiert für eine instrumentelle Haltung gegenüber der Digitalisierung: Was kann ökonomisch, sozial und kulturell nutzen, und wo lauern Gefahren? [...]
Der digitale Humanismus lässt die Kirche im Dorf. Er betont die weitgehende Unveränderlichkeit der Menschennatur und der Bedingungen einer humanen Entwicklung. Er verteidigt kulturelle Errungenschaften wie die Trennung von Privatem und Öffentlichem und das, was das Bundesverfassungsgericht als „informationelle Selbstbestimmung" bezeichnet hat. Er plädiert für eine Stärkung der Demokratie, auch unter Einsatz der neuen digitalen Möglichkeiten, er warnt vor einem Verfall der zwischenmenschlichen Verständigung in Zeiten der zunehmenden Anonymisierung und Manipulation der Internetkommunikation. Er plädiert für eine Stärkung der Urteilskraft, um in dem Überangebot von Daten verlässliche Orientierung zu ermöglichen.
Der digitale Humanismus ist nicht defensiv, er möchte den technischen Fortschritt im Zeitalter der Künstlichen Intelligenz nicht bremsen, sondern fördern, er spricht sich für eine Beschleunigung des menschlichen Fortschritts unter Einsatz der digitalen Möglichkeiten aus, um unser Leben reichhaltiger, effizienter und nachhaltiger zu machen. Er träumt nicht von einer ganz neuen menschlichen Existenzform wie die Transhumanisten, er bleibt skeptisch gegenüber utopischen Erwartungen, ist aber optimistisch, was die menschliche Gestaltungskraft der digitalen Potenziale angeht.

Digitaler Humanismus (2018)

A

1 Stellen Sie dar, wie Frank-Walter Steinmeier die Forderung nach einer Ethik der Digitalisierung begründet. > M1

2 Erläutern Sie die Position des digitalen Humanismus nach Nida-Rümelin und Weidenfeld. > M2

3 Formulieren Sie eigene Grundsätze für eine Ethik der Digitalisierung. > M1/M2

Wissen kompakt

Digitali

Umwandlung analoger in digitale Symbole

- führt zu Umwälzungen im privaten und gesellschaftlichen Leben

↙

Kommunikation im Internet

- ermöglicht
  - Langlebigkeit
  - hohe Sichtbarkeit
  - weite Verbreitung und
  - leichte Auffindbarkeit von Daten
- birgt Gefahr des Kontrollverlustes über die eigenen Daten: Öffentlichkeit von privaten Informationen

Datenspuren bei der Nutzung des Internets

- bergen Gefahr der Verletzung der Privatsphäre durch Internetdienste, die Nutzerdaten zu ökonomischen Zwecken abschöpfen (Überwachungskapitalismus)
- ermöglichen Überwachung der Bürger durch staatliche Institutionen: (z. B. Citizen Scoring in China), Ausspionierung von Systemgegnern (z. B. in Saudi-Arabien)

Personalisierte Filterung von Daten durch Internetdienste

- mögliche Beeinträchtigung der Freiheit der Information, die zu einer einseitigen Wahrnehmung der Wirklichkeit führt (Filterblasen)
- Begünstigung des Rückzugs in Selbstbestätigungsmilieus (Echokammern) und Gruppenpolarisation (Filterclash)

↘

Digitale

Grundregeln für den Umgang mit digitaler Technik:

- Gestaltung der digitalen Zukunft ohne Diskriminierung und Bevormundung
- Bewahrung der Freiheit, informationelle Selbstbestimmung

sierung

und digitale Speicherung großer Datenmengen

- eröffnet neue **Freiheiten**
- kann zur **Einschränkung von Freiheit** führen

↘

Künstliche Intelligenz (KI)

Schwache KI:
simuliert einzelne Leistungen der menschlichen Kognition in höherer Geschwindigkeit und Präzision als diese

Einsatz von schwacher KI in der Arbeitswelt:

- Gefahr des Wegfalls von Arbeitsplätzen durch Einsatz von Robotern
- Chance der Optimierung von Arbeitsprozessen durch Cobots

Starke KI:
Begriff für eine künstliche Intelligenz, die der menschlichen Intelligenz in allen Bereichen gleichkommt bzw. sie sogar übertrifft

Kritik an der These, dass Computer bald klüger sein werden als Menschen:

- Computer führen lediglich formale Rechenprozesse aus, verfügen aber nicht über semantisches Verständnis, Gedanken, Bewusstsein, Wille usw.

Cyborg

(Mischwesen zwischen Organismus und Maschine, auch: Mensch technisch optimierten Fähigkeiten)

Digitaltechnische Verbesserung des Menschen:

- ethisch unbedenklich als medizinische Therapie
- problematisch zum Zweck der Übersteigung des Menschen im Sinne des Trans- und Posthumanismus (vgl. Ray Kurzweils Vision der Erschaffung einer nicht-biologischen Intelligenz)

↙

Ethik

- Schutz der Privatsphäre, digitale Souveränität
- Forderung: Digitaltechnik soll dem Menschen dienen (= Digitaler Humanismus)

Vor allem will ich Spaß haben und mein Leben genießen. Moral ist mir nicht wichtig, die verlangt doch nur Einschränkung und Verzicht.
Ich finde es wichtig, nicht nur an sein eigenes Fortkommen zu denken, sondern an das, was allen nützt.
Man ist schon für sein Handeln verantwortlich, und Respekt und Rücksichtnahme finde ich wichtig.
Ich versuche immer, mein Bestes zu gebe. Tugenden wie Ehrgeiz und Fleiß halte ich gar nicht für veraltet.
Ich fühle mich verpflichtet, mich für den Umweltschutz zu engagieren. So wie wir leben, kann es nicht weitergehen.
Über die Folgen meines Handelns denke ich nicht nach. Ich lebe im Hier und Jetzt und entscheide aus dem Bauch heraus.

MORALPHILOSOPHIE

- TUGENDETHIK
- UTILITARISMUS
- PFLICHTETHIK
- POSITIONEN DER MORALKRITIK

A

1 Diskutieren Sie die Aussagen der Jugendlichen zu Werten, die sie in ihrem Leben als wichtig erachten. Welche Haltung überzeugt Sie am meisten?

2 Alle vier Jahre erstellen Wissenschaftler der Universität Bielefeld im Auftrag des Unternehmens Shell eine empirische Studie zur Wertorientierung und zum Sozialverhalten von Jugendlichen. Informieren Sie sich über die Ergebnisse der letzten Shell-Jugendstudie.

3 Führen Sie in Ihrer Jahrgangsstufe eine eigene Umfrage zur Wertorientierung durch und werten Sie diese aus.

Tugendhaft leben?

M1 Ulrich Wickert: Weshalb Tugenden modern sind

Der 1942 in Tokio geborene Ulrich Wickert ist vor allem durch seine Tätigkeit als ARD-Korrespondent in Washington und Paris sowie als Moderator der *Tagesthemen* bekannt geworden. Heute schreibt er Kriminalromane und Sachbücher.

Tugenden sind modern. Diese Behauptung klingt gewagt, denn wer heute von einem tugendhaften Menschen hört, der glaubt sich ins letzte Jahrhundert zurückversetzt: Er stellt sich wahrscheinlich einen wohlgescheitelten Knaben vor; Klassenprimus ist er; Streiche verabscheut er; vielleicht trägt er auch eine Brille, einen dunklen Konfirmandenanzug und petzt; er gilt als Tugendbold, der scheinheilig alle Sittengesetze befolgt und auf andere hinabblickt. Das tugendhafte Mädchen zieht keine „Männerhosen" an, noch nicht einmal ein ärmelloses Kleid und besteht auf Keuschheit. [...] Im strengen Ton einer schwarzgekleideten Gouvernante scheint „die Tugend" zu ermahnen: „Das gehört sich nicht!" Und deshalb versteht die Allgemeinheit heute darunter etwas, das vor allem einschränken soll. [...] Wer Tugenden so altertümlich definiert, dem muss dieses Wort überholt vorkommen. [...]

Wer würde sich [...] noch trauen, Tapferkeit zu fordern, wie sie bei den alten Griechen als [...] [Tugend] galt? Er würde sich lächerlich machen. Zu den [...] [Tugenden] gehört aber auch die Gerechtigkeit, die heute mit dem Attribut sozial in jeder Munde ist und zu heftigen politischen Auseinandersetzungen führt. Als Grundwert einer Demokratie wird die Gerechtigkeit bezeichnet, aber wer hätte heute noch den Mut, sie eine Tugend zu nennen? Genauso wie die Toleranz im Umgang mit ausländischen oder jüdischen Bürgern im eigenen Lande jedes Mal hoch und heilig beschworen wird, wenn wieder einmal junge Deutsche einen Brandsatz gegen ein von Ausländern bewohntes Haus oder in eine Synagoge geworfen haben. Ist sie etwa keine Tugend, die Toleranz?

Das Buch der Tugenden (1995)

M2 Alain de Botton: Drei Tugenden aus dem Manifest für gute Menschen

Alain de Botton (*1969) ist ein britisch-schweizerischer Schriftsteller und Fernsehproduzent.

Manifest für gute Menschen (2013)
www.geistundgegenwart.de/2013/05/zehn-tugenden-manifest.html

M3 Platon: Zwei Lebensformen

In Platons (ca. 428-348 v. Chr.) Dialog *Gorgias* führen Sokrates und Kallikles ein Streitgespräch darüber, was ein glückliches Leben ausmacht.

Kallikles: [D]as ist eben das von Natur Schöne und Rechte, [...] dass, wer richtig leben will, seine Begierden muss so groß werden lassen als möglich und sie nicht einzwängen, und diesen, wie groß sie auch sind, muss er dennoch Genüge zu leisten vermögen durch Tapferkeit und Einsicht, und sie hinreichend versehen mit dem, worauf eine jede Begierde geht. Allein dazu, meine ich, sind eben die meisten nicht imstande [...]; und weil sie selbst ihren Lüsten keine Befriedigung zu verschaffen vermögen, so loben sie die Besonnenheit und die Gerechtigkeit um ihrer eigenen Feigheit willen. Denn [...] was wäre wohl für [...] [Könige] hässlicher und schlimmer als die Besonnenheit und Gerechtigkeit, wodurch sie dann, da sie das Gute genießen könnten, ohne dass ihnen etwas im Wege stünde, sich selbst einen Herrn setzten [...]? Wohlleben, Zügellosigkeit und Freiheit, wenn sie nur einen festen Rückhalt haben, sind eben Tugend und Glückseligkeit; alles andere aber ist Zierei, widernatürliche Lebensordnung, Geschwätz und gänzlich wertlos.

Sokrates: [...] Ganz offen sagst du nun heraus, was die anderen zwar auch denken, aber nicht sagen wollen. Ich bitte dich daher, auf keine Weise nachzulassen, damit nun in der Tat offenbar werde, wie man leben muss. So sage mir denn, die Begierden muss man nach deiner Meinung nicht einzwängen, wenn man sein will, wie man soll, sondern so groß als immer möglich werden lassen und ihnen irgendwoher Befriedigung schaffen, und darin bestehe eben die Tugend?

Kallikles: Das behaupte ich. [...]

Sokrates: Schön, mein Bester, bleibe nur dabei, wie du angefangen hast, und schäme dich ja nicht. Wie es aber scheint, darf auch ich mich nicht schämen. Und so sage mir zuerst, wenn jemand krätzig ist und Jucken empfindet, und er kann sich genug kratzen und so gekitzelt sein Leben hinbringen, heißt das auch glücklich leben? [...]

Kallikles: So sage ich denn, auch der, welcher sich kratzt, kann angenehm leben.

Sokrates: Also wenn angenehm, dann auch glücklich? [...] Etwa wenn ihn nur der Kopf juckt, oder soll ich dich noch sonst etwas fragen? Siehe wohl zu, Kallikles, was du antworten willst, wenn dich jemand alles der Reihe nach, was hiermit zusammenhängt, fragt. Und verhält es sich hiermit so, so ist kurz und gut das Leben der Wüstlinge nicht abscheulich und schändlich und elend. Oder wirst du wirklich wagen zu behaupten, auch diese wären glücklich, wenn sie nur vollauf haben, wessen sie bedürfen?

Kallikles: Schämst du dich nicht, Sokrates, die Rede auf solche Dinge zu bringen?

Sokrates: Bringe ich sie etwa darauf, mein Bester, oder der, welcher so ohne weiteres behauptet, wer nur Lust habe, gleichviel wie er Lust habe, der sei glücklich, und keinen Unterschied angibt, welche Lust gut ist und welche schlecht? *Gorgias (4. Jh. v. Chr.)*

Tugend

Als Tugend (gr. *areté*) wurde ursprünglich die Tauglichkeit eines Menschen oder einer Sache bezeichnet. So ist z. B. ein Messer dann tauglich, wenn es eine scharfe Klinge besitzt und gut schneidet. Die Philosophen der Antike übernahmen den Begriff zur Bezeichnung dessen, was Menschen tauglich macht, ein gutes Leben zu führen.

A

1 Erörtern Sie Wickerts Auffassung, dass Tugenden modern sind. > M1

2 Recherchieren Sie weitere Tugenden aus dem *Manifest für gute Menschen*. Beurteilen Sie, ob die von Botton angeführten Tugenden für das Leben in der heutigen Zeit von Bedeutung sind. > M2

3 Stellen Sie beide Auffassungen vom glücklichen Leben gegenüber. Erläutern Sie Sokrates' Kritik an Kallikles und nehmen Sie dazu Stellung. > M3

Die rechte Verfassung der Seele

M1 Platon: Die Kardinaltugenden

Platon entwickelt seine Lehre von den Tugenden – später Kardinaltugenden (von lat. *cardo*: Türangel, Dreh-, Angelpunkt) genannt – im Zusammenhang mit dem Entwurf einer idealen Polis (Stadt, Staat).

Sokrates: [Die] [...] vollkommen gute [...] [Stadt] ist weise und tapfer und besonnen und gerecht.

Glaukon: Offenbar. [...]

Sokrates: Es scheint mir [...] zuerst die Weisheit zutage zu treten [...]. Es gibt [...] viele und mannigfache Wissensfächer in der Stadt [etwa das Wissen über Holz- oder Erzbearbeitung] [...]. [Weisheit ist aber] ein Wissen, auf Grund dessen sie [die Stadt] nicht über irgendeine einzelne staatliche Angelegenheit, sondern über den Staat als Ganzes berät, auf welche Weise er in seinem Verhalten nach innen wie nach außen zu anderen Staaten am besten verfährt [...]. Und wer besitzt es?

Glaukon: [...] Es besitzen sie die Regierenden [...].

Sokrates: Was nun weiter die Tapferkeit anlangt, [...] so ist sie gar nicht schwierig zu erkennen. [...] Wer eine Stadt als feige oder als tapfer bezeichnet, tut dieses doch in Hinblick auf nichts anderes als auf denjenigen Teil der Bürger, die die Stadt verteidigt und für sie zu Felder zieht?

Glaukon: Auf nichts anderes.

Sokrates: [...] [In diesem besitzt sie eine Kraft], so stark, dass sie unverbrüchlich die Meinung über das, was man zu fürchten hat, aufrecht erhält [...]. Eine Art Aufrechterhaltung nenne ich die Tapferkeit [...], eine der durch das Gesetz vermittelst der Erziehung eingepflanzten Meinung über das Furchtbare, was es ist und welcher Art. Wenn ich aber zu „Aufrechterhaltung derselben" das Wort „unverbrüchlich" hinzufüge, heißt das, man soll sowohl in Schmerz wie in Lust, in Begierden und in Schrecknissen daran festhalten [...].

Glaukon: Du hast recht. [...]

Sokrates: [Nun zur Besonnenheit. Das ist doch wohl] eine Überlegenheit über gewisse Lüste und Begierden, wie man sagt, indem man sich dafür des sonderbaren Ausdrucks „sich selbst überlegen" bedient [...]. Wenn ich nicht irre, soll diese Redewendung [...] besagen, dass in dem Menschen, was seine Seele anlangt, ein besseres und ein schlechteres Teil sich findet, und wenn das von Natur bessere Herr ist über das schlechtere, so ist das eben das „Sichselbstüberlegensein". Es ist also ein lobender Ausdruck. Wenn aber infolge schlechter Erziehung oder wer weiß welchen Umganges das kleinere Bessere von der Menge des Schlechteren überwältigt wird, so dient der Ausdruck zum verwerfenden Tadel und bezeichnet den so Gearteten als sich selbst unterlegen und zügellos. [...]

Glaukon: Du hast recht.

Sokrates: Siehst du nun nicht, dass auch dies sich in unserer Stadt befindet, und dass in ihr die Begierden in der Menge und bei den Ungebildeten beherrscht werden von den Begierden und der Einsicht in den Wenigen und Edlen?

Glaukon: Ja.

Sokrates: [...] [Wie aber steht es mit der *Gerechtigkeit?*] Dass das Seinige tun und sich nicht in alles Mögliche einmischen Gerechtigkeit ist, auch das haben wir von vielen anderen gehört und haben es oft selbst oft gesagt.

Glaukon: Ja, so ist es.

Sokrates: Dies also scheint, wenn es auf eine bestimmte Art geschieht, die Gerechtigkeit zu sein, nämlich dass man das Seinige tut. [...] Wenn dagegen ein von Natur zum Handwerker oder sonst einem Erwerbsfach Bestimmter, im Verlaufe der Zeit dünkelhaft gemacht durch Reichtum oder Anhang oder Stärke oder sonst etwas dergleichen, sich in den Kriegerstand einzudrängen versucht, oder ein Kriegsmann in den Stand der Ratsleute und Wächter, ohne dessen würdig zu sein, und diese ihre Werkzeuge und Ehren miteinander vertauschen oder wenn ein und derselbe alles dies zugleich zu verrichten sich unterfängt, dann, denke ich, wird auch dir solcher Tausch und solche Vielgeschäftigkeit als verderblich für den Staat erscheinen. [...] Umgekehrt aber gilt uns die folgende Behauptung: Wenn die erwerbende, die schützende [herrschende] und die wachende Klasse eine jede im Staat das Ihrige tut, so würde dies [...] die Stadt gerecht machen.

Glaukon: Nicht anders scheint es sich mir zu verhalten.

Sokrates: Noch lass uns die Behauptung nicht als völlig sicher hinstellen; sondern erst wenn dieser Begriff in seiner Anwendung auf jeden einzelnen Menschen von uns auch da als Gerechtigkeit anerkannt wird, werden wir uns damit einverstanden erklären. [...]

Glaukon: Ja.

Der Staat (5. Jh. v. Chr.)

M2 Platon: Die Seelenteile

Sokrates: Nicht ohne Grund [...] werden wir [...] den Teil der Seele, mit dem sie überlegt, als vernünftig denkenden bezeichnen, den dagegen, mit dem sie der Liebe begehrt und hungert und durstet und der beständigen Erregung aller sonstigen Begierden preisgegeben ist, als unvernünftigen und begehrlichen Teil, der gewissen [...] Lustempfindungen zugetan ist. [...] [Und] ist nicht auch in der Seele ein Drittes, dieses Zornmütige [Eifrige, Mutartige] als natürlicher Helfer der Vernunft, wenn es nicht etwa durch schlechte Erziehung verdorben ist? [...] [Also entspricht es dem wahren Sachverhalt], wenn wir behaupten, dass die nämlichen Elemente, die sich in dem Staat finden, auch der Seele jedes Einzelnen innewohnen, und in der gleichen Zahl.

Glaukon: So ist es. [...]

Sokrates: Ist es nicht also notwendig, dass, wie und wodurch der Staat weise war, so und dadurch auch der Einzelne weise sei? [...] Und wodurch und wie der Einzelne tapfer ist, dadurch und so auch der Staat tapfer sei und auch in allem anderen sich beide in gleicher Weise zur Tugend verhalten? [...] Also auch gerecht [...], werden wir, denke ich, sagen, sei ein Mann auf die nämliche Weise, in der auch der Staat gerecht war. [...] Aber wir haben doch gewiss nicht vergessen, dass der Staat gerecht war dadurch, dass innerhalb der drei Stände, die ihn bildeten, jeder Einzelne das Seinige tat. [...] Kommt es nun nicht dem vernünftigen Teil zu, zu herrschen, da er weise ist und für die gesamte Seele Fürsorge trägt, dem zornmütigen [mutartigen] aber ihm gehorsam und mit ihm verbündet zu sein? [...] [Wer gerecht ist], hat die Herrschaft über sich selbst gewonnen, hat in sich Ordnung geschaffen [...] und jene drei Seelenvermögen in Einklang gebracht [...].

Glaukon: Du hast vollkommen recht.

Der Staat (5. Jh. v. Chr.)

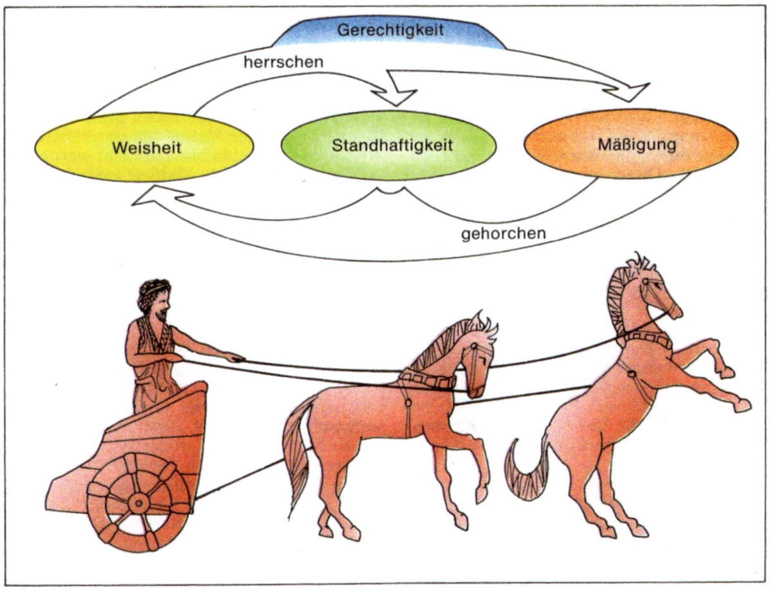

Das Gleichnis vom Seelenwagen, dtv-Atlas Philosophie
Im Dialog *Phaidros* vergleicht Platon die Seele mit einem zweispännigen Wagen

A

1. Untersuchen Sie, was Platon unter Weisheit, Tapferkeit, Besonnenheit und Gerechtigkeit versteht. > M1
2. Fertigen Sie ein Schaubild an, indem sie die vier Tugenden den einzelnen Ständen im Staat und den Seelenteilen zuordnen. > M1/M2 H
3. Erläutern Sie Platons Tugendlehre am Gleichnis vom Seelenwagen. > M2
4. Nehmen Sie Stellung zur Frage, welche Bedeutung Weisheit, Tapferkeit, Besonnenheit und Gerechtigkeit heute noch haben. > M1/M2

Glückseligkeit als Ziel

zu M2: Aristoteles, S. 118-127

M1 Glück und Glückseligkeit

Er hat im Leben viel Glück gehabt und doch ist er nie glücklich gewesen.

Franz Dingelstedt

Sich glücklich fühlen können auch ohne Glück – das ist Glück.

Marie von Ebner-Eschenbach

M2 Aristoteles: Wonach alles strebt

Der griechische Philosoph Aristoteles (384–322 v. Chr.) gilt als Begründer des Eudämonismus, der Lehre von der Glückseligkeit. Die Grundgedanken dieser Theorie werden auf den folgenden Seiten anhand von Auszügen aus der – nach seinem Sohn benannten – *Nikomachischen Ethik* dargestellt.

Jede Kunst und jede Lehre, desgleichen jede Handlung und jeder Entschluss, scheint ein Gut zu erstreben, weshalb man das Gute treffend als dasjenige bezeichnet hat, wonach alles strebt. [...]

Da der Handlungen, Künste und Wissenschaften viele sind, ergeben sich auch viele Ziele. Das Ziel der Heilkunst ist die Gesundheit, das der Schiffsbaukunst das Schiff, das der Strategik der Sieg, das der Wirtschaftskunst der Reichtum. Wo solche Verrichtungen unter einem Vermögen stehen, wie z. B. die Sattlerkunst und die sonstigen mit der Herstellung des Pferdezeuges beschäftigten Gewerbe unter der Reitkunst, und diese wieder nebst aller auf das Kriegswesen gerichteten Tätigkeit unter der Strategik, und ebenso andere unter anderen, da sind jedes Mal die Ziele der architektonischen, d. h. der leitenden Verrichtungen vorzüglicher als die Ziele der untergeordneten, da letztere nur um der ersteren willen verfolgt werden. Und hier macht es keinen Unterschied, ob die Tätigkeiten selbst das Ziel der Handlungen bilden oder außer ihnen noch etwas anderes, wie es bei den genannten Künsten der Fall ist.

Wenn es nun ein Ziel des Handelns gibt, das wir seiner selbst wegen wollen, und das andere nur um seinetwillen, und wenn wir nicht alles wegen eines anderen uns zum Zwecke setzen – denn da ginge die Sache ins Unendliche fort, und das menschliche Begehren wäre leer und eitel –, so muss ein solches Ziel offenbar das Gute und das Beste sein.

Sollte seine Erkenntnis nicht auch für das Leben eine große Bedeutung haben und uns helfen, gleich den Schützen, die ein festes Ziel haben, das Rechte besser zu treffen? So gilt es denn, [...] zu ermitteln, was es ist und zu welcher Wissenschaft oder zu welchem Vermögen es gehört. [...]

[D]a alles Wissen und Wollen nach einem Gute zielt, [...] [stellt sich die Frage,] welches im Gebiete des Handelns das höchste Gut ist. Im Namen stimmen hier wohl die meisten überein: *Glückseligkeit* [eudaimonia] nennen es die Menge und die feineren Köpfe, und dabei gilt ihnen Gut-Leben und Sich-gut-Gehaben mit Glückselig-Sein als eins. [...]

Jedoch müssen wir versuchen, dasselbe noch besser zu verdeutlichen. Da der Ziele zweifellos viele sind und wir derer manche nur wegen anderer Ziele wollen, z. B. Reichtum, Flöten und überhaupt Werkzeuge, so leuchtet ein, dass sie nicht alle Endziele sind, während doch das höchste Gut ein Endziel und etwas Vollendetes sein muss. Wenn es daher nur ein Endziel gibt, so muss dieses das Gesuchte sein, und wenn mehrere, dasjenige unter ihnen, welches im höchsten Sinne Endziel ist. Als Endziel in höherem Sinne gilt uns das seiner selbst wegen Erstrebte gegenüber dem eines andern wegen Erstrebten und das, was niemals wegen eines anderen gewollt wird, gegenüber dem, was ebensowohl deswegen wie wegen seiner selbst gewollt wird, mithin als Endziel schlechthin und als schlechthin vollendet, was allezeit seinetwegen und niemals eines anderen wegen gewollt wird. Eine solche Beschaffenheit scheint aber vor allem die Glückseligkeit zu besitzen. Sie wollen wir immer wegen ihrer selbst, nie wegen eines anderen, während wir die Ehre, die Lust, den Verstand und jede Tugend zwar auch ihrer selbst wegen wollen (denn wenn wir auch nichts weiter von ihnen hätten, so würden uns doch alle diese Dinge erwünscht sein), doch wollen wir sie auch um der Glückseligkeit willen in der Überzeugung, eben durch sie ihrer teilhaftig zu werden. Die Glückseligkeit dagegen will keiner wegen jener Güter und überhaupt um keines anderen willen. [...] Also: die Glückseligkeit stellt sich dar als ein Vollendetes und sich selbst Genügendes, da sie das Endziel allen Handelns ist. *Nikomachische Ethik (350 v. Chr.)*

H

M3 Jörg Peters / Bernd Rolf: Das höchste aller Güter

Jenny: Aristoteles, der Ansatz Ihrer Ethik beruht auf der Glückseligkeit, auf Griechisch *eudaimonia*, deshalb die Bezeichnung *eudämonistische* Ethik. Was aber verstehen Sie genau unter Glückseligkeit?

Aristoteles: Zuerst einmal muss man zwei Glückbegriffe auseinanderhalten. Es gibt das Glück, das man haben kann. Beispielsweise hat jemand Glück im Spiel. Und dann gibt es das Glück, das man fühlt, die Glückseligkeit. Das ist das Phänomen, das mich interessiert.

Jenny: Inwiefern?

Aristoteles: Jeder Mensch strebt nach Glückseligkeit. In allem, was wir tun, streben wir nach einem Gut, d. h. nach einem Zweck, der für uns etwas Gutes darstellt. Wer Sport treibt, um sich beispielsweise fit zu halten, tut dies, weil er Fitness für etwas Gutes hält.

Jenny: Ich verstehe. Würde er dieses Ziel nicht für wertvoll halten, würde er es nicht anstreben, er würde etwas anderes tun.

Aristoteles: Ja, und es gibt Menschen, die etwas lernen, weil sie sich davon berufliche Vorteile versprechen; oder andere, die sparen, um eine Reise machen zu können. Hier stellt sich nun die Frage: Warum wollen Menschen überhaupt fit bleiben, warum wollen sie eine berufliche Karriere machen, warum Reisen unternehmen?

Jenny: Möglicherweise, um ein hohes Alter zu erreichen, um mehr Geld zu verdienen oder um ferne Länder kennenzulernen?

Aristoteles: Richtig. Die Ziele, die Menschen in ihren Handlungen verfolgen, verweisen also auf höhere Ziele. Hier lässt sich eine weitere Frage anschließen: Gibt es für diese Ziele wiederum höhere Ziele usw. bis ins Unendliche fort, oder gibt ob es ein höchstes Ziel, ein Endziel sozusagen, über dem keine Ziele mehr existieren? Die Antwort, die ich darauf gefunden habe, lautet, dass Endlosigkeit hier bedeuten würde, es gäbe kein letztes Ziel, unser Handeln hätte letztlich keinen Sinn. Daher behaupte ich, dass es ein höchstes Ziel gibt, durch das alles Tun einen Sinn erhält. Dieses Endziel ist die *eudaimonia*, die Glückseligkeit. Andere Güter, z. B. Ansehen oder Lust, sucht man gelegentlich um der Glückseligkeit willen; aber nach Glückseligkeit streben wir nicht um eines anderen Zieles willen, sondern um ihrer selbst willen. Sie ist das, was für sich allein, ohne dass noch etwas anderes dazukäme, wünschenswert ist, das höchste aller Güter. *nach: Kant & Co. im Interview (2009)*

> **Eudaimonie**
>
> Der Begriff (von gr. *eu*: gut, *daimon*: Geist) bedeutet wörtlich, dass man von einem guten Geist begleitet ist, dass es einem gut geht. Die Philosophen der griechischen Antike bezeichneten damit den Zustand eines gelungenen Lebens, die Glückseligkeit. Eudaimonie wird von Aristoteles als das letzte und höchste Ziel *(telos)* allen Strebens aufgefasst.

A

1. Erläutern Sie auf der Grundlage der beiden Sentenzen die Doppeldeutigkeit des Begriffs Glück. > M1
2. Verdeutlichen Sie Aristoteles' These, dass alle Menschen nach Glück streben, an Beispielen. > M3/M4
3. Erklären Sie, warum Aristoteles Glückseligkeit als das Endziel des Handelns auffasst. > M3/M4

Sich nach der Vernunft ausrichten

M1 Wie will ich leben?

M2 Aristoteles: Drei Lebensformen

Nachdem Aristoteles das Glück als Endziel allen Strebens bestimmt hat, untersucht er, durch welche Lebensformen wir glücklich werden können.

Nimmt man die verschiedenen Lebensweisen in Betracht, so scheint es einmal nicht grundlos, wenn die Menge, die rohen Naturen, das höchste Gut und das wahre Glück in die Lust setzen und darum auch dem Genussleben frönen. Drei Lebensweisen sind es nämlich besonders, die vor den anderen hervortreten: das Leben, das wir eben genannt haben, dann das politische Leben und endlich das Leben der philosophischen Betrachtung. Die Menge nun zeigt sich ganz knechtisch gesinnt, indem sie dem Leben des Viehs den Vorzug gibt, und doch kann sie zu einiger Rechtfertigung anführen, dass viele von den Hochmögenden die Geschmacksrichtung des Sardanapal [ein assyrischer König, dessen Lebenswandel durch Lust bestimmt war] teilen.

Die edlen und tatenfrohen Naturen ziehen die Ehre vor, die man ja wohl als das Ziel des öffentlichen Lebens bezeichnen darf. Indessen möchte die Ehre doch etwas zu Oberflächliches sein, als dass sie für das gesuchte höchste Gut des Menschen gelten könnte. Scheint sie doch mehr in den Ehrenden als in dem Geehrten zu sein. Vom höchsten Gute aber machen wir uns die Vorstellung, dass es dem Menschen innerlich zu eigen ist und nicht so leicht verlorengeht. Auch scheint man die Ehre zu suchen, um sich selbst für gut halten zu können. Denn man sucht von den Einsichtigen und denen, die einen kennen, geehrt zu werden, und zwar um der Tugend willen. So muss denn, falls ein solches Verhalten etwas beweist, die Tugend das Bessere sein. Nun könnte man ja vielmehr diese für das Ziel des Lebens in der staatlichen Gemeinschaft ansehen. Aber auch sie erscheint als ungenügend. Man kann offenbar auch schlafen, während man die Tugend besitzt, oder sein Leben lang keine Tätigkeit ausüben und dazu noch die größten Übel und Missgeschicke zu erdulden haben, und wem ein solches Lebenslos beschieden ist, den wird niemand glücklich nennen, außer um eben nur seine Behauptung zu retten. [...]

Die dritte Lebensweise ist die theoretische oder die betrachtende; sie wird uns in einem späteren Abschnitt beschäftigen. *Nikomachische Ethik (350 v. Chr.)*

M3 Aristoteles: Die beste und die zweitbeste Lebensform

Um zu erläutern, was es bedeutet, ein Leben nach der Philosophie zu führen, untersucht Aristoteles zunächst, worin die eigentümliche Leistung des Menschen besteht.

Wie für einen Flötenspieler, einen Bildhauer oder sonst einen Künstler, und wie überhaupt für alles, was eine Tätigkeit und Verrichtung hat, in der Tätigkeit das Gute und Vollkommene liegt, so ist es wohl auch bei dem Menschen der Fall, wenn anders es eine eigentümlich menschliche Tätigkeit gibt. [...] Sollte nicht vielmehr, wie beim Auge, der Hand, dem Fuß und überhaupt jedem Teil eine bestimmte Tätigkeit zutage tritt, so auch beim Menschen neben allen diesen Tätigkeiten noch eine besondere anzunehmen sein? Und welche wäre das wohl? Das Leben offenbar nicht, da dasselbe ja auch den Pflanzen eigen ist. Für uns aber steht das spezifisch Menschliche in Frage. An das Leben der Ernährung und des Wachstums dürfen wir also nicht denken. Hiernach käme ein sinnliches Leben in Betracht. Doch auch ein solches ist offenbar dem Pferde, dem Ochsen und allen Sinnenwesen gemeinsam. So bleibt also nur ein nach dem vernunftbegabten Seelenteile [logos] tätiges Leben übrig [...]. Wenn aber das eigentümliche Werk und die eigentümliche Verrichtung des Menschen in vernünftiger [...] Tätigkeit der Seele besteht, [...] so bekommen wir das Ergebnis: *das menschliche Gut ist der Tugend gemäße Tätigkeit der Seele* [...]. Dass diese Tätigkeit *theoretischer* oder *betrachtender* Art ist, haben wir bereits gesagt. [...]

Ferner geht die gemeine Meinung dahin, dass die Glückseligkeit mit Lust verbunden sein muss. Nun ist aber unter allen tugendgemäßen Tätigkeiten die der Weisheit zugewandte eingestandenermaßen die genussreichste und seligste. Und, in der Tat bietet das Studium der Weisheit Genüsse von wunderbarer Reinheit und Beständigkeit [...]. Und, von ihr allein lässt sich behaupten, dass sie ihrer selbst wegen geliebt wird. Sie bietet uns ja außer dem Denken und Betrachten sonst nichts; vom praktischen Handeln dagegen haben wir noch einen größeren oder kleineren Gewinn außer der Handlung. [...]

[S]o sieht man klar, dass in dieser Tätigkeit, soweit es menschenmöglich ist, sich [...] alles, was man dem Glückseligen beilegt, finden muss. *Und somit wäre dies die vollendete Glückseligkeit des Menschen, wenn sie außerdem noch die volle Länge eines Lebens dauert, da nichts, was zur Glückseligkeit gehört, unvollkommen sein darf.*

Aber das Leben, in dem sich diese Bedingungen erfüllen, ist höher, als es dem Menschen als Menschen zukommt. Denn so kann er nicht leben, insofern er Mensch ist, sondern nur insofern er etwas *Göttliches* in sich hat. So groß aber der Unterschied ist zwischen diesem Göttlichen selbst und dem aus Leib und Seele zusammengesetzten Menschenwesen, so groß ist auch der Unterschied zwischen der Tätigkeit, die von diesem Göttlichen ausgeht, und allem sonstigen tugendgemäßen Tun. Ist nun die Vernunft im Vergleich mit dem Menschen etwas Göttliches, so muss auch das Leben nach der Vernunft im Vergleich mit dem menschlichen Leben göttlich sein.

Man darf aber nicht jener Mahnung Gehör geben, die uns anweist, unser Streben als Menschen auf Menschliches und als Sterbliche auf Sterbliches zu beschränken, sondern wir sollen, soweit es möglich ist, uns bemühen, unsterblich zu sein, und alles zu dem Zweck tun, dem Besten, was in uns ist, nachzuleben. [...]

An zweiter Stelle ist dasjenige Leben glückselig, das den sonstigen Tugenden gemäß ist. Denn, die dieser sonstigen Tugend entsprechenden Tätigkeiten sind *menschlicher* Art. Gerechtigkeit, Mut und die anderen Tugenden üben wir gegeneinander im geschäftlichen Verkehr, in Notlagen, in Handlungen aller Art und dadurch, dass wir an Lasten jedem so viel zumessen, als sich gebührt. Das sind aber offenbar lauter menschliche Dinge [...]. *Nikomachische Ethik (350 v. Chr.)*

A

1 Beschreiben Sie die unterschiedlichen Lebensformen und beurteilen Sie, welche Lebensform Ihrer Meinung nach glücklich macht > M1

2 Stellen Sie die drei Lebensformen dar und erklären Sie, warum die betrachtende Lebensform nach Aristoteles die beste ist. > M2/M3

3 Erläutern Sie, warum Aristoteles auch noch eine zweitbeste Lebensform anführt. > M3

Wie man tugendhaft wird

M1 Aristoteles: Den Charakter formen

Die sittliche [Tugend *(areté)*] wird uns zuteil durch Gewöhnung, davon hat sie auch den Namen erhalten, der nur wenig von dem Wort Gewohnheit verschieden ist.

Daraus erhellt auch, dass keine von den sittlichen Tugenden uns von Natur zuteilwird. Denn nichts Natürliches kann durch Gewöhnung geändert werden. Der Stein z. B., der sich von Natur nach unten bewegt, kann nicht gewöhnt werden, sich nach oben zu bewegen, wenn man ihn auch durch vieltausendmaliges Emporschleudern daran gewöhnen wollte, und eben so wenig kann das Feuer an die Bewegung nach unten oder sonst etwas an ein seiner Natur entgegengesetztes Verhalten gewöhnt werden. Darum werden uns die Tugenden weder von Natur noch gegen die Natur zuteil, sondern wir haben die natürliche Anlage, sie in uns aufzunehmen, zur Wirklichkeit aber wird diese Anlage durch Gewöhnung.

Ferner bringen wir zu dem, was wir von Natur besitzen, zuerst das Vermögen mit, und dann erst äußern wir die entsprechenden Tätigkeiten, wie man an den Sinnen sehen kann. Wir haben ja nicht durch oftmaliges Sehen oder oftmaliges Hören den betreffenden Sinn bekommen, sondern es ist umgekehrt dem Besitz der Gebrauch gefolgt, nicht dem Gebrauch der Besitz. Die Tugenden dagegen erlangen wir nach vorausgegangener Tätigkeit, wie dies auch bei den Künsten der Fall ist. Denn was wir tun müssen, nachdem wir es gelernt haben, das lernen wir, indem wir es tun. So wird man durch Bauen ein Baumeister und durch Zitherspielen ein Zitherspieler. Ebenso werden wir aber auch durch gerechtes Handeln gerecht, durch Beobachtung der Mäßigkeit mäßig, durch Werke des Starkmuts starkmütig. [...]

Ferner entsteht jede Tugend aus denselben Ursachen, durch die sie zerstört wird, gerade wie es bei den Künsten der Fall ist. Durch Zitherspielen wird man z. B. ein guter und auch ein schlechter Zitherspieler, und entsprechendes gilt vom Baumeister und jedem anderen Handwerker oder Künstler. Wer nämlich gut baut, wird dadurch ein guter Baumeister, und wer schlecht baut, ein schlechter. [...] Und ganz ebenso ist es mit den Anlässen zur Begierde oder zum Zorn: die einen werden mäßig und sanftmütig, die anderen zügellos und jähzornig, je nachdem sie in solchen Fällen sich so verhalten oder so, mit einem Wort: aus gleichen Tätigkeiten erwächst der gleiche Habitus*. *Daher müssen wir uns Mühe geben, unseren Tätigkeiten einen bestimmten Charakter zu verleihen;* denn je nach diesem Charakter gestaltet sich der Habitus. Und darum ist nicht wenig daran gelegen, ob man gleich von Jugend auf sich so oder so gewöhnt; vielmehr kommt hierauf sehr viel, oder besser gesagt, alles an.

Nikomachische Ethik (350 v. Chr.)

M2 Aristoteles: Das Mittlere tun

Aristoteles unterzieht im Folgenden die zweitbeste Lebensform, das tugendhafte Leben, einer genaueren Untersuchung und entwickelt dabei seine Mesotes-Lehre (von gr. *mesotes:* Mitte).

Betrachten [wir], von welcher Art die Natur der Tugend ist. In allem, was kontinuierlich und was teilbar ist, lässt sich ein Mehr, ein Weniger und ein Gleiches antreffen, und zwar entweder mit Rücksicht auf die Sache selbst oder mit Rücksicht auf uns. Das Gleiche aber ist ein Mittleres *[mesotes]* zwischen Übermaß und Mangel. Mittleres der Sache nach nennen wir dasjenige, was von beiden Enden gleich weit entfernt ist, und dieses ist bei allem eines und dasselbe, dagegen Mittleres für uns, was weder ein Übermaß noch einen Mangel hat, und dieses ist nicht bei allem eines und dasselbe. Wenn z. B. zehn viel sind und zwei wenig, so nimmt man sechs für das der Sache nach Mittlere, weil es um gleich viel mehr und weniger ist. Das ist die Mitte nach dem arithmetischen Verhältnis. Das Mittlere für uns kann dagegen so nicht bestimmt werden. Wenn für jemanden zehn Pfund zu verzehren viel sind und zwei Pfund wenig, so wird der Ringmeister nicht sechs vorschreiben. Denn auch das ist vielleicht für den, der sie zu sich nehmen soll, viel oder wenig, wenig für einen [Ringer wie] Milo, viel für einen Anfänger in den Übungen. Dasselbe gilt für den Wettlauf und Ringkampf. So meidet denn jeder Kundige das Übermaß und den Mangel und sucht und wählt die Mitte, nicht die Mitte der Sache nach, sondern die Mitte für uns. [...]

[Wenn nun jede Wissenschaft und Kunst auf die Mitte zielt, dann gilt das auch für die ethische Tugend. Die Tugend zielt nach der Mitte,] die sittliche oder Charaktertugend wohlverstanden, da sie es mit den Affekten* und Handlungen zu tun hat, bei denen es eben ein Übermaß, einen Mangel und ein Mittleres gibt. [...]

Es gibt also drei Grundhaltungen: zwei fehlerhafte, durch Übermaß und Unzulänglichkeit gekennzeichnet, und eine richtige: die Mitte.

Bei den Affekten der Lust und der Unlust, nicht bei allen jedoch und am wenigsten bei allen Unlustempfindungen, ist die Mitte Mäßigkeit, das Übermaß Zuchtlosigkeit oder Unmäßigkeit. Menschen, die auf dem Gebiete der Lustempfindungen zu wenig tun, gibt es wohl kaum. Darum haben auch sie keinen eigenen Namen erhalten. Wir wollen sie indessen unempfindlich nennen.

In Geldsachen, im Geben wie im Nehmen, ist die Mitte Freigebigkeit, das Übermaß und der Mangel Verschwendung und Geiz, und zwar so, dass beide Fehler beide Extreme aufweisen, jedoch umgekehrt zueinander. Der Verschwender gibt zu viel und nimmt zu wenig; der Geizige dagegen nimmt zu viel und gibt zu wenig. [...]

Auch bei dem Zorn gibt es ein Übermaß, einen Mangel und eine Mitte. Da aber die Sprache fast keinen Namen dafür hat, so wollen wir den Menschen, der die Mitte einhält, sanftmütig und die Mitte entsprechend Sanftmut nennen. Von den Extremen soll der, der das Zuviel hat, zornmütig und sein Fehler Zornmütigkeit heißen, wer das Zuwenig hat, etwa zornlos und das Zuwenig Zornlosigkeit. [...]

Bezüglich der Wahrheit soll, wer die Mitte einnimmt, wahrhaft, und die Mitte Wahrhaftigkeit heißen. Ihre Entstellung nach Seiten des Zuviel heiße Prahlerei, und wem sie eigen ist, prahlerisch, die nach Seiten des Zuwenig Ironie oder verstellte Unwissenheit, die Person ironisch. [...]

Bezüglich der Annehmlichkeit im Verkehr überhaupt heiße, wer sie uns in der rechten Weise bereitet, freundlich und die Mitte Freundlichkeit; wer hier zu viel tut, wird, wenn es ohne Eigennutz geschieht, gefallsüchtig, und wenn es aus Selbstsucht geschieht, schmeichlerisch genannt. Wer endlich hierin zurückbleibt und in allen Stücken widerwärtig ist, wird als streitsüchtig und eigensinnig bezeichnet.

Nikomachische Ethik (350 v. Chr.)

A

1 Stellen Sie dar, wie man Aristoteles zufolge tugendhaft wird. > M1

2 Erklären Sie, was nach Aristoteles eine Tugend ist, und erläutern Sie dies an der Abbildung. > M2

3 Legen Sie ausgehend von der Grafik eine Tabelle an, in der Sie darstellen, inwiefern die weiteren im Text aufgeführten Tugenden als ein Mittleres gelten können. > M2

4 Nehmen Sie anhand aktueller Fallbeispiele Stellung zu der Frage, ob es richtig ist, eine Haltung einzunehmen, die die Mitte zwischen Extremen darstellt. > M2

Gerechte Verhältnisse

M1 Gerechtigkeit und Gleichheit

M2 Aristoteles: Verteilende und ausgleichende Gerechtigkeit

In Bezug auf die *Gerechtigkeit* und *Ungerechtigkeit* ist zu untersuchen, mit was für Handlungen sie es zu tun hat, was für eine Mitte die Gerechtigkeit ist und wovon das Gerechte die Mitte ist. [...]

Von der [...] Gerechtigkeit [...] ist eine Art die, die sich bezieht auf die *Zuerteilung* von Ehre oder Geld oder anderen Gütern, die unter die Staatsangehörigen zur Verteilung gelangen können [...]; eine andere ist die, die den *Verkehr* der Einzelnen untereinander regelt. Die letztere hat zwei Teile. Es gibt nämlich einen freiwilligen Verkehr und einen unfreiwilligen. Zum freiwilligen Verkehr gehören z. B. Kauf, Verkauf, [...]. Zu dem unfreiwilligen Verkehr gehören [...] Diebstahl, Ehebruch [...].

[Zunächst zur Verteilungsgerechtigkeit:] Da [...] der Ungerechte wie das Unrecht die Gleichheit verletzen, so gibt es offenbar auch ein Mittleres zwischen dem Ungleichen. Es ist das Gleiche. [...] Ist demnach das Unrecht ungleich, so ist das Recht gleich, wie übrigens auch jedem ohne Beweis einleuchtet. [...] Gleiches kann sich in nicht weniger Dingen finden als in zweien. Nun muss das Recht [...] eine Beziehung auf bestimmte Personen haben. [...] Somit fordert das Recht mindestens eine Vierheit. Denn es sind zwei Personen, für die es ein Recht gibt, und es sind zwei Sachen, in denen ihnen ihr Recht wird. Und es muss dieselbe Gleichheit bei den Personen, denen ein Recht zusteht, vorhanden sein, wie bei den Sachen, worin es ihnen zusteht: wie die Sachen, so müssen auch die Personen sich verhalten. Sind sie nämlich einander nicht gleich, so dürfen sie nicht Gleiches erhalten. Vielmehr kommen Zank und Streit eben daher, dass entweder Gleiche nicht Gleiches oder nicht Gleiche Gleiches bekommen und genießen. [...] Das Recht ist demnach etwas *Proportionales.* [...] Es verhalte sich also wie Glied a zu b, so Glied c zu d [...]. Eine solche Proportion nennen die Mathematiker eine geometrische. Denn in dem der geometrischen Proposition verhält sich das Ganze zum Ganzen wie das Glied zum Gliede. [...]

Das ist also die eine Art des Rechtes. Die noch übrige ist die *ausgleichende*, die im Verkehr, dem freiwilligen wie dem unfreiwilligen, Anwendung findet. Dieses Recht hat eine andere Form als das erstere. Die das Gemeinsame austeilende Gerechtigkeit verfährt immer nach der angegebenen Proportionalität; wenn z. B. eine Geldverteilung aus öffentlichen Mitteln stattfindet, so muss sie nach dem Verhältnis geschehen, das die Leistungen der Bürger zueinander haben. [...] Dagegen ist das Recht im Verkehr zwar auch ein Gleiches und das Unrecht im Verkehr ein Ungleiches, aber nicht nach Maßgabe der genannten, sondern gemäß der arithmetischen Proportionalität. Es trägt ja nichts aus, ob ein guter Mann einen schlechten beraubt oder ein schlechter einen guten, oder ob ein guter oder ein schlechter Mann einen Ehebruch begeht; vielmehr sieht das Gesetz nur auf den Unterschied des Schadens, und es behandelt die

Personen als gleiche, wenn die eine Unrecht getan, die andere es erlitten, die eine Schaden zugefügt hat, die andere geschädigt worden ist. Daher versucht der Richter dieses Unrecht, welches in der Ungleichheit besteht, auszugleichen. Denn wenn der eine geschlagen worden ist, der andere geschlagen hat, oder auch der eine getötet hat, der andere getötet worden ist, so ist dieses Leiden und jenes Tun in ungleiche Teile geteilt; aber der Richter sucht durch die Strafe einen Ausgleich herbeizuführen, indem er dem Täter seinen Vorteil entzieht. [...] Der Richter stellt die Gleichheit her und macht es, wie wenn er eine in ungleiche Teile geteilte Linie vor sich hätte, von deren größerem Teil er das Stück, um welches derselbe größer ist als die Hälfte, wegnähme und zu dem kleineren Teil hinzutäte. Wenn aber das Ganze in zwei Teile geteilt ist, so sagt man: „Jeder hat seinen Teil", wenn sie Gleiches bekommen haben. [...]

In jedem auf Gegenseitigkeit beruhenden Verkehr [...] [ist Gerechtigkeit] eine Wiedervergeltung nach Maßgabe der Proportionalität, nicht nach Maßgabe der Gleichheit. [...] [Beispielsweise muss der Baumeister] vom Schuster dessen Arbeit bekommen und selbst ihm die seinige dafür zukommen lassen. Denn nichts hindert, dass die Leistung des einen wertvoller sei als die des anderen, und folglich muss hier ein Ausgleich geschafft werden. Dasselbe Verhältnis findet sich bei den anderen Künsten und Handwerken. Es wäre um sie geschehen, wenn der Werkmeister nicht tätig ein Produkt schüfe, das sich quantitativ und qualitativ bewerten ließe, und [...] dafür sowohl quantitativ als qualitativ entsprechend ausgelohnt würde. [...] Daher muss alles, was untereinander ausgetauscht wird, gewissermaßen quantitativ vergleichbar sein, und dazu ist nun das Geld bestimmt, das sozusagen zu einer Mitte wird. Denn das Geld misst alles und demnach auch den Überschuss und den Mangel; es dient also z. B. zur Berechnung, wie viel Schuhe einem Haus oder einem gewissen Maß von Lebensmitteln gleichkommen. [...] Daher muss alles seinen Preis haben; denn so wird immer Austausch und somit Verkehrsgemeinschaft sein können. Das Geld macht also wie ein Maß alle Dinge kommensurabel und stellt dadurch eine Gleichheit unter ihnen her. *Nikomachische Ethik (350 v. Chr.)*

M3 Grundformen von Gerechtigkeit

H

Aristoteles unterscheidet zwischen austeilender und ausgleichender Gerechtigkeit, unterteilt nach Tauschgerechtigkeit und korrigierender Gerechtigkeit.

Die austeilende Gerechtigkeit (später *iustitia distributiva* genannt) betrifft die Verteilung eines Gutes an verschiedene Personen. Hierbei ist es gerecht, wenn Gleiche Gleiches erhalten, aber Ungleiche Ungleiches. Beispielsweise werden Erwachsenen entsprechend ihrer Körpergröße und ihres Nahrungsbedarfs größere Essensportionen zugeteilt, Kindern kleinere. Oder Personen, die eine größere Leistung erbracht haben, erhalten einen höheren Lohn als andere, die weniger geleistet haben. Dies entspricht einer geometrischen Proposition (a : b = c : d).

Die ausgleichende Gerechtigkeit (später *iustitia commutativa* genannt) bezieht sich einerseits darauf, dass Produkte getauscht werden, nämlich im proportionalen Verhältnis zu ihrem Wert: Ein Haus z. B. hat einen ungleich höheren Wert als ein Paar Schuhe. Ein Kaufvertrag ist dann gerecht, wenn der Verkäufer für seine Ware vom Käufer den entsprechenden Gegenwert in Geld erhält. Die zweite Form der ausgleichenden Gerechtigkeit ist die korrigierende richterliche Gerechtigkeit (später *iustitia correctiva* genannt). Ein Richter gleicht z. B. den Vorteil, den sich jemand durch Diebstahl verschafft hat, dadurch aus, dass er den Dieb bestraft.

Autorenbeitrag

A

1 Erläutern Sie, inwiefern „Gerechtigkeit" und „Gleichheit" Thema der Karikatur sind. > M1

2 Erklären Sie die unterschiedlichen Formen der Gerechtigkeit nach Aristoteles und erläutern Sie sie durch Beispiele. > M2/M3

3 Erörtern Sie, ob Aristoteles' Auffassung von Gerechtigkeit heute noch von Bedeutung ist. > M1–M3

Hinweis:
Das Thema *Verteilungsgerechtigkeit* wird im Kapitel *Gerechtigkeit und Recht* (s. S. 314ff.) wieder aufgenommen und anhand aktueller ethischer Positionen vertieft.

Vorzüge des Verstandes

M1 Was der Mensch alles kann

M2 Aristoteles: Die Verstandestugenden

Als wir die Tugenden der Seele einteilten, haben wir gesagt, sie seien teils sittliche oder Charaktertugenden, teils Verstandestugenden. Nachdem wir also die sittlichen Tugenden durchgegangen sind, wollen wir die anderen [...] erklären [...].

Der Dinge, durch die die Seele, bejahend oder verneinend, (immer) die Wahrheit trifft, sollen fünf an der Zahl sein; es sind *Kunst [techne], Wissenschaft [episteme], Klugheit [phronesis], Weisheit [sophia]* und *Verstand [nous]*. Vermutung und Meinung können auch Falsches zum Inhalt haben (und scheiden darum hier aus).

Wissenschaft

Was die *Wissenschaft* sei, erhellt [...] aus Folgendem. Wir alle halten dafür, dass das, was man weiß, sich nicht anders verhalten kann; was sich aber anders verhalten kann, von dem weiß man, sobald man es nicht mehr vor Augen hat, nicht, ob es noch ist oder nicht. Mithin ist, was Gegenstand des Wissens ist, aus Notwendigkeit. Mithin ist es ewig; denn alles, was schlechthin aus Notwendigkeit ist, ist ewig, das Ewige aber ist ungeworden und unvergänglich. [...] Auch scheint jede Wissenschaft lehrbar und jeder Wissensgegenstand lernbar zu sein. [...] Die Wissenschaft ist also ein Habitus des Demonstrierens [...]. Wo nämlich eine bestimmte Überzeugung ist, und man die Prinzipien kennt, da ist Wissenschaft. [Würde] [...] man dieselben nicht vollkommener [kennen] als den Schlusssatz, so hätte man das Wissen nur zufällig.

Verstand

Da die Wissenschaft Erfassung und Beurteilung des Allgemeinen und Notwendigen ist, und es Prinzipien oder oberste und letzte Gründe jedes Beweisbaren und jedes Wissens gibt – denn das Wissen verlangt Gründe –, so wird unmittelbar mit dem Prinzip des Gewussten selbst keine Wissenschaft zu tun haben [...]. [S]o bleibt allein übrig, dass dieses dem *Intellekt*, dem *Verstand*, zukommt. [...]

Weisheit

[D]ie Weisheit [ist] die vollkommenste Wissenschaft. Mithin muss der Weise nicht bloß die Folgerungen aus den Prinzipien wissen, sondern auch bezüglich der Prinzipien die Wahrheit erkennen. Demnach wäre also die Weisheit Verstand und Wissenschaft, eine Wissenschaft, die, gleichsam als Haupt über die anderen gestellt, die allerwürdigsten Objekte umfasst. [...]

Kunst

Was sich anders verhalten kann, ist teils Gegenstand des *Hervorbringens [poiesis]*, teils Gegenstand des *Handelns [praxis]*. Denn Hervorbringen und Handeln sind voneinander verschieden [...]. [Nun ist] zum Beispiel das Vermögen zu bauen eine Kunst und ein mit Vernunft verbundener Habitus des Hervorbringens [...]. Gegenstand jeder Kunst ist das Entstehen, das regelrechte Herstellen und die Überlegung, wie etwas, was sowohl sein als nicht sein kann [...], zustande kommen mag.

Klugheit

Was ferner die *Klugheit* sei, können wir daraus lernen, dass wir zusehen, welche Menschen wir klug nennen. Ein kluger Mann scheint sich also darin zu zeigen, dass er wohl zu überlegen weiß, was ihm gut und nützlich ist, nicht in einer einzelnen Hinsicht, z. B. in Bezug auf Gesundheit und Kraft, sondern in Bezug auf das, was das menschliche Leben gut und glücklich macht. [...] [D]ie Klugheit [ist] weder Wissenschaft noch Kunst [...], nicht Wissenschaft, weil das Objekt der Handlung sich anders verhalten kann, nicht Kunst, weil Handlung und Hervorbringung [...] voneinander verschieden sind. Mithin bleibt nur übrig, dass sie ein untrüglicher Habitus vernünftigen Handelns ist in Dingen, die für den Menschen Güter und Übel sind. Das Hervorbringen hat nämlich einen anderen Zweck als die Tätigkeit selbst, das Handeln dagegen nicht, da hier das gute Handeln selbst oder auch das gute Befinden den Zweck ausmacht. [...]
Auch geht die Klugheit nicht bloß auf das Allgemeine, sondern auch auf die Erkenntnis des Einzelnen. Denn sie hat es mit dem Handeln zu tun, das Handeln aber bezieht sich auf das Einzelne und Konkrete. Daher sind auch manche, die keine Wissenschaft haben, praktischer oder zum Handeln geschickter als andere mit ihrem Wissen; besonders sind dies die Leute mit viel Erfahrung. Denn wenn z. B. jemand wüsste, dass leichtes Fleisch gut verdaulich und gesund ist, ohne aber zu wissen, welches Fleisch leicht ist, so würde er damit keinen gesund machen, wohl aber wird es derjenige vermögen, der weiß, dass Geflügelfleisch leicht und gesund ist. [...]

Man könnte aber betreffs ihrer [der Weisheit und der Klugheit] fragen, zu was sie nütze sind. [...]. Die Klugheit – [...] wozu bedarf es ihrer?
Sie lehrt uns [...] das Gerechte, sittlich Gute und dem Menschen Ersprießliche – das heißt eben das, was der tugendhafte Mann zu tun hat [...].
Sodann bringen sie aber auch wirklich etwas hervor [...]. Denn als Teil der ganzen Tugend macht sie durch ihren Besitz und ihre Tätigkeit glücklich.
Ferner kommen die menschlichen Handlungen unter dem maßgebenden Einfluss der Klugheit und der sittlichen Tugend zustande. Die Tugend macht, dass man sich das rechte Ziel setzt, die Klugheit, dass man die rechten Mittel dazu wählt. [...] So erhellt denn aus dem Gesagten, dass man nicht im eigentlichen Sinne tugendhaft sein kann ohne Klugheit, noch klug ohne die sittliche Tugend. [...] [Man bedarf der Klugheit], weil die Willenswahl ohne Klugheit und ohne Tugend nicht recht geraten kann.

Nikomachische Ethik (350 v. Chr.)

Ethische und dianoetische Tugenden

Aristoteles unterscheidet zwischen ethischen Tugenden, d. h. Vortrefflichkeiten des Charakters (z. B. Wahrhaftigkeit, Freundlichkeit, Gerechtigkeit) und dianoetischen Tugenden, d. h. Vorzügen des Verstandes (Wissenschaft, Verstand, Weisheit, Kunst und Klugheit). Klugheit *(phronesis)* ist nötig, um in Bezug auf die ethischen Tugenden jeweils die richtige Mitte *(mesotes)* zu bestimmen und die richtigen Mittel für ihre Verwirklichung zu wählen.

A

1. Überlegen Sie, welche Art von Können erforderlich ist, um die dargestellten Tätigkeiten auszuführen. Welche weiteren intellektuellen Vermögen sind Ihnen bekannt? > M1
2. Erklären Sie, wie sich die einzelnen dianoetischen Tugenden unterscheiden. Gehen Sie dabei auf den Unterschied zwischen Hervorbringen *(poiesis)* und Handeln *(praxis)* ein. > M2 H
3. Stellen Sie dar, wie sich Charaktertugenden und Klugheit nach Aristoteles ergänzen, und erläutern Sie dies an Beispielen. > M2

Kein Handeln ohne Urteilskraft

M1 Handlungen abwägen

Um beurteilen und entscheiden zu können, welche Handlung in welcher konkreten Situation die moralisch richtige Handlung ist, brauchen wir *phronesis*: So macht es einen Unterschied, ob ich nachmittags in der vollbesetzten S-Bahn sehe, wie zwei Jugendliche aus meiner Klasse aneinander geraten, und mich dafür entscheide, dazwischen zu gehen und zu versuchen, die Gemüter zu beruhigen; oder ob ich mitten in der Nacht auf meinem Heimweg an einem dunklen Innenhof vorbeikomme, bemerke, dass eine Gruppe von mehreren Skinheads kurz davor ist, ein türkisches Mädchen zu verprügeln, und mich entschließe, sofort die Polizei per Handy zu verständigen und außerdem mehrere Klingeln am Hauseingang zu betätigen. Würde ich in Situation 2 Handlung 1 wählen, könnte man mir zu Recht Leichtsinnigkeit oder „Tollkühnheit" vorwerfen. Würde ich mich in Situation 1 für Handlung 2 entscheiden, könnte man mir Feigheit und Überreaktion vorwerfen. Nur der mit *phronesis* ausgestattete Mensch kann eine Situation analysieren und dann mögliche Handlungsalternativen gegeneinander abwägen. *Autorenbeitrag*

M2 Martha Nussbaum: Sensibilität für die realen Bedingungen des Lebens

Martha Nussbaum (s. S. 322ff.) stellt dar, welche Bedeutung der aristotelische Ansatz in der Entwicklungshilfearbeit hat.

[W]as am Werk des Aristoteles so besticht, das ist die Verbindung von Exaktheit und Konkretheit, von theoretischer Stärke und Sensibilität für die realen Bedingungen menschlichen Lebens und Entscheidens in ihrer ganzen Mannigfaltigkeit und Veränderbarkeit. [...]

[D]ie Entscheidungen, welche die [...] tugendhafte Person trifft, sind immer an den lokalen Besonderheiten ihres konkreten Kontextes ausgerichtet. [...] [N]ur wenn wir in gebührender Weise auf die Komplexitäten des Kontextes reagieren und ihn als die historische Situation sehen, die er ist, können wir hoffen, die richtige Entscheidung zu treffen. Sonst ist es durchaus möglich, dass der Appell an plausible allgemeine Werte, wie gut gemeint er auch sein mag, nichts Gutes bewirkt und die Dinge noch verschlimmert. [...]

Ein Beispiel aus der Entwicklungshilfearbeit soll dies [...] verdeutlichen. In dem Buch *A Quiet Revolution*, [...] beschreibt Martha Chen die Bemühungen einer von der Regierung eingesetzten Gruppe von Entwicklungshelfern des Bangladesh Rural Advancement Committee, die Alphabetisierungsquote der Frauen in bestimmten ländlichen Gebieten zu erhöhen. Dem Projekt lag die Überzeugung zugrunde, dass Lesen und Schreiben wichtig sind, wenn diese Frauen in die Lage versetzt werden sollen, ihr Leben zu verbessern. Es wurde in engem Zusammenhang mit anderen wesentlichen Werten wie wirtschaftliche Entwicklung, Selbständigkeit und Selbstachtung gesehen. Die Überzeugung stammte nicht aus den lokalen Traditionen der Dörfer, in denen die Frauen wenig Selbständigkeit besaßen und nie eine Ausbildung erhielten; sie ergab sich aus den Erfahrungen und Überlegungen der Entwicklungshelfer, die selbst aus vielen verschiedenen Milieus und aus zwei Nationen kamen (Chen war eine Amerikanerin, die in Sanskrit promoviert hatte). Die Gruppe war nicht mit den Lebensbedingungen der Frauen auf dem Land vertraut und hatte daher, wie Chen sagt, für die Arbeit mit ihnen „keine speziellen Konzepte oder Strategien". In der ersten Phase des Programms gingen die Entwicklungshelfer also mit ihren Ideen von der Wichtigkeit des Lesens und Schreibens direkt in die Dörfer, boten Unterrichtsmaterial aus einem anderen Entwicklungsprogramm an und versuchten, die Frauen zu motivieren, sich mit diesem Material zu befassen. [...] [I]n dieser ersten Phase [war es] für sie unmöglich, Erfolge zu erzielen. Die Frauen fanden das Unterrichtsmaterial langweilig und für ihr Leben unwichtig. Sie sahen nicht ein, dass Lesen und Schreiben ihnen helfen würde; sie wehrten sich auch gegen die begleitende berufliche Ausbildung, da diese das Schwergewicht auf Fertigkeiten legte, die in diesem Gebiet nur wenig gefragt waren. Also musste die Gruppe ihre Vorgehensweise überdenken. […] [Sie erkannten], dass sie den Lebensumständen und Gedanken der beteiligten Frauen viel mehr Aufmerksamkeit würden schenken müssen […]. Sie ersetzten die alte Methode durch eine Methode, die stärker auf Partizipation ausgerichtet war: Örtliche Gruppen, mit denen man zusammenarbeitete, brachten die Entwicklungshelfer mit den Frauen zusammen, deren Erfahrungen und Lebensgefühl als aufschlussreich betrachtet wurden. Dieses Konzept führte insofern zu einem komplexeren Verständnis der Situation, als die Entwicklungshelfer die Verhältnisse, in denen die Frauen leben und arbeiten mussten, sowie die spezifischen Dimensionen ihrer Armut und Zwänge verstanden, und die Frauen die alternativen Möglichkeiten erkannten und anfingen, sich bestimmte Veränderungen vorzustellen. Das Ergebnis war eine langsame und vielschichtige Veränderung der Rolle der Frauen in den Dörfern, die noch nicht abgeschlossen ist. Eine Journalistin, die die Dörfer besuchte, schrieb einige Jahre später: „Ich sah die Keime einer lautlosen Revolution, die im Leben der Frauen in den Dörfern begonnen hatte. In dem Begegnungszentrum, das BRAC gebaut hat, lernen die Ehefrauen, die Jungen und die Alten lesen und schreiben. Da sie selbst keine Geschäfte führen dürfen, können sie jetzt wenigstens die Buchführung machen ... In einem Fischerdorf betreiben die Frauen sogar eine Art Bank: Sie haben über 2000 Dollar gespart und sie ihren Männern für den Kauf besserer Geräte geliehen. […] Etwa 50 Dörfer eines jeden Gebietes haben aufstrebende Frauengenossenschaften, die in neue Pumpen oder Saatgut investieren und ihren Mitgliedern Respekt verschaffen."

So arbeitet der aristotelische Ansatz: Er ist einem allgemeinen (und offenen) Bild vom menschlichen Leben, seinen Bedürfnissen und Möglichkeiten verpflichtet, lässt sich aber in jeder Phase auf die konkreten historischen und kulturellen Bedingungen ein.

Alphabetisierungskurs des christlichen Hilfswerks Open Doors in Bangladesch

[…] Wären die Entwicklungshelfer diesen Frauen so begegnet, als hätten sie es mit fremdartigen Wesen zu tun, deren Lebens- und Denkweise nicht mit anderen verglichen und nicht unter dem Aspekt des menschlichen Guten gesehen werden kann, hätte es keine Veränderung gegeben. Und der Bericht überzeugt den Leser davon, dass diese Veränderungen gut waren. Andererseits bewirkte das allgemeine Reden von Ausbildung und Selbstachtung solange nichts, wie es sich nicht aus einer konkreten historischen Realität heraus entwickelte. Das Eintauchen in die fremde Kultur ermöglichte die menschlich richtige Entscheidung.

Nicht-relativeTugenden (1998)

A

1 Erläutern Sie, welche Rolle der Urteilskraft *(phronesis)* in den dargestellten Entscheidungssituationen zukommt. > M1

2 Erklären Sie anhand von Nussbaums Beispiel den Vorzug der aristotelischen Ethik gegenüber einer Ethik, die auf Regeln basiert. > M2

3 Finden Sie weitere Beispiele für die Bedeutung der aristotelischen Ethik in der heutigen Zeit. > M2

Hinweis:

Martha Nussbaums – auf Aristoteles zurückgehender – ethischer Ansatz wird im Kapitel *Gerechtigkeit und Recht* mit der Theorie der Grundfähigkeiten des Menschen weitergeführt und vertieft (s. S. 324f.).

Unterschiedliche Wege zum guten Leben

METHODENKOMPETENZ: Einen moralphilosophischen Sachzusammenhang in Form eines (fiktiven) Briefes darstellen und beurteilen

Eine Möglichkeit, einen moralphilosophischen Sachzusammenhang in gestaltender Form darzustellen und zu beurteilen, besteht darin, einen (fiktiven) Brief an einen Philosophen zu verfassen.
Es bieten sich zwei Vorgehensweisen an:

1. Darstellung ausgehend von einer Beurteilung

- Teilen Sie dem Philosophen mit, wie Sie seine Position beurteilen. Dabei können Sie die Theorie insgesamt oder einzelne Aspekte daraus befürworten, während sie andere ablehnen.
- Stellen Sie die jeweiligen moralphilosophischen Sachzusammenhänge dar und zeigen Sie im Einzelnen auf, warum Sie diese positiv oder negativ bewerten. Ihre Begründung muss immer unter Bezug auf die von dem Philosophen formulierten gedanklichen Schritte oder Argumente vorgenommen werden.
- Beenden Sie Ihren Brief mit einem kurzen Resümee.

2. Darstellung mit anschließender Beurteilung

- Teilen Sie dem Philosophen mit, wie Sie seine Theorie verstanden haben, indem Sie den von ihm entwickelten gedanklichen Zusammenhang rekonstruieren.
- Stellen Sie anschließend dar, wie Sie seine Position beurteilen. Dabei können Sie diese entweder insgesamt positiv oder negativ bewerten oder Teile seiner Lehre befürworten, während Sie andere ablehnen. Achten Sie darauf, dass Ihre Beurteilung durch Argumente gestützt wird.
- Beenden Sie Ihren Brief mit einem kurzen Resümee.

M1 Darstellung und Beurteilung der aristotelischen Ethik

Aufgabenstellung:

Schreiben Sie einen Brief an Aristoteles, in dem Sie seine eudämonistische Theorie sowie seine Tugendlehre darstellen und beurteilen.

Lieber Aristoteles,

Gesamturteil

ich habe mich in der letzten Zeit intensiv mit Ihrer Lehre vom Eudämonismus auseinandergesetzt, der ich im Wesentlichen zustimmen kann.

positive Beurteilung von Teilaspekt 1: Begründung auf der Basis der Darstellung des philosophischen Sachzusammenhangs

Besonders den ersten Teil Ihrer Untersuchung, in dem Sie bestimmen, was unter dem höchsten Ziel zu verstehen ist, kann ich gut nachvollziehen: Sie zeigen, dass jede Kunst, Lehre oder Handlung nach einem Gut strebt, d. h. man möchte ein Ziel damit verfolgen. Wenn ich z. B. mein Abitur mache, möchte ich unter anderem meinen Berufswunsch verwirklichen können. Dies möchte ich schon allein deshalb, um in einem gewissen Wohlstand leben zu können. Diese Kette könnte ich unendlich fortführen, wenn es nicht am Ende ein höchstes Ziel gäbe, das nur um seiner selbst willen erstrebt wird – und dies ist die Glückseligkeit.

positive Beurteilung von Teilaspekt 2: Begründung auf der Basis der Darstellung des philosophischen Sachzusammenhangs

Auch der zweite Teil Ihrer Argumentation, der die Begründung der besten und zweitbesten Lebensform umfasst, erscheint mir plausibel: Sie unterscheiden zunächst drei verschiedene Lebensformen, 1. das Leben nach dem Genuss, 2. die Lebensform des Polis-Bürgers und 3. das theoretische bzw. philosophische Leben. Dabei stellen Sie heraus, dass die erste Lebensart von den „grobschlächtigen Naturen", bevorzugt wird, weil es ihnen genügt, ein „animalisches Dasein" der reinen Bedürfnisbefriedigung zu fristen. Denjenigen, die die zweite, edlere Lebensart bevorzugen, geht es in ihrem Handeln letztlich nicht um den Staat an sich, sondern nur um die eigene Ehre und den eigenen Ruhm.

Der Mensch wird Ihrer Theorie nach aber nur dann glücklich, wenn er seinem spezifischen Wesen, der Vernunft, entspricht. Daher besteht die höchste Form der Glückseligkeit in der Einsicht, in der Theorie, wie sie im Philosophieren gegeben ist. Sie allein stellt einen Selbstzweck dar. Vollkommene Einsicht – so betonen Sie ausdrücklich – kann der Mensch allerdings nicht erreichen, weil sie etwas Göttliches ist. Er kann nach diesem Besten nur streben. Ansonsten sollte er den zweitbesten Weg zur Glückseligkeit beschreiten, der in der Ausübung der ethischen Tugenden besteht.

Den dritten Teil Ihrer Ausführungen, Ihre Bestimmung von Tugend, halte ich im Gegensatz zu den beiden ersten teilweise für problematisch: Sie definieren die Tugend als die Mitte zwischen zwei Extremen, wobei das eine Extrem ein Zuviel, das andere ein Zuwenig in Bezug auf das Mittlere darstellt. So ist beispielsweise die Großzügigkeit die Mitte zwischen Verschwendung (Extrem des Zuviels) und Geiz (Extrem des Zuwenigs). So weit, so gut! Aber es ist nicht immer leicht, diese Mitte genau zu bestimmen, z. B. bei der Frage, was in einer konkreten Situation gerecht ist. Dazu bedarf es eines hohen Maßes an Klugheit und Urteilskraft, über die aber nicht alle Menschen verfügen. Für viele wäre es aus meiner Sicht einfacher, wenn sie klare Regeln hätten, nach denen sie ihr Handeln ausrichten könnten.

negative Beurteilung von Teilaspekt 3: Begründung auf der Basis eines Gegenbeispiels

Um meine Gedanken zusammenzufassen: Ihre Theorie von der Eudaimonia erscheint mir sehr plausibel, während ich Ihre Lehre vom Mittleren als Maßstab des Handelns aus den genannten Gründen nur für bedingt geeignet halte.

Resümee

Herzliche Grüße, Ihr …

M2 Darstellung und Beurteilung der platonischen bzw. stoischen Ethik

Aufgabenstellung 1:

Schreiben Sie einen Brief an Platon, in dem Sie seine Auffassung vom tugendhaften Leben darstellen und beurteilen. (Materialgrundlage: S. 115-117)

Aufgabenstellung 2:

Schreiben Sie einen Brief an Seneca, in dem Sie seine Auffassung vom glücklichen Leben darstellen und beurteilen. (Materialgrundlage: S. 132f.)

Lieber Platon (Seneca),

ich habe mich in der letzten Zeit ausführlich mit Ihrer Lehre vom tugendhaften (glücklichen) Leben auseinandergesetzt. …

1. Darstellung ausgehend von einer Beurteilung oder 2. Darstellung mit anschließender Beurteilung

Herzliche Grüße, Ihr …

ANWENDUNG

A

1 Vollziehen Sie nach, wie Vorgehensweise 1 im Brief an Aristoteles umgesetzt ist. > M1

2 Verfassen Sie einen Brief an Platon bzw. Seneca, indem Sie die Vorgehensweise 1 oder 2 wählen.

3 Vergleichen Sie – auf Grundlage der Darstellungen in den Briefen (M1 sowie verschiedene Ergebnisse zu A2) – die ethischen Positionen von Aristoteles, Platon und Seneca miteinander. Tauschen Sie sich im Kurs darüber aus, welche Ihrer eigenen Auffassung von einem guten Leben warum am nächsten kommt. > M1/M2

Freiheit und Seelenruhe

M1 Auf der Suche nach Gelassenheit

M2 Seneca: Vom glücklichen Leben

Der römische Philosoph Seneca (ca. 1–65 n. Chr.) stellt seine Ethik in einem Brief an seinen Bruder Gallio dar. Seneca war einer der bekanntesten Vertreter der Stoa, einer Philosophenschule, die um 300 v. Chr. in Athen begründet wurde. Ihr Name leitet sich vom Gebäude, der Säulenhalle (gr. *stoa*) ab, in der die ersten Stoiker lehrten.

Lieber Bruder Gallio!

Glücklich leben wollen alle, aber was ein glückliches Leben ausmacht, darüber besteht keine Klarheit. Es ist nicht so leicht, ein glückliches Leben zu erreichen: Wenn jemand vom Weg abgekommen ist, entfernt er sich umso weiter von seinem Ziel, je lascher er eilt; ist man aber auf dem entgegengesetzten Weg, so ist eben jene Schnelligkeit die Ursache der wachsenden Entfernung. Deshalb muss man sich als Erstes Klarheit verschaffen darüber, welches Ziel man eigentlich erstrebt, sodann, wie man am schnellsten dorthin kommt. Ist man erst einmal auf dem rechten Weg, wird man sehen, wie viel man davon täglich zurückgelegt hat und wie weit das Ziel noch entfernt ist, zu dem ein natürliches Verlangen führt. Solange wir aber ohne Orientierung umhertreiben, uns von verworrenen Stimmen hierhin und dorthin ziehen lassen, wird unser Leben ein fortwährender Irrtum sein, auch wenn wir uns Tag und Nacht um eine richtige Ansicht von den Dingen bemühen. [...]

Es verhält sich eben bei dieser Art von Reise nicht so wie bei normalen Reisen: Bei diesen schützt uns ein Pfad oder ein Einheimischer vor dem Verirren, bei unserer Reise täuscht gerade am meisten der Weg, der viel begangen wird. Deshalb haben wir auf nichts mehr zu achten als darauf, dass wir nicht wie das Vieh der Herde nachtrotten, also nicht den Weg aller gehen, sondern den, den wir gehen müssen.

Nichts bringt uns in größere Übel, als wenn wir uns nach dem Gerede der Leute richten, indem wir das für das Beste halten, was allgemein als das Richtige angesehen wird, und nicht nach der Vernunft, sondern nach dem Vorbild anderer leben. [...]

Wie bei einem großen Menschengedränge niemand fällt, ohne einen anderen mitzureißen und so die Ersten über die Nachfolgenden Verderben bringen, so ist es auch im Leben: Niemand irrt für sich allein, sondern er ist auch Grund und Urheber des Irrtums anderer. Es bringt Schaden, andere nachzuahmen und solange ein jeder lieber glaubt als nachdenkt, wird nie über das Leben nachgedacht. Immer glaubt man nur den anderen, und ein fortgesetzter Irrtum und das Vorbild anderer treiben uns ins Verderben. [...]

Inzwischen halte ich mich – worin alle Stoiker einig sind – an die Natur: Von ihr nicht abzuirren und sich nach ihrem Gesetz und Beispiel zu bilden – das ist Weisheit. Glückselig ist also ein Leben, welches mit seiner Natur im Einklang steht. Dieser Zustand aber ist nur dann erreichbar, wenn die Seele gesund ist und bleibt, wenn sie kräftig, entschlossen und aufs Schönste geduldig ist, sich den Zeitumständen fügt, sich um den Körper und um alles, was damit zusammenhängt, kümmert, ohne Ängstlichkeit, wenn sie

aufmerksam ist allem gegenüber, was zum Leben gehört, ohne irgendetwas Einzelnes zu überschätzen, bereit, die Gaben des Schicksals zu nutzen, nicht aber, ihnen sklavisch ausgeliefert zu sein.
Du siehst ein, auch wenn ich es nicht besonders betone, dass daraus eine beständige Gemütsruhe [ataraxia] und Freiheit folgen muss, da alles verbannt ist, was uns reizt oder abschreckt. Denn an die Stelle der sinnlichen Genüsse und all dessen, was kleinlich, hinfällig und in seiner Gemeinheit schädlich ist, tritt eine unendlich große, unerschütterliche und sich gleichbleibende Freude, dazu kommen Friede und Harmonie der Seele [...].
Der Begriff des höchsten Gutes lässt sich aber auch noch anders bestimmen. [...] Man kann den Begriff auch so bestimmen, dass man den Menschen glücklich nennt, für den es kein Gut und kein Übel gibt als allein eine gute oder schlechte Seele, der das Edle pflegt, der über seine Tugend hinaus nichts begehrt, den Zufälliges weder erhebt noch niederschlägt. Ein solcher kennt kein höheres Gut als das, das er sich selbst geben kann, und Lust bereitet es ihm, die Lust gering zu schätzen. [...]
Du siehst aber, in welch eine schlimme und schädliche Knechtschaft jemand geraten würde, den Sinnenlust und Schmerz, die zuverlässigsten und zügellosesten Herren, abwechselnd in ihrem Besitz hätten. Daher muss man sich zur Freiheit durchringen; diese erreicht man aber durch nichts anderes als durch Gleichgültigkeit gegenüber dem Schicksal. Daraus erwächst jenes unschätzbare Gut, jene Ruhe und Erhabenheit der Seele, die sicher gegründet ist, und, nachdem alle Schrecken vertrieben sind, eine hohe und ungestörte Freude, die aus der Erkenntnis der Wahrheit entspringt, und außerdem eine unerschütterliche Freundlichkeit und Heiterkeit des Herzens. Daran wird sich die Seele erfreuen, nicht wie an zufälligen Gütern, sondern wie an Früchten, die aus dem eigenen Gut entstanden sind.
Weil ich nun schon einmal angefangen habe, freigebig mit Begriffsbestimmungen zu sein: Glücklich kann auch der genannt werden, der, geleitet von der Vernunft, nichts mehr begehrt und nichts mehr fürchtet.

Vom glücklichen Leben (ca. 58 n. Chr.)

M3 Wolfgang Weinkauf: Die stoische Ethik

H

Die stoische Vorstellung von Glück ist [...] antihedonistisch. [...] Denn Hedone (Lust, Vergnügen, Sinnenfreude) wird als Affekt verstanden, als „vernunftwidrige Erhebung der Seele“, die gegen den Logos gerichtet ist. Nur der Mensch kann glücklich werden, der sein Leben nach den Forderungen des Logos ausrichtet. [...] Glück [besteht für die Stoiker] nicht in der Erfüllung von Gefühlen und in der Befriedigung der Leidenschaften [...], denn beide sind [...] nur Irrtümer der menschlichen Seele. Glück bedeutet vielmehr Einheit mit der kosmischen und menschlichen Ordnung. Der Mensch ist also glücklich, wenn er im „Einklang mit der Natur“ und ihren Gesetzen lebt. Dabei ergibt sich das Problem, wie dieser Einklang herzustellen ist, wenn vom Menschen doch gleichzeitig eine Überwindung seines naturhaften Verlangens, seiner Triebbefriedigung also, gefordert wird. Natur scheint gegen Natur zu stehen. Zwei Lösungswege bieten sich an: Die alte Stoa dringt auf eine Überwindung der Affekte im Sinne der Apatheia. [...]. Damit nehmen die alten Stoiker im Grunde zwei Naturen bzw. zwei Ebenen einer Natur an, die Ebene des Physischen und die des Logos. Bleibt der Mensch auf der ersten Stufe stehen, führt er die Existenz des Toren, verwirklicht also nicht, wozu die Natur ihn befähigt hat. Erreicht er die höhere Stufe, ist er ein Weiser. [...] Die mittlere Stoa und auch der Pragmatiker Seneca akzeptieren die Affekte als zum Menschen gehörig, lehnen aber jede Fixierung auf die Welt der Affekte ab. Sie fordern [...] als Lebensideal [...] [einen] Zustand der Ataraxia, der Gemütsruhe. Dieser Begriff zielt nicht auf die Leugnung oder Abtötung, sondern auf Beherrschung der Affekte durch den autonomen Menschen.

Die Stoa (1994)

A

1 Erklären Sie den Witz der Karikatur, indem Sie die dargestellten Widersprüche benennen. > M1

2 Stellen Sie die Ethik Senecas dar, indem Sie den Zusammenhang von Glück, Natur, Vernunft, Freiheit und Sinnenlust erklären. > M2/M3

3 Vergleichen Sie Senecas Auffassung vom glückseligen Leben mit der des Aristoteles. (s. S. 118ff.) > M2/M3

Unabhängigkeit von Leidenschaften

M1 Epiktet: Das Handbüchlein der Moral

Epiktet (50–135 n. Chr.) gelangte als Sklave nach Rom, wo er Bekanntschaft mit der stoischen Lehre schloss. Nach seiner Freilassung gründete er eine Philosophenschule. Seine Lehrgespräche sind uns durch die Aufzeichnungen seines Schülers Arrian bekannt.

Die einen Dinge liegen in unserer Macht, die anderen nicht. In unserer Macht liegen Vorstellung, Trieb, Begierde, Abneigung, mit einem Wort: alles, was Produkt unseres Willens ist, worüber wir also verfügen. Nicht in unserer Macht stehen unser Körper, Vermögen, Ansehen, öffentliche Ämter. Was in unserer Macht steht, ist seiner Natur nach frei, kann nicht verboten oder verhindert werden; die anderen Dinge sind für uns nicht frei, sie können uns verwehrt werden, sie sind abhängig, denn sie liegen im Machtbereich eines anderen.

Deshalb bedenke, hältst du das Unfreie für frei und das Fremde für dein verfügbares Eigentum, dann wirst du viel Kummer haben und in deinem Leid mit Gott und Menschen im Streit liegen. Hältst du dagegen nur das für dein Eigentum, was wirklich in deiner Macht steht und dir eigen ist, und betrachtest du das Fremde als fremd, so wird dich niemand zu etwas zwingen oder von etwas abhängig machen können. Du wirst mit niemandem hadern, wirst keinen Feind haben und nichts Schlimmes wird dir begegnen. [...]

Bemühe dich also, jeder widrigen Vorstellung sofort entgegenzuhalten: „Du bist nur eine Vorstellung und nichts Wirkliches.“ Dann prüfe und beurteile sie nach den Regeln, die du erkannt hast, vor allem nach der ersten Regel, indem du nämlich fragst, ob die besagte Vorstellung sich auf die Dinge bezieht, die in deiner Macht liegen oder nicht. Wenn sie aber etwas von dem betrifft, was nicht in deiner Macht steht, so sprich: „Das geht mich nichts an.“

Bedenke, die Begierde verspricht, dass wir das erlangen, was wir begehren, die Abneigung hingegen verheißt, dass uns nicht widerfährt, was wir verabscheuen. Wer nun nicht erlangt, was er begehrt, ist unglücklich, noch unglücklicher aber ist der, dem widerfährt, was er gern vermeiden möchte. Wenn du nur zu vermeiden suchst, was dem richtigen Gebrauch der Dinge widerspricht, die in deiner Macht stehen, so wird dir nichts von dem begegnen, was du verabscheust. Solltest du aber versuchen, Krankheit, Armut oder Tod zu vermeiden, so wirst du unglücklich werden. [...] Der Begierde enthalte dich vorerst ganz. Denn wenn du sie auf etwas richtest, was nicht in deiner Hand liegt, dann musst du notwendigerweise unglücklich werden.

Nicht die Dinge selbst, sondern die Vorstellungen von den Dingen beunruhigen die Menschen. So ist zum Beispiel der Tod an und für sich nichts Schreckliches, sonst wäre er auch dem Sokrates so erschienen, sondern die vorgefasste Meinung, dass der Tod etwas Schreckliches sei, ist es, die den Schrecken bewirkt. Wenn wir nun auf Hindernisse stoßen, Aufregungen und Kummer erfahren, so wollen wir niemals einem anderen dafür einen Vorwurf machen als uns selbst, bzw. unserer Vorstellung. [...]

Wirst du von der Vorstellung einer sinnlichen Lust ergriffen, hüte dich, wie auch in anderen Dingen, von ihr mitgerissen zu werden. Lass vielmehr die Sache ein wenig auf sich beruhen und nimm dir Zeit dazu. Vergegenwärtige dir die beiden Momente des Lustgewinns und des Zeitpunktes, wenn die Lust vergangen ist, du Reue fühlst und dir Vorwürfe machst. Mit dieser Vorstellung vergleiche, wie du dich freuen und selbst loben wirst, wenn du enthaltsam gewesen bist. Wenn es dir aber zulässig erscheint, dass du dich mit dieser Angelegenheit beschäftigst, achte wohl darauf, dass dich nicht das Lockende, das Süße und Verführerische überwindet, sondern halte dir vielmehr vor Augen, um wieviel wohler sich dein Bewusstsein fühlt, wenn es einen Sieg über diese Dinge errungen hat. *Handbüchlein der Moral (2. Jh.)*

M2 Zitate der stoischen Philosophie, die dein Leben verändern können

Der Blogger Jan Rein (*1992) unterhält eine Webseite, in der er die Bedeutung der stoischen Philosophie für das digitale Zeitalter reflektiert.

„Es überstürzt ein jeder sein Leben, leidet an Sehnsucht nach der Zukunft und an Überdruss an der Gegenwart." *(Seneca)*

In unserer – verzeih mir den abgedroschenen Begriff – schnelllebigen Zeit, überstürzen wir fast alle unser Leben. Und die Digitalisierung trägt maßgeblich dazu bei. Wie oft ertappe ich mich beim Gedanken an die Zukunft, ohne den Moment zu spüren? Doch eines habe ich beobachtet: Digitaler Minimalismus, insbesondere die Abstinenz von Social Media, richtet meinen Blick wieder mehr auf die Gegenwart.

„Ich wundere mich oft, wenn ich sehe, dass man andere bittet, uns ihre Zeit zu widmen, und dass die darum Ersuchten sich so überaus gefällig erweisen. Beide lassen sich bestimmen durch die Rücksicht auf das, was die Bitte um Zeit veranlasste, keiner von beiden durch die Rücksicht auf die Zeit selbst: man bittet um sie, als wäre sie nichts; man gewährt sie, als wäre sie nichts." *(Seneca)*

Wir gehen mit der Zeit um, als wäre sie eine unendliche Ressource. Die Zeit an sich ist es vielleicht, *unsere* Zeit jedoch nicht. Moderne Technologien erwecken den Eindruck, die Zeitgrenzen wären überwunden. Aber wir dürfen nicht zulassen, dass wir mit der Zeit umgehen, als wäre sie nichts.

„Frage dich also bei jeglicher Sache: Gehört diese etwa zu den unnötigen Dingen? Man muss aber nicht nur die unnützen Handlungen, sondern auch die unnützen Gedanken vermeiden; denn die letzteren sind auch die Ursache der überflüssigen Handlungen." *(Marc Aurel)*

Wie viele unnötige Dinge gibt es in deinem Leben, über die du dir den Kopf zerbrichst? Als mein Vater [...] starb, erkannte ich, wie viel Zeit ich damit verschwende, über Irrelevantes nachzudenken. Damals war es auch, dass ich den Entschluss fasste, ein Jahr ohne Social Media zu leben. Um die unnützen Gedanken, die mit ihrer Nutzung einhergingen (Wie bekomme ich die meisten Likes? Ist das Essen schön genug angerichtet? Zu welcher Uhrzeit soll ich bei Instagram posten?), aus meinem Leben zu verbannen.

„Woher kann ich denn wissen, was [= welche Zahl beim Würfeln] fallen wird? Aber von dem, was fällt, einen bedächtigen und spielgemäßen Gebrauch zu machen, dies ist nun schon mein Geschäft." *(Epiktet)*

Du, ich – wir wissen nicht, was das Morgen bringt. Welche Technologien gefährden welche Berufszweige? Wer wird morgen, wer übermorgen durch Algorithmen und Roboter ersetzt? Was wir allerdings tun können, ist die Karten, die wir in der Hand halten, so gut wie möglich zu spielen. *www.janrein.de*

A

1 Erläutern Sie Epiktets Auffassung, wie man ein glückliches Leben führen kann, und vergleichen Sie sie mit der Senecas (s. S. 132f.). > M1

2 Stellen Sie dar, welche Bedeutung Jan Rein den ethischen Grundsätzen der Stoiker beimisst, und nehmen Sie dazu Stellung. > M2

3 Wählen Sie aus den Materialien dieser und der vorhergehenden Doppelseite Zitate aus, die ihnen für das Leben in der heutigen Zeit bedeutsam erscheinen, und kommentieren Sie sie in der Weise Jan Reins. > M2

Medienhinweis:
Denker des Abendlandes: Stoa. ARD-alpha, https://www.br.de/mediathek/video/denker-des-abendlandes-stoa-av:584f88da3b467900119ec5fd

Wissen kompakt

Platon:
Kardinaltugenden

Weisheit
(das Vernünftige)
Herrscher

Tapferkeit
(das Mutartige)
Wächter

Besonnenheit
(das Begehrende)
Bauern, Handwerker

Gerechtigkeit
das richtige Verhältnis der Seelenteile/Stände:
Herrschaft des Vernünftigen

Tugendethik

Tugend: was den Menschen tauglich macht
(ein gutes Leben zu führen)

Stoische Ethik:
Weg zum glücklichen Leben

Seneca
Leben im Einklang mit der Natur
(d. h. der vernünftigen Ordnung des Kosmos)

- Leitung durch die Vernunft
- Herrschaft über die Begierden
- Gemütsruhe (Ataraxie)

Epiktet
Befreiung von allem, was nicht in meiner Macht steht

- Freiheit von den Begierden,
- Leidenschaftslosigkeit (Apathie)

Aristoteles: Eudämonistische Ethik

Endziel des Strebens: Glückseligkeit (eudaimonia)

wird nicht erreicht durch

Lebensform des Genusses

= Leben des Viehs

wird erreicht durch die dem Menschen eigentümliche Tätigkeit: Betätigung der Vernunft (logos)

Lebensform des (Polis-)Bürgers

Handeln gemäß der Tugend (arete)

= zweitbeste Lebensform, dem Menschen angemessen

Betrachtende Lebensform

Verharren in reiner Betrachtung (theoria)

= beste Lebensform, aber den Göttern vorbehalten

Tugenden

Charaktertugenden (ethische Tugenden)

- Haltungen, die durch Übung erworben werden
- zielen darauf, im Handeln die Mitte zwischen Extremen zu suchen (Mesoteslehre):

Tapferkeit
Mäßigkeit
Freigebigkeit
Sanftmut
Wahrhaftigkeit
Freundlichkeit
Gerechtigkeit
...

Verstandestugenden (dianoetische Tugenden)

- intellektuelle Fähigkeiten, die erlernt werden bzw. auf Erfahrung beruhen
- zielen darauf, die Wahrheit zu erfassen:

Wissenschaft
Verstand
Weisheit
Kunst
Klugheit:

- Bestimmung, worin jeweils im Handeln (praxis) die richtige Mitte besteht
- Wahl der richtigen Mittel, um die Mitte zu verwirklichen

Das größte Glück der größten Zahl

M1 Wem nützt was?

Organspende

In Deutschland gibt es zu wenig Organspenden, um allen, die auf ein Spenderorgan angewiesen sind, helfen zu können. 2018 warteten 9797 Personen auf ein lebensrettendes Organ, die Zahl der Spender betrug lediglich 3113. Der Mangel an Spenderorganen liegt nach Einschätzung einiger Experten an der seit 1997 geltenden Zustimmungsregelung, nach der Organe nur entnommen werden können, wenn die oder der Betreffende zu Lebzeiten ausdrücklich zugestimmt hat oder nach dem Tod die Angehörigen ausdrücklich zustimmen. Daran änderte auch die 2020 vom Bundestag beschlossene erweiterte Zustimmungslösung wenig, derzufolge alle Bürger regelmäßig Aufklärungsmaterial über die Organspende erhalten sollen. In anderen Ländern, beispielsweise Luxemburg, Italien und Österreich, gilt dagegen die Widerspruchsregelung. Sie legt fest, dass grundsätzlich jeder Verstorbene als Organspender in Frage kommt, sofern er sich nicht zu Lebzeiten ausdrücklich dagegen ausgesprochen hat.
Wäre es nicht besser, auch in Deutschland die Widerspruchsregelung anzuwenden, damit mehr Menschen, die auf Organspenden angewiesen sind, weiterleben können? (Im Bundestag wurde ein entsprechender Antrag auf Gesetzesänderung gestellt.)

Umverteilung

In Deutschland besitzen die obersten 10% etwa 50% des gesamten Vermögens. Dagegen leben ca. 15% (12 Mio. Menschen) unter der Armutsgrenze. Stellen Sie sich vor, in Deutschland wäre eine sogenannte „Vermögensabgabe“ geplant, die in regelmäßigen Abständen die besonders Reichen dazu zwingen würde, einen Großteil ihres Vermögens zur Unterstützung der Armen zur Verfügung zu stellen. Fänden Sie eine solche Abgabe richtig?

Enteignung

In einer deutschen Großstadt kommt es im täglichen Berufsverkehr zu kilometerlangen Staus, wodurch tausende von Menschen auf ihren Fahrten mit dem Auto behindert werden. Um den Verkehr zu entzerren, soll die Stadtautobahn auf sechs Spuren ausgebaut werden. Dazu muss allerdings ein Haus abgerissen werden. Der Eigentümer, der mit drei Generationen in dem Haus lebt, lehnt es ab, das Haus an die Stadt zu verkaufen. Deshalb erwägt diese, den Eigentümer gegen Zahlung einer entsprechenden Entschädigung zu enteignen. Halten Sie einen solchen Entschluss für gerechtfertigt, um die Autobahn bauen und den Verkehr entlasten zu können?

Arzneimittelforschung

Die Erforschung und Entwicklung eines Arzneimittels dauert bis zu zwölf Jahre und kostet einen Pharmakonzern im Durchschnitt ca. 450 Millionen US-Dollar.
In einer Vorstandssitzung eines Pharmakonzern soll über ein neues Forschungsvorhaben entschieden werden. Zur Auswahl steht ein Medikament gegen die Krankheit A, an der eine Person auf 20.000 Menschen, und ein Medikament gegen die Krankheit B, an der eine Person auf 5.000 Menschen leidet. Wie sollte der Vorstand Ihrer Meinung nach entscheiden?

Autorenbeiträge

M2 Jeremy Bentham: Das Prinzip der Nützlichkeit

Der englische Jurist, Philosoph und Sozialreformer Jeremy Bentham (1748–1832) gilt als Begründer des (klassischen) Utilitarismus. Abgebildet ist seine Auto-Ikone, sein mumifizierter Leichnam, der nach seinem letzten Willen in der Universität London ausgestellt wird.

Das Prinzip der Nützlichkeit ist die Grundlage des vorliegenden Werkes; es wird daher zweckmäßig sein, mit einer ausdrücklichen und bestimmten Erklärung dessen zu beginnen, was mit ihm gemeint ist. Unter dem Prinzip der Nützlichkeit ist jenes Prinzip zu verstehen, das schlechthin jede Handlung in dem Maß billigt oder missbilligt, wie ihr die Tendenz innezuwohnen scheint, das Glück der Gruppe, deren Interesse in Frage steht, zu vermehren oder zu vermindern, oder – das gleiche mit anderen Worten gesagt – dieses Glück zu befördern oder zu verhindern. [...]

Die Bezeichnung Prinzip der Nützlichkeit hat man unlängst durch das Prinzip des größten Glücks oder der größten Glückseligkeit* ergänzt oder ersetzt. Dies ist eine Kurzformulierung, an deren Stelle man ausführlich sagen müsste: jenes Prinzip, das das größte Glück all derer festsetzt, deren Interesse als das richtige und angemessene, und zwar als das einzig richtige und angemessene und schlechthin wünschenswerte Ziel menschlichen Handelns in Frage steht. [...]

Das Wort Nützlichkeit verweist nicht so eindeutig auf die Vorstellung von Freude und Leid, wie es die Wörter Glück und Glückseligkeit tun; es veranlasst uns auch nicht zur Berücksichtigung der Zahl der betroffenen Interessen, obwohl die Zahl der Umstand ist, der in größtem Ausmaß bei der Aufstellung des Maßstabs, um den es hier geht, mitwirkt: des Maßstabs für Richtig und Falsch, mit dem allein die Angemessenheit menschlichen Verhaltens in jeder Situation angemessen überprüft werden kann. [...]

Die Arten von Freude und Leid

Leiden und Freuden kann man allgemein als Empfindungen bezeichnen, für die man sich interessiert. Empfindungen, für die man sich interessiert, sind entweder einfach oder zusammengesetzt. Einfach sind diejenigen, die sich nicht in mehrere auflösen lassen; zusammengesetzt sind diejenigen, die sich in verschiedene einfache auflösen lassen. [...]

Die verschiedenen einfachen Freuden, für die die menschliche Natur empfänglich ist, scheinen die folgenden zu sein: a) Die Sinnesfreuden. b) Die Freuden des Reichtums. c) Die Freuden der Kunstfertigkeit. d) Die Freuden der Freundschaft. e) Die Freuden eines guten Rufes. f) Die Freuden der Macht. g) Die Freuden der Frömmigkeit. h) Die Freuden des Wohlwollens. i) Die Freuden des Übelwollens. j) Die Freuden der Erinnerung. k) Die Freuden der Einbildungskraft. l) Die Freuden der Erwartung. m) Die gesellschaftlich fundierten Freuden. n) Die Freuden der Entspannung.

Die verschiedenen Leiden scheinen die folgenden zu sein: a) Die Leiden der Entbehrung. b) Die Leiden der Sinne. c) Die Leiden der Unbeholfenheit. d) Die Leiden der Feindschaft. e) Die Leiden eines schlechten Rufes. f) Die Leiden der Frömmigkeit. g) Die Leiden der Mildtätigkeit. h) Die Leiden der Missgunst. i) Die Leiden der Erinnerung. j) Die Leiden der Einbildungskraft. k) Die Leiden der Erwartung. l) Die gesellschaftlich fundierten Leiden.

Eine Einführung in die Prinzipien der Moral und Gesetzgebung (1780, 1822)

A

1 Erörtern Sie jeweils die Folgen für die Einzelnen sowie die Gesellschaft und treffen Sie eine Entscheidung zu den aufgeworfenen Fragen. > M1

2 Stellen Sie dar, was Sie schon über das Nutzenprinzip wissen (vgl. Abenteuer Ethik 3, S. 253).

3 Erläutern Sie Benthams Maßstab für Richtig und Falsch, insbesondere den Zusammenhang von Nutzen und Freude bzw. Glück. > M2

4 Finden Sie Beispiele für die von Bentham dargestellten Freuden und Leiden und beurteilen Sie, inwiefern sie als Maßstab für ethische Entscheidungen dienen können. > M2

Lässt sich Nutzen berechnen?

M1 Jeremy Bentham: Das hedonistische Kalkül

Für eine *Anzahl* von Personen wird der Wert einer Freude oder eines Leids, sofern man sie im Hinblick auf jede von ihnen betrachtet, gemäß sieben Umständen größer oder kleiner sein: das sind die sechs vorigen, nämlich

a) die *Intensität,*
b) die *Dauer,*
c) die *Gewissheit* oder *Ungewissheit,*
d) die *Nähe* oder *Ferne,*
e) die *Folgenträchtigkeit,*
f) die *Reinheit* einer Freude oder eines Leids.

Hinzu kommt ein weiterer Umstand, nämlich

g) das *Ausmaß,* das heißt die Anzahl der Personen, auf die Freude oder Leid sich *erstrecken* oder (mit anderen Worten) die davon betroffen sind.

Wenn man also die allgemeine Tendenz einer Handlung, durch die die Interessen einer Gemeinschaft betroffen sind, genau bestimmen will, verfahre man folgendermaßen. Man beginne mit einer der Personen, deren Interessen am unmittelbarsten durch eine derartige Handlung betroffen zu sein scheinen, und bestimme:

a) den Wert jeder erkennbaren *Freude*, die von der Handlung in *erster* Linie hervorgebracht zu sein scheint;
b) den Wert jeden *Leids*, das von ihr in *erster* Linie hervorgebracht zu sein scheint;
c) den Wert jeder Freude, die von ihr in *zweiter* Linie hervorgebracht zu sein scheint. Dies begründet die *Folgenträchtigkeit* der ersten *Freude* und die *Unreinheit* des ersten *Leids*;
d) den Wert jeden *Leids*, das von ihr in *zweiter* Linie anscheinend hervorgebracht wird. Dies begründet die *Folgenträchtigkeit* des ersten *Leids* und die *Unreinheit* der ersten *Freude.*
e) Man addiere die Werte aller *Freuden* auf der einen und die aller *Leiden* auf der anderen Seite. Wenn die Seite der Freude überwiegt, ist die Tendenz der Handlung im Hinblick auf die Interessen dieser *einzelnen* Person insgesamt *gut*; überwiegt die Seite des Leids, ist ihre Tendenz insgesamt *schlecht.*
f) Man bestimme die *Anzahl* der Personen, deren Interessen anscheinend betroffen sind, und wiederhole das oben genannte Verfahren im Hinblick auf jede von ihnen. Man *addiere* die Zahlen, die den Grad der *guten* Tendenz ausdrücken, die die Handlung hat – und zwar in Bezug auf jedes Individuum, für das die Tendenz insgesamt *gut* ist; das Gleiche tue man in Bezug auf jedes Individuum, für das die Tendenz insgesamt *schlecht* ist. Man ziehe die *Bilanz*; befindet sich das Übergewicht auf der Seite der *Freude*, so ergibt sich daraus für die betroffene Gesamtzahl oder Gemeinschaft von Individuen eine allgemein *gute Tendenz* der Handlung; befindet es sich auf der Seite des *Leids*, ergibt sich daraus für die gleiche Gemeinschaft eine allgemein *schlechte Tendenz.*

Es kann nicht erwartet werden, dass dieses Verfahren vor jedem moralischen Urteil und vor jeder gesetzgebenden oder richterlichen Tätigkeit streng durchgeführt werden sollte. Es mag jedoch immer im Blick sein, und je mehr sich das bei solchen Anlässen tatsächlich durchgeführte Verfahren diesem annähert, desto mehr wird sich ein solches Verfahren dem Rang eines exakten Verfahrens annähern.

Eine Einführung in die Prinzipien der Moral und der Gesetzgebung (1780/1789)

H

M2 Otfried Höffe: Elemente des Utilitarismus

Zu den Forschungsschwerpunkten Otfried Höffes (s. S. 336) gehört der Utilitarismus.

Der Utilitarismus [...] besteht [...] aus vier Elementen oder Teilkriterien oder Teilprinzipien:

1. [...] Handlungen [sollen] nicht für sich selbst [...] als richtig oder falsch beurteilt werden; ihre Richtigkeit bestimmt sich vielmehr von den Folgen her.
2. Gemessen werden die Folgen an ihrem Nutzen (lat. *utilitas*, daher die Bezeichnung Utilitarismus).
3. Entscheidend ist aber nicht der Nutzen für beliebige Ziele, Werte oder Zwecke [...]. Als höchster Wert gilt die Erfüllung der menschlichen Bedürfnisse und Interessen: das menschliche Glück; Ziel ist die maximale Bedürfnis- und Interessenbefriedigung bzw. die minimale Frustration. Deshalb gilt das als sittlich geboten, was am meisten Lust (griech. hedone) bereitet [...] oder aber Unlust vermeidet [...]. Genauer: Kriterium der Beurteilung der Folgen einer Handlung ist ihr Gratifikationswert: das Maß an Lust, das die Handlung hervorruft, vermindert um das mit ihr verbundene Maß an Unlust.
4. Es kommt nicht auf den Gratifikationswert für den Handelnden allein an [...]; das würde einen rationalen Egoismus begründen [...]. Ausschlaggebend ist auch nicht das Wohlergehen bestimmter Gruppen, Klassen oder Schichten, sondern das *aller* von der Handlung Betroffenen. Der Utilitarismus [...] verpflichtet das menschliche Handeln auf das allgemeine Wohlergehen [...].

Die vier Teilkriterien: das Folgen- (Konsequenzen-) und das Nutzen- (Utilitäts-)Prinzip, das hedonistische und das universalistische Prinzip lassen sich [...] zusammenfassen: „Diejenige Handlung [...] ist moralisch richtig, deren Folgen für das Wohlergehen aller Betroffenen optimal sind“ [...].

Utilitarismus

Der Utilitarismus (von lat. *utilis*: nützlich) ist eine ethische Position, die die Moralität einer Handlung nach der Nützlichkeit der Folgen (ihrem Beitrag zur Förderung von Freude, Wohlergehen, Glück) bewertet. Gut ist demnach die Handlung, die für alle Betroffenen den größtmöglichen Nutzen hervorbringt.

M3 Otfried Höffe: Kritik am Bentham'schen Kalkül

Eine grundlegende Schwierigkeit [des Utilitarismus] besteht in dem stillschweigend angesetzten Postulat der Messbarkeit und Vergleichbarkeit aller Gratifikationen. Das von Bentham vorgeschlagene Verfahren der Addition und Subtraktion von Gratifikationswerten setzt nämlich eine gemeinsame Maßeinheit von Freude und Schmerz voraus; ohne ihre Hilfe lassen sich die Gratifikationswerte nicht numerisch angeben und ohne eine numerische Angabe überhaupt nicht addieren oder subtrahieren. Die Annahme einer solchen Maßeinheit muss aber [...] als hoffnungslos realitätsfremd gelten.

Ferner setzt der Kalkül voraus, dass die Basis der Kalkulation, die Bedürfnisse und Interessen der Betroffenen, schon jeweils hinreichend genau bekannt ist. Wie die Basis bestimmt werden soll, wird im Verlauf der Darstellung des Kalküls nicht deutlich. [...] Überdies ist es kaum sinnvoll, auf alle Interessen in gleicher Weise einzugehen. Denn dann müsste man unsoziale Interessen: die exzentrischen und fanatischen Intentionen sowie die verschiedenen Formen von Neid, Eitelkeit und Herrschsucht, von Aggression, Destruktion und Sadismus, mit gleichem Gewicht berücksichtigen wie die sozial indifferenten; und die sozial engagierten Interessen, Notleidenden zu helfen oder Andersdenkende zu tolerieren, bekämen auch nur dasselbe Gewicht.

Einführung in die utilitaristische Ethik (1992)

A

1. Erläutern Sie, wie das hedonistische Kalkül nach Bentham anzuwenden ist. > M1
2. Erproben Sie das hedonistische Kalkül an den Fallbeispielen von S. 138 in arbeitsteiliger Gruppenarbeit. Setzen Sie als Höchstwert für Freude +10 und als Tiefstwert für Leid −10 fest. Sollten Sie bei der Kalkulation auf Schwierigkeiten stoßen, dann leiten Sie daraus Einwände gegen den Utilitarismus Benthams ab. > M1 H
3. Visualisieren Sie die vier Elemente des Utilitarismus nach Höffe. > M2
4. Diskutieren Sie Höffes Kritik an Benthams hedonistischem Kalkül. > M3

Qualität vor Quantität?

M1 Von Menschen und Schweinen

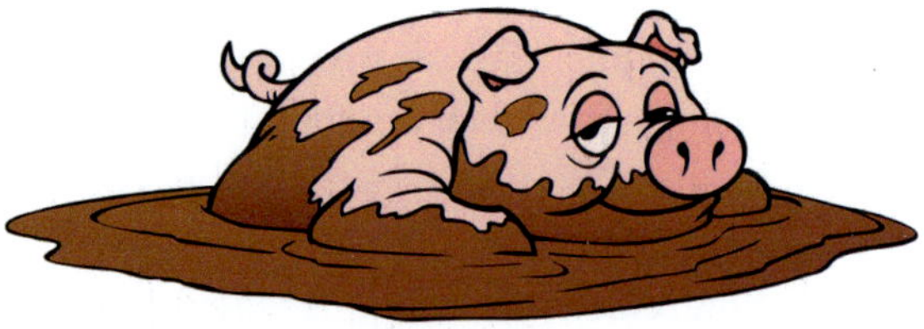

Es ist besser, ein unzufriedener Mensch zu sein, als ein zufrieden gestelltes Schwein. John Stuart Mill

M2 John Stuart Mill: Der qualitative Utilitarismus

John Stuart Mill (1806–1873) war ein Anhänger des von Bentham begründeten Utilitarismus, den er weiterentwickelt hat.

Die Auffassung, für die die Nützlichkeit oder das Prinzip des größten Glücks die Grundlage der Moral ist, besagt, dass Handlungen insoweit und in dem Maße moralisch richtig sind, als sie die Tendenz haben, Glück zu befördern, und insoweit moralisch falsch, als sie die Tendenz haben, das Gegenteil von Glück zu bewirken. Unter „Glück" *(happiness)* ist dabei Lust *(pleasure)* und das Freisein von Unlust *(pain)*, unter „Unglück" *(unhappiness)* Unlust und das Fehlen von Lust verstanden. [...]

Der Gedanke, dass das Leben [...] keinen höheren Zweck habe als die Lust, [...] erscheint [...] [vielen Menschen] im äußersten Grade niedrig und gemein; als eine Ansicht, die nur der Schweine würdig wäre [...].

Die Anerkennung der Tatsache, dass einige Arten der Freude wünschenswerter und wertvoller sind als andere, ist mit dem Nützlichkeitsprinzip durchaus vereinbar. Es wäre unsinnig anzunehmen, dass der Wert einer Freude ausschließlich von der Quantität abhängen sollte, wo doch in der Wertbestimmung aller anderen Dinge neben der Quantität auch die Qualität Berücksichtigung findet.

Fragt man mich nun, was ich meine, wenn ich von der unterschiedlichen Qualität von Freuden spreche, und was eine Freude – bloß als Freude, unabhängig von ihrem größeren Betrag – wertvoller als eine andere macht, so gibt es nur eine mögliche Antwort: von zwei Freuden ist diejenige wünschenswerter, die von allen oder nahezu allen, die beide erfahren [...], entschieden bevorzugt wird. Wird die eine von zwei Freuden von denen, die beide kennen und beurteilen können, so weit über die andere gestellt, dass sie sie auch dann noch vorziehen, wenn sie wissen, dass sie größere Unzufriedenheit verursacht, und sie gegen noch so viele andere Freuden, die sie erfahren könnten, nicht eintauschen möchten, sind wir berechtigt, jener Freude eine höhere Qualität zuzuschreiben, die die Quantität so weit übertrifft, dass diese im Vergleich nur gering ins Gewicht fällt.

Es ist nun aber eine unbestreitbare Tatsache, dass diejenigen, die mit beiden gleichermaßen bekannt und für beide gleichermaßen empfänglich sind, der Lebensweise entschieden den Vorzug geben, an der auch ihre höheren Fähigkeiten beteiligt sind. Nur wenige Menschen würden darein einwilligen, sich in eines der niederen Tiere verwandeln zu lassen, wenn man ihnen verspräche, dass sie die Befriedigungen des Tiers im vollen Umfange auskosten dürften.

Kein intelligenter Mensch möchte ein Narr, kein gebildeter Mensch ein Dummkopf, keiner, der feinfühlig und gewissenhaft ist, selbstsüchtig und niederträchtig sein – auch wenn sie überzeugt wären, dass der Narr, der Dummkopf oder der Schurke mit seinem Schicksal zufriedener ist als sie mit dem ihren. Das, was sie vor ihm voraushaben, würden sie auch für die vollständigste Erfüllung all der Wünsche nicht aufgeben, die sie mit ihm gemeinsam haben. [...] Ein höher begabtes Wesen verlangt mehr zu seinem Glück, ist wohl auch größeren Leidens fähig und ihm sicherlich in höherem Maße ausgesetzt als ein niederes Wesen; aber trotz dieser Gefährdungen wird es niemals in jene Daseinsweise absinken wollen, die es

als niedriger empfindet. […]
Es ist unbestreitbar, dass ein Wesen mit geringerer Fähigkeit zum Genuss die besten Aussichten hat, voll zufrieden gestellt zu werden; während ein Wesen von höheren Fähigkeiten stets das Gefühl haben wird, dass alles Glück, das es von der Welt, so wie sie beschaffen ist, erwarten kann, unvollkommen ist. Aber wenn diese Unvollkommenheiten überhaupt nur erträglich sind, kann es lernen, mit ihnen zu leben, statt die anderen zu beneiden, denen diese Unvollkommenheiten nur deshalb nicht bewusst sind, weil sie sich von den Vollkommenheiten keine Vorstellung machen können, mit denen diese verglichen werden. Es ist besser, ein unzufriedener Mensch zu sein, als ein zufrieden gestelltes Schwein; besser ein unzufriedener Sokrates als ein zufriedener Narr, und wenn der Narr oder das Schwein anderer Ansicht sind, dann deshalb, weil sie nur die eine Seite der Angelegenheit kennen. Die andere Partei hingegen kennt beide Seiten. […]
Darüber, welche von zwei Befriedigungen es sich zu verschaffen am meisten lohnt […], kann nur das Urteil derer, die beide erfahren haben, oder, wenn sie auseinander gehen sollten, das der Mehrheit unter ihnen als endgültig gelten. Und wir dürfen umso weniger zögern, ihr Urteil über die Qualität einer Befriedigung zu akzeptieren, als wir uns selbst hinsichtlich der Quantität auf keinen anderen Richtspruch berufen können. Was anders sollte darüber entscheiden, welche von zwei Schmerzempfindungen die heftigste oder welche von zwei lustvollen Empfindungen die intensivste ist, als das Mehrheitsvotum derer, denen beide vertraut sind?
Angenehme und unangenehme Empfindungen sind unter sich sehr ungleichartig, und Unlust ist stets von anderer Art als Lust. Welche andere Instanz als das Empfindungs- und Urteilsvermögen der Erfahrenen sollte uns sagen können, ob es sich auszahlt, für eine bestimmte angenehme Empfindung eine bestimmte unangenehme Empfindung in Kauf zu nehmen? Wenn diese aber nun erklären, dass die aus den höheren Fähigkeiten erwachsenden Freuden *der Art nach* – ungeachtet ihrer Intensität – denen vorzuziehen sind, deren die tierische Natur ohne die höheren Fähigkeiten fähig ist, dann verdienen sie auch in dieser Frage unsere volle Beachtung. […]
Nach dem Prinzip des größten Glücks ist […] der letzte Zweck, bezüglich dessen und um dessentwillen alles andere wünschenswert ist […], ein Leben, das so weit wie möglich frei von Unlust und in quantitativer Hinsicht so reich wie möglich an Lust ist; wobei der Maßstab, an dem Qualität gemessen und mit der Quantität verglichen wird, die Bevorzugung derer ist, die ihrem Erfahrungshorizont nach […] die besten Vergleichsmöglichkeiten besitzen. Indem dies nach utilitaristischer Auffassung der Endzweck des menschlichen Handelns ist, ist es notwendigerweise auch die Norm der Moral. Diese kann also definiert werden als die Gesamtheit der Handlungsregeln und Handlungsvorschriften, durch deren Befolgung ein Leben der angegebenen Art für die gesamte Menschheit im größtmöglichen Umfange erreichbar ist; und nicht nur für sie, sondern, soweit es die Umstände erlauben, für die gesamte fühlende Natur.

Der Utilitarismus (1861)

Quantitativer und qualitativer Utilitarismus
Der quantitative Utilitarismus bewertet die Folgen einer Handlung ausschließlich nach dem rein rechnerischen Übergewicht von Freude gegenüber Leid bei allen Betroffenen, der qualitative Utilitarismus berücksichtigt zudem unterschiedliche Gewichtungen für verschiedene Arten von Freude und Leid.

A

1. Stellen Sie sich vor, Sie könnten sich in ein Tier verwandeln, das alle sinnlichen Genüsse erfährt und immer zufrieden gestellt ist. Würden Sie der These Mills dann zustimmen? > M1
2. Analysieren Sie, welches Prinzip Mill zur Bewertung von Handlungen aufstellt und wie er es begründet. > M2
3. Erarbeiten Sie, wie nach Mill über die moralische Qualität von Handlungen entschieden werden soll. > M2
4. Vergleichen Sie Mills Theorie mit der Benthams (s. S. 140). > M1/M2
5. Nehmen Sie Stellung zum qualitativen Utilitarismus Mills. > M1/M2

Nützliche Handlungen – nützliche Regeln

M1 William K. Frankena: Zwei Formen des Utilitarismus

William K. Frankena (1908–1994) lehrte Philosophie an der University of Michigan in Ann Arbor. Im folgenden Text erläutert er zwei Formen des Utilitarismus, die der australische Philosoph John J. C. Smart unterschieden hat.

Wir müssen zwei Formen des Utilitarismus unterscheiden: den *Handlungsutilitarismus* und den *Regelutilitarismus*. Handlungsutilitaristen sind der Meinung, man solle, was richtig oder pflichtgemäß ist, im Allgemeinen (oder zumindest, sofern es durchführbar ist) unter unmittelbarer Heranziehung des Prinzips der Nützlichkeit entscheiden; mit anderen Worten, man solle herauszufinden suchen, welche der möglichen Handlungen vermutlich das größte Übergewicht von guten gegenüber schlechten Konsequenzen in der Welt herbeiführen wird. Man muss sich fragen: „Welche Folgen wird *meine* Ausführung *dieser* Handlung in *dieser* Situation haben?" und nicht: „Welche Folgen wird die *allgemeine* Ausführung *derartiger* Handlungen in *derartigen* Situationen haben?" Verallgemeinerungen wie „Die Wahrheit zu sagen dient wahrscheinlich immer dem größten allgemeinen Wohl" oder „Die Wahrheit zu sagen dient im Allgemeinen dem größten allgemeinen Wohl" mögen als Faustregeln, gegründet auf in der Vergangenheit gemachte Erfahrungen, von Nutzen sein; aber die entscheidende Frage ist stets, ob es in *diesem* Fall dem größten allgemeinen Wohl dient, die Wahrheit zu sagen oder nicht. Es kann niemals richtig sein, der Regel, die Wahrheit zu sagen, Folge zu leisten, wenn in einem konkreten Fall stichhaltige Gründe für die Annahme bestehen, dass dem genannten Ziel mit einer Lüge besser gedient ist […].

Anderer Meinung ist der Regelutilitarismus […]. [Er betont] die zentrale Rolle von Regeln für die Moral und besteht darauf – wenn schon nicht immer, so doch im Allgemeinen konkrete moralische Entscheidungen im Einklang mit einer Regel zu fällen (wie der Regel, die Wahrheit zu sagen), ohne Rücksicht darauf, welche Handlungsalternative in der betreffenden Situation die besten Folgen hat. […] Der Regelutilitarismus [verlangt] weiter, Regeln stets so zu wählen, dass sie ihrerseits auf das größte allgemeine Wohl ausgerichtet sind. Das heißt, die Frage lautet nicht mehr, welche Handlung am nützlichsten ist, sondern welche Regel. Wenn wir eine Handlung in Betracht ziehen, so sollten wir uns nicht fragen „Was werden die Folgen sein, wenn ich in diesem Fall so handle?", sondern „Was wären die Folgen, wenn jeder in derartigen Fällen so handelte?" – eine Frage, die wir uns tatsächlich in unseren moralischen Überlegungen häufig stellen. Das Utilitätsprinzip wird – im Normalfall zumindest – nicht bei der Festlegung unserer konkreten Pflichten relevant, sondern bei der Festlegung von Regeln, nach denen diese sich richten. Die Auswahl, Beibehaltung, Abänderung und Aufhebung dieser Regeln darf allein auf der Basis ihrer Nützlichkeit erfolgen. Das Prinzip der Nützlichkeit bleibt damit der letzte Maßstab, wenn es auch, anstatt auf der Ebene von konkreten Urteilen, auf der Ebene von Regeln eingreift. Auch der Handlungsutilitarist kann den Gebrauch von Regeln zulassen. Er muss jedoch eine Regel wie „Sag die Wahrheit" im Sinne von „Die Wahrheit zu sagen dient im Allgemeinen dem größten allgemeinen Wohl" auffassen, der Regelutilitarist dagegen im Sinne von „Immer die Wahrheit zu sagen dient dem größten allgemeinen Wohl". Das bedeutet, dass es für den Regelutilitaristen die Pflicht geben kann, einer Regel einfach deshalb zu folgen (etwa der Regel, die Wahrheit zu sagen), weil es nützlich ist, diese Regel zu haben, selbst wenn im konkreten Fall die Befolgung der Regel nicht zu den besten Folgen führt.

Analytische Ethik (1963)

Handlungs- und Regelutilitarismus

Ein Handlungsutilitarist fragt sich: „Was wären die Folgen, wenn ich in diesem Fall so handle?", d. h. er bewertet die Folgen einer *einzelnen Handlung.* Ein Regelutilitarist fragt sich dagegen: „Was wären die Folgen, wenn jeder in derartigen Fällen so handelt?" Er orientiert sich an einer Regel, eine Richtlinie, die für alle Handlungen dieser Art gilt.

M2 William K. Frankena: Gemeinwohl und Gerechtigkeit

[Es] [...] kann Fälle geben, in denen wir etwa den Regeln, Versprechen zu halten oder nicht zu lügen, selbst dann Folge leisten müssen, wenn wir damit im speziellen Fall nicht dem größten allgemeinen Wohl dienen. [...] Daher können wir den Handlungsutilitarismus nicht akzeptieren. [...] [Alles scheint also] für den Regelutilitarismus zu sprechen. [...] Jedoch gibt es auch gegen [ihn] einen entscheidenden Einwand. [...]

Angenommen, wir haben zwei *Regeln*, R_1 und R_2, die nicht beide unserer Moral einverleibt werden können. Für jede dieser beiden Regeln kennen wir die Ergebnisse ihrer allgemeinen Befolgung (was freilich in der Praxis schwer zu erreichen ist) und finden, dass in beiden Fällen das Übergewicht von guten gegenüber schlechten Folgen – auf lange Sicht und für alle Betroffenen – das gleiche ist. Dann muss der Regelutilitarist sagen, dass R_1 und R_2 als moralische Handlungsprinzipien die gleiche Funktion erfüllen und dass beide gleich annehmbar sind. Es könnte jedoch der Fall sein, dass sie das in gleichem Umfang realisierte Gute in verschiedener Weise verteilen: In Befolgung von Regel R_1 könnte alles einer relativ kleinen Gruppe von Personen zukommen, ohne dass diese es besonders verdient haben (an dieser Stelle den Gesichtspunkt des Verdienstes ins Spiel zu bringen, widerspricht im Übrigen dem Utilitarismus); in Befolgung von Regel R_2 dagegen könnte es gleichmäßiger unter einen größeren Teil der Bevölkerung verteilt werden. In diesem Fall (so scheint mir) müssen und würden wir wohl auch sagen, dass R_1 eine ungerechte Regel ist und dass R_2 moralisch den Vorzug verdient. Wenn das richtig ist, so müssen selbst den Regelutilitarismus aufgeben.

Die Sache ist, dass eine bestimmte Regel zwar Summe des Guten in der Welt maximal vergröße mag, aber trotzdem ungerecht sein kann in der A wie sie diese Summe verteilt, so dass eine wenig ergiebige Regel, die gerecht vorgeht, vorzuziehen is [...] Danach wäre also das Kriterium für die Aufstellung moralischer Regeln nicht bloß ihre Nützlichkeit, sondern auch ihre Gerechtigkeit. [...] Die Gerechtigkeit [geht] der Nützlichkeit [...] vor.

Analytische Ethik (1963)

1 Stellen Sie die Unterschiede zwischen Handlungs- und Regelutilitarismus grafisch dar und veranschaulichen Sie sie am Beispiel der Lüge. > M1

2 Nehmen Sie Stellung zu Frankenas Bewertung des Handlungsutilitarismus (Z. 1-8). > M2

3 Erläutern Sie Frankenas Kritik am Regelutilitarismus anhand der Abbildungen (Z. 10-34). > M2

Das Gerechtigkeitsproblem

M1 Ist Hartz IV gerecht?

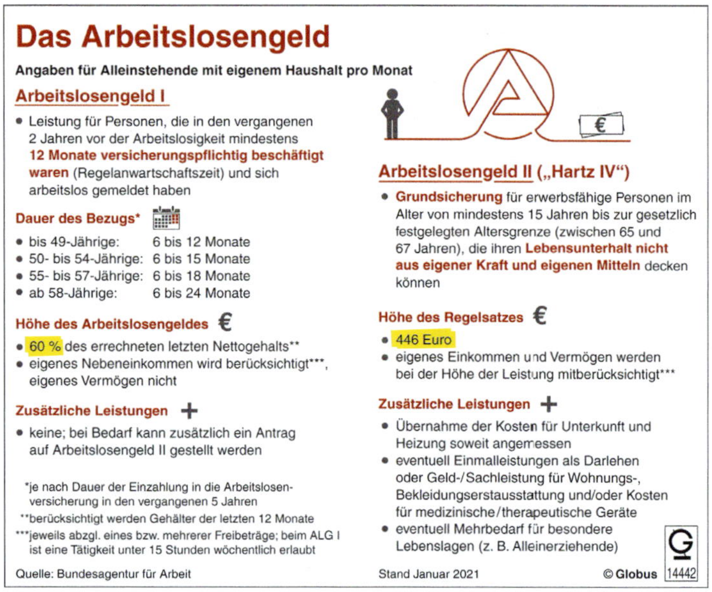

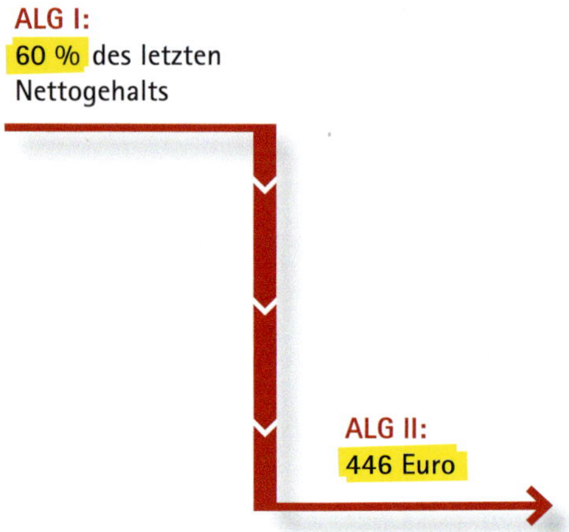

Das oft als „Hartz IV" bezeichnete Arbeitslosengeld II wurde im Jahr 2005 eingeführt. Nach Meinung seiner Kritikerinnen und Kritiker birgt es die Gefahr von Ungerechtigkeiten auf Kosten von Minderheiten und zugunsten des Gesamtnutzens der Mehrheit.

M2 Otfried Höffe: Eine Gerechtigkeitslücke?

[Es gibt] Prinzipien der distributiven Gerechtigkeit, Prinzipien der Verteilung von öffentlichen Gütern, von Rechten und Pflichten, von Vor- und Nachteilen gemeinsamer Handlungen, die uns als moralisch richtig einleuchten und die zugleich mit dem Prinzip der Nützlichkeit in Konflikt stehen. Wenn von zwei möglichen Handlungen, die den gleichen kollektiven Gesamtnutzen hervorbringen, die eine den Nutzen auf eine kleine Zahl von Personen, die andere auf viele oder alle verteilt, so sind utilitaristisch gesehen beide Handlungen gleichwertig. Nach unseren Gerechtigkeitsüberzeugungen würden wir dagegen die eine als ungerecht verurteilen und die andere als gerecht hervorheben. [...]

[O]hne die Gerechtigkeit als Korrektiv, stellt der Utilitarismus eine Art Kollektivegoismus dar, dem eine Unterdrückung oder Benachteiligung von Minderheiten, selbst eine Verletzung unveräußerlicher Menschenrechte erlaubt ist – sofern sie sich mit einer größeren Besserstellung der Mehrheit verbindet [...].

Einführung in die utilitaristische Ethik (1975)

M3 Bernward Gesang: Humaner Utilitarismus

Jede Form des Utilitarismus beruht auf dem Gedanken, die Interessen bzw. das Glück [...] aller von einer Entscheidung Betroffenen bei seiner „Glücksbilanzierung" zu berücksichtigen. [...] Ein humaner Utilitarist muss auch die Interessen von nicht direkt betroffenen Menschen in seine Berechnung einbeziehen. *Er kann diese Interessen nicht einfach als irrational abqualifizieren.* Genau dies scheint die utilitaristische Standardreaktion angesichts so genannter „externer Präferenzen" zu sein. Externe Präferenzen sind eben diejenigen der Abtreibungsgegner, wenn sie sich Sorgen um die Präferenzen von Embryonen machen. [...] Lautet das Motto, dass *jedes* Interesse zählt, dann kann man externe Präferenzen nicht ausschließen. Ansonsten müsste man Gründe dafür vorbringen, welche Interessen zählen und welche nicht. Diese Gründe würden sich aber kaum auf Nützlichkeit beziehen können und müssten auf andere Ressourcen zurückgreifen. [...]

Damit dürfte klar sein: Ein (humaner) Utilitarist muss auch die moralischen Präferenzen in der Gesellschaft

aufgreifen. Diese erhalten also Gewicht, ein Grund dafür, dass der Utilitarismus nicht beliebig weit von ihnen abweichen kann. Die externen Präferenzen setzen jeder Revolution Grenzen. So werden die moralischen Intuitionen der Menschen zu einem „Korrektiv" des Utilitarismus, denn moralische Intuitionen haben die Eigenschaft, in Präferenzen darüber überzugehen, was der Fall sein soll. [...]
Aber hat dieser Utilitarismus auf den zweiten Blick betrachtet nicht auch Schwächen? Was passiert, wenn eine große Zahl der Bürger angibt, Homosexualität abzulehnen? Muss man dann dieser antiliberalen Intoleranz einen Raum geben, weil sie auf externen Präferenzen beruht, die zu berücksichtigen sind? Dem Gegner der Homosexualität könnte man begegnen, indem man verschiedene Instrumente auf ihn anwendet, deren Auflistung den humanen Utilitarismus charakterisiert.

(1) *Aufweisen von Rationalitätsdefiziten:* Man könnte bezweifeln, ob die Meinung dessen, der Homosexualität eingeschränkt wissen will, wirklich rational ist. [...]

(2) *Idealere Präferenzlagen erzeugen:* Ein Utilitarist sollte manchmal auf die Erstellung einer idealen bzw. idealeren Präferenzlage hinarbeiten. Als Utilitarist sucht er nach *maximalen* Nutzenwerten. Wird eine Minderheit „für die Mehrheit geopfert", dann gibt es viele, die eventuell davon profitieren, und einige, die darunter stark leiden. Erstrebenswert wäre eine idealere Präferenzlage, in der alle profitieren, weil niemand ein Interesse hat, eine Minderheit zu opfern. Die Nutzensumme wäre hier jedenfalls größer als in dem Fall, dass man höchst intensive Interessen von Minderheiten übergehen muss.

(3) *Wahrung langfristiger Gesamtinteressen:* Würde man der Forderung der Gegner der Homosexualität nachgeben, dann würde man vielleicht auch allen gleichartigen antiliberalen Forderungen auf anderen Gebieten nachgeben müssen – ein Dammbruch droht. [...] Wir würden dann eventuell in einem Maße zu einer antiliberalen Gesellschaft werden, dass dies für die überwiegende Mehrheit einen eklatant unerwünschten Wandel bedeuten würde.

(4) *Beachtung aller externen Präferenzen:* Toleriert eine Mehrheit in einer Gesellschaft Homosexualität und lehnt Antiliberalismus ab, dann wird diese Mehrheit Präferenzen über die Präferenzen der antiliberalen Gegner der Homosexualität haben, die eventuell ausreichen, um diese Gegner zurückzuweisen, selbst wenn die Präferenzen der Antiliberalen im direkten Vergleich mit denen der Homosexuellen stärker sein würden. Zählen Präferenzen der Gegner der Homosexualität, dann zählen auch die der Gegner der Gegner der Homosexualität.

Mit Gerechtigkeitsproblemen müsste der Utilitarist ebenso wie gerade gezeigt verfahren. Auch hier könnte der Utilitarist auf das vorhandene Interesse vieler Menschen an einer gerechten Welt hinweisen, das im [...] „Gerechtigkeitssinn" wurzelt. Dieser Sinn ist immerhin eines der stärksten Gefühle, das Menschen leitet. [...] Die Existenz dieser externen Gerechtigkeitspräferenzen ist – neben den jeweiligen internen Interessen – ein starker Grund für die Beachtung von Gerechtigkeit im Utilitarismus.

Nützlichkeit und Glück (2008)

A

1 Werten Sie die Informationen zum Arbeitslosengeld I und II aus. Stimmen Sie darüber ab, ob Sie „Hartz IV" für gerecht halten, und begründen Sie Ihre Position. > M1

2 Erarbeiten Sie, worin genau nach Otfried Höffe die Gerechtigkeitslücke des Utilitarismus besteht. > M2

3 Prüfen Sie am Beispiel der aktuellen Hartz IV-Regelungen, ob der Vorwurf gegen den Utilitarismus gerechtfertigt ist. > M1/M2

4 Erarbeiten Sie eine Mindmap zum Begriff des „humanen Utilitarismus" von Bernward Gesang. > M3

5 Diskutieren Sie, ob das Konzept des „humanen Utilitarismus" die Gerechtigkeitslücke des klassischen Utilitarismus schließen kann. > M1-M3

6 Untersuchen Sie, welche weiteren gesellschaftlichen Probleme der gerechten Verteilung von Gütern, Rechten und Pflichten Schwierigkeiten für den Utilitarismus aufwerfen. > M1-M3

Interessen abwägen

zu M2, Singer, S. 148-151

M1 Spendenaufruf

M2 Peter Singer: Der Präferenzutilitarismus

Der australische Philosoph Peter Singer (*1946) vertritt eine Variante des Utilitarismus, den sog. Präferenzutilitarismus.

Indem ich akzeptiere, dass moralische Urteile von einem universalen Standpunkt aus getroffen werden müssen, akzeptiere ich, dass meine eigenen Bedürfnisse, Wünsche und Interessen nicht einfach deshalb, weil sie meine Präferenzen* sind, mehr zählen als die Interessen von irgendjemand anderem. Daher muss dann, wenn ich moralisch denke, mein ganz natürliches Bestreben, dass für meine Bedürfnisse, Wünsche und Interessen – ich werde sie von nun an als „Präferenzen“ bezeichnen – gesorgt wird, ausgedehnt werden auf die Präferenzen anderer.

Nun stelle man sich vor, dass ich zu einer Gruppe von Menschen gehöre, die in einem Wald lebt und sich von den dortigen Früchten ernährt. Auf mich allein gestellt entdecke ich einen Baum, der besonders reiche Früchte trägt, und bin mit der Wahl konfrontiert, ob ich alle Früchte selber esse oder sie mit andern teile. Zudem stelle man sich vor, dass ich in einem völligen ethischen Vakuum entscheide, dass ich nichts weiß von moralischen Erwägungen – ich bin sozusagen in einem vormoralischen Stadium des Denkens. Wie würde ich mich entscheiden? Etwas – in diesem vormoralischen Stadium vielleicht das *Einzige* –, das immer noch relevant bliebe, wäre die Frage, in welcher Weise die Wahl, die ich treffen werde, meine Präferenzen beträfe.

Angenommen, ich beginne dann, so weit moralisch zu denken, dass ich mich in die Lage der anderen versetze, die von meiner Entscheidung betroffen sind. Um zu wissen, wie es ist, sich in ihrer Lage zu befinden, muss ich den Standpunkt ihrer Präferenzen einnehmen – ich muss mir vorstellen, wie hungrig sie sind, wie sehr sie die Früchte genießen würden usw. Nachdem ich das getan habe, muss ich, wenn ich in ethischen Maßstäben denke, erkennen, dass ich nicht meinen eigenen Präferenzen größeres Gewicht als denen anderer beimessen kann, nur weil es meine eigenen sind. Also muss ich nun anstelle meiner eigenen Präferenzen die all der anderen berücksichtigen, die von meiner Entscheidung betroffen sind. Wenn es nicht irgendwelche weiteren ethisch relevanten Gesichtspunkte gibt, wird mich das dazu bringen, sämtliche vorhandenen Präferenzen abzuwägen und jenen Handlungsverlauf zu wählen, von dem es am wahrscheinlichsten ist, dass er die Präferenzen der Betroffenen weitestgehend befriedigt. [...]

Die hier skizzierte Denkweise ist eine Form von Utilitarismus, aber nicht die von klassischen Utilitaristen wie Jeremy Bentham, John Stuart Mill [...] vertretene. Diese behaupteten, dass wir immer das tun sollten, was Lust oder Glück vermehrt und Schmerz oder Unglück verringert. [...] Im Gegensatz dazu ist die bereits erwähnte Auffassung unter dem Namen „Präferenz-Utilitarismus“ bekannt, weil sie behauptet, dass wir das tun sollten, was per saldo die Präferenzen der Betroffenen fördert. [...]

Das Wesentliche am Prinzip der gleichen Interessenabwägung besteht darin, dass wir in unseren moralischen Überlegungen den ähnlichen Interessen all derer, die von unseren Handlungen betroffen sind, gleiches Gewicht geben. Dies bedeutet: Gesetzt den Fall, dass X und Y von einer möglichen Handlung betroffen wären und X dabei mehr zu verlieren als Y zu gewinnen hätte, ist es besser, die Handlung nicht auszuführen. Worauf das Prinzip in Wirklichkeit hinausläuft, ist folgendes: Interesse ist Interesse, wessen Interesse es auch immer sein mag.

Wir können das konkretisieren, indem wir ein besonderes Interesse bedenken, zum Beispiel unser Interesse an der Linderung von Schmerz. Dann besagt das Prinzip: Der letzte moralische Grund für Schmerzlinderung ist einfach das Unerwünschtsein von Schmerz als solchem und nicht das Unerwünschtsein von X's Schmerz, das verschieden sein mag von dem Unerwünschtsein von Y's Schmerz. [...] Das Prinzip der gleichen Interessenabwägung funktioniert wie eine Waagschale: Interessen werden unparteiisch abgewogen. Echte Waagen begünstigen die Seite, auf der das Interesse stärker ist oder verschiedene Interessen sich zu einem Übergewicht über eine kleinere Anzahl ähnlicher Interessen verbinden; aber sie nehmen keine Rücksicht darauf, wessen Interessen sie abwägen. [...] Gleiche Interessenabwägung [...] [diktiert jedoch] nicht Gleichbehandlung. [...] Man stelle sich vor, ich treffe nach einem Erdbeben auf zwei Opfer, das eine mit zerquetschtem Bein, im Sterben begriffen, das andere mit einem verletzten Oberschenkel und leichten Schmerzen. Ich habe nur zwei Morphiumspritzen übrig. Gleiche Behandlung würde bedeuten, dass ich jeder der beiden verletzten Personen eine Injektion gebe, aber die eine Injektion würde nicht viel zur Schmerzlinderung bei der Person mit dem zerquetschten Bein beitragen. Sie würde immer noch mehr Schmerzen leiden als das andere Opfer, und erst wenn ich ihr nach der ersten auch noch die zweite Spritze geben würde, brächte ihr das größere Erleichterung, als eine Spritze für die Person mit den geringeren Schmerzen bedeuten würde.

Daher führt gleiche Interessenabwägung in dieser Situation zu etwas, das manche als ein nichtegalitäres Ergebnis betrachten mögen: zwei Morphiumspritzen für die eine Person, für die andere keine. [...]

Dadurch, dass wir der ernsthafter verletzten Person eine doppelte Dosis geben, schaffen wir eine Situation, in der eine im Grad des Leidens beider Opfer geringere Differenz besteht, als wenn wir beiden eine Dosis geben würden. Statt dass es dazu kommt, dass eine Person beträchtliche Schmerzen hat und die andere keine, sorgen wir dafür, dass beide Personen leichte Schmerzen haben. Dies liegt ganz auf der Linie des Prinzips des sinkenden Grenznutzens, [...] welches besagt, dass, je mehr ein Individuum von einer Sache besitzt, es desto weniger von einer zusätzlichen Menge dieser Sache profitieren wird. Wenn ich mit 200 Gramm Reis am Tag ums Überleben kämpfe und man mir 50 Gramm pro Tag mehr gibt, so verbessert man meine Lage bedeutend; habe ich aber bereits ein Kilo Reis am Tag, würden mich die zusätzlichen 50 Gramm wenig interessieren.

Praktische Ethik (1984; 3. Auflage 2013)

Präferenzutilitarismus

Der Präferenzutilitarismus (von lat. *praeferre*: vorziehen) macht im Unterschied zum klassischen Utilitarismus nicht die Maximierung von Glück, sondern die Beachtung der *Interessen* der Betroffenen zum Maßstab der Bewertung einer Handlung.

A

1. Erklären Sie, mit welchem Argument *Brot für die Welt* für Spenden wirbt. > M1
2. Erarbeiten Sie Singers ethische Position. > M2
3. Vergleichen Sie den Präferenzutilitarismus mit den Formen des Utilitarismus, die Sie bisher kennengelernt haben. > M2
4. Erläutern Sie Singers Prinzip des sinkenden Grenznutzens und wenden Sie es auf das Plakat von *Brot für die Welt* an. > M2/M1

Die Präferenz zu leben

M1 Lebensrecht für die großen Menschenaffen?

Jährlich fallen rund 2000 der großen Menschenaffen Wilderern zum Opfer. Das von Peter Singer unterstützte *Great Ape Projekt* setzt sich dafür ein, Gorillas, Schimpansen und Orang-Utans in die Gemeinschaft derer einzuschließen, die ein Recht auf Leben haben.

M2 Peter Singer: Personenstatus und Tötungsverbot

Man behauptet oft, Leben sei heilig. Man meint fast nie ernst, was man sagt. Man meint nicht – im strengen Wortsinn –, Leben an sich sei heilig. Würde man das nämlich meinen, so müsste man es ebenso entsetzlich finden, ein Schwein zu töten oder einen Kohlkopf auszureißen, wie einen Menschen zu ermorden. Wird behauptet, das Leben sei heilig, so meint man menschliches Leben. [...]

Heute sind sich die meisten Menschen, wenn nicht in der Praxis, so doch in der Theorie, darüber einig, dass es, abgesehen von besonderen Situationen wie Notwehr, Krieg, möglicherweise Todesstrafe und einigen weiteren Zweifelsfällen, falsch ist, menschliche Wesen zu töten, und zwar ungeachtet ihrer Rasse, Religion, Klasse oder Nationalität. [...]

Hier ist die Frage angebracht, was wir mit Begriffen wie „menschliches Leben" und „menschliches Wesen" meinen. [...]

Der Ausdruck „menschliches Wesen" kann eine genaue Bedeutung haben und zum Beispiel als Äquivalent zu „Mitglied der Spezies Homo sapiens" verwendet werden. Ob ein Wesen Mitglied einer bestimmten Spezies ist, lässt sich wissenschaftlich bestimmen durch die Untersuchung der Beschaffenheit der Chromosomen in den Zellen lebender Organismen. [...]

[Einen anderen] Bedeutungsumfang des Begriffs haben wir vor Augen, wenn wir von jemandem sagen, er sei ein „wirklich menschliches Wesen" oder zeige „wahrhaft menschliche Eigenschaften". [...] [Für] die zweite Bedeutung [werde ich] den Begriff „Person" [verwenden]. [...] John Locke definiert eine Person als „ein denkendes intelligentes Wesen, das Vernunft und Reflexion besitzt und sich als sich selbst denken kann, als dasselbe denkende Etwas in verschiedenen Zeiten und an verschiedenen Orten". [...]

Dass es unrecht ist, einem Wesen Schmerz zuzufügen, kann nicht von seiner Gattungszugehörigkeit abhängen; ebenso wenig, dass es unrecht ist, es zu töten. Die biologischen Fakten, an die unsere Spezies gebunden ist, haben keine moralische Bedeutung. Dem Leben eines Wesens bloß deshalb den Vorzug zu geben, weil das Lebewesen unserer Spezies angehört, würde uns in eine unangenehme Position bringen. Sie gleicht jener der Rassisten, die denen den Vorzug geben, die zu ihrer Rasse gehören. [...]

Gibt es etwas an dem Leben eines rationalen und selbstbewussten Wesens – im Unterschied zu einem bloß empfindungsfähigen Wesen –, das es sehr viel schwerwiegender macht, das Leben des ersteren als das des letzteren zu nehmen? [...]

Ein selbstbewusstes Wesen ist sich seiner selbst als einer distinkten Entität* bewusst, mit einer Vergangenheit und Zukunft. (Dies stellte, wie wir sahen, Lockes Kriterium für die Person dar.) Ein Wesen, das in dieser Weise seiner selbst bewusst ist, ist fähig, Wünsche hinsichtlich seiner eigenen Zukunft zu haben. So mag zum Beispiel eine Studentin ihr Abschlussexamen ins Auge fassen; ein Kind mag den Wunsch haben, an einer Geburtstagsfeier teilzunehmen; ein Philosophieprofessor mag hoffen, ein Buch zu schreiben, das sich kritisch mit weithin akzeptierten moralischen Haltungen auseinandersetzt. Nimmt man

einem dieser Menschen ohne seine Zustimmung das Leben, so durchkreuzt man damit seine Wünsche für die Zukunft. Für die meisten erwachsenen Menschen sind diese in die Zukunft gerichteten Wünsche von zentraler Bedeutung für ihr Leben; also würde die Tötung der betreffenden Person gegen ihren Willen ihren wichtigsten Wünschen zuwiderlaufen. Tötet man eine Schnecke, so vereitelt man keine Wünsche dieser Art, weil Schnecken unfähig sind, solche Wünsche zu haben. [...]
Nach dem Präferenz-Utilitarismus ist eine Handlung, die der Präferenz irgendeines Wesens entgegensteht, ohne dass diese Präferenz durch entgegengesetzte Präferenzen ausgeglichen wird, moralisch falsch. Eine Person zu töten, die es vorzieht, weiterzuleben, ist daher, gleiche Umstände vorausgesetzt, unrecht. [...]
Für Präferenz-Utilitaristen ist die Tötung einer Person in der Regel schlimmer als die Tötung eines anderen Wesens, weil Personen in ihren Präferenzen sehr zukunftsorientiert sind. Eine Person zu töten bedeutet darum normalerweise nicht nur eine, sondern eine Vielzahl der zentralsten und bedeutendsten Präferenzen, die ein Wesen haben kann, zu verletzen. [...] Im Gegensatz dazu kann ein Wesen, das sich nicht selbst als eine Entität mit einer eigenen Zukunft sehen kann, keine Präferenz hinsichtlich seiner eigenen zukünftigen Existenz haben. *Praktische Ethik (1979; 3. Auflage 2013)*

M3 Peter Singer: Die Tötung nichtmenschlicher Personen

Einige nichtmenschliche Tiere scheinen sich selbst als distinkte Wesen mit einer Vergangenheit und Zukunft zu begreifen. [...] Bei den großen Menschenaffen handelt es sich vermutlich am eindeutigsten um Personen, aber [...] auch bei einigen anderen Spezies [gibt es] Anzeichen für das Vorhandensein von in die Zukunft gerichteten Bewusstseinsvorgängen. [...]
Ich legte dar, dass dann, wenn den meisten menschlichen Wesen ein Leben von besonderer Bedeutsamkeit eignet oder sie einen besonderen Anspruch auf Schutz ihres Lebens haben, dies mit der Tatsache in Zusammenhang gesehen werden muss, dass die meisten menschlichen Wesen Personen sind. Falls aber einige nichtmenschliche Tiere ebenfalls Personen sind, dann hat ihr Leben denselben Schutzanspruch. [...] Daher sollten wir die Lehre, dass die Tötung von Angehörigen unserer Gattung immer größere Bedeutsamkeit hat als die Tötung von Angehörigen anderer Gattungen, ablehnen. Manche Angehörigen anderer Gattungen sind Personen; manche Angehörigen unserer eigenen Spezies sind es nicht. Keine objektive Beurteilung kann den Standpunkt unterstützen, dass es immer schlimmer ist, Mitglieder unserer eigenen Spezies, die keine Personen sind, zu töten als Mitglieder anderer Spezies, die es sind. Im Gegenteil gibt es, wie wir sahen, starke Gründe dafür, der Überzeugung zu sein, dass es an sich schwerwiegender ist, Personen das Leben zu nehmen als Nichtpersonen. So scheint es, dass etwa die Tötung eines Schimpansen – alle übrigen Umstände als gleich vorausgesetzt – schlimmer ist als die Tötung eines menschlichen Wesens, welches aufgrund einer schweren geistigen Behinderung keine Person ist und nie sein kann. (Häufig sind allerdings die übrigen Umstände nicht gleich: so spielen beispielsweise die Meinungen der Eltern von schwer geistig behinderten menschlichen Wesen eine wesentliche Rolle.) *Praktische Ethik (1984; 3. Auflage 2013)*

A

1. Diskutieren Sie, ob es ein Lebensrecht für die großen Menschenaffen geben sollte. Wie könnte ein solches Recht begründet werden? > M1
2. Erklären Sie die unterschiedlichen Bedeutungen des Begriffs „menschliches Leben" nach Singer. > M2
3. Untersuchen Sie, wodurch das Lebensrecht präferenzutilitaristisch begründet wird. > M2
4. Erörtern Sie die Konsequenzen, die sich aus der speziesistischen und aus der präferenzutilitaristischen Begründung des Tötungsverbotes für Menschen und Tiere ergeben. > M2/M3
5. Nehmen Sie Stellung zu Singers Begründung des Tötungsverbotes. > M2/M3

Hinweis:
Singers Präferenzutilitarismus wird im Kapitel *Medizinethik* wieder aufgegriffen und kann dort weiter bearbeitet werden (s. S. 272f.).

Utilitarismus auf dem Prüfstand

METHODENKOMPETENZ: Mit Gedanken experimentieren

Um Lösungen von Problemen zu finden, Neues zu entdecken oder Positionen zu überprüfen, experimentieren Philosophen oft mit Gedanken. Ein Gedankenexperiment weist Parallelen zu einem naturwissenschaftlichen Experiment auf. Es lässt sich in folgende Phasen einteilen:

1. **Problemstellung:** Anlass für ein Gedankenexperiment ist in der Regel ein sich aufdrängendes philosophisches Problem. – *„ ...?"*
2. **Annahme:** Sie bildet die „Versuchsanordnung" und ist in der Regel kontrafaktisch, d. h. sie steht im Widerspruch zu realen Gegebenheiten. – *„Angenommen ..."*
3. **Frage:** Aus der Annahme ergibt sich die Frage, die das Experiment einleitet. – *„Was wäre dann?"*
4. **Experimentierphase:** Hier werden *Überlegungen* angestellt, die zur *Beantwortung* der Frage führen. Oft müssen verschiedene Antwortmöglichkeiten durchgespielt werden, um die plausibelste Antwort zu finden. – *„Dann wäre ..."*
5. **Folgerung:** Aus dem Gedankenexperiment werden Folgerungen für die übergreifende Problemstellung gezogen. – *„Also ..."*

M1 Die Bergbahn

Die britische Philosophin Philippa Foot beschrieb 1967 das Trolley-Problem, ein Gedankenexperiment, das dazu dienen kann, die Tragfähigkeit des Nutzenmaximierungsprinzips der utilitaristischen Ethik zu überprüfen:

Problemstellung

„Stellen Sie sich eine Straßenbahn vor, die einen Berg hinabrollt. Plötzlich sieht der Fahrer, dass fünf Menschen auf den Schienen stehen. Er versucht zu bremsen – doch die Bremsen versagen. Er hat nun die Wahl, eine Weiche vor der Bahn umzustellen und so in Kauf zu nehmen, einen Menschen auf dem Nachbargleis zu überfahren – oder die fünf anderen Menschen zu überrollen. Was soll er tun?"

Annahme

Frage

Intuitiv neige ich zu der Handlungsoption, die Weiche umzustellen. Dem entspricht auch folgende Überlegung: Wenn der Fahrer die Weiche nicht umstellt, werden fünf Menschen den Tod finden, einer dagegen kann gerettet werden. Stellt er die Weiche um, so führt das dazu, dass nur eine Person stirbt, aber fünf ihr Leben behalten. Im ersten Fall müssen fünf sterben, im zweiten Fall nur eine Person. Das ist für mich das geringere Übel. Deshalb halte ich es für moralisch geboten, dass der Fahrer die Weiche umstellt.

Experimentierphase:
Überlegungen → Antwort

Meine Auffassung steht auch in Übereinstimmung mit dem utilitaristischen Prinzip der Nützlichkeit. Demnach ist es eine Handlung oder Handlungsregel dann gut, wenn sie das größtmögliche Übergewicht von Freude gegenüber Leid herbeiführt bzw. die Präferenzen der Betroffenen am weitestgehenden befriedigt. Die Nutzensumme beträgt bei der ersten Handlungsoption 1, die Summe des Schadens dagegen 5. Bei der zweiten Option ist das Nutzenverhältnis 5:1. Das Gedankenexperiment bestätigt also die Tragfähigkeit des utilitaristischen Maßstabs für gutes Handeln.

Folgerung

Medienhinweis:

Eine filmische Darstellung des Trolley-Problems findet sich im Internet unter https://www.youtube.com/watch?v=Fs0E69kr0_Q (0:00-0:40).

M2 Der dicke Mann

Problemstellung

Die amerikanische Philosophin Judith J. Thomson (s. S. 269) entwarf eine Variante des Trolley-Problems, um die Tragfähigkeit der utilitaristischen Ethik zu prüfen:

Annahme

Nehmen wir an, eine Bergbahn rollt einen Berg hinunter und der Führer des Zuges sieht plötzlich fünf Arbeiter auf den Schienen stehen. Er weiß sofort, dass er keine Chance hat, die Bahn in irgendeiner Weise an- oder gar aufzuhalten. Allerdings muss die Bahn unter einer Brücke herfahren, auf der ein sehr dicker Mann steht. Wenn dieser Mann von der Brücke auf die Schienen spränge, würde er zwar sein Leben verlieren, gleichzeitig aber die Bergbahn zum Stillstand bringen und auf diese Weise fünf Menschenleben retten.

Der sehr dicke Mann nimmt die gerade geschilderte Situation als solche nicht wahr. Sie sind ebenfalls auf der Brücke, aber selbst zu schlank, um durch Ihren Märtyrer-Tod die Bahn aufzuhalten. Sie haben aber die Möglichkeit, den dicken Mann von der Brücke zu stoßen, und könnten durch Ihre Tat dazu beitragen, fünf Leben zu retten.

Frage

Experimentierphase:
Überlegungen → Antwort

Folgerung

Medienhinweis:

Eine filmische Darstellung des Fat-Man-Problems findet sich im Internet unter https://www.youtube.com/watch?v=Fs0E69kr0_Q (1:08-1:38).

1 Vollziehen Sie nach, wie das Gedankenexperiment durchgeführt wird. > M1
2 Beurteilen Sie die Plausibilität des Gedankenexperiments. > M1
3 Führen Sie das Gedankenexperiment „Der dicke Mann" nach dem Muster von M1 durch. > M2/Anleitung
4 Vergleichen Sie die Ergebnisse der beiden Gedankenexperimente bezüglich der Tragfähigkeit des Prinzips der Nützlichkeit. > M1/M2

Grenzen der Nutzenmaximierung

M1 Rechnung

M2 Konrad Ott: Nutzenmaximierung und Tötungsverbot

Konrad Ott (*1959), Professor für Ethik an der Universität Kiel, hat sich kritisch mit dem Utilitarismus auseinandergesetzt.

Die Anwendung des uneingeschränkten Utilitarismus führt zu merkwürdigen Konsequenzen in vielen Praxisfeldern. [...] Robin-Hood-Strategien, Reiche zu bestehlen, um den Armen zu helfen, sind für Utilitaristen akzeptabel. Dies muss man nicht als stark kontraintuitiv empfinden. Den alten, einsamen Wucherer schmerzlos zu töten, um mit dem Geld viel Nutzen zu stiften, ist allerdings auch erlaubt oder sogar geboten. Hier würden viele zögern. Es gibt im klassischen Utilitarismus keine direkten Gründe gegen das Töten. Das Tötungsverbot ist nur eine Konsequenz der empirisch normalerweise vorliegenden Präferenzintensität, am Leben bleiben zu wollen. Jede noch so intensive Präferenz kann in einer Aufaddierung überboten werden. Das heimliche und schmerzlose Töten zum Zweck der Nutzenmaximierung ist daher zulässig. Gerade das Tötungsverbot ist nun aber intuitiv stark in der Moral verankert. Eine Ethik, in deren Konzeption von Moralität das Tötungsverbot nur indirekt begründet werden kann (etwa über die verbreitete Angst davor, heimlich getötet werden zu dürfen), dürfte einen Schwachpunkt aufweisen. [...]

Öffentliche Hinrichtungen zur Volksbelustigung sind im reinen Utilitarismus nicht prinzipiell ausgeschlossen. Wenn 95 % der Bevölkerung 5 % versklaven und die wenigen Sklaven mit ihrem Schicksal halbwegs zufrieden sind, ist dies zulässig. Wenn jemand, der eine sehr starke Präferenz verspürt, eine komatöse Frau zu vergewaltigen (fraglich ist, ob der Utilitarist dieses Wort akzeptieren würde), dies heimlich tun kann und die Frau selbst „nichts mitbekommt" (also nicht geschädigt wird), so spricht nichts gegen die Ausführung dieser Handlung. Gemäß Kalkül 1 wäre diese Handlung zulässig, gemäß Kalkül 2 wäre die gleiche Handlung womöglich falsch, da viele Personen sexuelle Kontakte mit komatösen Frauen abscheulich finden dürften.

Wie ist der Fall zu bewerten, wenn in römischen Zirkusspielen zum großen Ergötzen vieler Zuschauer gelegentlich einige Christen den Tieren zum Fraß vorgeworfen werden, die womöglich stolz darauf sind, Märtyrer zu werden? „Nach dem reinen Summenprinzip müsste mit wachsender Anzahl der Zuschauer irgendwann der Punkt kommen, an dem der Utilitarist gegen derartige Sitten nichts mehr einzuwenden hat." [...]

Jeder, auch der schlimmste Nutzenverlust müsste sich durch viele kleine, marginale Nutzenzuwächse ausgleichen lassen. Wenn sich sehr viele Leute nur ein bisschen besser fühlen, wären Gräuel gerechtfertigt. Ab einer bestimmten Anzahl Glücklicher wäre es legitim, wenigen Menschen Höllenqualen zu bereiten, wenn die Glücklichen davon marginal profitieren würden. [...]

Da der Utilitarismus [darüber hinaus] die Unterscheidung zwischen Tun und Unterlassen nicht in dem Sinne benutzen darf, dass aktives Tun moralisch anders bewertet wird als Unterlassen [...], so ergibt sich, dass es eigentlich genauso schlimm ist, nicht alles Mögliche zur Rettung verhungernder Menschen zu unternehmen wie aktiv Menschen zu töten.

Moralbegründungen zur Einführung (2001)

M3 Robert Spaemann: Mittel zum Zweck

Auch der Philosoph Robert Spaemann (s. S. 12) zählte zu den Kritikern des Utilitarismus.

[Es ist] gar keine Frage, dass der größte Teil unserer Handlungen auf einer Abwägung der Folgen bzw. einer Abwägung der Güter beruht, die von den Folgen unserer Handlungen positiv oder negativ betroffen sind. Wir wägen Gewinn und Verlust gegeneinander ab. Der Arzt amputiert unter Umständen ein Bein oder entfernt eine Niere, um den übrigen Menschen zu retten, oder er verbietet dem Patienten den Genuss von Wein, um ihn vor größeren Unannehmlichkeiten zu bewahren, als es dieser Verzicht ist. Hier rechtfertigt zweifellos der Zweck das Mittel [...].

Aber wie steht es, wenn wir diese Denkweise beliebig fortsetzen? Nehmen wir an, der Arzt hat über die Gesundheit eines bösartigen Menschen zu wachen, der sich und seinen Mitmenschen auf die Nerven fällt, oder gar eines Verbrechers. Sollte der Arzt aus Verantwortung für die Gesamtheit der Folgen seiner Handlung dem Patienten zu einer Therapie raten, die ihn möglichst bald unter den Rasen bringt? In diesem Sinne handeln offenbar die sowjetischen Psychiater verantwortungsethisch, wenn sie Dissidenten*, die sie für schädliche Menschen halten, in Kliniken einsperren und mit Drogen behandeln, um den Willen dieser Menschen zu brechen. Unserem Verständnis von ärztlicher Verantwortung widerspricht diese Auffassung radikal. Denn nach unserem Verständnis endet die Verantwortung des Arztes genau an dem Endziel, das Beste für die Gesundheit seines Patienten zu tun. Diese Fürsorge einer weiterreichenden Verantwortung für irgendwelche Folgen unterzuordnen, wäre mit ärztlichem Ethos unvereinbar. [...]

Der Utilitarist ist [...] auch durch Verbrecher leichter erpressbar und erhöht damit die Gefahr der Erpressungen. Natürlich ist es in vielen Fällen auch aus utilitaristischen Erwägungen richtig, Erpressungen zu widerstehen, um nämlich das Erpressungswesen selbst zum Erliegen zu bringen. Dennoch ist es jedes Mal eine Sache der Abwägung der auf dem Spiel stehenden Übel, ob man nachgeben soll oder nicht.

Das sittliche Problem stellt sich [...] da in voller Schärfe, wo der Erpresser verbrecherische Handlungen verlangt, zum Beispiel die Tötung eines Unschuldigen oder die Auslieferung eines Gastfreundes, und dies unter Androhung weit größerer Übel. Der Utilitarist müsste hier unter Umständen nachgeben mit der Begründung, dass der Tod eines Menschen besser ist als der Tod von hundert Menschen. Wer jedoch auf dem Standpunkt steht, dass die Tötung eines unschuldigen Menschen in jedem Fall ein Verbrechen ist, der wird sich dieser Logik nicht unterwerfen. Wenn man weiß, dass er auf diesem Standpunkt steht, dann wird man die Erpressung gar nicht erst versuchen, so dass auch hier der Utilitarismus unter Umständen wieder kontraproduktiv wirkt, das heißt, Folgen zeitigt, die er gerade vermeiden möchte.[...]

[Der Utilitarismus] fordert ein Optimierungsprogramm für möglichst viele, aber [er] sagt nicht, ob es vielleicht Menschenrechte jedes Einzelnen gibt, die einem solchen Programm in gar keinem Fall geopfert werden dürfen. Sollten wir z. B. die Folter einführen, um den Terrorismus auszurotten? Sollten wir Geisteskranke und alte hilflose Menschen töten, um allen anderen Menschen Aufwendungen und Opfer zu ersparen? Sollten wir kleine Minderheiten ausrotten, um Konflikte so aus der Welt zu schaffen? [...] Wo Tötung schmerzlos geschieht, wird ohnehin niemandes Wohlbefinden beeinträchtigt. Und wo der Kläger beseitigt ist, gibt es, wie es scheint, auch keinen Richter. Wir können aber leicht sehen, dass die Gründung der Ethik auf ein solches Optimierungsprogramm ohne feste Normen unmittelbar das Gegenteil dessen erreicht, was sie intendiert. *Moralische Grundbegriffe (1982)*

A

1 Erläutern Sie die Aussage der Karikatur vor dem Hintergrund der utilitaristischen Ethik. > M1

2 Diskutieren Sie die Fallbeispiele, die Konrad Ott und Robert Spaemann in ihren Texten anführen. > M2/M3

3 Erklären Sie, welche Probleme des Utilitarismus an diesen Beispielen offenbar werden. > M2/M3

4 Beurteilen Sie die Tragfähigkeit der utilitaristischen Ethik.

Wissen kompakt

Mensch:
strebt von seiner Natur her
nach Freude/Glück (happiness)
und Vermeidung von Leid/Unglück

↓

Utilitaristische Ethik:
Handeln nach dem Prinzip der Nützlichkeit:
Vermehrung von Freude/Glück und
Verminderung von Leid/Unglück

↓

Jeremy Bentham:
Quantitativer Utilitarismus

Hedonistisches Kalkül:
quantitative Abwägung der Folgen einer Handlung
für alle Betroffenen

Moralisch richtig ist eine Handlung, die ein Übergewicht
von Freude/Glück gegenüber Leid/Unglück herbeiführt.

problematisch:
quantitative Gleichsetzung von Freuden/Leiden
verschiedener Art

↓

John Stuart Mill:
Qualitativer Utilitarismus

Berücksichtigung der *Qualität* einer Handlung:
Anerkennung der Tatsache, dass einige Freuden
wünschenswerter sind als andere

Moralisch richtig ist eine Handlung, die sowohl hinsichtlich Quantität
als auch der Qualität das größte Glück der größten Zahl herbeiführt.

problematisch:
Fehlen eines eindeutigen Maßstabes für die Abwägung
von Quantität und Qualität

Handlungsutilitarismus

Beurteilung *meiner* Ausführung *dieser* Handlung in *dieser* Situation

problematisch:
Handlungen, die in einem konkreten Fall dem größten allgemeinen Wohl dienen, aber gegen allgemein anerkannte Prinzipien verstoßen, z. B. gegen das Wahrheitsgebot

→

Regelutilitarimus

Beurteilung der *allgemeinen* Ausführung *derartiger* Handlungen in *derartigen* Situationen

problematisch:
Regeln, die die Summe des Wohls maximal vermehren, aber zu einer *ungerechten Verteilung* führen

↓

**Peter Singer:
Präferenzutilitarismus**

Beurteilung einer Handlung vom universalen Standpunkt, aber nicht bezüglich der Herbeiführung von Freude/Glück sondern bezogen auf die Förderung der *Präferenzen* (Interessen) der betroffenen Personen

erfordert gelegentlich Ungleichverteilung zur Herstellung von *Gerechtigkeit*, (z. B. mehr Nahrung für Hungrige als für Gesättigte)

problematisch:
- Ausdehnung des Person-Begriffs auf nicht-menschliche Lebewesen, die Präferenzen hinsichtlich ihrer zukünftigen Existenz haben, z. B. Menschenaffen
- Tötungsverbot für Menschenaffen, dagegen Erlaubnis der Tötung von Angehörigen der menschlichen Spezies, denen kein Personenstatus zugestanden wird

Generelle Probleme des Utilitarismus:
- Fehlen unbedingter Werte (z. B. Recht jedes Menschen auf Leben)
- Jeder Nutzen / jede Präferenz eines/r Einzelnen kann durch Verrechnung mit der Summe des Gesamtnutzens / mit den Präferenzen anderer überboten werden
- Gefahr, dass der Mensch bloß als Mittel zum Zweck dient (Verstoß gegen das Prinzip der Menschenwürde)

Bürger zweier Welten

M1 Zwischen Himmel und Erde ...

Anselm Kiefer: Der gestirnte Himmel über mir, das moralische Gesetz in mir, 1980

M2 Immanuel Kant: Zwei Standpunkte

Der Aufklärungsphilosoph Immanuel Kant (vgl. S. 52) geht in seiner Ethik von einem Standpunkt aus, der sich grundlegend vom Eudämonismus und Utilitarismus unterscheidet.

Zwei Dinge erfüllen das Gemüt mit immer neuer und zunehmender Bewunderung und Ehrfurcht, je öfter und nachhaltender sich das Nachdenken damit beschäftigt: der gestirnte Himmel über mir und das moralische Gesetz in mir. Beide darf ich nicht als in Dunkelheiten verhüllt, oder im Überschwänglichen, außer meinem Gesichtskreise, suchen und bloß vermuten; ich sehe sie vor mir und verknüpfe sie unmittelbar mit dem Bewusstsein meiner Existenz. [...] Der erstere Anblick einer zahllosen Weltenmenge vernichtet gleichsam meine Wichtigkeit, als eines tierischen Geschöpfs, das die Materie, daraus es ward, dem Planeten (einem bloßen Punkt im Weltall) wieder zurückgeben muss, nachdem es eine kurze Zeit (man weiß nicht wie) mit Lebenskraft versehen gewesen. Der zweite erhebt dagegen meinen Wert, als einer Intelligenz, unendlich, durch meine Persönlichkeit, in welcher das moralische Gesetz mir ein von der Tierheit und selbst von der ganzen Sinnenwelt unabhängiges Leben offenbart, wenigstens so viel sich aus der zweckmäßigen Bestimmung meines Daseins durch dieses Gesetz, welches nicht auf Bedingungen und Grenzen dieses Lebens eingeschränkt ist, sondern ins Unendliche geht, abnehmen lässt.

Kritik der praktischen Vernunft (1788)

Mithin hat [ein vernünftiges Wesen] zwei Standpunkte, daraus es sich selbst betrachten [...] kann, einmal, sofern es zur Sinnenwelt gehört, unter Naturgesetzen (Heteronomie), zweitens, als zur intelligibelen Welt gehörig, unter Gesetzen, die von der Natur unabhängig, nicht empirisch*, sondern bloß in der Vernunft gegründet sind. Als ein vernünftiges, mithin zur intelligibelen Welt gehöriges Wesen kann der Mensch die Kausalität seines Willens niemals anders als unter der Idee der Freiheit denken: denn Unabhängigkeit von den bestimmenden Ursachen der Sinnenwelt (dergleichen die Vernunft jederzeit sich selbst beilegen muss) ist Freiheit. Mit der Idee der Freiheit ist nun der Begriff der Autonomie unzertrennlich verbunden, mit diesem aber das allgemeine Prinzip der Sittlichkeit, welches in der Idee allen Handlungen vernünftiger Wesen ebenso zum Grunde liegt, als Naturgesetz allen Erscheinungen.

Grundlegung zur Metaphysik der Sitten (1785)

M3 Immanuel Kant: Glückseligkeit als praktisches Prinzip?

[D]as Bewusstsein eines vernünftigen Wesens von der Annehmlichkeit des Lebens, die ununterbrochen sein ganzes Dasein begleitet, [ist] die Glückseligkeit, und das Prinzip, diese sich zum höchsten Bestimmungsgrund der Willkür* zu machen, [ist] das Prinzip der Selbstliebe. [...]

Glücklich zu sein, ist notwendig das Verlangen jedes vernünftigen aber endlichen Wesens, und also ein unvermeidlicher Bestimmungsgrund seines Begehrungsvermögens. Denn die Zufriedenheit mit seinem ganzen Dasein ist nicht etwa ein ursprünglicher Besitz, und eine Seligkeit, welche ein Bewusstsein seiner unabhängigen Selbstgenügsamkeit voraussetzen würde, sondern ein durch seine endliche Natur selbst ihm aufgedrungenes Problem, weil es bedürftig ist. [...]

[D]ieses Bedürfnis betrifft die Materie seines Begehrungsvermögens, d. i. etwas, was sich auf ein subjektiv zum Grunde liegendes Gefühl der Lust oder Unlust bezieht [...], dadurch das, was er zur Zufriedenheit mit seinem Zustand bedarf, bestimmt wird. Aber eben darum, weil dieser materiale Bestimmungsgrund von dem Subjekte bloß empirisch erkannt werden kann, ist es unmöglich, diese Aufgabe [Glückseligkeit] als ein Gesetz zu betrachten, weil [ein Gesetz] [...] in allen Fällen und für alle vernünftigen Wesen *eben denselben Bestimmungsgrund* des Willens enthalten müsste. [...] Worin nämlich jeder seine Glückseligkeit zu setzen habe, kommt auf jedes sein besonderes Gefühl der Lust und Unlust an, und selbst in einem und demselben Subjekt auf die Verschiedenheit der Bedürfnisse, nach den Abänderungen dieses Gefühls, und ein *subjektiv notwendiges Gesetz* [...] ist also *objektiv* ein gar sehr *zufälliges* praktisches Prinzip, das in verschiedenen Subjekten sehr verschieden sein kann [...].

Empirische Bestimmungsgründe taugen zu keiner allgemeinen äußeren Gesetzgebung, aber auch eben so wenig zur inneren; denn jeder legt sein Subjekt, ein anderer aber ein anderes Subjekt der Neigung zum Grunde, und in jedem Subjekt selber ist bald die, bald eine andere im Vorzuge des Einflusses.

Kritik der praktischen Vernunft (1788)

M4 Selbstgesetzgebung durch Vernunft

H

Nach Immanuel Kant besitzt der Mensch eine Doppelnatur: Er hat sowohl Anteil an der empirischen Welt als auch an der intelligiblen Welt.

Durch seine körperliche Konstitution und seine psychischen Dispositionen – Gefühle, Leidenschaften, Triebe, Neigungen – gehört er der Sinnenwelt an, die durch Kausalität bestimmt ist. Alles im Bereich der Erfahrung unterliegt den Naturgesetzen.

Darüber hinaus ist der Mensch ein Vernunftwesen. Kraft seiner Vernunft ist er fähig, sich zu seinen natürlichen Dispositionen zu verhalten, sie zu regulieren und zu gestalten. Als intelligibles Wesen ist er frei von den Antrieben der Sinnlichkeit und untersteht allein der inneren Kausalität des Willens. Der Wille fängt spontan, d. h. ohne äußere Ursache, „ganz von selbst" an zu wirken. Er ist autonom, d. h. er verfügt über die Fähigkeit, sich selbst zu bestimmen. Dadurch wird es dem Menschen möglich, sich selbst ein Sittengesetz aufzuerlegen. Dieses Sittengesetz kann nicht durch subjektive Neigungen bestimmt werden, wie es im Glücksstreben von Einzelnen der Fall ist, sondern es muss für alle Menschen gleichermaßen gelten, d. h. allgemeingültig sein.

Autorenbeitrag

Autonomie

Autonomie (von gr. *auto*: selbst, *nomos*: Gesetz) bedeutet Selbstbestimmung und steht im Gegensatz zu Heteronomie (Fremdbestimmung). In der Autonomie der Vernunft ist nach Immanuel Kant die Möglichkeit der Sittlichkeit begründet.

A

1. Beschreiben Sie Anselm Kiefers Bild und deuten Sie die dargestellten Symbole (mit Bezug zum Bildtitel). > M1
2. Untersuchen Sie, inwiefern der Mensch unter zwei Standpunkten zu betrachten ist. > M2/M4
3. Erläutern Sie, inwiefern Autonomie der Vernunft und Freiheit des Willens Voraussetzung für die Möglichkeit eines allgemeinen Prinzips der Sittlichkeit sind. > M2/M4
4. Erklären Sie, warum Glückseligkeit nicht als Bestimmungsgrund des Sittengesetzes taugt. > M3/M4

Der gute Wille

zu M2: Kant, S. 160-169

M1 Was ist wirklich immer gut?

M2 Immanuel Kant: Das uneingeschränkt Gute

Die Textauszüge der Seiten 160-169 geben die zentrale Argumentation aus der *Grundlegung zur Metaphysik der Sitten* wieder, Kants erster umfassender Schrift zur Ethik, mit der er seine Moralphilosophie begründet.

Es ist überall nichts in der Welt, ja überhaupt auch außer derselben zu denken möglich, was ohne Einschränkung für gut könnte gehalten werden, als allein ein GUTER WILLE. Verstand, Witz*, Urteilskraft und wie die Talente des Geistes sonst heißen mögen, oder Mut, Entschlossenheit, Beharrlichkeit im Vorsatze als Eigenschaften des Temperaments sind ohne Zweifel in mancher Absicht gut und wünschenswert; aber sie können auch äußerst böse und schädlich werden, wenn der Wille, der von diesen Naturgaben Gebrauch machen soll und dessen eigentümliche Beschaffenheit darum Charakter heißt, nicht gut ist. Mit den Glücksgaben ist es ebenso bewandt. Macht, Reichtum, Ehre, selbst Gesundheit und das ganze Wohlbefinden und Zufriedenheit mit seinem Zustande unter dem Namen der Glückseligkeit machen Mut und hierdurch öfters auch Übermut, wo nicht ein guter Wille da ist, der den Einfluss derselben aufs Gemüt und hiermit auch das ganze Prinzip zu handeln berichtige und allgemein zweckmäßig mache; ohne zu erwähnen, dass ein vernünftiger unparteiischer Zuschauer sogar am Anblicke eines ununterbrochenen Wohlergehens eines Wesens, das kein Zug eines reinen und guten Willens ziert, nimmermehr ein Wohlgefallen haben kann und so der gute Wille die unerlässliche Bedingung selbst der Würdigkeit glücklich zu sein auszumachen scheint.

Einige Eigenschaften sind sogar diesem guten Willen selbst beförderlich und können sein Werk sehr erleichtern, haben aber dem ungeachtet keinen inneren unbedingten Wert, sondern setzen immer noch einen guten Willen voraus, der die Hochschätzung, die man übrigens mit Recht für sie trägt, einschränkt und es nicht erlaubt, sie für schlechthin gut zu halten. Mäßigung in Affekten* und Leidenschaften, Selbstbeherrschung und nüchterne Überlegung sind nicht allein in vielerlei Absicht gut, sondern scheinen sogar einen Teil vom innern Werte der Person auszumachen; allein es fehlt viel daran, um sie ohne Einschränkung für gut zu erklären (so unbedingt sie auch von den Alten gepriesen worden). Denn ohne Grundsätze eines guten Willens können sie höchst böse werden, und das kalte Blut eines Bösewichts macht ihn nicht allein weit gefährlicher, sondern auch unmittelbar in unsern Augen noch verabscheuungswürdiger, als er ohne dieses dafür würde gehalten werden.

Der gute Wille ist nicht durch das, was er bewirkt oder ausrichtet, nicht durch seine Tauglichkeit zur Erreichung irgendeines vorgesetzten Zweckes, sondern allein durch das Wollen, d. i. an sich gut, und, für sich selbst betrachtet, ohne Vergleich weit höher zu schätzen als alles, was durch ihn zu Gunsten irgendeiner Neigung*, ja wenn man will, der Summe aller Neigungen, nur immer zustande gebracht werden könnte. Wenngleich durch eine besondere Ungunst des Schicksals oder durch kärgliche Ausstattung einer stiefmütterlichen Natur es diesem Willen gänzlich an Vermögen fehlte, seine Absicht durchzusetzen; wenn bei seiner größten Bestrebung dennoch nichts von ihm ausgerichtet würde und nur der gute Wille (freilich nicht etwa als ein bloßer Wunsch, sondern als die Aufbietung aller Mittel, soweit sie in unserer Gewalt sind) übrig bliebe: so würde er wie ein Juwel doch für sich selbst glänzen, als etwas, das seinen vollen Wert in sich selbst hat. Die Nützlichkeit oder Fruchtlosigkeit kann diesem Werte weder etwas zusetzen noch abnehmen. Sie würde gleichsam nur die Einfassung sein, um ihn im gemeinen Verkehr besser handhaben zu können, oder die Aufmerksamkeit derer, die noch nicht genug Kenner sind, auf sich zu ziehen, nicht aber um ihn Kennern zu empfehlen und seinen Wert zu bestimmen.

Grundlegung zur Metaphysik der Sitten (1785)

H

Medienhinweis:

Kant für Anfänger, Teil 2: Kant, Sophie und der kategorische Imperativ, Folge 2: Moralität und Legalität (Auditorium Netzwerk 2008, Ausschnitt: 0:02:11–0:03:54; Transkript über QR-Code von S. 160 abrufbar)

M3 Bei Anruf Mord ...

Der ehemalige Tennisprofi Tony Wendice lebt vom Vermögen seiner Frau Margot, und das nicht schlecht. Als Margot sich in den Krimiautor Mark Halliday verliebt und ihn mit diesem betrügt, beschließt Tony, seine Frau umzubringen, um an ihr Vermögen zu kommen. Sein Plan dazu ist perfekt ausgeklügelt: Während er selbst mit seinem Nebenbuhler einen Club besucht und so ein Alibi hat, wird sein ehemaliger Studienkollege Charles Swann in die Wohnung der Wendices eindringen. Um Punkt 22 Uhr will Tony vom Club aus zuhause anrufen und seine Frau so in die Küche locken, wo Swann wartet, um sie mit einem Schal zu erwürgen. Das Ganze soll aussehen wie ein Einbruch, bei dem Margot den Täter überrascht hat. Der Plan geht jedoch nicht auf: Margot wehrt sich verbissen und ersticht den vermeintlichen Einbrecher mit einer Schere. Tony, der alles am Telefon mit anhört, ändert nun blitzschnell seinen Plan. In Windeseile fährt er nach Hause und versteckt einen Liebesbrief von Mark, den er seiner Frau gestohlen hat, in der Anzugtasche des toten Swann. Schon vorher hatte er dafür gesorgt, dass Swanns Fingerabdrücke auf dem Brief zu finden sind. Da es keine Spuren für ein gewaltsames Eindringen des Täters gibt, sieht es für die Polizei so aus, als ob Margot Swann selbst in die Wohnung gelassen und wegen einer Erpressung mit dem Liebesbrief erstochen habe. Den Ermittlern gegenüber verteidigt Tony zum Schein seine Frau. Doch weil die Indizien erdrückend sind, wird Margot festgenommen und im folgenden Prozess verurteilt. Es scheint, als habe Tony das perfekte Verbrechen begangen ... *Autorenbeitrag zum Film: Bei Anruf Mord (Regie: Alfred Hitchcock, USA 1954)*

Der gute Wille

Nach Immanuel Kant ist allein der gute Wille als uneingeschränkt gut anzusehen. Damit wird dieser zum Ausgangspunkt für Kants Überlegungen zur Begründung von Moral.

A

1 Diskutieren Sie die verschiedenen Antworten auf die Frage und machen Sie eigene Vorschläge: Was ist Ihrer Meinung nach wirklich immer gut? > M1

2 Erarbeiten Sie Kants Antwort auf die Frage nach dem uneingeschränkt Guten und stellen Sie dar, wie er seine Ansicht begründet. > M2 H

3 Wenden Sie Kants Überlegungen (M2, Z. 35-47) auf den Filmplot an. Überprüfen Sie die These „Es ist überall nichts in der Welt, ja überhaupt auch außer derselben zu denken möglich, was ohne Einschränkung für gut könnte gehalten werden, als allein ein guter Wille" anhand weiterer Beispiele. > M2/M3

4 Untersuchen Sie, worin sich Kants Ansatz von der utilitaristischen Ethik unterscheidet. Gehen Sie dabei besonders auf die Bedeutung der Folgen einer Handlung für deren moralische Beurteilung ein (s. Z. 48-56 und 66-73). > M2

Neigung und Pflicht

M1 Innerer Zwiespalt ...

M2 Immanuel Kant: Handeln aus Pflicht

Nachdem Kant dargelegt hat, dass nur der gute Wille uneingeschränkt gut ist (s. S. 160f., M2), untersucht er in einem zweiten Schritt, was eigentlich einen guten Willen ausmacht.

Um aber den Begriff eines an sich selbst hochzuschätzenden und ohne weitere Absicht guten Willens [...] zu entwickeln, wollen wir den Begriff der *Pflicht* vor uns nehmen. [...]

Ich übergehe hier alle Handlungen, die schon als pflichtwidrig erkannt werden, ob sie gleich in dieser oder jener Absicht nützlich sein mögen; denn bei denen ist gar nicht einmal die Frage, ob sie *aus Pflicht* geschehen sein mögen, da sie dieser sogar widerstreiten. Ich setze auch die Handlungen beiseite, die wirklich pflichtmäßig* sind, zu denen aber Menschen unmittelbar *keine Neigung* haben, sie aber dennoch ausüben, weil sie durch eine andere Neigung dazu getrieben werden. Denn da lässt sich leicht unterscheiden, ob die pflichtmäßige Handlung *aus Pflicht* oder aus selbstsüchtiger Absicht geschehen sei.

Weit schwerer ist dieser Unterschied zu bemerken, wo die Handlung pflichtmäßig ist und das Subjekt noch überdem *unmittelbare* Neigung zu ihr hat. Z. B. es ist allerdings pflichtmäßig, dass der Krämer seinen unerfahrenen Käufer nicht überteuere, und, wo viel Verkehr ist, tut dieses auch der kluge Kaufmann nicht, sondern hält einen festgesetzten allgemeinen Preis für jedermann, so dass ein Kind ebenso gut bei ihm kauft wie jeder andere. Man wird also *ehrlich* bedient; allein das ist lange nicht genug, um deswegen zu glauben, der Kaufmann habe aus Pflicht und Grundsätzen der Ehrlichkeit so verfahren; sein Vorteil erforderte es; dass er aber überdem noch eine unmittelbare Neigung zu den Käufern haben sollte, um gleichsam aus Liebe keinem vor dem anderen im Preise den Vorzug zu geben, lässt sich hier nicht annehmen. Also war die Handlung weder aus Pflicht noch aus unmittelbarer Neigung, sondern bloß in eigennütziger Absicht geschehen. [...]

Wohltätig sein, wo man kann, ist Pflicht, und überdem gibt es manche so teilnehmend gestimmte Seelen, dass sie auch ohne einen andern Bewegungsgrund der Eitelkeit oder des Eigennutzes ein inneres Vergnügen daran finden, Freude um sich zu verbreiten, und die sich an der Zufriedenheit anderer, sofern sie ihr Werk ist, ergötzen können. Aber ich behaupte, dass in solchem Falle dergleichen Handlung, so pflichtmäßig, so liebenswürdig sie auch ist, dennoch keinen wahren sittlichen Wert habe [...], denn der Maxime fehlt der sittliche Gehalt, nämlich solche Handlungen nicht aus Neigung, sondern aus *Pflicht* zu tun. Gesetzt also, das Gemüt [...] [eines] Menschenfreundes wäre vom eigenen Gram umwölkt, der alle Teilnehmung an anderer Schicksal auslöscht, er hätte immer noch Vermögen, andern Notleidenden wohlzutun, aber fremde Not rührte ihn nicht, weil er mit seiner eigenen genug beschäftigt ist, und nun, da keine Neigung ihn mehr dazu anreizt, risse er sich doch aus dieser tödlichen Unempfindlichkeit heraus und täte die Handlung ohne alle Neigung, lediglich aus Pflicht, alsdann hat sie allererst ihren echten moralischen Wert. [...]

So sind ohne Zweifel auch die Schriftstellen [im Neuen Testament] zu verstehen, darin geboten wird, seinen Nächsten, selbst unsern Feind, zu lieben. Denn Liebe als Neigung kann nicht geboten werden, aber Wohltun aus Pflicht, selbst, wenn dazu gar keine Neigung treibt, ja gar natürliche und unbezwingliche Abneigung widersteht, ist *praktische* [...] Liebe, die im Willen liegt und nicht im Hange der Empfindung [...]; jene aber allein kann geboten werden. [...] *Pflicht ist die Notwendigkeit einer Handlung aus Achtung fürs Gesetz.* [...]

Was ich unmittelbar als Gesetz für mich erkenne, erkenne ich mit Achtung, welche bloß als Bewusstsein der *Unterordnung* meines Willens unter einem Gesetze ohne Vermittlung anderer Einflüsse auf meinen Sinn bedeutet. Die unmittelbare Bestimmung des Willens durchs Gesetz und das Bewusstsein derselben heißt Achtung. [...] Eigentlich ist Achtung die Vorstellung von einem Werte, der meiner Selbstliebe Abbruch tut. [...]

Der Gegenstand unserer Achtung ist [...] das Gesetz [...], das wir uns selbst und doch als an sich notwendig auferlegen. Als Gesetz sind wir ihm unterworfen, ohne die Selbstliebe zu befragen: als von ihm selbst auferlegt ist es doch eine Folge unseres Willens.

Grundlegung zur Metaphysik der Sitten (1785)

Handeln aus Neigung und Pflicht

Kant grenzt Neigung und Pflicht gegeneinander ab. Neigung umfasst unsere persönlichen Vorlieben, Wünsche, Interessen. Handlungen aus Neigung fehlt der sittliche Gehalt – selbst dann, wenn sie äußerlich mit der Pflicht übereinstimmen. Der gute Wille zeigt sich allein im Handeln aus *Pflicht*, d. h. in der Achtung vor dem moralischen Gesetz. Weil der Begriff der Pflicht (gr. *to deon*) für Kants Ethik zentral ist, wird sie auch als *deontologische Ethik* bezeichnet.

M3 Friedrich Schiller: Gewissensskrupel

Gern dien' ich den Freunden,
doch ich tu es leider mit Neigung,
Und so wurmt es mir oft,
dass ich nicht tugendhaft bin.

Decisium

Da ist kein anderer Rat,
du musst suchen, sie zu verachten,
und mit Abscheu alsdann tun,
wie die Pflicht dir gebeut.

Xenien von Goethe und Schiller (1796)

M4 Jean-Claude Wolf: Der sittliche Wert einer Handlung

[Kants Ethik verlangt] keinen heroischen Willen [...], dessen Wert lediglich in der Überwindung von Hindernissen besteht. Gewöhnlich reicht die Mitwirkung des Motivs der Achtung vor dem moralischen Gesetz, um moralisch zu sein. Wer also zum Beispiel seine Freunde nicht betrügt und auch keine Neigung dazu hat, sondern zusätzlich aus Sympathie zu ihnen nicht täuscht oder lügt, hat damit noch nicht an moralischem Wert verloren. Entscheidend für den sittlichen Wert einer Person ist zwar, dass sie ihre Pflicht auch aus Pflichtgefühl tut, doch andere begleitende Motive (wie die Zuneigung zu Freunden) verderben oder vergiften nicht den sittlichen Wert dieser Handlung.

Grundpositionen der neuzeitlichen Ethik (1995)

1. Erläutern Sie, welche unterschiedlichen Handlungswünsche bzw. -motive des Mädchens aus dem Comic einander gegenüberstehen. > M1
2. Erklären Sie, welche Handlungen Kant unterscheidet, und finden Sie Beispiele dafür. > M2
3. Um *erkennen* zu können, was genau eine Handlung zu einer moralischen macht, sucht Kant nach Beispielen, in denen nicht aus Neigung gehandelt wird. Zeigen Sie, inwiefern dies im Beispiel des Menschenfreundes der Fall ist – im Gegensatz zum Beispiel des Krämers. > M2
4. Untersuchen Sie, inwiefern sich aus dem Beispiel des Menschenfreundes eine Antwort auf die Frage ableiten lässt, was den guten Willen ausmacht. > M2
5. Bestimmen Sie den Begriff der Achtung in Abgrenzung vom Begriff der Neigung. > M2
6. Diskutieren Sie, ob Schillers Vorwurf berechtigt ist. > M3/M4

Der kategorische Imperativ

M1 Immanuel Kant: Das moralische Gesetz

Was kann das aber wohl für ein Gesetz sein, dessen Vorstellung, auch ohne auf die daraus erwartete Wirkung Rücksicht zu nehmen, den Willen bestimmen muss, damit dieser schlechterdings und ohne Einschränkung gut heißen könne? Da ich den Willen aller Antriebe beraubt habe, die ihm aus der Befolgung irgendeines Gesetzes entspringen könnten, so bleibt nichts als die allgemeine Gesetzmäßigkeit* der Handlungen überhaupt übrig, welche allein dem Willen zum Prinzip dienen soll, d. i. ich soll niemals anders verfahren, als so, *dass ich auch wollen könne, meine Maxime* solle ein allgemeines Gesetz werden.* Hier ist nun die bloße Gesetzmäßigkeit überhaupt (ohne irgendein auf gewisse Handlungen bestimmtes Gesetz zum Grunde zu legen) das, was dem Willen zum Prinzip dient [...].

Die Frage sei z. B.: darf ich, wenn ich im Gedränge [in Verlegenheit] bin, nicht ein Versprechen tun, in der Absicht, es nicht zu halten? [...]

Zwar sehe ich wohl, dass es [...] wohl überlegt werden müsse, ob mir aus dieser Lüge nicht hinterher viel größere Ungelegenheit entspringen könne, als die sind, von denen ich mich jetzt befreie, und [...] nicht ein einmal verlorenes Zutrauen mir weit nachteiliger werden könnte als alles Übel, das ich jetzt zu vermeiden gedenke, ob es nicht *klüglicher* gehandelt sei, hiebei nach einer allgemeinen Maxime zu verfahren und es sich zur Gewohnheit zu machen, nichts zu versprechen als in der Absicht, es zu halten.

Allein es leuchtet mir hier bald ein, dass eine solche Maxime doch immer nur die besorglichen Folgen zum Grunde habe. Nun ist es doch etwas ganz anderes, aus Pflicht wahrhaft zu sein, als aus Besorgnis der nachteiligen Folgen: indem im ersten Fall der Begriff der Handlung an sich selbst schon ein Gesetz für mich enthält. [...]

Um indessen mich in Ansehung der Beantwortung dieser Aufgabe, ob ein lügenhaftes Versprechen [...] [Handeln aus Pflicht] sei, auf die allerkürzeste und doch untrügliche Art zu belehren, so frage ich mich selbst: würde ich wohl damit zufrieden sein, dass meine Maxime (mich durch ein unwahres Versprechen aus Verlegenheit zu ziehen) als ein allgemeines Gesetz (sowohl für mich als andere) gelten solle, und würde ich wohl zu mir sagen können: es mag jedermann ein unwahres Versprechen tun, wenn er sich in Verlegenheit befindet, daraus er sich auf andere Art nicht ziehen kann? [...]

Was ich also zu tun habe, damit mein Wollen sittlich gut sei, dazu brauche ich gar keine weit ausholende Scharfsinnigkeit. Unerfahren in Ansehung des Weltlaufs, unfähig auf alle sich ereignenden Vorfälle desselben gefasst zu sein, frage ich mich nur: Kannst du auch wollen, dass deine Maxime ein allgemeines Gesetz werde? Wo nicht, so ist sie verwerflich, und das zwar nicht um eines dir oder auch anderen daraus bevorstehenden Nachteils willen, sondern weil sie nicht als Prinzip in eine mögliche allgemeine Gesetzgebung passen kann [...].

Die Vorstellung eines objektiven Prinzips, sofern es für einen Willen nötigend ist, heißt Gebot (der Vernunft), und die Formel des Gebots heißt IMPERATIV. [...] Alle Imperativen [...] sagen, dass etwas zu tun oder unterlassen gut sein würde [...]

Alle *Imperativen* nun gebieten entweder *hypothetisch** oder *kategorisch**. [...] Der *hypothetische* Imperativ sagt also nur, dass die Handlung zu irgendeiner möglichen oder wirklichen Absicht gut sei. [...] Der *kategorische* Imperativ würde der sein, welcher eine Handlung für sich, ohne Beziehung auf einen andern Zweck, als objektiv notwendig vorstellte. [...]

Wenn ich mir einen hypothetischen Imperativ überhaupt denke, so weiß ich nicht zum voraus, was er enthalten werde: bis mir die Bedingung gegeben ist. Denke ich mir aber einen *kategorischen Imperativ*, so weiß ich sofort, was er enthalte. Denn da der Imperativ außer dem Gesetze nur die Notwendigkeit der Maxime enthält, diesem Gesetze gemäß zu sein, das Gesetz aber keine Bedingung enthält, auf die es ein-

geschränkt war, so bleibt nichts anderes als die Allgemeinheit eines Gesetzes überhaupt übrig, welchem die Maxime der Handlung gemäß sein soll, und welche Gemäßheit allein den Imperativ als notwendig vorstellt. Der kategorische Imperativ ist also nur ein einziger, und zwar dieser: *handle nur nach derjenigen Maxime, durch die du zugleich wollen kannst, dass sie ein allgemeines Gesetz werde.* [...]
Weil die Allgemeinheit des Gesetzes, wonach Wirkungen geschehen, dasjenige ausmacht, was eigentlich Natur im allgemeinsten Verstande [...] heißt, sofern es nach allgemeinen Gesetzen bestimmt ist, so könnte der allgemeine Imperativ der Pflicht auch so lauten: *handle so, als ob die Maxime deiner Handlung durch deinen Willen zum ALLGEMEINEN NATURGESETZE werden sollte.* *Grundlegung zur Metaphysik der Sitten (1785)*

H M2 Die Herleitung des kategorischen Imperativs

Kolleg Ethik: Kants kategorischer Imperativ ist nicht einfach zu verstehen. Können Sie als Experte einmal mit einfachen Worten erklären, was es damit auf sich hat?

Expertin: Gerne, womit sollen wir anfangen?

Kolleg Ethik: Also, ein Problem ist doch schon der Begriff „kategorischer Imperativ" selbst.

Expertin: Ein Imperativ – das kennen Sie doch aus dem Grammatikunterricht – ist ein Befehl. Nun gibt es hypothetische und kategorische Imperative. Unter einem hypothetischen Imperativ versteht man eine Forderung, die unter einer bestimmten Bedingung gilt: Wenn jemand z. B. ein guter Geigenspieler werden will, muss er täglich üben. Ein solcher Imperativ ist aber nicht für alle Menschen gültig, denn nicht alle Menschen wollen gute Geigenspieler werden. Ein kategorischer Imperativ ist für alle Menschen gültig, er gilt unbedingt, ohne jegliche Einschränkung, d. h. für alle Menschen, an allen Orten und zu allen Zeiten.

Kolleg Ethik: „Handle nur nach derjenigen Maxime, von der du zugleich wollen kannst, dass sie ein allgemeines Gesetz werde." Wie kommt Kant denn darauf, dass der kategorische Imperativ gerade so lautet?

Expertin: Der kategorische Imperativ wird in drei Schritten hergeleitet. Kant geht davon aus, dass kein bestimmtes Gut uneingeschränkt gut ist, sondern allein der gute Wille. Dann stellt sich aber – zweitens – die Frage, wann denn ein Wille gut ist. Die Antwort: Dann, wenn eine Handlung pflichtmäßig ist und nicht aus Neigung geschieht, sondern aus Pflicht, d. h. aus Achtung vor dem moralischen Gesetz. Nun stellt sich – drittens – die Frage, wie dieses moralische Gesetz lautet. Ein Gesetz besteht immer aus einem bestimmten Inhalt, dem allgemeine Gültigkeit (die Form der Gesetzmäßigkeit) zugesprochen wird. Das Gesetz, das es im Handeln zu achten gilt, kann aber keinen bestimmten Inhalt haben, denn es gibt nichts, was uneingeschränkt gut ist, außer dem guten Willen selbst. Daher bleibt nur die Form der Gesetzmäßigkeit übrig, die das moralische Gesetz bestimmen kann. Ich muss mich also fragen, ob meine Maxime, d. h. der Grundsatz, von dem ich in meinem Handeln ausgehen möchte, der Form nach ein allgemeines Gesetz darstellen kann. Weil die meisten Menschen die Form der Gesetzmäßigkeiten von den Naturgesetzen her kennen, die einem keine Wahlmöglichkeit lassen, sagt Kant auch: „Handle so, als ob die Maxime deiner Handlung durch deinen Willen zum allgemeinen Naturgesetz werden sollte."

Autorenbeitrag

A

1 Stellen Sie Vermutungen darüber an, wie die Antwort auf die Frage in Z. 1-5 lauten könnte. > M1

2 Kant unterscheidet zwischen der Form eines Gesetzes („allgemeine Gesetzmäßigkeit") und seinem Inhalt („irgendein auf gewisse Handlungen bestimmtes Gesetz"). Erläutern Sie diese Unterscheidung an Beispielen. > M1/M2

3 Erklären Sie, inwiefern das gesuchte moralische Gesetz allein durch die Form der Gesetzmäßigkeit bestimmt sein kann. > M1/M2

4 Erläutern Sie das moralische Gesetz am Beispiel des lügenhaften Versprechens. Worin unterscheiden sich nach Kant moralische Überlegungen von Klugheitserwägungen? > M1

5 Erklären Sie den Unterschied zwischen hypothetischen Imperativen und dem kategorischen Imperativ. > M1

6 Erläutern Sie die Naturgesetzformel des kategorischen Imperativs. > M1/M2

Handlungsmaximen auf dem Prüfstand

M1 Immanuel Kant: Von der Maxime zum Imperativ? – Vier Beispiele

Man muss *wollen können*, dass eine Maxime unserer Handlung ein allgemeines Gesetz werde: dies ist der Kanon der moralischen Beurteilung derselben überhaupt. Einige Handlungen sind so beschaffen, dass ihre Maxime ohne Widerspruch nicht einmal *gedacht* werden kann [...]. Bei anderen ist zwar jene innere Unmöglichkeit nicht anzutreffen, aber es ist doch unmöglich, zu *wollen*, dass ihre Maxime zur Allgemeinheit eines Naturgesetzes erhoben werde, weil sich ein solcher Wille selbst widersprechen würde.

1

Einer, der durch eine Reihe von Übeln, die bis zur Hoffnungslosigkeit angewachsen ist, einen Überdruss am Leben empfindet, ist noch so weit im Besitze seiner Vernunft, dass er sich selbst fragen kann, ob es auch nicht etwa der Pflicht gegen sich selbst zuwider sei, sich das Leben zu nehmen. Nun versucht er: ob die Maxime seiner Handlung wohl ein allgemeines Naturgesetz werden könne. Seine Maxime aber ist: ich mache es mir aus Selbstliebe zum Prinzip, wenn das Leben bei seiner längern Frist mehr Übel droht, als es Annehmlichkeit verspricht, es mir abzukürzen. Es fragt sich nur noch, ob dieses Prinzip der Selbstliebe ein allgemeines Naturgesetz werden könne. Da sieht man aber bald, dass eine Natur, deren Gesetz es wäre, durch dieselbe Empfindung, deren Bestimmung es ist, zur Beförderung des Lebens anzutreiben, das Leben selbst zu zerstören, ihr selbst widersprechen und also nicht als Natur bestehen würde, mithin jene Maxime unmöglich als allgemeines Naturgesetz stattfinden könne und folglich dem obersten Prinzip aller Pflicht gänzlich widerstreite.

2

Ein anderer sieht sich durch Not gedrungen, Geld zu borgen. Er weiß wohl, dass er nicht wird bezahlen können, sieht aber auch, dass ihm nichts geliehen werden wird, wenn er nicht festiglich verspricht, es zu einer bestimmten Zeit zu bezahlen. Er hat [...] soviel Gewissen, sich zu fragen: ist es nicht unerlaubt und pflichtwidrig, sich auf solche Art aus Not zu helfen? Gesetzt, er beschlösse es doch, so würde seine Maxime der Handlung so lauten: wenn ich mich in Geldnot zu sein glaube, so will ich Geld borgen und versprechen es zu bezahlen, ob ich gleich weiß, es werde niemals geschehen. [...] Jetzt ist die Frage: [...] wie es dann stehen würde, wenn meine Maxime ein allgemeines Gesetz würde. Da sehe ich nun sogleich, dass sie niemals als allgemeines Naturgesetz gelten und mit sich selbst zusammenstimmen könne, sondern sich notwendig widersprechen müsse. Denn die Allgemeinheit eines Gesetzes, dass jeder, nachdem er in Not zu sein glaubt, versprechen könne, was ihm einfällt, mit dem Vorsatz, es nicht zu halten, würde das Versprechen und den Zweck, den man damit haben mag, selbst unmöglich machen, indem niemand glauben würde, dass ihm was versprochen sei, sondern über alle solche Äußerung als eitles Vorgeben lachen würde.

3

Ein Dritter findet in sich ein Talent, welches vermittelst einiger Kultur ihn zu einem in allerlei Absicht brauchbaren Menschen machen könnte. Er sieht sich aber in bequemen Umständen und zieht vor, lieber dem Vergnügen nachzuhängen, als sich mit Erweiterung und Verbesserung seiner glücklichen Naturanlagen zu bemühen. Noch fragt er aber: ob [...] seine Maxime [...] auch mit dem, was man Pflicht nennt, übereinstimme. Da sieht er nun, dass [...] [er] unmöglich WOLLEN [kann], dass dieses ein allgemeines Naturgesetz werde, oder als ein solches in uns durch Naturinstinkt gelegt sei. Denn als ein vernünftiges Wesen will er notwendig, dass alle Vermögen in ihm entwickelt werden, weil sie ihm doch zu allerlei möglichen Absichten dienlich und gegeben sind.

Noch denkt ein Vierter, dem es wohl geht, indessen er sieht, dass andere mit großen Mühseligkeiten zu kämpfen haben (denen er auch wohl helfen könnte): was geht's mich an? mag doch ein jeder so glücklich sein, als der Himmel will, [...] ich werde ihm nichts entziehen [...]; nur zu seinem Wohlbefinden oder seinem Beistande in der Not habe ich nicht Lust etwas beizutragen! Nun könnte allerdings, wenn eine solche Denkungsart ein allgemeines Naturgesetz würde, das menschliche Geschlecht gar wohl bestehen [...]. Aber [es ist] [...] doch unmöglich, zu WOLLEN, dass ein solches Prinzip als Naturgesetz allenthalben gelte. Denn ein Wille, der dieses beschlösse, würde sich selbst widerstreiten, indem der Fälle sich doch manche ereignen können, wo er anderer Liebe und Teilnehmung bedarf, und wo er durch ein solches aus seinem eigenen Willen entsprungenes Naturgesetz sich selbst alle Hoffnung des Beistandes, den er sich wünscht, rauben würde.

Grundlegung zur Metaphysik der Sitten (1785)

Maxime, Gesetz, Imperativ

Eine Maxime ist ein subjektiver Handlungsgrundsatz, der im Unterschied zu einem Gesetz keine Allgemeingültigkeit beanspruchen kann. Ein Imperativ beinhaltet eine Handlungsanweisung, die – falls sie kategorisch ist – unbedingte Gültigkeit hat.

H M2 William K. Frankena: Der Dreischritt der Prüfung von Maximen

(1) Eine freiwillige Handlung folgt stets einer Maxime oder Regel, die als solche formulierbar ist.

(2) Man trifft dann und nur dann eine Entscheidung oder Beurteilung vom moralischen Standpunkt aus, wenn man bereit ist bzw. bereit wäre, seine Maxime zu verallgemeinern, d. h. wenn man wünscht bzw. wünschte, dass jeder dieser Maxime folgt, der sich in einer ähnlichen Situation befindet, und zwar auch für den Fall, dass man selber der von der Handlung Betroffene ist.

(3) Eine Handlung ist dann und nur dann moralisch richtig oder pflichtgemäß, wenn man ohne Widerspruch wollen kann, dass die betreffende Maxime oder Regel unter ähnlichen Umständen von jedem befolgt wird; und eine Handlung ist dann und nur dann moralisch unrichtig, wenn man das nicht ohne Widerspruch wollen kann.

Es wird oft behauptet, Kant bediene sich in diesen Beispielsfällen einer utilitaristischen Argumentation – und nicht einer deontologischen, wie er den Anspruch erhebt. Das ist aber ein Irrtum. Kant argumentiert nicht, dass man seine Versprechen halten muss, weil es unerträgliche Folgen hätte, wenn jeder seine Versprechen bräche, sofern es ihm passt oder einen Vorteil bringt. So würde in der Tat ein Regelutilitarist argumentieren. Kant jedoch behauptet, man könne nicht einmal wollen, dass eine derartige Maxime allgemein befolgt wird. Man setze damit seinen Willen einem Widerspruch aus; man wolle sowohl, dass es möglich ist, Versprechen abzugeben und das Vertrauen des Partners zu genießen (warum sollte man sonst etwas versprechen?), als auch, dass jedermann die Freiheit hat, sofern es ihm Vorteil bringt, die abgegebenen Versprechen zu brechen. Mit anderen Worten, Kant argumentiert nicht, dass die Folgen einer allgemeinen Übung, falsche Versprechen abzugeben, schlecht sind; er argumentiert, dass diese Folgen in einen Widerspruch führen. *Analytische Ethik (1963)*

A

1. Erläutern Sie – in arbeitsteiliger Gruppenarbeit – Kants Beispiele auf der Grundlage seines „Kanons der moralischen Beurteilung" (Z. 2). > M1
2. Erklären Sie den Dreischritt zur Prüfung von Maximen nach Kant und zeigen Sie den Unterschied zum Regelutilitarismus auf. > M2
3. Man hat Kant vorgeworfen, er halte rigoros an seinem ethischen Prinzip fest, ohne Rücksicht auf konkrete Bedingungen zu nehmen. Nehmen Sie auf der Grundlage der angeführten Beispiele dazu Stellung. > M1-M2

H

Medienhinweis:

Kant für Anfänger, Teil 1: Kant, Sophie und der kategorische Imperativ, Folge 4: Maximen auf dem Prüfstand (Auditorium Netzwerk, 2008, Ausschnitt: 0:06:14-0:09:20; 0:10:58-0:14:44; Transkript über QR-Code von S. 160 abrufbar)

Der Mensch als Zweck an sich selbst

M1 Die Abiturzulassung

Leons Abiturzulassung ist gefährdet. Um die nötige Punktzahl sicher zu erreichen, müsste er in der folgenden Klausurphase noch einige gute Noten erzielen. Er war aber in letzter Zeit ziemlich faul und sieht keine Chance, den Stoff rechtzeitig aufzuarbeiten. Er beschließt, sich zum Schein mit Sophia anzufreunden, um bei den bevorstehenden Klausuren von ihr abschreiben zu können. Sophia hat nämlich super Noten, ansonsten ist sie eher eine Außenseiterin mit wenigen Freunden an der Schule. Leons Plan geht auf. Als er die für seine Abi-Zulassung nötigen Punkte zusammen hat, ignoriert er Sophia wieder. Die ist maßlos enttäuscht und wütend. *Autorenbeitrag*

M2 Immanuel Kant: Die Menschheits-Zweck-Formel

Das, was dem Willen zum objektiven Grunde seiner Selbstbestimmung dient, [ist] der *Zweck* [...]. Was dagegen bloß den Grund der Möglichkeit der Handlung enthält, deren Wirkung Zweck ist, heißt das *Mittel.* [...]
Die Zwecke, die sich ein vernünftiges Wesen als *Wirkungen* seiner Handlung nach Belieben vorsetzt (materiale Zwecke), sind insgesamt nur relativ, denn nur bloß ihr Verhältnis auf ein besonders geartetes Begehrungsvermögen des Subjekts gibt ihnen den Wert, der daher keine allgemeine für alle vernünftige Wesen und auch nicht für jedes Wollen gültige und notwendige Prinzipien, d. i. praktische Gesetze, an die Hand geben kann. Daher sind alle diese relativen Zwecke nur der Grund von hypothetischen Imperativen.
Gesetzt aber, es gäbe etwas, dessen Dasein *an sich selbst* einen absoluten Wert hat, was als Zweck *an sich selbst* ein Grund bestimmter [moralischer] Gesetze sein könnte, so würde in ihm und nur in ihm allein der Grund eines möglichen kategorischen Imperativs, d. i. praktischen Gesetzes liegen.
Nun sage ich: der Mensch und überhaupt jedes vernünftige Wesen *existiert* als Zweck an sich selbst *nicht bloß als Mittel* zum beliebigen Gebrauche für diesen oder jenen Willen, sondern muss in allen seinen sowohl auf sich selbst als auch auf andere vernünftige Wesen gerichteten Handlungen jederzeit *zugleich als Zweck* betrachtet werden. [...]
Die Wesen, deren Dasein zwar nicht auf unserm Willen, sondern der Natur beruht, haben dennoch, wenn sie vernunftlose Wesen sind, nur einen relativen Wert, als Mittel, und heißen daher *Sachen*, dagegen vernünftige Wesen *Personen* genannt werden, weil ihre Natur sie schon als Zwecke an sich selbst, d. i. als etwas, das nicht *bloß* als Mittel gebraucht werden darf, auszeichnet [...].
Wenn es denn also ein oberstes praktisches Prinzip und in Ansehung des menschlichen Willens einen kategorischen Imperativ geben soll, so muss es ein solches sein, das aus der Vorstellung dessen, was notwendig für jedermann Zweck ist, weil es Zweck *an sich selbst* ist, ein *objektives* Prinzip des Willens ausmacht, mithin zum allgemeinen praktischen Gesetz dienen kann. Der Grund dieses Prinzips ist: die vernünftige Natur existiert als Zweck an sich selbst. [...]
Der praktische Imperativ wird also folgender sein: *Handle so, dass du die Menschheit sowohl in deiner Person als in der Person eines jeden andern* jederzeit zugleich als Zweck, niemals bloß als Mittel brauchest.* [...]
Im Reich der Zwecke hat alles entweder einen *Preis* oder eine *Würde.* Was einen Preis hat, an dessen Stelle kann auch etwas anderes als Äquivalent gesetzt werden; was dagegen über allen Preis erhaben ist, mithin kein Äquivalent verstattet, das hat eine Würde. [...]
Sittlichkeit und die Menschheit, sofern sie derselben fähig ist, [ist] dasjenige, was allein Würde hat. [...]
Und was ist es denn nun, was die sittlich gute Gesinnung oder die Tugend berechtigt, so hohe Ansprüche zu machen? Es ist nichts Geringeres als der Anteil, den sie dem vernünftigen Wesen *an der allgemeinen Gesetzgebung* verschafft [...]. Die Vernunft bezieht [...] jede Maxime des Willens als allgemein gesetz-

gebend auf jeden anderen Willen und auch auf jede Handlung gegen sich selbst und dies zwar nicht um irgendeines andern praktischen Bewegungsgrundes oder künftigen Vorteils willen, sondern aus der Idee der *Würde* eines vernünftigen Wesens, das keinem Gesetze gehorcht als dem, das es zugleich selbst gibt. [...] Die Gesetzgebung selbst aber, die allen Wert bestimmt, muss eben darum eine Würde, d. i. unbedingten, unvergleichbaren Wert haben [...]. Autonomie* ist also der Grund der Würde der menschlichen und jeder vernünftigen Natur.

Grundlegung zur Metaphysik der Sitten (1785)

H M3 Das Gebot, Menschen als Personen achten

Kolleg Ethik: Die Menschheits-Zweck-Formel wird von Kant auch als kategorischer Imperativ bezeichnet. Wie viele kategorische Imperative gibt es eigentlich?

Experte: Es gibt nur einen – allerdings in verschiedenen Formulierungen, die jeweils einen besonderen Aspekt des kategorischen Imperativs verdeutlichen. Die Menschheits-Zweck-Formel hebt die Würde des Menschen in besonderer Weise hervor.

Kolleg Ethik: Wie hängen denn Würde und der kategorische Imperativ zusammen?

Experte: Alles hat entweder einen Preis oder einen absoluten Wert. Sachen haben einen Preis; sie können durch anderes, z. B. durch Geld, ersetzt werden. Der Mensch hat dagegen hat keinen Preis, sondern einen unvergleichlichen, einen absoluten Wert, d. h. eine Würde. Die gründet darin, dass er als moralisches Wesen autonom ist, d. h. er handelt nach keinem anderen Gesetz als dem, das er sich selbst gibt. Wenn er dem kategorischen Imperativ entspricht, handelt er ja nach einem selbst gegebenen moralischen Gesetz.

Das Besondere des Menschen lässt sich auch so zum Ausdruck bringen, dass er keine Sache, sondern eine Person ist. Sachen sind Mittel zu beliebigen Zwecken. Die Zwecke, auf die sich hypothetische Imperative richten, sind relative Zwecke – es muss ja nicht jeder Geige spielen lernen, um ein bekanntes Beispiel aufzugreifen. Dagegen stellt der Mensch, der sich mit dem kategorischen Imperativ einem selbst gegebenen Gesetz unterordnet, einen absoluten Zweck dar. Er dient keinem höheren Zweck, d. h. er ist Zweck an sich selbst. Dadurch unterscheidet er sich von einer Sache, insofern wird er Person genannt. Es entspricht also dem kategorischen Imperativ, wenn man den Menschen niemals nur als Mittel zum Zweck gebraucht, sondern ihn immer auch als Zweck an sich selbst, als autonomes Wesen, als Person achtet.

Kolleg Ethik: Aber wir benutzen im Alltag doch ständig andere Menschen als Mittel, z. B. den Kaufmann als Mittel, uns Lebensmittel zu besorgen, oder den Briefträger als Mittel, uns Post zuzustellen.

Experte: Das ist richtig und deshalb sind die Worte „niemals nur" und „immer auch" wichtig. Wir sollen den anderen *niemals nur* als Mittel benutzen, sondern *immer auch* als Selbstzweck sehen, ihn als Person achten. Das möchte Kant mit der Menschheits-Zweck-Formulierung zum Ausdruck bringen.

Autorenbeitrag

A

1. Diskutieren Sie, ob Leons Verhalten moralisch akzeptabel ist. > M1
2. Erläutern Sie die Begriffe Zweck und Mittel an alltäglichen Beispielen. > M2
3. Analysieren und interpretieren Sie die Menschheits-Zweck-Formel des kategorischen Imperativs (Z. 47-49). Achten Sie dabei insbesondere auf die Bedeutung der Zusätze „zugleich" und „bloß" in Kants Formulierung. > M2
4. Erläutern Sie, was Sie unter der Würde des Menschen verstehen. Analysieren Sie im Anschluss Kants Begriff der Menschenwürde (Z. 51ff.). > M2
5. Erstellen Sie eine Mindmap, die den Zusammenhang zwischen Mittel zum Zweck, Zweck an sich selbst, Sache, Person, Preis, Würde und Autonomie visualisiert. > M2/M3
6. Erläutern Sie die Menschheits-Zweck-Formel am Fallbeispiel der Abiturzulassung (M1) und weiteren Beispielen. > M1-M3

Hinweis:

Die Menschheits-Zweck-Formel findet weitere Anwendung im Kapitel *Medizinethik* (s. S. 282-285).

Das Problem der Notlüge

M1 Benjamin Constant: Ein Recht auf Wahrheit?

Der französische Schriftsteller und Philosoph Benjamin Constant (1767–1830) bringt einen viel diskutierten Einwand gegen Kants Ethik vor.

Der moralische Grundsatz [...], dass es Pflicht ist, die Wahrheit zu sagen, würde, absolut und für sich verstanden, jedes menschliche Zusammenleben unmöglich machen. Wir finden den Beweis dafür in den ganz unmittelbaren Konsequenzen, die ein deutscher Philosoph aus diesem Prinzip abgeleitet hat, der so weit geht zu behaupten, dass selbst Mördern gegenüber, die uns fragen würden, ob ein Freund von uns in unserem Hause Zuflucht gesucht hat, die Lüge ein Verbrechen wäre. [...]

Dieses Prinzip ist, für sich genommen, unanwendbar. Es würde die Gesellschaft zerstören. Verwirft man es aber, geht die Gesellschaft nicht minder zugrunde, denn alle Grundlage der Moral würde damit hinfällig werden. Man muss also das Mittel, es anzuwenden, suchen und zu diesem Zweck [...] das Prinzip definieren.

Die Wahrheit zu sagen, ist eine Pflicht. Was ist eine Pflicht? Die Idee der Pflicht ist von der des Rechts nicht zu trennen. [...] Wo es keine Rechte gibt, gibt es auch keine Pflichten.

Die Wahrheit zu sagen, ist eine Pflicht also nur denjenigen gegenüber, die ein Recht auf Wahrheit haben. Nun aber hat kein Mensch ein Recht auf die Wahrheit, die einem anderen schadet.

Über politische Reaktion (1797)

M2 Immanuel Kant: Ein Recht auf Lüge?

In seinem Aufsatz *Über ein vermeintes Recht aus Menschenliebe zu lügen* setzt sich Kant kritisch mit dem Einwand Constants auseinander.

Wahrhaftigkeit in Aussagen, die man nicht umgehen kann, ist formale Pflicht des Menschen gegen jeden, es mag ihm oder einem andern daraus auch noch so großer Nachteil erwachsen; und, ob ich zwar dem, welcher mich ungerechterweise zur Aussage nötigt, nicht Unrecht tue, wenn ich sie verfälsche, so tue ich doch durch eine solche Verfälschung, die darum auch (obzwar nicht im Sinn des Juristen) Lüge genannt werden kann, im wesentlichsten Stücke der Pflicht *überhaupt* Unrecht: d. i. ich mache, so viel an mir ist, dass Aussagen (Deklarationen) überhaupt keinen Glauben finden, mithin auch alle Rechte, die auf Verträgen gegründet werden, wegfallen und ihre Kraft einbüßen; welches ein Unrecht ist, das der Menschheit überhaupt zugefügt wird.

Die Lüge also, bloß als vorsätzlich unwahre Deklaration gegen einen andern Menschen definiert, bedarf nicht des Zusatzes, dass sie einem anderen schaden müsse; wie die Juristen es zu ihrer Definition verlangen [...]. Denn sie schadet jederzeit einem anderen, wenn gleich nicht einem andern Menschen, doch der Menschheit überhaupt, indem sie die Rechtsquelle unbrauchbar macht.

Diese gutmütige Lüge kann aber auch durch einen *Zufall* (casus) strafbar werden, nach bürgerlichen Gesetzen [...]. Hast du nämlich einen eben itzt mit Mordsucht Umgehenden *durch eine Lüge* an der Tat verhindert, so bist du für alle Folgen, die daraus entspringen möchten, auf rechtliche Art verantwortlich. Bist du aber strenge bei der Wahrheit geblieben, so kann dir die öffentliche Gerechtigkeit nichts anhaben; die unvorhergesehene Folge mag sein, welche sie wolle. Es ist doch möglich, dass, nachdem du dem Mörder, auf die Frage, ob der von ihm Angefeindete zu Hause sei, ehrlicherweise mit Ja geantwortet hast, dieser doch unbemerkt ausgegangen ist, und so dem

Mörder nicht in den Wurf gekommen, die Tat also nicht geschehen wäre; hast du aber gelogen, und gesagt, er sei nicht zu Hause, und er ist auch wirklich (obzwar dir unbewusst) ausgegangen, wo denn der Mörder ihm im Weggehen begegnete und seine Tat an ihm verübte: so kannst du mit Recht als Urheber des Todes desselben angeklagt werden. Denn hättest du die Wahrheit, so gut du sie wusstest, gesagt: so wäre vielleicht der Mörder über dem Nachsuchen seines Feindes im Hause von herbeigelaufenen Nachbarn ergriffen, und die Tat verhindert worden. Wer also *lügt*, so gutmütig er dabei auch gesinnt sein mag, muss die Folgen davon, selbst vor dem bürgerlichen Gerichtshofe, verantworten und dafür büßen: so unvorhergesehen sie auch immer sein mögen; weil Wahrhaftigkeit eine Pflicht ist, die als die Basis aller auf Vertrag zu gründenden Pflichten angesehn werden muss, deren Gesetz, wenn man ihr auch nur die geringste Ausnahme einräumt, schwankend und unnütz gemacht wird.

Es ist also ein heiliges, unbedingt gebietendes, durch keine Konvenienzen* einzuschränkendes Vernunftgebot: in allen Erklärungen *wahrhaft* (ehrlich) zu sein. [...]

„Der französische Philosoph“ [verwechselte] die Handlung, wodurch jemand einem anderen schadet [...], indem er die Wahrheit, deren Geständnis er nicht umgehen kann, sagt, mit derjenigen, wodurch er diesem *Unrecht* tut [...]. Es war bloß ein Zufall [...], dass die Wahrhaftigkeit der Aussage dem Einwohner des Hauses schadete, nicht eine freie *Tat* (in juridischer Bedeutung). Denn aus seinem Rechte, von einem anderen zu fordern, dass er ihm zum Vorteil lügen solle, würde ein aller Gesetzmäßigkeit widerstreitender Anspruch folgen. Jeder Mensch aber hat nicht allein ein Recht, sondern sogar die strengste Pflicht zur Wahrhaftigkeit in Aussagen, die er nicht umgehen kann: sie mag nun ihm selbst oder andern schaden. Er selbst *tut* also hiemit dem, der dadurch leidet, eigentlich nicht Schaden, sondern diesen *verursacht* der Zufall. Denn jener ist hierin gar nicht frei, um zu wählen; weil die Wahrhaftigkeit (wenn er einmal sprechen muss) unbedingte Pflicht ist.

Über ein vermeintes Recht aus Menschenliebe zu lügen (1797)

M3 Michael Hauskeller: Pflicht und Verantwortung

H

Der aus Deutschland stammende Philosoph Michael Hauskeller (*1964) ist Professor für Philosophie an der Universität Exeter.

Die Gebote, die wir moralische nennen, sind nichts anderes als von uns wahrgenommene Forderungen der Vernunft. Ihr Ursprung in der Vernunft macht die Würde aller moralischen Begriffe aus. Letztlich ist das Wahrhaftigkeitsgebot gar nicht in erster Linie als eine Pflicht zu verstehen, die wir anderen gegenüber hätten, sondern vielmehr als eine Pflicht, die wir uns selbst gegenüber oder, wie Kant auch sagt: gegenüber der Menschheit in unserer Person haben. Ob ich durch die Lüge einem anderen schade oder nicht, ist hierbei ganz nebensächlich, auch wie hoch der Schaden ist, den wir durch unsere Lüge verursachen. Weil wir uns selbst gegenüber verpflichtet sind und nicht dem anderen gegenüber, spielt es auch keine Rolle, ob dieser möglicherweise verdient, belogen zu werden, oder ob er ein Anrecht auf Wahrheit hat. [...] Aber sind wir nicht verantwortlich für das, was wir möglicherweise anrichten, indem wir die Wahrheit sagen? [...] Nein, meint Kant, denn wir sind ausschließlich für das verantwortlich, was in Folge der Pflicht*verletzung* geschieht. [...] Kant zufolge schließen sich also Verantwortung und Pflichterfüllung aus. Wer seine Pflicht erfüllt, ist für gar nichts mehr verantwortlich, und wer verantwortlich ist, hat seine Pflicht nicht erfüllt [...]. Die Rigorosität einer Haltung, welche nur unbedingte Pflichten mit kategorischer Geltung kennt und diese um jeden Preis erfüllt sehen will, erweist darin ihre Vorzüge: sie erleichtert das Leben, indem sie dem Handelnden reichlich Gelegenheit bietet, seine Hände in Unschuld zu waschen und ihm noch die Genugtuung gibt, seine Würde als Vernunftwesen gewahrt zu wissen.

Ich denke, aber bin ich? (2003)

A

1 Rekonstruieren Sie Constants Kritik und Kants Antwort darauf. Welcher Auffassung stimmen Sie zu? > M1/M2

2 Diskutieren Sie Hauskellers Erklärung der Haltung Kants und nehmen Sie Stellung zum Rigorismus-Vorwurf. > M3

Pflichtenkollision

M1 Eine Frage der Luftsicherheit

Nach den Terroranschlägen am 11. September 2001 in den USA wurde auch in Deutschland die Frage diskutiert, ob es moralisch zu rechtfertigen sei, dass man ein von Terroristen entführtes Passagierflugzeug abschießt, wenn nach den Umständen davon auszugehen ist, dass das Luftfahrzeug gegen das Leben von Menschen eingesetzt werden soll. Im Januar 2005 verabschiedete der Deutsche Bundestag ein Gesetz zur Neuregelung der Luftsicherheitsaufgaben, das in § 14, Abs. 3 die Streitkräfte in einem solchen Fall ermächtigt, Luftfahrzeuge abzuschießen. Dagegen entschied das Bundesverfassungsgericht am 15. Februar 2006, dass der entsprechende Paragraph des Luftsicherheitsgesetzes verfassungswidrig und nichtig ist. *Autorenbeitrag*

M2 Immanuel Kant: Pflicht und Verbindlichkeit

Ein Widerstreit der Pflichten [...] würde das Verhältnis derselben sein, durch welches eine derselben die andere (ganz oder zum Teil) aufhöbe. – Da aber Pflicht und Verbindlichkeit überhaupt Begriffe sind, welche die objektive praktische *Notwendigkeit* gewisser Handlungen ausdrücken und zwei einander entgegengesetzte Regeln nicht zugleich notwendig sein können, sondern, wenn nach einer derselben zu handeln es Pflicht ist, so ist nach der entgegengesetzten zu handeln nicht allein keine Pflicht, sondern sogar pflichtwidrig: so ist eine *Kollision von Pflichten* und Verbindlichkeiten gar nicht denkbar [...]. Es können aber gar wohl zwei Gründe der Verbindlichkeit [...], deren einer aber oder der andere zur Verpflichtung nicht zureichend ist [...], in einem Subjekt und der Regel, die es sich vorschreibt, verbunden sein, da dann der eine nicht Pflicht ist. – Wenn zwei solcher Gründe einander widerstreiten, so sagt die praktische Philosophie nicht: dass die stärkere Verbindlichkeit die Oberhand behalte [...], sondern der stärkere *Verpflichtungsgrund* behält den Platz. *Metaphysik der Sitten (1797)*

M3 Günther Patzig: Kants Ethik und das Nutzenprinzip

Günther Patzig (*1926) lehrte bis zu seiner Emeritierung 1991 Philosophie an der Universität Göttingen.

[Kant] leitet [...] aus der Tatsache, dass der Mensch ein Vernunftwesen ist, seine Verpflichtung ab, den kategorischen Imperativ zu befolgen. Wenn diese Lehre richtig ist, so hätten wir ein Kriterium des sittlichen Wertes von Handlungen, das selbst keine moralischen Begriffe voraussetzt; denn es genügte ja der Begriff der Verallgemeinerungsfähigkeit einer Regel, und das ist ein theoretischer Begriff. [...] [Damit] hat Kant ein wesentliches Teilgebiet moralischer Verpflichtung richtig gekennzeichnet: Für Mitglieder eines Gemeinwesens besteht die Notwendigkeit, Regeln für ihr Verhalten zu entwickeln, und für den Einzelnen gilt die moralische Verpflichtung, die von der Gemeinschaft akzeptierten Regeln zu befolgen, solange nicht wichtigere moralische Gründe im Einzelfalle dagegen sprechen. [...]

Wir wollen [...] nun fragen, wie weit dieser Gedanke trägt. Nun ist zuerst soviel richtig, dass wir alle in vielen Situationen des Lebens uns an solchen für uns unbedingt verbindlichen Regeln orientieren, wie Kant sie beschrieben hat. Aber es ist ebenso offenbar, dass wir nicht sicher sind, ob die Besinnung auf den Begriff der Pflicht in jedem Falle zu einer befriedigenden Lösung eines sittlichen Problems führen kann. Nehmen wir das Beispiel der Lüge. Kant hat zwar bestritten, dass es irgendeine Situation geben könnte, in der es erlaubt sein könnte, zu lügen oder die Unwahrheit zu sagen. Aber er geht dabei von der irrigen Voraussetzung aus, es sei eine Handlung unter Menschen durch einen ihrer Charaktere schon voll bestimmt. Aber in den Fällen, in denen uns die sittliche Entscheidung schwerfällt, ist es regelmäßig anders. Da wäre eine Handlung zwar vielleicht einerseits eine Lüge, aber andererseits der einzige Weg, einen Menschen zu retten. Man denke an den Fall dessen, der einen politisch Verfolgten vor der Geheimpolizei verbirgt. Sagt er auf Fragen der Polizei die Wahrheit, so liefert er den Verfolgten einer ungerechten Anklage und Verurteilung aus. Ähnlich sehen sich auch demokratische Regierungen erpresserischen Drohungen von Entführern ausgesetzt. Hier stehen Pflicht zur Hilfe in Gefahr und Standfestigkeit gegenüber dem Unrecht in Konkurrenz.

Man soll seine Versprechen einhalten, aber niemand wird seinen Kindern während einer gefährlichen Epidemie erlauben, schwimmen zu gehen, bloß weil er es ihnen vorher versprochen hat. Denn die Handlung, die eine Erfüllung des Versprechens wäre, wäre zugleich leichtsinnige Gefährdung von Leben und Gesundheit der uns anvertrauten Kinder. So viel ist wahr: ein Versprechensbruch oder eine Lüge machen jede Handlung sittlich verwerflich, falls nicht noch andere, sittlich relevante Züge an ihr auftreten. Aber es können doch andere Faktoren hinzutreten, die diesen negativen Charakter wieder aufwiegen. Der kategorische Imperativ ist also nicht eigentlich ein Kriterium von *Handlungen*, sondern nur von Handlungs*charakteren*.

Überlegen wir uns nun, nach welchen Gesichtspunkten wir im Allgemeinen bei der Lösung solcher Fragen entscheiden, so bemerken wir, dass wir uns über weite Strecken in vollem Einklang mit der utilitaristischen Doktrin bewegen. Wir überlegen uns, was wohl bei einer bestimmten Handlungsweise herauskommen muss, und wenn uns das bedrohlich und unerfreulich scheint, so halten wir eine solche Verhaltensart für moralisch unzulässig. Die strenge moralische Verurteilung z. B. des Autofahrens unter Alkoholeinwirkung ist nur so zu verstehen, da doch sonst in unserer Gesellschaft der bloße Rausch [...] moralisch nicht weiter ins Gewicht fällt.

Trotzdem sind wir der Meinung, dass gewisse Handlungen auch ohne jede Berücksichtigung ihrer möglichen Folgen moralisch schlecht sind. Der wahren Sachlage am nächsten kommt wohl eine Auffassung, die das Tragfähige sowohl des Utilitarismus wie der kantischen Unbedingtheitsethik in sich vereinigt. Es gibt gewisse „kategorische Imperative“, die für das gedeihliche und vertrauensvolle Zusammenleben und Zusammenarbeiten von Menschen überhaupt erst die Voraussetzungen schaffen. Der Einzelne muss darauf vertrauen können, dass er niemals als bloßes Mittel für das Wohl anderer geopfert wird; er muss sicher sein, stets als Persönlichkeit respektiert zu werden. Man kann also sagen: die *formalen Voraussetzungen* (Bedingungen der Möglichkeit) jedes Zusammenlebens werden durch kategorische Imperative gesichert; Inhalt und Ziele eines gemeinsamen Wirkens lassen sich aber nur mit den Kriterien des Utilitarismus auf ihren moralischen Wert prüfen. Auch eine utilitaristische materiale Ethik braucht darum kategorische Imperative. Aber diese sind dann nicht mehr die um alles Menschenglück unbekümmerten Wahrsprüche einer transzendentalen Vernunft, sondern elementare Garantien, ohne die kein Mensch mit anderen vertrauensvoll zusammenarbeiten könnte. Und solches einvernehmliche Zusammenwirken scheint der einzige Weg zu sein, den uns philosophische Besinnung zu dem Ziel zeigen kann, dem Einzelnen und der Menschheit im Ganzen trotz der Hinfälligkeit unserer Kräfte ein lebenswürdiges Dasein in einer Welt zu sichern, von der jedenfalls soviel mit einiger Sicherheit gesagt werden kann: dass sie nicht so aussieht, als wäre sie zu dem Zweck erschaffen, gerade dem menschlichen Glückstreben eine hohe Erfolgsrate zu sichern.

Ethik ohne Metaphysik (1971)

A

1 Erörtern Sie die Entscheidung des Gerichts zum Luftsicherheitsgesetz. > M1

2 Wenden Sie Kants Überlegungen zur Pflichtenkollision auf die Frage des Flugzeugabschusses (M1) an und nehmen Sie dazu Stellung. > M2

3 Diskutieren Sie die von Patzig angeführten Fallbeispiele und beurteilen Sie seinen Vorschlag einer Verbindung von Kants Ethik und dem Utilitarismus. > M3

Hinweis:

Dilemmadiskussionen sind auch Thema in Kapitel 3 *Verantwortung und Angewandte Ethik.*

Ethik: deontologisch – utilitaristisch – eudämonistisch

METHODENKOMPETENZ: Ethische Positionen miteinander vergleichen

Ethik (Philosophie) kann man als einen über Jahrhunderte andauenden Diskurs verstehen, bei dem immer wieder unterschiedliche Positionen eingebracht wurden und werden. Um sich zu orientieren und selbst Stellung nehmen zu können, ist es wichtig, dass man die unterschiedlichen Positionen in Bezug setzen und miteinander vergleichen kann.

Gehen Sie beim Vergleich ethischer Positionen in folgenden Schritten vor:

- Vorarbeit: Rekonstruieren Sie die Positionen A und B.
- Stellen Sie gedankliche Bezüge zwischen beiden Positionen her: Was haben sie gemeinsam?
- Grenzen Sie beide Positionen voneinander ab: Worin unterscheiden sie sich?

M1 Nützlichkeit vs. Pflicht

Aufgabenstellung:

Vergleichen Sie die ethischen Positionen von Bentham und Kant in Bezug auf die Bewertung der Folgen einer Handlung.

Vorarbeit: Rekonstruktion der beiden ethischen Positionen unter dem in der Aufgabenstellung genannten Aspekt (hier in Stichworten):

Bentham: Utilitaristische Ethik (Folgenethik)

- gut: das größte Glück für die größte Zahl
- Richtschnur für moralisches Handeln: größtmöglicher Nutzen, verstanden als Förderung der Erfahrung von Freude/Glück und Vermeidung von Leid/Unglück
- Anwendung: Abschätzung des Nutzens für alle von der Handlung Betroffenen und quantitative Ermittlung des Gesamtnutzens

Kant: Deontologische Ethik (Pflichtethik)

- (uneingeschränkt) gut: allein der gute Wille
- Handeln aus Pflicht (nicht bloß pflichtmäßig aus Neigung), d. h. aus Achtung für das moralische Gesetz, nach der Grundformel des kategorischen Imperativs
- Anwendung: Verallgemeinerung der (subjektiven) Maxime und Prüfung, ob sie – widerspruchsfrei – als allgemeines Gesetz gewollt werden kann

Vergleich:

Darstellung der Gemeinsamkeiten

Was Jeremy Bentham und Immanuel Kant in ihren ethischen Theorien verbindet, ist, dass sie nicht eine Vielzahl einzelner Gebote für richtiges Handeln aufstellen, sondern sich bemühen, ein oberstes Prinzip festzulegen, an dem sich unser gesamtes Handeln ausrichten soll. Beiden Philosophen geht es außerdem nicht um individuelle Handlungsvorteile (das wäre Egoismus), sondern um eine über subjektive Intentionen hinausgehende Formel zur Verallgemeinerung und Prüfung. Nach Bentham ist das Wohl aller an der Handlung Beteiligten und von ihr Betroffenen zu berücksichtigen und der kategorische Imperativ Kants verlangt eine Verallgemeinerung der subjektiven Handlungsmaxime zu einem uneingeschränkt gültigen Gesetz für alle Menschen.

Allerdings bestehen auch große Unterschiede zwischen beiden ethischen Positionen: Bentham geht es um die Abschätzung der *Folgen* einer Handlung: Moralisch richtig ist eine Handlung, deren Folgen für alle Beteiligten und Betroffenen optimal sind.

Kant setzt bei seiner Herleitung des Moralprinzips dagegen beim *guten Willen* an, weil dieser allein uneingeschränkt gut ist, und zwar unabhängig von seinen Folgen. Wenn jemand sich durch einen guten Willen auszeichnet, so ist er als ein moralischer Mensch anzusehen, auch wenn sein Handeln misslingt und er sein Ziel nicht erreicht.

Die Folgen sollen nach Bentham im Hinblick darauf abgeschätzt werden, ob sie nützlich sind, d. h. ob sie die Freude der von der Handlung Betroffenen fördern bzw. ihr Leid vermindern. Das lässt sich auf Grund von Erfahrung abschätzen.

Kant vertritt dagegen eine reine Vernunftethik. Ein allgemeingültiges moralisches Gesetz lässt sich für ihn nicht aus Erfahrung ableiten. Was als Freude oder Leid empfunden wird, kann nämlich subjektiv sehr verschieden sein. Moralisch ist aus Kants Sicht allein ein Handeln aus *Pflicht*, d. h. aus *Achtung* vor dem moralischen Gesetz.

Schließlich erfordert das moralische Prüfverfahren nach Bentham eine *quantitative* Abschätzung der Folgen. Gut ist eine Handlung dann, wenn sie in der Bilanzierung von Freude und Leid ein quantitatives Übergewicht von Freude gegenüber Leid hervorbringt. Solche quantitativen Überlegungen sind Kant völlig fremd. Sein Kriterium dafür, ob eine Handlung als moralisch oder unmoralisch gilt, ist allein die *Widerspruchsfreiheit*. Ich muss wollen können, dass die Maxime meiner Handlung ein allgemeines Gesetz werden kann. Wenn sie dabei mit sich selbst in Widerspruch gerät, kann sie nicht als allgemeines Gesetz bestehen, d. h. die Handlung wäre unmoralisch.

Darstellung der Unterschiede in den Theorien: Bentham – Kant

M2 Glückseligkeit vs. Pflicht

Aufgabenstellung: Vergleichen Sie die ethischen Positionen von Aristoteles und Kant in Bezug auf die Bewertung von Glückseligkeit.

Vorarbeit: Rekonstruktion der beiden ethischen Positionen (s. S. 118ff. und S. 160ff.) unter dem in der Aufgabenstellung genannten Aspekt:

Aristoteles: Eudämonistische Ethik (Glücksethik)	Kant: Deontologische Ethik (Pflichtethik)
• ...	• ...

Vergleich:

....

Darstellung der Gemeinsamkeiten

....

....

Darstellung der Unterschiede

....

ANWENDUNG

A

1 Vollziehen Sie nach, wie der Vergleich der ethischen Positionen von Bentham und Kant vorgenommen wird. > M1

2 Rekonstruieren Sie die ethischen Positionen von Aristoteles und Kant und vergleichen Sie sie nach dem Muster von M1. > M2

Wissen kompakt

Mensch: Bürger zweier Welten

empirische Welt (Sinnlichkeit)

intelligible Welt (Vernunft)

↓

Aufklärung:
Ausgang aus der selbstverschuldeten Unmündigkeit durch Gebrauch der Vernunft (s. S. 52f.)

↓

Autonomie der Vernunft
Selbstbestimmung, Unterordnung des Willens unter ein selbst auferlegtes moralisches Gesetz

↓

Suche nach dem uneingeschränkt Guten
als Grundlage für die Herleitung des moralischen Gesetzes

↓

nicht: **Glück**
(Abgrenzung vom *Eudämonismus*: s. S. 118ff.)

der gute Wille
(liegt allen Gütern wie Verstand, Mut, Macht zugrunde)

nicht: **Folgen** einer Handlung
(Abgrenzung vom *Konsequentialismus/Utilitarismus*: s. S. 138ff.)

↓

nicht: **pflichtwidriges Handeln**

Handeln aus Pflicht
(deontologische Ethik)

nicht: **bloß pflichtmäßiges Handeln** (nur zufällige bzw. äußere Übereinstimmung mit der Pflicht, aus Neigung)

↓

Achtung für das Gesetz
(d. h. nicht für ein bestimmtes Gesetz, sondern für einen Handlungsgrundsatz in der **Form der Gesetzmäßigkeit**)

Imperativ
(Befehl, Gebot)

hypothetisch
(unter einer bestimmten Bedingung gültig)

kategorisch
(unbedingt gültig)

Grundform des kategorischen Imperativs:
„Handle nur nach derjenigen Maxime, durch die du zugleich wollen kannst, dass sie ein allgemeines Gesetz werde."

Anwendung (Prüfung der Maxime):

1. Formulierung einer Maxime zur beabsichtigten Handlung
2. Verallgemeinerung der Maxime zu einem Gesetz für alle Menschen
3. Prüfung, ob das Gesetz widerspruchsfrei gewollt werden kann

Weitere Formulierungen des kategorischen Imperativs:

Naturgesetzformel:
„Handle so, als ob die Maxime deiner Handlung durch deinen Willen zum allgemeinen Naturgesetz werden sollte."

Menschheits-Zweck-Formel:
„Handle so, dass du die Menschheit sowohl in deiner Person als in der Person eines jeden anderen jederzeit zugleich als Zweck, niemals bloß als Mittel gebrauchst."
(= Achtung der Menschenwürde)

problematisch:

- Rigorismus des kategorischen Imperativs
- fehlendes Entscheidungskriterium bei Pflichtenkollisionen

Kann es ein Zuviel an Moral geben?

M1 Ein Kreuz auf der Kuppel des Humboldt Forums?

Das Humboldt Forum ist ein Berliner Museum, das an der Stelle des ehemaligen Stadtschlosses errichtet wurde. Seine Fassade stellt eine historisch genaue Rekonstruktion des preußischen Schlosses dar. Die Errichtung der Kuppel mit einem christlichen Kreuz löste 2020 eine heftige Debatte aus. Kreuz und Inschrift [sind] christliche Symbole, die am Bau eines staatlichen Museums fehl am Platz sind [...]. Angebracht wurden sie am Berliner Schloss einst als Zeichen des Sieges der Hohenzollern über die demokratische Revolution von 1848. Die angebrachte Inschrift ruft zudem zur Unterwerfung unter das Christentum auf – und ist somit mitnichten eine Botschaft der Menschlichkeit. Wir [...] fordern [...] ein weltanschaulich neutrales Humboldt Forum und rufen deshalb dazu auf, eine Petition zur Entfernung von Inschrift und Kreuz zu unterzeichnen. *Humanistischer Verband Berlin-Brandenburg*

[Z]u einer detailgenauen historischen Rekonstruktion [der Kuppel] gehören [...] auch die Inschriften über den Portalen und an der Kuppel sowie das gesamte ikonografische* Programm mit Adlern, Wappen und Kronen. [...] [D]as Humboldt Forum [ist] ein offener Ort für den weltweiten Austausch von Kultur und Wissenschaften [...] – ein Ort der Diversität und der Diskussion, aber ebenso ein Ort mit einer ganz besonderen Geschichte. In diesem Kontext ist für uns auch die [...] Rekonstruktion des Hauses zu sehen [...]. Alle Symbole verstehen wir als bauhistorische Zitate, mit denen wir keinerlei inhaltliche oder gar programmatische Aussage für unsere gemeinsame Arbeit im Humboldt Forum verbinden. Sie müssen im Kontext ihrer jeweiligen historischen Entstehungssituation interpretiert werden. [...] Wir als Bauherrin und die Nutzergemeinschaft des Gebäudes entwickeln derzeit geeignete Mittel und Ansätze, um die historisch entstandenen Aussagen der Kuppel und der Fassade einzuordnen – mit Publikationen, digitalen Formaten und speziellen Angeboten zur Geschichte des Ortes. Darüber hinaus werden wir die Ambiguität der Architektur nutzen, um [...] zu Diskussionen über die Vielschichtigkeit unserer Welt anzuregen [...].

Hartmut Dorgerloh, Generalintendant der Stiftung Humboldt Forum im Berliner Schloss

M2 Alexander Grau: Kritik der Hypermoral

Alexander Grau (*1968) ist promovierter Philosoph und arbeitet als freier Kultur- und Wissenschaftsjournalist.

Wir leben im Zeitalter der Hypermoral. [...] Moral bekommt eine meinungsbildende Monopolstellung. Alle anderen rationalen Erwägungen werden diskreditiert. Technische, wissenschaftliche oder ökonomische Probleme werden zu moralischen Fragen umgedeutet und in einen Jargon aufgekratzter Moralität überführt. Insbesondere Möglichkeiten der technischen und wissenschaftlichen Entwicklung sind, zumal in Deutschland, kaum noch sachlich zu diskutieren: Wer, um nur ein Beispiel zu nennen, hierzulande die Chancen der Gentechnologie in der Medizin und in der Landwirtschaft diskutieren möchte, der hat von vornherein verloren, denn allein dieses Ansinnen gilt als Häresie*. [...]

An dieser Stelle könnte man natürlich einwenden: Wo liegt eigentlich das Problem? Ein Zuviel an Moral kann es schließlich nicht geben. [...] Handelt es sich dabei letztlich nicht um einen Triumph der Aufklärung, einen Sieg der vernunftorientierten Argumentation über Vorurteile und willkürlich gesetzte Normen? [...]

Nichts spricht gegen Moral. Sie macht das Leben angenehmer, leichter, weniger gefährlich und berechenbarer. [...] [Doch im neuen Moralismus wird]

Moral wird zum allein gültigen Maßstab normativer Debatten. Und da jede persönliche oder gesellschaftliche Frage auch moralisch betrachtet werden *kann, muss* sie moralisch betrachtet werden. Wer sich diesem Diktat des moralischen Diskurses entzieht, gilt bestenfalls als Zyniker, sehr viel wahrscheinlicher aber als gefühlskalt, inhuman und empathielos. [...]
Wer sich etwa gegen eine multikulturelle Gesellschaft ausspricht, gegen massive Einwanderung oder für den Versuch, auch in einem Zeitalter der Massenmigration kulturelle Homogenität* zu wahren, der begreift entweder die Moderne nicht, übersieht die Alternativlosigkeit, hantiert mit unsauberen Begriffen oder wird von Ängsten oder Schlimmerem beherrscht. [...]
So pathologisiert* der neue Moralismus alle abweichenden Einschätzungen und baut damit zugleich eine Drohkulisse auf, um abweichende normative Debatten im Keim zu ersticken. [...]
Doch der totale Moralismus ist nicht nur in seinem sachlichen Anspruch absolut und expansiv, er kennt auch keine räumlichen [...] Grenzen. Das bedeutet: Aus Sicht des Moralismus ist jeder für alles verantwortlich. [...] Der Verantwortungsbereich des Einzelnen wird ins Globale gesteigert. Insbesondere der einzelne Mitteleuropäer erweist sich als verantwortlich für jedes Ungemach der Welt, für Umweltkrisen, Ressourcenknappheit, Kriege und soziales Elend. Das erzeugt ein schlechtes Gewissen. Also kauft er fair gehandelte Produkte, trennt fleißig Müll und fährt Hybridfahrzeuge. [...]
Doch der hypertrophe* Moralismus kennt nicht nur keine räumlichen Differenzierungen und Grenzen, er ignoriert auch zeitliche und historische Divergenzen*. Selbst der Vergangenheit widmet er daher seine normativ missionarische Aufmerksamkeit. Frauenfeindliche Darstellungen in der bildenden Kunst vergangener Jahrhunderte, angeblich rassistische Formulierungen in Werken der klassischen Literatur, Zeugnisse religiöser Intoleranz an und in Kirchen des Mittelalters: all das empört den moralhypertrophen Bürger des spätindustriellen Zeitalters auf das Äußerste. Historische oder kulturelle Erklärungen interessieren das hypertrophe moralistische Bewusstsein naturgemäß nicht. Denn die moralistische Wahrheit ist zeitlos. Vergangene Epochen und ihre Menschenbilder sind daher nicht nur anders, sie sind verwerflich, also inhuman, rassistisch, sexistisch oder was auch immer. Das ist auf das Schärfste zu verurteilen. Mehr noch: Da unsere Welt bestückt ist mit Zeugnissen dieser abstoßenden Gedankenwelten, gilt es zu einem großen Bildersturm anzusetzen. Straßennamen, Skulpturen und Denkmäler zu Ehren von historischen Persönlichkeiten, die in ihrer Zeit nicht auf der Höhe des aktuellen pazifistischen, gendertheoretischen oder antirassistischen Diskurses waren, sind aus dem öffentlichen Raum zu entfernen und nur noch mit Warnhinweisen in Museen auszustellen. Literarische Werke werden entweder dem Vergessen anheim gegeben oder feinsinnig korrigiert. [...]
Und Kinderbüchern von Astrid Lindgren oder Otfried Preußler wird eine sprachliche Modernisierung empfohlen, da sie Wörter wie „Negerlein" oder „Hottentottenhäuptling" enthalten.
Da es jedoch bei genauer Betrachtung kaum ein Kunstwerk der letzten zweitausendfünfhundert Jahre gibt, das aus heutiger Sicht nicht gewaltverherrlichend, militaristisch, misogyn* oder sonstwie Ausdruck irgendeiner Intoleranz ist, wendet sich die zeitgenössische Moralhypertrophie anklagend gegen die europäische Kulturgeschichte an sich, die als Hort von Diskriminierung, Sexismus und Imperialismus wahrgenommen wird. Sie gilt es als Unkultur zu überwinden und zu entlarven. *Hypermoral (2018)*

A

1 Erläutern Sie die Argumente, die für und gegen die Rekonstruktion der Kuppel des Humboldt-Forums angeführt werden. > M1

2 Fassen Sie die Grundzüge der Moralkritik Alexander Graus zusammen und nehmen Sie Stellung zu seiner Sichtweise, indem Sie von konkreten Fällen ausgehen (z. B. People of Colour, die als Eltern aus einem der genannten Kinderbücher vorlesen wollen, oder Ärzte bzw. Ärztinnen, die sich von der Gentechnik neue Therapieformen versprechen, etc.). > M2

3 Beurteilen Sie die Kontroverse um die Kuppel des Humboldt-Forums unter Verwendung Ihrer Ergebnisse zu Aufgabe 2. > M1/M2

Inflation der Pflichten

M1 Bernard Williams: Moral – ein System von Verpflichtungen

Bernard Williams (1929-2003) war ein britischer Philosoph, der sich kritisch mit der traditionellen Moralphilosophie, insbesondere der Pflichtethik, auseinandersetzte.

Weiter oben habe ich die Moral als ein bestimmtes System, eine besondere Spielart des ethischen Denkens bezeichnet. Ich muss jetzt erklären, was ich darunter verstehe, und warum wir besser daran tun, ohne sie auszukommen. [...]

Um dies alles erkennen zu können, müssen wir einen bestimmten Begriff genauer betrachten: den der *moralischen Pflicht.* [...]

Innerhalb des Moralsystems ist [...] nicht jede Schlussfolgerung einer besonderen moralischen Überlegung Ausdruck einer Pflicht. Einige moralische Schlussfolgerungen verkünden lediglich, dass man etwas tun *kann.* Sie drücken damit keine Verpflichtung aus, sind aber in einem gewissen Sinn noch von der Vorstellung der Pflicht beherrscht: Man fragt, ob man einer Verpflichtung unterliegt, und entscheidet dann, dass dies nicht zutrifft. [...] Die moralischen Erwägungen, die in eine Überlegung einfließen, können selbst die Form von Pflichten annehmen, aber man würde natürlich sagen, dass dies nicht notwendig so sein muss. So könnte ich die Schlussfolgerung ziehen, dass ich einer Verpflichtung oblag, in einer bestimmten Weise zu handeln, weil es das Beste war, ein bestimmtes Ergebnis herbeizuführen, das auf eben diese Art herbeigeführt werden konnte. [...]

Eine Pflicht bezieht sich auf jemanden im Hinblick auf eine Handlung – es ist eine Verpflichtung, etwas zu tun –, wobei es in der Macht des Handelnden stehen muss, die Handlung auszuführen. *„Sollen (ought) impliziert Können"* ist eine in diesem Zusammenhang gern und häufig verwendete Formel. [...] Wenn meine Überlegung zu etwas führt, was ich nicht tun kann, so muss ich erneut überlegen. [...]

Es gibt Handlungen (ebenso Strategien, Haltungen usw.), die entweder mehr sind als Pflichten oder weniger. Es können heldenhafte oder großartige Handlungen sein, die über das Pflichtgemäße oder Erforderliche hinausgehen. Oder es können Handlungen sein, die aus einer ethischen Perspektive als begrüßenswert oder lohnend oder als gute Idee erscheinen, ohne dass es erforderlich ist, sie zu vollziehen. [...]

Es ist ein Fehler der Moral, dass sie versucht, alles in Pflichten zu verwandeln. Aber die Gründe für diesen Fehler sitzen sehr tief. Hier sollten wir uns daran erinnern, dass das, was *für gewöhnlich* eine Pflicht genannt wird, aus einem Konflikt moralischer Erwägungen nicht unbedingt als Sieger hervorgehen muss.

Nehmen wir an, dass X eine alltägliche Verpflichtung eingegangen ist – er hat (ein Beispiel aus dem Lehrbuch) versprochen, einen Freund zu besuchen. Dann bekommt er plötzlich die einmalige Gelegenheit, zur gleichen Zeit an einem anderen Ort eine in seinem Interesse liegende wichtige Angelegenheit entscheidend zu fördern. [...] X hat gute Gründe für die Schlussfolgerung, er solle die Gelegenheit nutzen und seine Angelegenheit fördern. Aber Verpflichtungen besitzen eine moralische Stringenz, was bedeutet, dass ihre Verletzung Schuldzuweisungen nach sich zieht. Dies kann innerhalb der Ökonomie des Moralsystems nur dadurch verhindert werden, dass die konkurrierende Handlung eine andere und zwingendere Verpflichtung darstellt. Die Moral befördert die Auffassung, dass *nur eine Verpflichtung eine Verpflichtung außer Kraft setzen kann.*

Wie aber kann diese Handlung von X eine Verpflichtung gewesen sein, wenn sie nicht irgendeiner allgemeineren Pflicht entstammte? Dabei lässt sich nicht einfach sagen, worin die allgemeine Pflicht besteht. Für X gibt es keine unbedingte Pflicht, seine Angelegenheit zu verfolgen oder alles nur Mögliche für Angelegenheiten zu tun, die er zu den seinen gemacht hat.

So bleibt nur die schwachbrüstige Annahme, dass man einer Verpflichtung unterliegt, eine wichtige Angelegenheit zu verfolgen, wenn die Gelegenheit dafür besonders günstig ist.

Der Druck, den das Moralsystem mit der Forderung ausübt, eine allgemeine Pflicht zu finden, die eine besondere Pflicht untermauert, [...] zeitigt ein deutlicheres Resultat bei den vertrauten Fällen [...], wie es bei der Pflicht, jemandem zu helfen, der in Gefahr ist, geschieht. Ich bin nicht verpflichtet, allen Menschen zu helfen, die sich in Gefahr befinden, oder nach solchen Ausschau zu halten. Wenn sie mit jemandem konfrontiert werden, der in Gefahr ist, haben viele das Gefühl, dass sie in der Pflicht sind, helfend einzugreifen (wenngleich das Risiko für sie selbst dabei nicht zu groß sein darf usw.: Hier lassen sich verschiedene sinnvolle Einschränkungen angeben). Anders als im letzten Fall scheint hier die zugrundeliegende Verpflichtung offenkundig zu sein. Der unmittelbare Anspruch: „In diesem Notfall bin ich verpflichtet zu helfen" scheint von der Aussage „Es gibt die allgemeine Pflicht, bei einem Notfall zu helfen" herzurühren. [...]

Wenn die Reise in die allgemeineren Pflichten erst einmal begonnen hat, können wir leicht in Schwierigkeiten geraten – nicht einfach nur philosophische Schwierigkeiten, sondern Gewissensnöte –, sobald wir Raum für moralisch indifferente Handlungen finden wollen. [...] Wenn man der Pflicht gestattet, das ethische Denken zu beherrschen, dann gibt es genügend natürliche Methoden, mittels derer sie bald das ganze Leben beherrscht. [...]

Viele philosophische Fehler sind in die Moral verwoben. Sie missversteht die Pflichten, weil sie nicht sieht, dass es noch andere Typen der ethischen Erwägung gibt. [...] Und über all das hinaus lässt die Moral die Menschen glauben, ohne ihre sehr spezifische Pflicht gäbe es nur Neigungen [...]. Ihre philosophischen Irrtümer sind jedoch nur der abstrakteste Ausdruck einer grundlegend falschen Auffassung vom Leben. *Ethik und die Grenzen der Philosophie (1985)*

M2 Winfried Schröder: Grenzen der Moral

Winfried Schröder (*1956) lehrt Philosophie an der Freien Universität Berlin.

Williams legt seinen Überlegungen einen besonderen Moralbegriff zugrunde. Als „morality" bezeichnet er einen besonderen Typ praxisbezogener Reflexion [...]. Ihr Spezifikum besteht in einem Instrument, mit dem sie unser Handeln reguliert: Moral ist ein System von Pflichten („obligations"). Diese sind allen anderen Regeln, Erfordernissen und Interessen übergeordnet. Nur eine Pflicht kann eine Pflicht außer Kraft setzen. [...] [Ein solches Verständnis von Moral verliert – das ist der Kern seiner] Vorwürfe – das Wesentliche aus dem Auge: das Leben, das wir leben wollen und dessen Beschädigung durch eine hypertrophe Moral uns nicht zugemutet werden kann. [...] Eine solche Moral sollten wir [...] über Bord werfen. [...]

In diesen Überlegungen tritt ein ernst zu nehmender Impuls der neueren Moral- bzw. Ethikkritik zutage. [...] Überreglementierung, exzessive Verhaltensnormierung und psychische Überforderung sind tatsächlich Gefahren einer Inflationierung und undifferenzierten Verwendung des Pflichtbegriffs. [...] Eine Ethik, die mehr verlangt, als zu befolgen möglich ist, verabschiedet sich aus dem Kreis seriöser Theorien.

Dass [...] Williams uns damit von der Notwendigkeit einschneidender Revisionen des geläufigen Moralverständnisses überzeugen [kann] [...], ist allerdings fraglich. Williams selbst hatte, bevor er [...] die Parole „out of the morality system altogether" ausgab, eine andere Antwort auf diese Problematik gegeben. In seinem Essay *Moral luck* hatte er dafür plädiert, der Reglementierung des Lebens durch die Ansprüche der Moral Grenzen zu setzen und hierin eine moralisch relevante Aufgabe gesehen. [...] Dieses Votum – Williams' vorletztes Wort in dieser Sache – [hat] nichts an Überzeugungskraft verloren. *Moralischer Nihilismus (2005)*

A

1 Untersuchen Sie, warum wir nach Williams besser daran tun, ohne Moral auszukommen. > M1/M2

2 Setzen Sie sich mit Schröders Beurteilung der Williams'schen Moralkritik auseinander und nehmen Sie selbst dazu Stellung. > M2

Die Umwertung aller Werte

M1 Friedrich Nietzsche: Herren- und Sklavenmoral

Der deutsche Philologe und Philosoph Friedrich Nietzsche (1844-1900) verstand sich als Kritiker der gesamten abendländischen Moral.

Es gibt *Herren-Moral* und *Sklaven-Moral* [...]. Die moralischen Wertunterscheidungen sind entweder unter einer herrschenden Art entstanden, welche sich ihres Unterschieds gegen die beherrschte mit Wohlgefühl bewusst wurde – oder unter den Beherrschten, den Sklaven und Abhängigen jeden Grades. Im ersten Falle, wenn die Herrschenden es sind, die den Begriff „gut" bestimmen, sind es die erhobnen stolzen Zustände der Seele, welche als das Auszeichnende und die Rangordnung Bestimmende empfunden werden. Der vornehme Mensch trennt die Wesen von sich ab, an denen das Gegenteil solcher gehobener stolzer Zustände zum Ausdruck kommt: er verachtet sie. Man bemerke sofort, dass in dieser ersten Art Moral der Gegensatz „gut" und „schlecht" so viel bedeutet wie „vornehm" und „verächtlich" – der Gegensatz „gut" und „böse" ist andrer Herkunft. Verachtet wird der Feige, der Ängstliche, der Kleinliche, der an die enge Nützlichkeit Denkende; ebenso der Misstrauische mit seinem unfreien Blicke, der Sich-Erniedrigende, die Hunde-Art von Mensch, welche sich misshandeln lässt, der bettelnde Schmeichler, vor allem der Lügner – es ist ein Grundglaube aller Aristokraten, dass das gemeine Volk lügnerisch ist. „Wir Wahrhaftigen" – so nannten sich im alten Griechenland die Adeligen. [...] Die vornehme Art Mensch fühlt *sich* als wertbestimmend, sie hat nicht nötig, sich gutheißen zu lassen, sie urteilt „was mir schädlich ist, das ist an sich schädlich", sie weiß sich als das, was überhaupt erst Ehre den Dingen verleiht, sie ist *werteschaffend.* Alles, was sie an sich kennt, ehrt sie: eine solche Moral ist Selbstverherrlichung. Im Vordergrunde steht das Gefühl der Fülle der Macht, die überströmen will, das Glück der hohen Spannung, das Bewusstsein eines Reichtums, der schenken und abgeben möchte – auch der vornehme Mensch hilft dem Unglücklichen, aber nicht oder fast nicht aus Mitleid, sondern mehr aus einem Drang, den der Überdruss von Macht erzeugt. Der vornehme Mensch ehrt in sich den Mächtigen, auch den, welcher Macht über sich selbst hat, der zu reden und zu schweigen versteht, der mit Lust Strenge und Härte gegen sich übt und Ehrerbietung vor allem Strengen und Harten hat. [...].

Es steht anders mit dem zweiten Typus der Moral, der Sklaven-Moral. Gesetzt, dass die Vergewaltigten, Gedrückten, Leidenden, Unfreien, ihrer selbst Ungewissen und Müden moralisieren: was wird das Gleichartige ihrer moralischen Wertschätzungen sein? Wahrscheinlich wird ein pessimistischer Argwohn gegen die ganze Lage des Menschen zum Ausdruck kommen, vielleicht eine Verurteilung des Menschen mitsamt seiner Lage. Der Blick des Sklaven ist abgünstig für die Tugenden des Mächtigen: er hat Skepsis, er hat *Feinheit* des Misstrauens gegen alles „Gute", was dort geehrt wird –, er möchte sich überreden, dass das Glück selbst dort nicht echt sei. Umgekehrt werden die Eigenschaften hervorgezogen und mit Licht übergossen, welche dazu dienen, Leidenden das Dasein zu erleichtern: hier kommt das Mitleiden, die gefällige hilfsbereite Hand, das warme Herz, die Geduld, der Fleiß, die Demut, die Freundlichkeit zu Ehren –, denn das sind hier die nützlichsten Eigenschaften und beinahe die einzigen Mittel, den Druck des Daseins auszuhalten. Die Sklaven-Moral ist wesentlich Nützlichkeitsmoral.

Hier ist der Herd für die Entstehung jenes berühmten Gegensatzes „gut" und *„böse"* – ins Böse wird die Macht und Gefährlichkeit hinein empfunden, eine gewisse Furchtbarkeit, Feinheit und Stärke, welche die Verachtung nicht aufkommen lässt. Nach der Sklaven-Moral erregt also der „Böse" Furcht; nach der Herren-Moral ist es gerade der „Gute", der Furcht erregt und erregen will, während der „schlechte" Mensch als der verächtliche empfunden wird. Der Gegensatz kommt auf seine Spitze, wenn sich, gemäß der Sklavenmoral-Konsequenz, zuletzt nun auch an den „Guten" dieser Moral ein Hauch von Geringschätzung hängt – sie mag leicht und wohlwollend sein –, weil der Gute innerhalb der Sklaven-Denkweise jedenfalls der *ungefährliche* Mensch sein muss: er ist gutmütig, leicht zu betrügen, ein bisschen dumm vielleicht, *un bonhomme*. Überall, wo die Sklaven-Moral zum Übergewicht kommt, zeigt die Sprache eine Neigung, die Worte „gut" und „dumm" einander anzunähern. *Jenseits von Gut und Böse (1886)*

H M2 Winfried Schröder: Nietzsches Moralkritik

An Nietzsches Schriften können wir das Modell einer in mehrfacher Hinsicht umfassenden Moralkritik studieren. [...]. Er konfrontiert die Moral mit einem, wie er meint, überlegenen Gegenmodell, das er als „Ethik der Vornehmheit" oder „vornehme Moral" etikettiert. Seine Absicht ist es, [...] die Moral zu „vernichten" und eine nichtmoralische Orientierung an ihrer Stelle zu etablieren. [...] Moral [wird] von Nietzsche nicht als transhistorischer Katalog von Normen, Tugenden und Werten, sondern als etwas Gewordenes aufgefasst. Es gilt, die „Herkunft unserer moralischen Vorurteile" aufzudecken und zu rekonstruieren, wie „die moralischen Wertunterscheidungen [...] entstanden" sind. [...] [Ziel ist es, den] Ursprung, der „eine Wertverminderung der so entstandenen Sache mit sich bringt", freizulegen, einen „Ursprung, dessen man sich schämt", der die Moral diskreditiert.

Im Einzelnen versucht Nietzsche dies mit einer weit ausholenden Geschichtskonstruktion zu zeigen, der zufolge zu Beginn der abendländischen Kultur ein folgenreicher Umbruch der praktischen Orientierungssysteme eingetreten ist: eine „Umkehrung" bzw. „Umwertung der Werte", in deren Folge die „Sklaven-Moral" den Sieg über die „Herren-Moral" errang. [...] „Herren-Moral" nennt Nietzsche diejenige Moral, die die Menschen in „gute" und „schlechte" Exemplare der Spezies unterteilt. In ihrem begrifflichen Rahmen bezeichnet „gut" den Besitz folgender Eigenschaften: Stärke, Stolz, Vornehmheit, Unbeirrtheit in der Wahrnehmung von Privilegien und Härte gegen diejenigen, die aus ihrer Sicht die „Niedrigen" sind. Der Gegenbegriff zu „gut" ist in der Herren-Moral „schlecht" (nicht: „böse"). Er bezeichnet die Schwachen, Armen, die „Missratenen, Verkleinerten, Verkümmerten".

Die begriffliche Grundunterscheidung der Sklaven-Moral ist eine andere. Sie lautet: „gut" und „böse". Hier bedeutet „gut" zu sein, schwach statt stark, demütig statt stolz zu sein. Weiter gehört dazu eine egalitär-altruistische Gesinnung anstelle der elitären Inanspruchnahme von Privilegien. Nicht zuletzt schließt „Gut"-Sein im Sinne der Sklaven-Moral Milde und „Mitleid", „Verzärtlichung" und „Unmännlichkeit" anstelle der herren-moralischen Härte ein. Unter das Schlagwort „Sklaven-Moral" lassen sich alle von Nietzsche bekämpften „Moralen", von der der jüdischen Propheten, des Sokrates und Platons, der Christen bis zu den verschiedenen Formen der säkularen Aufklärungsmoral, subsumieren.

Moralischer Nihilismus (2005)

Moralkritik

Der Begriff wird in einem zweifachen Sinn verwendet. In einem schwachen Sinne zielt er auf die unangemessene, übertriebene Anwendung moralischer Kriterien (Hypermoral). Radikal verstanden bedeutet Moralkritik die Verneinung jeglicher Moral und ihren Ersatz durch nicht-moralische Orientierungen (moralischer Nihilismus, zu lat. *nihil*: nichts).

A

1 Erklären Sie, was Sie sich unter einer „Vivisektion der Tugenden" (s. Bild) vorstellen. > M1

2 Stellen Sie Nietzsches Unterscheidung von Herren- und Sklavenmoral in einer Mindmap dar. > M1/M2

3 Erklären Sie den Begriff der *Umwertung der Werte* und erläutern Sie, inwiefern damit für Nietzsche eine Kritik der Moral verbunden ist. > M2

Der Wille zur Macht

M1 Friedrich Nietzsche: Der Mensch der Zukunft

„Ich lehre euch den Übermenschen. Der Mensch ist etwas, das überwunden werden soll."

Also sprach Zarathustra (1883-85)

M2 Friedrich Nietzsche: Egoismus als Urgesetz des Lebens

Gesetzt, dass nichts anderes als real „gegeben" ist als unsre Welt der Begierden und Leidenschaften, dass wir zu keiner andern „Realität" hinab oder hinauf können als gerade zur Realität unsrer Triebe – denn Denken ist nur ein Verhalten dieser Triebe zueinander –: ist es nicht erlaubt, den Versuch zu machen und die Frage zu fragen, ob dies „Gegeben" nicht *ausreicht*, um aus seinesgleichen auch die sogenannte mechanistische (oder „materielle") Welt zu verstehn? Ich meine nicht als eine Täuschung, einen „Schein", eine „Vorstellung" [...], sondern als vom gleichen Realitäts-Range, welchen unser Affekt selbst hat – als eine primitivere Form der Welt der Affekte, in der noch alles in mächtiger Einheit beschlossen liegt, was sich dann im organischen Prozesse abzweigt und ausgestaltet (auch, wie billig, verzärtelt und abschwächt –), als eine Art von Triebleben, in dem noch sämtliche organische Funktionen, mit Selbst-Regulierung, Assimilation, Ernährung, Ausscheidung, Stoffwechsel, synthetisch gebunden ineinander sind – als eine Vorform des Lebens? [...]
Gesetzt endlich, dass es gelänge, unser gesamtes Triebleben als die Ausgestaltung und Verzweigung einer Grundform des Willens zu erklären – nämlich des Willens zur Macht, wie es mein Satz ist –; gesetzt, dass man alle organischen Funktionen auf diesen Willen zur Macht zurückführen könnte und in ihm auch die Lösung des Problems der Zeugung und Ernährung – es ist ein Problem – fände, so hätte man damit sich das Recht verschafft, alle wirkende Kraft eindeutig zu bestimmen als: Wille zur Macht. Die Welt von innen gesehen, die Welt auf ihren „intelligiblen Charakter" hin bestimmt und bezeichnet – sie wäre eben „Wille zur Macht" und nichts außerdem.
Sich gegenseitig der Verletzung, der Gewalt, der Ausbeutung enthalten, seinen Willen dem des andern gleichsetzen: [...]. Sobald man [...] dies [...] als Grund-Prinzip der Gesellschaft [nehmen würde], so würde es sich sofort erweisen [...] als Wille zur Verneinung des Lebens, als Auflösungs- und Verfalls-Prinzip. [...] Leben selbst ist *wesentlich* Aneignung, Verletzung, Überwältigung des Fremden und Schwächeren, Unterdrückung, Härte, Aufzwängung eigner Formen, Einverleibung und mindestens, mildestens, Ausbeutung – aber wozu sollte man immer gerade solche Worte gebrauchen, denen von alters her eine verleumderische Absicht eingeprägt ist? [...] [Jeder Körper], falls er ein lebendiger und nicht ein absterbender Körper ist, [...] wird der leibhafte Wille zur Macht sein müssen, er wird wachsen, um sich greifen, an sich ziehen, Übergewicht gewinnen wollen – nicht aus irgendeiner Moralität oder Immoralität heraus, sondern weil er lebt, und weil Leben eben Wille zur Macht ist. [...]
Ihr wollt womöglich – und es gibt kein tolleres womöglich – das Leiden abschaffen; und wir? – es scheint gerade, wir wollen es lieber noch höher und schlimmer haben, als es je war. [...] Die Zucht des Leidens, des großen Leidens – wisst ihr nicht, dass nur diese Zucht alle Erhöhungen des Menschen bisher geschaffen hat? [...] Auf die Gefahr hin, unschuldige Ohren missvergnügt zu machen, stelle ich hin: der Egoismus gehört zum Wesen der vornehmen Seele, ich meine jenen unverrückbaren Glauben, dass einem Wesen, wie „wir sind", andre Wesen untertan sein müssen und sich ihm zu opfern haben [...] Die vornehme Seele nimmt diesen Tatbestand ihres Egoismus ohne jedes Fragezeichen hin, [...] wie etwas, das im Urgesetz der Dinge begründet sein mag.

Jenseits von Gut und Böse (1886)

H

M3 Winfried Schröder: Moral als Verneinung des Lebens

Entscheidend für Nietzsches Lebensbegriff ist ein dynamisches, genauer: teleologisches*, und zwar auf die Entwicklung der Menschheitsgattung bezogenes Moment. Leben muss „wachsen", „seine Macht erweitern". Ziel dieses Prozesses ist die „Erhöhung des Typus *Mensch*". Die Wendung, „dass das Leben wachsen muss", ist nicht allein als faktische quasi-naturwissenschaftliche Gesetzesaussage, sondern auch als zu befolgende Norm zu verstehen. Ebenso zweideutig spricht Nietzsche oft von einem *Gesetz des Lebens*, gegen das die Moral verstoße. Es ist „das oberste Gesetz des Lebens selbst", das auf die „Ermöglichung höherer und höchster Typen" gerichtet ist. Das „Urgesetz" des Lebens ist die den moralischen Normen übergeordnete Norm. Nietzsches Begriff des Lebens hat also eine eindeutig normative Komponente. [...] Nietzsche [statuiert] mit aller Entschiedenheit: Die Moral steht einem Ziel im Wege, auf welches hin das Leben sich bewegen muss, und dieses Ziel ist „höherwertig". Sie behindert die Züchtung des Übermenschen. Nur durch eine „Züchtung"", die durch moralische Schranken nicht behindert ist, lässt sich das Ziel des Lebens herbeiführen: die „Erhöhungen des Menschen". „Leben" bezeichnet im Kontext von Nietzsches Moralkritik den „großen Prozess", der durch die „Erzeugung von einzelnen wertvollen Individuen" den Typus Mensch steigert. [...]

Der gegen die Moral gerichtete Vorwurf der *Lebensfeindlichkeit* besagt also, dass ihre Forderungen zu Lasten der „wertvollen, starken und vornehmen" Menschen gehen. Die vom Altruismus geforderten Tugenden „Selbstlosigkeit", „Selbstverleugnung" und „Selbstopferung" beeinträchtigen die Menschen, die mehr wert sind als der menschliche „Ausschuss und Abfall". Für die Wertvollen ist die gegenteilige Haltung, der Egoismus, angemessen. [...] Die naturgegebene Rangordnung zwischen den Menschen begründet ein „Sonderrecht" der Wertvollen und Vornehmen. Die Moral ist lebensfeindlich, weil sie kein vorgegebenes Sonderrecht von Eliten oder Kasten anerkennt, und aus diesem Grunde muss sie destruiert werden.

Moralischer Nihilismus (2005)

M4 Héctor Zagal / José Galindo: Nietzsches Menschenbild

Die Moralphilosophie Nietzsches ist der traditionellen Ethik deswegen so entgegengesetzt, weil auch seine Sicht des Menschen im völligen Gegensatz zum herkömmlichen Menschenbild steht. [...] In der klassischen Tradition glaubte man, dass der Mensch erst dann im vollen Sinne Mensch geworden ist, wenn er seine spezifisch menschlichen Fähigkeiten voll entwickelt hat: seinen Verstand und seinen Willen. Die natürliche Ordnung bestehe darin, dass Wille und Verstand das Tierische im Menschen kontrollieren, seine Triebe und seine Instinkte. Das bedeutet nicht, dass wir unsere tierischen Antriebe völlig ausschalten sollen; die Tugenden sollen vielmehr dafür sorgen, dass der Mensch nicht zum Spielball seiner Triebe und Instinkte wird. Die Kraft der Triebe und Instinkte soll so angeordnet sein, dass sie dem Menschen im Einklang mit seiner geistig-körperlichen Natur zur Fülle des Menschseins verhilft. In einer solchen Ordnung sieht Nietzsche eine Verkehrung, eine Karikatur des Übermenschen, eine Karikatur auch des Lebens, das für ihn entfesselter Instinkt ist. Denn eine Kontrolle durch Wille und Verstand würde den Willen zur Macht, den wahren Motor des Lebens, einschränken. Nietzsches Menschenbild und seine Moralphilosophie sind wie die zwei Seiten einer Medaille. Der Mensch ist nur dann er selbst, wenn er sich den blinden Kräften seiner Triebe und Instinkte widerstandslos überlässt; der Mensch ist nur dann Herr über sich, wenn er sich in den ewigen Fluss des Lebens hineinstürzt und sich von ihm fortreißen lässt.

Ethik für junge Menschen (2000)

A

1. Was stellen Sie sich unter einem Übermenschen vor? Notieren Sie Ihre Assoziationen. > M1
2. Untersuchen Sie, wie Nietzsche den Begriff *Übermensch* bestimmt, und erklären Sie den Vorwurf der Lebensfeindlichkeit der Moral. > M2/M3
3. Nehmen Sie Stellung zu Zagals und Galindos Auffassung des Menschenbildes und der Ethik Nietzsches. > M4

Klassenkampf und Moral

M1 Die herrschenden Verhältnisse

M2 Karl Marx / Friedrich Engels: Der Weg zur klassenlosen Gesellschaft

Im *Manifest der kommunistischen Partei* entwickeln Karl Marx (1818-1883) und Friedrich Engels (1820-1895) den Kern der kommunistischen Weltanschauung (dialektischer Materialismus).

Karl Marx

Friedrich Engels

Die Geschichte aller bisherigen Gesellschaft ist die Geschichte von Klassenkämpfen. Freier und Sklave, Patrizier* und Plebejer*, Baron und Leibeigener, Zunftbürger und Gesell, kurz, Unterdrücker und Unterdrückte standen in stetem Gegensatz zueinander, führten einen ununterbrochenen, bald versteckten, bald offenen Kampf, einen Kampf, der jedes Mal mit einer revolutionären Umgestaltung der ganzen Gesellschaft endete oder mit dem gemeinsamen Untergang der kämpfenden Klassen. [...]

Die aus dem Untergang der feudalen Gesellschaft hervorgegangene moderne bürgerliche Gesellschaft hat die Klassengegensätze nicht aufgehoben. Sie hat nur neue Klassen, neue Bedingungen der Unterdrückung, neue Gestaltungen des Kampfes an die Stelle der alten gesetzt. [...] Die ganze Gesellschaft spaltet sich mehr und mehr in zwei große feindliche Lager, in zwei große, einander direkt gegenüberstehende Klassen: Bourgeoisie* und Proletariat*. [...]

Die Bourgeoisie, wo sie zur Herrschaft gekommen, hat alle feudalen, patriarchalischen, idyllischen Verhältnisse zerstört. Sie hat [...] an die Stelle der mit religiösen und politischen Illusionen verhüllten Ausbeutung die offene, unverschämte, direkte, dürre Ausbeutung gesetzt. [...]

In demselben Maße, worin sich die Bourgeoisie, d. h. das Kapital, entwickelt, in demselben Maße entwickelt sich das Proletariat, die Klasse der modernen Arbeiter, die nur so lange leben, als sie Arbeit finden, und die nur so lange Arbeit finden, als ihre Arbeit das Kapital vermehrt. Diese Arbeiter, die sich stückweis verkaufen müssen, sind eine Ware wie jeder andere Handelsartikel [...]. Der Preis einer Ware, also auch der Arbeit, ist aber gleich ihren Produktionskosten. In demselben Maße, in dem die Widerwärtigkeit der Arbeit wächst, nimmt daher der Lohn ab. [...]

Aber mit der Entwicklung der Industrie vermehrt sich nicht nur das Proletariat; es wird in größeren Massen zusammengedrängt, seine Kraft wächst, und es fühlt sie immer mehr. [...] Die Arbeiter beginnen damit, Koalitionen gegen die Bourgeois zu bilden; sie treten zusammen zur Behauptung ihres Arbeitslohns. [...]

Der Fortschritt der Industrie [...] setzt an die Stelle der Isolierung der Arbeiter durch die Konkurrenz ihre revolutionäre Vereinigung durch die Assoziation. Mit der Entwicklung der großen Industrie wird also unter den Füßen der Bourgeoisie die Grundlage selbst hinweggezogen, worauf sie produziert und die Produkte sich aneignet. Sie produziert vor allem ihren eigenen Totengräber. Ihr Untergang und der Sieg des Proletariats sind gleich unvermeidlich. [...]

Das Proletariat wird seine politische Herrschaft dazu benutzen, der Bourgeoisie nach und nach alles Kapital zu entreißen, alle Produktionsinstrumente in den

Händen des Staats, d. h. des als herrschende Klasse organisierten Proletariats, zu zentralisieren und die Masse der Produktionskräfte möglichst rasch zu vermehren.

Es kann dies natürlich zunächst nur geschehen vermittelst despotischer Eingriffe in das Eigentumsrecht und in die bürgerlichen Produktionsverhältnisse*, durch Maßregeln also, die ökonomisch unzureichend und unhaltbar erscheinen, die aber im Lauf der Bewegung über sich selbst hinaustreiben und als Mittel zur Umwälzung der ganzen Produktionsweise unvermeidlich sind. [...]

Wenn das Proletariat im Kampfe gegen die Bourgeoisie sich notwendig zur Klasse vereint, durch eine Revolution sich zur herrschenden Klasse macht und als herrschende Klasse gewaltsam die alten Produktionsverhältnisse aufhebt, so hebt es mit diesen Produktionsverhältnissen die Existenzbedingungen des Klassengegensatzes, die Klassen überhaupt, und damit seine eigene Herrschaft als Klasse auf.

An die Stelle der alten bürgerlichen Gesellschaft mit ihren Klassen und Klassengegensätzen tritt eine Assoziation, worin die freie Entwicklung eines jeden die Bedingung für die freie Entwicklung aller ist.

Bedarf es tiefer Einsicht, um zu begreifen, dass mit den Lebensverhältnissen der Menschen [...] auch ihr Bewusstsein sich ändert? [...]

„Aber", wird man sagen, [...] [es gibt] ewige Wahrheiten, wie Freiheit, Gerechtigkeit usw., die allen gesellschaftlichen Zuständen gemeinsam sind. Der Kommunismus aber schafft die ewigen Wahrheiten ab, er schafft die Religion ab, die Moral, statt sie neu zu gestalten [...]. Worauf reduziert sich diese Anklage? Die Geschichte der ganzen bisherigen Gesellschaft bewegte sich in Klassengegensätzen, [...]. Die Ausbeutung des einen Teils der Gesellschaft durch den andern ist eine allen vergangenen Jahrhunderten gemeinsame Tatsache. Kein Wunder daher, dass das gesellschaftliche Bewusstsein aller Jahrhunderte, aller Mannigfaltigkeit und Verschiedenheit zum Trotz, in gewissen gemeinsamen Formen sich bewegt, in Bewusstseinsformen, die nur mit dem gänzlichen Verschwinden des Klassengegensatzes sich vollständig auflösen. *Manifest der kommunistischen Partei (1848)*

M3 Winfried Schröder: Moral – ein ungeeignetes Instrument der Gesellschaftskritik

Neben der Ideologiekritik haben Marx und Engels einen weiteren Einwand gegen die Moral vorgebracht. Er besagt, dass eine auf moralische Maßstäbe sich berufende, „moralisierende Kritik" und eine dementsprechende Praxis der tatsächlichen Verlaufsform der Geschichte unangemessen ist. Unangemessen ist sie [...], weil sie letztlich (im Hinblick auf den Gang der Geschichte insgesamt) wirkungslos ist. [...] Aus Marx' und Engels' Sicht unterstellt derjenige, der „moralisierende Kritik" übt, zu Unrecht, dass die Ereignisse der Welt kontingent* sind und ein wirksamer Eingriff in sie nach Maßgabe seiner Wertvorstellungen möglich ist. Damit ist er in einer falschen Geschichtsauffassung befangen [...]. Wir haben es mit einem „naturgeschichtlichen Prozess", nicht mit einer nach unseren Zielsetzungen ablaufenden und von uns bewusst gestalteten Ereignisfolge zu tun. [...] Moral [ist] nicht die Triebkraft [...], die die sozioökonomische Entwicklung vorantreibt [...]. Sie ist dem Status quo* verhaftet und kann gar nicht über diesen hinaustreiben. Der Motor der Geschichte ist nicht in den moralisch zu qualifizierenden Absichten derer zu suchen, die sie machen bzw. zu machen glauben. Was den Prozess vorantreibt, sind die schlechten Verhältnisse, die Missstände, das Elend, und besonders das, was Moralisten Ungerechtigkeit nennen: [...] Missstände lassen sich nicht entgegen den notwendigen dialektischen Gesetzmäßigkeiten des Geschichtsprozesses wegdekretieren. *Moralischer Nihilismus (2005)*

A

1 Beschreiben und interpretieren Sie die Abbildung, indem Sie auf die dargestellten Herrschaftsverhältnisse eingehen. > M1

2 Stellen Sie dar, worin die Ausbeutung des Proletariats durch die Bourgeoisie besteht. > M2

3 Veranschaulichen Sie Marx' und Engels Theorie vom Verlauf der Geschichte in Form eines Schaubildes. > M2/M3

H

4 Erläutern Sie Marx und Engels Auffassung von der Rolle der Moral in der geschichtlichen Entwicklung. > M2/M3

Moralkritische Positionen – können sie (mich) überzeugen?

METHODENKOMPETENZ: Eine ethische Position bewerten

Im Fach Ethik kommt es nicht nur darauf an, verschiedene ethische Positionen kennenzulernen und sie analysieren und wiedergeben zu können. Es ist auch wichtig, sie bewerten zu lernen, d. h. gut begründet anzugeben, welche Aspekte an ihnen man für überzeugend und welche für nicht oder weniger tragfähig hält. Bei einer Bewertung geht man am besten in folgenden Schritten vor:

- **Darstellung der jeweiligen ethischen Position** mit Rekonstruktion ihrer These und Begründung
- **Positiv zu bewertende Aspekte:** Darstellung dessen, was man an der Position für überzeugend hält, und **Begründung dieser Bewertung**
- **Negativ zu bewertende Aspekte:** Darstellung dessen, was man an der Position für nicht tragfähig hält, und **Begründung dieser Bewertung**
- **Resümee:** Zusammenfassung der vorgenommenen Bewertung

M1 Bewertung der moralkritischen Position von Marx und Engels (Beispiel)

Karl Marx und Friedrich Engels, die Begründer des dialektischen Materialismus, gehören zu den schärfsten Kritikern der Moral. Sie halten Moral grundsätzlich für Ideologie und behaupten, dass eine zukünftige Gesellschaft gänzlich ohne moralische Regeln auskommt.

Darstellung der moralkritischen Position von Marx/Engels

Bewusstsein ist für sie nichts anderes ist als bewusstes Sein, d. h. dass nicht das Bewusstsein das Leben der Menschen bestimmt, sondern das Leben ihr Bewusstsein. Moral ist daher nichts anderes als der Reflex der materiellen Lebensverhältnisse.

Das lässt sich verdeutlichen an der Geschichte, die nach Marx und Engels eine Geschichte von Klassenkämpfen ist, des Kampfes zwischen Freien und Sklaven, zwischen Feudalherren und Leibeigenen und zwischen Bourgeoisie und Proletariat. Dabei beutet die jeweils herrschende Klasse die unterlegene aus, diese wehrt sich dagegen und bewirkt so eine Veränderung der gesellschaftlichen Verhältnisse. In der kapitalistischen Gesellschaft führt das Privateigentum an den Produktionsmitteln – Fabriken, Maschinen, Rohstoffe usw. – zur Verelendung des Proletariats. In Marx' und Engels' Zukunftsprojektion verbünden sich die Proletarier gegen ihre Ausbeuter, errichten dann zunächst eine Herrschaft des Proletariats und zuletzt eine klassenlose Gesellschaft.

Was diese geschichtliche Entwicklung vorantreibt, sind jeweils die materiellen Lebensgrundlagen, die Produktionsverhältnisse. Die Moral spielt dabei überhaupt keine Rolle. Moral gehört zu den Bewusstseinsphänomenen, die lediglich die jeweiligen Produktionsverhältnisse widerspiegeln. Die herrschende Moral ist die Moral der jeweils herrschenden Klasse. So hielten die Freien in der griechische Antike Sklavenhaltung für moralisch unbedenklich, und selbst die Menschenrechte spiegeln nach Marx die Produktionsverhältnisse der kapitalistischen Gesellschaft wider: Das Recht auf Freiheit wird hier als Freiheit verstanden, andere auszubeuten, sich auf Kosten anderer zu bereichern. Moral entpuppt sich so als Ideologie, als falsches Bewusstsein. Deshalb wohnt ihr auch keine gesellschaftsverändernde Kraft inne. Der Motor des geschichtlichen Fortschritts sind allein die Produktionsverhältnisse. Daraus, dass Moral bloß die Moral der jeweils herrschenden Klasse ist, ergibt sich auch, dass eine klassenlose Gesellschaft ohne Moral auskommt. Wenn die Klassengegensätze verschwinden, löst sich mit der Herrschaft der Bourgeoisie auch deren Moral auf.

Gut finde ich an der der Theorie von Marx und Engels, dass sie den im 19. Jahrhundert herrschenden gesellschaftlichen Verhältnissen kritisch gegenübersteht. Ich empfinde es als ungerecht, dass diejenigen, die über die Produktionsmittel verfügen, die Proletarier ausbeuten, was dazu führt,

Positiv zu bewertende Aspekte und Begründung dieser Bewertung dass das Proletariat verelendet. Und ich halte die Forderung nach einer Veränderung der Produktionsverhältnisse für eine Forderung zur Herstellung von Gerechtigkeit. Jeder Mensch soll den ihm zustehenden Anteil am gesellschaftlichen Wohlstand haben, so dass er eine menschenwürdige Existenz ohne Not und Elend führen kann.

Negativ zu bewertende Aspekte und Begründung dieser Bewertung

Für mich nicht überzeugend ist aber, wie negativ Marx und Engels die Rolle der Moral bewerten. Denn was ist denn die Gerechtigkeit, die sie mit einer klassenlosen Gesellschaft anstreben, anderes als ein moralischer Wert? Schon Platon und Aristoteles haben in ihrer Ethik Gerechtigkeit gefordert und auch aus dem kategorischen Imperativ ergibt sich die Pflicht zu gerechtem Handeln. Es mag sein, dass die Moral der jeweils herrschenden Klasse eine Ideologie darstellt, aber der Ideologievorwurf kann nicht gegen die Moral *als solche* erhoben werden. Ich bin überzeugt davon, dass es moralische Werte gibt – wie eben Gerechtigkeit –, die nicht nur für eine Klasse, sondern für alle Menschen ungeachtet ihrer Klassenzugehörigkeit gelten.

Kritisch betrachte ich auch die Auffassung, dass moralische Werte als Formen des Bewusstseins keinen Einfluss auf die gesellschaftliche Entwicklung haben. Wenn es richtig ist, dass Moral als Ideologie die gesellschaftlichen Verhältnisse befestigen und ein Hindernis für gesellschaftlichen Fortschritt darstellen kann, dann gilt doch wohl auch der Umkehrschluss, dass echte moralische Werte Personen dazu bringen können, die Gesellschaft positiv zu verändern. Dafür gibt es in der Geschichte zahlreiche Beispiele: Gandhis Einsatz für die Freiheit Indiens, Martin Luther Kings und Nelson Mandelas Engagement für die Gleichberechtigung der People of Colour usw.

Für wenig wahrscheinlich halte ich schließlich auch noch die marxistischen Zukunftsprojektion. Abgesehen davon, dass sie (noch) nicht eingetreten ist, bin ich skeptisch bezüglich der Annahme, dass Menschen gänzlich ohne Moral auskommen können. Zugestanden: die ideologischen Formen der Moral, die jeweils der herrschenden Klasse zuzuordnen waren, lösen sich in einer klassenlosen Gesellschaft auf. Da das Privateigentum an Produktionsmitteln darin aufgehoben ist, gibt es auch keine Ausbeutung. Das heißt aber nicht, dass jegliche Moral überflüssig wird. Selbst dann, wenn alle Menschen materiell gleichgestellt wären, gäbe es noch Unterschiede zwischen den Menschen – Unterschiede der Begabung, des Charakters, des Geschmacks usw. Da wo es Pluralität gibt, sind Regeln des Umgangs mit Pluralität notwendig. Nach wie vor spielen moralische Werte wie Respekt, Toleranz, Gerechtigkeit eine wichtige Rolle.

Resümee

Ich bewerte daher den dialektischen Materialismus im Ansatz – wo es um die Kritik von Ausbeutung geht – positiv. Letztlich stehe ich aber der Moralkritik von Marx und Engels kritisch gegenüber, denn ich bin davon überzeugt, dass eine pluralistische Gesellschaft nicht ohne allgemeinverbindliche moralische Regeln auskommen kann.

M2 Bewertung der Moralkritik von Nietzsche (Grau / Williams)

ANWENDUNG

Darstellung der moralkritischen Position: ...

Positiv zu bewertende Aspekte und Begründung dieser Bewertung: ...

Negativ zu bewertende Aspekte und Begründung dieser Bewertung: ...

Resümee: ...

A

1 Vollziehen Sie nach, wie man zu einer differenzierten Bewertung der moralkritischen Position von Marx und Engels kommen kann. > M1

2 Verfassen Sie nach dem Muster von M1 eine Bewertung der moralkritischen Position von Nietzsche (S. 182ff.) bzw. von Grau (S. 178f.) oder Williams (S. 180f.). > M2

Moral – eine Zwangsneurose?

M1 Gewissen und Moral

M2 Sigmund Freud: Der Preis des Kulturfortschritts

In seiner Schrift *Das Unbehagen in der Kultur* setzt sich Freud u. a. auch mit der Funktion von Gewissen und Ethik im Prozess der Kulturentwicklung auseinander.

Welcher Mittel bedient sich die Kultur, um die ihr entgegenstehende Aggression zu hemmen, unschädlich zu machen, vielleicht auszuschalten? [...] Die Aggression wird introjiziert, verinnerlicht, eigentlich aber dorthin zurückgeschickt, woher sie gekommen ist, also gegen das eigene Ich gewendet. Dort wird sie von einem Anteil des Ichs übernommen, das sich als Über-Ich dem übrigen entgegenstellt, und nun als *Gewissen* gegen das Ich dieselbe strenge Aggressionsbereitschaft ausübt, die das Ich gerne an anderen, fremden Individuen befriedigt hätte. Die Spannung zwischen dem gestrengen Über-Ich und dem ihm unterworfenen Ich heißen wir Schuldbewusstsein; sie äußert sich als Strafbedürfnis. Die Kultur bewältigt also die gefährliche Aggressionslust des Individuums, indem sie es schwächt, entwaffnet und durch eine Instanz in seinem Inneren [...] überwachen lässt. [...]

Man fühlt sich schuldig (Fromme sagen: sündig), wenn man etwas getan hat, was man als „böse“ erkennt. [...] Auch wer dies Böse nicht getan hat, sondern bloß die Absicht, es zu tun, bei sich erkennt, kann sich für schuldig halten [...]. Man heißt diesen Zustand *schlechtes Gewissen*, aber eigentlich verdient er diesen Namen nicht, denn auf dieser Stufe ist das Schuldbewusstsein offenbar nur Angst vor dem Liebesverlust, *soziale* Angst. Beim kleinen Kind kann es niemals etwas anderes sein, aber auch bei vielen Erwachsenen ändert sich nicht mehr daran, als dass an Stelle des Vaters oder beider Eltern die größere menschliche Gemeinschaft tritt. [...]

Eine große Änderung tritt erst ein, wenn die Autorität durch die Aufrichtung eines Über-Ichs verinnerlicht wird. Damit werden die Gewissensphänomene auf eine neue Stufe gehoben, im Grunde sollte man erst jetzt von Gewissen und Schuldgefühl sprechen. [...] Auf dieser zweiten Entwicklungsstufe zeigt das Gewissen eine Eigentümlichkeit, die der ersten fremd war und die nicht mehr leicht zu erklären ist. Es benimmt sich nämlich um so strenger und misstrauischer, je tugendhafter der Mensch ist, so dass am Ende gerade, die es in der Heiligkeit am weitesten gebracht, sich der ärgsten Sündhaftigkeit beschuldigen. [...] [Das Über-Ich] drängt, da man den Fortbestand der verbotenen Wünsche vor [ihm] [...] nicht verbergen kann, [...] zur Bestrafung. [...] Der Triebverzicht hat nun keine voll befreiende Wirkung mehr, die tugendhafte Enthaltung wird nicht mehr durch die Sicherung der Liebe gelohnt, für ein drohendes äußeres Unglück – Liebesverlust und Strafe von Seiten der äußeren Autorität – hat man ein andauerndes inneres Unglück, die Spannung des Schuldbewusstseins, eingetauscht. [...] Der Preis für den Kulturfortschritt [...] [wird] durch die Erhöhung des Schuldgefühls bezahlt [...].

Der Kulturprozess der Menschenart ist natürlich eine Abstraktion von höherer Ordnung als die Entwicklung des Einzelnen, darum schwerer anschaulich zu erfassen, [...] aber bei der Gleichartigkeit der Ziele – hier die Einreihung eines Einzelnen in eine menschliche Masse, dort die Herstellung einer Masseneinheit aus vielen Einzelnen – kann die Ähnlichkeit der dazu verwendeten Mittel und der zustande kommenden

Phänomene nicht überraschen. [...] Man darf nämlich behaupten, dass auch die Gemeinschaft ein Über-Ich ausbildet, unter dessen Einfluss sich die Kulturentwicklung vollzieht. [...]
Das Kultur-Über-Ich hat seine Ideale ausgebildet und erhebt seine Forderungen. Unter den letzteren werden die, welche die Beziehungen der Menschen zueinander betreffen, als Ethik zusammengefasst. [...] Die Ethik ist [als ein] [...] Versuch aufzufassen, als Bemühung, durch ein Gebot des Über-Ichs zu erreichen, was bisher durch sonstige Kulturarbeit nicht zu erreichen war. Wir wissen bereits, es fragt sich hier darum, wie das größte Hindernis der Kultur, die konstitutionelle Neigung der Menschen zur Aggression gegeneinander, wegzuräumen ist, und gerade darum wird uns das wahrscheinlich jüngste der kulturellen Über-Ich-Gebote besonders interessant, das Gebot: Liebe deinen Nächsten wie dich selbst. In der Neurosenforschung und Neurosentherapie kommen wir dazu, zwei Vorwürfe gegen das Über-Ich des Einzelnen zu erheben: Es kümmert sich in der Strenge seiner Gebote und Verbote zu wenig um das Glück des Ichs, indem es die Widerstände gegen die Befolgung, die Triebstärke des Es und die Schwierigkeiten der realen Umwelt nicht genügend in Rechnung bringt. [...] Ganz ähnliche Einwendungen können wir gegen die ethischen Forderungen des Kultur-Über-Ichs erheben. Auch dies kümmert sich nicht genug um die Tatsachen der seelischen Konstitution des Menschen, es erlässt ein Gebot und fragt nicht, ob es dem Menschen möglich ist, es zu befolgen. [...] Das Gebot „Liebe deinen Nächsten wie dich selbst" ist die stärkste Abwehr der menschlichen Aggression und ein ausgezeichnetes Beispiel für das unpsychologische Vorgehen des Kultur-Über-Ichs. Das Gebot ist undurchführbar [...]. *Das Unbehagen in der Kultur (1929)*

H

M3 Morris Vollmann: Die psychoanalytische Kritik der Moral

Morris Vollmann (*1978) ist wissenschaftlicher Mitarbeiter am Institut für Philosophie der TU Dresden.

Wenn sich Menschen in ihrem alltäglichen Verhalten an moralischen Wertungen wie „gut" und „böse" orientieren, beruht das nach Freud vor allem auf äußeren Zwängen (Erziehung), inneren Zwängen (dem Gewissen) [...]. Ein „schlechtes Gewissen" liegt [...] dann vor, wenn nicht die Angst vor dem Entdecktwerden die „böse Tat" verhindert oder wenn eine bereits erfolgte Verfehlung bereut wird, sondern wenn das Über-Ich das Ich auch für *nicht begangene Taten* und für seine bloßen Wünsche bestraft, indem es das „sündige Ich" mit Angstgefühlen peinigt. [...] Der *Triebverzicht*, den sich das Individuum auferlegt, führt so zu andauerndem Unglück und einem ständigen Schuldbewusstsein sowie Strafbedürfnis [...].
Auf dieser Ebene der Gewissenszwänge siedelt Freud [auch] die moralphilosophische Konzeption eines Sittengesetzes an. Die Moralphilosophie mit ihren „Idealforderungen" sei sich der psychoanalytisch erklärbaren Mechanik des Gewissenszwangs schlicht nicht bewusst. [...] [Sie leistet] seiner Meinung nach nichts weiter [...], als die undurchschauten Kultur-Über-Ich-Ideale, die in den Über-Ich-Idealen des Einzelnen zwanghaft verinnerlicht werden, in idealisierter, imperativischer Form zu wiederholen und [ignoriert, unterdrückt oder verdrängt] dabei wesentliche Eigenschaften der menschlichen Natur [...].Was Freud mit seiner Moralkritik erreichen will, ist die Abschaffung der Moral und Ethik *als überkommener Praxis der [...] Institutionalisierung unbewusster Über-Ich-Zwänge in Form religiöser Gebote oder idealistisch-moralischer Gesetze.* [...] [Er fordert eine Aufhebung] der Ansprüche an Sittlichkeit, nicht in dem Sinne, dass diese negiert werden, sondern dass sie von religiösen und metaphysischen Dogmen entkoppelt und rational begründet werden. *Psychoanalytische Kulturkritik (2012)*

A

1 Erläutern Sie anhand der Abbildung den Zusammenhang von (gutem bzw. schlechtem) Gewissen und Moral. > M1

2 Erklären Sie die Rolle des Über-Ichs bei der individuellen Gewissensbildung und im Kulturprozess der Menschheit. Vergegenwärtigen Sie sich dazu noch einmal Freuds Modell des psychischen Apparates (s. S. 42f.). > M2/M3

3 Nehmen Sie auf der Grundlage der Ausführungen Vollmanns Stellung zu Freuds Moralkritik. > M3

Die Relativität des Ethischen

M1 Abrahams Prüfung

[Gott sprach zu Abraham]: Nimm deinen Sohn, deinen einzigen, den du liebst, Isaak, geh in das Land Morija, und bring ihn dort auf einem der Berge, den ich dir nenne, als Brandopfer dar! Frühmorgens stand Abraham auf, sattelte seinen Esel, nahm [...] seinen Sohn Isaak, spaltete Holz zum Brandopfer und machte sich auf den Weg [...]. Als sie an den Ort kamen, den ihm Gott genannt hatte, baute Abraham dort den Altar, schichtete das Holz auf, band seinen Sohn Isaak und legte ihn auf den Altar, oben auf das Holz. Abraham streckte seine Hand aus und nahm das Messer, um seinen Sohn zu schlachten. Da rief ihm der Engel des Herrn vom Himmel her zu: Abraham, Abraham! [...] Streck deine Hand nicht gegen den Knaben aus, und tu ihm nichts zuleide! Denn jetzt weiß ich, dass du Gott fürchtest; du hast mir deinen Sohn, deinen einzigen, nicht vorenthalten. Abraham erhob seine Augen, sah hin und siehe, ein Widder hatte sich hinter ihm mit seinen Hörnern im Gestrüpp verfangen. Abraham ging hin, nahm den Widder und brachte ihn statt seines Sohnes als Brandopfer dar.

Die Bibel, Genesis 22,2-3; 22,9-13

M2 Søren Kierkegaard: Das Paradoxon des Glaubens

Dem dänischen Philosophen Søren Kierkegaard (1813-1855) diente das Abraham-Opfer als Exempel für eine provozierende Auslegung des Verhältnisses von Ethik und Glaube.

Man spricht zu Abrahams Ehren [...]: „Das war das Große, dass er Gott so geliebt hat, dass er ihm das Beste opfern wollte.“ [...]. Was man in Abrahams Geschichte auslässt, ist die [...] ethische Verpflichtung, [...] dem Sohn gegenüber hat der Vater die höchste und heiligste. [...] Der ethische Ausdruck für das, was Abraham tat, ist, dass er Isaak morden wollte, der religiöse ist, dass er Isaak opfern wollte [...].
Ich beabsichtige nunmehr, der Erzählung von Abraham [...] das Dialektische zu entnehmen, das darinnen steckt, um zu erkennen, welch ungeheures Paradoxon der Glaube ist, ein Paradoxon, das einen Mord zu einer heiligen und gottwohlgefälligen Handlung zu machen vermag [...]. Abrahams Verhältnis zu Isaak ist ethisch ausgedrückt ganz simpel dies, dass der Vater den Sohn höher lieben soll als sich selbst. [...] Durch seine Handlung schritt er [Abraham] über das ganze Ethische hinaus und hatte ein höheres telos [Ziel] außerhalb, im Verhältnis wozu er jenes suspendierte. [...] Warum tut es Abraham denn? Gottes wegen und völlig identisch hiermit seiner selbst wegen. Gottes wegen tut er es, weil Gott diesen Beweis seines Glaubens fordert, seiner selbst wegen tut er es, damit er den Beweis führen kann. Die Einheit dessen ist völlig richtig in jenem Wort ausgedrückt, womit man immer dieses Verhältnis bezeichnet hat: es ist eine Prüfung, eine Versuchung. Eine Versuchung; aber was soll das heißen? Was sonst einen Menschen versucht, ist ja das, was ihn abhalten will, seine Pflicht zu tun; aber hier ist die Versuchung das Ethische selber, das ihn abhalten will, Gottes Willen

zu tun. Aber was ist denn die Pflicht? Die Pflicht ist ja gerade der Ausdruck für Gottes Willen. [...] Abrahams Geschichte birgt also eine teleologische Suspension des Ethischen. Er ist als der Einzelne höher geworden als das Allgemeine. [...] Das Paradoxon des Glaubens ist somit dies, dass der Einzelne höher ist als das Allgemeine [das Ethische, die allgemeinverbindlichen Forderungen der Moral], dass der Einzelne [...] sein Verhältnis zum Allgemeinen durch sein Verhältnis zum Absoluten bestimmt, nicht sein Verhältnis zum Absoluten durch sein Verhältnis zum Allgemeinen. Das Paradoxon kann auch so ausgedrückt werden, dass es eine absolute Pflicht gegen Gott gibt; denn in diesem Pflichtverhältnis verhält sich der Einzelne als der Einzelne absolut zum Absoluten. Wenn es dann in dieser Verbindung heißt, es sei eine Pflicht, Gott zu lieben, so wird etwas anderes ausgesagt als im Vorhergehenden; denn wenn diese Pflicht absolut ist, dann ist das Ethische zum Relativen erniedrigt.

Furcht und Zittern (1843)

H M3 Winfried Schröder: Jenseits des moralischen Rahmens?

[Im Zentrum von Kierkegaards Schrift Furcht und Zittern steht] der Gedanke einer *teleologischen Suspension des Ethischen.* [...] „Teleologisch" heißt [...] in diesem Zusammenhang „auf ein Ziel hingeordnet, das jenseits des gegebenen Rahmens", also jenseits des moralischen Rahmens liegt. Die *teleologische Suspension des Ethischen* wird vollzogen, wenn ein religiöser Mensch das Moralische überhaupt zugunsten einer nichtmoralischen, höheren Wertsphäre „herabdrückt". Gegen welche Position Kierkegaard hiermit opponiert, liegt auf der Hand. Es ist die Ansicht, dass „das Ethische, d. h. das Sittliche, das Höchste ist". [...] Wenn ein Moralprinzip, dessen Geltung und Anwendung im jeweiligen Fall außer Zweifel steht, durch eine als höherrangig anerkannte Instanz gebrochen wird – und das ist bei dem an Abraham gerichteten Tötungsbefehl der Fall –, dann büßt es seine Geltung grundsätzlich ein. Positiv bedeutet das: Durch göttliche Autorität lässt sich jeder mit den Forderungen der Moral unvereinbare Befehl legitimieren [...]. Kierkegaard unterstellt damit natürlich nicht, dass die Bibel die Verletzung von Moralprinzipien zur allgemeinen Befolgung in der Lebenspraxis fordert. Weit entfernt davon, eine Lizenz zum beliebigen Verstoß gegen moralische Normen zu erteilen, warnt Kierkegaard vor antimoralischen Konsequenzen im alltäglichen Leben [...]. [Das Problem, auf das] Kierkegaard aufmerksam macht, ist prinzipieller Natur. [...] [Er legt] den größten Wert auf die Klarstellung, dass der religiöse Glaube ein „ungeheures Paradox" ist, „ein Paradox, das einen Mord in eine heilige und Gott wohlgefällige Handlung zu verkehren vermag". Ungeachtet der Stimmigkeit von Kierkegaards Ansatz und trotz seiner biblischen Fundierung bleibt ein Unbehagen bestehen. Kierkegaard scheint sich darüber hinwegzusetzen, dass den auf dem Boden des Christentums entwickelten Moralvorstellungen zumeist der Gedanke fremd ist, dass der Gehorsam gegenüber Gottes Willen die Bereitschaft zu unmoralischem Handeln einschließt. Viel öfter [...] [verlangen die christlichen Morallehren von] uns, abgesehen vom Gehorsam gegenüber Gottes Geboten, auch die Anerkennung solcher moralischer Prinzipien ab, die wir offenbarungsunabhängig kennen und deren Geltung nicht auf dem göttlichen Willen beruht. [...]. Vor diesem Hintergrund erscheint Kierkegaards Zuspitzung als Verzerrung der Sachlage.

Moralischer Nihilismus (2005)

A

1 Erläutern Sie den Konflikt, in den Abraham durch den Befehl Gottes gestürzt wird. > M1

2 Erklären Sie Kierkegaards These von der „teleologischen Suspension des Ethischen". > M2/M3

3 Nehmen Sie unter Bezug auf Schröders Auffassung Stellung zu Kierkegaards Analyse und diskutieren Sie die Folgen einer möglichen Aufhebung von Moralprinzipien durch Religion. > M2/M3

Hinweis:

Das Thema *Glaube und Ethik* wird im Kapitel *Religion in der säkularisierten Gesellschaft* mit der Thematisierung des Fundamentalismus (s. S. 410f.) weitergeführt.

Verteidigung der Moral

M1 Kurt Bayertz: Gegenpositionen zur Moral – eine Analyse

Kurt Bayertz (*1948), bis 2017 Professor für Praktische Philosophie an der Universität Münster, setzt sich in seinem Werk *Warum überhaupt moralisch sein?* kritisch mit verschiedenen Gegenpositionen zur Moral auseinander.

Der Skeptizismus

Dieser Position begegnen wir überall dort, wo die Erkennbarkeit der Moral und die rationale Entscheidbarkeit moralischer Probleme grundsätzlich bezweifelt wird. Zu den Argumenten, die dafür immer wieder vorgebracht werden, gehört der Hinweis auf die Vielzahl konkurrierender Versionen von Moral, die alle mit dem Anspruch auf Richtigkeit auftreten. [...] Wenn wir diesen Anspruch jedoch nicht rational durchsetzen und argumentativ bekräftigen können, wenn die Moral also eine Angelegenheit zufälliger Überzeugungen oder bloßer Konvention ist, dann gibt es auch keinen triftigen Grund, moralisch zu sein. Dies alles sind in der Tat schwierige Probleme, die einen moralischen Skeptizismus motivieren können; der Skeptiker wäre dann durchaus bereit, moralisch zu handeln, wenn er nur wüsste, was moralisch richtig ist. [...]

Wie finden wir heraus, dass eine bestimmte Handlungsweise richtig oder falsch ist? Und wie gut, wie verlässlich sind die Argumente, mit denen wir unsere Wert- oder Unwerturteile begründen? [...] Der Skeptizismus stilisiert die bei der Beantwortung solcher Fragen auftretenden Schwierigkeiten zu einer prinzipiellen Unmöglichkeit. Doch für diese Stilisierung gibt es keinen überzeugenden Grund. In der Mehrzahl aller Handlungssituationen können wir ebenso leicht wie sicher sagen, was moralisch richtig ist und was nicht.

Niemand bezweifelt ernsthaft, dass man (auch im Fall der Eile) Fußgänger nicht mit dem Auto überfahren darf; oder dass Eltern die Pflicht haben, für die Ernährung ihrer Kinder zu sorgen. Skeptische Zweifel sind hier fehl am Platz; sie sind eher Ausdruck einer intellektuellen Attitüde als eines philosophischen Problems. [...] Im Alltag ist niemand Skeptiker: weder im Hinblick auf die Realität der Außenwelt noch im Hinblick auf die Moral. Dies hängt damit zusammen, dass die Motivation für den skeptischen Zweifel eine rein spekulative ist. [...]

Der Immoralismus

[Diese Position] wird von denen vertreten, die eine grundsätzliche Sinnlosigkeit, Verkehrtheit oder Schädlichkeit der Moral behaupten. Ein solcher Immoralismus (oder Antimoralismus, oder Nihilismus) nimmt [...] ein prinzipielles Verhältnis zur Moral ein: ein prinzipiell negatives. [...] Der Immoralist begnügt sich nicht damit, Unmoralisches zu tun; er tut dies vielmehr aus tiefster Überzeugung. [...]

[Was lässt sich dagegen anführen?] Der Immoralist ist [...] ein umgekehrter Moralist. [...] Indem [er] [...] die etablierte Moral im Hinblick auf „höhere" oder „neuere" Werte verwirft, verwirft er nicht jegliche Moral, sondern nur eine bestimmte: Über eine „Umwertung" der Werte kommt eben auch der kämpferischste Immoralist nicht hinaus. [...] Und daraus lässt sich erkennen, wie schwierig es ist, der Moral zu entkommen – dem Immoralismus gelingt dies aus prinzipiellen Gründen nicht.

Der Amoralismus

Wir können uns den Amoralisten am besten als eine Person vorstellen, die konsequent ihren eigenen Interessen nachgeht und die Moral dabei als ein Hindernis wahrnimmt. Er bezweifelt nicht die Möglichkeit einer sicheren Erkenntnis des moralisch Richtigen; er weiß meist sehr gut, was das moralisch Richtige ist. Aber er bestreitet, dass es für ihn einen hinreichenden Grund gibt, sich daran zu halten. [...] [S]ein Argument besagt, dass die Rücksichtnahme auf die Interessen anderer Menschen keineswegs von Natur aus das Richtigere und Bessere sei; es ist lediglich das, was die Konvention von uns verlangt. Dieser Konvention liegt die Perspektive der Schwachen zugrunde, die das Handeln der Starken einengen wollen und ihnen auf diese Weise die Befriedigung ihrer Wünsche und Bedürfnisse erschweren oder gar unmöglich machen. *Warum überhaupt moralisch sein? (2004)*

M2 Kurt Bayertz: Müssen wir vor dem Amoralismus kapitulieren?

Steht die Moral intellektuell auf schwachen Füßen? [...] Zwei gute Argumente [lassen sich ihren Kritikern entgegenhalten. Das erste lautet:]

Du sollst moralisch sein, weil du damit Schädigungen anderer vermeidest und auf diese Weise zum Wohl aller beiträgst!

Dieses Argument ist natürlich alles andere als originell; doch eben darauf beruht seine Stärke. [...] Erstens entspricht die Aufforderung, anderen keinen Schaden zuzufügen und damit zum Wohl aller beizutragen, einem verbreiteten commonsense-Verständnis von Moral. [...] Es kann daher nicht überraschen, dass diese beiden Punkte zweitens auch in den meisten ethischen Theorien eine wichtige Rolle spielen. [...] Allen Differenzen zum Trotz konvergieren diese Theorien in dem einen Punkt: dass es bei der Moral um die Vermeidung von Schäden und die Sicherung des Wohlergehens geht. Drittens entspricht dieses Argument elementaren, vielleicht sogar trivialen anthropologischen Einsichten: nämlich dass Menschen gewöhnlich keine Schädigungen erleiden möchten und sich um ihr Wohlergehen sorgen [...]. Seine besondere Stärke besteht darin, dass es die Aufgabe, die Funktion, das Ziel, den „Sinn" von Moral hervorhebt. Es zeigt, worum es bei der Moral geht und was bei ihr auf dem Spiel steht: die empirisch feststellbaren Bedürfnisse und Interessen menschlicher Individuen. [...] Komplementär zu diesem ersten verhält sich das zweite Argument, das ich hier aufgreifen und als ein „gutes" Argument festhalten möchte. [...] Es lautet:

Du sollst moralisch sein, weil du die Institution der Moral selbst willst.

Dies [...] entspricht [...] dem in der Goldenen Regel zum Ausdruck gebrachten Reziprozitätsgedanken [...] Ein Amoralist könnte ja durchaus einräumen, dass er anderen einen Schaden zufügt, wenn er unmoralisch handelt, um dann weiter zu fragen: „Und warum soll ich niemandem einen Schaden zufügen?" – Hier kann nun das zweite Argument eingesetzt werden, indem man ihm antwortet: „Auch du willst die Institution der Moral und nimmst ihren Schutz in Anspruch; folglich solltest du dich auch an ihre Regeln halten!" Dies ist ein vorzügliches Argument, doch es bedarf keines großen Scharfsinnes, um die Antwort des Amoralisten zu antizipieren. Denn daraus, dass er möchte, dass die anderen sich an die moralischen Regeln halten, „folgt" nicht logisch zwingend, dass er sich daran zu halten hat. [...] [Für ihn] zählt per definitionem nur der eigene Nutzen und die Vermeidung der eigenen Schädigungen. [...]

Was sagen wir dann dem Amoralisten? [...] Die Antwort ist einfach: Wir sagen ihm nichts. Aber wir tun etwas: Wir reagieren nämlich mit Ärger, Zorn oder Empörung und lassen ihn dies spüren. Mit einem Wort: Wir reagieren mit den charakteristischen moralischen Sanktionen, die von den erwähnten Gefühlen bis hin zum Abbruch der Kommunikation oder der Kooperation reichen. [...] Dass unserem Amoralisten die Sanktionierungspraxis nicht behagt, ist leicht nachvollziehbar. [...] Der Amoralist hat ein rationales Interesse an der Existenz der Moral (einschließlich des mit ihr verbundenen Sanktionssystems), gegen deren Normen er gleichwohl verstößt. Diese Moral bietet ihm Schutz und ermöglicht ihm Kooperation; sie ist für ihn ebenso lebenswichtig wie für jeden anderen auch. [...] Auch er will die Moral, der er sich in seinem Handeln zu entziehen sucht.

Warum überhaupt moralisch sein? (2004)

A

1 Erläutern Sie die von Bayertz dargestellten Positionen der Moralkritik und ordnen Sie sie soweit möglich den Philosophen zu, die Sie in diesem Kapitel kennengelernt haben. > M1

2 Erarbeiten Sie die Argumente, die Kurt Bayertz gegen die moralkritischen Positionen anführt. > M1/M2

3 Nehmen Sie Stellung zu Kurt Bayertz' Verteidigung der Moral. > M1/M2

Wissen kompakt

Positione

Alexander Grau: Kritik der Hypermoral

Moral
kennt, wenn sie absolut verstanden wird, keine räumlichen und zeitlichen Grenzen

entwickelt sich dann zur →

Hypermoral
dominiert alle normativen Diskurse und lässt keine rationale Auseinandersetzung mehr zu

Friedrich Nietzsche: Umwertung aller Werte

Herrenmoral
„gut" im Unterschied zu „schlecht",
Stolz, Stärke, Härte
Bejahung des Lebens
Willen zur Macht

hat sich entwickelt zur →

← *Forderung: Züchtung des Übermenschen*

Sklavenmoral
„gut" im Unterschied zu „böse",
Demut, Schwäche, Mitleid
Lebensfeindlichkeit
keine Höherentwicklung

Sigmund Freud: Moral – eine Zwangsneurose

Über-Ich

beim Individuum: **Gewissen**
Kontrolle der Wünsche, die aus der Triebstruktur des Es entstehen

in der Kultur: **Ethik**
ideale, nicht erfüllbare Forderungen (z. B. Gebot der Nächstenliebe)

Schuldbewusstsein, Neurosen

Verteidigur

Kurt Bayertz:

Du sollst
- weil du damit Schädigungen anderer vermeidest und auf diese Weise zum Wohlergehen aller beiträgst.

er Moralkritik

Bernard Williams: Inflation der Pflichten

Moral: ein hypertrophes System von Pflichten, das allen anderen Erfordernissen übergeordnet ist → zieht Verletzungen und Schuldzuweisungen nach sich → „Es ist besser, ohne eine solche Moral auszukommen."

Karl Marx / Friedrich Engels: Moral als Ideologie

materielle Verhältnisse — *bestimmen* → **Bewusstsein**

- Freier/Sklave
- Baron/Leibeigener
- Bourgeois/Proletarier

Moral = Ideologie der jeweils herrschenden Klasse

notwendig ist

Klassenlose Gesellschaft: Auflösung der Moral

Søren Kierkegaard: Relativierung des Ethischen

Abrahams Konflikt zwischen moralischer Pflicht und Gehorsam gegenüber Gott: Exempel für die teleologische Suspendierung des Ethischen

nicht: Unterordnung der göttlichen Sphäre unter die Sphäre der Moral

sondern: (Problem der) Möglichkeit der Relativierung des Ethischen durch den absoluten Willen Gottes

er Moral

Gute Argumente für die Moral

moralisch sein,

- weil du (der Goldenen Regel entsprechend) die Institution der Moral (und die damit verbundenen Vorteile der Kooperation) selbst willst.

VERANTWORTUNG UND ANGEWANDTE ETHIK

- VERANTWORTUNGSETHIK
- NATURETHIK
- TECHNIK- UND WISSENSCHAFTSETHIK
- MEDIZINETHIK

A

1 Erläutern Sie anhand der Abbildungen, wofür Menschen alles Verantwortung tragen.

2 Setzen Sie sich dabei u. a. mit folgenden Fragen und Problemen auseinander:
- Was heißt es, verantwortlich zu handeln?
- Inwiefern sind wir verantwortlich für die Natur?
- Dürfen wir alles tun, was technisch möglich ist?
- Wer trägt am Lebensende eines Menschen für was die Verantwortung?
- Inwiefern sind Wissenschaftler verantwortlich für die Ergebnisse ihrer Forschung?

Verantwortlich entscheiden

M1 Bluttransfusion – medizinische Indikation vs. religiöse Gesinnung

Ein fünfjähriges Mädchen liegt im englischen Leeds in einer Klinik. Es leidet an schwerer Sichelzellanämie – einer erblichen Krankheit, bei der es zu gefährlicher Blutarmut kommt. [...] Mit einer Bluttransfusion können [...] die gefährlichsten Auswirkungen [...] verhindert werden. Im Fall des Kindes in Leeds fürchteten die Ärzte eine „lebensgefährliche Krise", ohne Transfusion drohe das Mädchen zu sterben oder einen Schlaganfall zu erleiden.
Das Problem: Die Familie des Mädchens gehört zu den Zeugen Jehovas. In dieser Religionsgemeinschaft ist das Verabreichen von Blutkonserven ausdrücklich verboten. „Sowohl im Alten als auch im Neuen Testament wird klar geboten, sich von Blut zu enthalten. Außerdem: Bei Gott steht Blut für Leben. Wir haben also zwei Gründe dafür, dass wir Blut ablehnen: Gehorsam gegenüber Gott und Respekt vor ihm als Lebengeber", erklären es die Zeugen Jehovas auf ihrer Website. Sie weisen darauf hin, dass es zunehmend alternative medizinische Behandlungsmöglichkeiten ohne Bluttransfusionen gebe. [...] Im Falle des kleinen Mädchens aus Leeds ist eine Transfusion [jedoch] die einzige Möglichkeit, um rechtzeitig ihr Leben zu retten. Deshalb riefen die Ärzte des Krankenhauses das zuständige Familiengericht an, eine Entscheidung zu fällen.

Der Stern (2019)

M2 Max Weber: Gesinnung und Verantwortung

Max Weber (1864-1920) gilt als Klassiker der Sozial- und Kulturwissenschaften.

Wir müssen uns klar machen, dass alles ethisch orientierte Handeln unter zwei voneinander grundverschiedenen, unaustragbar gegensätzlichen Maximen stehen kann: es kann „gesinnungsethisch" oder „veranwortungsethisch" orientiert sein. Nicht dass Gesinnungsethik mit Verantwortungslosigkeit und Verantwortungsethik mit Gesinnungslosigkeit identisch wäre. Davon ist natürlich keine Rede. Aber es ist ein abgrundtiefer Gegensatz, ob man unter der gesinnungsethischen Maxime handelt – religiös geredet –: „der Christ tut recht und stellt den Erfolg Gott anheim", oder unter der verantwortungsethischen: dass man für die (voraussehbaren) *Folgen* seines Handelns aufzukommen hat. Sie mögen einem überzeugten gesinnungsethischen Syndikalisten* noch so überzeugend darlegen: dass die Folgen seines Tuns [...] [schädlich sind], es wird auf ihn gar keinen Eindruck machen. [...] Wenn die Folgen einer aus reiner Gesinnung fließenden Handlung üble sind, so gilt ihm nicht der Handelnde, sondern die Welt dafür verantwortlich, die Dummheit der anderen Menschen oder – der Wille des Gottes, der sie so schuf. Der Verantwortungsethiker dagegen rechnet mit eben jenen durchschnittlichen Defekten der Menschen, – er hat [...] gar kein Recht, ihre Güte und Vollkommenheit vorauszusetzen, er fühlt sich nicht in der Lage, die Folgen eigenen Tuns, soweit er sie voraussehen konnte, auf andere abzuwälzen. Er wird sagen: diese Folgen werden meinem Tun zugerechnet. „Verantwortlich" fühlt sich der Gesinnungsethiker nur dafür, dass die Flamme der reinen Gesinnung, die Flamme z. B. des Protestes gegen die Ungerechtigkeit der sozialen Ordnung, nicht erlischt. Sie stets neu anzufachen, ist der Zweck seiner, vom möglichen Erfolg her beurteilt, ganz irrationalen Taten, die nur exemplarischen Wert haben können und sollen.

Politik als Beruf (1919)

Verantwortung

Der Begriff stammt aus der Rechtssprache und weist darauf hin, dass man vor Gericht für sein Tun Rede und Antwort stehen muss. Im ethischen Kontext bedeutet Verantwortung, dass jemandem die Folgen seines Handelns zugerechnet werden und er dafür einstehen muss.

M3 Günter Ropohl: Dimensionen der Verantwortung

Günter Ropohl (1939-2017) war Ingenieur und Technikphilosoph. Er lehrte an den Universitäten Karlsruhe und Frankfurt.

Schaut man genauer hin, erweist sich „Verantwortung“ als ein mehrstelliger Relationsbegriff [...]. Der Kern der Verantwortungsrelation besteht darin, dass jemand etwas verantwortet.

WER ist das Subjekt der Verantwortung? In der traditionellen Verantwortungsethik kommt als Akteur nur die individuelle Person in Betracht; formal ist es jedoch nicht ausgeschlossen, inhaltlich gar in vielen Fällen zwingend notwendig, auch kollektive oder institutionelle Akteure als Subjekt der Verantwortung zu betrachten. [...]

WAS ist nun zu verantworten? Das Objekt der Verantwortung ist zunächst eine bestimmte Handlung, die der Akteur ausführt. Eine Handlung soll im weitesten Sinne als zweckbestimmte Transformation einer Anfangssituation in eine Endsituation begriffen werden: dazu gehören als Grenzfälle auch Unterlassungen und reine Sprechakte. [...]

Nun ergibt sich aber der besondere Charakter der Verantwortung nicht schon aus der Handlung selbst, sondern daraus, WOFÜR man verantwortlich ist: für die beabsichtigten und unbeabsichtigten Folgen der Handlung. Zunächst geht es um konkrete primäre Handlungsfolgen, die andere Personen oder auch Sachen betreffen. Wird ein Schaden verursacht, der bei richtigem Handeln hätte vermieden werden können, und ist ein solcher Schaden in der einen oder anderen Weise wiedergutzumachen, kann sich Verantwortung als Haftung konkretisieren. So kann ein Statiker, der eine Baukonstruktion grob fahrlässig so falsch berechnet hat, dass diese einstürzt, dafür haftbar gemacht werden, indem er für den materiellen Schaden aus eigenen Mitteln aufkommen muss. [...]

Überhaupt kann Verantwortung nur dann sinnvoll wahrgenommen werden, wenn man weiß, WESWEGEN man mit einer Handlung bestimmte Folgen herbeiführen und andere vermeiden soll. Das kann letztlich nur im Rückgriff auf Werte begründet werden, die als normative Orientierungskonzepte gewisse Klassen von Handlungen und Handlungsfolgen auszeichnen, die es anzustreben, zu befürworten oder vorzuziehen gilt. Letzte Maxime der Verantwortung ist schließlich das gute Leben aller; diese Maxime setzt sich aus den Prinzipien der Nützlichkeit, des Wohlwollens und der Gerechtigkeit zusammen.

Schon in der ursprünglich juristischen Wortbedeutung ist es konstitutiv für den Begriff, WOVOR jemand eine Handlung verantwortet: nämlich vor einem Gericht, das Antwort verlangt. Neben der juristischen Instanz sind weitere formelle Instanzen in Betracht zu ziehen, beispielsweise Standesorganisationen, Arbeitgeber oder Dienstherren. Aber auch vor informellen Instanzen kann man sich verantwortlich fühlen, so vor der öffentlichen Meinung, vor dem Urteil bestimmter anderer wie Kollegen, Verwandte und Freunde oder vor dem eigenen Gewissen. Freilich ist es umstritten, ob das individuelle Gewissen eine Art letzter Verantwortungsinstanz darstellt oder lediglich das zu erwartende Urteil externer Instanzen internalisiert und antizipiert.

Damit ist schließlich auch die Frage bereits angedeutet, WANN Verantwortung eintritt: erst nach getaner Tat, wenn sich die Folgen wirklich eingestellt haben, oder auch schon bei der Handlungsplanung, soweit sich die möglichen Handlungsfolgen im Voraus absehen und beurteilen lassen. Herrschte früher ein retrospektiver Verantwortungsbegriff vor, der die Folgen der bereits vollzogenen Handlung ihrem Verursacher zurechnet, wird heute zunehmend für einen prospektiven Verantwortungsbegriff plädiert, der dem Akteur die vorausschauende Kalkulation der möglichen Handlungsfolgen auferlegt und ihn auf eine „präventive“ „Ethik der Zukunftsverantwortung“ verpflichtet.

Technik und Ethik (1987)

A

1 Begründen Sie, wie Sie an Stelle der Richter entscheiden würden. > M1

2 Erläutern Sie Max Webers Unterscheidung und wenden Sie sie auf den Fall des Mädchens aus Leeds (M1) an. > M2

3 Erstellen Sie ein Plakat zu den Dimensionen der Verantwortung und erläutern Sie sie anhand des Fallbeispiels M1. > M3

Arten von Verantwortung

M1 Die Chemiekatastrophe von Bhopal

In der Nacht zum 3. Dezember 1984 kam es in der indischen Stadt Bhopal zum schlimmsten Chemieunfall in der Geschichte. Aus der mitten im Armenviertel der Stadt gelegen Pestizidfabrik des US-Konzerns Union Carbide strömten fast 40 Tonnen eines hochgiftigen Gases aus, durch das mehrere Zehntausend Menschen ums Leben kamen. Noch heute leiden Hunderttausende an den Spätfolgen – sie haben Hirnschäden, Lähmungen, sind blind oder unfruchtbar.

Die Fabrikanlage hätte in einem so dicht besiedelten Gebiet eigentlich nie errichtet werden dürfen, doch korrupte Politiker hatten den Bauantrag von Union Carbide genehmigt, das in dem Wohngebiet der Armen einen Pool von billigen Arbeitskräften sah.

Kaum war die Fabrik in Betrieb, schraubte das indische Management des Unternehmens aus Kostengründen die ohnehin geringen Sicherheitsstandards noch weiter herunter. Die Wartungsintervalle wurden verlängert, die Sicherheitsausbildung der Arbeiter von sechs Monaten auf zwei Wochen reduziert, das Kühlsystem und die Entlüftungsanlage abgeschaltet.

Ausgelöst wurde die Katastrophe durch Wasser, das bei Reinigungsarbeiten in einen Tank für Chemikalien eindrang und dort eine heftige Kettenreaktion auslöste, so dass der Druck anstieg und die Überdruckventile sich öffneten. Bis heute ist ungeklärt, ob Arbeiter eine Wasser- mit einer Stickstoffleitung verwechselten, Ventile leck waren oder jemand absichtlich Wasser einleitete. Ein Kontrolleur hatte den erhöhten Druck zwar bemerkt, doch die Gefahr nicht erkannt und keinen Alarm ausgelöst. Auch als sich zwei Stunden später ein beißender Geruch über das ganze Firmengeländer ausbreitete, wurden die Alarmanlagen noch nicht betätigt, um die Bevölkerung nicht zu beunruhigen.

Für die Sicherheitsmängel in Bhopal und die daraus resultierenden Folgen wurde bis 2010 niemand persönlich vor der Justiz zur Verantwortung gezogen. Der damalige Vorstandsvorsitzende von Union Carbide, Warren Anderson, der nach der Giftgaskatastrophe aus den USA nach Indien geflogen und unmittelbar nach seiner Ankunft verhaftet worden war, kam gegen eine Kaution von 2.000 Dollar frei und entzog sich einer möglichen Bestrafung durch Flucht in die USA.

Autorenbeitrag

M2 Hans Lenk: Verantwortung ist nicht gleich Verantwortung

Hans Lenk (*1935) war Professor für Philosophie an der Universität Karlsruhe.

Wir müssen [...] unterschiedliche Typen von Verantwortlichkeiten und dementsprechend verschiedene Verantwortungsbegriffe auseinanderhalten. [...] Der nächstliegende und allgemeinste Typ von Verantwortlichkeit ist die Verantwortung für die Folgen und das Ergebnis des eigenen Handelns. Wir können hier von *Kausalhandlungsverantwortung* sprechen: Man ist für die durch das eigene Handeln verursachten Ergebnisse und Folgen [...] verantwortlich oder mitverantwortlich [...]. Der Ingenieur, der einen Damm plant, ist für das Ergebnis seines Entwurfs und seiner Berechnungen verantwortlich. Verantwortung wird oft nicht durch den Regelfall der positiven Kausalhandlungs(ergebnis)verantwortung, sondern durch negative Fälle brisant und bekannt: Ein Dammbruch kann auf falsche oder schludrige Berechnungen zurückzuführen sein. Deshalb gibt es eine negative Kausalhandlungsverantwortung: Die Sorgfalt der Handlungsausführung umfasst die Vermeidung von Unterlassungen. [...]

[Darüber hinaus] gibt es auch eine aktive Verhinderungsverantwortung *(Präventionsverantwortung)*: Der Kontrollingenieur muss aktiv und systematisch nach Schwachstellen suchen. Dies gehört zu seiner besonderen positiven wie negativen Kausalhandlungs- und Aufgabenverantwortung. Sie dient der Abwendung von Unfällen oder Störungen sowie der Vorsorge für das Wohlergehen der vom reibungslosen Ablauf des betreffenden Systems abhängigen Menschen (oder auch Tiere). [...]

Handlungs- oder Unterlassungsverantwortung kann auch *stellvertretend* übernommen werden: Der Minister hat die Handlungsweisen seiner Untergebenen politisch zu verantworten – auch für solche Handlungen, die nicht er selbst durchgeführt oder direkt veranlasst hat. Ähnliches gilt für die *Führungs-, Veranlassungs- oder Befehlsverantwortung* in vielfältigen Organisationen mit hierarchischer Struktur. [...]

Handlungsverantwortung kann je nach Instanz und Bereich auf spezifische Aufgaben und Rollen bezogen oder allgemein moralisch wahrzunehmen sein. [...] Mit jeder beruflichen Rolle und ihrem Aufgabenspektrum ist eine entsprechende Aufgaben- und Rollenverantwortung verbunden. Jeder Techniker ist seinem Vorgesetzten, der Firmenleitung oder dem Vorstand der betreffenden (privaten oder öffentlichen) Organisation (auch etwa seiner Standesorganisation) im Sinne der Rollenerwartung, Stellenbeschreibung usw. für Handlungen, Unterlassungen und vorsorgende Aufmerksamkeit verantwortlich. [...]

Während spezifische Aufgabenverantwortlichkeiten bei rollengebundenen Handlungen moralisch neutral sein können, überlagert (universal)moralische Verantwortung solche Aufgabenverantwortlichkeiten, die moralisch relevant sind, von denen andere Menschen oder Lebewesen in Hinsicht auf mögliche Schädigung bzw. Förderung oder Erhaltung betroffen sind. [...]

Die Kontrolltechniker bei der Chemiekatastrophe von Bhopal haben nicht nur in Bezug auf ihre Rollenpflicht versagt, sondern auch moralisch gegenüber den Opfern der Gasausbreitung, weil sie zunächst mehrere Stunden lang nicht Alarm schlugen, nachdem das Gasleck bereits entdeckt war.

Neben der direkten gibt es auch die indirekte moralische Verantwortung für ein Handlungsergebnis. In Bhopal waren keine computergesteuerten Messsensoren, Alarmanlagen usw. eingebaut: ein moralisches Versäumnis der Firmenleitung, nicht einmal ein rechtliches (denn entsprechende Rechtsauflagen bestanden in Indien nicht, was unter anderem die Firma dazu veranlasst hatte, die Produktionsstätte gerade dort zu errichten).

Dieses Beispiel gibt Anlass zu der Feststellung, dass die Unterarten sowohl der Handlungsergebnisverantwortung als auch der Aufgaben- und Rollenverantwortung auch *rechtlich* zu deuten sind: Neben der moralischen Interpretation, die uns in diesem Bande ausschließlich beschäftigt, ist auch die rechtliche nicht zu vernachlässigen, da strafrechtlich, zivilrechtlich und verwaltungsrechtlich unterschiedliche Verantwortlichkeiten und Haftbarkeiten bestehen dürften.

Technik und Ethik (1987)

A

1. Diskutieren Sie die Schuldfrage im Fall der Chemiekatastrophe von Bhopal. Erläutern Sie, welche Personen und Instanzen Sie für verantwortlich halten. > M1
2. Fertigen Sie eine Mindmap zu den verschiedenen Formen der Verantwortung an, die Lenk unterscheidet, und erläutern Sie sie. > M2
3. Wenden Sie die von Lenk getroffenen Unterscheidungen auf die Katastrophe von Bhopal an. Welcher Form von Verantwortung hätten die Beteiligten gerecht werden müssen, um den Unfall zu vermeiden? > M2

H

Die Notwendigkeit einer neuen Ethik

zu M1, Jonas, S. 204-210

M1 Hans Jonas: Neue Dimensionen der Verantwortung

Der deutsche Philosoph Hans Jonas (1903-1993) floh 1933 vor den Nationalsozialisten und lebte von 1955 bis zu seinem Tod in New York. Seine 1979 erschienene Schrift *Das Prinzip Verantwortung* ist das meistgelesene moralphilosophische Werk der Nachkriegszeit. Auf den folgenden Seiten werden die Grundgedanken dieses Buches vorgestellt.

Aller Umgang mit der außermenschlichen Welt, das heißt der ganze Bereich der *techne* (Kunstfertigkeit) war – mit Ausnahme der Medizin – ethisch neutral – im Hinblick auf das Objekt [...], weil die Kunst die selbsterhaltende Natur der Dinge nur unerheblich in Mitleidenschaft zog und somit keine Frage dauernden Schadens an der Integrität ihres Objektes, der natürlichen Ordnung im Ganzen, aufwarf. [...] Wirkung auf nichtmenschliche Objekte bildete keinen Bereich ethischer Bedeutsamkeit.

Ethische Bedeutung gehörte zum direkten Umgang von Mensch mit Mensch, einschließlich des Umgangs mit sich selbst; alle traditionelle Ethik ist *anthropozentrisch**. [...]

Das Wohl oder Übel, worum das Handeln sich zu kümmern hatte, lag nahe bei der Handlung, entweder in der *Praxis* selbst oder in ihrer unmittelbaren Reichweite und war keine Sache entfernter Planung. Diese Nähe der Ziele galt für Zeit sowohl als Raum. Die wirksame Reichweite der Aktion war klein, die Zeitspanne für Voraussicht, Zielsetzung und Zurechenbarkeit kurz, die Kontrolle über Umstände begrenzt. Rechtes Verhalten hatte seine unmittelbaren Kriterien und seine fast unmittelbare Vollendung. Der lange Lauf der Folgen war dem Zufall, dem Schicksal oder der Vorsehung anheimgestellt. Ethik hatte es demgemäß mit dem Hier und Jetzt zu tun, mit Gelegenheiten, wie sie zwischen Menschen sich einstellen, mit den wiederkehrenden, typischen Situationen des privaten und öffentlichen Lebens. Der gute Mensch war ein solcher, der diesen Gelegenheiten mit Tugend und Weisheit begegnete, der die Fähigkeit dazu in sich selbst kultivierte und im Übrigen sich mit dem Unbekannten abfand.

Alle Gebote und Maximen überlieferter Ethik, inhaltlich verschieden wie sie immer sein mögen, zeigen diese Beschränkung auf den unmittelbaren Umkreis der Handlung. „Liebe deinen Nächsten wie dich selbst"; „Tue Anderen, wie du wünschest, dass sie dir tun"; „Unterweise dein Kind im Wege der Wahrheit"; „Strebe nach Vorzüglichkeit durch Entwicklung und Verwirklichung der besten Möglichkeiten deines Seins qua Mensch"; „Ordne dein persönliches Wohl dem Gemeinwohl unter"; „Behandle deinen Mitmenschen niemals bloß als Mittel, sondern immer auch als einen Zweck in sich selbst"; und so fort. Man beachte, dass in all diesen Maximen der Handelnde und der „Andere" seines Handelns Teilhaber einer gemeinsamen Gegenwart sind. Es sind die jetzt Lebenden und in irgendwelchem Verkehr mit mir Stehenden, die einen Anspruch auf mein Verhalten haben, insofern es sie durch Tun oder Unterlassen affiziert. Das sittliche Universum besteht aus Zeitgenossen und sein Zukunftshorizont ist beschränkt auf deren voraussichtliche Lebensspanne. Ähnlich verhält es sich mit dem räumlichen Horizont des Ortes, worin der Handelnde und der Andere sich treffen als Nachbar, Freund oder Feind, als Vorgesetzter und Untergebener, als Stärkerer und Schwächerer, und in all den anderen Rollen, in denen Menschen miteinander zu tun haben. Alle Sittlichkeit war auf diesen Nahkreis des Handelns eingestellt. [...]

Der kurze Arm menschlicher Macht verlangte keinen langen Arm vorhersagenden Wissens; die Kürze des einen war so wenig schuldhaft wie die des andern. [...]

All dies hat sich entscheidend geändert. Die moderne Technik hat Handlungen von so neuer Größenordnung, mit so neuartigen Objekten und so neuartigen Folgen eingeführt, dass der Rahmen früherer Ethik sie nicht mehr fassen kann. [...]

Gewiss, die alten Vorschriften der „Nächsten"-Ethik – die Vorschriften der Gerechtigkeit, Barmherzigkeit, Ehrlichkeit, usw. – gelten immer noch, in ihrer intimen Unmittelbarkeit, für die nächste, tägliche Sphäre menschlicher Wechselwirkung. Aber diese Sphäre ist überschattet von einem wachsenden Bereich kollektiven Tuns, in dem Täter, Tat und Wirkung nicht mehr dieselben sind wie in der Nahsphäre, und der durch die Enormität seiner Kräfte der Ethik eine neue, nie zuvor erträumte Dimension der Verantwortung aufzwingt.

Man nehme zum Beispiel [...] die kritische *Verletzlichkeit* der Natur durch die technische Intervention des Menschen – eine Verletzlichkeit, die nicht vermutet war, bevor sie sich in schon angerichtetem Schaden zu erkennen gab. Diese Entdeckung, deren Schock zu dem Begriff und der beginnenden Wissenschaft der Umweltforschung (Ökologie) führte, verändert die ganze Vorstellung unserer selbst als eines kausalen Faktors im weiteren System der Dinge. Sie bringt durch die Wirkungen an den Tag, dass die Natur menschlichen Handelns sich de facto geändert hat, und dass ein Gegenstand von gänzlich neuer Ordnung, nicht weniger als die gesamte Biosphäre des Planeten, dem hinzugefügt worden ist, wofür wir verantwortlich sein müssen, weil wir Macht darüber haben. [...] Die Natur als eine menschliche Verantwortlichkeit ist sicher ein Novum, über das ethische Theorie nachsinnen muss. [...]

Die Einhegung der Nähe und Gleichzeitigkeit ist dahin, fortgeschwemmt von der räumlichen Ausbreitung und Zeitlänge der Kausalreihen, welche die technische Praxis, auch wenn für Nahzwecke unternommen, in Gang setzt. Ihre Unumkehrbarkeit, im Verein mit ihrer zusammengefassten Größenordnung, führt einen weiteren neuartigen Faktor in die moralische Gleichung ein. Dazu ihr kumulativer Charakter: ihre Wirkungen addieren sich, so dass die Lage für späteres Handeln und Sein nicht mehr dieselbe ist wie für den anfänglich Handelnden, sondern zunehmend davon verschieden und immer mehr ein Ergebnis dessen, was schon getan ward. Alle herkömmliche Ethik rechnete nur mit nicht-kumulativem Verhalten. [...] Die kumulative Selbstfortpflanzung technologischer Veränderung der Welt überholt fortwährend die Bedingungen jedes ihrer beitragenden Akte und verläuft durch lauter präzedenzlose Situationen, für die die Lehren der Erfahrung ohnmächtig sind. Ja, die Kumulation als solche, nicht genug damit, ihren Anfang bis zur Unkenntlichkeit zu verändern, mag die Grundbedingung der ganzen Reihe, die Voraussetzung ihrer selbst, verzehren. All dieses müsste im Willen der Einzeltat mitgewollt sein, wenn diese sittlich verantwortlich sein soll. [...]

[In früheren Zeiten] war die Technik ein zugemessener Zoll an die Notwendigkeit, nicht die Straße zum erwählten Ziel der Menschheit – ein Mittel mit einem endlichen Grad der Angemessenheit an wohldefinierte naheliegende Zwecke. Heute, in der Form der modernen Technik, hat sich *techne* in einen unendlichen Vorwärtsdrang der Gattung verwandelt, in ihr bedeutsamstes Unternehmen, in dessen fortwährend sich selbst überbietendem Fortschreiten zu immer größeren Dingen man den Beruf des Menschen zu sehen versucht ist, und dessen Erfolg maximaler Herrschaft über die Dinge und über den Menschen selbst als die Erfüllung seiner Bestimmung erscheint. [...]

Nicht ihr oder ich: es ist der kollektive Täter und die kollektive Tat, nicht der individuelle Täter und die individuelle Tat, die hier eine Rolle spielen; und es ist die unbestimmte Zukunft viel mehr als der zeitgenössische Raum der Handlung, die den relevanten Horizont der Verantwortung abgibt. Dies erfordert Imperative neuer Art. *Das Prinzip Verantwortung (1979)*

A

1 Erklären Sie, wodurch nach Jonas die bisherige Ethik gekennzeichnet ist. > M1

2 Begründen Sie, warum die bisherige Ethik im Zeitalter der modernen Technik nicht hinreichend ist > M1

3 Nehmen Sie Stellung zu Jonas' Forderung einer neuen Ethik. > M1

4 Formulieren Sie „Imperative neuer Art" (Z. 144). > M1

Ein neuer ethischer Imperativ

M1 Hans Jonas: Alte und neue Imperative

Jonas entwickelt einen neuen, ökologischen Imperativ in Auseinandersetzung mit dem kategorischen Imperativ Kants.

Die Anwesenheit des Menschen in der Welt war ein erstes und fraglos Gegebenes gewesen, von dem jede Idee der Verpflichtung im menschlichen Verhalten ihren Ausgang nahm: jetzt ist sie selber ein Gegenstand der Verpflichtung geworden – der Verpflichtung nämlich, die erste Prämisse aller Verpflichtung, das heißt eben das Vorhandensein bloßer Kandidaten für ein moralisches Universum in der physischen Welt, für die Zukunft zu sichern; und das heißt unter anderem, diese physische Welt so zu erhalten, dass die Bedingungen für ein solches Vorhandensein intakt bleiben; und das heißt, ihre Verletzlichkeit vor einer Gefährdung dieser Bedingungen zu schützen. Ich will den Unterschied, den dies für die Ethik macht, an einem Beispiel illustrieren. [...]

1. Kants kategorischer Imperativ sagte: „Handle so, dass du auch wollen kannst, dass deine Maxime allgemeines Gesetz werde.“ Das hier angerufene „kann“ ist das der Vernunft und ihrer Einstimmung mit sich selbst: Die Existenz einer Gesellschaft menschlicher Akteure (handelnder Vernunftwesen) *vorausgesetzt*, muss die Handlung so sein, dass sie sich ohne Selbstwiderspruch als allgemeine Übung dieser Gemeinschaft vorstellen lässt. Man beachte, dass hier die Grundüberlegung der Moral nicht selber moralisch, sondern logisch ist: das „wollen *können*“ oder „nicht können“ drückt logische Selbstverträglichkeit oder -unverträglichkeit [...] aus. Es liegt aber kein *Selbstwiderspruch* in der Vorstellung, dass die Menschheit einmal aufhöre zu existieren, und somit auch kein Selbstwiderspruch in der Vorstellung, dass das Glück gegenwärtiger und nächstfolgender Generationen mit dem Unglück oder gar der Nichtexistenz späterer Generationen erkauft wird – so wenig, wie schließlich im Umgekehrten, dass die Existenz und das Glück späterer Generationen mit dem Unglück und teilweise sogar der Vertilgung gegenwärtiger erkauft wird. Das Opfer der Zukunft für die Gegenwart ist *logisch* nicht angreifbarer als das Opfer der Gegenwart für die Zukunft. Der Unterschied ist nur, dass im einen Fall die Reihe weitergeht, im andern nicht. Aber dass sie *weitergehen soll*, ungeachtet der Verteilung von Glück und Unglück, ja selbst mit Übergewicht des Unglücks über das Glück, und sogar der Unmoral über die Moral, lässt sich nicht aus der Regel der Selbsteinstimmigkeit *innerhalb* der Reihe, so lange oder kurz sie eben dauert, ableiten: es ist ein außer ihr und ihr vorausliegendes Gebot ganz anderer Art und letztlich nur metaphysisch zu begründen.

2. Ein Imperativ, der auf den neuen Typ menschlichen Handelns passt und an den neuen Typ von Handlungssubjekt gerichtet ist, würde etwa so lauten: „Handle so, dass die Wirkungen deiner Handlung verträglich sind mit der Permanenz echten menschlichen Lebens auf Erden“; oder negativ ausgedrückt: „Handle so, dass die Wirkungen deiner Handlung nicht zerstörerisch sind für die künftige Möglichkeit solchen Lebens“, oder einfach: „Gefährde nicht den indefiniten Fortbestand der Menschheit auf Erden [...].

3. Es ist ohne weiteres ersichtlich, dass kein rationaler Widerspruch in der Verletzung dieser Art von Imperativ involviert ist. Ich *kann* das gegenwärtige Gut unter Aufopferung des zukünftigen Guts wollen. Ich *kann*, so wie mein eigenes Ende, auch das Ende der Menschheit wollen. Ich kann, ohne in Widerspruch mit mir selbst zu geraten, wie für mich so auch für die Menschheit ein kurzes Feuerwerk äußerster Selbsterfüllung der Langeweile endloser Fortsetzung im Mittelmaß vorziehen.

Aber der neue Imperativ sagt eben, dass wir zwar unser eigenes Leben, aber nicht das der Menschheit wagen *dürfen*; und dass Achill zwar das Recht hatte, für sich selbst ein kurzes Leben ruhmreicher Taten vor einem langen Leben ruhmloser Sicherheit zu wählen (unter der stillschweigenden Voraussetzung nämlich, dass eine Nachwelt da sein wird, die von seinen Taten zu erzählen weiß); dass wir aber nicht das Recht haben, das Nichtsein künftiger Generationen wegen des Seins der jetzigen zu wählen oder auch nur zu wagen. Warum wir dieses Recht nicht haben, warum wir im Gegenteil eine Verpflichtung gegenüber dem haben, was noch gar nicht ist und „an sich" auch nicht zu sein braucht, jedenfalls als nicht existent keinen *Anspruch* auf Existenz hat, ist theoretisch gar nicht leicht und vielleicht ohne Religion überhaupt nicht zu begründen. Unser Imperativ nimmt es zunächst ohne Begründung als Axiom. [...]

4. Es ist ferner offensichtlich, dass der neue Imperativ sich viel mehr an öffentliche Politik als an privates Verhalten richtet, welches letztere nicht die kausale Dimension ist, auf die er anwendbar ist. Kants kategorischer Imperativ war an das Individuum gerichtet und sein Kriterium war augenblicklich. Er forderte jeden von uns auf, zu erwägen, was geschehen würde, wenn die *Maxime* meiner jetzigen Handlung zum Prinzip einer allgemeinen Gesetzgebung gemacht würde oder es in diesem Augenblick schon wäre: die Selbsteinstimmigkeit oder Nichteinstimmigkeit einer solchen *hypothetischen* Verallgemeinerung wird zur Probe meiner *privaten* Wahl gemacht. Aber es war kein Teil dieser Vernunftüberlegung, es bestehe irgendeine Wahrscheinlichkeit dafür, dass meine private Wahl tatsächlich allgemeines Gesetz werde oder zu einem solchen Allgemeinwerden auch nur beitrage. In der Tat, *reale* Folgen sind überhaupt nicht ins Auge gefasst und das Prinzip ist nicht dasjenige objektiver Verantwortung, sondern das der subjektiven Beschaffenheit meiner Selbstbestimmung. Der neue Imperativ ruft eine andere Einstimmigkeit an: nicht die des Aktes mit sich selbst, sondern die seiner schließlichen *Wirkungen* mit dem Fortbestand menschlicher Aktivität in der Zukunft. Und die „Universalisierung", die er ins Auge fasst, ist keineswegs hypothetisch – das heißt die bloß logische Übertragung vom individuellen „Ich" auf ein imaginäres, kausal damit unverbundenes „Alle" („wenn jeder so täte"): im Gegenteil, die dem neuen Imperativ unterworfenen Handlungen, nämlich Handlungen des kollektiven Ganzen, haben den universalen Bezug in dem tatsächlichen Ausmaß ihrer Wirksamkeit [...]. Dies nun fügt dem moralischen Kalkül den *Zeithorizont* hinzu, der in der logischen Augenblicksoperation des kantischen Imperativs gänzlich fehlt: extrapoliert der letztere in eine immer-gegenwärtige Ordnung abstrakter Kompatibilität, so extrapoliert unser Imperativ in eine berechenbare wirkliche *Zukunft* als die unabgeschlossene Dimension unserer Verantwortlichkeit.

Das Prinzip Verantwortung (1979)

M2 Mietsache

„Ich jedenfalls verleihe nie wieder etwas!"

Horst Haitzinger

A

1 Erläutern Sie den neuen Imperativ (Z. 53-60). Was verstehen Sie in diesem Zusammenhang unter „echtem menschlichen Leben"? > M1

2 Untersuchen Sie, was Jonas zur Rechtfertigung des neuen ethischen Imperativs anführt. > M1

3 Stellen Sie dar, worin sich der neue ethische Imperativ von Kants kategorischem Imperativ unterscheidet, und beurteilen Sie, ob Jonas' Kritik an Kant berechtigt ist. > M1

4 Prüfen Sie, ob bzw. inwieweit der neue ethische Imperativ dem eigenen Anspruch gerecht wird, die traditionelle anthropozentrische Ethik (vgl. S. 204f., Z.13f.) zu überwinden. > M1

H

5 Wenden Sie den neuen Imperativ auf die Karikatur an. > M2

Die Anwendung des neuen Imperativs

M1 Hans Jonas: Der Vorrang der schlechten vor der guten Prognose

Zur Anwendung der Verantwortungsethik bedarf es nach Jonas der Herausbildung eines empirischen Wissens, auf das der neue ethische Imperativ zu beziehen ist.

Es muss eine Wissenschaft hypothetischer Vorhersagen, eine „vergleichende Futurologie", ausgebildet werden. [...]

Solange die Gefahr unbekannt ist, weiß man nicht, was es zu schützen gibt und warum: das Wissen darum kommt, aller Logik und Methode zuwider, aus dem Wovor. [...] Wir wissen erst, *was* auf dem Spiele steht, wenn wir wissen, *dass* es auf dem Spiele steht. [...] Darum muss die Moralphilosophie unser Fürchten vor unserm Wünschen konsultieren, um zu ermitteln, was wir wirklich schätzen; und obwohl [...] die Heuristik* der Furcht gewiss nicht das letzte Wort in der Suche nach dem Guten ist, so [...] sollte [sie] zum Vollen ihrer Leistung genutzt werden [...].

Allerdings wird die Unsicherheit der Zukunftsprojektionen [...] zur empfindlichen Schwäche dort, wo sie die Rolle von Prognosen übernehmen müssen, nämlich in der praktisch-politischen Anwendung [...]. Denn dort soll doch der vorgestellte Endeffekt zur Entscheidung darüber führen, was jetzt zu tun und zu lassen ist, und man verlangt schon beträchtliche Sicherheit der Vorhersage, um einen erwünschten und sicheren Naheffekt wegen eines ohnehin uns nicht mehr treffenden Ferneffekts aufzugeben. [...] Eben diese Ungewissheit nun aber, welche die ethische Einsicht für die hier gemeinte Zukunftsverantwortung unwirksam zu machen droht [...], muss selber in die ethische Theorie einbezogen und in ihr zum Anlass eines neuen Grundsatzes genommen werden, der nun seinerseits als praktische Vorschrift wirksam werden kann. Es ist die Vorschrift, primitiv gesagt, dass der *Unheilsprophezeiung mehr Gehör zu geben ist als der Heilsprophezeiung.* [...]

[Das Prinzip dieser Vorschrift] erfahren wir, wenn wir auf das Element des *Glücksspiels* oder der *Wette* reflektieren, das in allem menschlichen Handeln hinsichtlich des Ausgangs wie der Nebenwirkungen enthalten ist, und uns fragen, um welchen Einsatz man, ethisch gesprochen, wetten darf.

Darf ich die Interessen Anderer in meiner Wette einsetzen? Da ergibt sich als erste Antwort, dass man, streng genommen, um nichts wetten darf, was einem nicht gehört (wobei offen bleibt, ob man um alles wetten darf, was einem gehört). Aber mit dieser Antwort ließe sich nicht leben, da bei der unlöslichen Verflechtung menschlicher Angelegenheiten wie aller Dinge es sich gar nicht vermeiden lässt, dass mein Handeln das Schicksal Anderer in Mitleidenschaft zieht [...]. [Allerdings sind] Mutwille und Leichtfertigkeit zu verwerfen, im Einsatz des Fremden wie des Eigenen [...]; und mutwillig wäre z. B. der Einsatz des Bedeutenden um nichtiger Ziele willen. [...]

[Darüber hinaus darf] der Einsatz nie das *Ganze* der Interessen der betroffenen Anderen sein [...], vor allem nicht ihr Leben. [...] Aber gilt [das] auch in der Verfolgung selbstloser Ziele? Speziell solcher, die im Interesse der vom Wagnis Betroffenen selbst verfolgt werden? Man wird dem Staatsmann nicht das Recht bestreiten wollen, die Existenz der Nation für die Zukunft aufs Spiel zu setzen, wenn wirklich Äußerstes auf dem Spiele steht. So kommen die furchtbaren, aber moralisch vertretbaren Entscheidungen über Krieg und Frieden zustande, wo um der Zukunft willen der Einsatz die Zukunft selbst wird. Nur muss man hinzufügen, dass dies nicht wegen der Lockung einer herrlichen sondern nur unter der Drohung einer fürchterlichen Zukunft geschehen darf: nicht um ein höchstes Gut zu gewinnen [...], sondern nur, um ein höchstes Übel abzuwenden. Die letztere Erwägung hat [...] allein die Entschuldigung der Notwendigkeit. Denn man kann ohne das höchste Gut, aber nicht mit dem höchsten Übel leben. [...]

Dieser Vorbehalt aber schließt die großen Wagnisse der Technologie von seiner Erlaubnis aus. Denn diese werden nicht zur Rettung des Bestehenden oder Behebung des Unerträglichen unternommen, sondern zur stetigen Verbesserung des je Erreichten, das heißt für den Fortschritt [...]. Er und seine Werke stehen daher eher im Zeichen des Übermuts als der Notwendigkeit, und Verzichte in seinen Unternehmbarkeiten treffen den Überschuss über das Notwendige, während ihre Durchführung das Unbedingte selber treffen kann. Also gewinnt hier [...] der Satz, dass mein Handeln nicht „das ganze" Interesse der mitbetroffenen Anderen (die hier die Zukünftigen sind) aufs Spiel setzen darf, wieder Kraft. [...]

Hiermit haben wir endlich ein Prinzip gefunden, das gewisse „Experimente", deren die Technologie fähig ist, verbietet, und dessen pragmatischer Ausdruck eben die vorher diskutierte Vorschrift ist, für die Entscheidung Unheilsprognosen vor Heilsprognosen den Ausschlag geben zu lassen. Der ethische Grundsatz, von dem die Vorschrift ihre Gültigkeit bezieht, lautet also: Niemals darf Existenz oder Wesen des Menschen im Ganzen zum Einsatz in den Wetten des Handelns gemacht werden. *Das Prinzip Verantwortung (1979)*

H M2 Verantwortungsethik in der Praxis

Kolleg Ethik: Die Forderung von Jonas, in unserem Handeln die Interessen zukünftiger Generationen zu berücksichtigen, ist einleuchtend. Aber was muss getan werden, um diese Forderung in der Praxis umzusetzen?

Experte: Zunächst einmal ist es wichtig, eine „Wissenschaft der Fernwirkungen" unseres Handelns auszubilden. Dabei gilt es vor allem herauszufinden, was die Fortexistenz der Menschheit bedroht. Jonas spricht hier von einer „Heuristik der Furcht": Erst wenn wir wissen, was wir fürchten müssen, können wir entsprechend handeln. Allerdings ist davon auszugehen, dass die meisten Wirkungen menschlichen Handelns nicht mit Sicherheit vorhergesagt werden können. Deshalb stellt Jonas den praktischen Grundsatz auf, dass der Unheilsprognose ein Vorrang vor der Heilsprognose einzuräumen ist.

Kolleg Ethik: Wie ist das zu verstehen?

Experte: Unter Ungewissheit gleicht unser Handeln einer Wette. Auch bei einer Wette ist der Ausgang ja ungewiss. Und da muss man sich fragen, um welchen Einsatz man überhaupt wetten darf. Ein Spieler kann um das wetten, was ihm gehört, aber nicht um das, was anderen gehört. Ich darf in einer Wette nicht die Interessen anderer aufs Spiel setzen.

Kolleg Ethik: Aber es lässt sich doch gar nicht vermeiden, dass durch mein Handeln auch immer die Interessen anderer berührt werden.

Experte: Das bestreitet Jonas auch nicht. Aber es muss eine Mindestforderung sein, dass niemand die Interessen anderer mutwillig und leichtfertig aufs Spiel setzt. Es wäre nicht vertretbar, wenn jemand langfristige Beeinträchtigungen zukünftiger Generationen herbeiführt, um sich selbst einen kurzfristigen Vorteil zu verschaffen. Außerdem hat niemand das Recht, um das „Ganze der Interessen" anderer zu wetten. Also darf die Existenz anderer Menschen oder gar die Existenz der Menschheit niemals aufs Spiel gesetzt werden.

Kolleg Ethik: Wie würde Jonas dann das Handeln eines Staatsmannes beurteilen, der im Krieg um der Zukunft seines Volkes willen dessen Existenz aufs Spiel setzt?

Experte: Ich denke, dass niemand ihn moralisch verurteilen könnte, denn hier geht es um die Abwendung von Schaden. Um äußerstes Übel abzuwehren, kann es erlaubt sein, das Ganze aufs Spiel zu setzen. Aber so kann man in Bezug auf die Technik nicht argumentieren. Seit Francis Bacon ist das erklärte Ziel aller technischen Bemühungen der Fortschritt, die Vermehrung des Glücks der Menschheit. Aber für dieses Ziel darf man das Ganze nicht riskieren: „Denn man kann ohne das höchste Gut, aber nicht mit dem höchsten Übel leben", wie Jonas sagt. *Autorenbeitrag*

A

1 Analysieren Sie – ausgehend von den Schlüsselbegriffen des Textes – wie der neue Imperativ in der Praxis anzuwenden ist. > M1

2 Erklären Sie die Bedeutung der Heuristik der Furcht und des Prinzips des Vorrangs der schlechten vor der guten Prognose in der Verantwortungsethik. > M2

3 Erläutern Sie den praktischen Grundsatz der Verantwortungsethik am Beispiel der Wette. > M2

Verantwortung für das Ganze

M1 Hans Jonas: Das Kind – Urgegenstand der Verantwortung

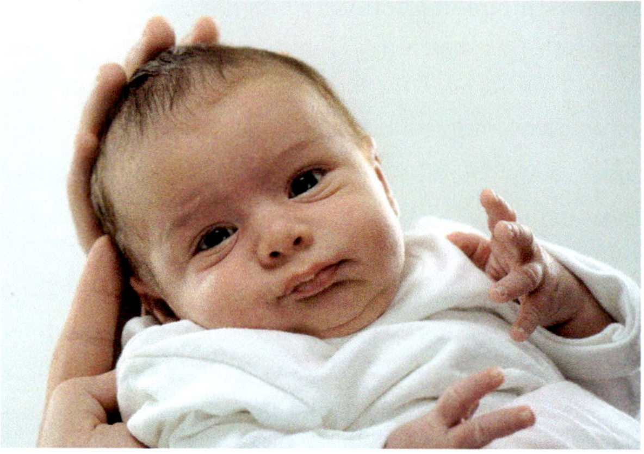

[Das] zeitlose [...] Urbild aller Verantwortung [ist die] elterliche [...] [Verantwortung] für das Kind. [...] Das Neugeborene [richtet] unwidersprechlich ein Soll an die Umwelt [...], nämlich: sich seiner anzunehmen. Sieh hin und du weißt. Ich sage „unwidersprechlich", nicht „unwiderstehlich": denn natürlich lässt sich der Kraft dieses wie jedes Soll widerstehen, sein Ruf kann auf Taubheit stoßen [...] oder durch andere „Rufe" wie etwa vorgeschriebene Kindesaussetzung, Erstgeburtsopfer und dergleichen, ja schon durch den nackten Selbsterhaltungstrieb übertönt werden – an der Unwidersprechlichkeit des Anspruchs als solchen und seiner unmittelbaren Evidenz ändert dies nichts. Ich sage auch nicht: eine „Bitte" an die Umwelt („nehmt euch meiner an"), denn der Säugling kann noch nicht bitten; und vor allem, eine Bitte, auch die beweglichste, verpflichtet noch nicht. So ist auch von Mitgefühl, Erbarmen, oder welche Gefühle unserseits ins Spiel kommen mögen, sogar von der Liebe hier nicht die Rede. Ich meine wirklich strikt, dass hier das Sein eines einfach ontisch* Daseienden ein Sollen für Andere immanent und ersichtlich beinhaltet, und es auch dann täte, wenn nicht die Natur durch mächtige Instinkte und Gefühle diesem Sollen zuhilfe käme, ja meist das Geschäft ganz abnähme.

Das Prinzip Verantwortung (1979)

M2 Vom Sein zum Sollen

H

Kolleg Ethik: Es leuchtet ein, dass Eltern eine Verantwortung für ihr Kind tragen. Aber was will Jonas damit eigentlich sagen?

Experte: Das Beispiel des Kindes ist wichtig im Zusammenhang der Begründung der Verantwortungsethik. Der neue ethische Imperativ steht unter der Prämisse, dass Menschheit überhaupt sein soll. Wenn das mehr sein soll als eine intuitive Gewissheit – oder Gefühlsevidenz, wie Jonas das nennt –, dann muss es begründet werden. Jonas muss plausibel machen, dass aus der Tatsache, dass eine Menschheit existiert, abgeleitet werden kann, dass sie auch existieren soll, d. h. dass aus dem Sein der Menschheit auf ihr Sein-Sollen geschlossen werden kann. Die Begründung stößt aber auf eine Schwierigkeit: Seit Hume gilt nämlich in der Ethik der Grundsatz, dass man nicht vom Sein auf das Sollen schließen kann [s. S. 16]. Das ist in vielen Fällen auch richtig. Beispielsweise folgt aus der Tatsache, dass in zahlreichen afrikanischen Ländern Mädchen beschnitten werden, nicht, dass die weibliche Beschneidung auch moralisch richtig ist und dass Mädchen beschnitten werden sollen. Der Hume'sche Grundsatz gilt allerdings nicht uneingeschränkt. Genau das will Jonas mit dem Beispiel des Kindes zeigen. Wie Sie selbst sagen, leuchtet es ein, dass Eltern für ein Neugeborenes verantwortlich sind – einfach weil es da ist.

Kolleg Ethik: Der Grund der Verantwortung ist also in der Existenz des Kindes zu suchen?

Experte: Genau. An diesem Beispiel lässt sich die Struktur der Verantwortung darstellen: Verantwortung geht aus vom Objekt. Etwas ist und soll sein, und aus seinem Sein-Sollen folgt, dass wir dafür verantwortlich sind und entsprechend handeln sollen. Durch das Beispiel des Kindes zeigt Jonas die Möglichkeit auf, zu begründen, warum wir für zukünftige Generationen verantwortlich sind. Unsere Verantwortung ist jedoch nicht auf Menschen beschränkt, sondern sie erstreckt sich auf alles Leben in der Natur. *Autorenbeitrag*

M3 Franz Josef Wetz: Die Ableitung von Werten aus Zwecken der Natur

Jonas sucht eine Antwort auf die Frage, weshalb wir achten und bewahren sollen, was wir missachten und heute zerstören könnten: unseren Planeten und alles Leben darauf. Rein biologisch gesehen besteht nicht der geringste Grund, warum nicht Arten aussterben und die Spezies homo sapiens untergehen sollte – Dinosauriern und vielen anderen Lebensformen geschah es ja auch, und sie sind sicher nicht die letzten in der Entwicklungsgeschichte, welche dieses Schicksal ereilen wird. Weshalb also sollten wir Menschen uns anders verhalten als die übrige Natur? Jonas antwortet hierauf mit dem alten, metaphysischen Grundsatz, dass Sein höher steht als Nichts, Leben dem Nichtleben gegenüber Vorrang hat. Er begründet diese Annahme mit der sich in allen Organismen und im Evolutionsprozess selbst darstellenden Bejahung der Natur; ein Wert, der Anspruch auf Anerkennung und Achtung besitzt. Leben ist wertvoll, weil die Natur es will und sich darin selbst bejaht; deshalb sollen wir Menschen allen Lebewesen mit Achtung oder Ehrfurcht begegnen.

In allen belebten Naturwesen ist eine innewohnende Zweckhaftigkeit zu beobachten. Jonas geht davon aus, dass jeder Organismus „sein eigener Zweck" sei, alle am Leben hängen und ihre Kräfte auf dessen Erhaltung richten.

In der als Zweck gekennzeichneten Selbstsorge aller Naturwesen glaubt er deren völlige Selbstbejahung erblicken zu können. Sicherlich sei das Selbsterhaltungsstreben aller Organismen kein zweifelsfreier Beweis, aber doch ein untrüglicher Indikator dafür. Leben enthält ein „Ja des Lebens" zu sich selbst. Alles Leben strebt nach Selbsterhaltung und ist als solches „das aktive Nein zum Nichtsein"; atmend und Nahrung aufnehmend entscheidet sich jeder Organismus „für sich selbst und gegen das Nichts", was anzeigt, „dass das Sein nicht indifferent gegen sich selbst ist". Die sich im Selbsterhaltungsstreben aller Lebewesen äußernde Selbstbejahung ist nach Jonas der „Grundwert aller Werte", ein „Gut-an-sich", das ausdrückt, dass Sein mehr wert ist als Nichtsein.

Zu dieser metaphysischen Naturdeutung passt die Vorstellung eines auch im abgeschwächten Sinne zielstrebig ablaufenden Naturprozesses. In der Natur ist eine „Zielorientierung" vorhanden, eine Richtungstendenz, welche in der Evolution die mannigfaltigen Gelegenheiten zu Höherentwicklung ergriff. Jonas sagt nicht, dass der Naturprozess von einem höchsten Ziel und letzten Zweck, auf die er hinläuft, gesteuert und gelenkt wird, sondern nur, dass in der Natur ein unbewusstes Wollen wirkt, das, sobald sich ihm die Gelegenheit zu Höherentwicklung bietet, diese auch nutzt. Für ihn steht zwar fest, „dass mit der Hervorbringung des Lebens die Natur wenigstens einen bestimmten Zweck kundgibt, eben das Leben selbst".

Man erkennt, dass Wert und Würde von Mensch und Natur nach Jonas in deren Selbstbejahung liegen, aus der sich ein Anspruch auf Unversehrtheit ergibt, dem wir Rechnung tragen sollen. Die Natur verlangt von uns die Bereitschaft, sich ihrer anzunehmen, sie zu schützen, zu schonen; so ist sie selbst letzter Verpflichtungsgrund zu verantwortlichem Umgang mit ihr. Jonas wendet sich aber nachdrücklich gegen jeden „rücksichtslosen Anthropozentrismus", gegen die menschliche Vermessenheit, sich als Herr und Eigentümer und damit als uneingeschränkter Nutznießer der Natur zu fühlen. Oberstes Gebot sei und bleibe, die in Jahrmillionen entstandenen Lebensformen als unverfügbaren Wert zu schützen und zu achten.

nach: Hans Jonas zur Einführung (1994), gekürzt

A

1. Beschreiben Sie das Bild und stellen Sie dar, wofür die Eltern im Einzelnen dem Kind gegenüber verantwortlich sind. > M1
2. Untersuchen Sie, wie Hans Jonas die elterliche Verantwortung gegenüber dem Kind begründet. > M1
3. Stellen Sie dar, welche Funktion das Beispiel des Kindes bei Jonas hat. > M2
4. Erarbeiten Sie die Begründung der Verantwortung des Menschen für die Natur nach Jonas und beurteilen Sie ihre Plausibilität > M3
5. Erläutern Sie, inwiefern Jonas' Verantwortungsethik über einen „rücksichtslosen Anthropozentrismus" (Z. 64) hinausgeht. (Vgl. hierzu auch S. 222f.) > M3

Praxisnormen für die Zukunftsbewertung

M1 Dieter Birnbacher: Plädoyer für einen intergenerationellen Nutzensummenutilitarismus

Dieter Birnbacher (*1946) war bis zu seiner Emeritierung 2012 Professor für Philosophie an der Universität Düsseldorf. Er rechtfertigt die Zukunftsverantwortung durch zwei Plausibilitätsargumente.

1. Die Tatsache, dass eine von je zwei verwirklichbaren Zukünften [...] besser ist als eine andere, ist zwar kein schlechthin zwingender Grund, die bessere zu verwirklichen, ist aber dennoch der bestmögliche Grund, den man dafür haben kann, die bessere statt der schlechteren zu verwirklichen, wenn man überhaupt zu der Verwirklichung einer bestimmten Zukunft beitragen will.
2. Wenn wir überhaupt zu etwas verpflichtet sind, dann sind wir dazu verpflichtet, von je zwei verwirklichbaren Zukünften die aufs Ganze gesehene bessere zu verwirklichen bzw. nach Kräften zu ihrer Verwirklichung beizutragen.

Ich halte beide Plausibilitätsargumente für hinreichend beweiskräftig, um [...] [den rationalen Utilitaristen] davon zu überzeugen, dass seine Zukunftsnorm keine andere sein kann als die der *Maximierung des in der gesamten zukünftigen Welt verwirklichten Guten*, wobei dieses Gut nicht als zu einer bestimmten zeitlichen Schicht der Welt gehörig, sondern als generationenübergreifende, intertemporale Größe gedacht werden muss. Auf dem Hintergrund der hedonistischen Werttheorie, der R. U. den Vorzug gibt, fällt die ideale Norm demnach zusammen mit der Grundnorm des *intergenerationellen Nutzensummenutilitarismus*: das zu tun, was im Hinblick auf die Gesamtheit aller zukünftigen Generationen gesehen die größtmögliche Differenz von Glück (Lust) und Leiden (Unlust) verwirklicht.

Verantwortung für zukünftige Generationen (1988)

M2 Dieter Birnbacher: Ein Katalog von Praxisnormen

Praxisnormen sollen auch in Fällen von begrenztem Wissen, begrenzter Intelligenz und begrenztem guten Willen eine Orientierung ermöglichen und dadurch ein Optimum von Normerfüllung sicherstellen. Anspruch und Realisierbarkeit, normativer Gehalt und Befolgungschancen sollen so ins Gleichgewicht gebracht sein, dass ihre faktische Geltung so weit wie möglich dem Inhalt der idealen Norm zur Realisierung verhilft. [...]

1. Keine Gefährdung der Gattungsexistenz des Menschen und der höheren Tiere: kollektive Selbsterhaltung

Dass wir die Gattungsexistenz des Menschen nicht gefährden dürfen, ist nicht nur unter Zukunftsethikern unumstritten. Für Nicht-Philosophen steht es zumeist geradezu axiomatisch fest, dass wir nichts tun sollten, was das Fortbestehen der Gattung aufs Spiel setzen könnte. Fraglich ist jedoch, ob man es hierbei mit einer letztlich nur psychologisch – oder sogar biologisch – zu erklärenden Manifestation des Selbsterhaltungstriebs zu tun hat, oder ob sich die Forderung nach dem Weiterexistieren der Gattung irgendwie rational begründen lässt. Die Tatsache, dass die meisten Nietzsches Satz: „Es sind schon viele Tierarten verschwunden; gesetzt, dass auch der Mensch verschwände, so würde nichts in der Welt fehlen“ gefühlsmäßig ablehnen würden, sagt nichts darüber aus, ob sich auch ethische Argumente dagegen angeben lassen, die Lebensdauer der Gattung vorsätzlich oder fahrlässig zu verkürzen. [...]

Auf der Ebene der Praxisnormen – d. h. unter Bedingung eingeschränkter Rationalität – erscheint es allerdings kaum sinnvoll, eine solche Abwägung von Risiko und Chancen zuzulassen. Um einem Allzuleicht-Nehmen entsprechender Risiken zuvorzukommen, sollten vielmehr Gefährdungen der Gattungsexistenz als ganzer bzw. der Existenz bewusstseinsbegabten Lebens überhaupt grundsätzlich nicht zum Gegenstand von Risikoabwägungen gemacht werden dürfen. Nicht nur die direkte Auslöschung des bewussten Lebens, sondern bereits das – wie immer hypothetische – Risiko dieser Auslöschung muss schlechthin verboten sein. […]

2. Keine Gefährdung einer zukünftigen menschenwürdigen Existenz: Nil nocere

Betont die erste Praxisnorm die quantitative Seite der Existenz zukünftiger Generationen, geht es bei dieser zweiten Praxisnorm um die Qualität dieser Existenz. Auch diese Praxisnorm dürfte sich beinahe von selbst verstehen. Sie verbietet, die natürliche und soziale Umwelt des Menschen in einer solchen Weise zu schädigen – bzw. eine spontane Verschlechterung der natürlichen und sozialen Umwelt zuzulassen –, dass es den Spätergeborenen unmöglich werden könnte, ein lebenswertes Leben zu führen. Sie verbietet, dass wir vorsätzlich oder fahrlässig etwas tun, von dem wir befürchten müssen, dass es Spätere Not leiden lässt, sie anthropogenen oder natürlichen Übeln (Krankheiten, Epidemien, Verseuchungen, Verwüstungen) ausliefert, sie in Zwangslagen bringt, die ihnen keine Chance lassen, ihre Lebensweise autonom zu bestimmen, oder angesichts von sozialen oder ökologischen Krisen zu Verzweiflungstaten zwingen, die den Einsatz unmenschlicher Mittel begünstigen […].

Eine weitere naheliegende Konsequenz aus der Praxisregel der Verhinderung künftigen Elends ist die Erhaltung des Weltfriedens. Kein zukünftiger Weltkrieg ist denkbar, der nicht auch dann gigantische Gefährdungen für die sozialen und natürlichen Lebensgrundlagen implizieren würde, wenn er auf allen Seiten mit konventionellen Mitteln und ohne atomares Eskalationsrisiko geführt würde und somit bereits unter die erste Praxisnorm fiele. Friedenserhaltung und Friedenssicherung sind auch unter langfristigen zukunftsethischen Gesichtspunkten oberstes Gebot politischer Verantwortung. […]

3. Keine zusätzlichen irreversiblen Risiken: Wachsamkeit

Es ist bereits vermerkt worden, dass eine Generation bei der Weitergabe von Risiken an die nachfolgenden Generationen besondere Vorsicht walten lassen muss. Auch wenn es für sie auf idealethischer Ebene keinen Anlass gibt, einer ausgeprägt risikoscheuen Entscheidungsstrategie zu folgen, muss sie sich in praxi doch weitgehend so verhalten, als würde sie sich an einer solchen Strategie orientieren. Ein Grund dafür ist, dass Risiken, die anderen vererbt werden, dadurch in unfreiwillige Risiken transformiert werden und damit eine neue Qualität erhalten. Ein weiterer Grund ist, dass sich nicht nur die Präferenzen* hinsichtlich bestimmter Güter im Laufe der folgenden Generationen ändern können, sondern auch die Risikopräferenzen. Man kann z. B. nicht ohne weiteres davon ausgehen, dass die Generation unserer Enkel weiterhin bereit sein wird, soziale Risiken im Umfang der gegenwärtigen Risiken des Straßenverkehrs oder private Risiken im Umfang der gegenwärtigen Risiken des Rauchens zu akzeptieren. […]

Der dem Gebot der Vermeidung irreversibler Schäden und Risiken entsprechende Wert ist der der *Wachsamkeit*. Zur Wachsamkeit berufen sind alle, die von ihrer Kompetenz her am ehesten fähig sind, irreversible Risiken vorauszusehen, bevor sie in der Welt sind, insbesondere die an der Risikoentstehung direkt oder indirekt beteiligten Wissenschaftler. „Technology assessment“ und „science assessment“ sollten ebenso selbstverständlich zu den Pflichten des Wissenschaftlers gehören wie die Wahrhaftigkeit in der Verbreitung seiner Forschungsergebnisse. Die Privilegien des Wissens schaffen eine besondere Verantwortung, wie sonst nur die Privilegien der Macht. Der Wert der Wachsamkeit verlangt aber vor allem auch, die Öffentlichkeit rechtzeitig vor potentiell irreversiblen Risiken zu warnen. Nur wenn die Wissenschaft selbst als „Frühwarnsystem“ fungiert, kann sie es vermeiden, sich in den Augen einer zunehmend um die individuelle und überindividuelle Zukunft besorgten Öffentlichkeit ins Unrecht zu setzen. Die Zeichen sind unübersehbar, dass die Wissenschaftler selbst zunehmend bereit sind, die gesellschaftliche Zumutung einer solchen Rolle zu akzeptieren.

Verantwortung für zukünftige Generationen (1988)

A

1 Erarbeiten Sie Birnbachers Begründung der Verantwortung für zukünftige Generationen. > M1

2 Analysieren Sie arbeitsteilig die angeführten Praxisnormen der Zukunftsethik. > M2

Eine strahlende Zukunft?

M1 Die Nuklearkatastrophe von Fukushima

Am 11. März 2011 kam es in Fukushima, Japan, zu einer Atomkatastrophe nie gekannten Ausmaßes. Durch eine 15 m hohe Flutwelle infolge eines Erdbebens wurden große Teile des Atomkraftwerkes zerstört. Ein Ausfall der Kühlsysteme führte in drei Reaktorblöcken zur Kernschmelze. Dabei fanden 1600 Menschen den Tod. Durch die Explosionen wurden große Mengen radioaktiven Materials freigesetzt und Luft, Böden, Wasser und Nahrungsmittel in der land- und meerseitigen Umgebung kontaminiert. Im Umkreis von 30 km wurde eine Sperrzone errichtet, ca. 100.000 Einwohner mussten das Gebiet dauerhaft verlassen. Die Entsorgungsarbeiten werden voraussichtlich 30 bis 40 Jahre dauern. Die Kosten der Katastrophe werden auf über 150 Milliarden Euro geschätzt.

Nach der Katastrophe wurden alle japanischen Kernkraftwerke heruntergefahren. Weltweit stieg die Skepsis gegenüber der zivilen Nutzung der Kernenergie. Mehrere Länder – u. a. Deutschland – gaben ihre Kernenergieprogramme auf. Die japanische Regierung selbst beschloss Mitte September 2012 den schrittweisen Ausstieg aus der Atomenergie bis spätestens 2040.

Autorenbeitrag

M2 Das Endlagerungsproblem

Die Katastrophe von Fukushima schärft den Blick für ein Problem, das nicht nur Japan hat: das der Endlagerung atomarer Abfälle.

Die Aufräumarbeiten am AKW in Fukushima stellen Japan vor allem deshalb vor gewaltige Probleme, weil Tausende von Brennstäben aus dem AKW entsorgt werden müssen, die ihre tödliche Strahlung noch auf Millionen Jahre hinaus behalten, d. h. für ca. 30.000 Generationen gefährlich sind. Aber wohin mit dem atomaren Müll? In Japan selbst, wo vier Erdplatten aufeinandertreffen, kann man vor allem aufgrund der Geologie kein atomares Endlager errichten.

Aber auch außerhalb Japans existiert kein einziges Endlager, in dem der wachsende Berg strahlenden Abfalls sicher unterzubringen wäre. Über ein halbes Jahrhundert nach dem Bau der ersten kommerziellen Atomkraftwerke ist die Endlagerfrage weltweit ungelöst. Allein in den USA, wo mehr als 100 Meiler in Betrieb sind, haben sich nach Angaben von Associated Press 71.862 Tonnen Atommüll angesammelt – und derzeit kommen alljährlich rund 2200 Tonnen dazu. Bislang werden die verbrauchten Brennelemente lediglich zwischengelagert. In den Zwischenlagern sind sie jedoch anfällig für Naturkatastrophen und Terroranschläge.

Inzwischen zweifeln viele Experten an der Realisierbarkeit sicherer Endlager. Sie fordern einen grundsätzlichen Verzicht auf Kernenergie und setzen auf erneuerbare Energien (Solarenergie, Windkraft usw.). Andere argumentieren, die Endlager-Debatte blende den wissenschaftlichen Fortschritt aus. Erste Laborversuche im Forschungszentrum des KIT (Karlsruher Institut für Technologie) haben gezeigt, dass hoch radioaktiver Abfall grundsätzlich entschärft werden kann. Jedoch gibt es diesbezüglich noch gehörigen Forschungs- und Entwicklungsbedarf. Die Fachleute am KIT gehen davon aus, dass die Probleme innerhalb von zwei Jahrzehnten gelöst sein könnten.

Autorenbeitrag

M3 Fukushima war gestern?

Drei Jahre nach dem Abschalten aller japanischen Atomkraftkraftwerke in Folge der Katastrophe von Fukushima werden in Japan Stimmen laut, die eine Rückkehr zur Kernenergie fordern. Im Frühjahr 2014 lagen der japanischen Atomregulierungsbehörde 22 Anträge von Kraftwerksbetreibern vor, wieder Atomstrom zu produzieren. Sie befand, dass zwei Atomreaktoren in Sendai den verschärften Sicherheitsbestimmungen genügen.

Unterstützung erhält die Behörde von *Nobua Tanaka*, Professor an der Universität Tokio. Er vertritt die Auffassung, dass die japanische Wirtschaft nicht ohne Atomstrom auskommen könne. Bis 2011 hatten Kernkraftwerke rund 30 % des Energieverbrauchs in Japan gedeckt. Derzeit importiert Japan 90 % seiner Energie und ist damit der größte Gas- und drittgrößte Ölimporteur der Welt. Öl und Gas aus dem mittleren Osten werde jedoch immer teurer. Damit die japanische Wirtschaft auch in Zukunft wettbewerbsfähig bleibe, brauche sie bezahlbare Energie. Die Gefahren der Kernenergie schätzt Tanaka nicht allzu hoch ein. Die jüngste Generation von Kernreaktoren sei in hohem Maß automatisiert und daher praktisch unfallsicher.

Hironao Matsubara, Vertreter des regierungsunabhängigen Instituts für Nachhaltige Energiepolitik (Isep) traut der Sicherheitseinstufung der Atomregulierungsbehörde nicht. Die Kraftwerksanlage Sendai liege rund 1000 Kilometer südlich von Tokio auf der Insel Kyushu. Der aktive Vulkan Sakuraijma ist nur 50 km davon entfernt. Im März sorgte sein Institut für einen kleinen nationalen Aufschrei, als es in seinem Jahresbericht befand: Wenn Japan heute die richtigen Entscheidungen träfe, könne es in Zukunft auch ohne Atomkraft das erreichen, wovon Leute wie Tanaka träumen – ganz ohne Energieimporte zu wirtschaften. Bis 2050 wäre sogar ein Energiemix möglich, der sich ausschließlich aus erneuerbaren Energien speist. Zu ähnlichen Befunden sind auch andere Organisationen gekommen, darunter WWF Japan, Greenpeace Japan, der Klimaschutzverein Kiko Network und die amerikanische Stanford University.

Heute liegt der regenerative Anteil am japanischen Energiemix bei nur zehn Prozent. Matsubaras Institut und der WWF schätzen, dass für einen ausschließlich aus erneuerbaren Energien bestehenden Energiemix bis 2050 jährliche Investitionen von zehn Billionen Yen nötig wären (rund 73 Milliarden Euro). Aber sie würden sich wohl lohnen: Neue Wachstumsbranchen und eine sauberere, sicherere Energieversorgung wären möglich. Allein Offshore-Windanlagen wird ein Potenzial zugetraut, das fünfmal so hoch ist wie die Kapazität aller japanischen Atomreaktoren zusammen. Im von Matsubara ausgearbeiteten Energiemix würden auch Solarenergie und verschiedene Formen der Wasserkraft eine zentrale Rolle spielen. Und dann wäre da noch die Erdwärme: Laut der in Bochum ansässigen International Geothermal Association verfügt Japan über die weltweit drittgrößten Reserven.

Autorenbeitrag

A

1. Diskutieren Sie die Ursachen und Folgen der Nuklearkatastrophe von Fukushima. > M1
2. Simulieren Sie die Endlagerdebatte als Streitgespräch zwischen Gegnern und Befürwortern der Kernenergie. > M2
3. Führen Sie Recherchen zur aktuellen Situation in der Frage der Rückkehr Japans zur Kernkraft durch. Stellen Sie Argumente und Gegenargumente zusammen. > M3

Medienhinweis:
Ranga Yogeshwar in Fukushima (Dokumentarfilm, ARD, Sendung am 3.11.2014; siehe auch: www.fukushima.wdr.de)

Gefährdung zukünftigen Lebens?

METHODENKOMPETENZ: Eine ethische Position an Beispielen / in Anwendungskontexten erläutern

Ethische Theorien werden in ihrer Bedeutung besser verständlich, wenn man sie in Anwendungskontexten, an Beispielen erläutert. Dazu empfiehlt es sich, folgendermaßen vorzugehen:

- Rekonstruieren Sie die zu erläuternde Position in Grundzügen.
- Stellen Sie das Beispiel bzw. den Anwendungskontext dar. Berücksichtigen Sie dabei alle relevanten Fakten.
- Wenden Sie die zu Anfang dargestellten ethischen Grundsätze auf das Beispiel an. Erläutern Sie, was es damit in diesem Anwendungskontext auf sich hat.

M1 Risiko Kernenergie

Aufgabenstellung: Erläutern Sie Jonas' Verantwortungsethik am Beispiel der Diskussion um die Rückkehr zur Atomkraft in Japan.

Stichworte zur Position von Hans Jonas:

- Forderung, die Interessen künftiger Generationen zu berücksichtigen
- Ausbildung eines Wissens von den Fernwirkungen der technischen Mittel
- Vorrang der schlechten Prognose vor der guten Prognose
- Keine Gefährdung der grundlegenden Interessen künftiger Generationen wegen unbedeutender Vorteile in der Gegenwart

Rekonstruktion der ethischen Position (von Jonas)

Stichworte zur Diskussion um die Atomkraft in Japan:

- Forderungen der Rückkehr zur Atomkraft in Japan drei Jahre nach der Nuklearkatastrophe von Fukushima
- Argumente dafür: Unabhängigkeit von Öl- und Gasimporten, die derzeit 90% des Energiebedarfs decken; höherer Sicherheitsstandard neuer Kernkraftwerke
- Argumente dagegen: Möglichkeit, den Energiebedarf durch erneuerbare Energien zu decken; Gefährdung der Kernkraftwerke durch mögliche Erdbeben und aktive Vulkane

Darstellung des Beispiels (Atomkraft)

Nach Jonas müssten in der Frage der Rückkehr zur Atomenergie in Japan die Fernwirkungen dieser Technologie geprüft werden. Nun bedarf es keiner besonderen Wissenschaft, um die damit verbundenen Gefahren einzuschätzen. Die Reaktorkatastrophe von Fukushima hat in aller Deutlichkeit vor Augen geführt, was zu fürchten ist. In einem Land, das von aktiven Vulkanen umgeben ist und in dem man aufgrund seiner geotektonischen Lage jederzeit mit Erdbeben rechnen muss, kann es keine sicheren Atomkraftwerke geben. Der Unheilsprognose, dass sich eine Katastrophe wie die von Fukushima wiederholen kann, ist der Vorrang zu geben vor der Heilsprognose, dass die Kernkraftwerke nach den neuen Sicherheitskriterien praktisch sicher sind. Dieses Prinzip muss auch auf die Endlagerfrage angewendet werden. Es ist leichtsinnig, dass man eine Technik nutzt, die radioaktiven Abfall produziert, der für ca. eine Million Jahre – also etwa 30.000 Generationen – gefährlich bleibt, wenn man nicht weiß, wie man diesen Ab-

Anwendung der ethischen Position auf das Beispiel

fall sicher lagern kann. Diesem Argument ist Vorrang einzuräumen gegenüber der Prophezeiung, dass in zwei Jahrzehnten Verfahren entwickelt sein könnten, radioaktiven Abfall zu entschärfen. Zudem ist, wie Gutachten von unabhängigen Instituten zeigen, die Deckung des japanischen Energiebedarfs durch alternative Energien möglich. Die Unabhängigkeit der japanischen Wirtschaft von Öl- und Gasimporten kann durch Solarenergie, Wind- und Wasserkraft sowie Erdwärme gesichert werden. Wenn die japanische Regierung dennoch zum Atomstrom zurückkehrte, dann würde sie die Sonderinteressen einer gesellschaftlichen Gruppe, der Atomenergiewirtschaft, in der Gegenwart höher bewerten als die Interessen künftiger Generationen. Sie würde deren Existenz aus nicht zwingenden Gründen aufs Spiel setzen. Diese Gefährdung der Natur und künftigen Lebens wäre nach Jonas nicht zu verantworten.

M2 Erdgasförderung durch Fracking

Aufgabenstellung: Erläutern Sie Birnbachers Zukunftsethik am Beispiel der Diskussion um die Zulassung des Frackings in Deutschland.

Hintergrundinformation:
Fracking ist eine Methode der Erdgasgewinnung, bei der das Gestein in großer Tiefe mit hohem hydraulischem Druck aufgebrochen und ein flüssiges Gemisch aus Wasser, Sand und Chemikalien in den Boden gepresst wird. Durch die entstehenden Risse kann im Gestein eingelagertes Gas an die Oberfläche gelangen. Gemäß einem Bundesgesetz von 2016, das 2021 noch einmal geprüft werden soll, ist Fracking in Deutschland unter bestimmten Bedingungen erlaubt. In Schleswig-Holstein und Niedersachsen wird diese Art der Erdgasgewinnung bereits angewandt, in anderen Bundesländern haben sich internationale Energieunternehmen zahlreiche Claims (Erlaubnisfelder) gesichert, u. a. zwei in Baden-Württemberg in der Nähe des Bodensees. Die Technologie ist jedoch sehr umstritten, ihre Auswirkungen auf die Umwelt sind kaum erforscht. Kritiker befürchten vor allem eine Verunreinigung des Bodens und des Grundwassers durch die verwendeten Chemikalien, die in hohem Maße giftig sind.

Zulassung für Fracking?

....

....

....

....

....

....

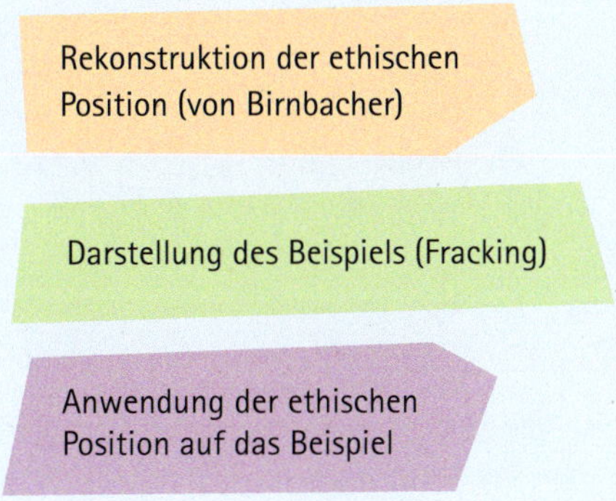

ANWENDUNG

1 Vollziehen Sie nach, wie die Position von Jonas im Anwendungskontext erläutert wird. > M1

2 Informieren Sie sich über das Gesetz zum Fracking und recherchieren Sie die Chancen und Gefahren dieser Technologie. > M2

3 Erläutern Sie – nach dem Muster von M1 – die ethische Position Birnbachers (s. S. 212f.) im Kontext der Diskussion um das Fracking. > M2

4 Nehmen Sie dazu Stellung, welche Position Ihnen als verantwortungsethisches Beurteilungskonzept überzeugender erscheint. > M1/M2

Wissen kompakt

Verantwortung

Wer
(Subjekt)
verantwortet

was?	**wofür?**	**weswegen?**	**Wovor?**	**Wann?**
(Objekt)	**(Folgen)**	**(Werte)**	**(Instanz)**	**(Zeit)**

- für das Ergebnis von Handlungen/Unterlassungen
- präventiv
- in einer beruflichen Rolle
- stellvertretend/repräsentativ
- rechtlich
- moralisch

Verantwortungsethik
(Hans Jonas)

Auswirkungen des menschlichen Handelns

bisher:
begrenzt

→ Verantwortung
für die Menschen
im Hier und Jetzt

im Zeitalter der modernen Technik:
die gesamte Biosphäre betreffend,
Gefährdung der Fortexistenz
der Menschheit

→ Verantwortung
für die Natur als Ganzes und
für künftige Generationen

Neuer ethischer Imperativ:
„Handle so, dass die Wirkung deiner Handlungen verträglich sind
mit der Permanenz echten menschlichen Lebens auf Erden."

Unterschied zu Kants kategorischem Imperativ:

- tatsächliche (nicht bloß hypothetische) Universalisierung
- Berücksichtigung der Folgen für die Fortexistenz der Menschheit

Anwendung:

- Ausbildung einer Wissenschaft der Fernwirkungen
- Heuristik der Furcht
- Vorrang der schlechten vor der guten Prognose

Begründung:

Zweckhaftigkeit der Natur
(z. B. zielgerichtete Prozesse in einem Organismus,
Leben als Selbstzweck des Organismus)

↓

Streben nach Selbsterhaltung:
aktives Nein zum Nichtsein,
Grundwert: Sein

↓

Aus dem Sein der Natur / der Menschheit folgt,
dass sie sein soll.

Intergenerationeller Nutzensummenutilitarismus
(Dieter Birnbacher)

Gebot:

Maximierung des in der gesamten zukünftigen Welt
zu verwirklichenden Guten

Begründung:

- Gut ist, was die größtmögliche Summe an Nutzen hervorbringt.
- Es ist besser, von zwei möglichen Zukünften, die verwirklicht werden können, die bessere zu verwirklichen als die schlechtere.

Praxisnomen:

- keine Gefährdung der Gattungsexistenz von Mensch und höheren Tieren
- keine Gefährdung einer zukünftigen menschenwürdigen Existenz
- keine irreversiblen zusätzlichen Risiken

Verantwortung für die Natur übernehmen

M1 Die Belastbarkeit der Erde

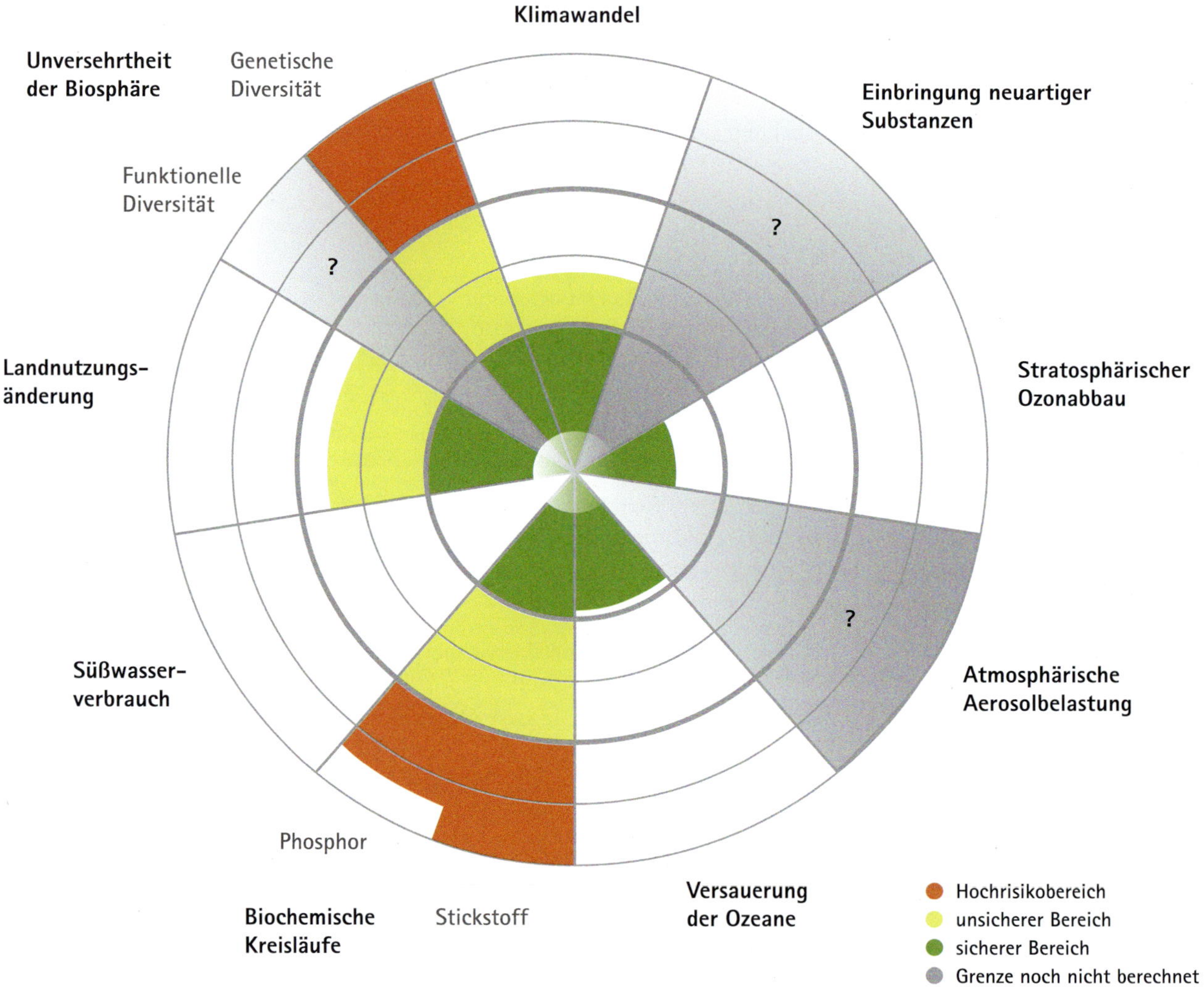

Als Belastungsgrenzen der Erde (engl. *planetary boundaries*) werden ökologische Grenzen der Erde bezeichnet, deren Überschreitung die Stabilität des Ökosystems gefährdet. Das Konzept der planetaren Grenzen wurde von einer 28-köpfigen Forschergruppe von Erdsystem- und Umweltwissenschaftlern unter der Leitung von Johan Rockström (Stockholm Resilience Center) entwickelt und erstmals 2009 veröffentlicht. Ein aktualisierter Bericht stammt von 2015. Er listet neun biophysikalische Grenzen auf planetarer Ebene auf, deren Einhaltung schwerwiegende globale Umweltveränderungen verhindert. Dabei werden drei Bereiche unterschieden: An den *sicheren Bereich* schließt die *Zone der Unsicherheit* an, nach der der Menschheit vor dem Erreichen einer planetaren Grenze noch Zeit zum Handeln bleibt. Es folgt die *gefährliche Zone*, in der eine hohe Wahrscheinlichkeit für die Beeinträchtigung des Erdsystems besteht.

M2 Dieter Birnbacher: Möglichkeiten rationaler Begründung umweltethischer Normen

Zu den Spezialgebieten Dieter Birnbachers (vgl. S. 212) gehört auch die Naturphilosophie.

Sind wir für die Natur verantwortlich? [...] Die Frage lässt sich nicht leichthin abtun – etwa mit dem Verweis auf rationale Evidenz [...]. [D]ie Einhaltung bestimmter Grenzen in der zivilisatorischen Nutzung der Natur [lässt sich auch nicht ableiten durch einen Schluss aus deskriptiven Prämissen, etwa die Aussagen der Ökologie. Das wäre ein] [...] naturalistischer Fehlschluss [...].

Das Stichwort *naturalistischer Fehlschluss* bezeichnet die Tatsache, dass keine wissenschaftliche oder andere rein deskriptive Aussage darüber, dass sich das System Natur in einem bestimmten Zustand befindet, mit logischer Notwendigkeit eine bestimmte Bewertung dieses Zustands als wünschenswert oder nicht wünschenswert, gut oder schlecht erzwingt. Die logische Kluft zwischen Aussagen, die Sachverhalte beschreiben, und normativen Forderungen, die Bewertungen ausdrücken und zu Handlungen auffordern, ist unüberbrückbar. [...]

Zu einem „naturalistischen Fehlschluss" lädt vor allem ein Begriff wie der des „Gleichgewichts" ein, der an sich rein deskriptiv funktioniert, aber zumal von ökologischen Laien nur allzu leicht normativ gedeutet wird, so als wäre „Gleichgewicht" eo ipso der einzig wünschenswerte, schlechthin optimale Zustand eines Systems, den es nur möglichst lange aufrechtzuerhalten bzw. möglichst rasch wiederzuerlangen gilt. [...] [D]ie Ökologie [kann] stets nur sagen, wie sich die Natur unter bestimmten Bedingungen verhält, nicht aber, was für eine – eine wie stabile, wie produktive, wie weit differenzierte – Natur wir haben sollen. [...] Als Strategie [...] der rationalen Begründung umweltethischer Normen [ist diese] Argumentationsweise [...] offenkundig ungeeignet. [...]

Gibt es eine im eigentlichen Sinne ethische Begründung dafür, die Natur an sich selbst schützens- und bewahrenswert zu betrachten und sich im zivilisatorischen Umgang mit ihr entsprechend zu verhalten? [Diese Frage zu klären, ist die Aufgabe der Naturethik.]

Sind wir für die Natur verantwortlich? (1979)

M3 Angelika Krebs: Fragen der Naturethik

Die Philosophin Angelika Krebs (s. S. 233, M3) hat mehrere Werke zur Naturethik verfasst.

Die Naturethik fragt nach dem ethisch richtigen Umgang des Menschen mit der Natur. Da die traditionelle Ethik sich auf die Frage des richtigen Umgangs des Menschen mit dem Menschen konzentriert, fügt die Naturethik dem traditionellen Kanon etwas Neues hinzu. [...]

Hat die Natur einen eigenen moralischen Wert, oder ist sie nur für den Menschen da? Ist die traditionelle anthropozentrische Ethik angesichts ökologischer Krisenerfahrungen heute noch zu rechtfertigen? Schuldet der Mensch wirklich nur anderen Menschen Respekt, oder gebührt auch der Natur: der Erde, den Meeren, den Wäldern, den Flüssen, den Pflanzen, den Tieren Ehrfurcht? Und konkreter: Darf man an Tieren leidvolle Experimente vornehmen? Darf man sie zu Objekten industrieller Fleischproduktion machen? Darf man Tiere überhaupt töten und verzehren? Darf man Wälder abholzen, Arten ausrotten, Flüsse und Meere verschmutzen, die Integrität von Landschaften zerstören, nur, weil dies für Menschen von Nutzen ist? Oder darf man all dies nicht, weil Landschaften, Meeren, Flüssen, Pflanzen und Tieren eine eigene Würde, ein eigener moralischer Wert zukommt, der Naturschutz um der Natur selbst willen verlangt?

Dies sind Fragen, um die es in der gegenwärtigen Debatte zur Naturethik geht.

Naturethik (1997)

A

1 Interpretieren Sie die Grafik und informieren Sie sich über den aktuellen Bericht zu den Belastungsgrenzen der Erde. > M1

2 Erläutern Sie, in welchen Bereichen die Erde in besonderem Maße gefährdet ist und welche Folgen das Überschreiten der Belastbarkeitsgrenze für das Ökosystem haben könnte. Führen Sie dazu ggf. auch weitere Recherchen durch. > M1 H

3 Erklären Sie, wie man nach Dieter Birnbacher (nicht) zu einer rationalen Begründung umweltethischer Normen kommen kann. > M2

4 Erläutern Sie, welche Fragen der Naturethik aus Ihrer Sicht von besonderer Bedeutung sind. > M3

Anthropozentrismus: Die Natur für den Menschen nutzen und bewahren

M1 Eisschmelze in der Arktis – zwei Sichtweisen

„Ich habe gelesen, dass das Packeis in der Polarregion in besorgniserregendem Tempo schmilzt, schon 2035 könnte der Nordpol im Sommer komplett eisfrei sein. Darunter leiden vor allem die Eisbären, sie verlieren ihren Lebensraum. Deshalb müssen wir jetzt unbedingt Ernst machen mit dem Klimaschutz."

„Die Eisbären können uns doch egal sein. Forscher haben ausgerechnet, dass die Kosten des Klimawandels infolge von Naturkatastrophen, Ernteausfällen usw. im Jahr 2070 weltweit 5,4 Billionen $ betragen könnten. Deshalb dürfen wir nicht so weitermachen wie bisher."

M2 Alan Randall: Der Wert der Natur für den Menschen – Wirtschaftswissenschaftliche Sicht

Alan Randall (*1944), Professor für Agrarökonomie an der Ohio State University, stellt dar, welche Naturauffassung den Wirtschaftswissenschaften zugrunde liegt.

[Wirtschaftswissenschaftler fällen] kein Urteil über die Präferenzen der Menschen [...]. Was der Einzelne will, das wird für ihn auch als gut betrachtet. Das ethische Gebäude, das auf dieser Grundlage errichtet wurde, behandelt die biologische Vielfalt *utilitaristisch, anthropozentrisch* und *instrumentalistisch*. Utilitaristisch ist es, weil Dinge nur in dem Maße etwas bedeuten, wie die Menschen nach ihnen verlangen, und anthropozentrisch, weil es die Menschen sind, welche die Werte bestimmen; instrumentalistisch ist es, weil es Flora und Fauna als Instrumente der menschlichen Befriedigung betrachtet. [...] [Dieser] ethische Rahmen [...] führt zu den folgenden Definitionen für Wert: Für den Einzelnen entspricht der Wert eines Gewinns [...] dem Betrag, den er dafür zu zahlen bereit ist [...], und der Wert eines Verlustes dem Betrag, den er als hinreichenden Ausgleich für diesen Verlust zu akzeptieren bereit ist [...]. [Demnach ergibt sich der] Gesamtwert einer beabsichtigten Verringerung der biologischen Vielfalt [...] aus dem derzeitigen Nutzen, dem erwarteten zukünftigen Nutzen und der Existenz. Der Wert des Nutzens ergibt sich aus allen Formen der kommerziellen oder nichtkommerziellen Verwendung; dazu gehört die Nutzung einer Art als Lieferant für Rohstoffe und medizinische Produkte, als Material für Wissenschaft und Lehre, zur ästhetischen Befriedigung und für eigene oder nachempfundene Erlebnisse. Beim Wert des zukünftigen Nutzens muss die Abneigung der Menschen gegen Risiken berücksichtigt werden (z. B., dass eine Ressource später nicht mehr zur Verfügung steht, falls ein entsprechender Bedarf auftritt), aber auch die Asymmetrie zwischen Schonung und manchen Formen der Nutzung (was man heute schont, kann man später auf andere Weise nutzen, aber was man heute verbraucht, kann man später nicht mehr schonen).

Zur Bewertung von Vorhaben, die sich langfristig auswirken, gibt es in den Wirtschaftswissenschaften ein recht häufig angewandtes Verfahren: Man berechnet den gegenwärtigen Wert, indem man zukünftige Gewinne und Verluste auf den heutigen Zeitpunkt abdiskontiert, also aufrechnet. Diese Methode erscheint plausibel, wenn es um die Bewertung von Investitionsalternativen geht, die sich voraussichtlich höchstens eine Generation lang auswirken werden. [...] Beim Abdiskontieren mit üblichen Diskontraten ließe sich der unvermeidliche Zusammenbruch von lebenden Systemen auf der Erde, der in einigen hundert Jahren stattfinden wird, durch relativ einfache wirtschaftliche Gewinne in näherer Zukunft ausgleichen.

Was sagen die Wirtschaftswissenschaftler über den Wert der biologischen Vielfalt? (1992)

M3 Laurence H. Tribe: Was spricht gegen Plastikbäume? – Bedürfnisorientierte Sichtweise der Natur

Laurence Tribe (*1941), Rechtswissenschaftler an der Harvard Universität, bezieht sich im Folgenden auf einen Beschluss der Stadt Los Angeles von 1972, entlang einer Hauptverkehrsstraße 900 Plastikbäume in Pflanzkübeln aus Beton aufzustellen.

Der immergrüne Rasen und die Plastikbäume sind keineswegs die Auswüchse irgendeiner unbegreiflichen menschlichen Verirrung; sie sind vielmehr Ausdruck einer Naturauffassung, die [...] die Natur nicht um ihrer selbst willen schützt, sondern um ihren potentiellen Wert für die Menschheit zu erhalten. Die natürlichen Bäume, kostspieliger und anfälliger als Bäume aus Plastik, würden kein Mehr an Befriedigung bieten, das den zusätzlichen Aufwand, den Pflanzung und Unterhalt verursachen, rechtfertigen würde. [...]

Wie gravierend ist die Verzerrung, die durch eine ausschließlich bedürfnisorientierte Sichtweise hervorgerufen wird? [...] [S]chon allein dadurch, dass man Werte als auf persönlichen Interessen basierend behandelt, [kommt es] zu einer deutlichen Verschiebung des Schwerpunkts. Die Aufmerksamkeit richtet sich nicht länger auf das, was erklärtermaßen den Inhalt des Wertes ausmacht, sondern vielmehr auf die Tatsache, dass der Wert ein mehr oder weniger abstrahiertes Indiz für das Eigeninteresse ist. [...]

Wählen wir zur Erläuterung ein einfaches Beispiel. Nehmen wir an, jemand fühlt sich verpflichtet zu verhindern, dass in einem unberührten Naturgebiet Kohle im Tagebau abgebaut wird. Die erste Wahrnehmung dieses Pflichtgefühls wird wahrscheinlich die Form des Mitleids mit den dort natürlich vorkommenden Tieren und Pflanzen annehmen, die vertrieben oder vernichtet würden. [...] Wenn der Einzelne durch sein Pflichtgefühl dazu bewogen wird, zugunsten der Umwelt konkrete Anstrengungen zu unternehmen, [...] auf Einstellung der Bergbauaktivitäten zu klagen oder Argumente zugunsten der Erhaltung des Gebiets ins Feld zu führen, ist es wahrscheinlich, dass [er die] [...] undeutlich empfundene Pflicht [...] in die plattere, aber präzisere Terminologie des menschlichen Eigeninteresses übersetzt. So wird sich etwa anführen lassen, dass [...] die ästhetische Befriedigung bestimmter Personen beeinträchtigt wird oder dass andere Erholungsgebiete überlaufen sein werden. Die Übersetzung aller Werte in individualistische, bedürfnisorientierte Größen ruft [...] [die] Verzerrung hervor [...], dass ein im Entstehen begriffenes Pflichtgefühl gegenüber Naturobjekten zu einer Kategorie des Eigeninteresses nivelliert wird. [...]

Die Plastikbäume von Los Angeles [...] sorgen für Schatten, für Dekor und für den ästhetischen Schein einer natürlichen Umwelt [...]. [Sie] sind greifbare Symbole einer Naturauffassung, die sich mit den derzeitigen kurzsichtigen Prämissen von Umweltgesetzgebung und Umweltpolitik deckt. Die Bäume repräsentieren eine Natur, die zu bloßen Kategorien menschlichen Interesses abstrahiert ist [...].

Was spricht gegen Plastikbäume? (1976)

Formen anthropozentrischer Naturethik

Der Anthropozentrismus (von gr. *anthropos*: Mensch und *kentron*: Mitte) betrachtet die Natur als einen Wert *für* den Menschen. Damit kann sie als bloßes Instrument zur Befriedigung menschlicher Bedürfnisse angesehen werden *(instrumentell verkürzte anthropozentrische Ethik)* oder sie erhält als Lebensgrundlage aller (zukünftigen) Menschen einen über das Hier und Jetzt hinausgehenden Wert (*unverkürzte anthropozentrische Ethik* – vgl. hierzu Kapitel Verantwortungsethik).

A

1. Diskutieren Sie die unterschiedlichen Begründungen für den Klimaschutz. > M1
2. Erläutern Sie den Wert, den die Wirtschaftswissenschaften der Natur beimessen, an Beispielen und setzen Sie sich mit Laurence Tribes Kritik am bedürfnisorientierten Naturschutz auseinander. > M2/M3
3. Vergegenwärtigen Sie sich die Grundsätze der Verantwortungsethik von Hans Jonas (s. S. 204ff.) und erläutern Sie, was diese mit der anthropozentrisch-instrumentalistischen Ethik gemeinsam hat und worin sie sich von ihr unterscheidet. > M1-M3

H

Pathozentrismus: Moralische Pflichten gegenüber Tieren?

M1 Das Leiden der Tiere

M2 Immanuel Kant: Pflichten in Ansehung der Tiere

[Der Mensch kann] keine Pflicht gegen irgendein Wesen haben als gegen den Menschen, und, stellt er sich gleichwohl eine solche vor zu haben, so geschieht dies durch eine Amphibolie* der Reflexionsbegriffe und seine vermeinte Pflicht gegen andere Wesen ist bloß Pflicht gegen sich selbst; zu welchem Missverstande er dadurch verleitet wird, dass er seine Pflicht in Ansehung anderer Wesen für Pflicht gegen diese Wesen verwechselt. [...]

In Ansehung des lebenden, obgleich vernunftlosen Teils der Geschöpfe ist die Pflicht der Enthaltung von gewaltsamer und zugleich grausamer Behandlung der Tiere der Pflicht des Menschen gegen sich selbst weit inniglicher entgegengesetzt (als bei der Pflicht, das Schöne, obgleich Leblose in der Natur nicht zu zerstören), weil dadurch das Mitgefühl an ihrem Leiden im Menschen abgestumpft und dadurch eine der Moralität im Verhältnisse zu anderen Menschen sehr diensame natürliche Anlage geschwächt und nach und nach ausgetilgt wird; obgleich ihre behände (ohne Qual verrichtete) Tötung, oder auch ihre, nicht bis über Vermögen angestrengte Arbeit [...] unter die Befugnisse des Menschen gehören; da hingegen die martervollen physischen Versuche zum bloßen Behuf der Spekulation, wenn auch ohne sie der Zweck erreicht werden könnte, zu verabscheuen sind.

Metaphysik der Sitten (1797)

M3 Peter Singer: Gleichheit für Tiere

[D]as Prinzip der gleichen Interessenabwägung [...] lässt sich nicht auf Menschen beschränken. Wenn wir das Prinzip der Gleichheit für die Menschen akzeptieren, sind wir auch verpflichtet, zu akzeptieren, dass es für einige nichtmenschliche empfindungsfähige Lebewesen bzw. nichtmenschliche Tiere (*nonhuman animals*) gilt. [...]

Das Argument für die Erweiterung des Prinzips der Gleichheit über unsere Gattung hinaus ist einfach. Es bedarf dazu nicht mehr, als das Wesen des Prinzips der gleichen Interessenerwägung klar zu verstehen. Dieses Prinzip schließt, wie wir [auf S. 148f.] gesehen haben, ein, dass unsere Rücksicht auf andere nicht davon abhängig sein darf, was sie sind oder welche Fähigkeiten sie haben (obwohl genau das, was dieses Interesse uns zu tun aufgibt, nach den Eigenschaften derer variieren kann, die von dem, was wir tun, betroffen sind). Auf genau dieser Grundlage können wir behaupten: Die Tatsache, dass manche Menschen [...] [anderer ethnischer Herkunft sind als wir], berechtigt uns nicht dazu, sie auszubeuten, und die Tatsache, dass manche Menschen weniger intelligent sind als andere, bedeutet nicht, dass ihre Interessen ignoriert oder missachtet werden dürfen. Aber das Prinzip impliziert auch Folgendes: Die Tatsache, dass bestimmte Wesen nicht zu unserer Gattung gehören, berechtigt uns nicht, sie auszubeuten, und ebenso bedeutet die Tatsache, dass andere Lebewesen weniger intelligent sind als wir, nicht, dass ihre Interessen ignoriert oder missachtet werden dürfen. [...]

[V]iele Philosophen [haben] die gleiche Interessenerwägung in der einen oder anderen Form als ein grundlegendes Prinzip der Moral vertreten [...]. Nur wenige haben erkannt, dass das Prinzip über unsere eigene Gattung hinaus anzuwenden ist. Einer von diesen wenigen war Jeremy Bentham, der Vater des modernen Utilitarismus. Weit vorausblickend schrieb Bentham zu einer Zeit, als schwarze Sklaven unter britischer Herrschaft immer noch weitgehend so behandelt wurden, wie wir heute nichtmenschliche Lebewesen behandeln:

> „Der Tag könnte kommen, an dem die übrigen Kreaturen jene Rechte erlangen werden, die man ihnen nur mit tyrannischer Hand vorenthalten konnte. Die Franzosen haben bereits entdeckt, dass die Schwärze der Haut kein Grund dafür ist, jemanden schutzlos der Laune eines Peinigers zu überlassen. Es mag der Tag kommen, da man erkennt, dass die Zahl der Beine, der Haarwuchs oder das Ende des *os sacrum** gleichermaßen unzureichende Gründe sind, ein fühlendes Wesen demselben Schicksal zu überlassen. Was sonst ist es, das hier die unüberwindbare Trennlinie ziehen sollte? Ist es die Fähigkeit zu denken, oder vielleicht die Fähigkeit zu sprechen? [...] Die Frage ist nicht: können sie *denken*? oder: können sie *sprechen*?, sondern: *können sie leiden*?“

An dieser Stelle zeichnet Bentham die Fähigkeit zu leiden als jene entscheidende Eigenschaft aus, die einem Lebewesen Anspruch auf gleiche Interessenabwägung verleiht. Die Fähigkeit zu leiden – oder genauer, zu leiden oder sich zu freuen oder glücklich zu sein – ist nicht einfach eine weitere Fähigkeit wie die Sprachfähigkeit oder die Befähigung zu höherer Mathematik. Bentham sagt nicht, dass diejenigen, die die unüberwindbare Trennlinie zu ziehen versuchen, welche bestimmt, ob die Interessen eines Wesens berücksichtigt werden sollten oder nicht, einfach nur zufällig die falsche Eigenschaft herausgegriffen haben. Die Fähigkeit zu leiden und sich zu freuen ist vielmehr eine Grundvoraussetzung dafür, überhaupt Interessen haben zu können, eine Bedingung, die erfüllt sein muss, bevor wir überhaupt sinnvoll von Interessen sprechen können. Es wäre Unsinn zu sagen, es sei nicht im Interesse des Steins, dass das Kind ihm auf der Straße einen Tritt gibt. Ein Stein hat keine Interessen, weil er nicht leiden kann. Nichts, das wir ihm zufügen können, würde in irgendeiner Weise auf sein Wohlergehen Einfluss haben. Eine Maus dagegen hat ein Interesse daran, nicht gequält zu werden, weil sie dabei leiden wird.

Leidet ein Wesen, so kann es keine moralische Rechtfertigung dafür geben, sich zu weigern, dieses Leiden zu berücksichtigen. Es kommt nicht auf die Natur des Wesens an – das Gleichheitsprinzip verlangt, dass sein Leiden ebenso zählt wie das gleiche Leiden – soweit sich ein ungefährer Vergleich ziehen lässt – irgendeines anderen Wesens. Ist ein Wesen nicht leidensfähig oder nicht fähig, Freude oder Glück zu erfahren, dann gibt es nichts zu berücksichtigen. Deshalb ist die Grenze der Empfindungsfähigkeit (wir verwenden diesen Terminus als bequeme, wenngleich nicht ganz genaue Abkürzung für die Fähigkeit, Leid oder Freude bzw. Glück zu empfinden) die einzig vertretbare Grenze für die Rücksichtnahme auf die Interessen anderer. Diese Grenze durch irgendwelche anderen Merkmale wie Intelligenz oder Rationalität festsetzen hieße sie willkürlich festsetzen. Weshalb dann nicht andere Eigenschaften wie zum Beispiel die Hautfarbe herausgreifen?
Rassisten verletzen das Prinzip der Gleichheit, indem sie bei einer Kollision ihrer eigenen Interessen mit denen [...] [von Menschen anderer ethnischer Herkunft] den Interessen von Mitgliedern ihrer eigenen [...] [Ethnie] größeres Gewicht beimessen. [...] In gleicher Weise messen Speziesisten da, wo es zu einer Kollision ihrer Interessen mit denen von Angehörigen einer anderen Spezies kommt, den Interessen der eigenen Spezies größeres Gewicht bei. Menschliche Speziesisten erkennen nicht an, dass der Schmerz, den Schweine oder Mäuse verspüren, ebenso schlimm ist wie der von Menschen verspürte.

Praktische Ethik (1984; 3. Auflage 2013)

A

1. Diskutieren Sie, ob die dargestellte Form der Tierhaltung moralisch vertretbar ist. > M1
2. Erklären Sie auf der Grundlage der Menschheits-Zweck-Formel des kategorischen Imperativs (s. S 168f.), warum es nach Kant keine Pflicht gegenüber Tieren geben kann, und nehmen Sie Stellung zu dieser Auffassung. > M2
3. Rekonstruieren Sie Peter Singers Argument für die Gleichstellung von Tieren und beurteilen Sie dessen Plausibilität. > M3

Der wissenschaftliche Tierversuch unter ethischen Aspekten

M1 Gehirnforschung an Makaken

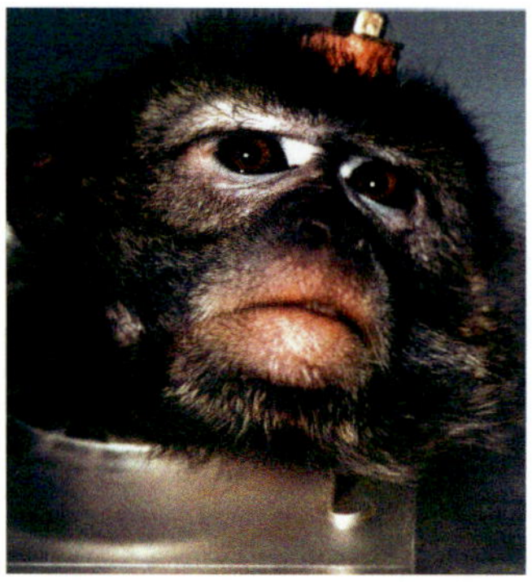

An der Universität Bremen werden seit über 20 Jahren neurobiologische Experimente mit Affen durchgeführt, um die Geheimnisse des Gehirns zu erforschen. Die umstrittenen Versuche sind noch bis November 2021 genehmigt. Der Laborleiter möchte sie fortsetzen.

Der Affe sitzt fixiert in einem Stuhl und erledigt Aufgaben. Sind seine Reaktionen schnell und richtig, wird er mit Flüssigkeit belohnt. [...] Die Makaken kommen vom Primatenzentrum in Göttingen und werden eigens für die Forschung gezüchtet. [...] Die Affen haben eine Fünf-Tage-Woche. In dieser Zeit decken sie ihren Flüssigkeitsbedarf ausschließlich im Labor und durch die Erfüllung der Verhaltensaufgaben. Im Gehege gibt es dann kein Wasser mehr. [...]

Bevor die Affen an den Versuchen teilnehmen [...] [können, ist] eine Operation [notwendig]. Den Tieren wird eine Kappe aus einem medizinischen Kunststoff implantiert, die dem Schädelknochen exakt angepasst ist und durch kleine chirurgische Schrauben gehalten wird. Aus der Kappe ragen kleine zylindrische Messkammern heraus [...]. Für die elektrophysiologischen Messungen im Gehirn werden zuvor wenige Millimeter große Löcher in den Schädel gebohrt. Damit ist der Zugang geschaffen. Die haarfeinen Elektroden gelangen durch die Messkammern und Löcher zu der Gruppe von Neuronen, die interessant sind. [...] Die Tiere sitzen währenddessen in einem Stuhl mit transparenten Plastikwänden drumherum, so wie in der gesamten Zeit, die sie für einen einzelnen Versuch im Labor verbringen. Dabei ist die Kappe auf dem Schädel mit dem Stuhl verbunden. Der Kopf lässt sich nicht mehr bewegen, während Körper, Arme und Beine frei bleiben.

www.weserkurier.de (2020)

M2 John-Dylan Haynes: „Wir brauchen auch Tierexperimente"

Der Berliner Hirnforscher John-Dylan Haynes rechtfertigt die Bremer Tierversuche im Gespräch mit Susanne Führer (Deutschlandfunk).

Führer: Können Sie Nichtwissenschaftlern erklären, warum [...] [der Bremer Laborleiter für diese] Forschung Affen braucht?

Haynes: Man steckt da in der Forschung in der Zwickmühle. Hirnforscher, die Tierexperimente machen, möchten natürlich am liebsten Tiere verwenden, die dem menschlichen Gehirn am nächsten kommen. Wenn Sie ein Tier haben, dessen Hirnstruktur ganz anders ist als beim Menschen, können Sie nur begrenzt die Erkenntnisse, die sie dort gewinnen, auf den Menschen übertragen. Der Makake ist das Modell der Wahl. [...]

Führer: Die Versuche laufen ja bereits seit 1998. Gibt es denn seitdem wissenschaftlich wichtige Erkenntnisse?

Haynes: Auf jeden Fall. Die Forschung [...] untersucht eine ganz wichtige Frage: Wie kommunizieren Nervenzellen miteinander und wie bringen sie gemeinsam bestimmte Rechenleistungen im visuellen System zustande? Diese Fragestellung ist nicht nur für die visuelle Wahrnehmung interessant, sondern auch für unser Grundverständnis vom Gehirn. Es geht um die Frage, wie überhaupt Nervenzellen miteinander zusammen bestimmte Aufgaben lösen können. [...]

Führer: [...] Ist es Quälerei [, wie die Tiere behandelt werden]?

Haynes: Ich würde sagen, dass das eine starke Belastung ist. Eine Quälerei wäre für mich, wenn man dem Tier starke Schmerzen zufügen würde. Eine Quälerei wäre es für mich, wenn man das Ganze ohne wissenschaftliches Endziel tun würde. [...] Aber das ist eine Belastung der Tiere, so wie wir zum Beispiel auch Pferde zum Rennsport trimmen und auch häufig Tiere bestimmten Belastungen aussetzen. [...]

Führer: Nun lautet eines der Ergebnisse der Hirnforschung ja, dass Fühlen und Denken sich nicht trennen lassen. Hieße das nicht in diesem Fall logischerweise, dass man auf Tierversuche mit Affen ganz verzichten müsste?

Haynes: Ich gebe Ihnen recht, dass wir in einer idealen Welt natürlich gerne auf Affenexperimente verzichten würden. [...] Die Frage ist, was die Konsequenzen wären, wenn man auf diese Affenexperimente verzichtet. Da muss man sich dann klar machen, dass man auch auf eine Reihe von Entwicklungen zur Linderung von Krankheiten verzichten muss. [...] Wir brauchen [...] bis zu einem gewissen Maß auch Tierexperimente. Ansonsten müssen wir den Menschen, die unter bestimmten Krankheiten leiden, sagen: Wir können für Sie leider so nichts tun, diese Entwicklungslinie wird jetzt gestoppt. *Deutschlandfunk (2008)*

M3 Peter Singer: Nach welchen Kriterien wird über das Leid von Tieren entschieden?

Man meint zuweilen, alle Tierversuche dienten vitalen medizinischen Zwecken und könnten mit dem Hinweis darauf legitimiert werden, dass sie mehr Leiden beseitigen als sie verursachen. Dieser Glaube ist falsch. [...] In [...] vielen [...] Fällen sind vorteilhafte Auswirkungen für den Menschen entweder nicht vorhanden oder sehr ungewiss; hingegen sind die Nachteile für die Mitglieder anderer Spezies gewiss und real. Die Experimente zeigen also eine Verletzung der gleichen Interessenabwägung für alle Wesen ohne Rücksicht auf ihre Spezieszugehörigkeit. In der Vergangenheit ging die Debatte über Tierversuche oft am Wesentlichen vorbei, weil das Problem verabsolutiert wurde: Wären die Versuchsgegner bereit, Tausende von Menschen an einer entsetzlichen Krankheit sterben zu lassen, die durch ein Experiment an einem einzigen Tier geheilt werden könnten? Dies ist eine rein hypothetische Frage, weil Experimente nicht gleich zu umwälzenden Ergebnissen führen, aber solange ihr hypothetischer Status klar ist, sollte man diesen Fall, wie ich meine, bejahen – mit anderen Worten: Wenn ein Tier oder auch ein Dutzend Tiere Experimente erleiden müssten, um Tausende zu retten, dann würde ich es im Hinblick auf die gleiche Interessenberücksichtigung für richtig halten, dass sie leiden.

Auf die hypothetische Frage, ob Tausende von Menschen durch einen einzigen Tierversuch zu retten seien, können Gegner des Speziesismus ihrerseits mit einer hypothetischen Frage antworten: Wären dieselben Forscher bereit, ihre Experimente an verwaisten Menschen mit schwerwiegenden, unheilbaren Hirnschäden durchzuführen, wenn das der einzige Weg wäre, um Tausende zu retten? (Ich sage „verwaist", um eine Komplikation durch die Gefühle der menschlichen Eltern auszuschließen.) Wenn die Forscher nicht bereit sind, verwaiste Menschen mit schwerwiegenden und unheilbaren Gehirnschäden zu verwenden, dann scheint ihre Bereitschaft, nichtmenschliche Lebewesen zu verwenden, eine Diskriminierung allein auf der Grundlage der Spezies zu bedeuten; denn Menschenaffen, kleinere Affen, Hunde, Katzen und selbst Mäuse und Ratten sind intelligenter, haben ein stärkeres Bewusstsein von dem, was mit ihnen geschieht, und sind schmerzempfindlicher usw. als viele schwer hirngeschädigte Menschen, die in Krankenhäusern und anderen Institutionen nur gerade noch überleben. Es scheint keine moralisch relevanten Eigenschaften zu geben, die solche Menschen besäßen, während nichtmenschliche Lebewesen sie entbehrten. Experimentatoren sind demnach stets voreingenommen zugunsten ihrer eigenen Gattung, wenn sie ihre Experimente an nichtmenschlichen Lebewesen für Zwecke durchführen, von denen sie nicht annehmen würden, dass sie die Verwendung von Menschen mit gleichem oder niedrigerem Niveau der Empfindung, des Bewusstseins und der Sensibilität rechtfertigen würden. Würde diese Voreingenommenheit ausgeschaltet, so würde sich die Zahl der Tierversuche bedeutend reduzieren. *Praktische Ethik (1984; 3. Aufl. 2013)*

A

1 Erläutern Sie die neurobiologischen Experimente an den Makaken und schildern Sie Ihre ersten Eindrücke dazu. > M1

2 Setzen Sie sich mit den Argumenten von John-Dylan Haynes und Peter Singer auseinander und nehmen Sie Stellung zur Frage, ob und ggf. inwieweit sich Tierversuche zu wissenschaftlichen Zwecken ethisch rechtfertigen lassen. > M2/M3

Biozentrismus: Der Wert des Lebendigen

M1 Die Rote Liste der bedrohten Tier- und Pflanzenarten

M2 Nicholas Rescher: Wozu gefährdete Arten retten?

Nicholas Rescher (*1928) war Professor für Philosophie an der Universität Pittsburgh.

Wir Menschen, so könnte man argumentieren, haben ein ganz bestimmtes Eigeninteresse am Überleben biologischer Arten, und dies reicht aus, den Imperativ zu ihrer Rettung zu begründen. Derartige Klugheitserwägungen fallen hauptsächlich in zwei Kategorien: (1) unser intellektuelles Interesse an Arten als [...] Studienmaterial, von dem wir etwas über die Verfahrensweisen der Natur lernen können; und (2) unser praktisches Interesse an Arten [...] [, die] als nützliche Bestandteile des Ökosystems eine bestimmte Funktion erfüllen. Ein solcher Ansatz [...] [weist den] verschiedenen Arten biologischer Kreaturen [...] die Rolle instrumenteller Güter zu [...] – als dem Menschen zur Verfügung stehende Besitztümer, die dazu da sind, unseren intellektuellen oder praktischen Nutzen zu mehren. [...] Doch wir können und sollten weitergehen. [...] Der Schlüssel ist die Idee des Wertes. [...] Arten haben nicht bloß einen rein instrumentellen Wert für den Menschen; sie haben auch einen Wert für sich selbst – sie haben einen intrinsischen* Wert. *Wozu gefährdete Arten retten? (1980)*

M3 Paul W. Taylor: Die Ethik der Achtung für die Natur

Paul W. Taylor (1923-2015) lehrte Philosophie an der Universität von New York. Er gilt als einer der wichtigsten Vertreter einer biozentristischen Ethik.

Aus der Perspektive einer biozentrischen Theorie haben wir Prima-facie-Pflichten*, die wir wilden Pflanzen und Tieren selbst als Mitgliedern der Lebensgemeinschaft der Erde schulden. Wir sind moralisch verpflichtet – ceteris paribus* –, ihr Wohl um ihretwillen zu schützen oder zu fördern. [...]

Für das Einnehmen der moralischen Haltung, um die es hier geht, sind zwei Konzepte wesentlich. [...] Diese Konzepte sind erstens das des Wohls (des Wohlergehens, der Wohlfahrt) eines lebenden Dings und zweitens die Idee einer Entität*, die inhärenten* Wert besitzt. [...]

(1) Jeder Organismus, jede Artenpopulation und jede Lebensgemeinschaft hat ein eigenes Wohl, das moralische Akteure mit ihren Handlungen absichtlich befördern oder beeinträchtigen können. [...] Für eine Entität ist gut, was „ihr gut tut“ in dem Sinne, dass es ihr Leben oder Wohlergehen steigert oder erhält. Für eine Entität ist etwas schlecht, das ihrem Leben oder Wohlergehen abträglich ist. [...] So wie ich sie verstehe, setzt die Idee, dass ein Wesen ein eigenes Wohl besitzt, nicht voraus, dass das Wesen Interessen besitzen muss oder an dem ein Interesse zeigen muss, was sein Leben zum Besseren oder Schlechteren hin verändert. [...] Ich nehme an, dass z. B. Bäume weder Wissen noch Wünsche noch Gefühle besitzen. Dennoch ist es zweifellos richtig, dass unsere Handlungen für Bäume schädlich oder von Nutzen sein können. Wir können die Wurzeln eines Baumes beschädigen, wenn wir mit einer Planierraupe zu nah an sie heranfahren. Wir können dafür sorgen, dass Bäume genug Nährstoffe und Feuchtigkeit erhalten,

indem wir die Erde um sie herum düngen und wässern. [...] Wir können durch unser Handeln auch das Wohl einer gesamten Population von Bäumen einer bestimmten Spezies (z. B. aller Redwood-Bäume in einem kalifornischen Tal) befördern oder das Wohl einer ganzen Gemeinschaft von pflanzlichem Leben in einem vorhandenen Wildnisgebiet, ebenso wie wir eine solche Population oder Gemeinschaft schädigen können. [...]

(2) Das zweite Konzept, das für die Haltung der Achtung für die Natur wesentlich ist, ist die Idee des inhärenten Wertes. Die Haltung der Achtung gegenüber wild lebenden Dingen (Individuen, Artenpopulationen oder ganzen biotischen Gemeinschaften) nehmen wir dann und nur dann ein, wenn wir sie als Entitäten betrachten, die inhärenten Wert besitzen. [...]

Was bedeutet es, eine Entität, die ein eigenes Wohl besitzt, als einen Träger inhärenten Wertes anzusehen? [...] [D]ie Verwirklichung des Wohls einer Entität, gleich welcher Art, [ist] etwas *intrinsisch** Wertvolles [...], wenn sie ein Mitglied der Lebensgemeinschaft der Erde ist. [...] Wir teilen mit anderen Spezies eine gemeinsame Beziehung zur Erde. [...] Wir leugnen die Unterschiede zwischen uns und anderen Arten nicht, aber wir sind uns immer der Tatsache bewusst, dass wir in Relation zu den natürlichen Ökosystemen unserer Erde nur eine Artenpopulation unter vielen anderen sind. [...] Ein jedes Tier und eine jede Pflanze gleicht uns, insofern sie ein eigenes Wohl hat. Obwohl unser menschliches Wohl [...] nicht wie das Wohl eines Tieres oder einer Pflanze ist, kann es ebenso wenig wie deren Wohl ohne die biologischen Notwendigkeiten für Überleben und körperliche Gesundheit verwirklicht werden. [...] Die ökologischen Beziehungen zwischen jeder Gemeinschaft lebender Dinge und ihrer Umwelt bilden ein organisches Ganzes aus funktional voneinander abhängigen Teilen. [...]

[Ein Mitglied der Lebensgemeinschaft der Erde zu sein] bedeutet, dass das Wohl einer Entität um ihretwillen verdient, prima facie als ein Zweck an sich geschützt oder befördert zu werden. Insofern wir irgendeine Lebensgemeinschaft als eine Entität ansehen, die irgendeinen Organismus, eine Artenpopulation oder inhärenten Wert besitzt, glauben wir, dass sie nie als bloßes Objekt oder Ding behandelt werden darf, dessen ganzer Wert in der Zweckdienlichkeit für das Wohl einer anderen Entität aufgeht. Das Wohlergehen eines jeden wird als in sich werthaft und aus sich selbst heraus beurteilt. [...]

Die Pflichten, die wir wilden Organismen, Artenpopulationen und Lebensgemeinschaften der natürlichen Ökosysteme der Erde schulden, gründen in ihrem inhärenten Wert. Wenn rationale, autonome Akteure solche Entitäten als Träger inhärenten Wertes ansehen, messen sie der Verwirklichung von deren Wohl intrinsischen Wert bei. Dann übernehmen sie die Verantwortung, dieses Wohl zu befördern und Handlungen mit dem gegenteiligen Effekt zu unterlassen. [...] [W]enn ein autonom Handelnder seine moralischen Beziehungen zu der natürlichen Welt so versteht, wie sie in dieser Sicht dargelegt werden, erkennt er die Haltung der Achtung als die einzig angemessene oder passende Haltung gegenüber allen wilden Formen von Leben in der Biosphäre der Erde an. *Die Ethik der Achtung für die Natur (1997)*

Formen physiozentrischer Ethik

Als *physiozentrisch* (von gr. *physis*: Natur) bezeichnet man eine Ethik, die die Natur um ihrer selbst willen schützen will. Sie ist entweder *pathozentrisch* (von gr. *pathos*: Leiden), insofern sie sich auf leidensfähige Wesen bezieht (s. S. 224f.), *biozentrisch* (von gr. *bios*: Leben), insofern sie jedem Lebewesen einen intrinsischen Wert beimisst, oder *holistisch* (von gr. *holos*: ganz), insofern sie auch die unbelebte Natur als wertvoll betrachtet (s. S. 230f.).

A

1 Erläutern Sie die Abbildung und diskutieren Sie, ob und ggf. warum der Erhalt der Artenvielfalt wichtig ist. > M1/M2

2 Rekonstruieren Sie Paul W. Taylors Argumentation für die Achtung der Natur und zeigen Sie auf, worin sie sich von der pathozentrischen Auffassung Peter Singers (s. S. 224f.) unterscheidet. > M3

3 Nehmen Sie Stellung zur Überzeugungskraft der Argumente Paul W. Taylors. > M3

Holismus: Das Ganze der Natur schützen

M1 Biotope aus Menschenhand

Peter Berthold an einem von ihm errichteten Biotop in Billafingen (Baden-Württemberg). Der Naturforscher setzt sich für die Renaturierung von Brachflächen und einen bundesweiten Gürtel von Feuchtgebieten ein: „Jeder Gemeinde ihr Biotop!"

M2 Arne Naess: Was ist Tiefenökologie?

Der norwegische Philosoph Arne Naess (1912-2009) zählt zu den Gründern der tiefenökologischen Bewegung.

Im Folgenden werden [...] eine Reihe von Prinzipien oder Schlüsselaussagen in Form von Lehrsätzen [...] vorgeschlagen, die für die Tiefenökologie grundlegend sind:

1. Das Wohlbefinden und Gedeihen menschlichen und nicht-menschlichen Lebens auf der Erde hat Wert in sich selbst (Synonyme: *intrinsischer Wert, inhärenter Wert*). Dieser Wert ist unabhängig von der Nützlichkeit der nicht-menschlichen Welt für menschliche Zwecke.
2. Reichtum und Vielfalt von Lebensformen tragen zur Realisierung dieses Wertes bei und stellen ebenfalls Werte in sich selbst dar.
3. Menschen haben kein Recht, diesen Reichtum und diese Vielfalt zu beeinträchtigen, außer um lebensnotwendige Bedürfnisse zu befriedigen. [...]

Bemerkungen zu den Basisprinzipien

ad (1): Diese Formulierung bezieht sich auf die Biosphäre oder genauer: auf die Ökosphäre als ein Ganzes. Dies schließt Individuen, Spezies, Populationen, Lebensräume genauso ein wie menschliche und nichtmenschliche Kulturen. [...] Alle ökologischen Prozesse auf dem Planeten sollten intakt bleiben. [...] Der Begriff „Leben" wird hier in einer umfassenderen nicht-technischen Weise benutzt und bezieht sich auch auf das, was von Biologen als „nicht-lebendig" klassifiziert wird: Flüsse (Stromgebiete), Landschaften, Ökosysteme. Für Unterstützer von Tiefenökologie stehen Slogans wie „Lasst den Fluss leben!" für diese breitere Verwendung, die übrigens in den meisten Kulturen üblich ist. [...]

ad (2): Eher technisch ausgedrückt, geht es bei dieser Formulierung um Vielfalt und Komplexität. Von einem ökologischen Standpunkt aus, sind Komplexität und Symbiose Bedingungen für die Maximierung von Vielfalt. Sogenannte einfache, primitive oder niedere Spezies von Pflanzen und Tieren tragen essentiell zu Reichtum und Vielfalt des Lebens bei. Sie haben Wert in sich selbst und sind nicht bloß Vorstufen zu sogenannten höheren oder rationalen Lebensformen. Das zweite Prinzip setzt voraus, dass das Leben selbst, als ein Prozess über eine Entwicklungszeit hin, eine Zunahme an Vielfalt und Reichtum beinhaltet. Nicht anzuerkennen, dass einige Lebensformen größeren oder geringeren intrinsischen Wert haben als andere (siehe Punkte (1) und (2), läuft den Formulierungen einiger ökologischer Philosophen [...] zuwider. [...]

ad (3): Der Begriff „lebensnotwendige Bedürfnisse" ist absichtlich ziemlich vage gehalten, um einen gewissen Spielraum bei der Beurteilung zuzulassen. Sowohl klimatische Unterschiede und verwandte Faktoren als auch strukturelle Unterschiede zwischen derzeit bestehenden Gesellschaften müssen berücksichtigt werden. (Für einige [...] [Inuit] sind heutzutage Schneemobile notwendig, um ihre lebensnotwendigen Bedürfnisse zu befriedigen, aber für Touristen gilt dies nicht.)

Die tiefenökologische Bewegung (1986)

M3 Arne Naess: Tiefe vs. oberflächliche Ökologie

Eine Anzahl von Schlüsselbegriffen und Slogans der Umweltdebatte wird den Kontrast zwischen oberflächlicher und tiefer Ökologiebewegung klarmachen. [...]

Umweltverschmutzung

Oberflächlicher Ansatz: Mittels Technologie wird versucht, Luft und Wasser zu reinigen und die Umweltverschmutzung gleichmäßiger zu verteilen. Mit Gesetzen soll die erlaubte Umweltverschmutzung begrenzt werden. Schmutzige Industrien werden vorzugsweise in Entwicklungsländer exportiert.
Tiefer Ansatz: Umweltverschmutzung wird aus einer biosphärischen Sichtweise heraus beurteilt, die sich nicht auf die Auswirkungen auf menschliche Gesundheit beschränkt, sondern sich auf das Leben als Ganzes, einschließlich der Lebensbedingungen aller Spezies und Systeme bezieht. [...] Die Betonung liegt auf der Bekämpfung der tieferen Ursachen für Umweltverschmutzung und nicht einfach nur ihrer oberflächlichen, kurzfristigen Auswirkungen. Die dritte und vierte Welt kann es sich nicht leisten, die gesamten Kosten für den Krieg gegen die Umweltverschmutzung zu tragen, und konsequenterweise brauchen sie die Hilfe der ersten und zweiten Welt. Der Export von Umweltverschmutzung ist nicht nur ein Verbrechen gegen die Menschheit, sondern auch gegen das Leben überhaupt. [...]

Ressourcen

Oberflächlicher Ansatz: Das Hauptaugenmerk liegt auf den Ressourcen für Menschen, besonders für die gegenwärtige Generation in den Überflussgesellschaften. Aus diesem Blickwinkel gehören die Ressourcen der Erde denjenigen, die die Technologien besitzen, sie auszubeuten. Es wird darauf vertraut, dass die Ressourcen sich nicht erschöpfen, da ein hoher Marktpreis sie erhalten soll, sobald sie seltener werden, und dass im Zuge des technischen Fortschrittes Ersatz für sie gefunden wird. Des Weiteren sind Tiere, Pflanzen und Naturdinge nur wertvoll als eine Ressource für Menschen. Wenn kein Nutzen für Menschen bekannt ist, können sie bedenkenlos zerstört werden.
Tiefer Ansatz: Die Besorgnis gilt hier den Ressourcen und Lebensräumen für alle Lebensformen um ihrer selbst willen. Kein Naturding wird bloß als Ressource betrachtet. Dies führt zu einer kritischen Bewertung menschlichen Produktions- und Konsumtionsverhaltens. Die Frage ist: [...] Wie kann der Gebrauch von Ressourcen der Lebensqualität dienen und nicht dem ökonomischen Lebensstandard, wie er in der Ideologie des Konsumerismus propagiert wird? Die Betonung liegt hier auf einem Ansatz am Ökosystem selbst im Gegensatz zur bloßen Betrachtung isolierter Lebensformen oder lokaler Situationen. Es geht dabei um eine zeitlich und räumlich weitreichende Perspektive. [...]

Land- und See-Ethik

Oberflächlicher Ansatz: Landschaften, Ökosysteme, Flüsse und andere Ganzheiten in der Natur werden in Stücke gerissen, ungeachtet größerer Einheiten und Gestalten. Diese Bruchstücke gelten als das Eigentum von und als Ressource für Individuen, Organisationen oder Staaten. Für ihre Erhaltung wird mit Begriffen wie „vielfältiger Nutzen“ und „Kosten-Nutzen-Analyse“ argumentiert. Soziale und langfristige ökologische Kosten bleiben unberücksichtigt. [...]
Tiefer Ansatz: Die Erde gehört nicht den Menschen. Die norwegischen Landschaften, Flüsse, Fauna und Flora und die das Land umgebende See sind nicht das Eigentum der Norweger. Menschen bewohnen nur das Land; sie nutzen die Ressourcen, um ihre lebensnotwendigen Bedürfnisse zu befriedigen. Wenn ihre nicht-lebensnotwendigen Bedürfnisse mit den lebensnotwendigen Bedürfnissen von Nicht-Menschen in Konflikt geraten, müssen die Menschen nachgeben.

Die tiefenökologische Bewegung (1986)

A

1 Diskutieren Sie die Forderung Peter Bertholds. > M1
2 Verdeutlichen Sie das Anliegen der Tiefenökologie in Abgrenzung von der biozentrischen Ethik. > M2
3 Erläutern Sie den Unterschied zwischen oberflächlicher und tiefer Ökologie und nehmen Sie Stellung zu den Forderungen von Arne Naess. > M3

Gleiche Rechte für Mensch und Natur?

M1 Robin Attfield: Implikationen eines biotischen Egalitarismus

Robin Attfield lehrte von 1968 bis 1992 Philophie an der Universität in Cardiff und ist Mitglied einer UNESCO-Arbeitsgruppe für Umweltethik. Seine Kritik des biotischen Egalitarismus, der allen Lebewesen den gleichen Wert zuschreibt, lässt sich auch auf den Physiozentrismus im Ganzen übertragen.

[Der Biozentrismus behauptet], dass alle lebenden Wesen moralisch berücksichtigenswert sind. [...] [Die Frage ist aber], ob das Wohlergehen eines Lebewesens von gleichem intrinsischen Wert wie das eines anderen Lebewesens ist [, oder ob es Sinn hat,] davon zu reden, dass es Grade intrinsischen Wertes gibt.

Sobald wir die These des biotischen Egalitarismus untersuchen, wird deutlich, dass sie unannehmbare Implikationen hat. So impliziert sie, dass, wenn Wasser knapp ist und die verfügbare Menge entweder einem Menschen oder einer Pflanze gegeben werden kann, die Verpflichtung, es diesem zu geben, ceteris paribus* nicht stärker wiegt als die, es jener zu geben, und dass es gleichgültig ist, welches der beiden Lebewesen das Wasser erhält. [...]

Ähnlich impliziert der biotische Egalitarismus, dass, wenn eine größere Zahl von Lebewesen einen Mikrolebensraum bewohnen könnte, der gegenwärtig von einer geringeren Zahl von Lebewesen bewohnt wird, und die größere Zahl von Lebewesen anderswo nicht existieren oder weiterexistieren könnte, es ceteris paribus besser wäre, wenn die größere Gruppe sich dort ansiedeln würde, und dass deshalb jeder moralisch Handelnde, der dieses zustande bringen kann, es unternehmen sollte, sogar auf Kosten des Lebens der kleineren Gruppe, und selbst wenn die kleinere Gruppe aus Menschen oder anderen selbstbewussten Kreaturen bestünde, die größere Gruppe aber nicht. Denn wenn das Wohlergehen jedes Lebewesens von gleichem intrinsischem Wert ist (d. h. das Leben eines jeden von gleicher moralischer Signifikanz), hat das Wohlergehen einer größeren Zahl gegenüber dem Wohlergehen einer geringeren Zahl Priorität; und entsprechend gäbe es für jeden moralischen Akteur, der bestimmen kann, welche Lebewesen den Mikrolebensraum bewohnen, ceteris paribus eine vorrangige Verpflichtung, die größere Zahl von Lebewesen sich dort ansiedeln zu lassen, auch wenn das den Tod der kleineren Zahl zur Folge hätte.

Es ist sogar in den meisten Fällen unklar, ob ein Mensch, der einen anderen tötet, nicht genau auf die Weise handelt, wie es ihm diese vorrangige Verpflichtung auferlegen würde. Denn obgleich der Tod eines Menschen den Tod zahlloser Organismen zur Folge haben kann, wie sie jeder Mensch unwissentlich mitversorgt, ermöglicht er doch das Leben zahlloser anderer Organismen, die am körperlichen Zerfall beteiligt sind; und wenn die Zahl der letzteren die der ersteren übersteigt, gäbe es ceteris paribus eine vorrangige Verpflichtung, entsprechend zu handeln. Eine Moraltheorie mit derart kontraintuitiven Implikationen sollte, wie gesagt, verworfen werden. [...]

[Es ist zweifellos richtig, dass man] den Fähigkeiten zu Bewusstsein und Empfindung Signifikanz beimisst. Wenn also ceteris paribus die geringe verfügbare Wassermenge entweder einem Lebewesen gegeben werden kann, das Enttäuschung und quälenden Durst erleiden kann, oder einem Lebewesen, das nicht in dieser Weise leiden kann, dann sollte das erstere bevorzugt werden; und wenn das Wasser entweder einem selbstbewussten Lebewesen gegeben werden kann, das sowohl zukünftige Enttäuschung und Qualen zu antizipieren als sie auch gegenwärtig zu erleiden vermag, oder aber einem Lebewesen, das sie erleiden, aber nicht antizipieren kann, dann sollte dasjenige mit der Fähigkeit zur Voraussicht bevorzugt werden. Ich würde [...] meinen, dass sogar Fähigkeiten, die nichts mit Bewusstsein oder Selbstbewusstsein zu tun haben, wichtige Unterschiede ausmachen können.

Biozentrismus, moralischer Status und moralische Signifikanz (1994)

M2 Angelika Krebs: Plädoyer für einen gemäßigten Physiozentrismus

Angelika Krebs (*1961) ist Professorin für Philosophie an der Universität Basel.

Hat die Natur *Eigenwert* oder nur *instrumentellen* Wert? Oder: Soll die Naturethik *anthropozentrisch* oder *physiozentrisch* sein?

Es [...] [erweist] sich als Schlüssel zur Beantwortung dieser Frage, der üblichen reduktionistischen Gleichsetzung von „Anthropozentrismus" mit „instrumentellem Wert der Natur" und „Physiozentrismus" mit „absolutem Wert der Natur" zu widerstehen. Denn zwischen diesen beiden unattraktiven Extremen, dem instrumentell verkürzten Anthropozentrismus auf der einen Seite und dem zum Absoluten aufgeblähten Physiozentrismus auf der anderen Seite, liegt das wirklich interessante Terrain des unverkürzten [...] Anthropozentrismus und des [...] anthropozentrischen Physiozentrismus.

Der *unverkürzte Anthropozentrismus* reduziert Natur nicht auf eine Ressource, sondern gesteht ihr [...] Eigenwert zu [...] und (nichttranszendente) Heiligkeit.

Der [...] *anthropozentrische Physiozentrismus* verfällt nicht der Absurdität von absoluten Werten, die von Wert für niemanden sind. Stattdessen dehnt er Elemente der menschlichen moralischen Kultur, insbesondere den Respekt gegenüber dem Wohl anderer, auf die (empfindungs- und handlungsfähige) Natur aus. [...] [Er fordert,] dass die Natur bzw. Teile der Natur ins moralische Universum hineingenommen werden müssen.

Da die Anziehungskraft des absoluten Physiozentrismus im Wesentlichen auf der Unfähigkeit des instrumentell verkürzten Anthropozentrismus beruht, dem Reichtum und der Tiefe unseres Naturverhältnisses gerecht zu werden, verliert der absolute Physiozentrismus seine Anziehungskraft in dem Moment, in dem man beginnt, das Zwischenterrain des unverkürzten Anthropozentrismus [...] zu erkunden. Auf der Basis dieser beiden Positionen lässt sich die ganze Bandbreite menschlicher Haltungen und Gefühle gegenüber der Natur verstehen und rechtfertigen: das Gefühl der Ehrfurcht für die Heiligkeit der Natur, die nicht-instrumentelle Haltung, die die ästhetische Naturkontemplation auszeichnet, sowie der Abscheu gegen die Misshandlung von Tieren.

Was ist dann also der *Wert der Natur*? Die Natur hat *instrumentellen Wert* für die Erfüllung menschlicher Grundbedürfnisse, für körperliches und seelisches Wohlbefinden [...]. Es gibt auch *moralischen Eigenwert* in der Natur: das gute Leben von empfindungsfähigen Tieren und von handlungsfähigen Tieren hat moralischen Eigenwert. Von *absolutem Wert* gibt es nichts in der Natur, aber das gibt es nirgendwo in der Welt.

Soll die Naturethik *anthropozentrisch* oder *physiozentrisch* sein? Die Naturethik soll offensichtlich nicht anthropozentrisch im instrumentell verkürzten Sinne sein [...], sondern moderat *physiozentrisch*, genauer *pathozentrisch*. [...] Die, die [...] nach einem Paradigmenwechsel in unserem Verhältnis zur Natur rufen und den Anthropozentrismus als die Wurzel allen ökologischen Übels brandmarken, sind somit im Unrecht. Wenn sie die [...] die „Ausbeutung", die „Vergewaltigung" der Natur anklagen, benutzen sie eine Sprache, die fehl am Platze ist. Es hat nichts Anstößiges an sich, wenn wir unseren Umgang mit der Natur am Wohl all derer ausrichten, die ein subjektiv gutes Leben haben und die heute und in Zukunft auf der Erde leben. Die Weise, wie unsere Welt derzeit geführt wird, entspricht diesem Standard nicht. Die moralische Forderung, die von der Naturethik an die Politik, das Recht und die Wirtschaft ergeht, lautet, dass sie diesem Standard besser entsprechen mögen.

Naturethik (1997)

A

1 Übertragen Sie Robin Attfields Kritik am biotischen Egalitarismus auf die tiefenökologische Position von Arne Naess (s. S. 230f.). > M1

2 Erläutern Sie Angelika Krebs' naturethische Position durch Beispiele, in denen eine Güterabwägung zwischen Mensch und Natur erforderlich ist. > M2

3 Nehmen Sie Stellung zu Angelika Krebs' Vermittlungsvorschlag zwischen Anthropozentrismus und Physiozentrismus. > M2 (und S. 222–231)

Klimagerechtigkeit

M1 Kabinettsitzung auf den Malediven

Am 17. Oktober 2009 leitete Mohamed Nasheed, Präsident der Malediven, eine Kabinettsitzung unter Wasser. Die Inselgruppe im Indischen Ozean ist vom Klimawandel besonders bedroht. Schon ein Anstieg der Meeresspiegel um 18 bis 59 Zentimeter bis zum Jahr 2100 würde die Inselgruppe für Menschen praktisch unbewohnbar machen.

M2 Luisa Neubauer / Alexander Repenning: Die historische Verantwortung der Industriestaaten

Die Klimaschutzaktivistin Luisa Neubauer (*1996) und der Politökonom Alexander Repenning (*1989) engagieren sich u. a. bei der Bewegung *Fridays for Future*.

Im November 2017 besuchte eine Gruppe von Menschen das Dorf Morschenich am Rand der Abbaufläche des Tagebau Hambach im Rheinland. Hier wird Braunkohle gefördert. Als die Besucher*innen ihre Blicke auf die verwüstete Landschaft richteten, fingen sie an zu weinen. [...] Es waren außergewöhnliche Besucher*innen. Sie kamen von weit her, von mehreren Inselstaaten im Pazifik; sie haben sich als Pacific Climate Warriors zusammengeschlossen, weil ihre Heimat bedroht ist. Mit jedem Millimeter, den der Meeresspiegel weiter ansteigt, verlieren sie ein Stück Zuhause. Im Rheinland, 17 000 Kilometer von ihren Heimatinseln entfernt, fanden sie eine der Ursachen für die Katastrophe. „Die deutschen Braunkohleabbaubetriebe gehören zu den größten der Welt. Wenn wir sie nicht schließen“, sagte Zane Sikulu aus Tonga, „haben die Bewohner der Pazifikinseln keine Chance.“

Der Begriff Kohlenstoff-Gerechtigkeit [...] stammt von Wangari Maathai [einer kenianischen Umweltaktivistin] [...]. Was Maathai meint, wenn sie von Kohlenstoff-Gerechtigkeit spricht, ist die Anerkennung der Umstände, unter denen sich die Staaten auf den Weg zu einer kohlenstoffneutralen Wirtschaft machen. Denn viele Länder, insbesondere in Afrika, bekommen die Folgen der globalen Erwärmung heftiger zu spüren als andere, obwohl sie kaum etwas dazu beigetragen haben. Achtzig Prozent der Opfer von Wetterkatastrophen seit 1980 waren in Asien, Afrika und Lateinamerika zu Hause. Das liegt nicht nur daran, dass dort mehr Menschen leben, sondern auch an den fehlenden Möglichkeiten vieler Menschen, mit Extremwetter umzugehen oder sich den neuen Bedingungen anzupassen. Dieser Trend wird sich noch zuspitzen. Laut Philip Alston [amerikanischer Experte für Völkerrecht und Menschenrechte] werden sogenannte Entwicklungsländer drei Viertel der Kosten tragen, obwohl die ärmere Hälfte der Weltbevölkerung nur zehn Prozent der CO_2-Emissionen verursacht hat. Besonders gefährdet durch die globalen Umweltveränderungen sind also diejenigen, die bisher am wenigsten dazu beigetragen haben.

Die Wasserknappheit zum Beispiel wird sich zuerst für Menschen in der Sahelzone, dem südlichen Afrika, in Mittelamerika oder dem Mittelmeerraum verschlimmern; die Landwirtschaft in subtropischen und tropischen Trockengebieten wird verstärkt unter dem Rückgang und saisonalen Verschiebungen der Regenfälle leiden. Die Länder Südostasiens werden mit Unregelmäßigkeiten beim Monsun zu kämpfen haben, Überschwemmungen werden vor allem die großen Deltagebiete wie Bangladesch oder Indien treffen. Der steigende Meeresspiegel bedroht insbe-

sondere die Inselstaaten im Pazifik oder Städte wie Somalias Hauptstadt Mogadischu, die auf dem Niveau des Meeresspiegels liegen. Auch Krankheiten, Insekten oder Schädlinge, die wegen der Klimakrise vermehrt auftreten oder sich an Orten verbreiten, wo sie vorher unbekannt waren, werden besonders in den Regionen zur Gefahr, wo wenig volkswirtschaftliche Ressourcen zur Verfügung stehen, sie zu bekämpfen oder Vorsorgemaßnahmen zu treffen.
Vor diesem Hintergrund sprechen die Forscher*innen am PIK [Potsdam Institut für Klimafolgenforschung] von einer historischen Verantwortung der Industrieländer. Die vom Weltklimarat für das 1,5-Grad-Ziel vorgestellten Reduktionspfade [...] sehen daher eine Verteilung der Aufgaben vor: Da die soziale und wirtschaftliche Situation der Länder bei den Klimazielen mitgedacht werden muss, müssen westliche Industriestaaten eine umgehende und drastische Verringerung der Emissionen anstreben, während eine nachhaltige Entwicklung in Ländern des Globalen Südens zunächst auf eine möglichst klimafreundliche Verbesserung der Lebensbedingungen ihrer Bevölkerung zielt. Die Verringerung von Ungleichheit zwischen den Ländern könnte die Emissionsintensität des globalen Wirtschaftswachstums [...] sogar reduzieren. Anders gesagt: Weil die Industriestaaten seit mehr als zweihundert Jahren Treibhausgase emittieren, um auf Kosten anderer ihre Privilegien zu stärken, haben sie nun eine historische Verantwortung, die katastrophalen Folgen dieser Lebensweise abzuwenden. Jene Staaten, die durch die imperiale Lebensweise der Industriestaaten über Jahrhunderte in wirtschaftliche und politische Abhängigkeiten gedrängt wurden, sollen hingegen die Chance erhalten, sich durch moderatere Emissionsziele der Bekämpfung von extremer Armut, Ungleichheit und weiteren Aufgaben widmen zu können.
[...] Wenn wir die Menschenrechte ernst nehmen, und wenn wir alle Menschen als gleich betrachten, egal wo sie geboren sind, können wir moralisch nicht rechtfertigen, dass wenige über ihre Verhältnisse leben und damit anderen die Möglichkeit rauben, ein würdevolles Leben zu führen.

Vom Ende der Klimakrise (2019)

M3 Maja Göpel: Klimafonds für eine gerechtere Zukunft

Maja Göpel (*1976) lehrt politische Ökonomie an der Universität Lüneburg. Sie ist wissenschaftliche Direktorin der Denkfabrik *The New Institute* und Mitglied des Wissenschaftlichen Beirats der Bundesregierung für Globale Umweltveränderungen.

Wie können wir ein Gerechtigkeitsverständnis finden, das uns wieder miteinander anstatt gegeneinander handeln lässt und die Verbindung von sozialen und ökologischen Zielen erlaubt? [...] [Es] bietet sich eine Verabredung an, wie sie von der Regierung Ecuadors unter dem Präsidenten Rafael Correa schon einmal relativ weit verhandelt war. Sie beinhaltet die Idee eines Fonds, in den reiche Länder einzahlen, damit Ecuador das Öl im Nationalpark Yasuni im Boden lässt. [...] Ein anderes Konzept in diese Richtung ist zum Beispiel der Earth Atmospheric Trust, den ökologische Ökonominnen um die Nobelpreisträgerin Elinor Ostrom vorgeschlagen haben. Überziehen Einzelne ihren Anteil des CO_2-Budgets, zahlen sie entsprechend in den Trust ein. Das erhaltene Geld wird zu einem Teil als ein Einkommen ohne Bedingungen an alle ausgezahlt. Der Rest wird für Investitionen in den Umbau der Energiesysteme genutzt oder in andere Klimaschutzprojekte gesteckt. Da ärmere Menschen weniger Kohlendioxid in Anspruch nehmen, würden sie dazugewinnen. [...] Diejenigen, die aufgrund der ressourcenintensiven Entwicklung in der Vergangenheit heute das Vermögen haben – auch im Sinne der Befähigung –, mehr zu tun, müssen es auch tun. [...] Das ist Gerechtigkeit anstatt Großzügigkeit.

Unsere Welt neu denken (2020)

A

1. Sprechen Sie über die beabsichtigte Wirkung von Mohamad Nasheeds Aktion. > M1
2. Diskutieren Sie Luisa Neubauers und Alexander Repennings Auffassung von Gerechtigkeit bei der Aufgabenverteilung im Klimaschutz. > M2
3. Nehmen Sie Stellung zu den Vorschlägen Maja Göpels. > M3

Wirtschaftliche Interessen vs. Naturschutz

M1 Brandrodung im brasilianischen Regenwald

Im brasilianischen Regenwald bahnt sich eine Umweltkatastrophe an. Im Jahr 2020 registrierte das Klimainstitut INPE mehr als 72.000 Brände – das sind rund 83 Prozent mehr als im Vorjahr. Im den Folgejahren dürften die Zahlen weiter ansteigen, wenn nichts Grundlegendes geschieht.

Dass es in der Trockenzeit im Regenwald brennt, ist nicht ungewöhnlich. Der rasante Anstieg der Zahl der Brände lässt sich jedoch nur durch illegale Brandrodungen erklären, die durchgeführt werden, um neue Flächen für die Agrarwirtschaft und die Rinderzucht zu gewinnen. Brasilien ist einer der größten Exporteure von Agrarprodukten: Die brasilianische Sojaindustrie erwirtschaftete 2018 durch Auslandsgeschäfte 41 Mrd. Dollar, die Fleischindustrie 6,5 Mrd. Dollar.

Ungefähr 700.000 Quadratkilometer Wald sind seit den Siebzigerjahren in Brasilien aus wirtschaftlichen Gründen gerodet worden – eine Fläche von der doppelten Größe der Bundesrepublik.

Das hat unmittelbare Auswirkungen auf das Klima. Der Regenwald ist durch seine Biomasse in der Lage, große Mengen an CO2 zu binden. Dieser für den ganzen Planeten wichtige Kohlenstoffspeicher wird durch die Abholzung angegriffen. Darüber hinaus gelangt durch die Brände zusätzlich CO2 in die Atmosphäre, so dass es in Brasilien immer wärmer und trockener wird – ein Teufelskreis.

Aus diesen Gründen hatte der brasilianische Umweltminister Ricardo Salles Mitte Juli 2020 das Abbrennen von Flächen im Gebiet des Amazonas für 120 Tage verboten und angekündigt, die Streitkräfte des Landes gegen illegale Abholzung und Brandrodungen einzusetzen.

Die brasilianischen Umweltschutzorganisationen glauben jedoch nicht an eine politische Wende, denn tatsächlich hat die Regierung unter Präsident Jair Bolsonaro die Mittel für den Umweltschutz immer weiter gekürzt und weniger Bußgelder für illegale Aktivitäten im Amazonas-Gebiet verhängt. Ein Dekret vom Dezember 2019 soll sogar erwirken, dass Landraub straffrei bleibt.

„Hinter Bolsonaro stehen große Interessen, die den Amazonas abholzen und das Land wirtschaftlich nutzen wollen", sagt Niklas Höhne, Mitbegründer des Kölner *NewClimate Institute*. Dazu zählen Holzhändler, Rohstoffkonzerne, die Minen eröffnen wollen, sowie vor allem das Agrobusiness, das Flächen für Soja- und Maisplantagen sowie Rinderhaltung sucht. Bolsonaro braucht die Unterstützung dieser mächtigen Lobby – und die ihrer politischen Vertreter im Kongress. [...]

Er will das Umweltministerium auflösen. Und: Er hat schon einmal angekündigt, Brasilien werde den Weltklimavertrag von Paris verlassen, sollte dieser die nationale Souveränität antasten. [...] [D]urch den Weltklimavertrag drohe Brasilien die Hoheit über ein Territorium von 1,36 Millionen Quadratkilometer im Amazonasgebiet zu verlieren. [...] Fest steht: Der 63-Jährige hat den Amazonas-Regenwald im Visier. Die grüne Lunge der Erde, deren Gebiet zu gut 60 Prozent auf brasilianischem Territorium liegt. [...]

Unter dem sozialistischen Präsidenten Lula da Silva [...] gingen die Behörden entschieden gegen illegale Rodung vor. Ergebnis: Wurden 2004 noch 2,7 Millionen Hektar Regenwald abgeholzt, eine Fläche fast so groß wie ganz Belgien, sank diese Fläche bis 2012 um mehr als 80 Prozent [...]. Ähnlich drastisch fielen laut Berechnungen des NewClimate Institute Brasiliens Emissionen aus Waldrodungen: von 1,9 Milliarden auf 0,3 Milliarden Tonnen Kohlendioxid. Der Unterschied von 1,6 Milliarden Tonnen ist in etwa doppelt so hoch wie der jährliche CO_2-Ausstoß von ganz Deutschland.

Nun aber prognostizieren Wissenschaftler des brasilianischen Instituts INPE mithilfe eines Simulationsmodells, dass die Abholzung unter Bolsonaro fast wieder auf alte Rekordstände hochschießen wird: 2,5 Millionen Hektar pro Jahr. Entsprechend drastisch würde dann auch Brasiliens CO_2-Ausstoß wieder steigen. „Das wäre eine signifikante Emissionserhöhung, auch im globalen Maßstab", sagt Klimaforscher Höhne.

nach aktuellen Pressemeldungen / spiegel.de (2020)

METHODENKOMPETENZ: Einen Fall analysieren und ethisch beurteilen

Um in einem konkreten Problemfall der Angewandten Ethik zu einem gut begründeten Urteil zu gelangen, empfiehlt es sich, eine Fallanalyse durchzuführen. Gehen Sie dabei in folgenden Schritten vor:

1. Situationsanalyse: Stellen Sie kurz die äußeren Fakten dar, um die es in dem Fallbeispiel geht.
2. Interessenanalyse: Benennen sie direkt und indirekt Beteiligte und Betroffene, stellen Sie deren Interessen und Ziele dar und bestimmen sie den vorliegenden Konflikt.
3. Analyse konkurrierender Werte und Normen: Stellen Sie unter Rückgriff auf ethische Prinzipien bzw. moralphilosophische Positionen dar, wie die Konfliktparteien jeweils ihren Standpunkt rechtfertigen könnten.
4. Ethische Beurteilung: Wägen Sie die dargestellten Standpunkte gegeneinander ab und nehmen Sie begründet Stellung.

M2 Brandrodungen im Regenwald – Eine Fallanalyse (Beispiel)

Aufgabe: Führen Sie eine Fallanalyse durch, um die im Text (M1) beschriebenen Brandrodungen im brasilianischen Regenwald ethisch zu beurteilen. Beziehen Sie dabei den instrumentellen Anthropozentrismus und die Verantwortungsethik von Hans Jonas ein.

Der brasilianische Regenwald wird schon seit längerer Zeit im Sommer regelmäßig von Bränden heimgesucht. Im Jahr 2020 stieg die Zahl der Brände dramatisch an, auf über 72 000. Auslöser waren zu einem großen Teil Brandrodungen, die durchgeführt werden, um das Land wirtschaftlich nutzen zu können. Klimaforscher sehen darin die Gefahr einer dauerhaften Schädigung eines der wichtigsten Ökosysteme der Erde und eine Gefährdung der international vereinbarten Maßnahmen gegen die Erderwärmung.

Situations-analyse

Hinter den Brandrodungen stehen in der Regel die Interessen wirtschaftlicher Akteure: Holzhändler, Rohstoffkonzerne, die Minen eröffnen wollen, und das Agrobusiness, das Flächen für Soja- und Maisplantagen sowie Rinderhaltung sucht. Durch – vielfach illegal vorgenommene – Abholzung können sie erhebliche Gewinne erzielen. Das hat nicht zuletzt positive Folgen für den Arbeitsmarkt und den allgemeinen Wohlstand im Land. Maßgeblich beteiligt ist auch Staatspräsident Jair Bolsonaro. Durch eine Politik des Nichteingreifens, der Nichtverfolgung illegaler Aktivitäten und der Behinderung von Naturschützerinnen und Naturschützern begünstigt er die Abholzung des Regenwaldes und sichert sich damit die Unterstützung der Wirtschaftslobby und ihrer Interessenvertreter im Parlament.

Interessen-analyse:

- Interessen und Ziele von Partei 1 (direkt beteiligt)

Die Brandrodungen haben Auswirkungen auf das gesamte Ökosystem des Regenwaldes mit seiner Fauna und Flora und damit auf einen der wichtigsten CO_2-Speicher des Planeten Erde. Durch die Brände werden kurzfristig große Mengen an CO_2 freigesetzt und es stehen langfristig immer weniger Wälder zur Bindung von Kohlenstoff zur Verfügung – mit unabsehbaren Folgen für den Klimawandel und die Lebensbedingungen von Menschen auf der ganzen Welt. Auch zukünftige Generationen, die ein intaktes Ökosystem als natürliche Lebensgrundlage benötigen, sind betroffen.

- Interessen und Ziele von weiteren Parteien (direkt und indirekt beteiligt)

Analyse konkurrierender Werte und Normen

Im Konflikt zwischen wirtschaftlichem Nutzen einerseits und für den Naturschutz erforderlichen Maßnahmen andererseits können sich die Vertreterinnen und Vertreter beider Positionen auf unterschiedliche ethische Prinzipien und moralphilosophische Positionen berufen.

- Position 1

Präsident Bolsonaro und die hinter ihm stehenden Interessenvertreter können für ihre Auffassung das utilitaristische, instrumentell-anthropozentrische Argument anführen, das sich auf die Menschen im Hier und Jetzt bezieht, also auf die gegenwärtige Bevölkerung Brasiliens. Gut ist demnach der Betrag, der sich in der Aufrechnung von Gewinn und Verlust für die Brasilianerinnen und Brasilianer ergibt. Da der unmittelbare Gewinn für die Wohlfahrt des Landes größer ist als die entfernten Kosten, die mit der Schädigung des Ökosystems verbunden sind, ist die Abholzung des Regenwaldes ethisch zu vertreten. Der Erhalt des Regenwaldes wäre demnach nur dann angebracht, wenn die Schäden für das Ökosystem zu Kosten führen würde, die den unmittelbaren wirtschaftlichen Gewinn durch die Rodungen übersteigen.

- Position 2

Die Umweltschützerinnen und -schützer in Brasilien können sich zu ihrer Rechtfertigung auf die Verantwortungsethik von Hans Jonas berufen. Jonas kritisiert die traditionelle Ausrichtung der Ethik auf die Menschen im Hier und Jetzt und fordert, Verantwortung für die Permanenz echten menschlichen Lebens auf der Erde zu übernehmen. Demnach sind wir verpflichtet, die natürlichen Lebensgrundlagen auch für künftige Generationen zu erhalten. Die fortschreitende Dezimierung des größten Regenwaldes der Welt führt aber zu Verlusten an CO_2-Speicherkapazität und zusätzlichen CO_2-Emissionen, die den Klimawandel vorantreiben. Das 2015 im Pariser Klimaabkommen vereinbarte Ziel, die Erderwärmung auf unter 2 Grad Celsius, wenn möglich auf 1,5 Grad Celsius zu begrenzen, um zukünftige katastrophale Folgen für alle Menschen auf dieser Welt zu vermeiden, wäre kaum noch einzuhalten.

Ethische Beurteilung

Auch wenn ich es für ein legitimes Ziel der Politik halte, den materiellen Wohlstand im eigenen Land vermehren zu wollen, erscheint es mir im Fall der Brandrodungen im brasilianischen Regenwald als ethisch nicht vertretbar, dies auf Kosten der Generationen zu tun, die künftig in Brasilien leben werden. Außerdem haben Regierungen und Wirtschaftsverbände in einer globalisierten Welt nicht nur Pflichten gegenüber Bürgerinnen und Bürgern des eigenen Landes, sondern gegenüber allen Menschen auf der Erde. Der kurzfristige Nutzen, wie er sich aus einer utilitaristischen, verkürzt anthropozentristischen Sichtweise ergibt, muss also hinter der verantwortungsethischen globalen Verpflichtung zurücktreten. Aber da der Erhalt des größten Kohlenstoffspeichers der Erde für alle heutigen und zukünftigen Menschen lebenswichtig ist, macht man es sich zu leicht, wenn man die Verantwortung dafür allein Brasilien aufbürdet. Es ist nicht gerecht, dass ein einzelnes Land den größten Teil der Kosten für den Erhalt der grünen Lunge des Planeten tragen und auf wirtschaftliche Entwicklung verzichten soll. Ich plädiere deshalb dafür, dass die internationale Gemeinschaft Brasilien unterstützt und dem Land einen Ausgleich dafür gewährt, dass es auf weitere Abholzung verzichtet. Dies kann z. B. in Form eines Fonds geschehen, in den reiche Länder einzahlen, damit ärmere Länder die Kosten des Klimaschutzes tragen können.

M3 Das Kohleabbauprojekt im australischen Queensland

[D]er indische Bergbaukonzern [Adani] plant mit der Carmichael-Mine im Galilee-Becken von Queensland die größte Kohlemine der Welt; Befürworter sehen tausende versprochene Arbeitsplätze, Gegner fürchten, dass diese Mine nur die erste von vielen neuen in dem Becken ist. Sie fürchten die Zerstörung von Natur und Klima. Die nationale Regierung hatte die Mine schon früh genehmigt, vom Bundesland aus gab es noch lange Bedenken. [...] [Der Rohstoffkonzern will] jährlich Millionen Tonnen Kohle aus der Carmichael-Mine [...] mitten durchs Weltnaturerbe Great Barrier Reef nach Indien verschiffen. Das Great Barrier Reef ist ein einzigartiger Kosmos voller Leben, Farben und Formen. Delfine, Wale, Seekühe, Meeresschildkröten, Krokodile, Rochen, Feuerfische, Doktorfische, Clownfische, Stachelschnecken, Seefedern und Weißbauchseeadler – sie alle leben im und am Great Barrier Reef. Es ist das größte natürlich entstandene Gebilde der Welt, von kleinsten Organismen, den Korallen, geschaffen: 2300 Kilometer lang erstreckt es sich längs der Ostküste Australiens. [...]
Wissenschaftler von der Universität New South Wales [beobachten seit einiger Zeit, dass sich dieses Ökosystem in einem schlechten Zustand befindet. Die Korallen] seien sehr brüchig und morsch, [...] sie brechen ab und lösen sich unwiederbringlich vom Korallenskelett, teilweise schon nach nur zehn Tagen erhöhter Wassertemperatur. [...] Das neue Phänomen zeigt die Veränderung durch den Klimawandel, ein Warnsignal, in etwa so klar wie ein Kanarienvogel im Kohlebergwerk, der von der Stange kippte, wenn zu wenig Sauerstoff da war. [...] Eine Warnung, die dringend erhört werden muss, sagen Wissenschaftler wie Terry Hughes: „Wir können nur eine dauerhafte Zukunft für die Korallenriffe dieser Erde garantieren, wenn wir die Treibhausgas-Emissionen eindämmen."

[...] „Das Great Barrier Reef ist Welterbe, es gehört nicht Australien, es gehört der Welt und wir sollten die Verantwortung dafür tragen, aber wir tun es nicht. Wir töten es – für ein paar Tonnen Kohle" [, meint eine Umweltschützerin, die den Bau der Kohlemine verhindern will.] [...]
Der australische Premier Scott Morrison steht [dagegen] für einen wirtschaftsfreundlichen Kurs. „Historisch betrachtet sind die wirtschaftlichen Säulen des ländlichen Queensland Bergbau und Bodenschätze sowie Landwirtschaft. Wenn wir eine davon verlieren sollten durch eine Agenda, die vom Umweltschutz bestimmt wird, dann wird sich das signifikant auf den ganzen Norden auswirken, aber auch auf die Steuereinnahmen von Land und Bund."
„Es geht nicht nur um die Mine, sondern auch um die Infrastruktur, die sie mit sich bringt: die Bahnverbindung, Brücken, der Ausbau des Hafens und all die Leute, die in die Stadt kommen werden", betont er. „Australien braucht die Mine und wir brauchen sie gegen unsere hohe Arbeitslosigkeit. Das Adani-Projekt wird vieles besser machen."
Dieses Argument vom Bergbau als Jobbeschaffer erkennt [die Aktivistin und Klimaschützerin] Wendy Tubman nicht an. Es gehe in die völlig falsche Richtung [...] Der Kohlebergbau ist [zwar] Australiens wertvollster Exportsektor, beschäftigt aber nur etwa 50.000 Menschen. Moderne Minen sind hochautomatisiert, der Rohstoffabbau maschinell. Selbst die vollbeladenen Lastwagen, die zwischen Abräumgrube und Abtransport hin und her pendeln, sind immer öfter fahrerlos und völlig auto-nom. „Das Great Barrier Reef bringt nach einer Erhebung einer Beraterfirma Jobs für 64.000 Menschen und Einnahmen von viereinhalb Milliarden Euro pro Jahr. Und zwar für immer, jedes Jahr! Nicht nur bis der Preis fällt oder wir aufhören, Kohle abzubauen, sondern für immer!"

Deutschlandfunk.de (2019)

1 Vollziehen Sie nach, wie die Analyse und Beurteilung zum Fall der Brandrodung im brasilianischen Regenwald durchgeführt wird. > M1/M2 (S. 236-238)

2 Analysieren und beurteilen Sie den Fall der geplanten Kohlemine in Australien. Beziehen Sie für Ihr ethisches Urteil die Positionen des Präferenzutilitarismus und die holistische Ethik der Tiefenökologie mit ein. > M3/Anleitung

Eine völkerrechtliche Pflicht zum Klimaschutz? – Filmprojekt „Ökozid"

M1 Klage gegen die Bundesrepublik Deutschland

Unter *Ökozid* versteht man ein Verbrechen gegen das Ökosystem. Der gleichnamige Spielfilm greift dieses Thema in Form einer fiktiven zukünftigen Verhandlung vor dem Europäischen Gerichtshof auf. In dieser werden Original-Dokumente und wissenschaftliche Erkenntnisse der Jahre 1998-2020 zugrunde gelegt. Bei den folgenden Texten handelt es sich um Zitate aus dem Film.

(Vorspann: Bilder von Industrieemissionen, Sturmfluten, Überschwemmungen, Waldbränden, dazwischen:)
NEWS HEUTE – 10. Juli 2034: Die Entscheidung der Bundesregierung unter der damaligen Kanzlerschaft von Angela Merkel, den Kohleausstieg erst 2038 zu vollziehen, könnte Deutschland nun teuer zu stehen kommen. 31 Staaten des Globalen Südens verklagen die Bundesrepublik. Sie werfen Deutschland massive Versäumnisse im Klimaschutz vor und fordern Schadensersatz in Milliardenhöhe. [...]

Prof. Dr. Hans-Walter Klein (Vorsitzender Richter):
Wir eröffnen heute die mündliche Verhandlung [...]. Nach Auffassung der Kläger hat die Bundesrepublik durch Abschwächung und Blockade europäischer Klimaschutzvorgaben [in den Jahren 1998 bis 2020] ihre völkerrechtliche Pflicht verletzt, einer Erhöhung der weltweiten CO_2-Konzentration entgegenzuwirken. [...] Die Kläger sehen die Grundlage dafür in der Anerkennung eines übergeordneten Rechts – dem Recht der Natur auf Unversehrtheit. Aus dem Artikel 6 der UN-Konvention, dem Recht auf Leben, kann, so die Kläger, ein solches übergeordnetes Recht abgeleitet werden. Denn ohne Zugang zu Wasser, ohne saubere Luft zum Atmen, ohne eine in den Grundbedürfnissen abgesicherte Existenz sei ein Leben in Würde nicht möglich. [...] In den kommenden Tagen erhalten nun die Parteien dieses Verfahrens Gelegenheit, Beweis zu führen.

Wiebke Kastager (Klägeranwältin): Wir werden nachweisen, dass die Versäumnisse der Bundesrepublik Deutschland unter dem Kanzler Gerhard Schröder und der Kanzlerin Dr. Angela Merkel die Klimaschutzvorgaben der EU-Kommission systematisch blockiert und ausgehebelt haben. Deutschlands CO_2-Emissionen pro Kopf liegen bei 8,1 Tonnen jährlich. In den Klägerländern liegt der Ausstoß durchweg unter 2 Tonnen. Dennoch sind sie ungleich härter vom Klimawandel betroffen. [...]

Dr. Angela Merkel (Bundeskanzlerin 2005-2020):
Wie sie wissen, hatte ich auf internationaler Ebene gegen massive Widerstände zu kämpfen. Wir hatten unberechenbare Gegner: Gegner, die den menschengemachten Klimawandel schlichtweg leugneten, aber auch Gegner, die einfach nur ihre spezifischen Länderinteressen ins Spiel brachten und sich im letzten Moment weigerten, eine bereits ausgehandelte Vereinbarung zu unterschreiben [...]. Die Bunderegierung hat nicht unwesentlich dazu beigetragen, dass Kyoto zu Ende verhandelt werden konnte und 2005 in Kraft trat. Uns ist es in zähen Vorverhandlungen gelungen, das Pariser Klimaabkommen so vorzubereiten, dass es schließlich ein Erfolg wurde. Im Übrigen hat Deutschland seine ehrgeizigen Klimaschutzziele immer erreicht, 2008, 2012 und 2020. [...]

Larissa Meybach (Klägeranwältin): Aber [...] was waren das für Ziele? Deutschland zählte weiter zu den höchsten CO_2-Emittenten weltweit. Die angeblich ehrgeizigen Ziele waren so moderat gesetzt, dass sie niemandem wehtaten.

Ökozid (2020)

M2 Beweisaufnahme zur Politik des Emissionshandels

Phillip Schneider (Umweltorganisation Germanwatch) wird von den Klägeranwältinnen Larissa Meybach und Wiebke Kastager befragt.

Larissa Meybach: Herr Schneider, Sie haben die Einführung von Klimaschutzmaßnahmen unter der Regierung Schröder unmittelbar begleitet. Können Sie uns den Prozess beschreiben?

Philipp Schneider: Lassen Sie mich kurz die Rahmenbedingungen erklären. 1998, ein Jahr nach Kyoto, sechs Jahre nach Rio. Zum ersten Mal hat sich die Welt auf verpflichtende Klimaziele geeinigt – zumindest für die Industrieländer. [...] Die EU wollte den CO_2-Ausstoß für Energiewirtschaft und Industrie verringern. Vorab sollte erfasst werden, wieviel CO_2 ein Unternehmen bislang ausstößt. Diese Menge wurde jedem Unternehmen an Emissionen zunächst zugestanden, der CO_2-Ausstoß sollte dann von Jahr zu Jahr sinken.

Larissa Meybach: Damit alle verstehen, worum es geht, stellen wir das kurz vor: Die Industrie sollte für jede Tonne CO_2 ein Verschmutzungsrecht, ein sogenanntes Zertifikat erwerben. Der CO_2-Ausstoß sollte stetig verringert werden, indem die Anzahl der Zertifikate, also die Anzahl der Berechtigungen, die Umwelt mit CO_2 zu verschmutzen, jährlich reduziert wird. Zusätzlich zur Reduktion sollten die Unternehmen für die Verschmutzungsrechte einen stetig steigenden Preis bezahlen. Das sollte die Industrie motivieren, in sauberere Technik zu investieren, um weniger zu emittieren. Man hätte damit auch Geld verdienen können: Ja, wenn ein Unternehmen sauberer wird, kann es überschüssige Zertifikate an ein Unternehmen verkaufen, das sie benötigt.

Philipp Schneider: Gerade Energieversorger wie RWE und Vattenfall und wichtige Industrieunternehmen waren strikt gegen den Emissionshandel. Sie wollten bei der freiwilligen Selbstverpflichtung bleiben. Die Konzerne hatten sich Ende der 90er-Jahre freiwillig zu einer Begrenzung verpflichtet. Was bei Überschreitung keinerlei Konsequenzen haben würde. Und dabei sollte es bleiben.

Wiebke Kastager: Hat die freiwillige Selbstverpflichtung der Industrie je zum Erfolg geführt?

Philipp Schneider: Erfolg für wen? Mir ist kein Fall bekannt, in dem die Industrie selbstgesteckte Ziele tatsächlich eingehalten hätte. [...] Wäre der Emissionshandel mit einem Mindestpreis von 20 Euro pro Zertifikat und entsprechend verschärfter Emissionsbegrenzung eingeführt worden, hätte Deutschland ab 2005 1,75 Milliarden Tonnen, Europa ca. 8 Milliarden Tonnen CO_2 eingespart. Das entspricht der Menge, die Deutschland in zehn Jahren ausstößt!

Ökozid (2020)

A

1 Erläutern Sie die ökologischen, völkerrechtlichen und politischen Voraussetzungen, auf denen das (fiktive) Gerichtsverfahren basiert, und nehmen Sie eine erste Einschätzung vor, ob die Klage zu Recht erhoben wird. Schauen Sie dazu nach Möglichkeit auch die Eingangssequenz des Filmes an. > M1 / Film (00:00:00–00:29:00)

2 Beurteilen Sie auf der Grundlage der Zeugenaussage Phillip Schneiders zum Emissionshandel, ob der Vorwurf von Versäumnissen in der Klimapolitik gegen die Bundesrepublik berechtigt ist. Schauen Sie zur Beantwortung dieser Frage nach Möglichkeit auch die Aussagen der weiteren Zeugen zu dieser Frage an. > M2 / Film (00:33:22–00:48:45)

3 Schauen Sie die Filmsequenz an, in der es um die Politik der Regierung Merkel im Automobilsektor geht, und bilden Sie sich ein Urteil darüber, ob die diesbezüglichen Vorwürfe der Kläger berechtigt sind. > Film (1:05:23 –1:16:02)

4 Schauen Sie die Schlusssequenz des Filmes an und nehmen Sie Stellung zur Einlassung der ehemaligen Bundeskanzlerin Angela Merkel und zum Urteil des Gerichts. > Film (1:17:00–1:29:10)

5 Recherchieren Sie aktuelle Daten zur Klimaschutzpolitik der Bundesrepublik Deutschland und beurteilen Sie, ob die im Film erhobenen Vorwürfe diesbezüglich berechtigt sind.

Medienhinweis:
Ökozid (Fernsehfilm D 2020, Regie: Andreas Veiel, ARD-Mediathek)

Frieden mit der Natur schließen

M1 Klaus Michael Meyer-Abich: Die Idee des Naturstaates

Der Physiker und Philosoph Klaus Michael Meyer-Abich (1936-2018) war Wirtschaftssenator in Hamburg und lehrte Naturphilosophie an der Universität Essen.

[D]ie Entwicklung des modernen Rechtsstaats seit der bürgerlichen Revolution [...] ist durch zwei große Krisen gekennzeichnet, die soziale des 19. Jahrhunderts und die jetzige Umweltkrise. [...] Soweit Lösungen gefunden worden sind, die Ausbeutung von Menschen durch Menschen in der frühkapitalistischen Wirtschaft zu begrenzen, haben sie die allgemeine Form, jede Wirtschaftstätigkeit von Staats wegen unter die Bedingung der sozialen Verantwortlichkeit zu stellen. Im Grundgesetz kommt diese Bedingung im Artikel 20 so zum Ausdruck, dass unser Staat ein „Sozialstaat" ist. [...] Mit der Konstituierung des Sozialstaats sind andere Probleme dringlicher geworden als dieses. Im 20. Jahrhundert ist vor allem die Zerstörung der Lebensgrundlagen so bedrohlich, dass davon nicht nur die Bewährung und der Fortbestand eines bestimmten Wirtschaftssystems abhängen, sondern das Überleben dieses Staats und der Industriegesellschaft insgesamt. Das Problem ist sonst dem des vergangenen Jahrhunderts analog. Erneut geht es darum, dass die produktiven Kräfte der Wirtschaftstätigkeit den Rahmen sprengen, in dem allein sie produktiv sein können. Wiederum sind es Einzelinteressen, die sich zulasten des Ganzen geltend machen, so dass die gesellschaftlichen Kosten größer sind als die einzelwirtschaftlichen und auf Kosten des Ganzen gewirtschaftet wird. [...]

[...] Das Ganze, innerhalb dessen das allgemeine Interesse nun zu wahren ist, umfasst außer den Menschen in ihrem gesellschaftlichen Verbund auch die uns umgebende Welt: Tiere, Pflanzen, Landschaften, den Wasserhaushalt und das Klima. In der Natur ist die Menschheit keine geschlossene Gesellschaft. Die Frage ist nun, ob die nichtmenschliche Natur als ein Teil der Allgemeinheit gelten soll, für die der Staat verantwortlich ist, ob der Staat sich für die natürliche Mitwelt also in ähnlicher Weise zuständig fühlen soll wie für die im 19. Jahrhundert diskriminierten Teile der Gesellschaft. Ist das Ganze, dessen Interesse künftig zu wahren wäre, umfassender abzugrenzen als bisher, und wäre der Staat daraufhin auch als ein „Natur-Staat" zu bestimmen? [...]

Den Schutz der natürlichen Mitwelt als ein Staatsziel in die deutsche Verfassung aufzunehmen, wäre ein deutliches Signal, um die Autonomie der Wirtschaft, industriegesellschaftliche Interessen zu Lasten der übrigen Welt und des Ganzen der Natur durchzusetzen, zu beschränken. [...]

Angesichts der Zerstörung der Lebensgrundlagen durch die industriegesellschaftliche Aneignung der natürlichen Mitwelt sollte die Verfassung bereits in der Präambel nicht nur im Bewusstsein unserer „Verantwortung vor Gott und den Menschen", sondern auch in dem der Verantwortung für die Natur dem staatlichen Leben eine Ordnung geben.

Aufstand für die Natur (1990)

M2 Klaus Michael Meyer-Abich: Bedingungen des Friedens mit der Natur

[W]ir Menschen sind nicht das Maß aller Dinge. Die Menschheit ist mit den Tieren und Pflanzen, mit Erde, Wasser, Luft und Feuer aus der Naturgeschichte hervorgegangen als eine unter Millionen Gattungen am Baum des Lebens insgesamt. Sie alle sind nicht nur um uns, sondern mit uns, nicht nur unsere Umwelt, sondern unsere Mitwelt. Wir sind mit unserer natürlichen Mitwelt, mit den Tieren, Pflanzen und Elementen, sogar naturgeschichtlich verwandt. Im Ganzen der Natur sind sie unseresgleichen, und wir sind ihresgleichen. Im Frieden mit der Natur haben wir die natürliche Mitwelt deshalb nicht nur um unseretwillen, sondern auch um ihrer selbst willen zu respektieren. Die natürliche Mitwelt ist keine Ressource.

[...] Angesichts der – weitgehend von uns zu verantwortenden – Not unserer natürlichen Mitwelt wird es Zeit, uns auch ihr gegenüber zu erinnern, dass Menschen nicht immer nur für sich selber da sind. [...]

Der Frieden mit der Natur ist ein politisch-naturphilosophisches Konzept, um die politische und wirtschaftliche Organisation der Industriegesellschaft in Einklang mit der Ordnung der Natur zu bringen. Ist der Friede generell diejenige politische Ordnung, in der die – jederzeit bestehenden – Konflikte möglichst nicht gewaltsam ausgetragen werden, so ist auch die Grundbedingung des Friedens mit der Natur, dass Interessen der Menschheit gegenüber denen der Mitwelt möglichst nicht gewaltsam geltend gemacht werden.

Der Frieden mit der Natur ist jedoch zunächst ein Friede des Teils (der Menschheit) mit dem Ganzen, zu dem auch die natürliche Mitwelt gehört, und erst von daher ein Friede mit dieser. In der Bemächtigung über die natürliche Mitwelt den Frieden zu suchen, ist die politische Voraussetzung dafür, dass den technischen und administrativen Möglichkeiten des Umweltschutzes überhaupt Raum gegeben wird.

Der Frieden mit der Natur sollte durch eine Art Waffenstillstand eingeleitet werden, in dem die folgenden Bedingungen gelten:

1. Menschliche und mitweltliche Interessen sollten bis auf weiteres so gegeneinander abgewogen werden, dass die Umweltzerstörung auf das Maß derjenigen, die es vor etwa einem Jahrhundert gegeben hat, zurückgeführt wird. Weder die Erhaltung des Bestehenden noch die unberührte Natur kann ein sinnvolles Ziel sein.
2. Man soll – nach einem Gleichnis von Rousseau – dem Verletzten nicht das Messer aus der Wunde ziehen, damit er nicht verblutet. Die industriegesellschaftliche Umweltzerstörung wird deshalb noch auf Jahre hinaus das kleinere Übel gegenüber einer radikalen Umweltpolitik sein, unter der die industrielle Wirtschaft zugrundegehen würde.
3. Umkehr der Beweislast: Es soll nicht mehr nur das verboten sein, was nachgewiesenermaßen schädlich ist, sondern nur noch erlaubt sein, was nach bestem Wissen unschädlich ist.
4. In das Grundgesetz sollte ein Grundrecht auf Heimat aufgenommen werden, das der Zerstörung gewachsener Verhältnisse durch die industrielle Wirtschaftsdynamik eine kulturelle Grenze setzt. Soweit sie zur Heimat gehört, kann die natürliche Mitwelt nicht mehr als Material und Ressource angesehen werden. Ein Bauer z. B., der für seine Felder nur um ihres Marktwertes willen sorgt, hat seine Heimat verloren.

Die längerfristigen Bedingungen des Friedens mit der Natur in Recht und Wirtschaft sind:

1. Die menschlichen Interessen sind gegen die der natürlichen Mitwelt abzuwägen. Dabei darf nicht einer der beiden Seiten grundsätzlich der Vorzug vor der anderen gegeben werden.
2. Obwohl das Abwägungsgebot in der Regel zu keinen eindeutigen Entscheidungen führen wird, ändert sich die politische Situation doch bereits durch die damit verbundene Rechtfertigungspflicht.
3. Frieden mit der Natur bedeutet darüber hinaus, dass das Verhalten der Menschheit gegenüber der natürlichen Mitwelt in einer über die Menschheit hinausgehenden, natürlichen Rechtsgemeinschaft verfassungsmäßig geregelt wird. Es genügt nicht, dass unser Staat ein Sozialstaat ist.
4. Zum Frieden mit der Natur gehören Wirtschaftsentwicklungen, nach Art des organischen Wachstums, die auf Sättigungskurven verlaufen und im Interesse des Ganzen ihre Grenzen finden. [...]

Der Frieden mit der Natur wäre die Lebensform einer naturgeschichtlich erwachsen gewordenen Menschheit.

Dreißig Thesen zur praktischen Naturphilosophie (1986)

A

1 Erläutern Sie Klaus Michael Meyer-Abichs Analogie zwischen Sozialstaat und Naturstaat und nehmen Sie Stellung zu seiner Forderung, den Schutz der natürlichen Mitwelt als Staatsziel in die deutsche Verfassung aufzunehmen. > M1

2 Diskutieren Sie die von Meyer-Abich aufgeführten Bedingungen des Friedens mit der Natur. > M2

3 Entwickeln Sie weitere/eigene Ideen, wie die „Lebensform einer naturgeschichtlich erwachsen gewordenen Menschheit" aussehen könnte. > M2

Wissen kompakt

Positionen de

Anthropozentrismus

- Werte sind Werte für den Menschen (gr. *anthropos*).
- Nur Menschen haben einen moralischen Status.

Instrumenteller Anthropozentrismus

(z. B. in einer verkürzten wirtschaftswissenschaftlichen Sicht)

Der Mensch steht der Natur gegenüber.

- Die Natur ist ein Mittel, um menschliche Bedürfnisse zu erfüllen.
- Sie verdient Rücksicht nur um des Menschen willen.

Pathozentrismus

(Peter Singer)

Alle empfindungsfähigen Wesen verdienen Rücksicht um ihrer selbst willen.

Das Wohlergehen je
Menschli

Gemäßigter Physiozentrismus / Nicht-instrumenteller Anthropozentrismus

(Angelika Krebs)

- Der Mensch ist Teil der Natur.
- Die Natur soll als Lebensgrundlage des Menschen erhalten werden.
- Sie hat keinen bloß instrumentellen Wert, sondern auch einen Eigenwert (inhärenter Wert).

aturethik

Physiozentrismus
- Werte sind unabhängig vom Menschen.
- Die Natur (gr. *physis*) hat einen Eigenwert.

Biozentrismus
(Nicholas Rescher, Paul W. Taylor)

Alles Lebendige verdient Rücksicht um seiner selbst willen.

Holismus
(Arne Naess, Tiefenökologie)

Alles in der Natur verdient Rücksicht um seiner selbst willen.

'hysiozentrischer Egalitarismus
ewesens bzw. Bestandteils des Ökosystems ist von gleichem Wert.
'te sind nicht höher anzusetzen als nicht-menschliche.

Konflikte
bei der Abwägung zwischen wirtschaftlichen Werten und dem Wert der Natur
bei der gerechten Verteilung der Kosten des Klimaschutzes unter den Staaten der Erde
...

Frieden mit der Natur
- Abwägung menschlicher Interessen gegen die der natürlichen Mitwelt, ohne einer Seite grundsätzlich einen Vorrang zu geben
- Rechtliche Regelung des Verhältnisses von Mensch und natürlicher Mitwelt der Erde
- ...

Dürfen wir alles machen, was wir können?

M1 Effekte von Vulkanausbrüchen erzeugen

Das Jahr 1816 ging in Europa und Nordamerika infolge eines Vulkanausbruchs auf der indonesischen Insel Sumbabwa als „Jahr ohne Sommer" in die Geschichte ein. Bei Vulkanausbrüchen gelangen neben der Asche auch große Mengen an Schwefeldioxid in die Atmosphäre, die das Sonnenlicht ins All reflektieren, was zu einer Abkühlung der Erde führt. Das brachte den US-amerikanischen Nobelpreisträger Paul Crutzen 2016 auf die Idee des Solar Radiation Managements (SRM). Flugzeuge oder Ballons könnten in einer Höhe von mindestens 15 km über den Wolken Schwefeldioxid versprühen. Wenn durch ständigen Nachschub etwa 5 t davon in der Luft gehalten werden, lässt sich dadurch ein Abkühlungseffekt erzielen, der den Forderungen der internationalen Klimaschutzabkommen entspricht.

Es bestehen allerdings einige Vorbehalte gegen diese Technologie. Einer Studie zufolge könnte die große Menge an Schwefeldioxid in der Stratosphäre nicht vorhersehbare meteorologische Nebenwirkungen haben. So besteht etwa die Gefahr, dass die Aerosole die Ozonschicht angreifen. Unkalkulierbar sind auch die Auswirkungen, die das SRM auf den Wasserkreislauf und das regionale Klima haben könnte. Schwere Schäden für Mensch und Natur sind nicht auszuschließen.

Autorenbeitrag

M2 Mischwesen aus Mensch und Tier herstellen

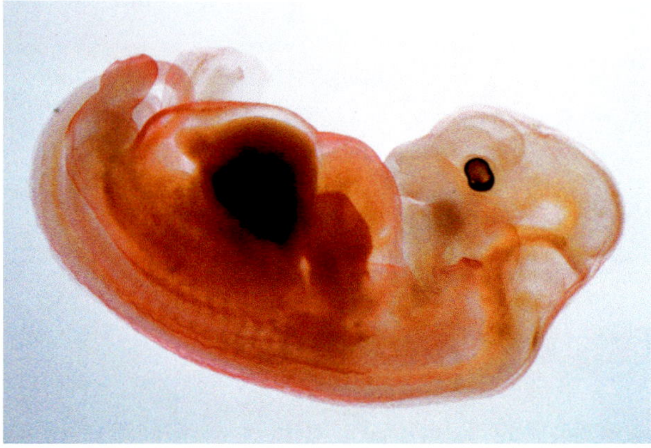

Die Idee ist simpel: Nimm menschliche Stammzellen und spritze sie in einen frühen tierischen Embryo. Handelt es sich etwa um ein Schwein, das aufgrund eines Gendefekts ein Organ, beispielsweise die Bauchspeicheldrüse, nicht mehr bilden kann, springen die menschlichen Zellen im Laufe der Entwicklung ein und bilden das lebenswichtige, Insulin produzierende Organ. Es wächst ein Schwein mit menschlicher Bauchspeicheldrüse, die dann entnommen und etwa schwerkranken Diabetespatienten eingepflanzt werden kann. Hiromitu Nakauchi wird der erste Wissenschaftler sein, der diese Idee nun testen darf. Das japanische Bildungs- und Wissenschaftsministerium hat jetzt neue Regularien erlassen, die es dem Forscher, der an der Universität Tokyo und der Stanford University in Kalifornien arbeitet, erlaubt, menschliche Stammzellen in Maus- und Rattenembryos einzusetzen und in der Gebärmutter entsprechender Leihmuttertiere bis zur Geburt heranwachsen zu lassen.

Mit den neuen Richtlinien haben Forscher in Japan nun bessere Möglichkeiten, die Methode auf ihre Anwendbarkeit beim Menschen zu testen, als etwa in den USA. Dort [haben] die National Institutes of Health, die wichtigste Finanzierungsquelle für derartige Wissenschaft, [...] 2015 [...] ein Moratorium* für Chimären-Experimente ausgerufen. *tagesspiegel.de (2016)*

M3 Hans Lenk / Günter Ropohl: Technik – Vision oder Albtraum?

Die Technik hat Berge versetzt und Flüsse verlegt, aber auch Wälder zerstört und Städte zerrissen. Die Technik hat Märchenwünsche erfüllt, aber auch Alpträume wahrgemacht. Das Schlaraffenland als Automatenparadies oder die Apokalypse des atomaren Infernos – beide Zukunftsvisionen können Wirklichkeit werden. [...] Wir fliegen in wenigen Stunden von Kontinent zu Kontinent; Astronauten umrunden die Erde in der gleichen Zeit viermal. Kein Winkel des Planeten erscheint mehr unerreichbar: selbst in Tiefseegräben fahren unbemannte Tauchboote. Kleinkameras lichten Magen und Blutadern von innen ab, rechnergesteuerte Diagnosegeräte prüfen den Körper scheibchenweise auf Herz und Nieren. Schon wurden Kröten aus dem Erbgut von sechs Eltern und Großmäuse mit eingesetzten Rattengenen künstlich erzeugt. Schon kann man das Erbgut bei Lebewesen vervielfältigen und kopieren. Schon werden Verfahren patentiert, mit denen man neuartige Bakterienstämme erzeugt, die beispielsweise Öl verzehren können. [...] Tatsächlich haben die Menschen beträchtliche Teile der Erde in eine technische Landschaft verwandelt. Und seit 1969 der „Mann im Mond" zur Wirklichkeit wurde, schicken sich die Menschen an, ihre Herrschaft über die Erde auch in den Weltraum auszudehnen. All dies – und vieles mehr – ist das Ergebnis technischer Handlungsmacht. [...]

Die Technisierung hat den Möglichkeitsraum soziotechnischen Handelns ins schier Unermessliche ausgeweitet. Die Menschen haben sich, als sich die Möglichkeit einstellte, nicht einmal gescheut, Bomben herzustellen, die den ganzen Planeten, ihre eigene Gattung und alles andere Leben zerstören können. Einer, der daran mitgewirkt hat, Edward Teller, erklärte 1975 ausdrücklich: „Der technische Mensch soll das, was er verstanden hat, anwenden" und „sich dabei keine Grenze setzen"; „was man verstehen kann, das soll man auch anwenden". Aus dem Können folgt das Sollen – so kann man diese Handlungsregel zuspitzen, die auch als technologischer Imperativ bezeichnet wird: Je mehr Handlungsmöglichkeiten die Menschen durch Technik gewinnen, desto mehr sollten sie ausführen, um ihre technische Macht real zu etablieren. Doch gerade das Beispiel der Wasserstoffbombe zeigt überdeutlich die ganze Problematik dieser Handlungsregel; denn konsequent befolgt, würde sie jede weitere Handlungsregel gegenstandslos machen: es gäbe keine Menschen mehr, die noch Handlungen ausführen könnten und sollten. Viele andere Folgen und Nebenwirkungen der Technisierung haben in den letzten beiden Jahrzehnten die Zweifel verstärkt, ob man wirklich alles machen soll, was man machen kann. Über das Pro und Kontra wird denn auch inzwischen eine leidenschaftliche Debatte geführt, doch ist diese Diskussion selten bis zum philosophischen Kern des Problems vorgedrungen.

Die Philosophie – und vor ihr die mythischen und religiösen Orientierungssysteme – hat nämlich schon immer gewusst, dass die Menschen mehr können, als sie dürfen. Ein Mensch kann einen anderen töten, er kann ihn berauben, er kann ihn belügen. Doch seit jeher gibt es moralische Regeln, die solche Handlungsmöglichkeiten verwerfen. Es bedürfte keiner Moral, wenn die Menschen alles, was sie können, auch tun sollten. So erweist sich der technologische Imperativ als Perversion jeglicher Moral, ja als die proklamierte Unmoral. Welche technischen Handlungsmöglichkeiten aber dürfen die Menschen verfolgen, welche sollen sie verfolgen? Wie lassen sich Handlungsregeln begründen, die den Menschen angemessene Leitlinien für soziotechnisches Handeln geben? Gute Gründe dafür zu finden, warum man aus der Menge möglicher Handlungen nur ganz bestimmte Handlungen ausführen soll, ist schon immer die Kernfrage der Ethik gewesen. Und im technischen Zeitalter muss diese Frage erst recht gestellt werden, da die Technik die Menge der möglichen Handlungen so gewaltig vermehrt hat. *Technik und Ethik (1987)*

1 Diskutieren Sie die Vor- und Nachteile der dargestellten technischen Verfahren und beurteilen Sie, ob ihre Anwendung erlaubt sein soll. > M1/M2

2 Stellen Sie dar, wie Lenk und Ropohl den technologischen Imperativ bewerten, und nehmen Sie Stellung zu ihrer Auffassung. > M3

Herausforderung: Technikfolgen einschätzen

M1 Günter Ropohl: Eine vollständige Systemanalyse

Die Annahme, technische Sachsysteme bewirkten nichts als die beabsichtigte Zweckerfüllung, scheint unausgesprochen die Technisierungsstrategien bis in die Gegenwart beherrscht zu haben [...]. [Aber nur] eine technizistische Scheuklappenmentalität konnte der Illusion erliegen, es bliebe, wenn man technisch fortgesetzt neue Wirklichkeit erzeugt, in Natur und Gesellschaft gleichwohl alles beim Alten. [...] [Insbesondere wurde] durchweg vernachlässigt, dass zahlreiche Nebenfolgen nicht erst aus der Unberechenbarkeit menschlicher Verwendungszusammenhänge hervorgehen, sondern von vornherein in der technischen Konzeption der Sachsysteme selbst angelegt sind. Sobald man aber alle Eingangs- und Ausgangsgrößen eines Sachsystems durchmustert, entdeckt man mühelos all jene funktionalen Nebenbedingungen und Nebenfolgen, die angeblich so unerwartet auftreten.

So bringt die vollständige Systemanalyse eines Verbrennungsmotors sofort zutage, dass er je Betriebsstunde nicht nur fünfzig Kilowattstunden mechanische Arbeit bereitstellt, sondern dass er auch ein paar Kilogramm des nicht erneuerbaren Rohstoffs Erdöl verbraucht, dass er einige Gramm Kohlenstoff- und Stickstoffoxide abgibt und dass er ein Geräusch von siebzig Dezibel erzeugt. Wenn man mit diesem technischen Prinzip mechanische Arbeit gewinnen will, sind Rohstoffverbrauch, Luftverschmutzung und Lärmbelästigung die notwendigen Begleiterscheinungen [...]. Wem solche Nebenfolgen unerwartet erscheinen, der versteht nichts von der Sache, und wer die Technikbewertung für unmöglich hält, weil zukünftige Folgen nicht prognostizierbar wären, der bestreitet wider besseres Wissen die schlichte Rechenregel, dass man die Zahlenwerte der Umweltbelastung bloß mit der Anzahl gleichzeitig zu betreibender Verbrennungsmotoren multiplizieren muss, um die Gesamtbelastung zu ermitteln [...].

Es gibt also eine Art von Technikfolgen, die eigentlich gar nicht „Nebenfolgen“ heißen dürften, weil sie mit der Funktion eines gegebenen Sachsystems zwangsläufig auftreten; solche unerwünschten Folgen nennt man nicht gerne Zwecke, aber sie sind nichts anderes als die Rückseite der Münze, die man prägt. [...] [Darüber hinaus muss man] auch die Bedingungen einbeziehen [...], die [für den Einsatz der Technologie] zu schaffen sind. So ist die Treibstoffzufuhr in sachtechnologischer Perspektive zunächst lediglich eine Bedingung für den Betrieb des Verbrennungsmotors, eine Bedingung freilich, die in ökotechnologischer Perspektive den Verbrauch nicht erneuerbarer Energieträger als Folge impliziert. [...] Unübersichtlicher wird es zugegebenermaßen, wenn man den Bedingungs- und den Folgenbaum in die ökotechnischen und soziotechnischen Systeme hinein verfolgt. So ist es im Beispiel nicht von vornherein zu erkennen gewesen, ob und in welcher Weise die Emissionen des Verbrennungsmotors Sekundäreffekte in der Atmosphäre bewirken, und ganz klar scheint es den Experten selbst heute noch nicht zu sein, welche Zusammenhänge es mit der erdnahen Ozonbildung und dem erdfernen Treibhauseffekt gibt.

Ethik und Technikbewertung (1996)

Technikbewertung

Unter Technikbewertung versteht man ein systematisches Vorgehen, das den Stand einer Technik und ihre Entwicklungsmöglichkeiten analysiert, unmittelbare und mittelbare technische, gesundheitliche, ökologische, soziale und andere Folgen dieser Technik abschätzt und nach ethischen Kriterien bewertet. Diese Bewertung wird entweder individuell (von den entwickelnden Ingenieurinnen und Ingenieuren), korporativ (von den herstellenden und beteiligten Unternehmen) oder in institutionalisierter Form (vom Institut für Technikfolgenabschätzung und Systemanalyse, vom Deutschen Ethikrat u. a.) durchgeführt.

M2 Christoph Hubig: Handlungsleitende Werte

Christoph Hubig (*1952) lehrte Wissenschafts- und Technikphilosophie an der Universität Stuttgart.

Wissenschaftler und Ingenieure, die die Resultate ihrer Arbeit nicht nur an den Kriterien der Effektivität (hervorzubringende Wirkung, neues Resultat) und Effizienz (Minimierung des Aufwands) orientieren, finden sich vor die Herausforderung gestellt, den Dreischritt „Folgenabschätzung – Bewertung – ethische Begründung" zu vollziehen. Der Bewertung kommt dabei in zweifacher Hinsicht eine Schlüsselfunktion zu: Folgenabschätzung operiert mit unsicherem Wissen, das hinsichtlich seiner Gültigkeit immerfort bewertet werden, d. h. in seiner angenommenen Relevanz an erkannt werden muss (im Blick auf die Methoden und Kriterien seiner Gewinnung, des Einräumens von Risiken z. B. beim Akzeptieren von Nachweisbarkeitsgrenzen etc.). Folgenabschätzung setzt insofern Bewertung voraus. Auf der anderen Seite stellt das Feld ethischer Begründungsstrategien abstrakte Prinzipien vor, die der Umsetzung bedürfen, und zwar einer Umsetzung, die, wie anderenorts gezeigt, sich nicht zwangsläufig aus diesen Prinzipien ergibt, sondern eigener Kriterien bedarf, die die Überbrückung in die Praxis leisten. Im Vollzug der Bewertung erfahren diese Prinzipien allererst ihre Aktualisierung und Herausforderung. Die Umsetzung bedarf materialer Werte, an denen sich das Handeln im Einzelfall orientieren kann, d. h. an denen es seine Mittel und Zwecke qualifiziert.

Technik- und Wissenschaftsethik (1993)

M3 Werteoktogon

Ein weithin bekannter Versuch, moralische Grundintuitionen als Basiswerte einer Technikbewertung zu systematisieren, wurde im Rahmen der Richtlinie *Technikbewertung* des Vereins Deutscher Ingenieure (VDI) unternommen. In ihr sind acht Grundwerte in einem Werteoktogon (Werteachteck) zusammengefasst:

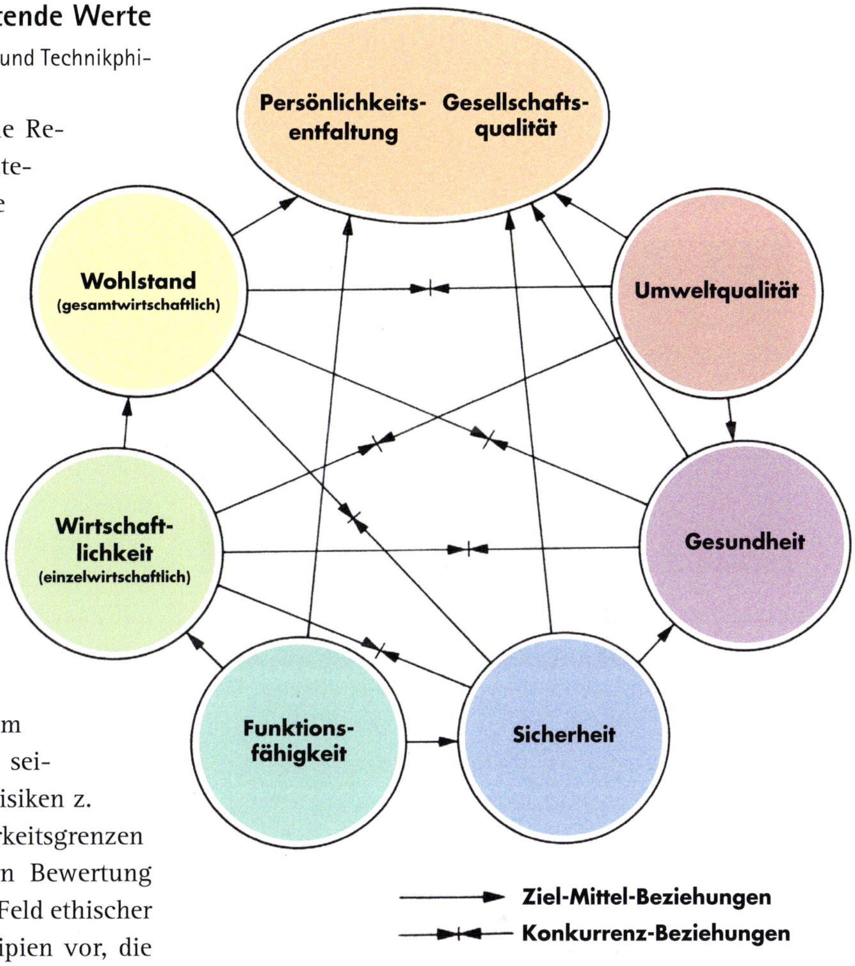

Werteoktogon, Werte im technischen Handeln (aus: VDI 1991)

A

1 Erklären Sie, warum die Bewertung technischer Produkte nach Günter Ropohl eine nicht zu vernachlässigende Aufgabe ist. > M1

2 Bewerten Sie die Technologie des Verbrennungsmotors nach dem von Christoph Hubig dargestellten Dreischritt. > M1/M2

3 Erläutern Sie an Beispielen, welche Wertekonflikte sich innerhalb des Werteoktogons (zwischen den dargestellten Werten) ergeben könnten. > M3

4 Teilen Sie sich in Gruppen und erstellen Sie jeweils eine Rangordnung der Werte, die Sie im Rahmen von Technikbewertungen für grundlegend halten. Begründen Sie Ihre Auswahl. > M1-M3

Menschen klonen – ein Dammbruch?

M1 Forscher klonen erstmals menschliches Leben

Forschern in Oregon ist es erstmals gelungen, menschliche Embryonen aus Hautzellen zu klonen [...] und genetisch identische Embryonen herzustellen. [...] [Das] ist nicht nur ein wissenschaftlicher Durchbruch, sondern eröffnet faktisch auch die ethisch höchst problematische Möglichkeit, Menschen zu kopieren. [...] Ausgangspunkt waren Hautzellen von Kindern gewesen, in denen wie in allen Zellen eines menschlichen Körpers die vollständige Erbinformation (DNA) enthalten ist. Kerne dieser Zellen wurden von dem Wissenschaftlerteam [...] in Spender-Eizellen verpflanzt und daraus in Kulturschalen mit Nährflüssigkeit Embryonen gewonnen. Diese wären lebensfähig gewesen, wenn man das Experiment nicht nach sieben Tagen abgebrochen hätte. Zu diesem Zeitpunkt bestanden die Embryonen aus 150 Zellen. Tatsächlich ging es diesen Forschern nicht darum, menschliche Klone zu erschaffen – aus diesem Embryo hätte sich ja ein Baby entwickelt, das genetisch identisch zu jenem Kind ist, dem die Hautzelle entnommen worden war – [...], [sondern] darum, menschliches Gewebe und letztlich sogar Organe zu gewinnen, mit denen [...] an einer Krankheit leidenden Kindern geholfen werden kann. Aber auch dieses sogenannte therapeutische Klonen wirft große ethische Fragen auf und wird seit Jahren kontrovers diskutiert. [...] Jetzt haben Wissenschaftler demonstriert, dass sich Menschen tatsächlich klonen lassen. *Welt.de (2015)*

M2 Albin Eser u. a.: Soll Klonierung beim Menschen zulässig sein?

Der Rechtswissenschaftler Albin Eser (*1935) und weitere Experten haben für den Rat für Forschung, Technologie und Innovation eine ethisch-rechtliche Bewertung der Klonierung beim Menschen erarbeitet.

Individualität und personale Identität eines Menschen gehen nicht in seiner genetischen Ausstattung auf, sondern sind Resultat einer in Wechselwirkung mit der Umwelt sich vollziehenden Entfaltung. Will man der Würde der Person entsprechen und einen genetischen Determinismus vermeiden, dann muss selbstverständlich dem aus *natürlicher* Mehrlingsbildung entstandenen Menschen die gleiche Würde zukommen wie allen anderen Menschen. Selbst wenn gegen alle Verbote ein geklonter Mensch entstünde, hätte er die gleiche Würde wie jeder andere. Problematisch an der Klonierung von Menschen ist also nicht die Übereinstimmung seines Genoms mit dem eines anderen Menschen, sondern die Tatsache, dass ein Mensch als Mittel zu einem Zweck hergestellt wird, der nicht er selbst ist, und dass ihm zu diesem Zweck die genetische Gleichheit mit einem anderen Menschen auferlegt wird. Offenkundig ist dies der Fall, wenn ein Mensch deshalb geklont wird, weil er einen anderen Menschen gleichen Genoms ersetzen, für einen anderen als Organ- oder Gewebespender dienen oder als Kind die genetische Wiederholung des Menschen sein soll, von dem der transplantierte Zellkern stammt, – von einer Klonierung zu eugenischen* oder kommerziellen Zwecken ganz abgesehen. In jedem dieser Fälle wird die genetische Identität um eines Zweckes willen manipuliert, dem der hergestellte Mensch dienen soll. Er soll der sein, dem sein Genom gleicht, oder existieren, um durch seine genetische Gleichheit einem anderen zu dienen. Damit aber sind mehrere der genannten Prinzipien verletzt: Einen Menschen in seiner genetischen Identität zu manipulieren, um ihn den Zwecken Dritter zu unterstellen, stellt ohne Zweifel eine Instrumentalisierung dar, die […] gegen die mit dem Prädikat der Würde geschützte Selbstzwecklichkeit verstößt, die dem Menschen als Person zukommt. Das als Zwilling hergestellte Kind stünde unter der Erwartung, den Menschen wiederholen müssen, dessen Genom es trägt. Es hätte ein vorgelebtes Leben zu leben und wäre nur akzeptiert wegen der Übereinstimmung seiner genetischen Identität mit einer anderen und nicht um seiner eigenen „fremden" Identität wegen. Es ist also die Verbindung mit den Zwecken Dritter, die die Verdoppelung des Genoms zum Verstoß gegen die Würde der individuellen Person und der daraus resultierenden Rechte macht. […] Offensichtlich hat der Zufall, nach dem sich im Vorgang der Zeugung die haploiden* Keimzellen zu einem neuen individuellen Genom verbinden, die Wirkung, den betroffenen Menschen davor zu schützen, Objekt der biologischen Vorbestimmung durch Dritte zu sein, wahrt also die Freiheit des Menschen vor der Unterwerfung unter genetische Fremdbestimmung. […] [D]ann scheint es so etwas zu geben wie ein Recht der Person, von zwei biologischen Eltern gezeugt und in ihrer genetischen Identität nicht manipuliert zu werden. Anders als der eineiige Zwilling stünde der aus gezielter Klonierung hervorgegangene Mensch unter einer heteronomen Zwecksetzung, die die Entfaltung der Individualität jener Offenheit und Freiheit beraubte, wie sie unter dem Titel der freien Entfaltung der Persönlichkeit geschützt ist.

Dagegen kann nicht mit Gründen argumentiert werden, die – wie im Fall der Unfruchtbarkeit beider Partner oder der Gefahr der Übertragung einer schweren Erbkrankheit – auf bestimmte Interessenlagen Einzelner oder auf Konstellationen abheben, die die befürchtete Instrumentalisierung nicht notwendig eintreten lassen. Offensichtlich stehen die freie Entfaltung der individuellen Person mit der Wahrung der Struktur der natürlichen Reproduktion in einem so engen ganzheitlichen Zusammenhang, dass um der Würde und Freiheit der individuellen Person willen auch die Würde der mit der menschlichen Gattung verbundenen natürlichen Reproduktion respektiert werden muss. […]

Gegen diese Begründung kann eingewendet werden, dass sie nur auf die Klonierung zutrifft, die das Ziel hat, einen Menschen gleichen Genoms wie ein anderer Mensch ins Leben zu rufen, dass dies aber nicht der Fall ist, wenn die Klonierung dem Ziel dient, menschliche Embryonen zu Zwecken der Diagnose oder der Forschung herzustellen und damit die Behandlung der Infertilität zu verbessern […]. In der Tat ist bei der Prüfung dieser Ziele auf andere als die oben genannten Gründe zurückzugreifen. Diese Gründe hängen freilich davon ab, welchen moralischen und rechtlichen Status man dem menschlichen Embryo in seinen verschiedenen Entwicklungsstadien zuordnet. Geht man – wie das deutsche Embryonenschutzgesetz und die Rechtsprechung des Bundesverfassungsgerichts – davon aus, dass das menschliche Lebewesen von seinem Beginn bei der Kernverschmelzung* an unter dem Schutz der menschlichen Würde steht, verbietet sich die Klonierung zu Zwecken der Diagnose ebenso wie zu Zwecken der Forschung, weil sie den Embryo in seiner Gesamtheit als Mittel zum Zweck benutzt.

Klonierung beim Menschen (1997)

A

1. Beschreiben Sie Ihre Assoziationen bei der Betrachtung der Abbildung. > M1
2. Diskutieren Sie die verschiedenen Anwendungsmöglichkeiten, die mit dem biotechnischen Verfahren des Klonierens von Embryonen eröffnet werden. > M1
3. Erläutern Sie die Werte, die bei den jeweiligen Verfahren tangiert sind, und erarbeiten Sie die Argumente, die im Text angeführt werden. > M2 H
4. Simulieren Sie eine Sitzung eines Ethikrates, der über die Zulässigkeit der Klonierung beim Menschen abstimmt. Anwesend sind neben der oder dem Vorsitzenden
   - ein Ethiker / eine Ethikerin,
   - ein Jurist / eine Juristin,
   - ein Mediziner / eine Medizinerin, der bzw. die sich für die Möglichkeit des Klonens zu reproduktiven Zwecken einsetzt,
   - ein Forscher / eine Forscherin, dem bzw. der daran gelegen ist, Embryonen für Forschungszwecke zu gewinnen,
   - ein Theologe / eine Theologin, der bzw. die im Klonieren an sich einen Verstoß gegen die Menschenwürde sieht.

Gentechnische Manipulation des Menschen?

M1 Gentechnische Manipulation des Menschen

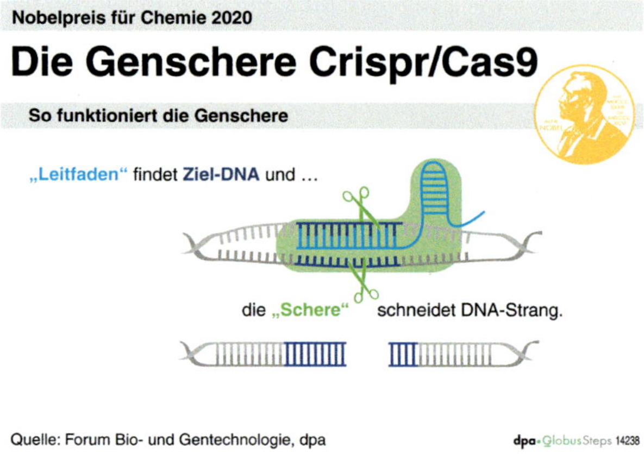

Die chinesische Regierung bestätigte im Jahr 2018, dass es dem Forscher He Jiankui gelungen war, mithilfe der Genschere Crispr-Cas gegen HIV immunisierte Embryonen durch künstliche Befruchtung zu erzeugen. Bei einem der acht am Versuch teilnehmenden Paare kam es zu einer Schwangerschaft der Frau und der Geburt der Zwillinge Nana und Lulu.

M2 Peter Dabrock, Reinhard Merkel: Dürfen wir uns genetisch optimieren?

Der Theologe Peter Dabrock (*1964), damals Vorsitzender des Deutschen Ethikrats, und Reinhard Merkel (s. S. 45) führten auf der philcologne 2019 ein vom Philosophie Magazin (PM) organisiertes Gespräch. Die Fragen stellte Barbara Bleisch.

PM: Herr Merkel, Herr Dabrock, am 26. November 2018 kamen zum ersten Mal in der Menschheitsgeschichte genetisch veränderte Babys zur Welt. War dieser Eingriff in die menschliche Keimbahn ein Tabubruch?

Peter Dabrock: Für mich war das in der Tat ein Tabubruch, genauer gesagt: ein unverantwortlicher Menschenversuch. Die Risiken, die mit diesem Versuch einhergehen, sind überhaupt noch nicht absehbar. [...]

Reinhard Merkel: [...] So wird etwa vermutet, dass das veränderte Genom der beiden Mädchen ihre Lebenserwartung verkürzen könnte. Und das ist nur eines der Risiken, die mit dem Eingriff verbunden sind. Ja, es handelt sich um eine Menschheitsfrage. Wir sind heute in der Lage, die Spezies Homo sapiens in ihrer grundlegenden Biologie zu verändern, also etwa in wenigen Generationen neue Formen des Menschseins zu erzeugen [...]. Solche Veränderungen wären und blieben dann gegebenenfalls in der Welt, würden weitervererbt an die Nachkommen. Das macht Keimbahneingriffe so dramatisch. [...] Alarm ist vor allem mit Blick auf die sogenannten Off-Target-Effekte* angebracht. Das CRISPR-Verfahren ist zwar einerseits sehr zielgenau, weil das jeweils anvisierte Gen getroffen und verändert werden kann. Da es sich aber um ein chemisches Verfahren handelt, besteht die Gefahr, dass es auch Ziele trifft, die jenseits des eigentlichen Zieles liegen. Dass also Gene mitverändert werden, die dem anvisierten Gen biochemisch ähnlich sind, die aber nicht verändert werden sollen. [...] Freilich ist die technische Entwicklung unglaublich dynamisch. Nehmen wir einmal an, die Risiken, die mit diesem Verfahren verbunden sind, werden irgendwann kontrollierbar, können abgesenkt werden unter eine Schwelle der Trivialität, ab der wir das Risiko als erlaubt akzeptieren. Dann habe ich keine grundsätzlichen Einwände dagegen, solche Eingriffe in die Keimbahn zuzulassen. Jedenfalls dann nicht, wenn sie therapeutischen Zwecken dienten. Was sollte denn „heilig“ sein an einem Genom, das etwa einen Defekt enthält, der seinen Träger zur Chorea Huntington disponiert, einer schweren, immer tödlichen Krankheit? Dass wir auch dieses Genom unangetastet lassen sollten, wenn man das defekte Gen herausschneiden könnte, leuchtet mir nicht ein. [...]

Peter Dabrock: [...] Aber wir sollten an dieser Stelle auch den Begriff der Prävention mit einbeziehen. [...] Konkret gefragt: Was ist das, was der chinesische Forscher da gemacht hat? [...]

PM: [...] Man könnte ja sagen: Eine HIV-Resistenz genetisch herzustellen, ist ähnlich wie eine Impfung. Sie macht eine Person immun gegen eine Krankheit. Spricht da etwas dagegen?

Reinhard Merkel: Genetische „Impfungen“ sind so legitim, wie es die Therapie der gegebenenfalls auftretenden Krankheit wäre. [...] Ein anderes Thema ist, ob wir versuchen dürften, mit solchen Mitteln den Menschen zu verbessern. [...] Die Frage ist: Dürfen wir das? Dürfen Eltern sagen: „Wenn ich mein geborenes Kind doch in den Schwimmverein oder in den Basketballverein stecken kann, warum darf ich es nicht mit einem Eingriff in sein Genom optimieren, wenn die Nebenwirkungen irrelevant sind?“ Ich bin übrigens keineswegs dafür, dass man das darf. Aber nicht einfach, weil es um eine Verbesserung geht, sondern weil es um eine hochspezifische Verbesserung geht. Die Fähigkeit, Skilanglauf-Olympiasieger zu werden oder Ähnliches, haben Eltern ihren Kindern bitte nicht per biologischen Eingriff mitzugeben. [...] Aber andere, allgemeine, für jedes Menschenleben wertvolle Fähigkeiten: höhere Konzentrationsfähigkeit, besseres Erinnerungsvermögen, kurz, höhere kognitive, mentale und gegebenenfalls auch emotionale Leistungen – warum soll das im Prinzip verboten sein? [...] Problematisch erscheint mir aber, dass durch die Möglichkeit des genetischen Eingriffs sozialer Druck entstehen kann für alle zukünftigen Eltern, etwa so: „Besser, Sie optimieren Ihr Kind, um ihm nicht Nachteile für seine Lebensführung mitzugeben, indem Sie sein Enhancement* unterlassen, während der Nachbar das an seinen Kindern sehr wohl durchführen lässt.“ Hier sehe ich den Staat in der Pflicht. Es ist seine Aufgabe, eine solche freiheitsfeindliche soziale Dynamik zu verhindern. *Philosophie Magazin (2019)*

M3 Jürgen Habermas: Kriterien für die Legitimität gentechnischer Eingriffe

Jürgen Habermas (s. S. 310) war bis zu seiner Emeritierung 1994 Professor an der Universität Frankfurt.

[S]obald Erwachsene eines Tages die wünschenswerte genetische Ausstattung von Nachkommen als formbares Produkt betrachten und dafür nach eigenem Gutdünken ein passendes Design entwerfen würden, [...] [üben] sie über ihre genetisch manipulierten Erzeugnisse eine Art der Verfügung aus, die in die [...] Grundlagen des spontanen Selbstverhältnisses und der ethischen Freiheit einer anderen Person eingreift [...]. Dann könnten die Nachgeborenen die Hersteller ihres Genoms zur Rechenschaft ziehen und für die aus ihrer Sicht unerwünschten Folgen der organischen Ausgangslage ihrer Lebensgeschichte verantwortlich machen. [...]

Die moralische Unbedenklichkeit von Eingriffen in die genetische Ausstattung von potentiellen Mitgliedern unserer moralischen Gemeinschaft bemisst sich an der Einstellung, in der sie vorgenommen werden. So etwa stellen wir uns bei gentherapeutischen Eingriffen auch auf den Embryo als die zweite Person ein, die er einmal sein wird. Diese klinische Einstellung bezieht ihre legitimierende Kraft aus der begründeten kontrafaktischen Unterstellung eines möglichen Konsenses mit einem Anderen, der Ja oder Nein sagen kann. Damit verschiebt sich die normative Beweislast auf die Berechtigung zur Antizipation einer Zustimmung, die aktuell nicht eingeholt werden kann. Diese könnte im Falle eines therapeutischen Eingriffs am Embryo bestenfalls nachträglich [...] bestätigt werden. [...] [E]in unterstellter Konsens [kann sich] nur auf die Vermeidung unzweifelhaft extremer Übel beziehen, die, wie erwartet werden kann, von allen abgelehnt werden. So muss sich die moralische Gemeinschaft [...] am Ende auch zutrauen, aus unseren spontanen Lebensvollzügen immer wieder hinreichend überzeugende Kriterien für eine als krank oder gesund geltende leibliche Existenz zu entwickeln. Es ist der moralische Gesichtspunkt eines nicht instrumentalisierenden Umgangs mit zweiten Personen, der uns [...] auf die „Logik des Heilens“ festlegt und uns damit [...] die Last der Grenzziehung zwischen negativer und verbessernder Eugenik aufbürdet. *Die Zukunft der menschlichen Natur (2001)*

A

1 Informieren Sie sich genauer über das Crispr-Verfahren und den Fall des Forschers He Jiankui. > M1

2 Erstellen Sie eine Tabelle mit den unterschiedlichen Zielen, denen gentechnische Eingriffe in die menschliche Keimbahn dienen könnten. Listen Sie die Argumente auf, die dafür und dagegen sprechen. > M1/M2

3 Analysieren Sie die Kriterien, die Jürgen Habermas zur Bewertung von Eingriffen in die genetische Ausstattung von Embryonen anführt. > M3

Wie ich Verfahren der Biotechnologie bewerte

METHODENKOMPETENZ: Eine Technikbewertung vornehmen

Technologische Verfahren haben in der Regel Auswirkungen auf Mensch und Umwelt. Sie bedürfen daher einer ethischen Prüfung und Bewertung. Dabei empfiehlt es sich, in folgenden Schritten vorzugehen:

1. Darstellung des technischen Verfahrens: Stellen Sie kurz dar, worum es bei der betreffenden Technologie geht.
2. Analyse der Folgen: Analysieren Sie die beabsichtigten und unbeabsichtigten Folgen, die mit dem Verfahren verbunden sind.
3. Darstellung der betroffenen Werte: Stellen Sie unter Rückgriff auf ethische Prinzipien dar, welche Werte in Bezug auf den Einsatz des Verfahrens eine Rolle spielen.
4. Abwägung und begründetes Urteil: Wägen Sie die Folgen des Verfahrens nach den benannten Wertmaßstäben gegeneinander ab und kommen Sie zu einer begründeten Einschätzung der Technologie.

M1 Gesundheit durch Gentechnik? (Beispiel)

Aufgabenstellung: Bewerten Sie gentechnische Eingriffe in die menschliche Keimbahn zum Zweck der Prävention von Krankheiten.

Darstellung des technischen Verfahrens

CRISPR-Cas, die sogenannte Genschere, ist ein gentechnisches Verfahren, das gezielte Eingriffe in die menschliche Keimbahn erlaubt. Damit können bei Embryonen z. B. Abschnitte der DNA verändert werden, die an der Entstehung von Krankheiten beteiligt sind. 2018 gelang es dem Chinesen He Jankui, einer Frau durch künstliche Befruchtung mit gentechnisch veränderten Embryonen zur Geburt von Zwillingen zu verhelfen, die immun gegen Aids sein sollen.

Analyse der Folgen

Wie ist ein solches Verfahren zu bewerten? Dazu muss man zunächst seine Folgen analysieren. Für die betroffenen Individuen ist ein Schutz vor Krankheiten gegeben, die oft tödlich verlaufen. Auf der anderen Seite gibt es aber große Risiken. Von acht Paaren, die He Jankui behandelt hatte, kam es nur bei einem Paar zur Geburt. Die Veränderung des Genoms könnte außerdem noch nicht absehbare „Nebenwirkungen“ haben, z. B. die Lebenserwartung der Betroffenen verkürzen. Grundsätzlich ist damit zu rechnen, dass Gene mit verändert werden, die dem anvisierten Gen biochemisch ähnlich sind, was zu Missbildungen führen kann. Bedenklich wäre die unkontrollierte Veränderung des Erbgutes auch deshalb, weil sie weitervererbt wird und das Erbgut der Menschheit auf Dauer verändert.

Darstellung der betroffenen Werte

Werte, die für die Beurteilung des gentechnischen Verfahrens eine Rolle spielen, sind seine Nützlichkeit und Sicherheit. Zu beachten ist andererseits das Grundprinzip der Unverletzlichkeit der Würde des Menschen, aus der das Recht auf körperliche Unversehrtheit und auf Selbstbestimmung folgt. Eltern dürften sich nur dann über diese Grundrechte ihrer Kinder hinwegsetzen, wenn davon auszugehen ist, dass diese der vorgenommenen Veränderung des Genoms später zustimmen würden, etwa weil ihnen damit großes Leid erspart wird.

Abwägung

Da das CRISPR-Cas-Verfahren nach Auskunft von Expertinnen und Experten derzeit noch nicht sicher beherrscht wird und die Risiken für die Gesundheit der be-

treffenden Personen sowie für die Entwicklung der Menschheit sehr groß sind, ist es aus meiner Sicht unverantwortlich, das Verfahren anzuwenden, auch wenn dadurch künftige Erkrankungen verhindert werden können. Gentechnische Eingriffe zur Prävention kämen Experimenten an Menschen gleich, sie sind ein Verstoß gegen die Menschenwürde, und deshalb international geächtet. Dementsprechend wurde von den chinesischen Behörden auch ein Verfahren gegen He Jankui eingeleitet. Aber angenommen, die Anwendung des CRiSPR-Cas-Verfahren wäre eines Tages sicher – wie sollte es dann bewertet werden? Ich würde es aufgrund seines Nutzens, dem Schutz vor schweren Krankheiten, positiv beurteilen. Man kann davon ausgehen, dass die Betroffenen einem solchen Eingriff nachträglich zustimmen würden. Er käme einer Impfung gleich, gegen die grundsätzlich nichts einzuwenden ist.
Bei der Bewertung gentechnischer Eingriffe zur Prävention von Krankheiten komme ich also zu folgendem Urteil: Solche Eingriffe sind derzeit abzulehnen, da sie mit Risiken verbunden sind, die man nicht verantworten kann. Sollte das Verfahren jedoch eines Tages sicher beherrscht werden, wäre seine Anwendung ethisch unbedenklich.

Begründetes Urteil

M2 Leistungsverbesserung im Sport

Im Hochleistungssport spielen – je nach Sportart – bestimmte körperliche Eigenschaften wie Größe, Körperbau, Lungenvolumen oder Ähnliches eine wichtige Rolle. [...]. Es wird [...] seit einiger Zeit diskutiert, solche Eigenschaften durch gezielte Eingriffe in die Keimbahn zu erzielen. Die meisten der gewünschten Eigenschaften sind jedoch komplex. Sie werden durch das Zusammenspiel einer Vielzahl von Genen bestimmt [...], sodass ein gezielter Eingriff äußerst schwierig wäre. Manche Eigenschaften können aber schon durch einzelne Genveränderungen deutlich beeinflusst werden. Ein Beispiel ist die Sauerstoffsättigung des Blutes, die wesentlich zur Ausdauerleistung beiträgt. Sie hängt von der Anzahl an roten Blutkörperchen, der Erythrozyten, im Blut ab. [...] Bei manchen Menschen [wird diese durch eine] Punktmutation des Epo-Rezeptors [in der Keimbahn begünstigt]. Eine finnische Familie, in der eine solche Punktmutation vorkommt, hat mehrere erfolgreiche Athleten hervorgebracht, darunter den Skilanglauf-Weltmeister und Olympiasieger Eero Mäntyranta. [...] Der künstliche „Nachbau" eines solchen mutierten Epo-Rezeptors mithilfe einer gezielten Keimbahnintervention könnte also ein Mittel auf dem Weg zum „Super-Athleten" darstellen. Doch diese Verbesserung hätte ihre Kehrseite: Bei Personen mit einer erhöhten Anzahl an roten Blutkörperchen, einer sogenannten benignen Erythrozytose, ist beispielsweise das Risiko für Schlaganfälle und Thrombosen erhöht.

Eingriffe in die menschliche Keimbahn (2019)

M3 Auf dem Weg zu Super-Athletinnen und -Athleten?

Aufgabenstellung: Bewerten Sie gentechnische Verfahren zur Verbesserung sportlicher Leistungen.

ANWENDUNG

A

1 Vollziehen Sie nach, wie die Bewertung des gentechnischen Verfahrens zur Prävention von Krankheiten vorgenommen wurde. > M1/Anleitung

2 Nehmen Sie nach dem vorliegenden Muster (M1) eine Bewertung des gentechnischen Verfahrens zur Verbesserung sportlicher Leistungen vor. > M2/M3

Autonomes Fahren – Zukunftstraum der Mobilität?

M1 Richard David Precht: Smart, sauber, sicher

Der Verkehr, wie wir ihn in den Metropolen der Welt heute kennen, hat keine Zukunft. Längst ist eine neue Sonne aufgegangen, mit glänzenden Visionen eines zukünftigen Verkehrs und den Verheißungen besserer Mobilität: energieeffizient, umweltfreundlich, effektiv, smart und sauber. [...] Die Zukunft [...] gilt dem autonomen Fahren. [...] Alle innerstädtischen Verkehrsprobleme sollen damit gelöst und die Zahl der Unfallopfer stark verringert werden. Und in der Tat: Rund dreitausend Verkehrstote und etwa dreihunderttausend Verkehrsverletzte auf deutschen Straßen im Jahr sind ein großes Übel. Warum sollten wir nicht auf den bekannten fahrlässigen Gefahrenverkehr der Selbstfahrer verzichten und uns stattdessen leise, sauber und sicherer fortbewegen? *Künstliche Intelligenz und der Sinn des Lebens (2020)*

M2 Ein Dilemma

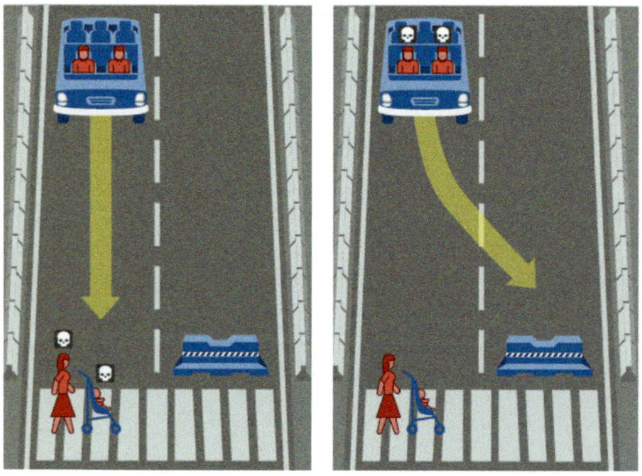

Beispiel für eine Computer-Simulation einer Entscheidungssituation beim Autofahren, Massachusett Institute of Technology

M3 Udo Di Fabio u. a.: Das Problem der ethischen Programmierung

2017 legte eine Ethik-Kommission unter dem Vorsitz des Verfassungsrechtlers Udo di Fabio (*1954) einen Bericht zum automatisierten und vernetzten Fahren vor.

[Die Frage ist,] wie viel Entscheidungsfreiheit wir überhaupt auf Programmierer oder gar selbstbestimmte Systeme übertragen wollen [...]. Dürfen existentielle dilemmatische Entscheidungen überhaupt abstrakt-generell vorweggenommen und technisch vorentschieden werden? [...]

Die Problematik der Entscheidung des Programmierers liegt darin, dass er vielleicht auch die dem Grundkonsens entsprechende „richtige" ethische Entscheidung für den Menschen treffen wird, es allerdings eine Fremdentscheidung bleibt, die zudem nicht intuitiv eine konkrete Situation erfasst (mit allen Vorteilen und Nachteilen intuitiv-situativer Verhaltenssteuerung) [...]. Letztendlich würde also im Extremfall der Programmierer oder die Maschine die „richtigen" ethischen Entscheidungen über das Ableben des einzelnen Menschen treffen können. Konsequent weitergedacht, wäre der Mensch in existentiellen Lebenssituationen nicht mehr selbst-, sondern vielmehr fremdbestimmt. [...]

Dilemma-Situationen sind dadurch gekennzeichnet, dass ein automatisiertes Fahrzeug vor der Entscheidung steht eines von zwei Übeln notwendigerweise verwirklichen zu müssen. [...] Das Problematische an Dilemma-Situationen ist dabei, dass es sich um Entscheidungen handelt, die aus dem konkreten Einzelfall heraus bei Betrachtung verschiedener Faktoren heraus getroffen werden müssen. Konkrete Normierungen wie zum Beispiel „Personenschaden vor Sachschaden" erscheinen daher bei Dilemma-Situationen zwar möglich, aber als abstrakt generelle Regelung werfen sie Zweifel in Fällen auf, in denen zum Beispiel die Folge eines Sachschadens das Auslaufen eines Tanklasters oder auch der Zusammenbruch des Stromnetzes einer Metropolregion sein könnte.

Abstrakt generelle Regelungen wie Sachschaden vor Personenschaden treffen bei der Vielfalt und Komplexität der verschiedenen denkbaren Szenarien auf das Problem, dass eine Normierung aller Situationen nicht möglich ist. [...]
Eine Programmierung auf die Minimierung der Opfer (Sachschäden vor Personenschäden, Verletzung von Personen vor Tötung, geringstmögliche Zahl von Verletzten oder Getöteten) könnte insoweit jedenfalls ohne Verstoß gegen Art. 1 Abs. 1 GG [Unantastbarkeit der Würde des Menschen] gerechtfertigt werden, wenn die Programmierung das Risiko eines jeden einzelnen Verkehrsteilnehmers in gleichem Maße reduziert. Solange nämlich die vorherige Programmierung für alle die Risiken in gleicher Weise minimiert, war sie auch im Interesse der Geopferten, bevor sie situativ als solche identifizierbar waren. [...] Die Ethik-Kommission lehnt [die Auffassung ab,] [...] das Leben von Menschen sei in Notstandssituationen mit dem anderer Menschen „verrechenbar", so dass es zulässig sein könnte, eine Person zu opfern, um mehrere andere zu retten. Sie qualifiziert die Tötung bzw. schwere Verletzung von Personen durch autonome Fahrzeugsysteme ausnahmslos als Unrecht. Auch im Notstand dürfen Menschenleben daher nicht gegeneinander „aufgerechnet" werden. Nach dieser Position ist das Individuum als „sakrosankt" anzusehen; dem Einzelnen dürfen keine Solidarpflichten auferlegt werden, sich für andere aufzuopfern, auch dann nicht, wenn nur so andere Menschen gerettet werden können.
Folgt man der hier vertretenen Position, so ergibt sich das Folgeproblem, ob bzw. inwieweit Hersteller für die als „Unrecht" qualifizierte Verletzung oder gar Tötung durch automatisierte Systeme zur Verantwortung gezogen werden können.

Automatisiertes und Vernetztes Fahren (2017)

M4 Richard David Precht: Programmierte Menschlichkeit?

Abwägungen von Lebenswert, der klare Verstoß gegen die Menschenwürde, werden in der Realität des Straßenverkehrs mit selbstfahrenden Menschen gar nicht vorgenommen. Das aber bedeutet, dass sie durch das „ethisch" programmierte Fahrzeug erst eingeführt werden. [...] Was passiert denn, wenn ein Autofahrer heute in die schreckliche Situation kommt, im Angesicht von Menschen auf der Fahrbahn nicht mehr rechtzeitig bremsen zu können? Fällt er denn dann überhaupt eine moralische Entscheidung? Handelt er nicht stattdessen reflexartig? Wer so viel Zeit hat, kaltblütig den Lebenswert von Kindern und alten Damen zu verrechnen, der hat auch Zeit zu bremsen! Eine echte Dilemma-Situation tritt nur dann ein, wenn man zugleich nicht mehr Herr seiner reflexartigen Entscheidung ist. [...] [Man tut] dann etwas, was man in der unübersichtlichen Lage gar keine Entscheidung nennen kann [...]. Entsprechend exkulpierend dürfte auch das Umfeld des Fahrers auf den tragischen Unfall reagieren. Ein furchtbares Schicksal! Wer hingegen zu Protokoll gäbe, dass er drei alte Damen statt eines Kindes überfahren hätte, weil das Kind die insgesamt höhere Lebenserwartung hat, den würden wir vermutlich für gestört halten. Unzurechnungsfähig erschiene uns nicht der emotionale Reflex, sondern der Charakter eines Menschen, der eiskalt mutmaßlichen Lebenswert kalkuliert. [...]
Die moralische Tragweite dieses Unterschieds ist enorm. Ob ich etwas mit Absicht tue oder nicht, dazwischen liegen moralisch und juristisch Welten. Was demnächst in selbstfahrende Autos „moralisch" implementiert werden soll, ist also keinesfalls programmierte Menschlichkeit, sondern Unmenschlichkeit. In der Kalkulation menschlichen Lebenswertes entfernt sie das Leben aus dem Leben.

Künstliche Intelligenz und der Sinn des Lebens (2020)

A

1. Diskutieren Sie Vorzüge und Nachteile, die das automatisierte Fahren aus Ihrer Sicht mit sich bringt. > M1
2. Erläutern Sie das dargestellte Dilemma. Wie sollte es bei einer Programmierung für vollautomatisiertes Fahren Ihrer Meinung nach gelöst werden? > M2
3. Analysieren Sie die Argumente, die Udo di Fabio und Richard David Precht gegen die ethische Programmierung vorbringen, und nehmen Sie dazu Stellung. > M3/M4

Verantwortung der Wissenschaft

M1 Fatale Folgen

Am 6. und 9. August 1945 warf die amerikanische Armee die ersten beiden Atombomben über den japanischen Städten Hiroshima und Nagasaki ab. An der Explosion und an den Folgen der radioaktiven Strahlung starben über 200 000 Menschen. „Die Physiker haben erfahren, was Sünde ist, und dieses Wissen wird sie nie mehr ganz verlassen." kommentierte J. Robert Oppenheimer, der Leiter des Manhattan Projekt, das mit der Entwicklung der Atombombe beauftragt war, den Abwurf der Bomben.

M2 Werner Heisenberg: Über die Verantwortung von Forscherinnen und Forschern

Der Physiker und Nobelpreisträger Werner Heisenberg (1901-1976) berichtet in seinen Erinnerungen von einem Gespräch, das er 1945 in britischer Gefangenschaft mit seinem Freund Carl Friedrich von Weizsäcker führte, nachdem sie vom Atombombenabwurf über Hiroshima und Nagasaki erfahren hatten. Otto Hahn, der 1938 die Kernspaltung entdeckt hatte, befand sich ebenfalls unter den Gefangenen.

„Man kann ja verstehen, dass Otto Hahn darüber verzweifelt ist, dass seine größte wissenschaftliche Entdeckung jetzt mit dem Makel dieser unvorstellbaren Katastrophe behaftet ist. Aber hat er Grund, sich in irgendeiner Weise schuldig zu fühlen? Hat er mehr Grund dazu als irgendeiner von uns anderen, die wir an der Atomphysik mitgearbeitet haben? Sind wir alle an diesem Unglück mit schuld, und worin besteht diese Schuld?"

„Ich glaube nicht", versuchte ich zu antworten, „dass es Sinn hat, hier das Wort ‚Schuld' zu verwenden, selbst wenn wir in irgendeiner Weise in diesen ganzen Kausalzusammenhang verwoben sind. Otto Hahn und wir alle haben an der Entwicklung der modernen Naturwissenschaft teilgenommen. Diese Entwicklung ist ein Lebensprozess, zu dem sich die Menschheit, oder wenigstens die europäische Menschheit, schon vor Jahrhunderten entschlossen hat – oder wenn man vorsichtiger formulieren will, auf den sie sich eingelassen hat. Wir wissen aus Erfahrung, dass dieser Prozess zum Guten und Schlechten führen kann. Aber wir waren überzeugt – und das war insbesondere der Fortschrittsglaube des 19. Jahrhunderts –, dass mit wachsender Kenntnis das Gute überwiegen werde und dass man die möglichen schlechten Folgen in der Gewalt behalten könne. An die Möglichkeit von Atombomben hat vor der Hahn'schen Entdeckung weder Hahn noch irgendein anderer von uns ernstlich denken können, da die damalige Physik keinen Weg dahin sichtbar machte. An diesem Lebensprozess der Entwicklung der Wissenschaft teilzunehmen, kann nicht als Schuld angesehen werden."

„Es wird natürlich jetzt radikale Geister geben", setzte Carl Friedrich das Gespräch fort, „die meinen, man müsse sich in Zukunft von diesem Entwicklungsprozess der Wissenschaft abwenden, da er zu solchen Katastrophen führen könne. Es gebe wichtigere Aufgaben sozialer, wirtschaftlicher und politischer Art als den Fortschritt der Naturwissenschaft. Damit mögen sie sogar recht haben. Aber wer so denkt, verkennt dabei, dass in der heutigen Welt das Leben der Menschen weitgehend auf dieser Entwicklung der Wissenschaft beruht. Würde man sich schnell von der ständigen Erweiterung der Kenntnisse abwenden, so müsste die Zahl der Menschen auf der Erde in kurzer Zeit radikal reduziert werden. [...] Einstweilen gehört die Entwicklung der Wissenschaft zum Lebensprozess der Menschheit, also kann der Einzelne, der in ihm wirkt, auch nicht dafür schuldig gesprochen werden. Die Aufgabe muss daher nach wie vor darin bestehen, diesen Entwicklungsprozess zum Guten zu lenken, die Erweiterung des Wissens nur zum Wohl der Menschen auszunutzen, nicht aber diese Entwicklung selbst zu verhindern. Die Frage lautet also: Was kann der Einzelne dafür tun; welche Verpflichtung entsteht hier für den, der in der Forschung tätig mitwirkt?"

„Wenn wir die Entwicklung der Wissenschaft in dieser Weise als einen historischen Prozess im Weltmaßstab ansehen, so erinnert deine Frage an das alte Problem von der Rolle des Individuums in der Weltgeschichte. Sicher wird man auch hier annehmen müssen, dass die Individuen im Grunde weitgehend ersetzbar sind. Wenn Einstein nicht die Relativitätstheorie entdeckt hätte, so wäre sie früher oder später von anderen [...] formuliert worden. Wenn Hahn nicht die Uranspaltung gefunden hätte, so wären vielleicht einige Jahre später Fermi oder Joliot auf dieses Phänomen gestoßen. Ich glaube, man schmälert die große Leistung des Einzelnen nicht, wenn man dies ausspricht. Daher kann man auch dem Einzelnen, der den entscheidenden Schritt wirklich tut, nicht mehr Verantwortung für seine Folgen aufbürden als allen anderen, die ihn vielleicht auch hätten tun können. Der Einzelne ist von der geschichtlichen Entwicklung an die entscheidende Stelle gesetzt worden, und er hat den Auftrag, der ihm hier gegeben war, auch ausführen können; mehr nicht. [...]"

„Man wird hier", so führte Carl Friedrich die Gedanken weiter fort, „wohl einen grundsätzlichen Unterschied machen müssen zwischen dem Entdecker und dem Erfinder. Der Entdecker kann in der Regel vor der Entdeckung nichts über die Anwendungsmöglichkeiten wissen, und auch nachher kann der Weg bis zur praktischen Ausnützung noch so weit sein, dass Voraussagen unmöglich sind. So haben etwa Galvani und Volta sich keine Vorstellung von der späteren Elektrotechnik machen können. Sie hatten also auch nicht die geringste Verantwortung für den Nutzen und die Gefahren der späteren Entwicklung. Aber bei den Erfindern ist es in der Regel anders. Der Erfinder – und so will ich das Wort verwenden – hat ja ein bestimmtes praktisches Ziel vor Augen. Er muss überzeugt sein, dass die Erreichung dieses Zieles einen Wert darstellt, und man wird ihn mit Recht mit der Verantwortung dafür belasten. Allerdings wird gerade beim Erfinder deutlich, dass er eigentlich nicht als Einzelner, sondern im Auftrag einer größeren menschlichen Gemeinschaft handelt. Der Erfinder des Telefons etwa wusste, dass die menschliche Gesellschaft eine schnelle Kommunikation für wünschenswert hält. Und auch der Erfinder der Feuerwaffen handelte im Auftrag einer kriegerischen Macht, die ihre Kampfkraft steigern wollte. Man kann dem Einzelnen also sicher nur einen Teil der Verantwortung aufbürden. [...]"

„Wenn du in dieser Weise zwischen Entdeckung und Erfindung unterscheidest, wohin stellst du dann dieses neueste und schrecklichste Ergebnis des technischen Fortschritts, die Atombombe?"

„Hahns Experiment über die Spaltung des Atomkerns war eine Entdeckung, die Herstellung der Bombe eine Erfindung. Für die Atomphysiker in Amerika, die die Bombe konstruiert haben, wird also auch gelten, was wir eben über die Erfinder gesagt haben. Sie haben nicht als Einzelne, sondern im ausdrücklichen oder vorweggenommenen Auftrag einer kriegführenden menschlichen Gemeinschaft gehandelt, die eine äußerste Stärkung ihrer Kampfkraft wünschen musste."

Der Teil und das Ganze (1969)

A

1 Erläutern Sie die Aussage J. Robert Oppenheimers vor dem Hintergrund des Atombombenabwurfs. > M1

2 Stellen Sie dar, wie Werner Heisenberg und C. F. von Weizsäcker die Rolle und Verantwortung von Entdeckern und Erfindern definieren und begründen. > M2

3 Nehmen Sie Stellung zur Schuldfrage im Fall von Otto Hahn und J. R. Oppenheimer. Begründen Sie Ihre Sichtweise in Auseinandersetzung mit den Argumenten Heisenbergs und von Weizsäckers. > M2

Freiheit und Grenzen der Forschung

M1 Eine Frage der Biosicherheit

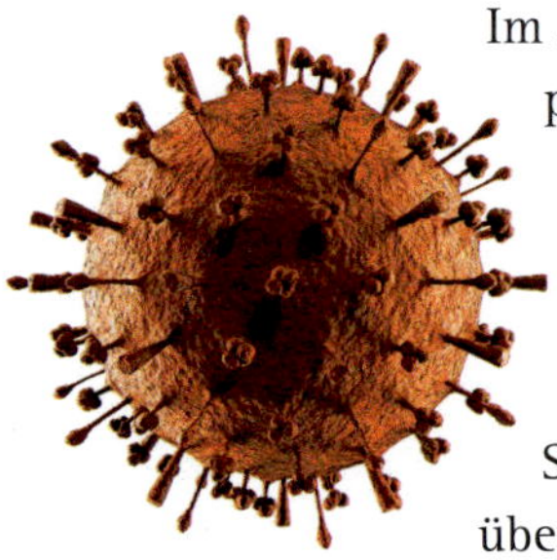

Im Jahr 2012 erzeugten zwei Gruppen von Forschern in den USA und in den Niederlanden mutierte Varianten des Vogelgrippevirus H5N1, die im Unterschied zum Wildtyp zwischen Säugetieren [...] auf dem Luftweg übertragen werden konnten. [...] [Wenn es bei Menschen] zu einer Infektion kommt, verläuft diese häufig tödlich. Ziel der Forschungsarbeiten war die Identifizierung von Mutationen, die das Virus zwischen Säugetieren leichter übertragbar und somit ggf. auch für Menschen gefährlicher machen, um für solche Veränderungen in der Natur besser gewappnet zu sein. Die Versuche lösten eine Grundsatzdebatte darüber aus, ob Experimente, die einen Krankheitserreger gefährlicher machen, überhaupt gefördert und durchgeführt und ihre Ergebnisse veröffentlicht werden dürfen und ob es hier zum Schutz vor einem unbeabsichtigten Entweichen aus dem Labor und vor Missbrauch, zum Beispiel durch Bioterroristen, Einschränkungen geben sollte.

Biosicherheit (2014)

M2 Hubert Markl: Geistiges Neuland erschließen

Der Verhaltensforscher Hubert Markl (1938-2015) war von 1986 bis 1991 Präsident der Deutschen Forschungsgemeinschaft.

Wissenschaft und Forschung [sind] ohne Freiheit [nicht] denkbar: Nur wer die Freiheit hat, sich Fragen zu stellen, auf die es noch keine Antwort gibt, und Wege zu suchen, die eine Antwort verheißen, kann sagen, dass er wissenschaftlich forscht. Nicht unstillbare Neugier allein oder gar angebliche Rücksichtslosigkeit der Forscher begründen ihren Freiheitsdrang in der Erkenntnissuche, sondern die schlichte, fast triviale Tatsache, dass nichts finden wird, wer gar nicht suchen darf. [...] Ohne Freiheit der Wissenssuche kann also von Forschung gar nicht gesprochen werden. Das Ja zur Forschung, das Ja zur wissenschaftlichen Erkenntnis schließt daher zugleich – unausgesprochen oder ausgesprochen – die Bereitschaft ein, dabei auf neue Erkenntnisse zu stoßen, die wir besser unentdeckt gelassen hätten. Dies ist das Risiko des Vorstoßes in geistiges wie in jedes Neuland. Wir müssten ja schon wissen, was wir durch weitere Forschung künftig wissen werden, um zu wissen, was wir besser nicht wissen sollten. *Freiheit der Wissenschaft (1989)*

M3 Hans Jonas: Verschmelzung von Theorie und Praxis

Der Anspruch der Forschungsfreiheit auf Unbedingtheit [beruft sich darauf], dass die Tätigkeit des Forschens samt ihrem internen Ziel, dem Wissen, reinlich von der Sphäre des Handelns geschieden ist. Denn im Handeln natürlich hat jede Freiheit ihre Schranken in Verantwortung, Gesetz und gesellschaftlichen Rücksichten [...]. [D]ie Unbedingtheit selber [ist] durch eine Prämisse bedingt, die das von ihr Gedeckte [...] aus den Tatzusammenhängen ausklammert [...]. Sehen wir uns diese entscheidende Prämisse näher an und beziehen sie im besonderen auf die Erforschung der Natur, so dass „Wissenschaft" im Folgenden, gemäß der angloamerikanischen Bedeutung des Wortes science, durchweg den Komplex der Naturwissenschaften bezeichnet. [...]
Auf den ersten Blick möchte es scheinen, dass keine Überschneidung der Wissenschaft mit der Ethik vorliegt, wenn man absieht von der internen Moralität der Treue zu den Geboten der Wissenschaft selbst, d. h. eben zur „Wissenschaftlichkeit". Für die Wissenschaft ist der einzige Wert das Wissen, ihr einziges Geschäft seine Erlangung. [...] [D]er Forscher [ist], da er keine Gewalt über die Anwendung seiner Entdeckungen hat, auch nicht für ihren Missbrauch verantwortlich [...]. Sein Produkt ist Wissen und nichts sonst: das Nutzungspotential dieses Produkts, von ihm aus gesehen ein Nebenprodukt, ist herrenloses Gut für andere, die sich seiner bemächtigen oder es liegenlassen

können, und im ersteren Falle es für gute oder böse [...] Zwecke verwenden können. Die Wissenschaft an sich und in der Person ihrer Diener ist unschuldig, gewissermaßen jenseits von Gut und Böse. Plausibel, doch zu einfach. Die Gewissenskämpfe der Atomforscher nach Hiroshima deuten darauf hin. Wir müssen uns die Verschränkung von Theorie und Praxis im tatsächlichen Hergang der Forschung näher ansehen [...] [Heute sind] nicht nur die Grenzen zwischen Theorie und Praxis unbestimmt geworden, sondern beide jetzt im Innersten der Forschung miteinander verschmolzen [...], so dass das altehrwürdige Alibi „reiner Theorie“ nicht mehr besteht und mit ihm die moralische Immunität dahin ist, die es gewährte.

Die erste und sehr offenkundige Beobachtung ist, dass kein Zweig der Naturwissenschaft verbleibt, dessen Funde nicht irgendeiner technischen Nutzung fähig wären. [...] [D]ie Aufgaben der Wissenschaft [werden] zunehmend von äußeren Interessen anstatt von der Logik der Wissenschaft selbst oder der freien Neugier des Forschers bestimmt [...]. Damit sollen weder jene äußeren Interessen selbst herabgesetzt werden noch die Tatsache, dass die Wissenschaft ihnen dient und damit ein Teil des öffentlich-gesellschaftlichen Unternehmens geworden ist. Doch es soll besagen, dass mit der Annahme dieser Rolle (ohne die es keine Naturwissenschaft des fortgeschrittenen Typus gäbe, aber auch nicht den Typus Gesellschaft, die von ihren Früchten lebt) das Alibi der reinen „interesselosen“ Theorie aufgehoben und die Wissenschaft mitten hinein ins Reich sozialer Aktion versetzt wurde, wo jeder Täter für seine Tat einzustehen hat. Dem füge man noch die allgegenwärtige Erfahrung hinzu, dass sich die Nutzungspotentiale wissenschaftlicher Entdeckungen auf dem Marktplatz des Gewinnes und der Macht als unwiderstehlich erweisen – dass, was sie als tubar gezeigt haben, auch getan wird, mit oder ohne vorheriges Einverständnis darüber – und es wird überreichlich klar, dass keine Inselhaftigkeit der Theorie mehr den Theoretiker davor schützt, der Urheber enormer und zurechenbarer Konsequenzen zu sein. [...]

[D]ie Verknüpfung wissenschaftlicher Entdeckung mit Handlung [geht aber] tiefer [...] als über ihre nachträgliche und eventuelle Anwendung: [...] das Betreiben von Naturwissenschaft [schließt] bereits physisch relevantes Handeln ein [...]. Die moderne Naturwissenschaft erstand mit dem Entschluss, der Natur ihre Wahrheit durch aktives Eingreifen abzuzwingen, also durch Intervention in den Gegenstand der Erkenntnis. Diese Intervention heißt „Experiment“, welches ein Lebenselement für alle moderne Naturwissenschaft geworden ist. [...] [D]ie „Anwendung“ findet bereits in der Untersuchung selbst und als Teil von ihr statt. Schon daraus folgt, dass die Freiheit der Forschung nicht unbedingt sein kann. [...]

Es ist leicht, Einhelligkeit über Beispiele wie etwa diese zu erzielen: dass man nicht, um zu ermitteln, wie sich Menschen unter der Folter verhalten (was für eine Theorie des Menschen vielleicht recht interessant ist), die Folter an Versuchspersonen ausprobieren darf, oder nicht töten darf, um die Toleranzgrenze für ein Gift zu bestimmen, und dergleichen mehr. Hier denken wir natürlich an die Untaten von Ärzten (prominenten darunter) in Nazi-Konzentrationslagern. [...] Aber unser Problem ist nicht unechte oder pervertierte Wissenschaft, sondern bona fide* und regelrechte Wissenschaft. Und da fragen wir, wenn wir uns an unzweifelhaft legitime und sogar lobenswerte Zwecke halten, ob es zum Beispiel erlaubt ist, nichtkrebskranken Subjekten Krebszellen zu injizieren, oder einer „Kontrollgruppe“ von Syphilispatienten die Behandlung vorzuenthalten [...].

Wissenschaft und Forschungsfreiheit (1987)

A

1 Stellen Sie die (möglichen) unterschiedlichen Interessen in Bezug auf die Erforschung künstlicher Vogelgrippeviren dar und benennen Sie das damit gegebene ethische Problem. > M1

2 Analysieren Sie die Argumente, die Hubert Markl und Hans Jonas für und gegen die Freiheit der Forschung anführen. > M2/M3

3 Nehmen Sie unter Bezug auf die Argumente von Hubert Markl und Hans Jonas Stellung zur Frage, ob die Forschung an künstlichen Vogelgrippeviren (M1) sowie die Experimente zum Klonieren und zur gentechnischen Verbesserung von Menschen (s. S. 250-255) erlaubt sein sollen. > M2/M3

Wahrheitsanspruch und Erkenntnisinteressen

M1 Rauchen gefährdet die Gesundheit?

Nachdem im Jahr 1998 in den USA im Rahmen von Schadensersatzprozessen gegen namhafte Tabakkonzerne interne Dokumente wie Forschungsprotokolle und Strategiepapiere offengelegt werden mussten, kamen zweifelhafte Allianzen zwischen Tabakindustrie und Forschung sowie massive Einflussnahmen ans Licht.

[Auch für] Deutschland relevante Dokumente [gelangten] ins Internet. [...] Anhand interner Dokumente können [...] Methoden beschrieben werden, mit denen die Tabakindustrie Einfluss auf die Forschung nahm, die akademische Freiheit aushöhlte und wissenschaftliche Erkenntnisse über die Gesundheitsschäden des Rauchens verfälschte.

Unterdrückung: Zahlreiche Belege existieren dafür, dass die Tabakindustrie nachteilige Forschungsergebnisse oder Publikationen unterdrückte. [...]

Ablenkung: [...] [S]elektive Finanzierung von Studien, die durch Erforschung anderer Faktoren tabakassoziierter Erkrankungen vom Rauchen als Ursache ablenken sollten. So wurden Untersuchungen zu den Zusammenhängen von Stress und Herz-Kreislauf-Erkrankungen oder zwischen [...] genetischen Faktoren und dem Lungenkarzinom gefördert. [...]

Manipulation: [...] [Veränderung von] Veröffentlichungen und Präsentationen einzelner Wissenschaftler [...]. Verfälschte wissenschaftliche Erkenntnisse und kooperierende Ärzte dürften das Meinungsbild unabhängiger Wissenschaftler, politischer Entscheidungsträger und der Öffentlichkeit nachhaltig beeinflusst haben.

Deutsches Ärzteblatt (2007)

M2 Klimawandel = Fake?

Fred Singer (1924-2020) war ein US-amerikanischer Atmosphärenphysiker. Er entwickelte u. a. Satellitenkameras zur Messung der Konzentration von Ozon in der Stratosphäre und Messsysteme zur Untersuchung kosmischer Strahlung. 2004 gründete er das *Nongovernmental International Panel on Climate Change* (NIPCC, Internationale Nichtregierungskommission zum Klimawandel). In einer Publikation aus dem Jahr 2009 warf er den Autoren des Vierten Sachstandsbericht des Weltklimarates IPCC gravierende Fehler vor:

- Die gegenwärtigen Klimamodelle seien nicht in der Lage, die Auswirkungen einer steigenden CO_2-Konzentration in der Atmosphäre zuverlässig vorherzusagen.
- Bei den berechneten Auswirkungen einer steigenden CO_2-Konzentration würden Rückkopplungseffekte nicht berücksichtigt.
- Reale Wetterdaten bestätigten die IPCC-These, dass es einen sogenannten *Klimatrend* gäbe, nicht.
- Vorteile, die ein steigender CO_2-Anteil mit sich bringen könnte (z. B. für Forst- und Landwirtschaft), würden im IPCC-Report nicht berücksichtigt.
- Einen Nachweis, dass ein CO_2-verursachter Anstieg der globalen Erdtemperatur zum Aussterben von Pflanzen und Tieren führen könnte, gebe es nicht.

Die Berichte des NIPCC werden vom neokonservativen Heartland Institute in Chicago publiziert. In einem der Presse zugespielten Budgetplan für 2012 vermerkte das Heartland Institute: „Momentan sponsern wir das NIPCC, um den offiziellen Bericht des Weltklimarates der Vereinten Nationen zu untergraben. Wir haben einem Autorenteam 388.000 Dollar gezahlt, um an einer Reihe von Publikationen zu arbeiten."

Autorenbeitrag

M3 Das Ethos der Wissenschaft nach Robert K. Merton

Der amerikanische Soziologe und Wissenschaftstheoretiker Robert K. Merton (1910–2003) war Professor an der Columbia University. Mitte der 1930er Jahre entwarf er – beunruhigt von der Bereitschaft deutscher Wissenschaftler, sich in den Dienst des NS-Regimes zu stellen – ein Ethos der Wissenschaft, das unter dem Namen CUDOS-System in die wissenschaftstheoretische Literatur eingegangen ist. Dabei steht *C* für *Communism* (Kommunalität), *U* für *Universalisms* (Universalismus), *D* für *Desintrestedness* (Desinteresse) und *OS* für *Organized Skepticism* (organisierter Skeptizismus).

Kommunalität

Die Ergebnisse wissenschaftlicher Wissensproduktion sind das Produkt kooperativer Anstrengungen, und sie stehen grundsätzlich allen Mitgliedern der Wissenschaftsgemeinschaft jederzeit zur freien Verfügung. Wissenschaftliche Ergebnisse müssen daher der Öffentlichkeit frei zugänglich sein, sollen allen gehören oder keinem. Damit soll sichergestellt werden, dass Wissen nicht monopolisiert und nicht ausschließlich zum Wohl Einzelner verwendet werden kann, sondern einen Beitrag zum Allgemeinwohl leistet. Dies ist nur möglich, wenn Ideen und Wissen frei zirkulieren können, denn nur dann ist es möglich, gegebenes Wissen zu kritisieren, zu verwerfen oder zu verbessern bzw. neue Erkenntnisse zu produzieren.

Universalismus

Die Bewertung wissenschaftlicher Forschung muss unabhängig von der Person oder den sozialen Attributen des verantwortlichen Wissenschaftlers erfolgen. Damit wird gefordert, dass in der Wissenschaft keinerlei Partikularismus Platz hat, d. h., es gibt keine nationale Wissenschaft, keine Klassenwissenschaft, keine Parteiwissenschaft oder Ähnliches. Ziel der wissenschaftlichen Arbeit soll objektives Wissen sein, das zu jeder Zeit, an jedem Ort und unter allen Bedingungen Gültigkeit besitzt. Die Wahrheit einer wissenschaftlichen Aussage ist unabhängig von der aussagenden Person und deren sozialen Situation. Universalismus verbietet auch Diskriminierung in Bezug auf den Zugang zur Wissenschaft, d. h., nur das Talent und die Fähigkeiten eines Menschen sollen Kriterium sein, nicht aber Geschlecht, Religion, ethnische Herkunft oder sozialer Status.

Desinteresse

Antriebsfeder echter Wissenschaft ist nicht Eigennutz, sondern die Leidenschaft zu wachsender Erkenntnis, Neugier im positiven Sinne und altruistisches Interesse am Wohlergehen der Menschheit. Natürlich sollen Wissenschaftler an ihrer Arbeit interessiert sein in dem Sinne, dass sie exzellente Arbeiten erstellen und möglichst präzise Ergebnisse finden wollen, doch sie sollen keine Ergebnisse unterdrücken, erfinden oder fälschen, um den eigenen Interessen oder aber den Interessen von Auftraggebern zu dienen. Wissenschaft sollte insbesondere auch nicht in den Dienst von Ideologie und Unterdrückung gestellt werden.

Organisierter Skeptizismus

Sowohl in den Forschungsmethoden wie in der institutionellen Absicherung der Forschung muss gewährleistet sein, dass ein abschließendes Urteil erst gefällt wird, wenn alle nötigen Fakten zur Verfügung stehen. Wissenschaftler sollen daher systematisch zweifeln und nicht an Überzeugungen dogmatisch festhalten, d. h., grundsätzlich soll jede Aussage kritisierbar und bezweifelbar sein und auch bezweifelt werden. *Online Lexikon für Psychologie und Pädagogik (2021)*

A

1 Analysieren Sie die Motive der beteiligten Wissenschaftler oder Wissenschaftlerinnen in den dargestellten Fällen und bewerten Sie die von ihnen angewandten Methoden. > M1/M2

2 Recherchieren Sie weitere Fälle von Fälschung, Betrug und Korruption in der Wissenschaft. > M1/M2 H

3 Erläutern Sie die Grundsätze des Wissenschaftsethos nach Robert Merton durch Beispiele. > M3

4 Beurteilen Sie die Tragfähigkeit des CUDOS-Systems mit Blick auf die Ausführungen von Hans Jonas (S. 260f., M3). Formulieren Sie ggf. Vorschläge für weitere ethische Grundsätze. > M3

Postnormale Wissenschaft (in Krisenzeiten)

M1 Corona-Ticker, Februar bis Juli 2020

„[D]ieses Virus [muss] den Einzelbürger nicht so stark befassen […] wie zum Beispiel das Sars-Virus. […] Die Patienten, die man bis jetzt […] gesehen hat, die waren im Vergleich dazu weniger krank. Die hatten mehr eine Erkältungskrankheit."

Christian Drosten,
Direktor des Instituts für Virologie
an der Berliner Charité, 4. Februar 2020

„Vielleicht kommen wir […] glimpflich über den Sommer, haben aber immer noch wenig Bevölkerungsimmunität und laufen dann mit einer immunologisch naiven Bevölkerung in eine Winterwelle rein. […] Das wäre gefährlich."

Christian Drosten
am 24. April 2020

„Wenn Sie keine Atemwegssymptome wie Fieber, Husten oder eine laufende Nase haben, brauchen Sie keine medizinische Maske zu tragen. […] Masken […] können sogar eine Infektionsquelle sein, wenn sie nicht korrekt benutzt werden."

April Baller,
Medical Officer der WHO,
10. Juli 2020

„Mit Masken für alle wäre die Pandemie im Keim erstickt worden. US-Forscher kamen in einer Analyse zu dem Schluss, dass durch das Tragen von Masken 66.000 Fälle in New York City verhindert werden konnten."

Klaus-Dieter Zastrow,
Professor für Hygiene an der Technischen
Hochschule Gießen, 23. Juli 2020

M2 Hans von Storch: Das Konzept der Postnormalität

Hans von Storch (*1949) ist Professor am Institut für Meteorologie der Universität Hamburg.

Das Verhältnis von Wissenschaft und Politik ist *normalerweise* von einer klaren Arbeitsteilung bestimmt – der politische Prozess trägt die Entscheidungen und damit auch die Verantwortung für die Folgen der Entscheidung, während der Prozess der Wissenschaft erlaubt, Optionen einzuordnen in Bezug auf Folgen in einer Mannigfaltigkeit von Aspekten. Sehr verkürzt ist dies die „normale" Situation. Aber es gibt dann noch die *postnormale* Situation, in der Politik ihre Entscheidungen als von der Wissenschaft alternativlos gegeben vorgibt und keine Verantwortung übernehmen kann, und wo Wissenschaft sich einem übergeordneten gesellschaftlichen Ziel unterordnet. […] [Die Virologie findet sich] seit Anfang des Jahres 2020 ganz klar in dieser Situation. […]

Das Konzept der *Postnormalität* wurde in den 1980er Jahren durch die Wissenschaftstheoretiker Silvio Funtowicz und Jerome Ravetz eingeführt. Es beschreibt die Bedingungen der Wissensproduktion, wenn diese von vier Besonderheiten beherrscht werden: Unsicherheit, Wertebezug, Dringlichkeit und hohes Risiko. […]

a) *Unsicherheit.* Das unter „normalen" Umständen erzeugte Wissen ist von erheblichen Unsicherheiten betroffen. Unsicherheiten, die nicht auf einfache und zeitnahe Weise beseitigt werden können, da sie aus der Komplexität und der begrenzten empirischen Evidenz herrührt. […] Im Falle der Virologie gehört der Komplex der Herdenimmunität und die Frage der „zweiten Welle" dazu. Diese Unsicherheiten sind signifikant, weil sie entscheidend für den politischen Entscheidungsprozess sind. […] Die Frage der Immunität hat maßgeblichen Einfluss auf die Entscheidung, wie stark die mögliche Ansteckung eingeschränkt werden muss, so dass etwa die Krankenhäuser noch ordnungsgemäß funktionieren.

b) *Wertebezug.* Die anstehenden Entscheidungen sind stark abhängig von Werten – d. h. Menschen und Gesellschaften mit verschiedenen Wertesystemen schätzen die Situation verschieden ein. [...] Im Falle der Pandemie geht es auch um die Übernahme von Verantwortung – entweder für die eigenen „Schwachen" (also Alte und „Vorerkrankte") oder um das Wohlergehen von Jungen und wirtschaftlich Aktiven im eigenen Lande und im Rest der Welt.

c) *Dringlichkeit.* Entscheidungen müssen zeitnah getroffen werden, um Gefahren abzuwehren; ein Abwarten, etwa bis die Wissenschaft die Unsicherheit des Wissens vermindert hat, ist nicht möglich. [...] [I]m Falle der Pandemie: Der Lockdown ist unverzüglich durchzuführen und durchzuhalten, andernfalls ist das exponentielle Anwachsen der Todeszahlen nicht mehr abzuwehren.

d) *Hohes Risiko.* Beide Entscheidungen, in die eine oder die andere Richtung, sind mit einem erheblichen Einsatz, und damit einem Risiko für ein Scheitern verbunden. [...] Im Falle der Pandemie – deutlich erhöhte Todeszahlen oder ein Einbruch in den gesellschaftlichen Wohlstand bzw. im Kampf gegen die weltweite Armut. [...]

Unter diesen Umständen kann „die" Wissenschaft nicht mehr wie üblich – normal! – den politischen Entscheidungsprozess beraten, sondern wird zum interessengeleiteten Kombattanten im Entscheidungsprozess. Das Merton'sche D [= Desinteresse, vgl. S. 263] gilt nicht mehr, die Akteure haben gesellschaftliche Interessen, treten als Kombattanten für das jeweils als das „Gute" verstandene auf. [...]

Viele Sozialwissenschaftler reagieren auf die Feststellung einer postnormalen Situation mit der Forderung nach „extended peer community"* [...]. Wenn eine Fragestellung die disziplinären Grenzen sprengt, dann muss in der Tat eine „extension" der wissenschaftlichen Community erfolgen – im Falle der Virologie also etwa die Resultate der Virologie „mit wirtschaftswissenschaftlichen Informationen zu bündeln". Wenn es an die politische Beratung geht, dann ändert sich die Lage [der Wissenschaft]. Dann steht nicht mehr die Frage im Vordergrund, wie Dinge zusammenhängen, sondern wie man mit dem Problem umgeht, wie man gesellschaftlich tragbare Lösungen findet, die einen gesellschaftlichen Ausgleich zwischen diversen, teils kontroversen Interessen erlauben. [...] [Diese Aufgabe lässt sich verdeutlichen durch] das Bild des Lagerfeuers [...], um das herum die gesellschaftlichen Akteure sitzen und eine Lösung zu erarbeiten versuchen. Bei diesem Bild gehören die Wissenschaftler dazu, aber sie sind nur einige unter vielen. In ihrer beengten Weltsicht, in der das eigene Fach besonders wichtig ist und besonders gut verstanden wird – in ihrer „Fachidiotie", können sie gut beurteilen, ob Lösungsoptionen die gewünschte Wirkung haben werden in ihrem Bereich, aber schon nicht mehr im Nachbarbereich. [...] [E]in Virologe kann [nicht] beurteilen, welche weiteren Wirkungen, insbesondere im gesellschaftlichen Bereich, die Optionen haben können. Aber in der Gemeinschaft von betroffenen Laien, von Praktikern und Fachleuten anderer Bereiche kann es gelingen, wirksame Optionen zu wählen, deren Wirkungen auf alle Bereiche hoffentlich verstanden sind. [...] Die Virologie kann [...] feststellen: Wenn die Ansteckungsmöglichkeiten nicht drastisch gemindert würden, werde es sehr viele Corona-Tote geben. Aus beiden Aussagen folgt noch nicht politischer Wille, sondern dazu braucht es eine Abwägung gesellschaftlicher Werte, welche von den damit verbundenen Nachteilen hinnehmbar sind und welche nicht. *Covid-19 und menschgemachter Klimawandel (2020)*

A

1 Sprechen Sie darüber, wie die unterschiedlichen Stellungnahmen der Wissenschaftler und Experten zu erklären sind. > M1

2 Erklären Sie, was nach Hans von Storch unter postnormaler Wissenschaft zu verstehen ist. > M2

3 Nehmen Sie Stellung zu Hans von Storchs Auffassung der Verantwortung der Wissenschaft in Krisenzeiten. > M2

4 Diskutieren Sie anhand ausgewählter Beispiele, ob und inwieweit Wisschenschaftler:innen während der Corona-Pandemie ihrer Verantwortung gerecht geworden sind. > M1/M2

Wissen kompakt

Technik- un

befasst sich m
des Einsatzes von Techn

Technikbewertung

Systematisches Vorgehen, die Folgen der Technik für Mensch, Gesellschaft, Umwelt zu analysieren und zu bewerten

↓ ↓

Werte

- Wirtschaftlichkeit
- Nützlichkeit
- Wohlstand
- Gesellschaftsqualität
- Umweltqualität
- Gesundheit
- Menschenwürde
- Selbstbestimmung
- Persönlichkeitsentfaltung
- …

→

Problematisch:

- *Reproduktives Klonen:* Unsicherheit des Verfahrens, Instrumentalisierung von Menschen, Verletzung des Rechts auf freie Entfaltung der Persönlichkeit
- *Genetische Optimierung des Menschen:* Unsicherheit des Verfahrens, Risiken für die Gesundheit, Verletzung des Selbstbestimmungsrechts
- *Autonomes Fahren:* Verrechnung von Menschenleben bei der ethischen Programmierung, Verstoß gegen die Unantastbarkeit der Menschenwürde
- …

issenschaftsethik

hischen Aspekten
nd des wissenschaftlichen Forschens

Freiheit der Forschung

- Wissenserwerb ist von Tatzusammenhängen getrennt
- Zweckfreiheit: Erkenntnis um der Erkenntnis willen
- *„Entdeckungen“*, deren Folgen nicht abzusehen sind

⟷

Verantwortung der Wissenschaft

(ggf. Grenzen der Forschung)

- Wissenserwerb ist mit Handlung verknüpft
- Wissen, das Auswirkungen auf die Gesellschaft hat und wirtschaftlich genutzt werden kann
- *„Erfindungen“*, die einen bestimmten Zweck verfolgen
- Experimente, die selbst schon Anwendung beinhalten (z. B. in der Biotechnologie)

Ethos der Wissenschaft

- *Kommunalität:* Zugänglichkeit des Wissens für die Öffentlichkeit
- *Universalismus:* Gültigkeit an jedem Ort und zu jeder Zeit
- *Systematischer Skeptizismus:* grundsätzliche Kritisierbarkeit
- *Desinteresse:* Freiheit von gesellschaftlichen Interessen

↕

- *in Krisenzeiten:* als interessegeleitete Entscheidungsträger:innen mit anderen Interessenvertreter:innen nach gesellschaftlich tragbaren Lösungen suchen

Mein Bauch gehört mir

M1 Hilferuf

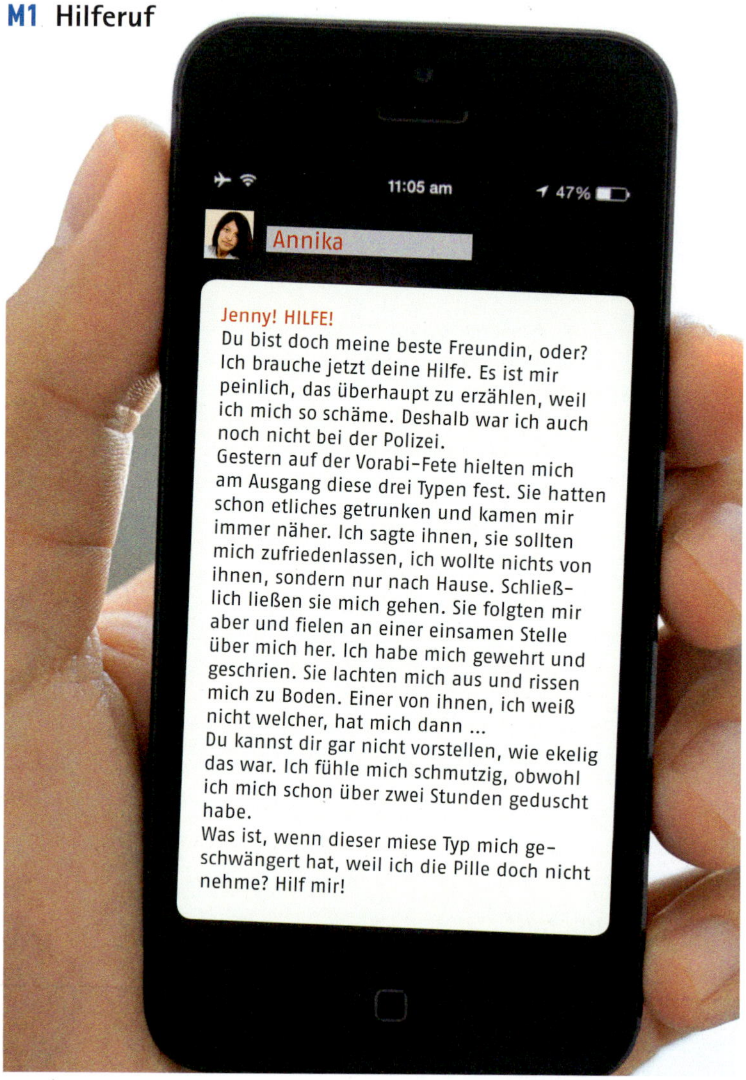

Autorenbeitrag

M2 Melanie und Janine

Melanie und Janine sitzen in Melanies Zimmer auf dem Sofa.

Melanie: Ich muss dir mal was erzählen. Du glaubst es nicht, aber ich bin schwanger.
Janine: Was? Von Daniel?
Melanie: Ja, ich weiß sogar genau, wann es passiert ist. Nach der Party bei Tim. Wir haben einfach nicht aufgepasst. Ich habe das Problem lange mit mir rumgetragen, aber gestern habe ich mich endlich getraut, zur Schwangerschaftsberatung zu gehen.
Janine: Und was haben die dir gesagt?
Melanie: Die Beraterin hat mich gefragt, ob ich das Kind überhaupt haben will. Ich konnte einfach nicht spontan „Ja" sagen und da hat sie mich nach meinen Bedenken gefragt. Und die sind ja wohl klar: Ich frage mich natürlich, ob es sich nicht um eine Tötung handelt, wenn ich abtreibe. Und dieser Gedanke würde mich sicher mein Leben lang belasten. Da hat die Beraterin mich gebeten, zu überlegen, welche Folgen es für mich hätte, wenn ich das Kind behalten würde.
Janine: Na ja, so schlimm ist das ja wohl nicht. Du bist mit Daniel immerhin schon über drei Jahre zusammen und ihr seid einfach ein tolles Paar.
Melanie: Ja, das stimmt. Aber das heißt ja nicht, dass ich ihn jetzt schon heiraten und eine Familie gründen würde. Stell dir mal vor, was das bedeuten würde: Ich müsste die Schule abbrechen und könnte nicht studieren. Dabei will ich doch eigentlich Tierärztin werden.
Janine: Also, das heißt dann doch wohl, dass du tatsächlich abtreiben musst.
Melanie: Nein, die Beraterin hat mir noch eine Möglichkeit genannt. Ich könnte das Kind austragen und dann zur Adoption freigeben. Darüber habe ich auch schon nachgedacht, aber das würde bedeuten, dass ich meine Rechte als Mutter aufgeben müsste. Vielleicht will ich ja eines Tages doch Kontakt zu meinem Kind haben oder sogar mit ihm zusammenleben.
Janine: Meine Güte, das ist wirklich kompliziert. Und was willst du jetzt machen?
Melanie: Ich weiß es wirklich nicht. Was würdest du denn an meiner Stelle tun?

Autorenbeitrag

M3 Judith Jarvis Thomson: Der bewusstlose Geiger

Judith Jarvis Thomson (*1929) war Professorin für Philosophie am Massachusetts Institute of Technology. Das folgende Gedankenexperiment verdeutlicht die feministische Position zur Abtreibungsfrage.

[1.] Ich möchte Sie bitten, sich Folgendes vorzustellen. Sie wachen morgens auf und finden sich in einem Bett liegend Kopf an Kopf mit einem bewusstlosen Geiger. Einem berühmten bewusstlosen Geiger. An ihm wurde eine bedrohliche Nierenkrankheit diagnostiziert, und die Gesellschaft der Freunde der Musik hat alle verfügbaren Patientenunterlagen durchsucht und herausgefunden, dass allein Sie die richtige Blutgruppe haben, um helfen zu können. Sie hat Sie deshalb gekidnappt, und letzte Nacht wurde der Blutkreislauf des Geigers an den Ihren angeschlossen, so dass Ihre Nieren dazu benutzt werden können, Gift ebenso aus seinem wie aus Ihrem Blut herauszuziehen. Der Krankenhausdirektor sagt jetzt zu Ihnen: „Sehen Sie, wir bedauern sehr, dass Ihnen die Gesellschaft der Freunde der Musik das angetan hat. – Wir hätten es nie erlaubt, wenn wir davon gewusst hätten. Aber sie haben es eben getan, und jetzt ist der Geiger an Sie angeschlossen. Sie abzukoppeln, würde bedeuten, ihn zu töten. Aber keine Angst, es handelt sich nur um neun Monate. Nach dieser Zeit wird er sich von seinem Leiden erholt haben und kann ohne Gefahr von Ihnen abgekoppelt werden." Ist Ihnen unter Gesichtspunkten der Moral auferlegt, sich in diese Situation zu fügen? Es wäre zweifellos ausgesprochen nett von Ihnen, wenn Sie es täten, von großer Freundlichkeit. Aber *müssen* Sie sich fügen?

[2.] Wie, wenn es nicht nur neun Monate, sondern neun Jahre wären? Oder noch länger?

[3.] Wie, wenn der Krankenhausdirektor sagte: „Wirklich Pech, muss ich sagen, aber jetzt müssen Sie den Rest Ihres Lebens im Bett verbringen, der Geiger an Sie angeschlossen. Denn rufen Sie sich Folgendes in Erinnerung. Alle Personen haben ein Lebensrecht, und Geiger sind Personen. Zugegeben, Sie haben ein Recht, zu entscheiden, was in und mit Ihrem Körper geschieht, aber das Lebensrecht einer Person wiegt stärker als Ihr Recht, zu entscheiden, was in und mit Ihrem Körper geschieht. Deshalb können Sie nie mehr von ihm abgekoppelt werden." [...]

[4.] Betrachten wir erneut das Beispiel mit Ihnen und dem Geiger. Da liegen Sie, im Bett neben dem Geiger, und der Krankenhausdirektor sagt: „Es ist wirklich eine grauenhafte Geschichte, und ich leide mit Ihnen, aber, sehen Sie, durch diese Prozedur werden Ihre Nieren außergewöhnlich stark belastet, und Sie werden innerhalb eines Monats sterben. Aber Sie *müssen dennoch* hier bleiben. Denn Sie abzukoppeln würde direktes Töten des Geigers bedeuten, und das ist Mord, und Mord ist nicht erlaubt." [...]

[5.] Angenommen, Sie erfahren, dass der Geiger nicht neun Jahre Ihres Lebens benötigt, sondern nur eine Stunde. Alles, was Sie tun müssen, um sein Leben zu retten, ist, eine Stunde in diesem Bett bei ihm zu verbringen. Außerdem sei angenommen, dass die Überlassung des Gebrauchs Ihrer Nieren für eine Stunde Ihre Gesundheit nicht im Geringsten beeinträchtigt. Zugestanden, Sie wurden gekidnappt. Zugestanden, Sie gaben niemandem die Erlaubnis, ihn anzuschließen.

Eine Verteidigung der Abtreibung (1990)

A

1. Schreiben Sie Annika eine SMS, in der Sie ihr einen Rat erteilen. > M1
2. Versetzen Sie sich in die Lage von Janine: Was würden Sie Melanie raten? > M2
3. Besprechen Sie das Gedankenexperiment in fünf Schritten. Wägen Sie bei jedem Schritt die Antworten ab und begründen Sie Ihre Auffassung. > M3
4. Leiten Sie aus dem Gedankenexperiment von Thomson Konsequenzen für die Fälle von Annika und Melanie ab. > M1–M3
5. Beurteilen Sie Thomsons Position zur Abtreibungsfrage. > M1–M3

Wann beginnt menschliches Leben?

M1 Entwicklungsstadien

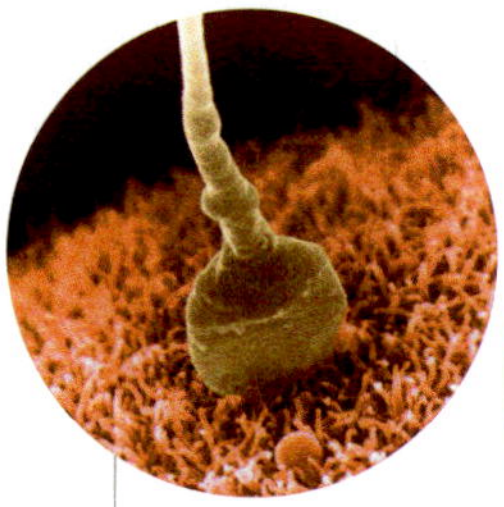

Befruchtung der Eizelle

12. Tag: **Einnistung** der Blastozyste in der Gebärmutter (Nidation)

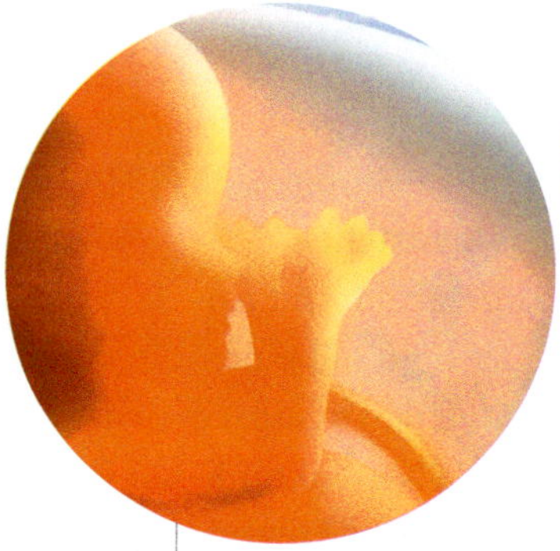

18. Woche: vollständige **Ausbildung** des Gehirns, Beginn der Empfindungsfähigkeit

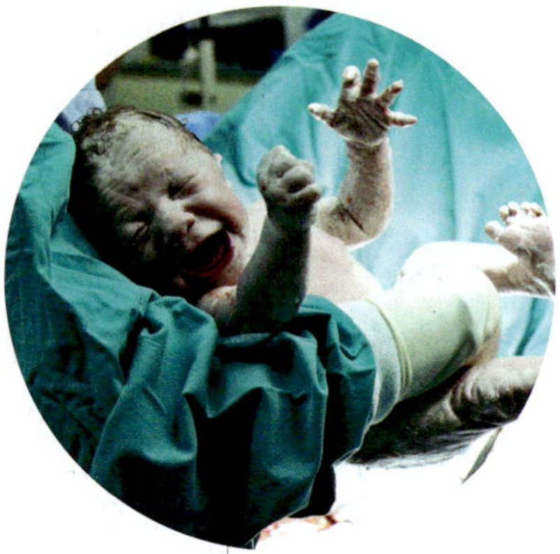

40. Woche: **Geburt** und Abnabelung

M2 Reinhard Löw: Von Anfang an

Reinhard Löw (1949-1994) war Professor für Naturphilosophie an der Universität München.

Wenden wir uns der Frage zu, zu welchem Zeitpunkt das menschliche Leben beginnt. Denn es gibt ja nicht nur kluge Begründungen für die Nidation (in der Bundesrepublik hat man sie gewählt, um bestimmte Frühabtreibungsmittel als späte Verhütungsmittel kennzeichnen zu können), sondern auch für den dritten Schwangerschaftsmonat, den sechsten Schwangerschaftsmonat, Geburt und ersten Atemzug (im jüdischen Kulturkreis) oder die Zustimmung des Vaters oder der Gesellschaft. [...] Aber daraus kann man nur einen Schluss ziehen: Das Menschsein eines Menschen von solchen Argumenten abzukoppeln und an das einzig zweifelsfreie Kriterium zu knüpfen, ob ein Mensch Mensch ist: seine biologische Zugehörigkeit zur Gattung. Andernfalls ist ein Neugeborenes weniger schutzberechtigt als ein erwachsener Schäferhund. [...]

Die Befruchtung der Eizelle [...] ist der einzige zweifelsfreie Zeitpunkt, für den gilt, dass vor ihm nichts da ist, woraus menschliches Leben teleologisch* und „von selbst" würde. Weder Spermium noch Ei allein sind der Keim, sondern der existiert erst und genau dann, wenn das Spermium das Ei befruchtet hat – und der Mensch da ist.

Mit dieser Einschätzung – einer Entscheidung! – erkennt der Mensch die befruchtete Eizelle als teleologisch verfassten Keim an, aus welchem ein gleich freier Mensch hervorgehen soll, wenn nichts dazwischenkommt. [...] Nur von diesem kategorischen* Fundament aus lassen sich stichhaltige ethische Abwägungen durchführen.

Genmanipulation (1986)

M3 Peter Singer: Mit Beginn von Empfindungsfähigkeit und Bewusstsein

Das [konservative] Hauptargument gegen die Abtreibung [...] lautete folgendermaßen:

- *Erste Prämisse: Es ist unrecht, ein unschuldiges menschliches Wesen zu töten.*
- *Zweite Prämisse: Ein menschlicher Fötus ist ein unschuldiges menschliches Wesen.*
- *Schlussfolgerung: Daher ist es unrecht, einen menschlichen Fötus zu töten. [...]*

Wir haben aber gesehen [vgl. S. 150f.], dass der Begriff „menschlich“ zwischen verschiedenen Bedeutungen schwankt: Mitglied der Spezies Homo sapiens einerseits und Person andererseits. [...] Wird „menschlich“ als Äquivalent für „Person“ genommen, dann ist die zweite Prämisse des Arguments, also die Behauptung, der Fötus sei ein menschliches Wesen, mit Sicherheit falsch, denn man kann nicht plausibel argumentieren, der Fötus sei rational oder selbstbewusst. [...]
Ich schlage daher vor, dem Leben eines Fötus keinen größeren Wert zuzubilligen als dem Leben eines nichtmenschlichen Lebewesens auf einer ähnlichen Stufe der Rationalität, des Selbstbewusstseins, der Bewusstheit, der Empfindungsfähigkeit usw. Da kein Fötus eine Person ist, hat kein Fötus denselben Anspruch auf Leben wie eine Person. Bis ein Fötus eine gewisse Fähigkeit zu bewusstem Erleben besitzt, beendet ein Schwangerschaftsabbruch eine Existenz, die – für sich und nicht unter dem Aspekt ihrer Potenzialität betrachtet – eher der einer Pflanze als der eines empfindungsfähigen Tieres wie etwa eines Hundes oder einer Kuh vergleichbar ist. [...]
Sobald der Fötus jedoch so weit entwickelt ist, dass er über Bewusstsein (wenn auch kein Selbstbewusstsein) verfügt, sollte Abtreibung nicht leichtgenommen werden (falls eine Frau jemals einen Schwangerschaftsabbruch leichtnimmt). Also müssen wir uns die Frage stellen, wann der Fötus Bewusstsein erlangt. [...]
Beim Menschen ist etwa vor der 8. Schwangerschaftswoche die Großhirnrinde noch nicht so weit entwickelt, dass in ihr synaptische Verbindungen stattfinden können. Die Signale, die bei einem Erwachsenen die Empfindung von Schmerz auslösen, werden nicht empfangen. Zwischen der 18. und 25. Woche erreicht das Gehirn des Fötus ein Entwicklungsstadium, in dem eine Übertragung in jenen Arealen stattfindet, die mit dem Bewusstsein in Zusammenhang stehen. [...]
Um im Zweifel für den Fötus zu entscheiden, wäre es vernünftig, den frühesten Zeitpunkt, an dem plausiblerweise behauptet werden kann, dass der Fötus über irgendein Empfindungsvermögen verfügt, als Grenze dafür anzusetzen, ab wann er Schutz genießen sollte. Wir sollten [...] den Zeitpunkt bestimmen, an dem das Gehirn physisch dazu in der Lage ist, Signale zu empfangen, die für ein Vorhandensein von Bewusstsein erforderlich sind. Dies lässt die 18. Schwangerschaftswoche als frühesten Zeitpunkt erscheinen, an dem der Fötus ein Schmerzempfinden haben kann. Wollten wir die Überzeugung, dass der Fötus bereits vor diesem Stadium über Bewusstsein verfügt, aufrechterhalten, müssten wir also behaupten, dass er eine Art von Schmerzempfinden besitzt, das ohne synaptische Verbindungen in der Großhirnrinde zustande kommt. Das wäre zwar denkbar, aber es gibt keine Anhaltspunkte dafür. Glücklicherweise wird die weitaus größte Mehrheit von Schwangerschaftsabbrüchen viel früher vorgenommen – in den Vereinigten Staaten beispielsweise finden über 85 % der Abbrüche während der ersten drei Monate der Schwangerschaft statt, wenn der Fötus also weniger als dreizehn Wochen alt ist. Daher ist es unwahrscheinlich, dass die meisten Abtreibungen dem Fötus irgendwelche Schmerzen zufügen.
Nach der 18. Schwangerschaftswoche sollte jedoch das Interesse des Fötus, nicht zu leiden, in gleicher Weise berücksichtigt werden, wie wir die Interessen von empfindungsfähigen, aber nicht-selbstbewussten, nichtmenschlichen Tieren in Betracht ziehen.

Praktische Ethik (1984; 3. Auflage 2013)

A

1 Äußern Sie auf der Grundlage der Abbildungen Ihre Meinung zur Frage, wann schützenswertes menschliche Leben beginnt. > M1

2 Bestimmen Sie den Beginn des menschlichen Lebens nach Löw und leiten Sie daraus Konsequenzen ab für die Frage, ob Abtreibung erlaubt sein sollte. > M2

3 Analysieren Sie Singers Position zur Frage des Beginns des Lebensschutzes und erläutern Sie, was daraus für die Abtreibungsfrage folgt. > M3

4 Vergleichen Sie die Positionen von Löw und Singer sowie die in Deutschland geltende gesetzliche Regelung zur Abtreibung (vgl. S. 286) und nehmen Sie Stellung dazu. > M2/M3

5 Beziehen Sie die Positionen auch auf Fragen des Umgangs mit menschlichen Embryonen im Labor (PID, Forschung an Stammzellen). Führen Sie dazu zunächst Recherchen durch.

Leben dürfen – leben müssen

M1 Protest gegen Peter Singer

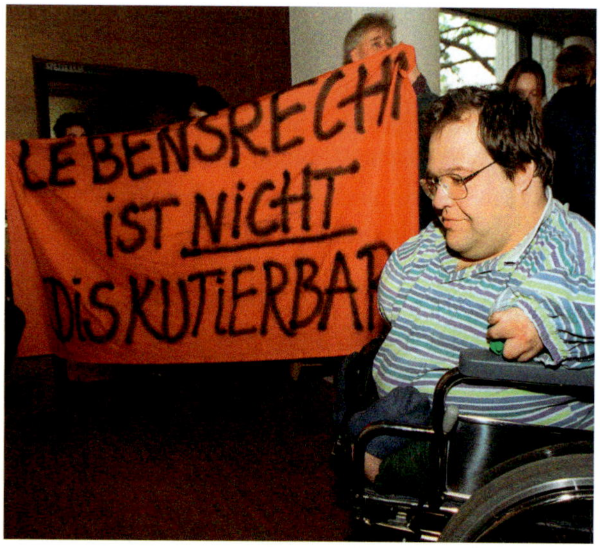

Auftritte Peter Singers in Deutschland wurden in der Vergangenheit regelmäßig von heftigen Protesten von Menschen mit Behinderung begleitet, wie hier 1998 in Bonn. Der Hintergrund dafür ist eine Auffassung, die Singer 1982 als wissenschaftlicher Mitarbeiter im Bioethik-Zentrum der Universität Melbourne vertrat. Damals konfrontierten ihn Ärzte mit Fällen von Neugeborenen mit Spina bifida, einem offenen Rücken, der trotz Operation zu schwersten Behinderungen führen kann. Sie glaubten, dass in manchen Fällen die Prognose so schlecht ist, dass es vielleicht bcsser wäre, nicht zu operieren. Die Ärzte baten Singer um Rat, ob es ethisch richtig sei, in diesen Fällen die Operation zu unterlassen. Singer hielt dies für ethisch vertretbar, wenn die Eltern und die Ärzte die Frage, ob es gut ist, dass die Säuglinge leben sollen, mit Nein beantworten. In dem Fall, dass nicht operiert wird, stellt sich jedoch die weitere Frage, ob es richtig ist, die Kinder wochen- oder monatelang langsam und qualvoll sterben zu lassen. Singer erklärte dazu: Wenn man die oben gestellte Frage mit Nein beantwortet, soll man auch aktiv Sterbehilfe leisten dürfen, um den Säuglingen ein qualvolles Sterben zu ersparen.

Autorenbeitrag

M2 Peter Singer: Entscheidungen über Leben und Tod

Wie wir gesehen haben [s. S. 270f.], lassen sich wirklich einleuchtende Argumente dafür, einem Wesen ein Recht auf Leben zuzuschreiben, [...] nur dann anwenden, wenn in irgendeiner Form ein Bewusstsein von sich selbst als einem in der Zeit existierenden Wesen oder als einem kontinuierlichen geistigen Ich vorhanden ist. [...] Kein Säugling – mag er nun behindert sein oder nicht – hat in gleichem Maße einen immanenten Anspruch auf das Leben wie Wesen, die fähig sind, sich selbst als distinkte, in der Zeit existierende Entitäten* zu sehen. [...]

Die Geburt eines Kindes ist in aller Regel ein glückliches Ereignis für die Eltern. Meist haben die Eltern das Kind geplant. Die Mutter hat es neun Monate lang ausgetragen. Mit dem Augenblick der Geburt beginnt eine natürliche Zuneigung der Eltern zu ihrem Kind. [...] Es ist etwas anderes, wenn sich herausstellt, dass der Säugling mit einer schweren Behinderung zur Welt kommt. Natürlich gibt es unterschiedliche Schäden. Manche sind geringfügig und haben wenig Auswirkung auf das Glück des Kindes oder seiner Eltern, andere hingegen verwandeln das normalerweise freudige Ereignis der Geburt in eine Bedrohung für das Glück der Eltern und anderer Kinder, die sie vielleicht haben. [...]

Einige Eltern wollen, dass selbst ein schwerstbehindertes Kind so lange wie möglich lebt, und dieser Wunsch ist dann ein Grund gegen die Tötung des Kindes. Aber was ist, wenn das nicht der Fall ist? In der nachfolgenden Erörterung werde ich voraussetzen, dass die Eltern nicht wollen, dass das behinderte Kind lebt. Ich werde ebenfalls voraussetzen, dass die Behinderung so schwer ist, dass – wiederum im Unterschied zu der Situation eines unerwünschten, aber normalen Kindes heute – kein anderes Paar daran interessiert ist, den Säugling zu adoptieren. [...]

Nehmen wir beispielsweise das Tay-Sachs-Syndrom, eine genetische Veranlagung, die dazu führt, dass

sich innerhalb des ersten Lebensjahres eines Kindes die Muskeln zurückbilden. Das Kind erblindet, wird taub, ist unfähig zu schlucken und schließlich gelähmt, zusätzlich erleidet es einen geistigen Abbau und leidet an Krampfanfällen. Selbst bei bester medizinischer Versorgung sterben Kinder mit dem Tay-Sachs-Syndrom meist vor ihrem fünften Geburtstag. Ein solches Leben lässt sich vernünftigerweise offenbar nicht als lebenswert beurteilen. Wenn das Leben eines Kindes so elend sein wird, dass es sich aus der inneren Perspektive des Wesens, das dieses Leben führen wird, nicht zu leben lohnt, dann folgt [...], dass es, sofern keine „äußeren" Gründe vorliegen, den Säugling am Leben zu erhalten – wie etwa die Gefühle der Eltern –, besser ist, ihm ohne weiteres Leiden zum Sterben zu verhelfen. [...]
Alle diese Bemerkungen betrafen die Unrechtmäßigkeit an sich, das Leben eines Säuglings zu beenden, weniger die Auswirkungen auf andere. Ziehen wir letztere in Betracht, kann sich das Bild ändern. Die gesamte Schwangerschaft mitsamt den Wehen durchzustehen, nur um ein Kind zu gebären und dann zu entscheiden, es solle nicht am Leben bleiben, wäre offenkundig eine schwere, vielleicht auch sehr leidvolle Erfahrung. Aus diesem Grund würden viele Frauen pränatale Diagnostik und Schwangerschaftsabbruch einer Geburt mit der Möglichkeit des Infantizids* vorziehen [...]. *Praktische Ethik (1979; 3. Auflage 2013)*

M3 Peter Singer: Rechtfertigung gegenüber Menschen mit Behinderung

Einige Behindertenrechtler protestieren vehement gegen diese Schlussfolgerung. Ihrer Ansicht zufolge ist es unrecht, einen Fötus oder ein Neugeborenes wegen einer Behinderung zu ersetzen, weil dadurch heute lebenden Behinderten suggeriert wird, ihr Leben sei weniger lebenswert als das Leben derer, die nicht behindert sind. Doch nur aufgrund dieser Auffassung ergeben Handlungen, die wir alle für selbstverständlich halten, einen Sinn. Man erinnere sich an den Contergan-Fall: Von Schwangeren eingenommen, war dieses Mittel die Ursache dafür, dass viele Kinder ohne Arme oder Beine geboren wurden. Als die Ursache für diese anormalen Geburten erkannt war, wurde das Mittel vom Markt genommen, und die verantwortliche Firma musste Schadenersatz leisten. Wären wir tatsächlich der Überzeugung, dass es keinen Grund dafür gibt, anzunehmen, dass das Leben einer behinderten Person wahrscheinlich irgendwie schlechter ist als das einer normalen Person, dann hätten wir die Contergan-Einnahme schwangerer Frauen damals nicht als Tragödie empfunden. [...] Die Kinder wären eben bloß „anders" gewesen. [...] Das klingt grotesk, aber eben nur deshalb, weil wir überhaupt keinen Zweifel daran haben, dass es besser ist, mit Gliedmaßen geboren zu werden als ohne. Diese Überzeugung bedeutet keinerlei Missachtung gegenüber jenen, die ohne Gliedmaßen leben müssen; vielmehr wird damit einfach die Realität der Schwierigkeiten anerkannt, denen sich die Betroffenen gegenübersehen.
Jedenfalls folgt aus dem hier vertretenen Standpunkt nicht, dass es besser wäre, wenn keine Menschen mit schweren Behinderungen überlebten. Es folgt lediglich, dass die Eltern solcher Kinder eine entsprechende Entscheidung treffen können sollten. Es folgt daraus auch nicht ein Mangel an Respekt vor oder gleicher Berücksichtigung von Menschen mit Behinderungen, die jetzt ihr eigenes Leben entsprechend ihren eigenen Wünschen leben. [...] Das Prinzip der gleichen Interessenabwägung [weist] jegliche geringere Berücksichtigung von Interessen aus Gründen des Behindertseins zurück. *Praktische Ethik (1984; 3. Auflage 2013)*

A

1 Versetzen Sie sich in die Lage eines Menschen mit Behinderung: Welche Gründe würden Sie gegen Singers Auffassung geltend machen? > M1

2 Analysieren Sie Singers Position zur Frage des Umgangs mit schwer behinderten Neugeborenen. Wo sehen Sie ggf. Probleme? > M2

3 Setzen Sie sich mit Singers Rechtfertigung gegenüber Menschen mit Behinderung auseinander. > M3

Medienhinweis:

Menschen bei Maischberger: Wer hat ein Recht auf Leben? (Gespräch mit Peter Singer, Vertretern behinderter Menschen u. a.; WDR 2007)

„Guter Tod"?

M1 Menschen von unterschiedlichem Wert?

M2 Clemens August Graf von Galen: Gegen die Beseitigung unproduktiver Mitmenschen

Der Bischof von Münster prangerte 1941 in Predigten und Hirtenbriefen die nationalsozialistische Lehre von der Erbgesundheit (Eugenik) und die sogenannte Euthanasie im Dritten Reich öffentlich an.

Seit einigen Monaten hören wir Berichte, dass aus Heil- und Pflegeanstalten für Geisteskranke auf Anordnung von Berlin Pfleglinge, die schon länger krank sind und vielleicht unheilbar erscheinen, zwangsweise abgeführt werden. Regelmäßig erhalten dann die Angehörigen nach kurzer Zeit die Mitteilung, die Leiche sei verbrannt, die Asche könne abgeliefert werden. Allgemein herrscht der an Sicherheit grenzende Verdacht, dass diese zahlreichen unerwarteten Todesfälle von Geisteskranken nicht von selbst eintreten, sondern absichtlich herbeigeführt werden, dass man dabei jener Lehre folgt, die behauptet, man dürfe sogenanntes „lebensunwertes Leben" vernichten, also unschuldige Menschen töten [...]. Man urteilt: Sie können nicht mehr Güter produzieren, sie sind wie eine alte Maschine, die nicht mehr läuft, sie sind wie ein altes Pferd, das unheilbar lahm geworden ist, sie sind wie eine Kuh, die nicht mehr Milch gibt. Was tut man mit solch alter Maschine? Sie wird verschrottet. Was tut man mit solch einem lahmen Pferd, mit solch einem unproduktiven Stück Vieh? – Nein, ich will den Vergleich nicht bis zu Ende führen, [...] hier handelt es sich um Menschen, unsere Mitmenschen, unsere Brüder und Schwestern! Arme Menschen, kranke Menschen, „unproduktive" Menschen meinetwegen. Aber haben sie damit das Recht auf das Leben verwirkt? [...] Wenn [das] einmal zugegeben wird, [...] dann ist grundsätzlich [...] der Mord an uns allen, wenn wir alt und altersschwach und damit unproduktiv werden, freigegeben.

Predigt in St. Lamberti (1941)

M3 Norbert Hoerster: Lebensunwertes Leben

Natürlich gibt es so etwas wie „lebensunwertes" Leben. [...] Anstößig, ja empörend ist ein solches Urteil allein dann, wenn es - wie bei den Nazis - auf der Basis von Kriterien etwa der Rassenzugehörigkeit oder der sozialen Nützlichkeit gefällt wird. Das aber ist weder zwingend noch in irgendeiner Weise ethisch begründbar. Ob ein bestimmtes Leben lebenswert ist oder nicht, kann nur vom Wertungsstandpunkt jenes Menschen aus entschieden werden, dem dieses Leben gehört! [...] Die Voraussetzung, dass das weitere Leben für seinen Träger alles in allem keinen Wert mehr hat, [stellt] sicher, dass die Tötung für denjenigen, auf den es ankommt, kein Übel, sondern eine Wohltat ist, dass sie im umfassenden Sinne seinen Interessen dient. [...] Natürlich darf auch von dem hier vertretenen individuellen Interessenstandpunkt aus eine Sterbehilfe [...] nur dann als gerechtfertigt gelten, wenn der Betreffende selbst in diese Tötung einwilligt. Denn selbst eine Wohltat darf dem Individuum nicht aufgezwungen werden.

Tötungsverbot und Sterbehilfe (1999)

M4 Terri Schiavo – Mord oder Erlösung?

2005 sorgte der Fall der Amerikanerin Terri Schiavo weltweit für Aufmerksamkeit. 1990 konnte die 27-jährige Frau nach einem Zusammenbruch infolge von Bulimie zwar reanimiert werden, erlitt aber durch den Sauerstoffmangel irreparable Hirnschäden. Acht Jahre lang lag sie im Dauerkoma, als ihr Ehemann eine gerichtliche Genehmigung erwirkte, die künstliche Ernährung einzustellen, um den Tod herbeizuführen. Er begründete diesen Schritt mit entsprechenden Wünschen, die seine Frau früher geäußert habe. Dagegen legten Terris katholische Eltern, die Sterbehilfe für etwas Verwerfliches hielten, Widerspruch ein. Nach einem sieben Jahre andauernden Rechtsstreit, der sich durch mehrere Instanzen zog und von öffentlichen Kundgebungen von Befürwortern und Gegnern der Sterbehilfe begleitet wurde, gab der Oberste Gerichtshof schließlich dem Ehemann Recht. Die Magensonde wurde abgeschaltet und Terri verstarb 15 Jahre nach ihrem Zusammenbruch. *Autorenbeitrag*

M5 Dagmar Fenner: Passive Sterbehilfe

Dagmar Fenner (*1971) ist Titularprofessorin an der Universität Basel und lehrt Ethik an der Universität Tübingen.

Um die hochbrisante Sterbehilfedebatte verstehen zu können, müssen zunächst einige Begriffe geklärt werden. [...] *Sterbehilfe* meint ganz allgemein sämtliche Handlungen oder Unterlassungen, die zum Tod eines anderen Menschen führen. Bei der Sterbehilfe-Debatte hat man in der Regel ausschließlich die Formen freiwilliger Sterbehilfe im Auge, bei denen der explizite Wunsch des Betroffenen zu sterben Voraussetzung ist. [...] Unter dem Deckmantel „Euthanasie" [wurden im Nationalsozialismus] geistig und körperlich behinderte Menschen unfreiwillig getötet. Obgleich „Euthanasie" (griechisch „guter Tod") eigentlich ein Synonym für „Sterbehilfe" ist, sollte angesichts dieser historischen Bedeutungsverschiebung zumindest in deutschen Debatten ganz auf diesen Terminus verzichtet werden. [...]

Innerhalb der Sterbehilfe wird des Weiteren die begriffliche Differenzierung zwischen „aktiver" und „passiver Sterbehilfe" vorgenommen: Von *passiver Sterbehilfe* spricht man, wenn bei einem Sterbewilligen lebensverlängernde Maßnahmen beendet oder unterlassen werden. Die behandelnden Ärzte verursachen hier den Prozess des Sterbens nicht selbst, sondern lassen das unabhängig von ihrem Tun eingesetzte Krankheitsgeschehen lediglich zu. [...] Bei der *aktiven Sterbehilfe* führen die Ärzte demgegenüber selbst „aktiv" den Tod der Patienten herbei, indem sie ihnen Medikamente verabreichen [...].

Etwas verwirrend ist die Lage, wenn der Verzicht auf lebenserhaltende Behandlungsmethoden erst beschlossen wird, nachdem bereits solche Maßnahmen aufgenommen wurden. Denn das Abstellen von Beatmungsgeräten durch die Ärzte stellt isoliert betrachtet ein zielgerichtetes aktives „Handeln" [...] dar. Im Grunde hebt man aber mit dem Einstellen der Behandlung lediglich die zuvor eingeleiteten lebensverlängernden Maßnahmen auf [...]. Indem die Ärzte also das Aufhalten des natürlichen Sterbeprozesses mit Hilfe technischer Geräte beenden, lassen sie den nicht von ihnen selbst initiierten natürlichen Sterbeprozess „passiv" zu. [...]

Passive Sterbehilfe [ist] grundsätzlich ethisch legitim, weil eine ärztliche Behandlung ohne die ausdrückliche Zustimmung eines Patienten illegitim ist und als Körperverletzung gilt [...]: Nicht die Ablehnung oder der Abbruch einer lebenserhaltenden Maßnahme muss gerechtfertigt werden, sondern vielmehr deren Aufnahme bzw. Fortsetzung. [...] Vorausgesetzt wird dabei stets, dass die Basisversorgung der Sterbebegleitung, d. h. Schmerzlinderung und soziale Zuwendung, Hygienevorkehrungen und das Stillen von Hunger und Durst, auch nach dem Therapieabbruch gewährleistet bleibt. *Einführung in die Angewandte Ethik (2010)*

A

1 Interpretieren Sie das Plakat und erarbeiten Sie von Galens Auffassung zur Eugenik. > M1/M2
2 Beurteilen Sie Hoersters Auffassung. > M3
3 Diskutieren Sie die Entscheidung des Obersten Gerichtshofes im Fall Terri Schiavo. > M4
4 Erarbeiten Sie den Unterschied zwischen aktiver und passiver Sterbehilfe. > M5
5 Analysieren Sie Fenners ethische Bewertung der passiven Sterbehilfe und nehmen Sie dazu Stellung. > M5

Der Wille von Patientinnen und Patienten

M1 Ezekiel und Linda Emanuel: Modelle der Arzt-Patient-Beziehung

Ezekiel Emanuel (*1957) lehrt Ethik der Medizin an der Universität von Pennsylvania, seine Frau Linda Emanuel ist Professorin an einer medizinischen Hochschule in Chicago.

Innerhalb der letzten zwei Jahrzehnte fand ein Ringen um die Rolle des Patienten im medizinischen Entscheidungsprozess statt, das oft auch charakterisiert wurde als Konflikt zwischen Autonomie* und Gesundheit, zwischen den Wertvorstellungen des Patienten und den Wertvorstellungen des Arztes. [...] Wir werden [drei] Modelle der Arzt-Patient-Interaktion* vorstellen [...].

MODELL 1

Das erste Modell ist das *paternalistische** Modell, manchmal auch das Eltern- oder Priestermodell genannt. [...] [Es] geht davon aus, dass es allgemein geteilte objektive Kriterien gibt, nach denen bestimmt werden kann, was das Beste ist. Folglich kann der Arzt unter eingeschränkter Beteiligung des Patienten beurteilen, was in dessen bestem Interesse wäre. [...] In der Spannung zwischen Autonomie und Wohlergehen des Patienten, zwischen Entscheidungsfreiheit und Gesundheit legt der paternalistische Arzt sein Hauptgewicht jeweils auf Letzteres.

Im paternalistischen Modell handelt der Arzt als Vormund des Patienten, indem er bestimmt und durchführt, was für den Patienten am besten ist. [...] [Die Autonomie des Patienten besteht hier in der] Zustimmung des Patienten zu dem, was der Arzt für das Beste hält, entweder gleich oder zu einem späteren Zeitpunkt.

MODELL 2

Das zweite ist das *informative* Modell, das manchmal auch als wissenschaftliches, technisches oder Konsumentenmodell bezeichnet wird. [...] [Es] setzt eine ziemlich klare Unterscheidung zwischen Tatsachen und deren Bewertung voraus. Die Wertvorstellungen des Patienten sind genau definiert und bekannt; dem Patienten fehlen lediglich die Fakten. Der Arzt ist verpflichtet, für alle verfügbaren Informationen zu sorgen. Von den Wertvorstellungen des Patienten hängt es dann ab, welche Behandlung durchgeführt wird. Die Wertmaßstäbe des Arztes, sein Verständnis von den Wertvorstellungen des Patienten oder sein Urteil über die Bedeutung der Wertvorstellungen des Patienten dürfen keine Rolle spielen. [...] Als technische Experten haben Ärzte die wichtige Verpflichtung, wahrheitsgemäße Information zu liefern, sich fachlich weiterzubilden und andere zu beraten, denen das Wissen oder die Fertigkeiten fehlen. [Patientenautonomie bedeutet hier] Kontrolle des Patienten über den medizinischen Entscheidungsprozess. [...]

MODELL 3

Das [dritte] ist das *deliberative** Modell. Das Anliegen der Arzt-Patient-Interaktion ist es, dem Patienten bei der Bestimmung und Auswahl der gesundheitlichen Ziele zu helfen, die in der klinischen Situation verwirklicht werden können. Zu diesem Zweck muss der Arzt den Patienten über die klinische Situation informieren und dann dabei helfen, die Wertvorstellungen herauszuarbeiten, die mit den verfügbaren Möglichkeiten realisiert werden können. Es ist dabei Aufgabe des Arztes darauf hinzuweisen, warum bestimmte gesundheitliche Wertvorstellungen sinnvoller sind und deshalb auch angestrebt werden sollten. Im Idealfall überlegen Arzt und Patient gemeinsam, welche gesundheitlichen Ziele angestrebt werden könnten und letztlich auch sollten. [...]

Nach dem deliberativen Modell handelt der Arzt wie ein Lehrer oder Freund und führt mit dem Patienten ein Gespräch über die beste Handlungsmöglichkeit [...]. Das Konzept der Patientenautonomie betont die moralische Entwicklung des Patienten; der Patient wird dazu befähigt, nicht einfach unreflektierten Präferenzen* oder reflektierten Wertvorstellungen zu folgen, sondern im Gespräch alternative gesundheitliche Zielsetzungen und deren Wert und Konsequenzen für die Behandlung zu erwägen.

Vier Modelle der Arzt-Patient-Beziehung (1992)

M2 Patientenverfügung

Ich, MANFRED MUSTERMANN, geb. am 08.11.1950, treffe hiermit für den Fall, dass ich meinen Willen nicht mehr verständlich äußern kann, folgende Verfügung: Wenn ich mich aller Wahrscheinlichkeit nach unabwendbar im unmittelbaren Sterbeprozess befinde, selbst wenn der Todeszeitpunkt noch nicht absehbar ist, wünsche ich

- das Unterlassen lebenserhaltender Maßnahmen, die nur den Todeseintritt verzögern und dadurch mögliches Leiden unnötig verlängern würden.
- bewusstseinsdämpfende Mittel zur Beschwerdelinderung, wenn alle sonstigen medizinischen Möglichkeiten zur Schmerz- und Symptomkontrolle versagen. Die Möglichkeit einer Verkürzung meiner Lebenszeit nehme ich in Kauf.

Das Patientenrechtsgesetz (PRG) von 2013 sieht die Patientenverfügung als ein Instrument der gesundheitlichen Selbstbestimmung vor. Darunter versteht man eine schriftliche Vorausverfügung einer Person hinsichtlich gesundheitlicher Maßnahmen, die für den Fall gelten soll, dass sie ihren Willen nicht mehr rechtsgültig erklären kann. Sie kann genau festlegen, welche medizinischen und pflegerischen Maßnahmen sie in bestimmten Behandlungssituationen wünscht. Im Allgemeinen geht es dabei um die Ablehnung lebensverlängernder Maßnahmen im Angesicht des nicht mehr abwendbaren Todes. Ein Arzt ist durch sein Standesethos verpflichtet, Leben zu verlängern. Wenn jedoch jemand durch eine Patientenverfügung eine andere Priorität setzt, ist der Arzt daran gebunden.

Autorenbeitrag

M3 Peter Singer: Ein Fall von Altersdemenz

Gustav Nossal, ein hervorragender australischer Mediziner, beschreibt […] eine […] [in Pflegeheimen] relativ geläufige Situation: „Eine 83jährige Frau ist […] aufgenommen worden, weil die zunehmende geistige Verwirrung es ihr unmöglich machte, allein in ihrem Haus zu bleiben, und niemand da war, der nach ihr hätte sehen können. Ihr Zustand verschlechtert sich im Laufe von drei Jahren. Sie kann nicht mehr sprechen, muss gefüttert werden und hat keine Kontrolle mehr über ihre Verdauung. Schließlich kann sie nicht mehr im Sessel sitzen und ist ans Bett gefesselt. Eines Tages bekommt sie Lungenentzündung.“ Bei einem Patienten, der sich einer zumindest leidlichen Lebensqualität erfreut, würde Lungenentzündung normalerweise mit Antibiotika behandelt werden. Soll diese Patientin Antibiotika bekommen? Nossal fährt fort:

„Die Angehörigen werden benachrichtigt, und die Leiterin des Pflegeheims sagt ihnen, dass sie zusammen mit der im Heim beschäftigten Ärztin für solche Fälle eine lockere Vereinbarung getroffen habe: Bei fortgeschrittener Altersdemenz behandelten sie die ersten drei Infektionen mit Antibiotika, danach aber ließen sie – getreu der Redensart ‚Lungenentzündung ist der Alten Freund‘ – die Natur ihren Lauf nehmen. Die Leiterin betont, sofern die Angehörigen es wünschten, könnten alle Infektionen auch energisch behandelt werden. Die Angehörigen erklären sich mit der Faustregel einverstanden. Die Patientin stirbt sechs Monate später an einem Harnwegsinfekt.“

Diese Patientin starb also infolge einer bewussten Unterlassung. Viele Menschen wären wohl der Ansicht, dass sie im vorliegenden Fall gerechtfertigt war. Vielleicht würden sie sich sogar fragen, ob es nicht besser gewesen wäre, eine Behandlung schon bei der ersten Lungenentzündung zu unterlassen.

Praktische Ethik (1984; 3. Auflage 2013)

A

1 Analysieren Sie die drei Modelle der Arzt-Patienten-Beziehung. > M1

2 Stellen Sie sich vor, Sie würden im Krankenhaus liegen. Nach welchem Modell sollte sich der Arzt Ihnen gegenüber verhalten? > M1

3 Untersuchen Sie, welches Verständnis der Arzt-Patienten-Beziehung sich in der Patientenverfügung widerspiegelt. > M1/M2

4 Beurteilen Sie, ob und ggf. inwiefern eine Patientenverfügung im Fall der dementen Patientin und in einem Fall wie dem von Terri Schiavo (s. S. 275, M4) von Nutzen sein könnte. > M2/M3

Ein selbstbestimmtes Ende?

M1 Der Fall Brittany Maynard: Tod auf Rezept

Die 29-jährige Amerikanerin Brittany Maynard hatte ihren Tod schon drei Wochen zuvor auf ihrer Facebook-Seite angekündigt. Am 01.11.2014 teilte sie dann mit: „Heute ist der Tag, den ich gewählt habe, um angesichts meiner unheilbaren Krankheit mit Würde Abschied zu nehmen, dieser schreckliche Gehirntumor, der so viel von mir genommen hat, [...] aber der so viel mehr genommen hätte."

Die Sterbehilfe-Organisation *Compassion and Choices* bestätigte den Suizid. Maynard habe wie geplant die tödlichen Medikamente eingenommen, die ihr ein Arzt verschrieben hatte, und sei friedlich im Kreis ihrer Liebsten verstorben.

Im Bundesstaat Oregon im Nordwesten der USA ist nach dem „Death with Dignity Act" von 1997 die Beihilfe zum Suizid erlaubt. Ähnlich liberale Gesetze gelten in der Schweiz und in den Niederlanden. In Deutschland ist die Rechtslage nicht eindeutig, deshalb wird über eine Reform der Gesetzgebung diskutiert.

Autorenbeitrag

M2 Deutsche Bischofskonferenz / Rat der Evangelischen Kirche in Deutschland: Leben bis zuletzt

Die Kirchen wissen um das manchmal schwere psychische und physische Leiden sterbender Menschen. Dennoch lehnen sie jede Form der aktiven Sterbehilfe ab. Der biblische Glaube [...] an die Unverfügbarkeit des menschlichen Lebens und das Gebot „Du sollst nicht töten" stehen dem entgegen. Daneben sprechen aber auch eine Reihe anderer Gründe für die Ablehnung der aktiven Sterbehilfe:

Die Bitte um aktive Sterbehilfe gründet oft in der Angst vor unnötigen Schmerzen. Demgegenüber ist zu erwidern, dass die moderne Schmerztherapie eine weitgehende Schmerzlinderung möglich macht. Die Kirchen fordern, dass dieses Wissen unter den Ärzten noch stärker als bisher verbreitet wird.

Das deutsche Recht verbietet es dem Arzt, das Leben eines Todgeweihten durch aktives Eingreifen gezielt zu verkürzen. Grundlage des Vertrauensverhältnisses von Arzt und Patient ist seit jeher der ärztliche Auftrag, menschlichem Leben nicht zu schaden, sondern es zu erhalten und zu fördern. Dieses Vertrauensverhältnis wird grundlegend gefährdet, wenn der Arzt dem Patienten nicht mehr allein als Heilender und Helfender, sondern ebenso als „Tötender" begegnet.

Es besteht außerdem die Gefahr, dass eine Rechtsordnung, die aktive Sterbehilfe zuließe, den Lebensschutz zum Schaden aller mindert und Schleusen zur Vernichtung angeblich sinnlosen oder unnützen Lebens öffnet.

Der Ruf nach dem erlösenden Tod ist nicht selten ein Schrei nach Nähe und Begleitung sowie die Bitte, nicht allein gelassen zu werden. Wo es aus medizinischer Sicht oftmals keinen Grund mehr zur Hoffnung auf Genesung gibt, kann der christliche Glaube neue Horizonte in der Annahme und Bejahung des Sterbens als Teil des Lebens eröffnen. Deshalb sagen die Kirchen: Menschlich-christliche Sterbebegleitung ist die einzige angemessene Antwort auf die Forderung nach aktiver Sterbehilfe! [...]

In den vergangenen Jahren hat sich auch in Deutschland, ausgehend von Großbritannien, die „Hospizbewegung" etabliert. [...] Im Mittelpunkt der Begleitung todkranker und sterbender Menschen steht nach der Idee des Hospizes nicht mehr nur das medizinische Bemühen um Heilung, sondern primär die persönliche Zuwendung im Gespräch und das Bemühen, ein würdiges Sterben zu ermöglichen.

Erklärung der Deutschen Bischofskonferenz und des Rates der Evangelischen Kirche in Deutschland zur Woche für das Leben (1996)

M3 Ronald Dworkin u. a.: Die Freiheit, über sein Lebensende zu entscheiden

Der US-amerikanische Philosoph (1931-2013) lehrte in Oxford und New York. Er wurde besonders durch seine Beiträge zur Ethik und Rechtsphilosophie bekannt.

In einer freien Gesellschaft muss es den Menschen gestattet sein, [Fragen über den Wert menschlichen Lebens] für sich aufgrund ihres Glaubens, ihres Gewissens und ihrer Überzeugungen zu treffen. [...]
Das Verlangen eines Menschen, gemäß den eigenen Überzeugungen auch sein Lebensende zu gestalten, gehört zentral zum grundsätzlichen Recht, „für sich und persönlich Entscheidungen" fällen zu können. [...] Der Tod gehört wohl für uns alle unter die einschneidendsten Lebensereignisse. [...] Die meisten von uns sehen den Tod – egal was wir dahinter vermuten – als den Schlussakt des Lebensdramas an. Dieser soll die Überzeugungen, nach denen wir zu leben versuchten, widerspiegeln; aber nicht jene Überzeugungen, die andere uns im Augenblick höchster Verwundbarkeit aufzwangen. Unterschiedliche Menschen mit unterschiedlichen Religionen und moralischen Bekenntnissen machen sich sehr unterschiedliche Überzeugungen zu eigen, welches Sterben ihre Werte bestätigt und welches ihnen widerspricht. Einige kämpfen gegen das Sterben mit allen Waffen, die ihr Arzt sieht. Andere suchen nicht den vorzeitigen Tod, auch wenn sie um seinen baldigen Eintritt beten. Wieder andere, wie die klagenden Patienten in diesen Fällen, wollen ihrem Leben ein Ende setzen, wenn sie von ihm keine Verbesserung mehr, sondern eher die Zerstörung des von ihnen aufgebauten Lebens zu erwarten haben. Einige Menschen treffen die letztere Entscheidung nicht nur, um dem Schmerz zu entkommen. Denn wäre auch aller Schmerz einem Patienten zu nehmen – was derzeit aber nicht möglich ist –, so würde das doch nicht die Qual beenden oder zumindest deutlich lindern, die fühlbar wird, wenn man zwar am Leben bleibt, aber nur beatmet, hilflos und oft bis zur Bewusstlosigkeit sediert.
Man kann keine dieser so dramatisch auseinandergehenden Auffassungen vom Sinn des Todes als irrational abtun. Keine sollte aufgezwungen werden: nicht durch Druck der Ärzte oder der Verwandten und nicht durch einen staatlichen Erlass, sofern jemand sie ablehnt. Ebenso untragbar wäre es, wenn der Staat den Ärzten grundsätzlich verbieten wollte, für den Wunsch eines Menschen nach Lebenserhalt möglichst lange alles zu tun. Genauso wäre es nicht tolerabel, wenn der Staat den Ärzten vorgäbe, sie dürften niemals jemandem beim Sterben helfen, der alles weitere Leben als eine Erniedrigung ansieht. Die Verfassung besteht darauf, dass Menschen die Freiheit haben müssen, diese zutiefst persönlichen Entscheidungen für sich zu fällen, und dass sie nicht gezwungen werden, ihr Leben in einer für sie entsetzlichen Weise zu beenden, nur weil eine Mehrheit vermeint, dies sei angemessen. *Hilfe zum Selbstmord: Das Resümee des Philosophen (1977)*

M4 Nikolaus Schneider: Die Liebe ist entscheidend

Der [ehemalige] Ratsvorsitzende der Evangelischen Kirche in Deutschland (EKD), Nikolaus Schneider, hat seiner krebskranken Frau Anne zugesichert, sie im Ernstfall in ihrem Wunsch nach Sterbehilfe zu unterstützen. „Das wäre zwar völlig gegen meine Überzeugung", sagte Schneider [...]. „Aber am Ende würde ich sie wohl [...] aus Liebe begleiten. [...]" Schneider hatte Ende Juni seinen Rücktritt zum 10. November [2014] erklärt. Er wolle sich voll und ganz seiner kranken Frau widmen. *Zeit online (2014)*

A

1 Diskutieren Sie die Entscheidung Brittany Maynards. > M1
2 Stellen Sie Argumente für und gegen aktive Sterbehilfe bzw. assistierten Suizid zusammen und wenden Sie sie auf den Fall Brittany Maynard an. > M2/M3
3 Erörtern Sie die Aussage Nikolaus Schneiders zur Sterbehilfe. > M4

Medienhinweis:
Wolfgang Herrndorf: Arbeit und Struktur
(digitales Tagebuch, begonnen 2010 nach der Diagnose eines bösartigen Hirntumors, bis zum Freitod des Schriftstellers im August 2013)
- *Blog:* http://www.wolfgang-herrndorf.de/archiv/
- *in Buchform:* Rowohlt. Berlin 2013

„Lass mich gehen!" – Filmprojekte zur Sterbehilfe

M1 Million Dollar Baby

In dem Film geht es um die Geschichte der Boxerin Maggie Fitzgerald und ihres Trainers Frankie Dunn, der für sie eine Art Vaterersatz darstellt. Auf einer Autofahrt erzählt Maggie ihm von ihrem verstorbenen Vater:

Mein Daddy hatte einen deutschen Schäferhund, Axel. Axels Hinterläufe waren so kaputt, dass er sich auf seinen Vorderläufen von Zimmer zu Zimmer schleppen musste. [...] Daddy, der war damals schon so krank, dass er sich selbst kaum aufrecht halten konnte. Aber eines Morgens da stand er auf, trug Axel in seinen Wagen. Dann sind die beiden weggefahren in den Wald. [...] Es war schon Abend, als er wieder nach Hause kam. Allein. Und da sah ich erst die Schaufel auf seinem Truck.

Nach nur etwas mehr als einem Jahr als Profi-Sportlerin tritt Maggie zum WM-Kampf an, bei dem sie sich zwei Halswirbel bricht, so dass sie vom Hals abwärts gelähmt ist. Sie ist noch nicht einmal in der Lage, alleine zu atmen und ist somit auf Apparatemedizin angewiesen. Frankie kümmert sich rührend um Maggie, aber ihr Zustand verschlechtert sich zusehends. Als ihr aufgrund von Durchblutungsstörungen und Druckgeschwüren ein Bein amputiert werden muss, bittet sie ihren Trainer, ihr beim Sterben zu helfen.

Maggie: Sie wissen, was Daddy für Axel getan hat.
Frankie: Daran darfst du nicht mal denken.
Maggie: So leben kann ich nicht, Frankie. Nachdem, was ich alles hatte. Ich hab die Welt gesehen. Die Menschen riefen meinen Namen. Wenn auch nicht meinen, sondern den Namen, den Sie mir gegeben haben. Sie haben mir zugejubelt. Ich war in Zeitschriften. Denken Sie, das hätte ich mir je träumen lassen? Als ich geboren wurde, wog ich kaum mehr als zwei Pfund. Daddy sagte immer, ich kämpfte mich in diese Welt. Und ich würde auch kämpfend wieder gehen. Das ist alles, was ich will, Frankie. Ich will dafür nur nicht gegen Sie kämpfen. Ich hatte, was ich wollte. Ich hatte es alles. Erlauben Sie nicht, dass mir das wieder genommen wird. Lassen Sie mich hier nicht so lange liegen, bis ich die Menschen nicht mehr jubeln höre.
Frankie: Ich kann es nicht. Bitte. Bitte, frag mich nicht.
Maggie: Ich bitte Sie.
Frankie: Ich kann nicht.

Maggie unternimmt einen Suizidversuch, indem sie sich ihre Zunge durchbeißt. Die Ärzte retten sie, bevor sie an ihrem eigenen Blut erstickt. Nach einem weiteren Versuch, sich das Leben zu nehmen, wird die Boxerin ruhiggestellt. Frankie sucht den Pfarrer seiner Gemeinde in der Kirche auf:

Pfarrer: Das dürfen Sie nicht. Das wissen Sie.
Frankie: Natürlich, Vater. Sie wissen nicht, wie stur sie ist. Wie schwer es war, sie zu trainieren. Andere Boxer tun genau das, was man ihnen sagt. Aber sie hat gefragt, wieso dies und wieso das und hat sowieso getan, was sie wollte. Und wie sie auf den Titel ausging. Einfach so, ohne ... zumindest ohne auf mich zu hören. *[Er weint.]* Aber jetzt wünscht sie sich den Tod und ich will sie einfach bei mir behalten. Ich schwöre bei Gott, Vater, ich ... ich begehe eine Sünde damit, wenn ich es tue. Aber es ist auch ihr Tod, wenn ich sie am Leben erhalte. Verstehen Sie mich? Wie komme ich damit zurecht?
Pfarrer: Gar nicht. Sie halten sich raus, Frankie, und überlassen sie Gott.
Frankie *[hilflos]*: Sie hat ja nicht um Gottes Hilfe gebeten, sondern um meine. [...]

Frankie, der weiß, wie ernst Maggies Wunsch zu sterben ist, schleicht sich nachts ins Krankenhaus und nimmt sie zunächst von der Sauerstoffmaschine, damit sie einschlafen kann. Anschließend injiziert er ihr fünf Mal so viel Adrenalin, wie nötig gewesen wäre, um jemanden zu töten. Er will nicht, dass sie noch einmal leiden muss.

M2 Das Meer in mir

Der Film beruht auf einem realen Fall: Ramon Sampedro bricht sich als junger Mann nach einem Sprung ins flache Wasser das Genick und ist seitdem vom Hals abwärts gelähmt. Er empfindet sein Leben als nicht mehr lebenswert. Seit 26 Jahren kämpft er dafür, endlich sterben zu dürfen.

Ramon *[blickt aus dem Fenster auf das Meer. Seine Stimme kommt aus dem Off]*: Meine Herren Richter, werte Vertreter der politischen und kirchlichen Macht. Was bedeutet für Sie Würde? *[Ramon wird von einer Pflegerin gewaschen.]* Wie auch immer Sie das für sich selbst beantworten, Sie sollen wissen, für mich ist dieses Leben würdelos. *[Freunde stehen um Ramons Bett herum und stoßen mit Sekt an. Man sieht nur ihre Oberkörper und Hände.]* Ich hätte mir gewünscht, ich könnte wenigstens sterben mit Würde. *[Ramon ist wie seine Freunde fröhlich gestimmt, lacht und hat eine Zigarette im Mund.]* Aber heute, da ich der Trägheit der Institutionen müde bin, sehe ich mich gezwungen, es heimlich zu tun – wie ein Verbrecher. *[Zyankali wird in einem Labor abgewogen.]* Sie sollen wissen, dass die Handlungen, die zu meinem Tod führen werden *[ein Päckchen (das Zyankali) wird an Rosas Adresse geliefert]*, sorgfältig in einzelne Aktionen aufgeteilt wurden *[Zyankali wird in ein Glas mit Wasser gegeben]*, die für sich nicht strafbar sind und die von den Händen verschiedener Freunde ausgeführt wurden *[ein Strohhalm wird in die Zyankali-Mischung gesteckt]*. Falls der Staat dennoch darauf besteht, meine Komplizen zu bestrafen *[ein Tablett aus Blech wird am Kopfende in Kopfhöhe an Ramons Bett angebracht]*, so empfehle ich Ihnen, ihnen die Hände abzuhacken *[eine behandschuhte Hand stellt die Zyankali-Mischung auf das Tablett]*, denn nur diese haben sie eingesetzt.

Ramon *[spricht jetzt direkt in die Kamera]*: Der Kopf bin ich oder anders gesagt, die Verantwortung liegt nur bei mir. Wie Sie selbst sehen können, steht neben mir ein halbes Glas Wasser und das enthält eine gewisse Menge an Zyankali. Und wenn ich's trinke, werde ich aufhören zu existieren und mich trennen von meinem kostbarsten Gut – meinem Körper. So wie ich es sehe, haben wir das Recht zu leben, aber nicht die Pflicht dazu – wie es bei mir war. Und so musste ich sie ertragen, diese qualvolle Situation, seit inzwischen 28 Jahren, vier Monaten und ein paar Tagen. Wenn ich darauf zurückblicke und Bilanz ziehe über diesen Weg, kann ich keinen Gewinn an Freude feststellen. Nur die Zeit, die ich bisher die ganzen Jahre vergehen sehen musste – und zwar gegen meinen Willen – ist von jetzt an meine Verbündete. Nur die Zeit und mit ihr das wachsende öffentliche Bewusstsein. Sie entscheiden eines Tages, ob meine Forderung gerechtfertigt war oder nicht. *[Ramon trinkt die Zyankali-Mischung.]* Gut. *[Als er stirbt, sieht er vor seinem geistigen Auge noch einmal den Sprung ins Wasser, der zu seiner Lähmung geführt hat.]* Jetzt. *[Pause.]* Hach.

1 Sehen Sie sich die Schlussszenen der beiden Filme an (01:56:51-02:00:35 und 01:48:53-01:52:52) und sprechen Sie über Ihre Eindrücke.

2 Erläutern Sie am Beispiel der beiden Filmszenen den Unterschied zwischen aktiver Sterbehilfe und Beihilfe zum Suizid. > M1/M2

3 Beurteilen Sie die Handlungsweisen Frankies und der Freunde Ramons. > M1/M2

Medienhinweis:

Million Dollar Baby
(USA 2004, Regie: Clint Eastwood);
Das Meer in mir
(SP 2004, Regie: Alejandro Amenábar)

Weitere Filme zum Thema:
Hin und weg (D 2014, Regie: Christian Zübert)
Me before you (USA 2016, Regie: Thea Sharrock; nach dem Roman von Jojo Moyes)

Entscheidung über Leben und Tod

METHODENKOMPETENZ: Eine Erörterung auf der Grundlage eines (fiktiven) Fallbeispiels verfassen

Das Ziel einer Erörterung besteht darin, zu einer Beurteilung eines ethischen Problems zu gelangen. Dazu empfiehlt es sich, z. B. folgendermaßen vorzugehen:

- Geben Sie das (fiktive) Fallbeispiel mit eigenen Worten wieder. Stellen Sie dabei das ethische Problem heraus und ordnen Sie es in einen umfassenderen ethischen Zusammenhang ein.
- Erörtern Sie das vorliegende Problem aus der Sicht unterschiedlicher ethischer Positionen. Stellen Sie dazu die für den Fall relevanten Grundzüge dieser Positionen dar und wenden Sie sie auf das (fiktive) Beispiel an.
- Formulieren Sie in Abwägung der dargestellten Positionen Ihren eigenen Standpunkt und begründen Sie diesen.

M1 Das Recht zu leben

Fallbeispiel:

Lawrence M. Hinman: Organtransplantation

Stellen Sie sich folgendes Szenario vor: Ein prominenter und beliebter Staatsmann wird in ein Krankenhaus gebracht, weil er durch die Kugel eines Mörders schwer verwundet wurde. Um überleben zu können, müssten sowohl eine Herz- als auch eine Lungentransplantation durchgeführt werden. Dummerweise stehen zurzeit keine passenden Organspenden zur Verfügung. Aber auf der Intensivstation liegt ein Obdachloser, der an eine Herz-Lungen-Maschine angeschlossen ist. Er hat nur noch ein paar Tage zu leben und wäre ein perfekter Spender. Ohne Organspende würde der Staatsmann definitiv sterben; der Obdachlose stirbt sowieso in ein paar Tagen. Die Sicherheitsmaßnahmen im Krankenhaus sind optimal. Das Transplantationsteam könnte nun den Tod der obdachlosen Person vorantreiben und die Transplantation vornehmen, ohne dass die Öffentlichkeit je erfahren würde, dass ein Obdachloser sein Leben für die Organe hat hingeben müssen. *Utilitarianism (Fassung 2015)*

Aufgabenstellung:

Erörtern Sie die im Fallbeispiel anstehende Entscheidung unter Bezug auf die hier relevanten Grundzüge des klassischen Utilitarismus Benthams sowie der Menschheit-Zweck-Formel Kants und nehmen Sie dazu Stellung.

Erörterung:

Darstellung des Fallbeispiels

In dem vorliegenden Text entwirft Lawrence Hinman ein fiktives Szenario. Angenommen wird, dass ein durch einen Mordanschlag lebensgefährlich verletzter Staatsmann nur durch eine sofortige Herz-Lungen-Transplantation gerettet werden kann, aber momentan keine passenden Spenderorgane zur Verfügung stehen. Gleichzeitig liegt im selben Krankenhaus ein Obdachloser im Sterben. Er wäre der perfekte Organspender, wenn sein in Kürze bevorstehender Tod nur etwas früher käme. Das Ärzteteam sieht sich in diesem fiktiven Fall vor einer schwierigen Entscheidung: Es könnte durch eine – von der Öffentlichkeit unbemerkte – vorzeitige Organentnahme und Transplantation das Leben des Staatsmannes retten. Und wäre der vorangetriebene Tod des Obdachlosen nicht ein vergleichsweise kleines Übel, um am Ende zumindest einen Überlebenden zu haben statt keinen?

Formulierung und Einordnung des ethischen Problems

Mit der in diesem Szenario aufgeworfenen Frage, ob das Ärzteteam das Leben des Obdachlosen für die Rettung des Staatsmannes opfern soll, verbindet sich ein grundsätzliches ethisches, speziell in der medizinischen Ethik immer wieder auftretendes Problem, nämlich die Frage, ob man den Wert von Menschenleben gegeneinander aufrechnen darf. Ist das Leben des Staatsmannes mehr wert als das des Obdachlosen? Die Auffassung, dass derartige Bewertungen nach dem Nutzenkriterium moralisch sind, wird vom Utilitarismus vertreten. Dagegen besteht die deontologische Ethik darauf, dass jeder Mensch einen unvergleichlichen und nicht aufhebaren Wert besitzt.

Ich möchte die Frage, ob das Leben eines Menschen dem eines anderen geopfert werden darf, weil es als weniger wertvoll betrachtet wird, im Folgenden aus der Sichtweise des klassischen Utilitarismus nach Jeremy Bentham und der deontologischen Ethik Immanuel Kants erörtern. Durch Gegenüberstellung beider ethischer Positionen und Abwägung ihrer Argumente möchte ich schließlich zu einer eigenen Stellungnahme zu dem Problem der vorzeitigen Organentnahme gelangen.

Erörterung des Problems aus Sicht der Position A

Das von Jeremy Bentham vertretene Nützlichkeitsprinzip lässt sich auf die Formel vom „größten Glück der größten Zahl“ bringen. Diese besagt, dass eine Handlung dann moralisch richtig ist, wenn sie ein Übergewicht von positiven Folgen (Glück, Freude usw.) gegenüber negativen Folgen (Unglück, Leid usw.) hervorbringt. Dazu müssen die positiven und negativen Folgen einer Handlung für alle Betroffenen bestimmt und miteinander verrechnet werden.

Betrachtet man den kranken Obdachlosen aus dem fiktiven Szenario Hinmans unter utilitaristischen Gesichtspunkten, könnte man festhalten: Er leistet keinen messbaren Beitrag zum Wohl der Gemeinschaft. Im Gegenteil, durch seine Krankheit und die notwendige medizinische Versorgung stellt er momentan eine größere finanzielle Belastung für die Gesellschaft dar. Vermutlich wird er ohnehin innerhalb weniger Tage sterben, so dass es sich also nur um eine minimale Verkürzung seiner Leiden, vielleicht sogar um eine Erlösung von den Leiden handelt. Schließlich wird er – als Obdachloser – wohl von niemandem vermisst werden. Dagegen bedeutete der Tod des Staatsmannes, eines geachteten und beliebten Politikers, einen Verlust für die Bewohner seines Landes, eventuell sogar für die Weltgemeinschaft. Sein Weiterleben und die Fortsetzung seiner Karriere könnten möglicherweise für viele Menschen von Vorteil sein. Dadurch könnte seinem Volk noch viel Gutes widerfahren.

Aus Sicht des klassischen Utilitarismus liegt die Entscheidung über die sofortige Organtransplantation auf der Hand: Die Rettung des Staatsmannes würde in diesem Fall einen sehr großen Nutzen nach sich ziehen, der Tod des Obdachlosen wäre dagegen lediglich von geringem Nachteil. Daher wäre es in dem vorliegenden fiktiven Fall moralisch richtig, den vorzeitigen Tod des Obdachlosen voranzutreiben, um das Leben des Staatsmannes zu erhalten.

Erörterung des Problems aus Sicht der Position B

Im Gegensatz zu dieser Sichtweise steht Immanuel Kants kategorischer Imperativ, dessen Grundformel lautet: „Handle nur nach derjenigen Maxime, von der du zugleich wollen kannst, dass sie ein allgemeines Gesetz werde." Bezogen auf den Fall des todgeweihten Obdachlosen wird der moralphilosophische Ansatz Kants vor allem in einer weiteren Formulierung des kategorischen Imperativs deutlich, der sogenannten Menschheit-Zweck-Formel. Sie hebt den Aspekt der Würde des Menschen besonders hervor: „Handle so, dass du die Menschheit sowohl in deiner Person, als in der Person eines jeden andern jederzeit zugleich als Zweck, niemals bloß als Mittel brauchest." Hier wird sofort klar, warum es im Fall des Obdachlosen nicht zu einer Organentnahme kommen darf: Der Obdachlose ist ein Mensch, der Würde besitzt, und darf nicht bloß als ein Ding, das benutzt werden kann, gesehen werden. Konkret heißt das, dass er nicht als eine Art Ersatzteillager missbraucht werden darf, denn dann wäre er ausschließlich ein Mittel zu einem bestimmten Zweck, der hier in der Rettung des Staatsmannes besteht. Wenn die Ärzte im Krankenhaus in ihm hingegen einen Menschen sehen, dessen Zweck in sich selbst liegt, dann hat er auch das Recht, so lange weiterzuleben, bis er eines natürlichen Todes stirbt. Die Behandlung nach dem Prinzip der Menschenwürde soll nach Kant unterschiedslos für jeden gelten, also hat das Leben des Obdachlosen den gleichen Wert wie das des Staatmannes.

Aus der Darstellung der unterschiedlichen Positionen ergibt sich, dass im Klassischen Utilitarismus die Rettung des Staatsmannes legitim wäre. Dagegen ist nach der Menschheit-Zweck-Formel das Inkaufnehmen des Todes des Obdachlosen moralisch nicht zu rechtfertigen, die Erhaltung seines Lebens ist ausnahmslos Pflicht.

Abwägung der Argumente und Stellungnahme

Um zu einer Bewertung der beiden unterschiedlichen ethischen Positionen zu gelangen, möchte ich mich in der Lage des Obdachlosen hineinversetzen. Ich stelle mir vor, dass ich am Leben hänge, auch wenn es möglicherweise nur noch von kurzer Dauer ist. Es ist mein Leben, über das kein anderer verfügen darf. Die Organentnahme käme einer Tötung gleich. Dazu hat niemand ein Recht. Und wer sagt denn, dass das Leben des Staatsmannes der Gesellschaft tatsächlich am Ende in der Summe mehr Freude bringt als meines, auch wenn ich für die Gesellschaft keinen Nutzen mehr habe? Grundsätzlich sind Folgen des Handelns auf lange Sicht nicht voraussagbar, und so könnte es doch auch sein, dass sich der Staatsmann verändert, dass er sich als Tyrann entpuppt. Dann würde sein Tod sogar vielen Menschen Leid ersparen.

Darüber hinaus bezweifele ich, dass es überhaupt eine Maßeinheit für den Vergleich von Freude und Leid bei verschiedenen Menschen gibt. Aber ohne eine solche Annahme funktioniert das utilitaristische Nutzensummenkalkül nicht, nach dem man in der von Hinman beschriebenen Dilemmasituation den Nutzen oder Wert zweier Menschenleben gegeneinander aufrechnen müsste. Einen solchen Ansatz halte ich für unvereinbar mit dem Grundsatz der Menschenwürde, den Kant in der Menschheit-Zweck-Formel des kategorischen Imperativs zum Ausdruck gebracht hat. Jeder Mensch hat eine Würde, die nicht aufhebbar ist - und zwar unabhängig davon, wie nützlich oder wertvoll er für die Gesellschaft sein mag oder nicht. Das Leben des Obdachlosen für den Staatsmann zu opfern bedeutete in der Tat, ihn als Mittel zum Zweck, als ein bloßes Ding zu behandeln. Und deshalb schließe ich mich der Auffassung Kants an, dass es moralisch unbedingt geboten ist, das Leben des Obdachlosen zu erhalten. Eine vorzeitige Organentnahme zur Rettung des Staatsmannes lehne ich rigoros ab.

M2 Das Recht zu sterben

Fallbeispiel 1

Aktive Sterbehilfe im Film *Million Dollar Baby*

Aufgabenstellung:
Erörtern Sie die Problematik der Entscheidung für aktive Sterbehilfe im Film *Million Dollar Baby* unter Bezug auf die hier relevanten Grundsätze der christlichen Kirchen und die Position Ronald Dworkins. Begründen Sie anschließend Ihren eigenen Standpunkt.

Aspekte, die aufgegriffen werden sollten:
- Die Boxerin Maggie Fitzgerald ist vom Hals abwärts gelähmt und möchte sterben. Ihr Trainer Frankie Dunn injiziert ihr schließlich eine tödliche Dosis Adrenalin.
- Christliche Kirchen: Du sollst nicht töten. Die Entscheidung über Leben und Tod liegt bei Gott.
- Dworkin: Es muss erlaubt sein, jemandem beim Sterben zu helfen, der alles weitere Leben als eine Erniedrigung ansieht.

Fallbeispiel 2

Beihilfe zum Suizid im Film *Das Meer in mir*

Aufgabenstellung:
Erörtern Sie die Frage der Beihilfe zum Suizid im Film *Das Meer in mir* unter Bezug auf die hier relevanten Grundsätze der christlichen Kirchen und die Position Ronald Dworkins. Begründen Sie anschließend Ihren eigenen Standpunkt.

Aspekte, die aufgegriffen werden sollten:
- Ramon Sampedro ist vom Hals abwärts gelähmt und hält sein Leben nicht mehr für lebenswert. Um den Freitod zu vollziehen, bedarf er der Beihilfe seiner Freunde, die ihm das tödliche Gift bereitstellen.
- Christliche Kirchen: Die Entscheidung über Leben und Tod liegt bei Gott. Selbstmord und die Beihilfe dazu sind Sünde.
- Dworkin: Jeder Mensch muss selbst frei entscheiden können, ob er leben oder sterben will. Beihilfe dazu muss erlaubt sein.

Erörterung:

....

....

....

....

....

....

....

....

....

Darstellung des Fallbeispiels

Formulierung und Einordnung des ethischen Problems

Erörterung des Problems aus Sicht der
- Position A
- Position B

Abwägung der Argumente und Stellungnahme

A

1 Vollziehen Sie nach, wie die Erörterung zu dem (fiktiven) Fallbeispiel aufgebaut und umgesetzt ist. > M1

2 Verfassen Sie nach dem Muster von M1 eine Erörterung in Bezug auf das ethische Problem in *Million Dollar Baby* oder *Das Meer in mir*. > M2

Wissen kompakt

Unterschiedliche Auffassungen zur Frage des Beginns schützenswerten menschlichen Lebens

→ **Befruchtung**
Beginn des menschlichen Lebens im biologischen Sinne: alle genetischen Voraussetzungen sind vorhanden

→ **Nidation**
Voraussetzung für die weitere Entwicklung der befruchteten Eizelle, auch für die Entwicklung zu einem Individuum

→ **Reife des Gehirns**
Voraussetzung für Empfindungsfähigkeit, Bewusstsein, Personsein

→ **Lebensfähigkeit**
Voraussetzung für die Existenz außerhalb des Mutterleibes

→ **Geburt**
Beginn der eigenständigen, von der Mutter getrennten Existenz

Gesetzliche Regelungen zum Schwangerschaftsabbruch

Deutschland

In Deutschland ist der Schwangerschaftsabbruch nach § 218a StGB grundsätzlich rechtswidrig. Ein ärztlich durchgeführter Schwangerschaftsabbruch bleibt jedoch *straffrei*, wenn er *innerhalb der ersten 12 Wochen* nach der Befruchtung, d. h. bis zur 14. Schwangerschaftswoche (SSW), durchgeführt wird, die Schwangere zuvor an einer *Schwangerschaftskonfliktberatung* teilgenommen und eine *dreitägige Bedenkfrist* eingehalten hat.
Straffrei bleibt während der gesamten Schwangerschaft auch der Schwangerschaftsabbruch aus *medizinischer Indikation*, d. h. wenn Gefahr für das Leben oder die körperliche oder seelische Gesundheit der Frau besteht (etwa auch bei Fehlbildungen des Fötus).
Aus *kriminologischer Indikation* (z. B. bei Vergewaltigung) ist der Schwangerschaftsabbruch bis zur 14. SSW zulässig.

Andere Länder

In den USA und in den Niederlanden ist der Schwangerschaftsabbruch bis zur *Lebensfähigkeit* des Embryos (i. d. R.: 22. SSW), in Großbritannien bis zur 24. SSW erlaubt. In Irland herrscht ein absolutes Abtreibungsverbot. In den meisten übrigen europäischen Ländern ist der Schwangerschaftsabbruch bis zur 14. Schwangerschaftswoche zugelassen.

Begriffliche Unterscheidungen im Bereich der Sterbehilfe

→ **Euthanasie**
(von gr. *eu*: schön, *thánatos*: Tod)
im Dritten Reich ein verbrecherisches Programm zur Tötung körperlich und geistig behinderter Menschen

→ **Aktive Sterbehilfe**
gezielte Tötung eines Menschen mit dessen Einverständnis

→ **Passive Sterbehilfe**
Unterlassung oder Abbruch einer lebenserhaltenden Maßnahme (etwa der künstlichen Beatmung oder der künstlichen Ernährung)

→ **Indirekte Sterbehilfe**
Fachgerechte Behandlung von Schmerzen und Symptomen unter Inkaufnahme der Lebensverkürzung als einer unvermeidbaren Nebenwirkung

→ **Beihilfe zur Selbsttötung**
Bereitstellung tödlicher Medikamente, die der Sterbewillige sich selbst verabreicht

Gesetzliche Bestimmungen zur Sterbehilfe

Deutschland

In Deutschland bleibt das Unterlassen bzw. die aktive Beendigung lebenserhaltender Maßnahmen durch Ärzte straffrei, wenn dies der Wille des Patienten ist oder – im Falle von Nichteinwilligungsfähigkeit – zuvor in Form einer Patientenverfügung erklärt wurde.
Aktive Sterbehilfe ist grundsätzlich verboten, indirekte aktive Sterbehilfe gilt als eine akzeptierte Praxis. (vgl. hierzu: http://www.bundesaerztekammer.de/ downloads/Sterbebegleitung_17022011.pdf)
Beihilfe zur Selbsttötung ist nicht strafbar. Das Recht auf Sterben schließt das Recht ein, sich dabei helfen zu lassen. (vgl. Urteil des BVG vom 26.02.2020)

Andere Länder

In den meisten europäischen Ländern sind passive Sterbehilfe und indirekte Sterbehilfe legal, aktive Sterbehilfe und Beihilfe zur Selbsttötung dagegen verboten.
Liberalere Regelungen gibt es in den Niederlanden, in Belgien und Luxemburg, wo unter strengen Auflagen sowohl Beihilfe zur Selbsttötung als auch aktive Sterbehilfe legal sind.
In der Schweiz ist der assistierte Suizid nicht strafbar, sofern kein egoistisches Motiv vorliegt. Im angelsächsischen Raum ist der ärztlich assistierte Suizid im Nordterritorium von Australien und im US-Staat Oregon zugelassen.

HUMAN
RIGHTS
WATCH
TOLERANZ
GRENZE

GERECHTIGKEIT, RECHT UND ZUSAMMENLEBEN

A

1 Erläutern Sie die einzelnen Abbildungen bzw. Symbole.
2 Diskutieren Sie, welche Bedeutung die angesprochenen Werte / Institutionen für das Zusammenleben von Menschen in unserer Welt haben.
3 Benennen Sie (weitere) Aspekte, die Sie für wichtig halten, damit ein friedliches und faires Miteinander gelingt.

In der pluralistischen Gesellschaft ...

M1 Glockengeläut

Der Kläger begehrt von der beklagten evangelischen Kirchengemeinde die Unterlassung des täglich um 6.00 Uhr stattfindenden Glockengeläuts [...] im Kirchturm der evangelischen Kirche in Remshalden-Geradstetten täglich zwischen 6.00 Uhr und 8.00 Uhr [...]. Zur Begründung hat er geltend gemacht, er werde durch das Glockengeläut in seiner Bekenntnisfreiheit nach Art. 4 Abs. 1 Grundgesetz (GG) verletzt. [...] Er sei in seiner negativen Bekenntnisfreiheit betroffen, da er zur Wahrnehmung eines akustischen Zeichens gezwungen werde, das er selber als religiös ansehe [...]. Mit Urteil vom 13.12.2010 [...] hat das Verwaltungsgericht [Stuttgart] die Klage abgewiesen. [...] Die negative Bekenntnisfreiheit Einzelner könne die Ausübung der positiven Glaubensfreiheit anderer nicht verhindern. *VGH Baden-Württemberg (2012)*

M2 Wenn der Muezzin ruft

Die Türkisch Islamische Gemeinde (Ditib) darf in Oer-Erkenschwick wieder über einen Lautsprecher zum Gebet rufen. Das Oberverwaltungsgericht (OVG) für das Land Nordrhein-Westfalen wies [...] nach einem jahrelangen Streit eine Beschwerde gegen den von der Stadt im nördlichen Ruhrgebiet genehmigten Muezzinruf ab.

Anwohner hatten 2015 gegen die Ausnahmegenehmigung geklagt. Diese hatte der Gemeinde erlaubt, immer freitags zwischen 12 und 14 Uhr für höchstens 15 Minuten per Lautsprecher die Gläubigen zum Gebet zu rufen. Seit fünf Jahren unterblieb nach der Klage dieser Ruf. Die Anwohner, ein Ehepaar mit einem etwa 900 Meter entfernten Grundstück, sahen sich durch den Ruf in ihrer Religionsfreiheit eingeschränkt.

Diese Ansicht teilte der 8. Senat des OVG nicht. „Jede Gesellschaft muss akzeptieren, dass man mitbekommt, dass andere ihren Glauben ausleben“, sagte die vorsitzende Richterin [...] in der mündlichen Verhandlung. Solange niemand zur Religionsausübung gezwungen werde, sei alles in Ordnung. Eine „erhebliche Belästigung“ durch den Ruf sieht das OVG beim Kläger nicht. [...] Der Senat habe den Eindruck gewonnen, dass es nicht um den objektiven Klang des Muezzinrufes ging, „sondern um die Assoziationen, die Sie beim Hören haben“, sagte [...] [die Richterin] in Richtung des Klägers. Der Ruf würde aber niemanden unausweichlich dazu zwingen, an der Veranstaltung in der Moschee teilzunehmen.

Rheinische Post (24.09.2020)

M3 Eheschließungen von Minderjährigen

Der [...] Bundesgerichtshof hatte sich erneut mit dem seit dem 22. Juli 2017 geltenden Gesetz zur Bekämpfung von Kinderehen zu befassen. [...]

Die Ehegatten, damals beide libanesische Staatsangehörige moslemischen Glaubens, schlossen im September 2001 im Libanon die Ehe. Der Ehemann war 21 Jahre alt, die Ehefrau stand rund zwei Monate vor ihrem 17. Geburtstag. Sie lebte damals bereits in Deutschland und erwarb im Jahre 2002 die deutsche Staatsangehörigkeit. Im August 2002 folgte der Ehemann seiner Ehefrau nach Deutschland, wo die Ehegatten von April 2003 bis Juni 2016 zusammenlebten und vier Kinder (geboren 2005, 2008, 2009 und 2013) bekamen. Seit der Trennung der Ehegatten leben die vier Kinder im Haushalt der Mutter, die einen neuen Lebensgefährten hat. Die Ehegatten sind inzwischen nach islamischem Recht geschieden. Anlässlich einer standesamtlichen Beurkundung im Oktober 2018 teilte die Ehefrau auf Nachfrage der Standesbeamtin mit, die Ehe nicht fortsetzen zu wollen. Daraufhin hat die zuständige Behörde beim Amtsgericht beantragt, die Ehe aufzuheben, weil die Ehefrau bei Eheschließung minderjährig gewesen sei. [...]

[Der Bundesgerichtshof entschied in diesem Fall aber gegen den Antrag und für eine sog. verfassungskonforme Ermessensausübung.] Eine Eheaufhebung würde [...] [nämlich] in krassem Gegensatz zu der langjährig bewusst im Erwachsenenalter gelebten Familienwirklichkeit stehen. Soweit die Ehefrau die Aufhebung der langjährig gelebten Ehe wünscht, [...] steht ihr [...] [dazu] die Scheidung der Ehe [nach deutschem Recht] offen. *Bundesgerichtshof (2020)*

M4 Karsten Polke-Majewski: Kein Weg aus dem Dilemma Beschneidung?

Die Eltern des vierjährigen Ferhat Yalcin (Name geändert) baten 2012 einen muslimischen Arzt in Köln, ihren Sohn aus religiösen Gründen zu beschneiden. Zwei Tage nach dem Eingriff setzten bei Ferhat jedoch Nachblutungen ein, worauf die Eltern ihren Sohn zur weiteren Behandlung in ein Krankenhaus brachten. Als die Staatsanwaltschaft Köln von der medizinisch nicht notwendigen OP erfuhr, erhob sie Anklage gegen den Mediziner. Das Kölner Landgericht musste nun urteilen, ob der muslimische Arzt eine Körperverletzung begangen hatte oder nicht.

Das Urteil: Ja, es war eine Körperverletzung, das Grundrecht des Kindes auf körperliche Unversehrtheit steht über dem Recht der Eltern und der Freiheit der Religionsausübung. Der Arzt wurde dennoch freigesprochen. Er konnte vor seiner Tat nicht wissen, dass dies verboten war. [...]

Man kann das Urteil verteidigen, [...] weil der Rechtsstaat zwar Religionsfreiheit gewähre, aber Religion keine Staatlichkeit begründe: Wäre der Junge mündig genug gewesen und hätte sich selbst für die Beschneidung entschieden, wäre alles gut. Dass aber seine Eltern dies tun und dabei sein Körper ohne seine Einwilligung unwiederbringlich verändert wird, ist nicht gerecht. Das Kind könne sich schließlich nicht dagegen wehren. [...]

Die Entfernung der männlichen Vorhaut ist keine große Sache [...]. Durch die Beschneidung entsteht kein medizinischer oder körperlicher Nachteil und auch keine Stigmatisierung: An der Beschneidung allein ist nicht erkennbar, weshalb sie vorgenommen wurde. Eine Religionszugehörigkeit wird damit hierzulande nur innerhalb der jüdischen oder muslimischen Gemeinschaft definiert, nicht aber in der Allgemeinheit.

Hier stehen [...] zwei Weltanschauungen gegeneinander. Die Richter [...] [machten zur] Grundlage ihrer Entscheidung nur dasjenige Recht [...], das der Staat gesetzt hat. Darin wird der Schnitt mit dem Skalpell ohne medizinische Indikation zur Körperverletzung. Dem steht eine Jahrtausende alte gesellschaftliche Tradition gegenüber, nach der eben dieser Schnitt einen Jungen zum Teil einer religiösen Gemeinschaft macht und ihm damit, je nach Glauben, erst das Seelenheil verschafft. Wer muss sich jetzt nach wem richten? *Kein Weg aus dem Dilemma Beschneidung, zeit-online (2012)*

M5 Otfried Höffe: Pluralismus und Toleranz

Otfried Höffe (s. S. 336) äußert sich zum Pluralismus.

Die meisten Gesellschaften von heute zeichnen sich durch ein vielfaches Neben- und Gegeneinander aus, durch einen facettenreichen, nicht nur politischen, sondern auch gesellschaftlichen, religiösen und kulturellen Pluralismus, nicht zuletzt durch einen Pluralismus der leitenden Wertvorstellungen. [...] Indem der Pluralismus den unterschiedlichsten Menschen die Freiheit zu ihrer eigenen Lebensform lässt und diese Freiheit allen gewährt, steht er für Gerechtigkeit ein. [...] Wer den Pluralismus frei anerkennt, besitzt Toleranz. Ihre Grundstufe [...] besteht im Gelten- und Gewährenlassen fremder Eigenart. Weil sich die Menschen in ihren Bedürfnissen, Interessen und Talenten unterscheiden, außerdem niemand gegen Irrtümer, Vorurteile und Fehler gefeit ist, gehört die [...] Toleranz zu den Bedingungen eines zivilisierten Umgangs miteinander. *Gerechtigkeit (2001)*

A

1. Vergleichen Sie die beiden Fälle. Diskutieren Sie Gemeinsamkeiten und Unterscheide. > M1/M2
2. Nehmen Sie Stellung zum Urteil des Bundesgerichtshofs: Befürworten Sie einen Ermessensspielraum oder nicht? > M3
3. Stellen Sie sich vor, Sie müssten als Richterin oder Richter entscheiden: Liegt eine Körperverletzung vor oder nicht? > M4
4. Nehmen Sie Stellung zu Otfried Höffes Einschätzung der Bedeutung von Toleranz für eine pluralistische Gesellschaft. > M5

H

Was bedeutet Toleranz?

M1 Zwei Mal Toleranz …

> Um keinen Anlass zu Unruhen und Streitigkeiten zwischen unseren Untertanen bestehen zu lassen, […] erlauben wir den Anhängern der sogenannten reformierten Religion, in allen Städten und Ortschaften unseres Königreiches zu leben […], ohne dass […] sie bedrückt und belästigt […] werden […].
>
> *Edikt von Nantes (1598)*

König Heinrich IV

> Toleranz sollte nur eine vorübergehende Gesinnung sein: Sie muss zur Anerkennung führen. Dulden heißt beleidigen.
>
> *Maximen und Reflexionen (aus dem Nachlass)*

Johann Wolfganag Goethe

M2 Rainer Forst: Verschiedene Toleranzkonzeptionen

Rainer Forst (*1964) ist Professor für Politische Philosophie an der Universität Frankfurt/Main.

Toleranz […] bezeichnet eine Haltung, die, analytisch betrachtet, aus drei Komponenten besteht, und hier lässt sich schon eine Reihe von Missverständnissen aufklären – etwa der Irrtum, die Toleranz habe etwas mit urteilsloser Beliebigkeit und Gleichgültigkeit zu tun.

Überlegen wir einmal, wann wir sagen, dass wir etwas tolerieren, etwa die Meinung eines Freundes, den Geruch eines Essens, die Handlungsweise einer Gruppe. Wir sagen das nur, wenn uns an dieser Meinung, dem Geruch oder der Handlung etwas stört. Und in der Tat:

Die erste Komponente der Toleranz ist die der Ablehnung. Überzeugungen oder Praktiken, die wir tolerieren, lehnen wir zunächst als falsch oder schlecht ab. Sonst lägen Indifferenz oder Bejahung vor, nicht aber Toleranz.

Es muss eine zweite Komponente hinzukommen, die der Akzeptanz. Sie nennt Gründe, weshalb das, was falsch oder schlecht ist, dennoch geduldet werden sollte. Hier wird also eine Balance aus negativen und positiven Erwägungen hergestellt, denn die Akzeptanzgründe heben die Ablehnungsgründe nicht auf, sie stehen nur neben ihnen und geben im Toleranzfall den Ausschlag.

Schließlich ist noch eine dritte Komponente zu bedenken – die der Zurückweisung, also noch mal negative Gründe. Diese markieren die Grenzen der Toleranz. Ersichtlicherweise müssen diese negativen Gründe gravierender und in einem gewissen Sinne objektiver sein als die erstgenannten der Ablehnung, denn sie lassen sich nicht durch Akzeptanzerwägungen übertrumpfen […]

In der Analyse fortfahrend, müssen wir verschiedene Konzeptionen der Toleranz unterscheiden, die sich historisch herausgebildet haben. […] Die erste nenne ich Erlaubnis-Konzeption. Wir finden sie in den klassischen Toleranzgesetzgebungen, etwa im Edikt von Nantes […]. Die Toleranz ist demnach eine obrigkeitsstaatliche Haltung und Praxis, die Minderheiten die Erlaubnis gibt, ihrem Glauben gemäß zu leben – und zwar in dem Rahmen, den die Erlaubnis gebende Seite allein festlegt. Alle drei Komponenten – Ablehnung, Akzeptanz und Zurückweisung – sind in der Hand der Obrigkeit, und die Tolerierten sind als Bürger zweiter Klasse markiert und geduldet – und auf den Schutz durch den Monarchen angewiesen. Dies ist die Toleranzvorstellung, die Goethe […] [in seiner Kritik vor Augen hatte], denn hier heißt toleriert zu sein auch, stigmatisiert zu sein.

In einer langen Geschichte demokratischer Revolutionen setzt sich demgegenüber in der Neuzeit eine andere, horizontale Toleranzvorstellung durch – die Respekt-Konzeption. Der entscheidende Gedanke dabei ist, dass die Toleranz eine Haltung der Bürger zueinander ist, die wissen, dass sie in zentralen Fragen des guten und richtigen Lebens nicht übereinstimmen, dabei aber dennoch akzeptieren, dass die ihnen gemeinsamen Institutionen auf Normen beruhen müssen, die alle als Freie und Gleiche teilen können und die nicht einfach die Wertvorstellungen einer Gruppe festschreiben und zum Gesetz erheben. Die Komponente der Ablehnung verbleibt im Definitionsraum der Einzelnen oder ihrer Gemeinden, aber die Komponenten der Akzeptanz und der Zurückweisung werden in einem Prozess der Legitimation bestimmt, der auf Normen abzielt, die allgemein gerechtfertigt werden.

Wir machen allerdings einen Fehler, wenn wir glauben, wir hätten in unserem demokratischen Zeitalter die erste Konzeption zugunsten der zweiten überwunden. Denn heute finden wir in vielen Streitfällen Vertreter beider Konzeptionen im Widerstreit [...]. Meinen die einen, Minarette und Moscheen seien zu dulden, sofern sie sich in dem Rahmen bewegen, den christliche Mehrheiten festlegen, bestehen die anderen darauf, dass es ein Grundrecht ist, angemessene Gotteshäuser haben zu dürfen. Während die einen meinen, Toleranz verbiete zwar das Missionieren, fordere aber nicht das Abhängen von Kreuzen oder Kruzifixen aus öffentlichen Klassenzimmern, bestehen die anderen genau darauf im Namen des gleichen Respekts. Sollen gleichgeschlechtliche Partnerschaften nur in einem von der Mehrheit festgelegten Rahmen „geduldet" werden, oder können sie gleichen Respekt und gleiche Rechte verlangen?

Der Begriff der Toleranz selbst sagt uns nicht, woran wir uns hier zur Orientierung halten sollen. Und viele Werte oder Grundsätze bieten sich hier an – Freiheit und Autonomie auf der einen Seite, soziale Stabilität und Frieden auf der anderen. Je nachdem, wo der Schwerpunkt gesetzt wird, kommt man zu unterschiedlichen Schlussfolgerungen. Ich denke demgegenüber, es sollte der Grundsatz der Gerechtigkeit sein, an den wir uns halten. Denn was anderes ist es als eine Frage der Gerechtigkeit, welche Stellung und welche Rechte Minderheiten beziehungsweise bestimmte Gruppen in einer Gesellschaft haben? Hier geht es um eine Gerechtigkeit, die vielen wehtut, weil sie fordert, Hergebrachtes zu überdenken und gegebenenfalls zu verabschieden. Der zentrale Zusammenhang von Gerechtigkeit und Toleranz besteht dabei in folgender Frage: Beruht meine Ablehnung einer Praxis auf Gründen, die nicht nur meine ethische beziehungsweise religiöse Position widerspiegeln, welche andere gerade nicht teilen und auch nicht aus Geboten der Vernunft heraus teilen müssen? Oder besteht sie aus Gründen, die ausreichen, um zu einer allgemein gültigen Zurückweisung überzugehen, also etwa diese Praxis mit Mitteln des Rechts zu unterbinden? [...] [Ich muss] anerkennen, dass ich anderen, die mit mir unter einem gemeinsamen Normensystem leben, Gründe für solche Normen schulde, die zwischen uns moralisch-politisch teilbar sind und eben nicht aus dem Fundus von Überzeugungen stammen, die ja gerade umstritten sind. Wir nennen diese Fähigkeit, entsprechende Gründe im theoretischen und im praktisch-politischen Gebrauch zu erkennen und diskursiv gemeinsam zu finden, übrigens Vernunft.

Toleranz ist nicht beliebig (2013)

Toleranz als Duldung und Respekt

Toleranz bedeutet nicht nur, Sitten, Anschauungen und Wertorientierungen Anderer, die man selbst nicht teilt, zu dulden (lat. *tolerare*). In einem stärkeren Sinne verlangt Toleranz, solche Überzeugungen und Verhaltensweisen zu respektieren, sofern sie nicht bestimmte Grenzen überschreiten, die diskursiv zu rechtfertigen sind.

A

1 Erläutern Sie die unterschiedlichen Auffassungen von Toleranz, die in den beiden Zitaten zum Ausdruck kommen. > M1

2 Erklären Sie die verschiedenen Komponenten des Begriffs Toleranz nach Rainer Forst. > M2

3 Stellen Sie die Konzeptionen von Toleranz, die Rainer Forst unterscheidet, einander gegenüber und finden Sie weitere Beispiele. > M2

4 Erläutern Sie Rainer Forsts Forderung nach Orientierung der Toleranz an der Gerechtigkeit dar und nehmen Sie dazu Stellung. > M2

Was man (nicht) tolerieren sollte

METHODENKOMPETENZ: Argumentieren nach dem Toulmin-Schema

Wenn man andere von einer Auffassung überzeugen will, die ihnen nicht sogleich einleuchtet, muss man argumentieren. Ein gängiges Argumentationsverfahren geht auf den britischen Philosophen Stephen Toulmin zurück. Nach Toulmin geht man bei einer Argumentation zunächst so vor, dass jemand eine Behauptung aufstellt und zu ihrer Erklärung eine Begründung anführt. Toulmin nennt die Behauptung *claim* und fasst sie als Schlussfolgerung *(conclusion)* auf, die aus gegebenen Fakten *(data)* gezogen wird. Diese bilden den Grund für die Behauptung: Die Behauptung C (claim) gilt auf Grund von D (data). So wird z. B. die Behauptung „A hat sich strafbar gemacht" begründet durch den Satz: „A hat absichtlich das Eigentum eines anderen beschädigt.":

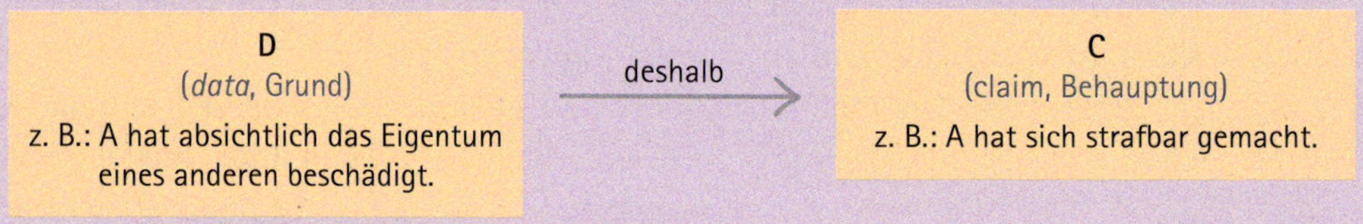

Nun könnte jemand in Zweifel ziehen, dass die aus D gezogene Folgerung richtig ist. Warum folgt z. B. daraus, dass jemand etwas beschädigt hat, das ihm nicht gehört, dass er sich strafbar gemacht hat? Um die Behauptung gegen Zweifel abzusichern, ist es notwendig, eine Verknüpfungsregel anzugeben. Toulmin bezeichnet sie mit W (für *warrant*, wörtlich: Gewähr, Rechtfertigung). Ein *warrant* soll zeigen, dass der Schritt von D nach C berechtigt ist. Im angeführten Beispiel könnte W lauten: „Vorsätzliche Sachbeschädigung fremden Eigentums ist eine Straftat." Wenn dies gilt, kann in der Tat daraus, dass A absichtlich das Eigentum eines anderen beschädigt hat, gefolgert werden, dass er sich strafbar gemacht hat.

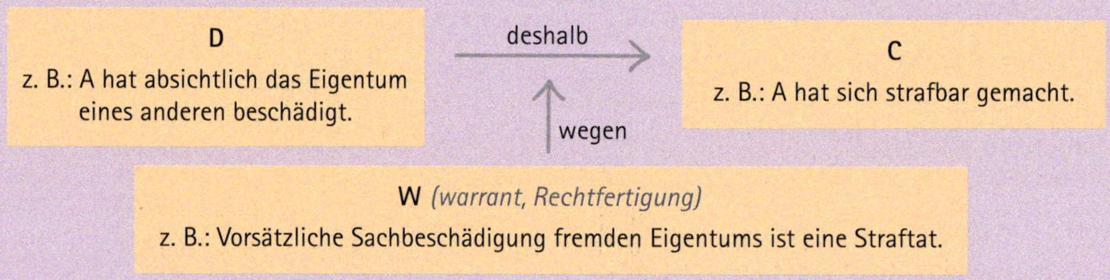

Auch W könnte noch in Frage gestellt werden. Warum – so könnte man beispielsweise weiterfragen – soll vorsätzliche Sachbeschädigung fremden Eigentums bestraft werden? Man muss also begründen können, warum W gilt. Dies nennt Toulmin Unterstützung *(backing)*. Ein solches *backing* (B) soll die Plausibilität von W aufzeigen und damit die Argumentation zum Abschluss bringen. Im gewählten Beispiel könnte B lauten: „Zur Aufrechterhaltung der gesellschaftlichen Ordnung ist es notwendig, dass Eigentum respektiert und vorsätzliche Sachbeschädigung bestraft wird."

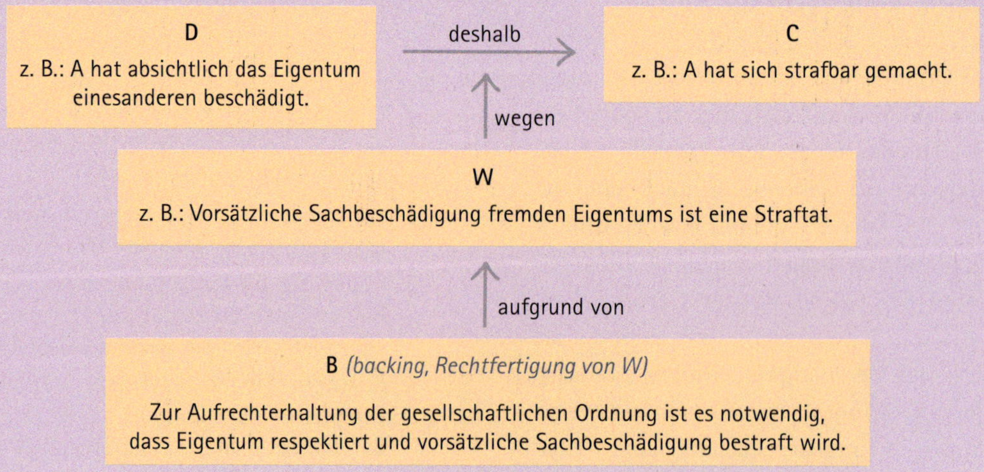

M1 Toleranz für Gebetsaufrufe?

Wenn Sie in der Debatte um die Muezzin-Rufe in Oer-Erkenschwick (s. S. 290, M2) die Auffassung vertreten, dass diese zu tolerieren sind, könnten Sie z. B. wie folgt argumentieren:

D
Bei den wöchentlichen Lautsprecherdurchsagen in Oer-Erkenschwick handelt es sich um Aufrufe eines Muezzins zum Gebet.

deshalb →

C
Die wöchentlichen Aufrufe des Muezzins über die Lautsprecheranlage sind von der Bevölkerung zu tolerieren.

↑ wegen

W
Gebetsaufrufe sind ein Bestandteil der Religion des Islam, deren Ausübung frei ist.

↑ aufgrund von

B
Die Freiheit der Religionsausübung ist ein grundgesetzlich geschütztes Recht und anerkanntes Prinzip unseres Wertesystems.

M2 Muss man Komplikationen bei medizinisch nicht notwendigen Beschneidungen von Minderjährigen tolerieren?

D
Bei der aus religiösen Gründen erfolgten Beschneidung eines minderjährigen muslimischen Jungen traten medizinische Komplikationen auf.

deshalb →

C

↑ wegen

W

↑ aufgrund von

B

ANWENDUNG

A

1 Erläutern Sie das Verfahren der Argumentation nach Toulmin. > Anleitung

2 Vollziehen Sie nach, wie im Fall der Muezzin-Rufe (vgl. hierzu S. 290, M2) nach dem Toulmin-Schema argumentiert wird. > M1

3 Wenden Sie Toulmins Argumentationsschema auf die Frage an, ob die gesundheitlichen Komplikationen bei der Beschneidung des muslimischen Kölner Jungen (vgl. hierzu S. 291, M4) als Straftatbestand zu werten oder zu tolerieren sind. > M2

4 Wenden Sie das Toulmin-Schema auf weitere Fragen an, die gesellschaftlich in der Diskussion stehen (z. B. Kopftuchdebatte, Regelungen zur Abtreibung, Triage bei der Behandlung von Covid 19-Patienten etc.).

Grenzen der Toleranz

M1 Alles relativ?

M2 Annemarie Pieper: Kritische Intoleranz

[Der ethische Relativismus behauptet, dass] moralische Normen und Werte relativ im Blick auf die Kultur sind, aus der sie stammen bzw. zu der sie gehören, und dass es nicht erlaubt sei, sich zu diesen kritisch zu äußern; man müsse sie so achten, wie sie seien, also Toleranz in Bezug auf fremde Verhaltensweisen üben, seien sie nach unserem Verständnis auch noch so unmenschlich. [...]

Nehmen wir als Beispiel den Fall des Schriftstellers Salman Rushdie, den Khomeini 1988 wegen der angeblichen Blasphemie seines Buches „Die Satanischen Verse“ (dt. 1989) zum Tode verurteilte. Wie steht es mit unserer Toleranz in Bezug auf den weltweiten Aufruf, Rushdie zu töten?

Nach christlicher und ethischer Auffassung in den westlichen Ländern ist ein Menschenleben das größte Gut und damit ein Wert, der als unverletzlich gilt. Wer – und noch dazu im Namen eines Gottes – zur Tötung eines Menschen aufruft, muss nach unseren Maßstäben schärfstens als widermoralisch verurteilt werden. Bei uns wird nicht nur der Mörder, sondern auch der, der andere zum Mord anstiftet oder sich eines für seine Dienste bezahlten Mörders bedient, vor Gericht gestellt und so beurteilt, als hätte er die Tat selbst begangen. Bei Rushdie handelt es sich zudem nach unseren Maßstäben nicht um einen Verbrecher, räumen wir doch Schriftstellern die Freiheit des Wortes ein und beurteilen ihre Werke nach künstlerischen Kriterien, wobei allerdings auch wir der künstlerischen Freiheit durchaus Grenzen setzen. Die Verherrlichung von Gewalt, Brutalität, Grausamkeit und Pornographie tolerieren wir keineswegs. Und wenn man sich daran erinnert, wie viele Werke z. B. die katholische Kirche auf den Index gesetzt hat und auch heute noch setzt, so zeigen sich hier deutliche Toleranzgrenzen. Immerhin beinhaltet ein Leseverbot keine Aufforderung zur physischen Vernichtung des Autors. Aus islamischer Sicht hingegen gibt es einen höheren Wert als den eines Menschenlebens: das ist der Wert der Religiosität. Wer das religiöse Gefühl eines Menschen verletzt und damit Gott beleidigt, der hat damit sein Recht auf Leben verwirkt. Ein solcher Frevel kann nicht anders als durch den Tod gesühnt werden – so steht es auch im Koran. [...]

Die Fronten stehen sich also unversöhnlich gegenüber, und es ist zu fragen, ob wir uns ethisch richtig verhalten, wenn wir uns über den Mordaufruf empören. Sind wir vielleicht sogar verpflichtet, ihn und letztlich sogar Rushdies Tod zu dulden? Diese Frage ist mit Nein zu beantworten. Wir sind ganz im Gegenteil nach den für uns verbindlichen Maßstäben zu kritischer Intoleranz aufgerufen und können dies auch rechtfertigen.

Zunächst einmal haben wir das Recht, uns dagegen zu wehren, dass die Prinzipien einer regional gültigen religiösen Moral über die Grenzen ihres Geltungsbereichs hinaus ausgedehnt werden. In Europa gelten andere ethische Maßstäbe als im Iran. Wir müssen also auf unserem Boden nicht die Ausübung eines Rechts dulden, das in unseren Augen als ein Verbrechen an Leib und Leben gilt, auch wenn wir religiöse Gefühle grundsätzlich respektieren und als unverletzlich erachten.

Aber wie steht es umgekehrt mit dem Anspruch auf Geltung unserer Normen außerhalb ihres Geltungsbereichs? Müssen wir grundsätzlich alles tolerieren, was nicht auf unserem Boden geschieht; dürfen wir uns z. B. in die nach unseren Maßstäben ungerechtfertigten Hinrichtungspraktiken in anderen Ländern nicht einmischen, weil sie möglicherweise nach deren Anschauung legitim sind? Auch hier lautet die Antwort: nein. Aber diesbezüglich gilt es zu differenzieren. Wir dürfen uns nicht deshalb einmischen, weil wir meinen, eine bessere Moral oder Religion zu haben, die absolut gilt, sondern weil wir davon ausgehen, dass es auf einer übergeordneten, neutralen Ebene möglich sein muss, über solche Praktiken vernünftig miteinander zu reden. Ohne eine solche Annahme stünde eine Organisation wie Amnesty International nicht nur moralisch auf verlorenem Posten, sondern wäre sogar illegitim. Aber gerade solche Institutionen haben ja ihre Legitimation darin, dass es so etwas wie einen überregionalen Bereich gibt, in dem man sich über das, was wir als Menschenrechte bezeichnen, die jedem Menschen unangesehen seiner Rasse, Religion und Volkszugehörigkeit unverbrüchlich zustehen, verständigen kann. Wer die Rede und damit jede Kommunikation verweigert, also jeglichen Verständigungswillen vermissen lässt, muss sich Kritik gefallen lassen und Protest dazu. Kritische Intoleranz, die im Protest manifest wird, will zum Miteinanderreden herausfordern und damit zum gewaltlosen Miteinander – auch und gerade dort, wo die Gegensätze unaufhebbar zu sein scheinen. Wo jedes Gespräch abgelehnt wird, wird die eigene Position in unzulässiger Weise dogmatisch verabsolutiert, anstatt sie dem Diskurs auszusetzen und mit guten Gründen zu verteidigen, bei gleichzeitiger Offenheit für die Argumente der Gegenpartei.

Einführung in die Ethik (1991)

M3 Karl R. Popper: Das Paradox der Toleranz

Karl Raimund Poppers Auffassung von Toleranz ist u. a. geprägt durch seine Erfahrungen mit dem Dritten Reich. 1937 ging er ins Exil nach London; 16 seiner Familienangehörigen wurden im Holocaust ermordet.

Weniger bekannt ist das *Paradox der Toleranz*: Uneingeschränkte Toleranz führt mit Notwendigkeit zum Verschwinden der Toleranz. Denn wenn wir die unbeschränkte Toleranz sogar auf die Intoleranten ausdehnen, wenn wir nicht bereit sind, eine tolerante Gesellschaftsordnung gegen die Angriffe der Intoleranz zu verteidigen, dann werden die Toleranten vernichtet werden und die Toleranz mit ihnen. [...] Wir sollten für uns das *Recht* in Anspruch nehmen, sie [die Intoleranz], wenn nötig, mit Gewalt zu unterdrücken; denn es kann sich leicht herausstellen, dass ihre Vertreter nicht bereit sind, mit uns auf der Ebene rationaler Diskussion zusammenzutreffen und beginnen, das Argumentieren als solches zu verwerfen; sie können ihren Anhängern verbieten, auf rationale Argumente – die sie ein Täuschungsmanöver nennen – zu hören, und sie werden ihnen vielleicht den Rat geben, Argumente mit Fäusten und Pistolen zu beantworten. Wir sollten daher im Namen der Toleranz das Recht für uns in Anspruch nehmen, die Unduldsamen nicht zu dulden. Wir sollten geltend machen, dass sich jede Bewegung, die die Intoleranz predigt, außerhalb des Gesetzes stellt, und wir sollten eine Aufforderung zur Intoleranz und Verfolgung als ebenso verbrecherisch behandeln wie eine Aufforderung zum Mord, zum Raub oder zur Wiedereinführung des Sklavenhandels.

Die offene Gesellschaft und ihre Feinde, Band 1: Der Zauber Platons (1945)

A

1 Diskutieren Sie die Aussagen und setzen Sie sich mit der Schlussfolgerung auseinander. > M1

2 Analysieren Sie Annemarie Piepers Begründung für die kritische Intoleranz in ethischen Fragen. > M2

3 Erläutern Sie, was Popper meint, wenn er die Toleranz als Paradox bezeichnet. > M3

4 Nehmen Sie Stellung zu Annemarie Piepers und Karl Poppers Auffassungen der Grenzen von Toleranz. > M2/M3

Gibt es universale Werte?

M1 Günther Patzig: Prinzipien und ihre Anwendung

Verschiedenheiten in den einzelnen Gesellschaften fallen dem Beobachter meist mehr in die Augen als die weithin gleichlaufenden Verhaltensmuster, die in den Gesellschaften konstant sind. Es gibt Verhaltensweisen, die in fast allen Gruppen, die bisher untersucht worden sind, moralisch geschätzt und ermutigt werden, und andere, die in allen Gruppen verurteilt werden. So finden wir überall Inzestverbote, Ablehnung der Lüge, des Bruchs von Vereinbarungen und Versprechen gegenüber Gruppengenossen [...]. Jedoch kommt es uns einstweilen hauptsächlich auf die Divergenzen an.

Hier müssen wir einen wichtigen Unterschied zwischen der konkreten *Anwendung* bestimmter moralischer Normen und den übergreifenden moralischen *Prinzipien* machen, die den einzelnen Vorschriften und Stellungnahmen jeweils zugrunde liegen. Die Vielfalt der Situationen, in denen sich Menschen und insbesondere Gruppen von Menschen befinden und einrichten können, ist schwer überschaubar. Deshalb schließt man oft vorschnell aus der Verschiedenheit konkreter Verhaltensregeln und Stellungnahmen auf die Verschiedenheit der ihnen zugrunde liegenden allgemeinen Grundsätze und behauptet damit den prinzipiellen Relativismus. Die inzwischen vorliegenden Berichte über die moralischen Verhaltensregeln und ihren Zusammenhang in bestimmten ethnischen Gruppen sind für die Ethik deshalb bedeutsam, weil wir aus solchen Untersuchungen lernen, dass bei gleichen zugrunde liegenden moralischen Grundsätzen doch vollkommen verschiedene „moralische Landschaften" entstehen können, je nach den aktuellen geographischen, ökonomischen und historischen Bedingungen, unter denen die Angehörigen solcher Gruppen leben. Auch wenn man in einer solchen Gesellschaft als Fremder lebt und beobachtet, was die Angehörigen dieser Gruppen tun und sagen [...], wird man sich vielleicht zunächst über so ganz von der eigenen abweichende Handlungsweisen [...] wundern. Aber allmählich wird man diese Verhaltensweisen auf die Randbedingungen des Verhaltens zurückzuführen lernen und dann auch den Zusammenhang der befremdlichen Divergenzen mit gewissen Grundprinzipien erkennen, die man durchaus akzeptieren kann. Tatsächlich kann nach einiger Eingewöhnung in die Denkweise jener Gesellschaft, die man als Gast zu beobachten Gelegenheit hat, die Einsicht eintreten, dass die moralischen Grundprinzipien der eigenen und der beobachteten fremden Gesellschaft weithin übereinstimmen. [...]

Es gibt z. B. bei mehreren Stämmen die Vorschrift, dass erwachsene Kinder ihre Eltern, wenn diese alt und schwach werden, töten sollen. Bei den Eskimos hat dieses Verfahren eine rationale und in der tatsächlichen Situation gelegene Begründung, dass nämlich unter den harten Bedingungen des Existenzkampfes in den Gegenden, die von den Eskimos bewohnt werden, der Untergang eines altersschwachen Individuums qualvoll sein muss, verglichen mit einem schnellen Tod, den diejenigen austeilen, denen am meisten an einem schmerzlosen Abschluss des Lebens ihrer Eltern gelegen sein wird. [...] Bei anderen Stämmen [...] liegt demselben Verhalten nicht mehr eine unabweisbare Besonderheit der Umwelt zugrunde, sondern es sind gewisse religiöse Vorstellungen wirksam, z. B. die, dass jemand im Totenreich in dem Zustand fortleben werde, in dem er zuletzt aus diesem Leben ausgeschieden ist. Auch hier besteht eine Pflicht der Kinder, dafür zu sorgen, dass ihre Eltern nicht krank und schwach sterben, was oft nur durch einen gewaltsamen Tod erreicht sein wird. Die *Verhaltensweisen* wirken in beiden Fällen auf uns abschreckend und fremd; jedoch liegt beide Male das *moralische Prinzip* zugrunde, dass Kinder ihren Eltern Gutes erweisen sollen und verpflichtet sind, sie vor Leid und Elend zu bewahren, soweit sie dazu imstande sind.

Ethik ohne Metaphysik (1971)

M2 Julian Nida-Rümelin: Eine verbindende Idee

Die folgenden Aussagen hat Julian Nida-Rümelin (s. S. 36) in einem Interview gemacht.

„Gibt es Rechte, die Menschen vor aller politischen Ordnung haben?" Und ich meine: Ja, solche Rechte gibt es! Ich würde sogar noch einen Schritt weiter gehen und sagen, diese Rechte gelten [...] auch unabhängig von der kulturellen Situation, in der Menschen leben. [...]

Religionsfreiheit und kulturelle Selbstbestimmung unterliegen insofern einer Einschränkung, als sie dort enden, wo ihre Ausübung selbst Menschenrechte verletzt. Es liegt auf der Hand, dass dies im Einzelfall zu bestimmen nicht immer ganz so einfach ist. [...] [Zum Beispiel im Fall der weiblichen Genitalverstümmelung] indes ist die Sache aus meiner Sicht ziemlich einfach. Und dies nicht nur, weil die Beschneidung tatsächlich wohl keine Frage der Religionsausübung ist, sondern „lediglich" einen Initiationsritus darstellt, der eine Frau angeblich erst zur Frau macht. Selbst wenn dieser Ritus wirklich [...] eine religiöse Basis hätte, verstieße er doch gegen das Menschenrecht der Frau, weil er die sexuelle Empfindungsfähigkeit der Frau beschädigt und damit ihr Recht verletzt, die erotische Dimension der menschlichen Existenz zu leben [...].

Damit die aus Menschenrechtsperspektive vorzubringende Kritik an solchen Praktiken und generell an Menschenrechtsverletzungen gleich wo auf der Welt [...] tatsächlich auch Gehör findet und damit dazu beitragen kann, die Menschenrechte tatsächlich durchzusetzen, ist es allerdings notwendig, dass in den Kulturen selbst die Einsicht wächst, dass hier elementare Grundrechte des Menschen verletzt werden. [...]

Hinsichtlich der elementaren Grundrechte, der „basic rights", die Menschen für sich in Anspruch nehmen können, unabhängig davon, wo und unter welchen sozialen oder kulturellen Bedingungen sie leben, bin ich sehr wohl der Auffassung, dass sie universell gültig sind. [...]

Ich bin in der Tat der Meinung, dass die fundamentalen Menschenrechte Grundannahmen normativer Natur sind, die selbst keiner weiteren Begründung mehr bedürfen. Zu diesen „basic rights" gehören neben dem Recht auf Leben auch Gleichheit (im Sinne gleicher Respekt, gleiche Anerkennung, gleiche Würde) und Freiheit (im Sinne des Rechts auf ein selbstbestimmtes Leben). [...]

Allein die Tatsache, dass es hinsichtlich doch immerhin sehr konkreter Menschenrechtskataloge zumindest deklaratorisch einen sehr weitgehenden Konsens gibt, spricht dafür, dass die Menschenrechtsidee nicht etwa ein westlicher – je nach Sichtweise – Import beziehungsweise Export ist, sondern dass diese Idee in allen Kultur- und Religionskreisen anschlussfähig ist. Man darf in diesem Zusammenhang auch ruhig daran erinnern, dass die Allgemeine Erklärung der Menschenrechte vom Dezember 1948 nicht etwa von den westlichen Mitgliedstaaten der Vereinten Nationen gegen den Rest durchgesetzt wurde. Vielmehr gehörte zu den größten Kritikern zum Beispiel ein Staat wie Großbritannien, während zu den Hauptbefürwortern etwa die südamerikanischen Staaten oder Indien zählten! [...] Die Menschenrechte sind [...] eine Idee, die die Menschen, ganz gleich, wo sie leben, welcher Religion oder Kultur sie angehören, als Menschen miteinander verbindet.

Gibt es ein Menschenrecht? (2010)

Ethischer Relativismus / Universalismus

Als *ethischer Relativismus* wird die Auffassung bezeichnet, dass Werte und Normen nicht allgemein gültig sind, sondern abhängig von individuellen, kulturellen und historischen Präferenzen.
Dagegen behauptet der *ethische Universalismus* die universelle Gültigkeit bestimmter Werte, z. B. der Menschenrechte.

A

1. Erklären Sie, wie sich nach Günther Patzig der ethische Relativismus und Universalismus miteinander verbinden lassen. > M1
2. Analysieren Sie die Argumente, die nach Julian Nida-Rümelin für den ethischen Universalismus sprechen. > M2
3. Nehmen Sie Stellung zur Frage der universellen Gültigkeit von Werten. > M1/M2

Stationen im Kampf um die Menschenrechte

M1 Declaration of Independence

Am 14. Juli 1776 nahm der Kongress die von Thomas Jefferson ausgearbeitete Unabhängigkeitserklärung an, mit der sich die amerikanischen Kolonien von Großbritannien lossagten. Sie bildet die Grundlage der US-amerikanischen Verfassung und markiert den historischen Durchbruch der Idee unveräußerlicher Rechte für alle Menschen.

Folgende Wahrheiten erachten wir als selbstverständlich: dass alle Menschen gleich geschaffen sind; dass sie von ihrem Schöpfer mit gewissen unveräußerlichen Rechten ausgestattet sind; dass dazu Leben, Freiheit und das Streben nach Glück gehören; dass zur Sicherung dieser Rechte Regierungen unter den Menschen eingesetzt werden, die ihre rechtmäßige Macht aus der Zustimmung der Regierten herleiten; dass, wann immer irgendeine Regierungsform sich als diesen Zielen abträglich erweist, es Recht des Volkes ist, sie zu ändern oder abzuschaffen und eine neue Regierung einzusetzen [...]. [W]enn eine lange Reihe von Missbräuchen und Übergriffen, die stets das gleiche Ziel verfolgen, die Absicht erkennen lässt, sie absolutem Despotismus zu unterwerfen, so ist es ihr Recht und ihre Pflicht, eine solche Regierung zu beseitigen und neue Wächter für ihre künftige Sicherheit zu bestellen.

Declaration of Independence (1776)

M2 Déclaration des Droits de l'Homme et du Citoyen

Im Zuge der Französischen Revolution kam es am 26. August 1789 zur Verabschiedung einer aus einer Präambel und 17 Artikeln bestehenden *Erklärung der Menschen- und Bürgerrechte* durch die Nationalversammlung.

Die Vertreter des französischen Volkes, konstituiert als Nationalversammlung, haben in der Erwägung, dass die Unkenntnis, das Vergessen oder die Verachtung der Menschenrechte die alleinigen Ursachen des öffentlichen Unglücks und der Verderbtheit der Regierung sind, beschlossen, in einer feierlichen Erklärung die natürlichen, unveräußerlichen und geheiligten Menschenrechte darzulegen [...]. Infolgedessen anerkennt und erklärt die Nationalversammlung in Gegenwart und unter dem Schutze des allerhöchsten Wesens folgende Menschen- und Bürgerrechte:

1. Die Menschen werden frei und gleich an Rechten geboren und bleiben es. Die gesellschaftlichen Unterschiede dürfen nur im gemeinen Nutzen begründet sein.
2. Das Ziel jeder politischen Vereinigung ist die Erhaltung der natürlichen und unverzichtbaren Menschenrechte. Diese Rechte sind die Freiheit, das Eigentum, die Sicherheit und der Widerstand gegen die Unterdrückung. [...]

Déclaration des Droits de l'Homme et du Citoyen (1789)

Jean-Jacques Le Barbier: Déclaration des Droits de l'Homme et du Citoyen de 1789

M3 Allgemeine Erklärung der Menschenrechte durch die UN

Die *Allgemeine Erklärung der Menschenrechte* von 1948 bildete den Auftakt für den bis heute andauernden Prozess der Etablierung von Menschenrechtsstandards im Rahmen der Vereinten Nationen.

Artikel 1 *(Freiheit, Gleichheit, Brüderlichkeit)*
Alle Menschen sind frei und gleich an Würde und Rechten geboren. Sie sind mit Vernunft und Gewissen begabt und sollen einander im Geist der Brüderlichkeit begegnen.

Artikel 2 *(Verbot der Diskriminierung)*
Jeder hat Anspruch auf die in dieser Erklärung verkündeten Rechte und Freiheiten ohne irgendeinen Unterschied, etwa nach Rasse, Hautfarbe, Geschlecht, Sprache, Religion, politischer oder sonstiger Überzeugung, nationaler oder sozialer Herkunft, Vermögen, Geburt oder sonstigem Stand. [...]

Allgemeine Erklärung der Menschenrechte (1948)

Menschenrechte

Die Menschenrechte stehen jedem Menschen zu, allein weil er Mensch ist (d. h. sie gelten kategorisch). Sie haben ferner Gültigkeit für jeden Menschen in jedem Land der Erde (universelle Gültigkeit) und für alle Menschen in gleicher Weise (egalitäre Gültigkeit).

M4 Gertrud Gandenberger, Michael Krennerich: Kategorisierung der Menschenrechte

Welche Rechte umfasst der heutige Menschenrechtskanon? Der Menschenrechtskanon, so wie er heute positiv-rechtlich verankert ist, umfasst sowohl bürgerlich-politische als auch wirtschaftliche, soziale und kulturelle Menschenrechte. Zu Ersteren gehören die „klassischen" bürgerlichen und politischen Freiheits- und Beteiligungsrechte, wie sie auf nationaler Ebene seit dem ausgehenden 18. Jahrhundert sukzessive ausformuliert wurden. [...] Darunter fallen etwa das Recht auf Leben, das Verbot der Folter, die Rechte auf persönliche Freiheit, Freizügigkeit und Schutz des Privatlebens, die Gedanken-, Religions- und Weltanschauungsfreiheit, die Presse- und Meinungsfreiheit, die Versammlungs- und Vereinigungsfreiheit, das Recht auf Mitwirkung an öffentlichen Angelegenheiten und Wahlen sowie justizbezogene Rechte (Gleichheit vor dem Gesetz, Unschuldsvermutung und faires Verfahren).
Wirtschaftliche, soziale und kulturelle Rechte entstanden – auf nationaler Ebene – vor allem seit dem 19. Jahrhundert infolge der Industriellen Revolution. [...] Einerseits dienen sie dem Schutz der einzelnen Menschen, nicht ausgebeutet zu werden, sich vor menschenunwürdigen Arbeitsbedingungen und Gesundheitsschäden zu schützen, sich selbstständig ernähren zu können, ein sicheres Wohnumfeld zu bewahren, sich angemessen zu bilden sowie an der Ausübung der eigenen Kultur nicht gehindert bzw. vom kulturellen Leben nicht ausgeschlossen zu werden. Andererseits müssen die Voraussetzungen dafür geschaffen werden, damit die Menschen tatsächlich ein freiheitliches, selbstbestimmtes Leben in der Gemeinschaft mit anderen führen können. Dies schließt aktive Maßnahmen gegen extreme Armut, Bildungsnotstände, Arbeitsausbeutung, Krankheiten, Wohnelend und soziale Ausgrenzung ein.

Politik & Unterricht (2014)

A

1. Vergleichen Sie die Erklärungen der Menschenrechte von 1776 und 1789 und erläutern Sie vor diesem Hintergrund die Symbolik des Gemäldes von Le Barbier. > M1/M2
2. Recherchieren Sie die 30 Artikel der Menschenrechtserklärungen der Vereinten Nationen und ordnen Sie sie den Kategorien zu, die Gertrud Gandenberger und Michael Krennerich unterscheiden. > M3/M4 H
3. Sehen Sie sich den im Medienhinweis genannten Dokumentarfilm zum Kampf um Menschenrechte an und diskutieren Sie die Menschenrechtsverstöße, die dort angeprangert werden. Welche Menschenrechte halten Sie in der heutigen Zeit für besonders wichtig?

Medienhinweis:

Unantastbar – Der Kampf um Menschenrechte.
Dokumentarfilm, Deutschland 2018 (ZDF/arte)

Begründung der Menschenrechte

M1 Zwei Naturzustände

M2 John Locke: Die Rechte der Menschen und die Aufgabe des Staates

Der Philosoph John Locke (s. S. 74) hat mit seiner vertragstheoretischen Begründung des Rechts die Verfasser der Unabhängigkeitserklärung (s. S. 300, M1) inspiriert.

[Der Zustand, in dem] sich die Menschen von Natur aus befinden [...] ist ist ein Zustand *vollkommener Freiheit*, innerhalb der Grenzen des Gesetzes der Natur ihre Handlungen zu regeln und über ihren Besitz und ihre Persönlichkeit so zu verfügen, wie es ihnen am besten scheint, ohne dabei jemanden um Erlaubnis zu bitten oder vom Willen eines anderen abhängig zu sein.

Es ist darüber hinaus ein *Zustand der Gleichheit*, in dem alle Macht und Rechtsprechung wechselseitig sind, da niemand mehr besitzt als ein anderer: Nichts ist einleuchtender, als dass Geschöpfe von gleicher Gattung und von gleichem Rang, die ohne Unterschied zum Genuss derselben Vorteile der Natur und zum Gebrauch derselben Fähigkeiten geboren sind, ohne Unterordnung und Unterwerfung einander gleichgestellt leben sollen, es sei denn, ihr Herr und Meister würde durch eine deutliche Willensäußerung den einen über den anderen stellen und ihm durch eine überzeugende, klare Ernennung ein unzweifelhaftes Recht auf Herrschaft und Souveränität verleihen. [...]

Aber obgleich dies ein Zustand der Freiheit ist, so ist es doch kein *Zustand der Zügellosigkeit*. Der Mensch hat in diesem Zustand eine unkontrollierbare Freiheit, über seine Person und seinen Besitz zu verfügen; er hat dagegen nicht die Freiheit, sich selbst oder irgendein in seinem Besitz befindliches Lebewesen zu vernichten, wenn es nicht ein edlerer Zweck als seine bloße Erhaltung erfordert. Im *Naturzustand* herrscht ein natürliches Gesetz, das jeden verpflichtet. Und die Vernunft, der dieses Gesetz entspricht, lehrt die Menschheit, wenn sie sie nur befragen will, dass niemand einem anderen, da alle gleich und unabhängig sind, an seinem Leben und Besitz, seiner Gesundheit und Freiheit Schaden zufügen soll. Denn alle Menschen sind das Werk eines einzigen allmächtigen und unendlich weisen Schöpfers, die Diener eines einzigen souveränen Herrn, auf dessen Befehl und in dessen Auftrag sie in die Welt gesandt wurden. Sie sind sein Eigentum, da sie sein Werk sind, und er hat sie geschaffen, so lange zu bestehen, wie es ihm, nicht aber wie es ihnen untereinander gefällt. Und da sie alle mit den gleichen Fähigkeiten versehen wurden [...], so kann unter uns auch *keine Rangordnung* angenommen werden, die uns dazu ermächtigt, einander zu vernichten, als wären wir einzig zum Nutzen des anderen geschaffen [...]. Wie ein *jeder verpflichtet ist*, sich selbst zu erhalten und seinen Platz nicht vorsätzlich zu verlassen, so sollte er aus dem gleichen Grunde, und wenn seine eigene Selbsterhaltung nicht dabei auf dem Spiel steht, nach Möglichkeit auch *die übrige Menschheit erhalten*. Er sollte nicht das Leben eines anderen oder, was zur Erhaltung des Lebens dient: Freiheit, Gesundheit, Glieder oder Güter wegnehmen oder verringern, – es sei denn, dass an einem

Verbrecher Gerechtigkeit geübt werden soll. [...]
Wenn der Mensch im Naturzustand so frei ist, wie gesagt worden ist, wenn er der absolute Herr seiner eigenen Person und seiner Besitztümer ist, dem Größten gleich und niemandem untertan, warum soll er auf seine Freiheit verzichten? Warum soll er seine Selbständigkeit aufgeben und sich der Herrschaft und dem Zwang einer anderen Gewalt unterwerfen? Die Antwort darauf liegt auf der Hand: Obwohl er nämlich im Naturzustand ein solches Recht hat, so ist doch die Freude an diesem Recht sehr ungewiss, da er fortwährend den Übergriffen anderer ausgesetzt ist. Denn da jeder im gleichen Maße König ist wie er, da alle Menschen gleich sind und der größere Teil von ihnen nicht genau die Billigkeit und Gerechtigkeit beachtet, so ist die Freude an seinem Eigentum, das er in diesem Zustand besitzt, sehr ungewiss und sehr unsicher. Das lässt ihn bereitwillig einen Zustand aufgeben, der bei aller Freiheit voll von Furcht und ständiger Gefahr ist. Und nicht grundlos trachtet er danach und ist dazu bereit, sich mit anderen zu einer Gesellschaft zu verbinden, die bereits vereinigt sind oder doch die Absicht hegen, sich zu vereinigen, zum gegenseitigen Schutz ihres Lebens, ihrer Freiheiten und ihres Vermögens, was ich unter der allgemeinen Bezeichnung *Eigentum* zusammenfasse.
Das große und *hauptsächliche Ziel*, weshalb Menschen sich zu einem Staatswesen zusammenschließen und sich unter eine Regierung stellen, ist also *die Erhaltung ihres Eigentums*. Dazu fehlt es im Naturzustand an vielen Dingen:
Erstens fehlt es an einem *feststehenden*, geordneten und bekannten *Gesetz*, das durch allgemeine Zustimmung als die Norm für Recht und Unrecht und als der allgemeine Maßstab zur Entscheidung ihrer Streitigkeiten von ihnen allen angenommen und anerkannt ist. Denn obwohl das Gesetz der Natur für alle vernunftbegabten Wesen klar und verständlich ist, werden die Menschen doch durch ihr eigenes Interesse beeinflusst, und da sie außerdem nicht darüber nachdenken und es folglich auch zu wenig kennen, pflegen sie es nicht als ein Recht anzuerkennen, das in seiner Anwendung auf ihre eigenen Fälle für sie verbindlich wäre.
Zweitens fehlt es im Naturzustand an einem *anerkannten und unparteiischen Richter*, mit der Autorität, alle Zwistigkeiten nach dem feststehenden Gesetz zu entscheiden. Denn da im Naturzustand jeder gleichzeitig Richter und auch Vollzieher des Gesetzes der Natur ist, die Menschen aber sich selbst gegenüber parteiisch sind, ist es sehr wahrscheinlich, dass in eigener Sache Leidenschaft und Rache sie zu weit fortreißen [...] werden.
Drittens fehlt es im Naturzustand oft an einer Gewalt, dem gerechten Urteil einen Rückhalt zu geben, es zu unterstützen und ihm die gebührende *Vollstreckung zu sichern.*
Mit ihrem Eintritt in die Gesellschaft verzichten nun die Menschen zwar auf die Gleichheit, Freiheit und exekutive Gewalt des Naturzustandes, um sie in die Hände der Gesellschaft zu legen, damit die Legislative so weit darüber verfügen kann, wie es das Wohl der Gesellschaft erfordert. Doch geschieht das nur mit der Absicht jedes Einzelnen, um damit sich selbst, seine Freiheit und sein Eigentum besser zu erhalten [...]. Man kann deshalb auch nie annehmen, dass sich die Gewalt der Gesellschaft oder der von ihr eingesetzten Legislative weiter erstrecken soll als auf das gemeinsame Wohl. *Zwei Abhandlungen über die Regierung (1689/90)*

M3 Immanuel Kant: Allgemeines Prinzip des Rechts

„Eine jede Handlung ist recht, die oder nach deren Maxime die Freiheit der Willkür eines jeden mit jedermanns Freiheit nach einem allgemeinen Gesetz zusammen bestehen kann [...]." *Die Metaphysik der Sitten (1797)*

A

1 Vergleichen Sie die beiden Auffassungen des Naturzustandes und beziehen Sie sie auf die Ihnen bekannte Vertragstheorie von Thomas Hobbes (s. Abenteuer Ethik 3, S. 256ff.). > M1
2 Untersuchen Sie, inwiefern der Mensch nach Locke mit natürlichen Rechten ausgestattet ist und worin die Aufgaben des Staates in Bezug auf diese Rechte bestehen. > M2
3 Zeigen Sie, inwiefern Kants Vernunftbegriff des Rechts Lockes Idee natürlicher Rechte aufgreift. > M3

Menschenwürde und Menschenrechte

zu M2: Bielefeldt, S. 304–309

M1 In Stein gemeißelt?

M2 Heiner Bielefeldt: Die Relation zwischen Menschenwürde und Menschenrechten

Heiner Bielefeldt (*1958) ist Inhaber des Lehrstuhls für Menschenrechte und Menschenrechtspolitik an der Universität Erlangen-Nürnberg.

Die Menschenwürde ist [...] nicht ein konkreter moralischer Wert von derselben Art wie andere Werte, sie ist auch keine Rechtsnorm neben anderen Normen und kein Rechtsgut in Konkurrenz zu anderen Rechtsgütern, sondern hat einen prinzipiell anderen, übergeordneten Status. [...] In den Menschenrechten erfährt die Würde des Menschen Anerkennung und institutionelle Rückendeckung, und zwar mit der Intention, den in ihr begründeten Achtungsanspruch eines jeden gegen mögliche Verletzungen durch den Staat oder durch Dritte wirksam zu schützen. [...] Darin besteht die spezifische Relation zwischen Menschenwürde und Menschenrechten, und dies macht den besonderen Rang der Menschenrechte in einer an der Würde aller orientierten Rechtsordnung aus.
Dass die Menschenwürde Grund der Menschenrechte ist, heißt nicht, dass letztere aus ihr schlichtweg „abgeleitet" werden könnten. Menschenrechte entstehen und gewinnen ihre konkrete Gestalt vielmehr in *Antwort auf öffentlich artikulierte Erfahrungen strukturellen Unrechts.* Beispiele sind die zerstörerischen Auswirkungen militanter religionspolitischer Fraktionsbildungen in der frühen Neuzeit, Zwangsassimilierungen und Massenvertreibungen im Kontext moderner Staatsbildungen, die politische Entrechtung von Gesellschaften durch Omnipotenzanmaßungen des Leviathan*, [...] kolonialistische Ausbeutung und Bevormundung, getragen von rassistischen Ideologien der Ungleichheit, schließlich vor allem der von den Nationalsozialisten ideologisch und technisch systematisch organisierte Genozid an den europäischen Juden [...].
Als spezifisch moderne politisch-rechtliche Antworten auf Erfahrungen strukturellen Unrechts bleiben die Menschenrechte historisch offen. Zum einen können durch die technologische Entwicklung neue Bedrohungen menschlicher Freiheit und Gleichheit entstehen, auf die menschenrechtliche Antworten gefunden werden müssen. Zum anderen erweitert sich die Sensibilität für strukturelle Unrechtsverhältnisse durch gesellschaftliche Lernprozesse, oft vorangetrieben durch den Druck sozialer Bewegungen. [...]
Als ein Deduktionsprinzip, von dem her sich die Inhalte der Menschenrechte gleichsam zeitenthoben abschließend entfalten ließen, wäre die Idee der Menschenwürde denn auch gründlich missverstanden. Es geht nicht um Ableitung, sondern um einen *kritisch-reflexiven Rückbezug.* Von der Menschenwürde her lassen sich die tragenden Prinzipien des Menschenrechtsansatzes – die universalistische Orientierung [und] die emanzipatorisch-egalitäre Stoßrichtung [...] verstehen [...].

Die Universalität der Menschenrechte

Bei den Menschenrechten handelt es sich, wie schon das Wortverständnis es nahelegt, um grundlegende Rechte, die jedem Menschen schlicht aufgrund seines Menschseins zukommen. [...] nämlich als Ausdruck des Respekts vor der Menschenwürde. [...] Der Gegenbegriff zum Universalismus der Menschenrechte ist [...] ein rechtlicher *Partikularismus*: Sofern grundlegende Rechte von partikularen Bedingungen – Vorleistungen, persönlichen Merkmalen, gesellschaftlichen Statuspositionen usw. – abhängig gemacht würden, wäre ein rechtlicher Partikularismus gleichbedeutend mit Exklusion und Diskriminierung. Im Gegenzug gilt, dass Menschenrechte Ansprüche auf *Inklusion und Nicht-Diskriminierung* formulieren. Genau darin besteht ihr normativer Universalismus. [...]

Freiheit, Gleichheit, Brüderlichkeit

Der axiomatische* Anspruch, dass der Mensch um seiner Würde willen, um mit Kant zu sprechen, nie ausschließlich als Mittel, sondern immer zugleich auch als *Selbstzweck* behandelt werden soll, gewinnt konkrete Gestalt und praktisch-institutionelle Rückendeckung in den grundlegenden Rechten *auf freie Selbstbestimmung*. Diese freiheitliche Orientierung ist für die Menschenrechte insgesamt maßgebend. [...]

Alle konkreten Menschenrechte – von der Religionsfreiheit und der Meinungsfreiheit über die Vereinigungsfreiheit und das politische Wahlrecht bis hin zu den Rechten auf Gesundheit und Bildung – artikulieren [...] *Freiheitsansprüche*. Ungeachtet der Differenzen in der konkreten Schutzrichtung ergänzen sie einander in der generellen Zielsetzung, eine Freiheitsordnung zu schaffen, die der Würde des Menschen als eines Verantwortungssubjekts gerecht wird. [...]

Wie alle Menschenrechte der Ermöglichung von Freiheit dienen, so gilt analog, dass alle Menschenrechte *Gleichheitsrechte* sind. Der Gleichheitsanspruch meint im Kontext der Menschenrechte niemals abstrakte Gleichförmigkeit. Vielmehr erschließt sich die menschenrechtlich gedachte Gleichheit *nur in der Zusammensicht mit dem Freiheitsanspruch*. Sie zielt nicht auf Nivellierung und Homogenisierung, sondern im Gegenteil darauf, dass alle Menschen gleichermaßen die Möglichkeit haben sollen, ihre je „besonderen", eigenen Lebensentwürfe – für sich und in Gemeinschaft mit anderen – in Freiheit zu finden und zu verwirklichen. „All different, all equal" lautet der gleichermaßen knappe wie treffende Slogan einer Kampagne des Europarats.

Das Gleichheitsprinzip erfährt seine historisch-konkrete Gestalt im Diskriminierungsverbot. Es gehört zum Kernbestand internationaler Menschenrechtsdokumente und nationaler Grundrechtsverbürgungen. [...]

Die menschenrechtlich verbürgte Freiheit betrifft keineswegs nur die Freiheit des isolierten Individuums, sondern durchwirkt auch die *gemeinschaftlichen und gesellschaftlichen Bezüge* des Menschen – von der Familie, über die Mitgliedschaft in Religionsgemeinschaften bis hin zur Teilnahme am öffentlichen Leben und zur Mitwirkung am demokratischen Diskurs. [...] [O]hne Unterstützung durch personale Gemeinschaften und gesellschaftliche Strukturen [kann Freiheit] nicht gelebt werden [...].

Vor allem die Beschäftigung mit dem Thema „Behinderung" hat in den letzten Jahren [...] das Bewusstsein dafür noch einmal geschärft, dass gesellschaftliche Unterstützungsleistungen die Voraussetzung dafür bilden, dass Menschen überhaupt selbstbestimmt leben können. Diese Einsicht betrifft keineswegs nur Personen mit Behinderungen, sondern alle Menschen. Denn letztlich kann niemand in Isolation und ohne Hilfe anderer frei und selbstbestimmt leben. Den Geist der UN-Behindertenrechtskonvention könnte man formelhaft zusammenfassen in dem Motto „unterstützte Autonomie durch gleichberechtigte Inklusion", womit die Trias der Französischen Revolution – Freiheit, Gleichheit, Brüderlichkeit – eine aktualisierte Lesart erfährt. *Die Würde des Menschen (2010)*

A

1 Vergegenwärtigen Sie sich, wie die Menschenwürde bei Thomas von Aquin, Giovanni Pico della Mirandola und Immanuel Kant (vgl. S. 50f., 168f.) begründet wird. > M1

2 Erklären Sie, inwiefern Menschenrechte nach Heiner Bielefeldt aus dem Begriff der Menschenwürde ableitbar sind und inwiefern sie historisch offen bleiben. > M2

3 Erläutern Sie, wie Heiner Bielefeldt die Freiheits- und Gleichheitsrechte sowie das Recht auf Inklusion begründet, und nehmen Sie Stellung zu seinen Ausführungen. > M2

Menschenrechte – ein westliches Konzept?

M1 Das Recht auf Meinungs- und Pressefreiheit – der Fall Samuel Paty

Der französische Geschichtslehrer Samuel Paty wollte mit seinen Schülerinnen und Schülern wie vom Lehrplan gefordert über Meinungsfreiheit diskutieren, welche in Frankreich ausdrücklich das Recht auf Blasphemie einschließt. Deshalb hatte er im Unterricht umstrittene Mohammed-Karikaturen der Satirezeitung „Charlie Hebdo“ gezeigt, den muslimischen Schülerinnen und Schülern aber angeboten, wegzusehen oder kurz das Klassenzimmer zu verlassen, falls sie eine Verletzung ihrer religiösen Gefühle befürchteten. Am 16.10.2020 wurde Paty auf offener Straße von einem 18-jährigen Islamisten enthauptet, nachdem der Vater einer Schülerin in den Sozialen Medien eine Kampagne gegen den Lehrer gestartet hatte.

Gedenken an Samuel Paty in Conflans-Sainte-Honorine am 20.10.2020

Protestmarsch für den Boykott französischer Produkte in Dhaka, Bangladesh am 27.10.2020

M2 Alexander Ulfig: Menschenrechte aus Sicht des Kulturrelativismus

Alexander Ulfig (*1962) ist ein deutscher Philosoph und Redakteur eines Internet-Blogs.

Der Kulturrelativismus ist eine Position, der zufolge Werte und Normen nur vor dem Hintergrund des jeweiligen kulturellen Kontextes gelten. Da es unterschiedliche Kulturen gibt, gibt es auch unterschiedliche kulturelle Kontexte mit jeweils anderen Bestimmungen dessen, was wahr, gut, gerecht, vernünftig oder schön ist. Werte und Normen sind daher relativ zu der jeweiligen Kultur bzw. dem jeweiligen kulturellen Kontext. Für den Kulturrelativisten gibt es demnach keine universellen, d. h. für alle Menschen geltenden Werte und Normen. Auch Menschenrechte können nicht universell sein. Für einige Kulturrelativisten sind sie ein Produkt der westlichen Kultur und können Geltung nur innerhalb dieser Kultur beanspruchen.
Darüber hinaus behaupten einige Kulturrelativisten, dass Kulturen und die mit ihnen jeweils einhergehenden Überzeugungen, Werte und Normen nicht nur unterschiedlich und spezifisch, sondern auch gleichwertig sind. Anders formuliert: Man kann nicht behaupten, dass eine Kultur „besser“ ist als eine andere, dass Werte und Normen, die in einer Kultur herrschen, „besser“ sind als Werte und Normen, die eine andere Kultur dominieren. Das bedeutet, dass Repräsentanten einer Kultur den Wertekanon anderer Kulturen nicht in Frage stellen sollten. Das bedeutet letztlich, dass Werte und Normen einer Kultur „von außerhalb“, also aus der Perspektive einer anderen Kultur, nicht kritisiert werden dürfen […]. Kulturrelativisten […] [behaupten,] dass Menschen aus „unserer eigenen Kultur“, also der westlichen Kultur, kein Recht haben, sich in die Angelegenheiten von Menschen anderer Kulturen einzumischen. Demnach gibt es keine „kulturübergreifenden Faktoren“, […] anhand derer man das Verhalten aller Menschen, also auch Menschen aus anderen Kulturen, beurteilen könnte.

Universelle Menschenrechte vs. partikulare Sonderrechte (2015)

M3 Heiner Bielefeldt: Die Menschenrechte – eine gesellschaftliche Lerngeschichte

Menschenrechte [...] sind historisch erstmals im „Westen“ – genauer: in Nordamerika und Westeuropa – entstanden. Ungeachtet dessen enthalten sie einen Anspruch auf weltweite Geltung. [...] Wie passen die beiden genannten Aspekte – westliche Entstehung und universaler Geltungsanspruch – zusammen? Diese Frage ist nicht nur von akademischem Interesse. Vor allem in den 1990er-Jahren wurde die Universalität der Menschenrechte mit Hinweis auf ihre Genese im Westen politisch massiv bestritten. Einige Vertreter asiatischer Staaten [...] stellten den, wie es hieß, „westlichen“ Menschenrechten „asiatische Werte“ oder islamische Rechtsnormen gegenüber. [...] Menschenrechte seien letztlich nichts anderes als eine [...] eurozentrische Bevormundung, die es abzuwehren gelte. [...]
[Hierzu ist zu sagen:] Die Menschenrechte mussten auch im Westen gegen erhebliche politische und kulturelle Widerstände erkämpft werden [...]. Die katholische Kirche hat erst vor vierzig Jahren ihr klares Bekenntnis zur Religionsfreiheit ausgesprochen, die noch in päpstlichen Dokumenten des 19. Jahrhunderts als gesellschaftlicher Irrweg verdammt worden war. [...] Auch die Gleichberechtigung von Frauen und Männern hat sich erst im Lauf des 20. Jahrhunderts als Anspruch in zähen Auseinandersetzungen allmählich durchgesetzt; bis zur tatsächlichen Einlösung dieses Anspruchs bleibt noch viel zu tun. [...] Die Vorstellung, Menschenrechte seien in der Tradition des Westens tief „verwurzelt“, erweist sich bei näherem Hinsehen als vordergründig. Die Geschichte der Menschenrechte im Westen lässt sich nicht angemessen als gleichsam organischer Reifungs- und Entwicklungsprozess beschreiben [...]. Vielmehr handelt es sich um eine politische Konfliktgeschichte, die zugleich eine (unabgeschlossene) gesellschaftliche Lerngeschichte darstellt. Menschenrechte sind nicht in einem kulturellen Vakuum entstanden. Dass ihre historische Formulierung, Konzeptionalisierung und Reflexion von Ideen der westlichen Aufklärung, der europäischen Naturrechtstradition und auch von Motiven der christlichen Theologie mitgeprägt worden ist, kann also nicht überraschen.
Wichtiger als die kulturellen „Sprachen“, in denen sie erstmals zu Wort kamen, sind allerdings die gesellschaftlichen Lernprozesse, die ihnen zugrunde liegen. An ihrem Beginn stehen Erfahrungen strukturellen Unrechts, auf die die Menschenrechte eine politisch-rechtliche Antwort gaben. Entscheidend ist, dass die durch Unrechtserfahrungen ausgelösten Lernprozesse und Lernergebnisse interkulturell „übersetzbar“ sind. Mit anderen Worten: Auch wenn die Menschenrechte zunächst im Medium westlicher Kultur formuliert wurden, ist ein Zugang zu ihrem Verständnis nicht nur im Horizont westlicher Kultur möglich. Dass Menschen auch außerhalb des „Westens“ sich auf die Menschenrechte berufen, ist nicht nur möglich, sondern längst unbestreitbares Faktum. Dies gilt es zur Kenntnis zu nehmen. Nachdem etwa mit Shirin Ebadi 2003 eine muslimische Menschenrechtsanwältin und Frauenrechtlerin aus dem Iran mit dem Friedensnobelpreis ausgezeichnet worden ist, sollte sich die Frage, ob ein islamisches Bekenntnis mit den Menschenrechten vereinbar sei, eigentlich erledigt haben. [...]
Die internationale Menschenrechtsdebatte ist in den letzten Jahrzehnten zunehmend von den Ländern des Südens mitgeprägt worden, die ihre besonderen Unrechtserfahrungen – Kolonialismus, imperialistische Bevormundung, Armut, wirtschaftliche Abhängigkeit – in die Sprache und Institutionen der Menschenrechte einbringen. Im Rahmen der UNO haben die Länder des Südens – gegen den Widerstand einiger westlicher Staaten – den Stellenwert wirtschaftlicher, sozialer und kultureller Rechte gestärkt. *Menschenrechte (2005)*

A

1 Recherchieren Sie die verschiedenen „Stationen" des sog. Karikaturenstreits und stellen Sie anhand der Bilder dar, welche unterschiedlichen Werte und Menschenrechtsvorstellungen hier eine Rolle spielen (vgl. auch Abenteuer Ethik 3, S. 151). > M1

2 Erläutern Sie die Auffassung des Kulturrelativismus anhand eigener Beispiele. > M2

3 Stellen Sie Heiner Bielefeldts Position zur Frage der partikularen oder universalen Geltung der Menschenrechte dar und nehmen Sie dazu Stellung. > M3

Grundzüge eines aufgeklärten Multikulturalismus

M1 Krankes Kind?

M2 Heiner Bielefeldt: Menschenrechte in der Einwanderungsgesellschaft

Deutschland ist durch die Einwanderung der vergangenen Jahrzehnte zu einer irreversibel multikulturellen und multireligiösen Gesellschaft geworden. Allerdings war der Begriff des Multikulturalismus in Deutschland immer umstritten und gab in der Vergangenheit nicht selten Anlass für politische Polarisierungen. [...] Es wäre aber völlig falsch, deshalb die multikulturelle Gesellschaft für gescheitert zu erklären. [...] Vielmehr geht es darum, die Kriterien multikultureller Koexistenz zu klären.

Den Menschenrechten kommt dabei eine entscheidende Rolle zu. [...] Die emanzipatorische Ausrichtung der Menschenrechte impliziert die Freisetzung einer Vielfalt menschlicher Überzeugungen, Sinnorientierungen, Lebenswege und Lebensformen. Eine an den Menschenrechten orientierte freiheitliche Gesellschaft wird deshalb immer *eine religiös, weltanschaulich und kulturell pluralistische Gesellschaft sein.* [...] Die politische Gestaltung multikulturellen Zusammenlebens in der freiheitlichen Gesellschaft verlangt, dass auch die im weitesten Sinne des Wortes „kulturellen" Freiheitsrechte der Menschen von Staats wegen respektiert und gewährleistet werden: Einschlägig ist in diesem Zusammenhang vor allem die Religions- und Weltanschauungsfreiheit. [...] Dass Menschen ihre religiösen oder nicht-religiösen Überzeugungen privat und öffentlich zum Ausdruck bringen, ihr Leben – für sich selbst und in Gemeinschaft mit anderen – nach ihren Überzeugungen gestalten, ihre religiösen, kulturellen und sprachlichen Traditionen pflegen und an die nachfolgenden Generationen weitergeben, ist demnach ihr selbstverständliches Recht. [...]

Die in den Menschenrechten angelegte Freisetzung von Multikulturalität bedarf allerdings näherer Qualifizierung. Denn Gegenstand menschenrechtlicher Anerkennung sind, genau besehen, nicht etwa religiöse Überzeugungen und Traditionen oder kulturelle Lebensformen als solche. Unmittelbare Träger menschenrechtlicher Ansprüche sind vielmehr *die Menschen*, deren individuelle und gemeinschaftliche *Selbstbestimmung* durch Menschenrechte Achtung und Schutz erfährt. Nur *indirekt*, nämlich vermittelt über den Anspruch auf freie Selbstbestimmung der Menschen, kommen religiöse Überzeugungen und Praktiken bzw. kulturelle Lebensformen und Traditionen überhaupt in den Fokus menschenrechtlicher Überlegungen. Deshalb wäre beispielsweise die Forderung, das islamische Kopftuch anzuerkennen, aus menschenrechtlicher Sicht unpräzise formuliert. Worum es in diesem Fall stattdessen geht, ist die *Freiheit muslimischer Frauen*, das Kopftuch in der Öffentlichkeit zu tragen – oder es auch *nicht* zu tragen. [...]

Ein an der freien Selbstbestimmung der Menschen orientierter Multikulturalismus muss im Übrigen stets auch die Rechte individueller „Grenzgängerinnen" und „Grenzgänger" beachten. Dazu zählen zum Beispiel religiöse Dissidentinnen und Dissidenten [...] oder auch Menschen – insbesondere Frauen –, deren Lebensweise nicht mit herkömmlichen religiös oder kulturell konnotierten Ehrvorstellungen konform geht. Auch die Freiheit, sich gegenüber einer Herkunftstradition gleichgültig zu verhalten, sich davon öffentlich zu distanzieren oder sie – auch im Medium von Karikatur und Satire – zu kritisieren, ist Bestandteil der menschenrechtlich garantierten Selbstbestimmung. [...]

Durch die [...] Orientierung an der freien Selbstbestimmung aller unterscheidet sich eine menschenrechtliche Konzeption der multikulturellen Gesellschaft von [...] einem Kulturromantizismus, der die Vielfalt der Kulturen und Religionen als Wert an sich betrachtet und gegen die vermeintlich nivellierenden Tendenzen der Moderne abschotten will [...]. [D]er emanzipatorische Anspruch der Menschenrechte [enthält] immer auch *kulturkritisches Potenzial*, das es Menschen ermöglicht, kulturelle Plausibilitäten zu verändern und sich von kulturellen Bindungen, so sie dies möchten, auch zu lösen. [...] Es mag sein, dass manche Repräsentantinnen und Repräsentanten kultureller Minderheiten solche Ansprüche als Zumutungen oder als Anschlag auf ihre Identität zurückweisen [...]. Die Zumutungen von Freiheit und Pluralismus kulturellen Minderheiten auf Dauer „ersparen" zu wollen, liefe aber auf eine falsche Form der Toleranz hinaus, durch die die Angehörigen von Minderheiten de facto aus dem gesellschaftlichen Menschenrechtsdiskurs ausgegrenzt werden würden.

Es kann nicht Anliegen der Menschenrechte sein, kulturelle Traditionen als solche zu bewahren. Kultur ist in der Perspektive der Menschenrechte kein Selbstzweck, sondern [...] ein mögliches Medium selbstbestimmter Lebensführung der Menschen. Nicht die konkrete Gestalt einer historisch geronnenen Kultur, sondern allein die *freiheitlichen Voraussetzungen* für die Wahrung – das heißt aber auch: für Entwicklung und Veränderung – kultureller Identitäten bilden demnach den Schutzbereich kultureller Menschenrechtsgewährleistungen. [...]

Die durch die Menschenrechte ermöglichte Freisetzung eines kulturellen Pluralismus gilt insofern nicht vorbehaltlos. Vielmehr bildet die Orientierung an der gleichberechtigten Selbstbestimmung der Menschen nicht nur den *Grund*, sondern zugleich die *Grenze* eines legitimen kulturellen Pluralismus.

Wo genau diese Grenze verläuft, mag in vielen Fällen strittig sein. Soll das muslimische Kopftuch als Ausdruck von Selbstbestimmung respektiert werden, oder muss man es eher als Verweigerung von Selbstbestimmung und Gleichberechtigung betrachten? [...]

In anderen Fällen ist die Bewertung aber klar. So kann etwa Genitalverstümmelung, die einen schweren Eingriff in das Menschenrecht körperlicher und seelischer Unversehrtheit bedeutet, niemals mit Hinweis auf kulturelle Traditionen gerechtfertigt werden. Dass Zwangsverheiratungen mit dem Anspruch der Selbstbestimmung unvereinbar sind, ja deren direkte Negation darstellen, ist ebenfalls eindeutig. [...]

Als Rechte gleicher Freiheit sind Menschenrechte unvereinbar mit Verhältnissen von Unfreiheit und Diskriminierung, auch wenn sie im Namen von Religion oder Kultur propagiert werden sollten. Die damit gegebene Grenze der Toleranz bedeutet hingegen *nicht das Ende interkultureller Sensibilität*. [...] [E]s [ist] ein Gebot des Respekts vor den Menschen, dass man auch bei der notwendigen öffentlichen Thematisierung nicht akzeptabler Unfreiheit pauschale, stigmatisierende Zuschreibungen vermeidet. [...] Zwar gilt der menschenrechtlich geschuldete Respekt, wie eben dargestellt, nicht bestimmten Religionen oder Kulturen als solchen, sondern den *Menschen*, die sie tragen. Dies bedeutet indessen nicht, dass es aus menschenrechtlicher Sicht gleichgültig wäre, in welchem Ton öffentlich über religiöse Überzeugungen oder kulturelle Traditionen gesprochen wird. [...] Reißerische Buchtitel wie „Tödliche Toleranz" oder Titelbilder, in denen der islamische Halbmond die deutsche Flagge zerschneidet, leisten keinen Beitrag zu Aufklärung und Emanzipation, sondern verstärken lediglich stigmatisierende Klischees.

Menschenrechte in der Einwanderungsgesellschaft (2007)

A

1 Interpretieren Sie die Karikatur im Hinblick auf Haltungen und Probleme in einer „multikulturellen Gesellschaft". > M1

2 Untersuchen Sie, wie Heiner Bielefeldt die Grundzüge und Grenzen eines aufgeklärten Multikulturalismus begründet. > M2

3 Finden Sie weitere Beispiele für einen aufgeklärten Multikulturalismus und nehmen Sie auf dieser Grundlage Stellung zu Heiner Bielefeldts Position. > M2

Durch Diskurs zum Konsens

M1 Deutschland spricht!

Seit 2018 rufen elf deutsche Medienhäuser jährlich zur Aktion *Deutschland spricht* auf. In der Ausschreibung für 2019 hieß es:

Wie steht es, 30 Jahre nach dem Mauerfall, um das Verhältnis von Ost und West? Sagen die jungen Klimaschützer von Fridays for Future zu Recht: Die Alten leben in unserem Land auf Kosten der Jungen? Ist Deutschland durch die Einwanderung der vergangenen Jahre unsicherer geworden? Und sollte das Fliegen nicht viel teurer werden, um die Umwelt zu schonen? Über diese und andere Themen streitet Deutschland im Spätsommer 2019, oft genauso heftig und unversöhnlich wie noch vor Kurzem über die Flüchtlingspolitik.

Streit gehört in einer Demokratie dazu. Doch Menschen, die verschiedene politische Ansichten haben, begegnen sich in Deutschland immer seltener persönlich. Statt miteinander wird übereinander gesprochen. Gleichgesinnte bestärken sich in ihrer eigenen Meinung und lehnen andere Positionen immer entschiedener ab. In Onlinedebatten und sozialen Medien wird dieser Effekt besonders deutlich: Unsere Gesellschaft polarisiert sich.

Sie wollen etwas dagegen tun? Dann machen Sie mit bei *Deutschland spricht*! Ab sofort ruft ZEIT ONLINE wieder Menschen in ganz Deutschland dazu auf, sich mit einem Andersdenkenden aus ihrer Nachbarschaft zu einem politischen Vier-Augen-Gespräche zu treffen.

www.zeit.de (2019)

M2 Jürgen Habermas: Die diskursive Prüfung von Geltungsansprüchen

Jürgen Habermas (*1929) gilt als einer der Begründer der Diskursethik.

Alle kognitivistischen Ethiken knüpfen [...] an jene Intuition an, die Kant im kategorischen Imperativ ausgesprochen hat. [...] Der Kategorische Imperativ lässt sich als ein Prinzip verstehen, welches die Verallgemeinerungsfähigkeit von *Handlungsweisen* und *Maximen* bzw. der von ihnen berücksichtigten (also in den Handlungsnormen verkörperten) Interessen fordert. Kant will alle diejenigen Normen als ungültig eliminieren, die dieser Forderung „widersprechen". [...] Die Intuition, die sich in der Idee der Verallgemeinerungsfähigkeit von Maximen ausdrückt, meint [aber] mehr: gültige Normen müssen die Anerkennung vonseiten *aller* Betroffenen *verdienen*. [...] So muss jede gültige Norm der Bedingung genügen, dass die Folgen und Nebenwirkungen, die sich jeweils aus ihrer *allgemeinen* Befolgung für die Befriedigung der Interessen eines jeden Einzelnen (voraussichtlich) ergeben, von *allen* Betroffenen akzeptiert (und den Auswirkungen der bekannten alternativen Regelungsmöglichkeiten vorgezogen) werden können. [...]

Wenn aber moralische Argumentationen ein Einverständnis dieser Art produzieren sollen, genügt es nicht, dass sich ein Einzelner überlegt, ob er einer Norm zustimmen könnte. Es genügt nicht einmal, dass alle Einzelnen, und zwar jeder für sich, diese Überlegung durchführen, um dann ihre Voten registrieren zu lassen. Erforderlich ist vielmehr eine „reale" Argumentation, an der die Betroffenen kooperativ teilnehmen. Nur ein intersubjektiver Verständigungsprozess kann zu einem Einverständnis führen, das reflexiver Natur ist: nur dann können die Beteiligten wissen, dass sie sich gemeinsam von etwas überzeugt haben.

Aus dieser Perspektive bedarf auch der Kategorische Imperativ einer Umformulierung in dem vorgeschlagenen Sinne: „Statt allen anderen eine Maxime, von der ich will, dass sie ein allgemeines Gesetz sei, als gültig vorzuschreiben, muss ich meine Maxime zum Zweck der diskursiven Prüfung ihres Universalitätsanspruchs allen anderen vorlegen. Das Gewicht verschiebt sich von dem, was jeder (Einzelne) ohne Widerspruch als allgemeines Gesetz wollen kann, auf das, was alle in Übereinstimmung als universale Norm anerkennen wollen." [...]

[Der Grundsatz der Diskurstheorie ist,] dass nur die Normen Geltung beanspruchen dürfen, die die Zustimmung aller Betroffenen als Teilnehmer eines praktischen Diskurses finden (oder finden könnten).

Moralbewusstsein und kommunikatives Handeln (1983)

M3 Jürgen Habermas: Die ideale Sprechsituation

Ein vernünftiger Konsensus kann von einem trügerischen in letzter Instanz allein durch Bezugnahme auf eine ideale Sprechsituation unterschieden werden. [...]

Ideal nenne ich eine Sprechsituation, in der Kommunikationen nicht nur nicht durch äußere [...] Einwirkungen, sondern auch nicht durch Zwänge behindert werden, die sich aus der Struktur der Kommunikation selbst ergeben. [...]

Ideale Sprechsituationen müssen [...] [folgende] Bedingungen erfüllen:

1. Alle potentiellen Teilnehmer eines Diskurses müssen die gleiche Chance haben, [...] jederzeit Diskurse eröffnen [...] sowie durch Rede und Gegenrede, Frage und Antwort [fortsetzen zu] können.
2. Alle Diskursteilnehmer müssen die gleiche Chance haben, Deutungen, Behauptungen, Empfehlungen, Erklärungen und Rechtfertigungen aufzustellen und deren Geltungsanspruch zu problematisieren, zu begründen oder zu widerlegen [...].
3. Zum Diskurs sind nur Sprecher zugelassen, die [...] die Garantie dafür [bieten], dass die Handelnden auch als Diskursteilnehmer sich selbst gegenüber wahrhaftig sind [...].
4. Zum Diskurs sind nur Sprecher zugelassen, die als Handelnde die gleiche Chance haben, [...] zu befehlen und sich zu widersetzen [...] Privilegierungen im Sinne einseitig verpflichtender Handlungs- und Bewertungsnormen [müssen ausgeschlossen sein].

Die Kommunikationsstruktur, durch die die ideale Sprechsituation ausgezeichnet ist, schließt systematische Verzerrungen aus [...]. Deshalb darf jeder Konsensus, der argumentativ unter Bedingungen einer idealen Sprechsituation erzeugt worden ist, als Kriterium für die Einlösung des jeweils thematisierten Geltungsanspruchs angesehen werden. [...]

[Es] kann bezweifelt werden, ob sich eine ideale Sprechsituation überhaupt verwirklichen lässt und ob sie nicht eine bloße Konstruktion darstellt. Jede empirische Rede ist sowohl durch die raumzeitlichen Begrenzungen des Kommunikationsvorgangs wie auch durch die psychischen Belastungsgrenzen der Diskursteilnehmer grundsätzlich Restriktionen unterworfen, die eine vollständige Erfüllung der idealen Bedingungen ausschließen. [...].

Ich spreche deshalb lieber von einer Antizipation, von einem Vorgriff auf eine ideale Sprechsituation. Dieser Vorgriff allein ist Gewähr dafür, dass wir mit einem faktisch erzielten Konsens den Anspruch eines vernünftigen Konsenses verbinden dürfen; zugleich ist er ein kritischer Maßstab, an dem jeder faktisch erzielte Konsensus auch in Frage gestellt und daraufhin überprüft werden kann, ob er ein hinreichender Indikator für einen begründeten Konsens ist.

Wahrheitstheorien (1972)

A

1. Diskutieren Sie, ob Aktionen wie *Deutschland spricht* zur Lösung gesellschaftlicher Konflikte beitragen können. > M1
2. Erklären Sie das Verfahren der diskursiven Prüfung von Geltungsansprüchen nach Jürgen Habermas. > M2
3. Erläutern Sie die Merkmale einer idealen Sprechsituation und zeigen Sie ihre Bedeutung für die Erzeugung eines vernünftigen Konsenses auf. > M3
4. Nehmen Sie Stellung zur Tragfähigkeit und zu Umsetzungsmöglichkeiten der Diskursethik. > M2/M3

Wissen kompakt

Grundlagen de

in einer pluralistischen (durch Vielfalt
gekennzeichnet

Toleranz:

Akzeptanz von Lebensformen und Wertorientierungen Anderer, die man für sich *ablehnt*

Erlaubnis-Konzeption:
z. B. Duldung religiöser Minderheiten, nach ihren Glaubensüberzeugungen zu leben

Respekt-Konzeption:
Achtung der Wertorientierungen Anderer, die von den eigenen Wertvorstellungen abweichen

Grenzen der Toleranz
Zurückweisung muss jeweils rational gerechtfertigt werden können (z. B. Intoleranz gegenüber denjenigen, die Intoleranz propagieren)

Ethischer Relativismus

- Werte und Normen sind relativ zu individuellen, kulturellen und historischen Präferenzen.
- Menschenrechte sind ein „westliches Konzept" und nicht für alle Kulturen gültig.

Aufgeklärter Multikulturalismus *(Heiner Bielefeldt)*

- Freiheit jedes Menschen, seine religiöse und kulturelle Tradition zu pflegen (oder auch von ihr abzuweichen)
- Kritik von Unfreiheit und Diskriminierung im Namen von Religion und Kultur (bei Wahrung interkultureller Sensibilität)

usammenlebens

bensformen und Wertorientierungen)

sellschaft

↘

Menschenrechte:

unveräußerliche Rechte, die jedem einzelnen Menschen angeboren sind (d. h. ihm unabhängig von der Zugehörigkeit zu einem Staat zukommen)

- bürgerlich-politische Rechte (Freiheitsrechte, Gleichheitsrechte)
- wirtschaftliche, soziale und kulturelle Rechte (gleichberechtigte Teilhabe an der Gesellschaft)

↙ ↘

begründet durch die ursprüngliche Freiheit und Gleichheit der Menschen im **Naturzustand** und den **Gesellschaftsvertrag** *(John Locke)*

dienen dem Schutz der **Menschenwürde** (bestehend in der Fähigkeit zu Selbstbestimmung, sittliche Autonomie) *(Heiner Bielefeldt)*

Ethischer Universalismus

→

- Es gibt universell gültige moralische Prinzipien (die kulturell unteschiedlich ausgeformt sein können).
- Menschenrechte sind universelle moralische Ansprüche, die gegen politische und kulturelle Widerstände erkämpft werden.

Konsens durch Diskurs *(Jürgen Habermas)*

Grundsatz der Diskursethik:

Nur die Normen dürfen Geltung beanspruchen, die (unter dem Kriterium der idealen Sprechsituation) die Zustimmung aller Betroffenen als Teilnehmer eines praktischen Diskurses finden (oder finden können).

Gerechte Verhältnisse?

M1 Die Lücke beim Gehalt

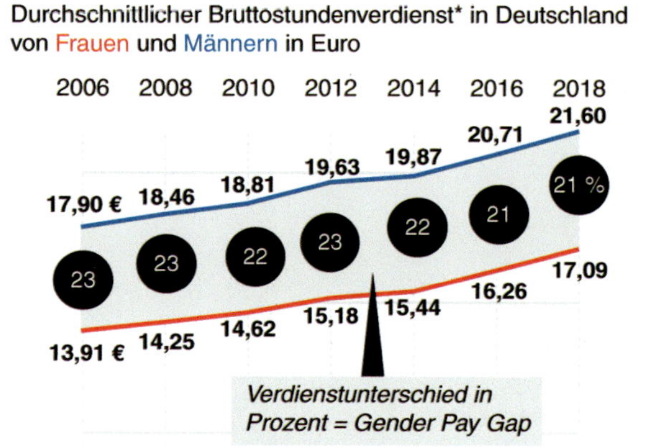

*unabhängig vom Beschäftigungsumfang und der Stellung im Beruf

Frauen haben im Jahr 2019 in Deutschland 20 % weniger verdient als Männer. […] Wie das Statistische Bundesamt (Destatis) anlässlich des Equal Pay Day am 17. März 2020 anhand fortgeschriebener Ergebnisse der Verdienststrukturerhebung (VSE) mitteilt, verdienten Frauen mit durchschnittlich 17,72 Euro brutto in der Stunde 4,44 Euro weniger als Männer (22,16 Euro). […] [R]und drei Viertel des Verdienstunterschieds zwischen Männern und Frauen sind strukturbedingt – also unter anderem darauf zurückzuführen, dass Frauen häufiger in Branchen und Berufen arbeiten, in denen schlechter bezahlt wird, und sie seltener Führungspositionen erreichen. Auch arbeiten sie häufiger als Männer in Teilzeit und in Minijobs und verdienen deshalb im Durchschnitt pro Stunde weniger. Nach Angaben der Arbeitskräfteerhebung war im Jahr 2018 in Deutschland fast jede zweite erwerbstätige Frau (47 %) im Alter von 20 bis 64 Jahren in Teilzeit tätig. Unter den Männern betrug dieser Anteil nur 9 %. […] Das verbleibende Viertel des Verdienstunterschieds entspricht dem bereinigten Gender Pay Gap. Demnach verdienten Arbeitnehmerinnen im Durchschnitt auch unter der Voraussetzung vergleichbarer Tätigkeit und äquivalenter Qualifikation im Jahr 2014 pro Stunde 6 % weniger als Männer. *Statistisches Bundesamt (2020)*

M2 Das Verhältnis der Generationen

Plakat zur Kampagne „Generationengerechtigkeit", Caritas 2016

M3 Thomas Nagel: Eine Welt voller Ungleichheiten

Die Welt ist voller Ungleichheiten – innerhalb eines Landes und im Verhältnis der Länder untereinander. Einige Kinder werden in ein komfortables und wohlhabendes Zuhause hineingeboren und wachsen bei guter Ernährung und mit einer guten Ausbildung auf. Andere Kinder werden arm geboren, haben nicht genug zu essen und zu keinem Zeitpunkt Zugang zu einer nennenswerten Ausbildung oder medizinischen Versorgung. Dies ist offenbar Glückssache: wir sind für die soziale oder ökonomische Klasse und für das Land, in das wir hineingeboren werden, nicht verantwortlich. […]

Einige Ungleichheiten werden mit Absicht auferlegt. Die Rassendiskriminierung schließt bewusst Menschen einer bestimmten Rasse von Arbeitsstellen, Wohnungen oder Ausbildungsmöglichkeiten aus, die Menschen einer anderen Rasse offenstehen. Oder man hält Frauen von bestimmten Positionen fern oder versagt ihnen Privilegien, die nur Männern gewährt werden. Hier handelt es sich nicht bloß um reine Glückssache. Diskriminierung der Rasse oder des Geschlechts wegen ist ganz offensichtlich unfair […]. Die Fairness erfordert, dass Möglichkeiten allen offenstehen sollten, die für sie qualifiziert sind, und es ist selbstverständlich eine gute Sache, wenn Regierungen eine solche Chancengleichheit durchzusetzen versuchen.

Nicht ganz so leicht kann man jedoch wissen, was man zu den Ungleichheiten sagen soll, die sich im Rahmen des normalen Verlaufs der Ereignisse ergeben [...]. Denn auch wenn Chancengleichheit besteht und jede qualifizierte Person – unangesehen ihrer [...] [ethnischen Zugehörigkeit], ihrer Religion, ihres Geschlechts oder ihrer nationalen Herkunft – eine Universität besuchen, eine Stelle bekommen, ein Haus kaufen oder sich für ein Amt bewerben kann, werden immer noch eine Vielzahl von Ungleichheiten übrig bleiben. Leute mit einem reicheren Hintergrund werden normalerweise über eine bessere Ausbildung und über mehr Mittel verfügen und daher eher in der Lage sein, die Konkurrenz um gute Arbeitsplätze zu bestehen. Selbst in einem System mit Chancengleichheit werden einige Personen einen Vorsprung haben und es schließlich zu mehr Vorteilen bringen als andere, deren angeborene Begabungen sich nicht unterscheiden.

Und nicht nur das, denn unterschiedliche angeborene Begabungen werden in einem Wettbewerbssystem am Ende sehr unterschiedliche Vorteile erzeugen. Wer über Fähigkeiten verfügt, für die es eine große Nachfrage gibt, wird mehr verdienen können als jemand ohne besondere Fertigkeiten oder Talente. Diese Unterschiede sind gleichermaßen zum Teil Glückssache. Obgleich man seine Fähigkeiten entwickeln und einsetzen sollte, wären die wenigsten bei gleich welcher Anstrengung in der Lage, wie Meryl Streep zu spielen, wie Picasso zu malen oder Autos wie Enrico Ferrari zu bauen. Entsprechendes gilt für geringere Leistungen. Der Zufall der angeborenen Begabung einerseits und des familiären und sozialen Hintergrundes andererseits ist ein bedeutender Faktor bei der Festlegung des Einkommens und der Position eines Menschen innerhalb einer Wettbewerbsgesellschaft. Chancengleichheit zieht ungleiche Ergebnisse nach sich. Diese Ungleichheiten werden anders als die Ergebnisse rassischer und sexueller Diskriminierung durch Entscheidungen und Handlungen hervorgebracht, die an sich selbst offenbar nichts Unrechtes haben. Die Menschen versuchen, für ihre Kinder zu sorgen und ihnen eine gute Ausbildung zu geben, und einige von ihnen können zu diesem Zweck mehr Geld aufwenden als andere. Die Menschen bezahlen für die Produkte, Dienstleistungen und Arbeiten, die sie sich wünschen, und einige Künstler oder Hersteller werden reicher als andere, da ihr Angebot bei einer größeren Zahl von Menschen gefragt ist. Unternehmen und Organisationen der unterschiedlichsten Art versuchen, Mitarbeiter einzustellen, die ihre Arbeit gut erledigen, und sie werden Mitarbeitern mit ungewöhnlichen Fähigkeiten höhere Löhne zahlen. [...] Dieser große Unterschied von Glück und Pech erscheint mit Sicherheit unfair; doch was sollte man, wenn überhaupt, dagegen tun?

Wir müssen sowohl über die Ungleichheit selbst nachdenken als auch über die Gegenmaßnahmen, die man zu ergreifen hätte, um sie zu mindern oder ganz abzuschaffen. Die Hauptfrage über die Ungleichheiten lautet: Welche Arten von *Ursachen* der Ungleichheit sind unrecht? Die Hauptfrage über die Gegenmaßnahmen lautet: Welche *Methoden* des Eingreifens in die Ungleichheit sind legitim?

Was bedeutet das alles (1987)

Gerechtigkeit

Ursprünglich bedeutet Gerechtigkeit (lat. *iustitia*) die Übereinstimmung mit dem geltenden Recht. In einem umfassenderen Sinn versteht man unter Gerechtigkeit einen Maßstab zur Beurteilung individuellen Verhaltens und gesellschaftlicher Normen, der eine Gleichbehandlung von Betroffenen einfordert.

A

1 Analysieren Sie die Statistik und die im Text angegebenen Zahlen und diskutieren Sie über die Ursachen des Gender Pay Gap. > M1

2 Reflektieren Sie die Problematik, die in der Abbildung dargestellt wird, und führen Sie dazu genauere Recherchen durch. > M2

3 Listen Sie die verschiedenen Arten von Ungleichheit auf, die Thomas Nagel anspricht, und finden Sie weitere. Geben Sie erste Antworten auf die Fragen, die er zum Schluss aufwirft. > M3

Formen von Gerechtigkeit

M1 Amartya Sen: Drei Kinder und eine Flöte

Folgendes Gedankenexperiment stammt von dem Wirtschaftswissenschaftler Amartya Sen (s. S. 356).

Stellen Sie sich vor, Sie müssten entscheiden, welches der drei Kinder Anne, Bob und Carla die Flöte haben soll, um die sie sich streiten. Anne verlangt das Instrument für sich, da sie als Einzige von den Dreien Flöte spielen könne (die anderen bestreiten dies nicht) und da es ungerecht wäre, die Flöte dem einzigen Kind zu verweigern, das tatsächlich auf ihr spielen kann. [...]

In einem alternativen Szenario meldet sich Bob und verteidigt seinen Anspruch auf die Flöte mit dem Hinweis, er als Einziger von den Dreien sei so arm, dass er keine eigenen Spielzeuge besitze. Bekäme er die Flöte, hätte er etwas zum Spielen (die beiden anderen räumen ein, dass sie reicher und wohlversehen sind mit hübschen Dingen zum Zeitvertreib). [...]

In einem zweiten alternativen Szenario kommt Clara zu Wort und erklärt, dass sie viele Monate lang fleißig gearbeitet hat, um die Flöte selbst zu bauen (die anderen bestätigen dies), und als sie gerade mit der Arbeit fertig gewesen sei, „genau in dem Moment", klagt sie, „sind diese Ausbeuter gekommen und wollten mir die Flöte wegnehmen." Wenn Sie nur Claras Erklärung gehört hätten, wären Sie vielleicht geneigt, [...] ihr die Flöte zu geben. Da Sie aber alle drei Kinder [...] gehört haben, müssen Sie eine schwierige Entscheidung treffen.

Die Idee der Gerechtigkeit (2010)

M2 Wolfgang Huber: Traditionelle Unterscheidungen im Bereich Gerechtigkeit

Wolfgang Huber (*1942) ist ein evangelischer Theologe. Er war von 2003 bis 2009 Ratsvorsitzender der Evangelischen Kirche Deutschlands.

Obwohl die Frage der Gerechtigkeit theoretisch wie praktisch [...] kompliziert ist, [...] findet man in der Tradition des Nachdenkens darüber einige klare Orientierungspunkte. Zu ihnen gehört seit der griechischen Antike die Feststellung, dass die Befolgung des Rechts zugleich als Erfüllung der Gerechtigkeit anerkannt wird. Gerechtigkeit wird deshalb im formalen Sinn als *iustitia legalis* betrachtet. Wird dagegen das Recht verletzt, so tritt die Gerechtigkeit in ihrer wiederherstellenden und korrigierenden Funktion in den Blick. Sie wirkt als *iustitia correctiva*. So formal beide Begriffe sind, so kann man nicht bezweifeln, dass jedes menschliche Zusammenleben auf diesen doppelten Aspekt der formalen Gerechtigkeit angewiesen ist. Die Verlässlichkeit des Rechts und die Allgemeinheit der Rechtsbefolgung bilden unumgängliche Voraussetzungen des sozialen Zusammenhalts.

Einen wichtigen Schritt über den Begriff der formalen Gerechtigkeit hinaus hat Aristoteles mit seiner bahnbrechenden Unterscheidung zwischen austeilender und ausgleichender Gerechtigkeit getan. Er sieht darin die beiden entscheidenden Charakteristika der materialen Gerechtigkeit.

Austeilend oder distributiv ist sie aus der Perspektive des Gemeinwesens, das jeder und jedem Einzelnen diejenigen Rechte zuweist, die ihr oder ihm kraft des Status oder der Verdienste der Person zukommen. [...]

Ausgleichend oder kommutativ ist die Gerechtigkeit aus der Perspektive von zwei oder mehr Rechtssubjekten, die miteinander einen Vertrag abschließen – beispielsweise einen Kauf- oder einen Arbeitsvertrag. Der gerechte Preis und der gerechte Lohn sind geläufige Beispiele für diese Sphäre der ausgleichenden Gerechtigkeit.

Ethik (2013)

M3 Chaïm Perelman: Konkrete und formale Gerechtigkeit

Der polnisch-belgische Philosoph Chaïm Perelmann (1912-1984) lehrte an der Universität Brüssel.

Es ist illusorisch, alle möglichen Sinngehalte des Gerechtigkeitsbegriffes aufzählen zu wollen. Geben wir statt dessen einige Beispiele von den geläufigsten Konzeptionen der Gerechtigkeit, deren unvereinbaren Charakter man sogleich erkennen wird:

1. Jedem das Gleiche
2. Jedem gemäß seinen Verdiensten
3. Jedem gemäß seinen Werken
4. Jedem gemäß seinen Bedürfnissen
5. Jedem gemäß seinem Rang
6. Jedem gemäß dem ihm durch Gesetz Zugeteilten

[...]

Gibt es ein begriffliches Element, das allen Formeln der Gerechtigkeit gemeinsam ist? Dies scheint doch der Fall zu sein. Es sind sich wohl alle darin einig, dass gerecht sein die Menschen auf die gleiche Weise behandeln heißt. Streit und Schwierigkeiten tauchen jedoch dann auf, wenn es sich darum handelt zu präzisieren. [...] Wer verlangt, dass dem Verdienst Rechnung getragen werde, wünscht für Individuen mit demselben Verdienst dieselbe Behandlung. Ein zweiter wünscht für Menschen mit denselben Bedürfnissen dieselbe Behandlung; und ein dritter fordert eine gerechte, das heißt gleiche Behandlung für diejenigen, die denselben sozialen Rang bekleiden usw. Welcher Art auch immer ihre Uneinigkeit in anderer Hinsicht ist, so sind sich doch alle darin einig, dass gerecht sein eine gleiche Behandlung für alle Wesen bedeutet, die in bestimmter Hinsicht gleich sind. [...]

Die formale oder abstrakte Gerechtigkeit lässt sich [...] definieren als ein Handlungsprinzip, nach welchem die Wesen derselben Wesenskategorie auf dieselbe Art und Weise behandelt werden müssen. [...]

Die sechs Formeln der konkreten Gerechtigkeit, für die wir eine Art gemeinsamen Nenner gesucht haben, unterscheiden sich dadurch, dass jede von ihnen bei der Anwendung der Gerechtigkeit ein anderes Charakteristikum für das ausschlaggebende hält, das heißt, dass sie die Zugehörigkeit zu einer Wesenskategorie verschieden bestimmen. [...] Die Uneinigkeit tritt dann hervor, sobald es sich darum handelt, die für die Anwendung der Gerechtigkeit wesentlichen Merkmale zu bestimmen. [...].

Wenn der Gerechtigkeitsbegriff verworren ist, so deshalb, weil ein jeder, der von ihm spricht, sich verpflichtet glaubt, die konkrete Gerechtigkeit definieren zu müssen. Daraus geht hervor, dass die Definition der Gerechtigkeit zugleich die Bestimmung der Kategorien enthält, die man als wesentlich betrachtet. Wie wir gesehen haben, schließt diese eine festgelegte Wertskala mit ein. Will man die konkrete Gerechtigkeit definieren, so umfasst eine und dieselbe Formel sowohl die Definition der formalen Gerechtigkeit als auch eine ganz persönliche Weltanschauung. Von daher ergeben sich solche Abweichungen, Missverständnisse und Verwirrungen [...].

Wir haben jedoch gezeigt, dass es nicht den geringsten Grund dafür gibt, weshalb die Uneinigkeit in der Ausübung der Gerechtigkeit [...] der Einigkeit über die Definition der formalen Seite der Gerechtigkeit im Wege stehen sollte. [...]

Sicher sind damit noch längst nicht alle Schwierigkeiten, die mit dem Begriff der Gerechtigkeit sich stellen, behoben, und die formale Gerechtigkeit deckt sich bestimmt nicht mit all den widersprüchlichen Anwendungen des Gerechtigkeitsbegriffs. Im Gegenteil, jedes Mal, wenn man von Gerechtigkeit spricht, wird man sich die Frage stellen müssen: Handelt es sich um die formale Gerechtigkeit oder um eine der zahllosen Konzeptionen der konkreten Gerechtigkeit?

Eine Studie über die Gerechtigkeit (1945)

A

1 Treffen Sie eine Entscheidung in dem Streit um die Flöte und begründen Sie – den drei Kindern gegenüber – Ihre Auffassung. > M1

2 Vergegenwärtigen Sie sich anhand der Ausführungen Wolfgang Hubers die Formen und Kriterien von Gerechtigkeit, die Aristoteles (s. S. 124f.) unterschieden hat, und wenden Sie sie auf den Fall in M1 an. > M2

3 Finden Sie Beispiele für die von Chaïm Perelmann angeführten Konzeptionen von Gerechtigkeit und erläutern Sie, worin das ihnen Gemeinsame besteht. > M3

Gerechtigkeit als Fairness

zu M1: Rawls, S. 318-321

M1 John Rawls: Soziale Gerechtigkeit

Der US-amerikanische Philosoph John Rawls (1921-2002) war Professor an der Harvard-Universität. Mit seiner Theorie der Gerechtigkeit gab er einen Anstoß zur Wiederaufnahme der Gerechtigkeitsdebatte in der neueren Philosophie.

Vieles nennt man gerecht oder ungerecht: nicht nur Gesetze, Institutionen und Gesellschaftssysteme, sondern auch die verschiedensten Handlungen, z. B. Entscheidungen, Urteile und moralische Bewertungen. [...] Wir haben es aber mit der sozialen Gerechtigkeit zu tun. Für uns ist der erste Gegenstand der Gerechtigkeit die Grundstruktur der Gesellschaft, genauer: die Art, wie die wichtigsten gesellschaftlichen Institutionen Grundrechte und -pflichten und die Früchte der gesellschaftlichen Zusammenarbeit verteilen. [...] Zusammengenommen legen die wichtigsten Institutionen die Rechte und Pflichten der Menschen fest und beeinflussen ihre Lebenschancen, was sie werden können und wie gut es ihnen gehen wird. [...]

Die Gerechtigkeit ist die erste Tugend sozialer Institutionen [...]. Ich möchte eine Gerechtigkeitsvorstellung darlegen, die die bekannte Theorie des Gesellschaftsvertrages [...] verallgemeinert und auf eine höhere Abstraktionsebene hebt. Dazu darf man sich den ursprünglichen Vertrag nicht so vorstellen, als ob er in eine bestimmte Gesellschaft eingeführt würde oder eine bestimmte Regierungsform errichtete. Der Leitgedanke ist vielmehr, dass sich die ursprüngliche Übereinkunft auf die Gerechtigkeitsgrundsätze für die gesellschaftliche Grundstruktur bezieht. Es sind diejenigen Grundsätze, die freie und vernünftige Menschen in ihrem eigenen Interesse in einer anfänglichen Situation der Gleichheit zur Bestimmung der Grundverhältnisse ihrer Verbindung annehmen würden. Ihnen haben sich alle weiteren Vereinbarungen anzupassen; sie bestimmen die möglichen Arten der gesellschaftlichen Zusammenarbeit und der Regierung. Diese Betrachtungsweise der Gerechtigkeitsgrundsätze nenne ich Theorie der Gerechtigkeit als Fairness. Wir wollen uns also vorstellen, dass diejenigen, die sich zu gesellschaftlicher Zusammenarbeit vereinigen wollen, in einem gemeinsamen Akt die Grundsätze wählen, nach denen Grundrechte und -pflichten und die Verteilung der gesellschaftlichen Güter bestimmt werden. Die Menschen sollen im Voraus entscheiden, wie sie ihre Ansprüche gegeneinander regeln wollen und wie die Gründungsurkunde ihrer Gesellschaft aussehen soll. Ganz wie jeder Mensch durch vernünftige Überlegung entscheiden muss, was für ihn das Gute ist, d. h. das System der Ziele, die zu verfolgen für ihn vernünftig ist, so muss eine Gruppe von Menschen ein für allemal entscheiden, was ihnen als gerecht und ungerecht gelten soll. Die Entscheidung, die vernünftige Menschen in dieser theoretischen Situation der Freiheit und Gleichheit treffen würden, bestimmt die Grundsätze der Gerechtigkeit. [...]

Dieser Urzustand wird natürlich nicht als ein wirklicher geschichtlicher Zustand vorgestellt, noch weniger als primitives Stadium der Kultur. Er wird als rein theoretische Situation aufgefasst, die so beschaffen ist, dass sie zu einer bestimmten Gerechtigkeitsvorstellung führt. Zu den wesentlichen Eigenschaften dieser Situation gehört, dass niemand seine Stellung in der Gesellschaft kennt, seine Klasse oder seinen Status, ebenso wenig sein Los bei der Verteilung natürlicher Gaben wie Intelligenz oder Körperkraft. Ich nehme sogar an, dass die Beteiligten ihre Vorstellung vom Guten und ihre besonderen psychologischen Neigungen nicht kennen. Die Grundsätze der Gerechtigkeit werden hinter einem Schleier des Nichtwissens festgelegt. Dies gewährleistet, dass dabei niemand durch die Zufälligkeiten der Natur oder der gesellschaftlichen Umstände bevorzugt oder benachteiligt wird. Da sich alle in der gleichen Lage befinden und niemand Grundsätze ausdenken kann, die ihn aufgrund seiner besonderen Verhältnisse be-

gen Beeinträchtigungen ausschließt. All die besonderen Bedürfnisse von Menschen mit Behinderungen werden also erst bedacht, wenn die Grundstruktur der Gesellschaft bereits festgelegt ist. [...]
Rawls ist [...] der Ansicht, dass wir politische Grundprinzipien in angemessener Weise festlegen können, ohne „anormale" lebenslange oder zeitweilige Beeinträchtigungen körperlicher oder geistiger Natur zu berücksichtigen, ohne sie also bei der Beantwortung der Frage in Betracht zu ziehen, welche Grundgüter auf der Liste der Dinge sein sollten, die jeder über die beiden moralischen Vermögen verfügende Bürger aller Voraussicht nach will. [...] Ich rede hier davon, dass Rawls sich nach der Gewährleistung des Vorrangs der Freiheit auf Einkommen und Vermögen als einzige Kriterien festlegt. Wenn nun aber der körperliche Zustand einer Person relativ zu ihrem gesellschaftlichen Umfeld als ein höchst variables Grundgut verstanden wird, dann ist es möglich, dass Person A auf für das Wohlergehen relevante Weise schlechter gestellt ist als Person B, obwohl A und B über genau das gleiche Einkommen und Vermögen verfügen. [...] Eine Person, die einen Rollstuhl benutzt, kann das gleiche Einkommen und Vermögen haben wie eine andere Person, die sich „normal" fortbewegen kann, und dennoch viel schlechter gestellt sein, wenn es darum geht, sich tatsächlich fortzubewegen. [...]
[D]er Rawls'sche Fokus auf Einkommen und Vermögen [verleitet] zu der Annahme, dass es sich bei den Ressourcen, um die es geht, um Dinge handelt, die wir an Individuen verteilen können. [...] [Rawls] scheint der Auffassung zu sein, dass wir der Person im Rollstuhl nur genug Geld geben müssen, um sie in die Lage zu versetzen, sich von hier nach dort fortzubewegen; man muss nur den notwendigen Betrag bestimmen. Diese Antwort greift zu kurz. Wir können einem Menschen, der einen Rollstuhl benötigt, sehr viel Geld geben, und doch wird er keinen Zugang zum öffentlichen Raum bekommen, solange dieser nicht umstrukturiert wird. Vielleicht könnte sich ein sehr wohlhabender Mensch einen Vollzeit-Chauffeur und einige Träger leisten, die ihn in Gebäuden ohne Rampen die Treppen hinauftragen. Selbst wenn es ein vernünftiges politisches Ziel wäre, Menschen mit Beeinträchtigungen zu so viel Wohlstand zu verhelfen (was nicht der Fall ist), wären wir trotzdem nicht zur Wurzel des Problems vorgedrungen: Dieser Mensch sollte einfach nicht auf einen Chauffeur oder eine Reihe von Trägern angewiesen sein. Es sollte Rollstuhlzugänge zu Bussen und Gehwegen geben, und alle Gebäude sollten Rampen und rollstuhlkompatible Fahrstühle haben. Eine derartige Umgestaltung des öffentlichen Raums ist für die Würde und die Selbstachtung von Menschen mit Beeinträchtigungen wesentlich. Kurz gesagt handelt es sich bei der Aufgabe, Menschen mit Beeinträchtigung zu integrieren, um eine öffentliche Aufgabe, die öffentliche Planung und den Einsatz öffentlicher Ressourcen verlangt. Die entscheidende Frage lautet hier nicht, wie viel Geld Menschen mit Beeinträchtigungen haben sollten, sondern, was sie tatsächlich zu tun und zu sein in der Lage sein sollten. [...]
[Rawls'] Liste der Grundgüter, die Ressourcen (Einkommen und Vermögen) als Indikatoren des Wohlergehens eine prominente Rolle zuweist, [...] [sollte] durch eine Liste von Fähigkeiten [ersetzt werden], die dann alle zur Messung der Lebensqualität genutzt werden könnten. [...] Im Folgenden werde ich diesen Schritt zumindest in Angriff nehmen, indem ich darlege, inwiefern der Fähigkeitenansatz mit Bezug auf die [...] ungelösten Probleme [der Gerechtigkeit] besser abschneidet. *Die Grenzen der Gerechtigkeit (2006)*

A

1 Erläutern Sie die Lebensumstände Seshas und anderer Menschen mit Beeinträchtigungen und beurteilen Sie sie auf der Grundlage des Rawls'schen Verständnisses von Gerechtigkeit. > M1

2 Analysieren und beurteilen Sie Martha Nussbaums Kritik an Rawls' Theorie der Gerechtigkeit (s. S. 318-321). Gehen Sie dabei auch auf das Verteilungskriterium *Einkommen und Vermögen* ein. > M2

3 Erläutern Sie Martha Nussbaums Vorschlag zu einem gerechten Umgang mit Menschen mit Beeinträchtigungen und nehmen Sie dazu Stellung. > M2

Menschliche Grundfähigkeiten und Gerechtigkeit

M1 Martha Nussbaum: Der Fähigkeitenansatz der sozialen Gerechtigkeit

Von 1987 bis 1993 leitete Martha Nussbaum eine Arbeitsgruppe der United Nations University zur Entwicklung eines Konzepts zur Messung der Lebensqualität in Entwicklungsländern. Sie vertritt gemeinsam mit Amartya Sen (s. S. 356) den Fähigkeitenansatz der sozialen Gerechtigkeit.

Der Fähigkeitenansatz ist ein ergebnisorientierter Ansatz. Er besagt, dass eine Welt, in der die Menschen über alle auf der entsprechenden Liste zusammengestellten Fähigkeiten verfügen, eine minimal gerechte und achtbare Welt ist. Auf der einzelgesellschaftlichen Ebene besteht dann der Zweck sozialer Kooperation in der Etablierung von Prinzipien und Institutionen, die sicherstellen, dass alle Menschen über die in der Liste [s. M2] genannten Fähigkeiten verfügen [...].
Ressourcen stellen keinen angemessenen Index des Wohlergehens dar, weil Menschen dieser Ressourcen in unterschiedlichem Maße bedürfen und auch nicht alle gleichermaßen in der Lage sind, sie in Tätigkeiten zu übersetzen. Zwei Menschen mit einer ähnlichen Ressourcenausstattung können sich in den für soziale Gerechtigkeit entscheidenden Hinsichten tatsächlich erheblich unterscheiden. [...]
[Die] Idee eines basalen sozialen Minimums [kann] am besten von einem Ansatz umgesetzt werden [...], der menschliche Fähigkeiten – was die Menschen tatsächlich zu tun und zu sein in der Lage sind – in den Mittelpunkt stellt und der von der intuitiven Idee eines der Menschenwürde gemäßen Lebens ausgeht. [...]
Eine solche Konzeption kann zugleich als Bezugspunkt zur Beantwortung der Frage dienen, ob eine Gesellschaft gegenüber ihren Bürgerinnen und Bürgern ein minimales Gerechtigkeitsniveau hält. [...]
[Mein Ansatz umfasst] die Idee eines Schwellenwerts einer jeden Fähigkeit, unterhalb dessen ein wirklich menschliches Tätigsein den Bürgerinnen und Bürgern nicht mehr möglich ist; das gesellschaftliche Ziel sollte deshalb darin bestehen, die Bürgerinnen und Bürger über diesen Schwellenwert zu heben. [...] [Ich werde] eine Liste von zehn Fähigkeiten vorschlagen [...], die den wesentlichen Anforderungen an ein menschenwürdiges Leben entsprechen. [...]
Selbst wenn ihr Wohlstand noch so hoch ist, kann eine Gesellschaft, die diese Fähigkeiten nicht allen ihren Bürgerinnen und Bürgern auf einem angemessenen Niveau garantiert, nicht als in vollem Maße gerecht gelten. [...] Eine Gesellschaft, die eine Fähigkeit vernachlässigt, um die anderen zu fördern, gibt ihren Bürgerinnen und Bürgern demnach nicht, was ihnen zusteht, und verstößt somit gegen die Forderungen der Gerechtigkeit. [...]
Die Liste selbst ist offen und hat im Laufe der Zeit einige Veränderungen erfahren. Sicher wird sie auch in Zukunft im Lichte überzeugender Einwände weiterentwickelt werden. Hier ist meine aktuelle Version.

Fähigkeiten und globale Gerechtigkeit (2004)
Die Grenzen der Gerechtigkeit (2010)

M2 Martha Nussbaum: Die zentralen menschlichen Fähigkeiten

1. Leben: In der Lage sein, ein Menschenleben normaler Länge zu führen; nicht vorzeitig sterben müssen oder nicht, bevor das Leben so eingeschränkt ist, dass es nicht mehr lebenswert ist.

2. Körperliche Gesundheit: In der Lage sein, sich guter Gesundheit zu erfreuen, einschließlich der mit Sexualität und Fortpflanzung zusammenhängenden Aspekte; angemessen ernährt sein; eine angemessene Unterkunft haben.

3. Körperliche Integrität: Sich von einem Ort zu einem anderen frei bewegen können; vor gewalttätigen Übergriffen einschließlich sexueller Übergriffe und häuslicher Gewalt geschützt sein; Möglichkeiten zur sexuellen Befriedigung und zur Wahl in Fragen der Fortpflanzung haben.

4. Sinne, Fantasie und Denken: In der Lage sein, die Sinne zu benutzen, sich Dinge vorzustellen, zu denken und zu argumentieren – und dies auf eine „wahrhaft menschliche" Weise, die durch eine angemessene

Bildung gegeben ist, welche die Fähigkeit zu lesen und zu schreiben sowie mathematische und naturwissenschaftliche Grundkenntnisse einschließt, aber auch darüber hinausgeht. In der Lage sein, Fantasie und Denken selbstbestimmt anzuwenden, um religiöse, literarische, musikalische und andere Werke und Ereignisse zu erleben und selbst gestalten zu können. In der Lage sein, seinen Verstand auf eine Weise zu gebrauchen, die durch die Garantie der Meinungsfreiheit in Bezug auf politische und künstlerische Sprache sowie der Freiheit der Religionsausübung geschützt wird. In der Lage sein, angenehme Erfahrungen zu machen und unnötige Schmerzen zu vermeiden.

5. Emotionen: In der Lage sein, Beziehungen zu Dingen und Personen außerhalb unserer selbst zu haben, diejenigen zu lieben, die uns lieben und sich um sie zu sorgen, ihre Abwesenheit zu betrauern, ganz allgemein zu lieben, zu trauern, Sehnsucht, Dankbarkeit und berechtigten Ärger zu empfinden; keine Beeinträchtigung der eigenen emotionalen Entwicklung durch Furcht und Angst erleiden müssen. (Diese Fähigkeit zu unterstützen, bedeutet, Formen der menschlichen Zusammenkunft zu unterstützen, von denen sich zeigen lässt, dass sie für die Entwicklung des Einzelnen bedeutend sind.)

6. Praktische Vernunft: In der Lage sein, sich eine Vorstellung vom Guten zu machen und die Planung des eigenen Lebens kritisch zu hinterfragen. (Dies umfasst den Schutz der Gewissens- und Religionsfreiheit.)

7. Zugehörigkeit: In der Lage sein, mit anderen zu leben und in Beziehung zu ihnen zu treten, andere Menschen anzuerkennen und Sorge für sie zu tragen sowie sich an verschiedenen Formen sozialer Interaktion zu beteiligen; sich die Situation eines anderen vorstellen können. (Der Schutz dieser Fähigkeit bedeutet, Institutionen zu schützen, die solche Formen der Zugehörigkeit entstehen lassen und fördern, sowie außerdem die Freiheit zu schützen, sich zu versammeln und die eigene politische Meinung zum Ausdruck zu bringen.)

Über die sozialen Grundlagen von Selbstachtung verfügen und nicht gedemütigt werden; als ein Wesen mit eigener Würde behandelt werden, dessen Wert dem der anderen entspricht. (Dies beinhaltet Bestimmungen gegen die Diskriminierung aufgrund von ethnischer Zugehörigkeit, Geschlecht, sexueller Orientierung, Kaste, Religion oder nationaler Herkunft.)

8. Andere Arten: Mit Sorge für und in Beziehung zu Tieren, Pflanzen und der Welt der Natur leben können.

9. Spielen: In der Lage sein zu lachen, zu spielen oder Freizeitaktivitäten zu genießen.

10. Kontrolle über die eigene Umwelt:

Politisch: In der Lage sein, effektiv an politischen Entscheidungen teilzunehmen, die das eigene Leben betreffen; das Recht auf politische Partizipation haben; den Schutz der Rede- und Versammlungsfreiheit genießen.

Materiell: In der Lage sein, Eigentum (sowohl Land als auch bewegliche Güter) zu besitzen und Eigentumsrechte auf der gleichen Grundlage wie andere zu haben; das Recht haben, sich gleichberechtigt mit anderen um einen Arbeitsplatz zu bewerben; vor ungerechtfertigter Durchsuchung und Festnahme geschützt sein. In der Arbeitswelt als Mensch arbeiten, praktische Vernunft ausüben und mit anderen Arbeitnehmern sinnvolle Beziehungen in gegenseitiger Anerkennung eingehen können.

Kosmopolitismus (2020)

Fähigkeit *(capability)*

Der englische Begriff *capability* wird mit dem deutschen Wort *Fähigkeit* nur ungenau übersetzt. Gemeint sind Verwirklichungschancen, d. h. reale Freiheiten, die Menschen benötigen, um ein menschenwürdiges Leben führen zu können.

A

1. Erklären Sie Martha Nussbaums Gerechtigkeitskonzeption. > M1
2. Erläutern Sie, inwiefern nach Martha Nussbaum alle dargestellten Fähigkeiten zu einem menschenwürdigen Leben gehören, und stellen Sie an Beispielen dar, welche Folgerungen sich aus dem Fähigkeitenansatz auf nationaler sowie internationaler Ebene ergeben. > M2

Worauf man Anspruch hat

M1 Robert Nozick: Einkünfte eines Fußballspielers

Der US-amerikanische Philosoph Robert Nozick (1938-2002) lehrte an der Harvard-Universität. In seinem Buch *Anarchie, Staat, Utopia* vertritt er eine libertäre Theorie der Gerechtigkeit.

Angenommen [...], es sei eine Verteilung verwirklicht, die [...] [den Gerechtigkeitsgrundsätzen von Rawls] entspricht; nennen wir sie V1. [...] Nehmen wir nun an, NN sei ein großer Torschütze und von Fußballmannschaften sehr gesucht. [...] NN unterschreibt folgenden Vertrag mit einer Mannschaft: Bei jedem Heimspiel bekommt er 50 Cent von jeder Eintrittskarte. [...] Die Leute strömen zu den Spielen seiner Mannschaft; sie kaufen Eintrittskarten und stecken jedes Mal 50 Cent des Preises in eine besondere Kasse, auf der der Name von NN steht. Sie sind begeistert von seinem Spiel; es ist ihnen den gesamten Eintrittspreis wert. Angenommen, in einer Spielzeit besuchten eine Million Menschen seine Heimspiele, und NN nimmt eine halbe Million ein, sehr viel mehr als das Durchschnittseinkommen und auch noch mehr als das bisherige Höchsteinkommen. Hat er einen Anspruch auf dieses Einkommen?

Anarchie, Staat, Utopia (1974)

M2 Robert Nozick: Anspruch auf Höchsteinkommen?

Es ist überhaupt keine Frage, ob jeder Anspruch auf seine Besitztümer in V1 hatte; nach Voraussetzung war das ja im Sinne der Auffassung meines Argumentationsgegners eine zulässige Verteilung. Alle Betreffenden entschieden sich dafür, 50 [Cent] von ihrem Geld NN zu geben. Sie hätten es auch für Kinokarten, Süßigkeiten, Zeitschriften oder sonst etwas ausgeben können. Aber eine Million bezahlte es an NN, um ihn dafür Fußball spielen zu sehen. Wenn V1 eine gerechte Verteilung war und die Menschen freiwillig zu V2 übergingen, indem sie einen Teil ihrer Besitztümer unter V1 hergaben (doch wohl nicht für nichts und wieder nichts?), ist dann nicht auch V2 gerecht? Wenn die Leute berechtigt waren, über ihren Besitz zu verfügen, auf den sie (unter V1) Anspruch hatten, waren sie dann nicht auch berechtigt, ihn NN zu übertragen oder mit ihm zu tauschen? Kann irgendein Dritter sich über eine Ungerechtigkeit beklagen? Jeder andere hat bereits unter V1 seinen gerechten Anteil. Unter V2 hat niemand etwas, auf das irgendein anderer einen gerechten Anspruch hätte. Nachdem einige etwas an NN übertragen haben, haben Dritte immer noch ihre gerechten Anteile; die haben sich nicht geändert.

Anarchie, Staat, Utopia (1974)

M3 Robert Nozick: Die Anspruchstheorie der Gerechtigkeit

Die Frage der Gerechtigkeit bei den Besitztümern hat drei Hauptgegenstände. Der erste ist der *ursprüngliche Erwerb von Besitz*, die Aneignung herrenloser Gegenstände. Dazu gehört die Frage, wie es zur Besitzergreifung herrenloser Gegenstände kommen kann, durch welchen Vorgang oder welche Vorgänge; welche Dinge dadurch in Besitz übergehen können; was genau durch einen bestimmten Vorgang angeeignet wird, usw. [...] Die komplizierte Wahrheit in diesen Dingen, die wir hier nicht formulieren werden, nennen wir den Grundsatz der gerechten Aneignung. Der zweite Gegenstand ist die *Übertragung von Besitztümern* von einer Person auf eine andere. Durch welche Vorgänge kann sie erfolgen? Wie kann jemand Eigentum von jemand anderem erwerben? Hierunter fallen allgemeine Beschreibungen des freiwilligen Austauschs, der Schenkung und (auf der anderen Seite) des Betrugs, ebenso die Erwähnung bestimmter Einzelkonventionen, die in einer gegebenen Gesellschaft herrschen. Die komplizierte Wahrheit über diesen Gegenstand [...] nennen wir den Grundsatz der gerechten Übertragung. [...]

Wäre die Welt völlig gerecht, so wäre die Frage der Gerechtigkeit bei Besitztümern durch die folgende induktive Definition völlig geklärt.

1. Wer ein Besitztum im Einklang mit dem Grundsatz der gerechten Aneignung erwirbt, hat Anspruch auf dieses Besitztum.
2. Wer ein Besitztum im Einklang mit dem Grundsatz der gerechten Übertragung von jemandem erwirbt, der Anspruch auf das Besitztum hat, der hat Anspruch auf das Besitztum.
3. Ansprüche auf Besitztümer entstehen lediglich durch (wiederholte) Anwendung der Regeln 1 und 2.

Der vollständige Grundsatz der Verteilungsgerechtigkeit würde einfach besagen, eine Verteilung sei gerecht, wenn jeder auf die Besitztümer Anspruch hat, die ihm bei der Verteilung zugehören. [...]

Nicht alle möglichen Situationen entstehen im Einklang mit den beiden Grundsätzen der Gerechtigkeit bei Besitztümern: dem Grundsatz der gerechten Aneignung und dem Grundsatz der gerechten Übertragung. Manche Menschen bestehlen, betrügen oder versklaven andere, nehmen ihnen ihre Erzeugnisse weg und lassen sie nicht leben, wie sie möchten, oder hindern andere gewaltsam am Wettbewerb um Tauschgeschäfte. Das alles sind keine zulässigen Übergänge von einer Situation zu einer anderen. Manche erwerben auch Besitztümer auf eine Weise, die nicht durch den Grundsatz der gerechten Aneignung gedeckt ist. Das Bestehen älterer Ungerechtigkeit (früherer Verletzungen der ersten beiden Grundsätze der Gerechtigkeit bei Besitztümern) bildet den dritten Hauptgegenstand der Gerechtigkeit bei den Besitztümern: die Berichtigung ungerechter Besitzverhältnisse. [...]

Die allgemeinen Züge der Theorie der Gerechtigkeit bei den Besitztümern sind also folgende: Der Besitz eines Menschen ist gerecht, wenn dieser auf ihn im Sinne der Grundsätze der gerechten Aneignung und Übertragung oder der Berichtigung von Ungerechtigkeiten (im Sinne der ersten beiden Grundsätze) einen Anspruch hat. Ist der Besitz jedes Einzelnen gerecht, so ist die Gesamtmenge (die Verteilung) der Besitztümer gerecht. [...]

Die allgemeinen Züge der Anspruchstheorie beleuchten die Eigenart [...] anderer Auffassungen von Verteilungsgerechtigkeit.

Die Anspruchstheorie der Verteilungsgerechtigkeit ist eine *historische*; ob eine Verteilung gerecht ist, hängt davon ab, wie sie zustande gekommen ist. Demgegenüber stellen sich die *am gegenwärtigen Zeitquerschnitt orientierten Grundsätze* auf den Standpunkt, die Gerechtigkeit einer Verteilung hänge davon ab, wie die Güter verteilt sind (wer was besitzt), also von einem *strukturellen* Grundsatz oder Grundsätzen gerechter Verteilung. [...] Keine weiteren Informationen brauchen in den Gerechtigkeitsgrundsatz einzugehen. Nach einem solchen Gerechtigkeitsgrundsatz sind zwei strukturgleiche Verteilungen immer auch gleich gerecht. [...]

Die meisten Menschen halten am gegenwärtigen Zeitquerschnitt orientierte Verteilungsgrundsätze nicht für allein maßgebend. Sie halten für die Beurteilung der Gerechtigkeit einer Situation nicht nur die betreffende Verteilung für maßgebend, sondern auch deren Zustandekommen. [...] Eine alte sozialistische Auffassung besagt, die Arbeiter hätten Anspruch auf den ungeschmälerten Ertrag ihrer Arbeit; sie hätten ihn geschaffen; eine Verteilung sei ungerecht, wenn sie den Arbeitern nicht gebe, worauf sie Anspruch hätten. Solche Ansprüche beruhen auf Vergangenem. [...]

Wir fassen aber den diskutierten Standpunkt zu eng, wenn wir nur von der Orientierung zum gegenwärtigen Zeitquerschnitt sprechen. *Anarchie, Staat, Utopia (1974)*

1 Diskutieren Sie die Frage, die Nozick am Ende des Gedankenexperimentes aufwirft. > M1

2 Stellen Sie Nozicks Position zu den Einkünften des Fußballspielers dar und nehmen Sie Stellung dazu. > M2

3 Analysieren Sie Nozicks Anspruchstheorie der Gerechtigkeit und erläutern Sie diese am Beispiel des Einkommens des Fußballspielers aus M1. > M3

4 Erläutern Sie, worin sich die Anspruchstheorie als historische Gerechtigkeitstheorie von Rawls' Gerechtigkeitstheorie unterscheidet. > M3

Anspruchsgerechtigkeit vs. Fairness

METHODENKOMPETENZ: Eine Erörterung auf der Grundlage eines ethischen Textes verfassen

Das Ziel einer Texterörterung im Ethikunterricht besteht darin, zu einer Beurteilung des durch den Text auf-geworfenen ethischen Problems zu gelangen. Dazu empfiehlt es sich folgendermaßen vorgehen:

- Geben Sie die im Text vertretene Auffassung wieder. Stellen Sie dabei das ethische Problem heraus und ordnen Sie es in einen umfassenderen Zusammenhang ein.
- Erörtern Sie das vorliegende Problem aus der Sicht unterschiedlicher moralphilosophischer Positionen. Stellen Sie dazu die wesentlichen Grundzüge dieser Positionen dar und wenden Sie sie auf das zu erörternde Problem an.
- Entwickeln Sie in Abwägung der dargestellten Positionen Ihren eigenen Standpunkt und begründen Sie diesen.

M1 Umverteilung von Eigentum?

Textgrundlage:

Robert Nozick: Ungerechte Besteuerung

Strukturelle Grundsätze der Verteilungsgerechtigkeit machen Umverteilung [in Form von Besteuerung] notwendig. [...] Vom Standpunkt einer Anspruchstheorie der Gerechtigkeit aus ist die Umverteilung etwas sehr Problematisches. [...] Die Besteuerung von Arbeitsverdiensten ist mit Zwangsarbeit gleichzusetzen. Manche finden diese Behauptung offensichtlich richtig: entzieht man jemandem den Verdienst von n Arbeitsstunden, so ist das, als nähme man ihm n Stunden; es ist, als zwänge man ihn, n Stunden für andere zu arbeiten. Manche finden die Behauptung absurd. Doch auch diese, sofern sie etwas gegen Zwangsarbeit haben, wären dagegen, dass man beschäftigungslose Hippies zur Arbeit zugunsten Bedürftiger zwingt. Und sie wären auch dagegen, jeden zu zwingen, jede Woche zusätzlich fünf Stunden zugunsten der Bedürftigen zu arbeiten. [...] Außerdem stellt man sich so etwas wie eine proportionale Steuer auf alles vor, was über die Grundbedürfnisse hinausgeht. Einige meinen, dies zwinge niemanden zu einer Mehrarbeit, da es keine bestimmte Anzahl von Stunden gibt, die er arbeiten müsste, und da er der Steuer völlig entgehen könne, wenn er nur so viel verdient, wie er für seine Grundbedürfnisse braucht. [...] [Doch auch das ist] falsch. [...] Wer länger arbeiten möchte, um mehr zu verdienen, als für seine Grundbedürfnisse nötig ist, der zieht zusätzliche Güter oder Dienstleistungen einer längeren Freizeit und den in ihr möglichen Tätigkeiten vor; wer eben nicht länger arbeitet, zieht die Freizeitbeschäftigung den zusätzlichen Gütern oder Dienstleistungen vor, die er durch die Mehrarbeit erwerben könnte. Wenn nun das Steuersystem kein Recht hat, um der Bedürftigen willen jemandem einen Teil seiner Freizeit wegzunehmen (Zwangsarbeit), wie könnte es dann das Recht haben, ihm zu diesem Zweck einen Teil seiner Güter wegzunehmen? Warum sollte man jemanden, der zu seinem Glück bestimmte materielle Güter oder Dienstleistungen braucht, anders behandeln als jemanden, dessen Bedürfnisse nicht auf solche Güter gerichtet sind? Warum sollte der, der lieber ins Kino geht (und sich das Geld für eine Eintrittskarte verdienen muss), zur Unterstützung der Bedürftigen herangezogen werden können, nicht aber der, der lieber einen Sonnenuntergang anschaut (und daher kein zusätzliches Geld verdienen muss)? Ist es nicht merkwürdig, dass die Umverteiler denjenigen zu übersehen belieben, der so leicht ohne zusätzliche Arbeit zu seinem Vergnügen kommen kann, während sie dem armen Unglücklichen, der für sein Vergnügen erst einmal arbeiten muss, weitere Lasten aufbürden?

Anarchie, Staat, Utopia (1974)

Aufgabenstellung:
Erörtern Sie die im Text vertretene Auffassung zur Besteuerung aus der Sicht der Anspruchstheorie der Gerechtigkeit und der Fairnesstheorie und nehmen Sie dazu Stellung.

Erörterung:

Darstellung der im Text vertretenen Auffassung

In dem vorliegenden Text, einem Ausschnitt aus der Schrift *Anarchie, Staat, Utopia* von 1974, befasst sich der amerikanische Philosoph Robert Nozick mit der Frage der Gerechtigkeit von Steuern. Er behauptet, dass die Besteuerung von Arbeitsverdiensten ungerecht ist und lehnt eine proportionale Besteuerung höherer Einkommen zugunsten Bedürftiger grundsätzlich ab.

Die Besteuerung von Arbeitsverdiensten setzt Nozick mit Zwangsarbeit gleich und begründet dies wie folgt: Wenn man jemandem in Form von Steuern den Verdienst einer bestimmten Anzahl von Arbeitsstunden entzieht, um dadurch Bedürftige zu unterstützen, bedeutet das für den Betreffenden, dass man ihn zwingt, diese Anzahl von Arbeitsstunden für andere zu arbeiten. Das hält er für ungerecht, weil auch niemand ein Recht hat, Beschäftigungslose – er nennt hier Hippies als Beispiel – zu zwingen, für Bedürftige zu arbeiten. Für ungerecht hält Nozick dabei insbesondere auch die Besteuerung von allen Verdiensten, die über dem steuerfreien Einkommen zur Sicherung der Grundbedürfnisse liegen. Derjenige, der zusätzliche Güter und Dienstleistungen in Anspruch nimmt, indem er sich z. B. einen Kinobesuch leistet, ist bereit, dafür „länger" zu arbeiten. Diese Mehrarbeit zu besteuern hieße, ihm weitere Zwangsarbeit aufzuerlegen. Das wäre ungerecht gegenüber jemandem, der weniger arbeitet und sich mit einem Grundeinkommen begnügt, weil er eine längere Freizeit zusätzlichen Gütern und Dienstleistungen vorzieht.

Formulierung und Einordnung des philosophischen Problems

Nozicks Beurteilung der Steuern steht im Zusammenhang mit der Frage der sozialen Gerechtigkeit, die durch dessen Landsmann John Rawls neu belebt wurde. Im Unterschied zu Nozick, der eine Anspruchstheorie der Gerechtigkeit vertritt, setzt Rawls Gerechtigkeit mit Fairness gleich, die Umverteilungsmaßnahmen nicht ausschließt.

Ist die (proportionale) Besteuerung von Arbeitsverdiensten tatsächlich ungerecht, wie Nozick behauptet? Im Folgenden möchte ich diese Auffassung prüfen, indem ich zunächst weitere Argumente aus der Anspruchstheorie der Gerechtigkeit anführe und dann auf Rawls' Theorie der Gerechtigkeit eingehe. Durch Abwägung beider Positionen möchte ich schließlich zu einer eigenen Stellungnahme kommen.

Erörterung des Problems aus Sicht der Position A

Nozicks Anspruchstheorie der Gerechtigkeit besagt, dass eine Verteilung gerecht ist, wenn sie auf gerechten Ansprüchen beruht: Demnach hat jemand dann einen gerechten Anspruch auf einen Besitz, wenn dieser im Einklang mit dem Grundsatz der gerechten Aneignung oder der gerechten Übertragung bzw. der Berichtigung ungerechter Besitzverhältnisse erworben wurde. Im Fall des Arbeitsverdienstes, dessen Besteuerung in Frage steht, ist der erste Grundsatz von der gerechten Aneignung relevant. Man kann sagen, dass dieses Einkommen gerecht ist, denn es wurde durch ehrliche Arbeit und nicht etwa durch Diebstahl oder Betrug erworben. Dagegen hat nach Nozick eine Person, die keiner Arbeit nachgeht, keinen Anspruch auf entsprechende Geldleistungen. Sie hat auch keinen Anspruch darauf, dass jemand, der arbeitet, ihr etwas von seinem Verdienst abgibt. Eine nachträgliche Umverteilung von Eigentum ist nach Nozick nicht gerecht.

Rawls bestreitet dies. Für ihn beruht Gerechtigkeit auf Grundsätzen, die Menschen in einem fiktiven Urzustand hinter dem Schleier des Nichtwissens, d. h. in Unkenntnis ihrer Stellung in der Gesellschaft oder ihres Loses bei der Verteilung natürlicher Gaben beschließen würden. In Unsicherheit darüber, ob sie zu den Bevorzugten oder Benachteiligten in der Gesellschaft gehören werden, würden sie nach Rawls unter anderem einen Fairnessgrundsatz beschließen, wonach Ungleichheiten, die auf Zufälligkeiten der natürlichen Begabungen und gesellschaftlichen Verhältnisse beruhen, nur dann gerechtfertigt sind, wenn die Vorteile für die Bessergestellten auch die Situation der Schlechtergestellten verbessern. Dieser Fairnessgrundsatz schließt ein System progressiver Besteuerung ein, das die Vermögenden stärker zur Kasse bittet, um damit den Bedürftigen ein Grundeinkommen, medizinische Versorgung und Ausbildung zu sichern. Steuern auf höhere Arbeitsverdienste sind demnach nicht ungerecht, sofern sie ein bestimmtes Maß nicht überschreiten, das Menschen unter der Bedingung des Schleiers des Nichtwissens beschließen würden.

Erörterung des Problems aus Sicht der Position B

Nozicks Kritik der Besteuerung halte ich nicht für überzeugend. Zunächst ist festzustellen, dass ein Staat grundsätzlich das Recht hat, von seinen Bürgerinnen und Bürgern Steuern zu erheben, um die staatlichen Aufgaben (Verwaltung, Bildung, Straßenbau usw.) finanzieren zu können. Es spricht meiner Ansicht nach auch nichts dagegen, dass er dabei Besserverdienende stärker heranzieht als Schlechterverdienende und dass er darüber hinaus eine Umverteilung vornimmt, die Bedürftigen in Form von Arbeitslosenunterstützung, Sozialhilfe etc. zugute kommt. Zwar klingt es zunächst plausibel, wenn Nozick sagt, das Steuersystem habe keinen Anspruch darauf, jemandem, der bereit ist, „länger" zu arbeiten, etwas von seinem Verdienst abzunehmen. Die hohen Einkünfte der Besserverdienenden scheinen mir jedoch nicht ausschließlich darauf zu beruhen, dass diese länger und mehr arbeiten als andere. Vielmehr hängen ihre Mehreinkünfte zu einem großen Teil damit zusammen, dass sie Positionen einnehmen, die in der Gesellschaft höher angesehen sind als andere. So wird die Tätigkeit eines Bankmanagers oder einer Börsenmaklerin ungleich besser bezahlt als die einer Erzieherin oder eines Krankenpflegers, manche Fußballspieler oder Models verdienen überproportional viel, während mancher Friseur oder Paketzusteller trotz langer Arbeitszeiten nur knapp mit seinem Lohn auskommt. Diese Ungleichheiten beruhen zu einem großen Teil nicht auf mehr Leistung, sondern auf Zufälligkeiten der gesellschaftlichen Verhältnisse und der natürlichen Begabung. In einem nicht marktwirtschaftlich organisierten System oder einer Gesellschaft, die das Fußballspiel nicht schätzt, wären die Verhältnisse vielleicht umgekehrt. Die momentan Besser- und Höchstverdienenden profitieren also nur von einem bestimmten System der gesellschaftlichen Kooperation. Daher ist es gerecht, dass sie von ihrem Verdienst etwas abgeben, das zur Unterstützung derjenigen verwendet wird, die zu den Benachteiligten dieses Systems gehören. Dabei setze ich voraus, dass die Höhe der Besteuerung sich in einem Rahmen bewegt, der unter den Bedingungen des Urzustands als fair angesehen würde.

Abwägung der Argumente und Stellungnahme

Aus diesen Gründen halte ich die Besteuerung aller Einkommen, die über die Sicherung der Grundbedürfnisse hinausgehen, gerade auch im Sinne von Umverteilung für ein Gebot der Gerechtigkeit. Ungerecht wäre es, wenn diejenigen, die aufgrund der Zufälligkeiten der natürlichen Begabung und der gesellschaftlichen Verhältnisse über hohe Einkünfte verfügen, diese angesichts der in der Gesellschaft bestehenden Armut in vollem Umfang für sich beanspruchen könnten.

ANWENDUNG

M2 Belohnung von Leistung?

Textgrundlage:

Michael Sandel: Eine faire Leistungsgesellschaft

Eine faire Leistungsgesellschaft [...] stellt gleiche Bildungschancen bereit und beseitigt damit Erfolgshindernisse – Menschen aus ärmeren Familien können so auf gleicher Grundlage mit Leuten konkurrieren, die aus privilegierteren Kreisen stammen. Sie führt zum Beispiel Frühförderprogramme sowie Programme zur Kinderernährung und zur Gesundheitsfürsorge ein, Programme für Ausbildung und Berufspraxis. Kurz: Sie kümmert sich um alles, was erforderlich ist, um allen, ungeachtet der Klasse oder des familiären Hintergrundes, die gleiche Startposition zu verschaffen.

Nach [dieser] Vorstellung [...] ist die aus einem freien Markt hervorgehende Verteilung von Einkommen und Vermögen gerecht – solange jeder die gleiche Chance hat, seine Begabungen zu entwickeln. Nur wenn alle an derselben Startlinie beginnen, haben die Gewinner des Rennens ihre Belohnungen verdient. [...]

[Einige verwerfen eine solche] Theorie der Gerechtigkeit mit der Begründung, die Menschen seien für ihre natürlichen Gaben nicht selbst verantwortlich. Aber wie verhält es sich mit der Arbeit, die man darauf verwendet, seine Gaben zu kultivieren? Bill Gates hat lange und hart daran gearbeitet, Microsoft zu einer erfolgreichen Firma zu machen. Michael Jordan verwandte unendlich viele Stunden darauf, seine Geschicklichkeit im Basketball zu verbessern. Verdienen sie nicht die Belohnungen, die ihre Anstrengungen einbringen – ungeachtet ihrer Talente und Gaben? [...]

[Wenn ich meine Studenten mit dem Problem konfrontiere, sagen sie,] ihre Erfolge einschließlich der Zulassung für Harvard seien das Ergebnis der eigenen harten Arbeit und nicht moralisch willkürlichen Faktoren geschuldet, auf die sie keinen Einfluss hätten. Eine Theorie der Gerechtigkeit, die nahelegt, dass wir die Belohnungen für unsere Anstrengung moralisch nicht verdienen, betrachten sie mit Misstrauen.

Gerechtigkeit (2009)

Aufgabenstellung:

Erörtern Sie die im Text vertretene Auffassung zur Belohnung von Leistung aus der Sicht der Anspruchstheorie der Gerechtigkeit und der Fairnesstheorie und nehmen Sie dazu Stellung.

Erörterung:

....

....

....

....

....

....

Darstellung der im Text vertretenen Position
Formulierung und Einordnung des Problems

Erörterung des Problems aus der Sicht von
- Position A
- Position B

Abwägung der Argumente und Stellungnahme

A

1 Vollziehen Sie nach, wie die Erörterung zum Text aufgebaut und umgesetzt ist. > M1

2 Verfassen Sie nach dem Muster von M1 eine Erörterung zum Text von Sandel. > M2

Gerechtigkeit in der Marktwirtschaft

M1 Michael Sandel: Gerechte Preise?

Im Sommer 2004 tobte der Hurrikan Charley aus dem Golf von Mexiko über Florida hinweg Richtung Atlantik. Der Sturm forderte 22 Menschenleben und verursachte Schäden in Höhe von elf Milliarden Dollar. Außerdem zog er eine Debatte über Preistreiberei nach sich.

Eine Tankstelle in Orlando verkaufte Zwei-Dollar-Eispakete für zehn Dollar. Es war Mitte August, und ohne Strom für Kühlschränke und Klimaanlagen hatten viele Leute keine andere Wahl, als den Aufpreis zu bezahlen. Umgestürzte Bäume führten zu einer erhöhten Nachfrage nach Kettensägen und Dachreparaturen. Unternehmen boten an, zwei Bäume vom Dach eines Hausbesitzers abzuräumen – für 23 000 Dollar. Läden, die kleine Stromgeneratoren normalerweise für 250 Dollar anboten, verlangten dafür nun 2000 Dollar. [...] Viele Einwohner Floridas waren wegen der überhöhten Preise verärgert. [...] [Einige Ökonomen brachten dagegen vor,] in Marktgesellschaften [würden] die Preise durch Angebot und Nachfrage festgelegt. So etwas wie einen „gerechten Preis", so die Ökonomen, gebe es einfach nicht.

Gerechtigkeit (2009)

M2 Friedrich August von Hayek: Der Marktmechanismus als Spiel

Der österreichische Nationalökonom Friedrich August von Hayek (1899-1992) war Professor für Volkswirtschaftslehre in London, Chicago und Freiburg. 1974 erhielt er den Nobelpreis für Wirtschaftswissenschaften. Er gilt als einer der Hauptvertreter des Neoliberalismus.

Der Marktmechanismus [...] ist „ein Wettkampf nach Regeln, der durch überlegene Geschicklichkeit, Kraft oder durch das Glück entschieden wird." Es handelt sich in dieser Hinsicht sowohl um ein Spiel der Geschicklichkeit als auch um ein Glücksspiel. Vor allem ist es ein Spiel, das dazu dient, aus jedem Spieler den höchsten für ihn lohnenden Einsatz für den gemeinsamen Pool herauszulocken, aus dem jeder einen ungewissen Anteil gewinnen wird [...]. Ich finde, dass das Ergebnis eines jeden Spiels, das gespielt wird, weil es die Chancen aller über das hinaus verbessert, was wir durch irgendein anderes Arrangement erreichen können, als fair akzeptiert werden muss, solange alle die gleichen Regeln befolgen und nicht betrügen. Wenn man die Gewinne aus dem Spiel akzeptiert, stellt es einen Betrug von Individuen oder Gruppen dar, die Macht der Regierung zu Hilfe zu rufen, um den Strom wertvoller Güter zu ihren Gunsten umzulenken. [...].

Das Ergebnis dieses Spiels [...] wird daher notwendigerweise sein, dass viele weit mehr haben werden, als sie nach Ansicht ihrer Mitbürger beanspruchen können, und vielleicht werden noch mehr weit weniger haben, als sie es nach Ansicht ihrer Mitbürger verdient hätten. Es ist nicht überraschend, dass viele Leute dies durch irgendeinen autoritativen Akt der Umverteilung zu korrigieren wünschen [...].

Hohe, effektiv erzielte Einkommen der Erfolgreichen, seien sie verdient oder zufällig, sind ein wesentliches Element der Steuerung der Produktionsfaktoren dorthin, wo sie den größten Beitrag für den Pool bringen, aus dem jeder seinen Anteil erhält. Wir hätten nicht so viel zu verteilen, wenn jenes Einkommen des Einzelnen nicht als gerecht erachtet würde, in dessen Erwartung er dazu angereizt wurde, den größten Beitrag zum Pool zu leisten. [...]

Natürlich muss zugegeben werden, dass die Art und Weise, in der die Wohltaten und Lasten durch den Marktmechanismus verteilt werden, in vielen Fällen als sehr ungerecht angesehen werden müsste, *wenn* sie das Resultat einer absichtlichen Zuteilung an bestimmte Leute wäre. Aber dies ist nicht der Fall. [...] Genau genommen, kann nur menschliches Verhalten gerecht oder ungerecht genannt werden. Wenn wir die Ausdrücke auf einen Sachverhalt anwenden, dann sind sie nur insoweit sinnvoll, wie wir irgendjemanden dafür für verantwortlich halten, ihn herbeigeführt oder zugelassen zu haben. Eine bloße Tatsache oder ein Sachverhalt, den niemand ändern kann, mag gut oder schlecht sein, aber nicht gerecht oder ungerecht. Den Ausdruck „gerecht" auf andere Umstände anzuwenden als auf menschliche Handlungen oder die Regeln, die sie leiten, ist ein Kategorienfehler.

Der Atavismus sozialer Gerechtigkeit (1977) / Die Illusion der sozialen Gerechtigkeit (1981)

M3 Ferdinand August von Hayek: Freiheit und Gerechtigkeit

Gerechtigkeit erfordert [...], dass jene Lebensbedingungen der Menschen, die von der Regierung bestimmt werden, allen gleichermaßen zur Verfügung gestellt werden. Aber Gleichheit jener Bedingungen muss zu Ungleichheit der Ergebnisse führen. Weder die gleiche Bereitstellung bestimmter öffentlicher Einrichtungen noch die gleiche Behandlung verschiedener Partner in unserem freiwilligen Verkehr untereinander wird Entlohnung sicherstellen, die proportional zum Verdienst ist. [...]

[N]ur ein zentral gelenktes System [könnte] es unternehmen [...], den verschiedenen Individuen das zu sichern, was sie nach irgendjemandes Meinung aus moralischen Gründen verdienen. Innerhalb der von der Herrschaft des Gesetzes gezogenen Grenzen kann viel getan werden, um den Markt wirksamer und reibungsloser arbeiten zu lassen; aber was die Menschen jetzt als distributive Gerechtigkeit ansehen, kann innerhalb dieser Grenzen nie erreicht werden. [...]

Vertragsfreiheit [in der Marktwirtschaft], wie Freiheit auf allen anderen Gebieten, bedeutet tatsächlich, dass die Statthaftigkeit eines bestimmten Aktes nur von allgemeinen Regeln abhängt und nicht von einer speziellen Genehmigung durch eine Behörde. Sie bedeutet, dass die Gültigkeit und Erzwingbarkeit eines Vertrages nur von jenen allgemeinen, gleichen und bekannten Regeln abhängen muss, durch die alle anderen gesetzlichen Rechte bestimmt sind, und nicht von der Gutheißung seines besonderen Inhaltes durch eine staatliche Behörde. [...]

Ein Staat, der keinen Zwang ausüben kann, außer zur Durchsetzung allgemeiner Regeln, hat nicht die Macht, besondere Ziele zu erreichen, die andere als die ihm ausdrücklich überantworteten Mittel erfordern, und er kann insbesondere nicht die materielle Lage bestimmter Personen bestimmen oder distributive oder „soziale" Gerechtigkeit durchsetzen. Um solche Ziele zu erreichen, müsste er eine Politik verfolgen, die, da das Wort „planen" so vieldeutig ist, am besten mit dem Wort Dirigismus bezeichnet wird, nämlich eine Politik, die bestimmt, für welche speziellen Zwecke besondere Mittel verwendet werden sollen.

Doch gerade das kann ein an die Herrschaft des Gesetzes gebundener Staat nicht. Wenn der Staat bestimmen soll, wie bestimmte Leute gestellt sein sollen, muss er in der Lage sein, auch die Richtung der individuellen Bemühungen zu bestimmen. [...] Die Einschränkungen, die die Herrschaft des Gesetzes dem Staat auferlegt, schließen daher alle jene Maßnahmen aus, die notwendig wären, damit die Einzelnen nach einer anderen Vorstellung von Verdienst entlohnt würden und nicht entsprechend dem Wert, den ihre Leistungen für ihre Mitmenschen haben – oder, was auf dasselbe hinausläuft, sie schließen die Verfolgung distributiver im Gegensatz zu kommutativer Gerechtigkeit aus. Distributive Gerechtigkeit erfordert eine Verteilung aller Mittel durch eine Zentralbehörde; sie erfordert, dass den Menschen gesagt wird, was sie tun und welchen Zielen sie dienen sollen. [...]

Dieser Konflikt zwischen dem Ideal der Freiheit und dem Wunsch, die Verteilung der Einkommen zu „korrigieren", um sie „gerechter" zu machen, wird gewöhnlich nicht deutlich erkannt. *Die Verfassung der Freiheit (1971)*

A

1 Diskutieren Sie, ob die Preisgestaltungen in dem Fallbeispiel von Michael Sandel gerecht sind. > M1

2 Finden Sie Argumente für und gegen Friedrich August von Hayeks These, dass der Marktmechanismus auf fairen Spielregeln beruht. > M2

3 Erklären Sie, was Hayek mit dem Begriff „Kategorienfehler" (Z. 53) meint. > M2

4 Erläutern Sie von Hayeks Auffassung, dass es in einem freiheitlichen System keine distributive Gerechtigkeit geben kann, und nehmen Sie Stellung dazu. > M3

Wirtschaft, Moral und Recht

M1 Systemversagen in der Finanzwirtschaft?

Im Jahr 2008 kam es infolge hochspekulativer Geschäfte auf dem Immobilienmarkt zum Zusammenbruch der amerikanischen Bank Lehman Brothers, der eine weltweite Finanzkrise auslöste, Hausbesitzer in den Ruin trieb und Millionen von Menschen den Arbeitsplatz kostete.

Die Finanzkrise von 2008 wurde weithin als moralisches Urteil über die unkritische Marktvergötzung betrachtet, die quer durch das politische Spektrum drei Jahrzehnte lang vorgeherrscht hatte. Der Beinahe-Zusammenbruch einst mächtiger Finanzfirmen der Wall Street und die Notwendigkeit, sie auf Kosten des Steuerzahlers zu retten, schien ganz sicher eine Neubewertung der Märkte anzustoßen. Sogar Alan Greenspan – als Vorsitzender der Federal Reserve der USA eine Art Hohepriester des Glaubens an die Märkte – bekannte, schockiert und fassungslos zu sein, dass sein Vertrauen in die Kraft der freien Märkte zur Eigenkorrektur sich als Irrtum herausgestellt habe. [...] [Was wir brauchen, ist eine] Debatte über die moralischen Grenzen der Märkte [...] [und] eine gesellschaftliche Entscheidung [...], in welchen Bereichen Märkte dem Gemeinwohl dienen und wo sie nichts zu suchen haben.

Michael Sandel

Was mich am meisten beunruhigt, ist die himmelschreiende soziale Ungerechtigkeit, die darin besteht, dass die sozialisierten Kosten des Systemversagens die verletzbarsten sozialen Gruppen am härtesten treffen. Nun wird die Masse derer, die ohnehin nicht zu den Globalisierungsgewinnern gehören, für die realwirtschaftlichen Folgen einer vorhersehbaren Funktionsstörung des Finanzsystems noch einmal zur Kasse gebeten. Und dies nicht wie die Aktienbesitzer in Geldwerten, sondern in der harten Währung ihrer alltäglichen Existenz. [...] Jetzt mit dem Finger auf Sündenböcke zu zeigen, halte ich allerdings für Heuchelei. Auch die Spekulanten haben sich im Rahmen der Gesetze konsequent nach der gesellschaftlich anerkannten Logik der Gewinnmaximierung verhalten. Die Politik macht sich lächerlich, wenn sie moralisiert, statt sich auf das Zwangsrecht des demokratischen Gesetzgebers zu stützen. Sie und nicht der Kapitalismus ist für die Gemeinwohlorientierung zuständig.

Jürgen Habermas

M2 Karl Homann / Franz Blome-Drees: Die wirtschaftliche Rahmenordnung als Ort der Moral

Karl Homann (*1943) lehrte bis 2008 Philosophie und Wirtschaftsethik an der Universität München; Franz Blome Drees (*1962) war wissenschaftlicher Mitarbeiter an der Katholischen Universität Eichstädt.

[Für Friedrich August von Hayek ist es] [...] ein Kategorienfehler, von Markt und Wettbewerb, Preisen und Gewinnen die Erfüllung moralischer Forderungen zu erwarten [...]. Diese Überlegung [...] [ist] durchaus ernst zu nehmen. [...] Dennoch stellt sich die Frage, ob es nicht doch möglich ist, einen sinnvollen Begriff von „sozialer Gerechtigkeit" zu rekonstruieren. [...] Gerecht ist jenes Verhalten, das berechtigte Erwartungen [...] erfüllt. Erwartungen gehen auf Regeln, Institutionen, zurück. [...] Das Problem bei der „sozialen Gerechtigkeit" besteht [...] in der Beurteilung solcher Regeln. [...] Die Beurteilungsgesichtspunkte für Regeln müssen sich [...] wiederum als Regeln, als Metaregeln, rekonstruieren lassen; damit beruht diese Konzeption von „sozialer Gerechtigkeit" letztlich auf der Festlegung der Institutionen im grundlegenden Verfassungsvertrag in der Demokratie, in dem die Betroffenen selbst und gemeinsam festlegen, nach welchen normativen Gesichtspunkten sie miteinander umgehen wollen. [...]

[Diese Auffassung sozialer Gerechtigkeit beruht auf einer] Unterscheidung zwischen der *Rahmenordnung* und den Handlungen innerhalb der Rahmenordnung [...]. Die Rahmenordnung umfasst allgemeine, (relativ) dauerhafte Regeln für das Handeln. Diese müssen beim Handeln eingehalten werden, ihre Verletzung wird sanktioniert. Für die moderne Wirtschaft sind dies insbesondere: Verfassung, Gesetze, also insbesondere das öffentliche Recht, das Privatrecht und das Strafrecht, ferner die speziellen Bereiche des Wirtschaftsrechts [...]. Die konkreten Handlungen der zahllosen Akteure in all ihrer Vielgestaltigkeit haben die Rahmenordnung einzuhalten: Auf diese Weise wird die Verlässlichkeit der wechselseitigen Verhaltenserwartungen sichergestellt. [...]

Im Rahmen dieser Regeln verfolgen die Wirtschaftssubjekte ihre je eigenen Ziele. Die – gesamtwirtschaftliche – Rechtfertigung dafür liegt nicht in einer Rechtfertigung des „Egoismus", des „Privatinteresses" oder des „Gewinnstrebens", sondern darin, dass eine solche Wirtschaftsordnung zum Wohl der Allgemeinheit mehr Wissen zu verarbeiten und zu nutzen vermag als eine Ordnung, die über gemeinsame Ziele steuert. [...]

Man kann die Grundstruktur der Marktwirtschaft durch einen Vergleich mit dem Sport illustrieren; dabei arbeiten wir die Logik noch ein wenig schärfer heraus und führen die Argumentation weiter. In den Spielregeln wird festgelegt, wer mitspielen darf, was – z. B. im Fußball – Foul, Abseits, Handspiel, Ecke ist und wie Regelverletzungen geahndet werden, durch Freistöße, gelbe und rote Karten etc. [...] Über diese Regeln herrscht unter den Mannschaften Konsens. Sie setzen [...] einen neutralen Schiedsrichter ein, der die Einhaltung der Regeln überwacht und Regelverletzungen sanktioniert [...]. Nur auf der Grundlage eines Konsenses über die Regeln und unter Etablierung einer neutralen Sanktionsinstanz kann das Spiel, kann der Wett bewerb im Spiel, überhaupt stattfinden. [...]

Die moderne Wirtschaft ist ein – mindestens – zweistufig ausdifferenziertes Handlungssystem mit Spielregeln und Spielzügen, in dem Moral und Effizienz paradigmatisch auf unterschiedlichen Ebenen [...] abgearbeitet werden können: die Effizienz in den Spielzügen, die Moral in den Spielregeln. Gerade dadurch, dass man die Spielzüge von moralischen Forderungen entlastet und lediglich die Einhaltung der Spielregeln verbindlich macht, wird es möglich, die Wettbewerbshandlungen allein an der Effizienz auszurichten und die Moral in den Spielregeln, in den für alle Spieler verbindlichen Rahmenbedingungen, abzugelten. [...]

Daher kommen wir zu folgender grundlegender These: *Der systematische Ort der Moral in einer Marktwirtschaft ist die Rahmenordnung.*

Unter diesen Bedingungen der modernen Wirtschaft – und nur auf sie ist die hier vorgelegte wirtschaftsethische Betrachtungsweise zugeschnitten – ist die Moral nicht (mehr) in den einzelnen Handlungen, also nicht in den Spielzügen, zu finden. Deswegen können unter Wettbewerbsbedingungen moralische Werte auch nicht mehr durch einzelne Spielzüge geltend gemacht werden. [...] Wenn man moralische Werte geltend machen will, muss man folglich an den Rahmenbedingungen, also an der Wirtschaftsordnung, ansetzen. [...] Die Rahmenordnungen bestimmen die Handlungsergebnisse, und daher müssen die Spielregeln reformiert werden, wenn man die Wettbewerbsergebnisse aus moralischen Gründen nicht akzeptieren kann.

Wirtschafts- und Unternehmensethik (1992)

A

1 Erläutern Sie, was nach Ansicht der beiden Kommentatoren 2008 in der Finanzwirtschaft falsch lief, und diskutieren Sie die Konsequenzen, die sie daraus ableiten. > M1

2 Stellen Sie Karl Homanns und Franz Blome-Drees' Theorie der Gerechtigkeit mit ihrem Vergleich von moderner Marktwirtschaft und sportlichem Wettbewerb grafisch dar. > M2

3 Recherchieren Sie, welche rechtlichen Vorkehrungen seit 2008 getroffen wurden, um künftigen Krisen der Finanzwirtschaft vorzubeugen. > M2

H

Funktionen des Rechts

M1 Otfried Höffe: Das Schwert der Gerechtigkeit

Otfried Höffe (*1943) war bis zu seiner Emeritierung 2011 Professor für Philosophie in Tübingen. Im folgenden Text erläutert er die vertragstheoretische Begründung des Rechts, die auf Thomas Hobbes zurückgeht.

Wo es keine Regeln gibt – die staatsphilosophische Tradition spricht vom Naturzustand [...] –, dort darf der Mensch tun und lassen, was ihm beliebt. Er darf beispielsweise seinesgleichen beleidigen, berauben, sogar töten. [...] [D]as unbegrenzte Dürfen [hat] die positive Seite, dass die Willkür oder Handlungsfreiheit eines jeden in sozialer Hinsicht uneingeschränkt ist. Sie hat aber auch die Kehrseite, dass jeder der unbegrenzten Willkür der anderen ausgesetzt wird. Wo sich jeder die Freiheit vorbehält, seinesgleichen zu beleidigen, zu bestehlen oder zu töten, dort ist jeder auch das mögliche Opfer der entsprechenden Freiheit der anderen. [...]

Indem jeder einen Teil seiner Freiheit aufgibt, ist er nicht mehr das Opfer der entsprechenden Freiheit der anderen, und der Freiheitsverzicht wird mit einem gewissen Freiheitsrecht belohnt: der allseitige Verzicht zu töten mit dem Recht auf Leib und Leben; der allseitige Verzicht zu beleidigen mit dem Recht auf Ehre usw.

Im wechselseitigen Freiheitsverzicht wird jedem etwas vonseiten der anderen gegeben; es findet ein Tausch statt. [...] Die gegenseitige Freiheitseinschränkung stellt als solche eine Freiheitssicherung dar; der Freiheitsverzicht wird mit einem Freiheits*recht* belohnt. [...]

So sind Freiheitsverzicht und Freiheitsrecht zwei Seiten eines und desselben sozialen Vorgangs; die Freiheitsverzichte sind die Bedingung der Möglichkeit der entsprechenden Freiheitsrechte.

Weil die entsprechenden Freiheitsverzichte für jeden vorteilhaft sind, bleiben sie Gebote der Klugheit [...]. Weil jene Freiheitsverzichte [...] für jeden vorteilhaft sind, könnte man meinen, die Verzichte würden von jedermann freiwillig anerkannt, [...] eine zwangsbefugte Rechts- und Staatsordnung wäre überflüssig. Diese Ansicht wäre richtig – sofern es nur diese zwei Wahlmöglichkeiten gäbe: die ungeregelte Freiheitskoexistenz und den geregelten, dabei wechselseitigen gleichen Freiheitsverzieht. In Wahrheit gibt es aber eine dritte Möglichkeit, und diese erweist sich als noch vorteilhafter. Es ist der einseitige Freiheitsverzicht – allerdings der einseitige Verzicht der anderen. Wenn die anderen ihre Freiheit einseitig einschränken, beispielsweise auf ihre Tötungsfähigkeit verzichten, dann genieße ich [...] die Vorteile der Koexistenzregeln, [...] ohne dass ich selber [...] auf meine Tötungsfähigkeit verzichte. [...] Im Bereich öffentlicher Verkehrsmittel nennt man ein solches parasitäres Ausnützen allseits vorteilhafter Unternehmungen ein Schwarzfahren oder Trittbrettfahren. Analog dazu kann man den Versuch, den Vorteil der wechselseitigen Freiheitsverzichte zu genießen, ohne dafür den Preis, den eigenen Freiheitsverzicht, zu bezahlen, als Trittbrettfahren oder Schwarzfahren mit der natürlichen Gerechtigkeit bezeichnen. [...]

Damit die allseits vorteilhaften Freiheitsverzichte nicht parasitär ausgenutzt und in Erwartung solchen Ausnutzens allseits missachtet werden, ist [...] [eine] öffentliche Durchsetzungsmacht nötig, die, wie etwa bei Hobbes, das „Schwert der Gerechtigkeit" heißen kann. Die öffentliche Durchsetzungsmacht arbeitet z. B. mit der Androhung von Strafen, durch die die Missachtung der Menschenrechte nicht länger vorteilhafter als ihre Beachtung ist. Zur Wirklichkeit der Gerechtigkeit gehört insofern der Zwangscharakter von Rechtsbestimmungen hinzu, genauer: der Strafzwang. Da es aber auch andere Formen geben könnte, um die allseits vorteilhaften Freiheitsverzichte durchzusetzen, empfiehlt es sich, allgemeiner von einem Durchsetzungszwang zu sprechen und es noch offen zu lassen, wie er auf die beste Weise gestaltet wird.

In entwickelten Rechtsgesellschaften wird die Durchsetzungsmacht von speziellen Staatsorganen ausgeübt. Dabei kann man diese Macht nicht etwa einer der öffentlichen Gewalten zuordnen. Auch wenn bei der Durchsetzung vor allem die Exekutive mit ihren Vollzugsorganen ins Auge springt, darf man die Aufgaben der beiden Gewalten nicht unterschlagen. Die Legislative legt nicht bloß die Straftatbestände, sondern auch die Art und Höhe ihrer Sanktionen fest; und die Jurisdiktion entscheidet über konkrete Rechtsverletzungen und ihre Rechtsfolgen.

Den Staat braucht selbst ein Volk von Teufeln (1988)

M2 Uwe Wesel: Erklärungen zum Begriff des Rechts

Wolf-Dietrich Uwe Wesel (*1933) lehrte Rechtswissenschaft an der der Freien Universität Berlin.

Auf dem Gang durch zweieinhalbtausend Jahre Rechtsphilosophie begegnet man vier Funktionen von Recht. [...] Die vier sind:

1. Ordnungsfunktion
2. Gerechtigkeitsfunktion
3. Herrschaftsfunktion
4. Herrschaftskontrollfunktion

Zum einen [...] ist Recht ein Ordnungselement. Übliches Beispiel dafür ist der Straßenverkehr. Wie man ihn im Einzelnen regelt, das ist letztlich gleichgültig. Ob Linksverkehr, wie in angelsächsischen Ländern, oder Rechtsverkehr, wie auf dem europäischen Kontinent, das ist egal. Es muss nur eine bestimmte Ordnung geben. Das ist fast immer die Funktion von Recht, nicht nur im Straßenverkehr.

Zweitens: Recht dient der Durchsetzung von Gerechtigkeit. Das ist seine moralische und soziale Funktion, die es immer noch nicht voll erfüllen kann. Ein Defizit, das verursacht wird durch die Verbindung mit der dritten, der Herrschaftsfunktion. Recht hat nämlich außerdem die Funktion, Herrschaft aufrechtzuerhalten.

[Drittens:] Rechtswissenschaft ist auch eine Herrschaftswissenschaft, eine Wissenschaft zur Aufrechterhaltung von Herrschaft. Sicherlich ist Herrschaft heute, ist der Staat auch ein Ordnungselement. Insofern gibt es eine Identität von Herrschafts- und Ordnungsfunktion des Rechts. Aber sie täuscht. Es sind Kreise, die sich nur teilweise decken. Erstens ist Herrschaft oft eine Art Selbstzweck. Sonst gäbe es nicht so viele, die sie gern hätten. Zweitens dient sie immer auch anderen Interessen. In einer bürgerlichen liberalen Demokratie sind es die der Erhaltung des Privateigentums an den Produktionsmitteln. Damit ist eine Fülle von Problemen verbunden, Probleme der sozialen Gerechtigkeit, der Sittlichkeit, des Umweltschutzes und des Friedens [...]

[Viertens:] Die zum Teil negativen Wirkungen der Herrschaftsfunktion werden dadurch gemildert, dass das Recht inzwischen auch ein Mechanismus zur Kontrolle von Herrschaft geworden ist. Bei uns ist das im Wesentlichen die Funktion der Verwaltungs- und der Verfassungsgerichtsbarkeit. Das ist der Gedanke des Rechtsstaats. Auch staatliche Herrschaft ist an das Recht gebunden, muss sich kontrollieren lassen, wobei allerdings der Staat selbst die Rahmenbedingungen dafür gesetzt hat.

Fast alles, was Recht ist (1999)

Recht

Recht im objektiven Sinn ist der Sammelbegriff für normative Verbindlichkeiten, die für eine konkrete politische Gemeinschaft gültig sind. Sie finden ihren Ausdruck vor allem in Gesetzen und ihrer richterlichen Auslegung. – Unter Recht im subjektiven Sinn versteht man Ansprüche, etwas zu tun, zu fordern oder zu besitzen, die jemand durch Recht im objektiven Sinn ausdrücklich zuerkannt wird.

A

1 Vergegenwärtigen Sie sich die Hobbes'sche Vertragstheorie (vgl. *Abenteuer Ethik 3*, S. 257–259) und erläutern Sie, warum für die Menschen im Naturzustand gegenseitige Freiheitsverzichte vorteilhaft sind. > M1

2 Erklären Sie, warum es nach Otfried Höffe und Thomas Hobbes über die gegenseitigen Freiheitsverzichte hinaus einer öffentlichen Durchsetzungsmacht bedarf. > M1

3 Erläutern Sie die verschiedenen Funktionen des Rechts durch Beispiele und diskutieren Sie Uwe Wesels Bewertungen. > M2

Positives Recht und Naturrecht

M1 Grenzschutz?

Im August 1961 begann die DDR damit, die innerdeutsche Grenze durch eine Mauer und weitere Sperranlagen abzuriegeln, die zusätzlich von bewaffneten Soldaten bewacht wurden. Diese hatten den Befehl, auf Flüchtlinge zu schießen, wenn sie anders deren Flucht nicht verhindern konnten (im Westen kurz „Schießbefahl" genannt). Formal legalisiert wurde die Praxis 1982 durch §27 des Grenzgesetzes. Zwischen 1961 und 1989 kamen insgesamt 138 Personen durch Schüsse von DDR-Grenzsoldaten zu Tode.

M2 Hans Kelsen: Die Rechtsordnung als positive Ordnung

Hans Kelsen (1881-1973) war ein österreichischer Rechtswissenschaftler. Er gilt als einer der Begründer des Rechtspositivismus.

[D]as Recht [...] ist eine normative Ordnung menschlichen Verhaltens, und das heißt, ein System von menschliches Verhalten regelnden Normen. [...] Warum gilt eine Norm, was ist ihr Geltungsgrund? [...]. Nur eine kompetente Autorität kann gültige Normen setzen; und nur auf einer zur Normsetzung ermächtigenden Norm kann solche Kompetenz beruhen. [...] [D]as Strafgesetz gilt, weil es von der gesetzgebenden Körperschaft beschlossen wurde und diese durch eine Norm der Staatsverfassung ermächtigt ist, generelle Normen zu setzen. [...]

Eine Rechtsnorm gilt nicht darum, weil sie einen bestimmten Inhalt hat, das heißt: weil ihr Inhalt aus dem einer vorausgesetzten Grundnorm im Wege einer logischen Schlussfolgerung abgeleitet werden kann, sondern darum, weil sie in einer bestimmten, und zwar in letzter Linie in einer von einer vorausgesetzten Grundnorm bestimmten Weise erzeugt ist. Darum und nur darum gehört sie zu der Rechtsordnung, deren Normen dieser Grundnorm gemäß erzeugt sind. Daher kann jeder beliebige Inhalt Recht sein. Es gibt kein menschliches Verhalten, das als solches, kraft seines Gehalts, ausgeschlossen wäre, Inhalt einer Rechtsnorm zu sein. Deren Geltung kann nicht darum verneint werden, weil ihr Inhalt dem einer anderen Norm widerspricht, die nicht zu der Rechtsordnung gehört, deren Grundnorm der Grund der Geltung der in Frage stehenden Norm ist. Die Grundnorm einer Rechtsordnung ist nicht eine materielle Norm, die, weil ihr Inhalt als unmittelbar einleuchtend angesehen, als höchste Norm vorausgesetzt wird, und aus der durch logische Operation Normen menschlichen Verhaltens – als das Besondere aus dem Allgemeinen – abgeleitet werden können. Die Normen einer Rechtsordnung müssen durch einen besonderen Setzungsakt erzeugt werden. Es sind gesetzte, das heißt positive Normen, Elemente einer positiven Ordnung. [...]

Wird Gerechtigkeit als Kriterium der als Recht zu bezeichnenden normativen Ordnung angenommen, dann sind die kapitalistischen Zwangsordnungen der westlichen Welt, vom Standpunkt des kommunistischen Gerechtigkeitsideals, und die kommunistische Zwangsordnung der Sowjetunion, vom Standpunkt des kapitalistischen Gerechtigkeitsideals, kein Recht. Ein zu solcher Konsequenz führender Begriff des Rechts kann von einer positivistischen Rechtswissenschaft nicht akzeptiert werden. Eine Rechtsordnung mag vom Standpunkt einer bestimmten Gerechtigkeitsnorm aus als ungerecht beurteilt werden. Aber die Tatsache, dass der Inhalt einer wirksamen Zwangsordnung als ungerecht beurteilt werden kann, ist jedenfalls kein Grund, diese Zwangsordnung nicht als Rechtsordnung gelten zu lassen.

Reine Rechtslehre (1934)

M3 Gustav Radbruch: Gesetzliches Unrecht und übergesetzliches Recht

Gustav Radbruch (1878-1949) gilt als einer der einflussreichsten Rechtswissenschaftler des 20. Jahrhunderts. Die von ihm entwickelte „Radbruch'sche Formel" war prägend für das Grundgesetz der BRD.

Recht ist Wille zur Gerechtigkeit. Gerechtigkeit aber heißt: ohne Ansehen der Person richten, an gleichem Maße alle messen.

Wenn die Ermordung politischer Gegner geehrt, der Mord an Andersgesinnten geboten, die gleiche Tat gegen die eigenen Gesinnungsgenossen aber mit den grausamsten, entehrendsten Strafen geahndet wird, so ist das weder Gerechtigkeit noch Recht. Wenn Gesetze den Willen zur Gerechtigkeit bewusst verleugnen, zum Beispiel Menschenrechte Menschen nach Willkür gewähren und versagen, dann fehlt diesen Gesetzen die Geltung, dann schuldet das Volk ihnen keinen Gehorsam, dann müssen auch die Juristen den Mut finden, ihnen den Rechtscharakter abzusprechen. [...]

Es kann Gesetze mit einem solchen Maße von Ungerechtigkeit und Gemeinschädlichkeit geben, dass ihnen die Geltung, ja der Rechtscharakter abgesprochen werden muss. [...]

Es gibt also Rechtsgrundsätze, die stärker sind als jede rechtliche Satzung, sodass ein Gesetz, das ihnen widerspricht, der Geltung bar ist. Man nennt diese Grundsätze das Naturrecht oder das Vernunftrecht. Freilich: Einen Wert führt schon jedes positive Recht ohne Rücksicht auf seinen Inhalt mit sich: Es ist immer noch besser als kein Gesetz, weil es zum Mindesten Rechtssicherheit schafft. Aber Rechtssicherheit ist nicht der einzige und nicht der entscheidende Wert, den das Recht zu verwirklichen hat. [...]

Der Konflikt zwischen der Gerechtigkeit und der Rechtssicherheit dürfte dahin zu lösen sein, dass das positive, durch Satzung und Macht gesicherte Recht auch dann den Vorrang hat, wenn es inhaltlich ungerecht und unzweckmäßig sei, es sei denn, dass der Widerspruch des positiven Gesetzes zur Gerechtigkeit ein so unerträgliches Maß erreicht, dass das Gesetz als unrichtiges Recht der Gerechtigkeit zu weichen hat.

Es ist unmöglich, eine schärfere Linie zu ziehen zwischen den Fällen des gesetzlichen Unrechts und den trotz unrichtigen Inhalts dennoch geltenden Gesetzen, eine andere Grenzziehung aber kann mit aller Schärfe gezogen werden: Wo Gerechtigkeit nicht einmal erstrebt wird, wo die Gleichheit, die den Kern der Gerechtigkeit ausmacht, bei der Setzung positiven Rechts bewusst verleugnet wurde, da ist das Gesetz nicht etwa nur „unrichtiges Recht", vielmehr entbehrt es überhaupt der Rechtsnatur. Denn man kann Recht, auch positives Recht, gar nicht anders definieren denn als eine Ordnung und Satzung, die ihrem Sinn nach bestimmt ist, der Gerechtigkeit zu dienen. An diesem Maßstab gemessen sind ganze Partien nationalsozialistischen Rechts niemals zur Würde geltenden Rechts gelangt. [...]

Infolgedessen entbehren die betreffenden Normen insoweit überhaupt der Rechtsnatur, sind nicht etwa unrichtiges Recht, sondern überhaupt kein Recht. Das gilt insbesondere von den Bestimmungen, durch welche die nationalsozialistische Partei entgegen dem Teilcharakter jeder Partei die Totalität des Staates für sich beanspruchte. Der Rechtscharakter fehlt weiter allen jenen Gesetzen, die Menschen als Untermenschen behandelten und ihnen die Menschenrechte versagten. Ohne Rechtscharakter sind auch alle jene Strafdrohungen, die ohne Rücksicht auf die unterschiedliche Schwere der Verbrechen, nur geleitet von momentanen Abschreckungsbedürfnissen, Straftaten verschiedenster Schwere mit der gleichen Strafe, häufig mit der Todesstrafe, bedrohten. Alles das sind nur Beispiele gesetzlichen Unrechts.

Gesetzliches Unrecht und übergesetzliches Recht (1946)

A

1 Diskutieren Sie, ob der „Schießbefehl" an der innerdeutschen Grenze rechtmäßig war. > M1

2 Stellen Sie die Argumente dar, die Hans Kelsen für die rechtspositivistische Position anführt. > M2

3 Erläutern Sie die Radbruch'sche Formel (Z. 29-36) und untersuchen Sie, wie sie begründet wird. > M3

4 Beurteilen Sie die Rechtmäßigkeit des „Schießbefehls" an der innerdeutschen Grenze aus der Sicht Hans Kelsens und der Gustav Radbruchs. Begründen Sie ihre Auffassung dazu, welche Position Sie für überzeugender halten > M1-M3

Recht auf Ungehorsam?

M1 Blockade fürs Klima

Klimaaktivistinnen und -aktivisten von Extinction Rebellion und anderen Initiativen demonstrierten am 31.10.2020 mit verschiedenen Aktionen gegen die Eröffnung des Flughafens Berlin Brandenburg (BER) und riefen auch zu zivilem Ungehorsam auf. Vier Aktivisten klebten sich an der Tür und Gangway einer Passagiermaschine fest und behinderten ihren Start, sodass Flughafenfeuerwehr und Bundespolizei eingreifen mussten.

M2 Meinungen zum zivilen Ungehorsam

[D]as vom Zeitgeist in Umlauf gesetzte Wort „ziviler Ungehorsam" [führt] in die Irre, weil er etwas Einschmeichelndes verkörpert und ein Hauch von „Zivilcourage" in ihm anklingt. In Wirklichkeit soll „ziviler Ungehorsam" die bewusste Gesetzesübertretung für politische Zwecke schönreden. Warum zivil? In einem demokratischen Staat werden die Gesetze von Parlamenten beschlossen, die die Bürger in Wahlen bestimmt haben. Insofern muss es den Bürgern eine Art Ehrenpflicht sein, diese Gesetze zu respektieren. Gesetzesungehorsam mag für den Untertan in einer Diktatur in Betracht kommen, der freie Bürger hingegen schuldet zivilen Gehorsam.

Gottfried Loeck

Ziviler Ungehorsam ist ein moralisch begründeter Protest, dem nicht nur private Glaubensüberzeugungen oder Eigeninteressen zugrundeliegen [...]. Wer auf diese Weise Protest einlegt, sieht sich in einer Situation, wo ihm in einer Gewissensfrage nur noch drastische, mit persönlichen Risiken belastete Mittel zur Verfügung stehen, um die Bereitschaft zur erneuten Beratung und Willensbildung über eine geltende Norm oder eine rechtskräftig beschlossene Politik zu wecken und den Anstoß für die Revision einer Mehrheitsmeinung zu geben. Wer sich zu zivilem Ungehorsam entschließt, will sich angesichts der Tragweite einer für illegitim gehaltenen Regelung nicht damit zufriedengeben, dass die institutionell vorgesehenen Revisionsmöglichkeiten ausgeschöpft sind.

Jürgen Habermas

M3 Robin Celikates: Angriff auf den Rechtsstaat oder legitime Rebellion?

Der Philosoph Robin Celikates (*1977), Professor an der Freien Universität Berlin, äußert sich in einem Gespräch mit der Journalistin Änne Seidel zum zivilen Ungehorsam der Klimaaktivisten von „Extinction Rebellion".

Änne Seidel: An der Protestbewegung „Extinction Rebellion" scheiden sich die Geister: Kritiker sehen in den Blockade-Aktionen einen Angriff auf den Rechtsstaat und die Demokratie. [...] Andere wiederum feiern die selbsternannten Rebellen als Nachfolger von Figuren wie Mahatma Gandhi und Martin Luther King [...]. [S]ind das angemessene Vergleiche, oder wird diese Bewegung damit völlig überhöht?
Robin Celikates: Zum einen ist es natürlich so, dass es eine lange Tradition des zivilen Ungehorsams gibt, auch in demokratischen oder mehr oder weniger demokratischen Gesellschaften, und in der Tradition hat sich ein bestimmtes Repertoire des Protests herausgebildet, das natürlich Sitzblockaden zum Beispiel auf Straßen und Plätzen, wie etwa gerade in Berlin, umfasst. [...] Zum anderen gibt es natürlich normative Bezugspunkte und die Diskussion der Fra-

ge, ob Protest, der ja einen Gesetzesbruch mit einschließt, denn das ist ja das Spezifische des zivilen Ungehorsams, Legitimität beanspruchen kann. [...] [Man kann] schon mit guten Gründen belegen, dass ziviler Ungehorsam eine historisch extrem wichtige Rolle gespielt hat bei der Erkämpfung von Rechten, von demokratischen Errungenschaften, [...] und dass [...] die Demokratie auf diese Form des Protests angewiesen ist, um sich noch demokratischer, noch inklusiver, noch gerechter zu gestalten.

Seidel: Das sieht manch einer heute mit Blick auf „Extinction Rebellion" allerdings anders. Die Bewegung werfe Rechtsstaat und Demokratie über Bord, habe teils totalitäre, sogar sektenähnliche Züge. [...] Wie erklären Sie sich diese Warnungen?

Celikates: [...] Fast alle Protestbewegungen, auch die, die wir heute für einwandfrei demokratisch und moralisch komplett über jeden Zweifel erhaben erachten, [...] haben in ihrer Zeit [...] massive Zweifel hervorgerufen und auch massive Abwehrreaktionen. [...] Es gibt mächtige Interessen in der Gesellschaft, denen der Klimaprotest [...] viel zu weit geht. Es gibt Bürgerinnen und Bürger, die am liebsten in Ruhe gelassen werden wollen. Es gibt natürlich Politiker und Politikerinnen, die [...] [die durch die Wissenschaft schon zweifelsfrei nachgewiesenen Fakten vorsätzlich] ignorieren wollen beziehungsweise eine Politik des „Weiter so" betreiben. Diese Interessen formieren sich natürlich auch angesichts solcher provokanten Bewegungen. Aber deswegen müssen diese Bewegungen immer auch provokant sein, um die Leute gewissermaßen aus der Indifferenz oder aus der Ignoranz herauszutreiben.

Wenn man sich die Geschichte der Demokratie anschaut, dann, glaube ich, gibt es schon starke Gründe dafür anzunehmen, dass das nicht notwendigerweise gegen die Idee der Demokratie verstößt. Ich würde sagen, die Bewegung ist auf jeden Fall legitim. Ob sie in allen Hinsichten gerechtfertigt ist und moralisch zweifelsfrei, das ist sicherlich dann von den Details abhängig. [...]

Seidel: Nun legt ja jemand wie Jürgen Habermas zum Beispiel durchaus Wert darauf, dass ziviler Ungehorsam und der Verstoß gegen Gesetze immer eine Ausnahme bleiben müssen. [...] Würden Sie sagen, der Klimawandel ist grundsätzlich so ein Ausnahmefall, in dem gegen geltendes Recht verstoßen werden darf oder sogar muss?

Celikates: Klar. Man darf natürlich jetzt nicht sofort die Gesetze brechen, wenn einem dies oder das nicht passt. Zum Beispiel kann man sich auch Protestaktionen vorstellen, die einfach darauf abzielen, den Bau einer Autobahn zu verhindern, weil man keine Autobahn durch den eigenen Hintergarten gebaut haben möchte. Das ist durchaus verständlich, aber vielleicht nicht auf die gleiche Art und Weise moralisch rechtfertigbar. Es muss schon um bestimmte Bedrohungen der Demokratie, der Gerechtigkeit, der Grundrechte gehen und um bestimmte Demokratie-Defizite, und ich glaube, diese Bewegung kann in dieser Hinsicht sehr vernünftig argumentieren, dass hier massive Demokratie-Defizite vorliegen, einfach deshalb, weil diejenigen, die am stärksten betroffen sind, nämlich die jüngste Generation, natürlich politisch nicht repräsentiert ist. Insofern bleibt ihnen eigentlich fast nichts anderes übrig, als ihre Stimme auf diese Art und Weise zu Gehör zu bringen. *Deutschlandfunk 2019*

Legalität und Legitimität

Legal (von lat. *legalis*: gesetzlich) nennt man etwas, das formal mit gültigen Gesetzen oder Verfahrensregeln übereinstimmt. Für die Rechtfertigung politischer Herrschaftsakte reicht bloße Legalität nicht aus. Diese müssen außerdem legitim (zu lat. *legitimus*: rechtmäßig, gebührend, schicklich) sein, d. h. sich inhaltlich durch allgemein anerkannte ethische Grundsätze rechtfertigen lassen.

A

1. Benennen Sie den dargestellten gesellschaftlichen Konflikt und bewerten Sie die Protestaktion der Klimaaktivisten (M1), indem Sie sich für eine der beiden Sichtweisen (M2) entscheiden. > M1/M2
2. Nehmen Sie Stellung zu den Argumenten von Robin Celikates. > M3
3. Recherchieren Sie weitere Aktionen zivilen Ungehorsams sowie die damit ggf. verbundenen Straftatbestände.

Vergeltung von Normverletzungen

M1 Unterschiedliche Strafen für gleiche Taten

	Vorsätzliche Tötung	Vergewaltigung	Rauschgifthandel	Diebstahl	Fahren ohne Führerschein
USA (Florida)	Lebenslänglich oder Todesstrafe	Bis 40 Jahre Gefängnis	Bis 15 Jahre Gefängnis	Bis 15 Jahre Gefängnis	Bis 60 Tage Gefängnis
Russland	Sechs bis 15 Jahre Gefängnis	Drei bis sechs Jahre Gefängnis	Vier bis acht Jahre Gefängnis	Geldstrafe oder bis zwei Jahre Gefängnis	Geldstrafe von sieben bis 15 Mindestmonatslöhnen
China	Zehn Jahre bis lebenslänglich oder Todesstrafe	Drei bis zehn Jahre Gefängnis	Geldstrafe oder bis drei Jahre Gefängnis	Geldstrafe oder bis drei Jahre Gefängnis	Geldstrafe oder bis 15 Tage Gefängnis
Iran	Todesstrafe	Todesstrafe	Sechs Monate bis zwei Jahre Gefängnis	Abschneiden von vier Fingern der rechten Hand	Bis zu 74 Peitschenhiebe
Elfenbeinküste	Lebenslänglich	Fünf Jahre bis lebenslänglich	Fünf bis zehn Jahre Gefängnis	Fünf bis 20 Jahre Gefängnis	Zwei Monate bis zehn Jahre Gefängnis
Deutschland	Fünf Jahre Gefängnis bis lebenslänglich	Zwei bis 15 Jahre Gefängnis	Geldstrafe oder bis fünf Jahre Gefängnis	Geldstrafe oder bis fünf Jahre Gefängnis	Geldstrafe oder bis ein Jahr Gefängnis

Geo 10/2007

M2 Norbert Hoerster: Begründung und Ziel von Strafen

Zu den Spezialgebieten des Mainzer Philosophieprofessors Norbert Hoerster (s. S. 11) gehören u. a. die verschiedenen Strafzwecktheorien.

Warum darf oder soll es überhaupt so etwas wie das Übel der Strafe, insbesondere der Kriminalstrafe geben? Dies ist die entscheidende Frage, die im Zentrum jeder Strafphilosophie stehen muss. [...] Denn ein Übel, das eine Person einer anderen absichtlich zufügt, bedarf offenbar einer rechtfertigenden Begründung. Und dies gilt natürlich besonders für das Übel der Kriminalstrafe, das der Staat einem Individuum, das diesem Staat wehrlos ausgeliefert ist, gezielt zufügt. Dem ersten Anschein nach jedenfalls verletzt der Staat durch die Strafe in massiver Weise ein Menschenrecht des Betroffenen – je nach Art der Strafe entweder sein Recht auf Freiheit oder sein Recht am eigenen Eigentum. [...]

Es gibt zwei ganz unterschiedliche Konzeptionen einer Begründung der Strafe, die in der Tradition der Rechtsethik bis auf den heutigen Tag vertreten werden. Die eine Konzeption, die Konzeption einer Vergeltungstheorie, begründet die Strafe allein mit der vergangenen Normverletzung, auf die mit der Strafe gerechterweise reagiert wird. So wird ein Dieb einfach nur deshalb bestraft, weil er gestohlen hat. Die andere Konzeption, die Konzeption einer Präventionstheorie [s. S. 344f.], begründet die Strafe allein mit der Wirkung, die mit der Strafe in Zukunft erreicht werden soll. Danach wird derselbe Dieb nur deshalb bestraft, weil man annimmt, dass die Bestrafung [...] sich ursächlich auf die Verringerung der Anzahl [...] künftiger [...] Diebstähle auswirkt. [...] Schon hier sei darauf hingewiesen, dass [...] die Präventionskonzeption in zwei sehr unterschiedlichen Versionen auftritt. [...] Beginnen wir mit dem Vergeltungskonzept der Strafe und seinem Für und Wider. Eine Strafe ist [...] stets die

Zufügung eines Übels in Reaktion auf eine (angenommene) Normverletzung. Eine Normverletzung ist also die unabdingbare Voraussetzung des anschließenden Strafübels. Wenn das aber richtig ist, spricht das dann nicht für die folgenden ethischen Positionen?

1. Nur der *Täter* einer begangenen Normverletzung darf bestraft werden. Keinesfalls darf man jemandem das Strafübel für eine Tat zufügen, die ein anderer begangen hat. [...]
2. Die Rechtfertigung für die Zufügung des Strafübels kann nur darin liegen, dass dem Täter das durch seine Normverletzung angerichtete Übel mit dem Strafübel *vergolten* wird. Durch die Strafe wird so die Normverletzung in einem gewissen Sinn wieder ausgeglichen.

[...] Diese Sicht der Dinge mag auf den ersten Blick plausibel erscheinen. Bevor ihr aber jemand wirklich zustimmt, sollte er Folgendes bedenken: Die ausgleichende Gerechtigkeit spielt bei den meisten strafbaren Handlungen ohnehin schon, auch wenn diese Handlungen gar nicht bestraft würden, eine äußerst wichtige Rolle. Denn die meisten strafbaren Handlungen – wie etwa Diebstahl oder Körperverletzung – sind ja nicht nur Straftaten, sondern fügen außerdem einem anderen Menschen, dem Opfer der Straftat, einen erheblichen Schaden zu. Das aber bedeutet: Die ausgleichende Gerechtigkeit verlangt selbstverständlich, dass dieser Schaden ausgeglichen oder wiedergutgemacht, das heißt dass er – *der geschädigten Person gegenüber* – vergolten wird. Diese Form der ausgleichenden Gerechtigkeit bzw. Vergeltung unterliegt dabei überhaupt keinem Zweifel und wird auch überall anerkannt. Nur: Sie hat [...] mit einer Strafe nichts zu tun! Im Übrigen wird sie dem Opfer der Straftat in der Regel auch nicht von dem zuständigen Strafrichter, sondern in einem eigenen Verfahren von einem Zivilrichter zugesprochen. Die Strafe ist in all diesen Fällen ein Übel, das dem Täter neben seiner Verpflichtung zum Schadensersatz noch *zusätzlich* auferlegt wird. [...]

Eine solche Vergeltungstheorie lässt sich nur dann ethisch begründen, wenn auf philosophischem Weg ein objektiv geltendes moralisches Prinzip erweisbar ist, das als Reaktion auf eine Normverletzung ausdrücklich eine Strafe zur Vergeltung vorsieht. [...] [K]aum ein anderer Philosoph hat sich so entschieden für eine reine Vergeltungsstrafe ausgesprochen wie Immanuel Kant. Es ist für Kant ganz offenbar ein selbstverständliches Prinzip der Gerechtigkeit, dass gewisse Übeltaten als Verbrechen mit gleicher Strafe wie die Taten selbst zu ahnden, das heißt zu vergelten sind. Jede Abweichung von diesem Prinzip, ja jede Milderung einer Vergeltungsstrafe etwa wegen gewisser positiver sozialer Folgen einer solchen Milderung, bedeutet für Kant, dass „die Gerechtigkeit untergeht" und dass „es keinen Wert mehr" hat, „dass Menschen auf der Erde leben". [...] „Es ist besser, dass ein Mensch sterbe, als dass das ganze Volk verderbe". Es ist schwer, in diesen und ähnlichen Sätzen Kants wirklich so etwas wie eine Begründung seiner Straftheorie zu erblicken. Natürlich ist es besser, dass ein Mensch stirbt, als dass kein einziger Mensch auf Erden mehr ein lohnendes Leben führen kann. Aber wieso wird die zweite Alternative automatisch zur Realität, wenn wir [...] Verbrechen vielleicht auch deshalb bestrafen, weil wir diese Verbrechen in Zukunft verhindern wollen? [...]

[Man wird sich mit] Kants Behauptung, es sei nichts anderes als die Gerechtigkeit, die genau die von ihm vorgesehene Vergeltungsstrafe zwingend fordert, kaum zufriedengeben können. [...] Das Ziel einer solchen Strafe zur Vergeltung, einer solchen Vergeltungsstrafe, scheint [...] rein rückwärts gerichtet zu sein: Welche Folgen die Strafe in der Zukunft für den Bestraften selbst oder für die Gesellschaft insgesamt hat, bleibt bedeutungslos. *Muss Strafe sein? (2012)*

1 Vergleichen Sie die unterschiedlichen Bestrafungen. Welche entspricht Ihrem Gerechtigkeitsempfinden, welche nicht? Begründen Sie Ihre Auffassung. > M1

2 Erläutern Sie, warum staatliches Strafen legitimationsbedürftig ist. > M2

3 Erklären Sie den Unterschied von Vergeltungs- und Präventionstheorie. > M2

4 Nehmen Sie auf der Grundlage von Norbert Hoersters Ausführungen Stellung zur Tragfähigkeit der Vergeltungstheorie. > M2

Präventionstheorien

M1 Weggesperrt

Blick in einen Gang mit Zellenräumen in einem Flügel der Jugendarrestanstalt Moltsfelde (Schleswig-Holstein), aufgenommen bei einem Fototermin 2021

M2 Norbert Hoerster: Strafziel Prävention

[Nach der Präventionstheorie soll der] Täter eines Diebstahls [...] bestraft werden, damit in Zukunft entweder er selbst nicht mehr stiehlt oder damit in Zukunft die Bürger generell nicht mehr stehlen. Im ersten Fall haben wir es mit einer Theorie der Spezialprävention, im zweiten Fall mit einer Theorie der Generalprävention zu tun.

Als der markanteste Vertreter des spezialpräventiven Strafziels einer Verhinderung weiterer Verbrechen des Täters wird in unserem Land am häufigsten der berühmte Kriminalwissenschaftler Franz von Liszt (1851-1919) genannt. [...] Als einzige Strafziele zählen für ihn die „Besserung, Abschreckung, Unschädlichmachung" des Täters. [...] Durch die Strafe soll der Täter also nicht nur zwangsweise, sei es dauerhaft oder vorübergehend, zu Verbrechen unfähig gemacht werden. [...] Die Strafe soll außerdem auch entscheidend auf die *Motivation* des Verbrechers einwirken: Zum einen soll sie sein Mitgefühl stärken, so dass er in Zukunft davon abgehalten wird, anderen Menschen zu schaden. Zum anderen soll sie ihm deutlich machen, dass die Begehung weiterer Verbrechen auch ihm selbst nur schaden würde. [...]

Liszt ist sich dabei der Konsequenzen, die sich aus seiner spezialpräventiven Straftheorie notwendig ergeben, durchaus bewusst: Da die Strafe ausschließlich vorwärts gerichtet ist, kommt es für ihre Art und Schwere in keiner Weise auf die Art und Schwere der begangenen Tat an. Es kommt vielmehr allein darauf an, wie ausgeprägt jene „antisoziale Gesinnung des Täters" ist, die ihn zu erneuten Straftaten in der Zukunft verleiten kann. [...]

Was ist nun von einer solchen spezialpräventiven [...] Begründungstheorie der Strafe zu halten? [...] [Mir stellen sich] die folgenden Fragen: Wieso können wir die Gewissheit haben, dass ein Verbrecher, wenn er nicht bestraft wird, auch in Zukunft wieder ein Verbrechen begehen wird? Und wieso können wir mit Gewissheit sagen, Strafen oder Maßnahmen genau welcher Art der Verbrecher nötig hat, damit er in Zukunft nicht wieder straffällig wird? [...] Ich würde prinzipiell kein Problem darin sehen, einen Verbrecher, ja sogar jeden beliebigen Menschen *vorbeugend* zu „bestrafen" – *vorausgesetzt*, dass man so gut wie sicher sein könnte, dass man nur so ein sonst stattfindendes Verbrechen dieses Menschen verhindern kann. [...] [Aber ein solches sicheres] Wissen, das ich über die konkrete Tat des Verbrechers V habe, der gerade dabei ist, in mein Haus einzubrechen, kann weder ich noch sonst jemand über die von V künftig zu erwartenden oder nicht zu erwartenden Verbrechen haben oder gewinnen. [...] Die bloße Wahrscheinlichkeit eines bevorstehenden Verbrechens kann ein gewaltsames Strafübel aber nicht rechtfertigen. [...]

Wenn all dies aber zutrifft, dann ist davon auszugehen, dass nicht wenige Strafen, die Menschen gemäß der Theorie der Spezialprävention zugefügt werden, jene Wirkung, die genau diese Strafen angeblich rechtfertigt, in Wirklichkeit gar nicht haben. Das heißt, die behauptete Begründung dieser Strafen hängt vollkommen in der Luft. [...]

Diese Feststellung schließt allerdings nicht aus, dass die Spezialprävention als Resozialisierung des Täters innerhalb der *Vollstreckung* einer auf anderem Wege begründeten Kriminalstrafe eine wichtige Rolle spielen kann. [...]

Die Theorie der Generalprävention erblickt, wie gesagt, die Begründung der Kriminalstrafe darin, dass die Bürger in ihrer Gesamtheit durch die Strafe jedenfalls von einigen Verbrechen abgehalten werden, die sie ohne Strafe begehen würden. [...] Als Vertreter dieser Theorie wird innerhalb der deutschen Rechtswissenschaft am häufigsten Anselm von Feuerbach (1775-1833) genannt. [...]

Feuerbach macht [...] nicht den Fehler, *jedes* rechtskonforme Verhalten der Bürger auf die Abschreckungswirkung der Strafe zurückzuführen. [...] Neben dieser Wirkung [gibt es] ja noch weitere Ursachen für ein rechtskonformes Verhalten: Der Verzicht auf eine mögliche Straftat kann außer durch Furcht vor Strafe auch noch zustande kommen aus fehlender Neigung, aus moralischer Gesinnung oder aus einer Einstellung der Rechtstreue. Dabei ist nicht auszuschließen, dass in manchen Fällen keine dieser vier Ursachen *allein* stark genug ist, um ein rechtskonformes Verhalten zu bewirken, dass ein solches Verhalten vielmehr nur dadurch zustande kommt, dass mehrere der vier Ursachen zusammenwirken.

Was ist es nun genau, das nach der Abschreckungstheorie der Strafe jedenfalls manche potentiellen Verbrecher von einer möglichen Straftat abhält? Nicht selten wird die Theorie von ihren Gegnern dahingehend missverstanden, dass die „Strafe", die hier abschreckend wirken soll, ebenso wie im Fall der Spezialprävention jene konkrete Strafe ist, die im jeweiligen Fall über den Straftäter verhängt wird. *Diese* Strafe, die Strafzufügung bzw. Strafvollstreckung im Einzelfall, kann aber schon deswegen keine nennenswerte Präventionswirkung auf die Allgemeinheit ausüben, weil sie der Allgemeinheit normalerweise gar nicht bekannt wird. Wer nimmt schon die Bestrafung eines durchschnittlichen Diebes zur Kenntnis – außer er selbst und sein näheres Umfeld? [...]

Richtiger erscheint mir deshalb die folgende Darstellung der generalpräventiven Abschreckungswirkung: Das, was die Prävention letztlich herbeiführt, ist die Kriminalstrafe im umfassenden Sinn des Wortes, die Kriminalstrafe als soziale Institution oder Praxis. Das zum Zweck der Prävention unverzichtbare Strafwissen der Bürger besteht danach in dem Wissen, dass jemand, der bestimmter Taten wie eines Diebstahls vom Staat überführt wird, dafür in der Regel mit der zwangsweisen Zufügung und Vollstreckung eines typischen Strafübels wie einer Gefängnis- oder Geldstrafe zu rechnen hat. *Dieses* Wissen besitzt in der Tat – gleichgültig aus welcher Quelle – so gut wie jeder jugendliche und erwachsene Bürger.

Kann nach alledem die Abschreckungstheorie der Strafe überzeugen? [...] Dass die Kriminalstrafe des Staates generell eine *gewisse* Abschreckungswirkung hat, kann man sicher nicht leugnen. Wie groß aber ist diese Wirkung? Wie viele Prozent der Begehungen einer bestimmten Straftat, die ohne die Institution der Strafe Realität geworden wären, werden durch die Abschreckungswirkung der Strafe verhindert? Um diese Frage für eine bestimmte Gesellschaft G definitiv beantworten zu können, müssten wir nicht nur die Bestrafung der betreffenden Tat in G über einen längeren Zeitraum aussetzen, so dass wir einen Vergleich zur Verfügung hätten. [...] Dass jedoch offenbar kein Staat bereit ist, den genannten Testversuch zu machen, ist schon ein Indiz dafür, wie sehr die Verantwortlichen dessen Folgen für die Rechtssicherheit der Gesellschaft fürchten, das heißt wie sehr sie von der Abschreckungswirkung der Strafe tatsächlich überzeugt sind. [...]

Vielmehr kann man die Generalprävention selbst [...] als eine notwendige Bedingung begründeter Strafe ansehen.

Muss Strafe sein? (2012)

1 Beschreiben Sie, welche Gedanken das Foto in Ihnen auslöst, wenn Sie drei verschiedene Sichtweisen einnehmen: a) verurteilter Täter bzw. verurteilte Täterin; b) Opfer einer Straftat; c) Person aus dem kriminellen Umkreis eines jugendlichen Straftäters. > M1

2 Fertigen Sie ein Schaubild zu den verschiedenen Strafzwecken an. Beziehen Sie dabei neben den Präventionstheorien auch die Vergeltungstheorie (s. S. 342f.) mit ein. > M2

3 Diskutieren Sie Hoersters Bewertungen der Abschreckungstheorien. > M2

Resozialisierungsprogramme

M1 Karl Menninger: Therapie statt Strafe

Karl Menninger (1893-1990) war ein US-amerikanischer Psychiater.

Es ist heute kein Geheimnis mehr, dass die offizielle Strategie der Verbrechensbekämpfung durch Androhung von Freiheitsstrafen hundertprozentig versagt hat. [...] Wir wissen nicht erst seit gestern, dass die Mehrzahl der Straftäter unentdeckt bleibt, dass von denen, die gefasst werden, nur ein Bruchteil schuldig gesprochen wird und dass noch weniger ihre Strafe tatsächlich verbüßen. Wir wissen zudem, dass eine ganze Reihe von denen, die im Namen des Gesetzes bestraft werden, dadurch allererst auf einen Weg gebracht werden, der durch fortgesetzte Straffälligkeit und einen unentwegten Kampf mit den staatlichen Verfolgungsorganen gekennzeichnet ist. [...]

Bei der Mehrzahl der Straftäter, denen wir das Leben schwermachen, handelt es sich um Leute, die weder sehr klug noch sehr geschickt sind und die es im Leben keineswegs besonders gut getroffen haben. [...] Und was stellen wir mit solchen Straftätern an? In einer feierlichen, öffentlichen Zeremonie erklären wir sie zu Volksfeinden und übergeben sie – unter Berufung auf Gesetze, die vor Jahrzehnten erlassen worden sind – für einen willkürlich festgesetzten Zeitraum der Haftanstalt. Dort vertun sie ihre Zeit; Monate und Jahre verstreichen. Anschließend werden sie mit einem Stumpfsinn und einer Planlosigkeit, kaum geringer als aus Anlass ihrer ursprünglichen Einlieferung, in die Gesellschaft zurückverfrachtet – ohne Rücksicht darauf, ob sie sich in irgendeiner Weise zum Besseren geändert haben, oder vielmehr: in der sicheren Gewissheit, dass sie sich nur zum Schlechteren geändert haben. Erneut nehmen sie den ungleichen Kampf mit der Gesellschaft auf; und da sie von den meisten Unternehmen nicht mehr eingestellt werden, erwartet man von ihnen, dass sie sich etwas Neues einfallen lassen, wie sie ihren Lebensunterhalt verdienen und ohne jede weitere Hilfe der Gesellschaft überleben können. [...]

Wie muss der Straftäter behandelt werden, wenn er mit der größtmöglichen Wahrscheinlichkeit von weiteren Straftaten abgehalten werden soll? [...] Sämtliche verfügbaren Methoden und Erkenntnisse der Verhaltenswissenschaften würden angewandt werden, um seine Persönlichkeitsstruktur, seine positiven und negativen Möglichkeiten, seine soziale Herkunft und seine Beziehungen zu seiner Umwelt zu untersuchen. Erst wenn sich die Verantwortlichen ein ungefähres diagnostisches Bild von der Persönlichkeit des Täters verschafft haben, werden sie entscheiden können, ob Aussicht besteht, dass er in einer für beide Seiten befriedigenden Weise in die Gesellschaft wiedereingegliedert werden kann. Wenn ja, sollten die geeignetsten Techniken der Pädagogik, der Ausbildung am Arbeitsplatz, der Gruppendynamik und der Psychotherapie selektiv zur Anwendung gebracht werden, was sowohl innerhalb als auch außerhalb des Gefängnisses, je nach der Sicherheitsstufe, die in dem besonderen Fall erforderlich ist, erfolgen kann. Lassen sich in angemessener Frist spürbare Änderungen feststellen, sollte der Resozialisierungsprozess dadurch weiter vorangetrieben werden, dass man für den Straffälligen einen geeigneten Platz im Arbeitsleben und in der Gesellschaft findet, ihn so rasch wie möglich aus dem Aufsichtsbereich des Gefängnisses herausnimmt und ihn mit der Auflage einer Meldepflicht ins bürgerliche Leben entlässt. [...]

Vom psychiatrischen Standpunkt aus sollte nichts, was mit dem Straftäter geschieht, im Namen einer „Bestrafung" geschehen [...]. An die Stelle der Vergeltung sollte die gelassenere und würdigere Reaktion eines therapeutischen Resozialisierungsprogramms treten, der Schutz der Gesellschaft vor dem Straftäter für die Dauer der Behandlung und seine möglichst baldige, durch Bewährungshilfe geförderte Rückführung in den Stand eines nützlichen Staatsbürgers.

Therapie statt Strafe (1959)

M2 Jeffrie G. Murphy: Kritik am therapeutischen Resozialisierungsprogramm

Jeffrie G. Murphy (1940-2020) war Professor für Recht und Philosophie an der Arizona State University.

Es ist meine Überzeugung, dass die von Menninger vertretene Position hundertprozentig und systematisch verfehlt ist [...]. Menninger meint, die Therapie müsse bereits deshalb an die Stelle der Strafe treten, weil zur Rechtfertigung der Strafe einzig die Abschreckungstheorie in Frage komme, die aber bekanntlich falsch sei. Hier befindet sich Menninger jedoch im Irrtum: [...] Es mag sein, dass Menninger als Psychiater mit einer Anzahl von Straftätern zu tun gehabt hat, bei denen es sich um echte Zwangstäter handelte, die einer Abschreckung nicht zugänglich waren. [...] Aber die Behauptung, dass die Existenz eines Abschreckungssystems zahlreiche Mitglieder der Gesellschaft von vornherein davon abhält, sich auf kriminelle Handlungen einzulassen und somit Strafe auf sich zu ziehen, wird dadurch überhaupt nicht berührt. Man kann zum Beispiel durchaus annehmen, dass zumindest einer der Gründe, weshalb nicht mehr Leute Haschisch rauchen oder unrichtige Steuererklärungen abgeben, in der abschreckenden Wirkung der entsprechenden Strafen zu sehen ist. [...] Es wäre im Übrigen völlig kurzsichtig zu meinen, ein Therapiesystem sei einem Strafsystem moralisch überlegen. Denn der entscheidende und häufig übersehene Punkt ist, dass beide, die Kriminalstrafe wie die vorbeugende Resozialisierung, das zwangsweise Ende der persönlichen Freiheit bedeuten. Einen Menschen gegen seinen Willen einzusperren und ihm damit etwas anzutun, was er nicht will, ist zumindest prima facie* sittlich unzulässig, gleichgültig, ob das, was man ihm antut, als Strafe oder als Therapie und das, wohin man ihn einliefert, als Gefängnis oder als Klinik bezeichnet wird. Wenn die Therapie wirklich etwas so Humanes und die Resozialisierung wirklich etwas so Positives ist, wie gesagt wird, wie sollen wir uns dann erklären, dass sich die meisten nicht weniger heftig (und oft sogar noch heftiger) dagegen sträuben als gegen die Strafe? Im Fall der Strafe wissen wir zumindest, womit wir zu rechnen haben; eben das wissen wir nicht, wenn wir annehmen müssen, dass jemand daran geht, gegen unseren Willen unsere Persönlichkeit zu ändern. [...] Ich bin nicht gegen Therapie oder Resozialisierung, sondern gegen den Freiheitsentzug zum Zwecke der Therapie oder Resozialisierung gegen den Willen dessen, der resozialisiert werden soll. [...] Schließlich sollten wir uns keiner Täuschung darüber hingeben, was gelegentlich in unseren Anstalten und Gefängnissen als Resozialisierung ausgegeben wird. Wir sollten uns nicht einbilden, dass diejenigen, die als resozialisiert gelten, unbedingt moralische Sensibilität und Prinzipientreue entwickelt haben. Das Gegenteil kann der Fall sein. Vielleicht haben sie nur gelernt, sich mit dem jeweils Stärkeren zu identifizieren und der Repression anzupassen, die zweifelhaften Tugenden eines braven und konformen Verhaltens an den Tag zu legen und den Wünschen anderer, anstatt den Geboten des eigenen Innern zu folgen.

Kritik am therapeutischen Resozialisierungsprogramm (1979)

M3 Heribert Ostendorf: Die Vereinigungstheorie des staatlichen Strafens

[Nach dem Bundesverfassungsgericht folgen] „[d]as geltende Strafrecht und die Rechtsprechung der deutschen Gerichte [...] weitgehend der sogenannten Vereinigungstheorie [...]. Schuldausgleich, Prävention, Resozialisierung des Täters, Sühne und Vergeltung für begangenes Unrecht werden als Aspekte einer angemessenen Strafsanktion bezeichnet."

Vom Sinn und Zweck des Strafens (1995)

A

1 Untersuchen Sie, wie Karl Menninger seine Forderung nach Resozialisierung begründet. > M1

2 Informieren Sie sich im Internet über die Umsetzung von Resozialisierungsprogrammen und deren Erfolgsquote. > M1

3 Diskutieren Sie, ob Jeffrie Murphys Kritik an Menningers Theorie berechtigt ist. > M2

4 Erörtern Sie, wie sich die verschiedenen vom Bundesverfassungsgericht benannten Aufgaben des Strafrechts miteinander vereinbaren lassen. > M3

Wissen kompakt

Gerechtigke

Traditionelle Form

- *Iustitia distributiva* (Verteilungsgerechtigke
- *Iustitia commutativa* (ausgleichende Gerechtigke

Anspruchstheorie der Gerechtigkeit ⟷

(Robert Nozick)

Eine Verteilung gesellschaftlicher Güter ist dann gerecht, wenn sie auf gerechten Ansprüchen beruht:

- Grundsatz der gerechten Aneignung
- Grundsatz der gerechten Übertragung
- Grundsatz des gerechten Ausgleichs

Eine nachträgliche Umverteilung gesellschaftlicher Güter ist nicht gerecht.

(Historische Gerechtigkeitstheorie)

↓

Gerechtigkeit als Fairness ⟷

(John Rawls)

Grundsätze, die Menschen in einem fiktiven Urzustand hinter dem Schleier des Nichtwissens beschließen würden:

- Gleichheitsprinzip: gleiche Rechte und Grundfreiheiten
- Unterschiedsprinzip: Ungleichheiten sind zulässig, sofern sie mit Vorteilen für alle verbunden sind.

Eine nachträgliche Umverteilung gesellschaftlicher Güter ist gerecht.

(Strukturelle Gerechtigkeitstheorie)

↓

Fähigkeitenansatz der Gerechtigkeit

(Martha Nussbaun)

Liste zentraler menschlicher Fähigkeiten als Index für eine minimal gerechte Welt:

- Orientierung an der Idee der Menschenwürde (nicht an Einkommen und Vermögen)
- Intuitive, offene Zusammenstellung von Befähigungen, die Menschen in die Lage versetzen, ein menschenwürdiges Leben zu führen.

(Ergebnisorientierte Gerechtigkeitstheorie)

↓

Theorie der kommutativen Gerechtigkeit ⟷

(Friedrich August von Hayek)

- Der freie Austausch von Gütern auf dem Markt erfolgt nach ihrem Marktwert, nicht nach Verdienst.
- Eingriffe des Staates zur Herstellung distributiver Gerechtigkeit stehen im Widerspruch zur Forderung nach Freiheit des Marktes.

Gerechtigkeit der wirtschaftlichen Rahmenordnung

(Karl Homann, Franz Bloome-Drees)

- Eine nicht regulierte Marktwirtschaft kann gesellschaftliche Folgen haben, die in hohem Maße ungerecht sind.
- Zur Vermeidung solcher Ungerechtigkeiten bedarf es einer geeigneten *rechtlichen Rahmenordnung* für die Marktwirtschaft.

nd Recht

n Gerechtigkeit:

Iustitia legalis (Befolgung des Rechts)
Iustitia correctiva (wiederherstellende Gerechtigkeit)

Legitimation des Rechts
(Otfried Höffe)

- wechselseitiger Freiheitsverzicht zur Sicherung von Freiheit
- Errichtung einer öffentlichen Durchsetzungsmacht (Exekutive, Legislative, Jurisdiktion)

Funktionen des Rechts
(Uwe Wesel)

- Herstellung von Ordnung
- Durchsetzung von Gerechtigkeit
- Aufrechterhaltung von Herrschaft
- Kontrolle von Herrschaft

Geltung des Rechts

Rechtspositivismus
(Hans Kelsen)

Eine Rechtsnorm gilt nicht deshalb, weil sie einen bestimmten Inhalt hat, sondern weil sie von einer anerkannten Autorität gesetzt wurde.

Naturrechtslehre
(Gustav Radbruch)

Das positive Recht hat nur dann Gültigkeit, wenn es inhaltlich nicht in einem unerträglichen Maße im Widerspruch zur Gerechtigkeit steht. (Radbruch'sche Formel)

Ziviler Ungehorsam
(Robert Celikates)

Gewaltloser, moralisch begründeter Widerstand gegen eine positive Rechtsnorm

Legitimation staatlichen Strafens

Vergeltung
Reaktion auf eine begangene Normverletzung

Spezialprävention
Verhinderung weiterer Straftaten des Täters durch Freiheitsentzug und Abschreckung

Generalprävention
Verhinderung zukünftiger Straftaten durch Abschreckung der Gesamtheit der Bürger

Resozialisierung
Wiedereingliederung des Täters in die Gesellschaft (ggf. durch Therapie)

Weltweite Abhängigkeiten und Verbundenheit

M1 Zweierlei Mahlzeiten

M2 Martha Nussbaum: Von ungleicher Geburt

Ein Kind, das heute in Schweden geboren wird, hat zum Zeitpunkt seiner Geburt eine Lebenserwartung von 79,9 Jahren. Ein Kind, das in Sierra Leone geboren wird, hat bei seiner Geburt eine Lebenserwartung von 38,9 Jahren. In den Vereinigten Staaten beträgt das Bruttoinlandsprodukt pro Kopf 34142 US-Dollar, in Sierra Leone 490 US-Dollar. Unter Erwachsenen beträgt die Alphabetisierungsrate in den 20 höchstplatzierten Ländern in etwa 99 Prozent. In Sierra Leone liegt sie bei 36 Prozent, in 26 Ländern unter 50 Prozent. Die Welt ist voller Ungleichheiten und der Abstand zwischen reichen und armen Ländern vergrößert sich zunehmend. Der Zufall, in einem Land statt in einem anderen geboren zu sein, prägt die Lebenschancen eines jeden Kindes auf tiefgreifende Weise. *Fähigkeiten und soziale Gerechtigkeit (2004)*

M3 Martha Nussbaum: Bürgerinnen und Bürger einer Welt

Das Interesse der Philosophin Martha Nussbaum (s. S. 322ff.) gilt insbesondere auch der Gerechtigkeit in der kosmopolitischen Situation.

[U]nsere menschlichen Fähigkeiten sind so beschaffen, dass sie uns im Prinzip zu Mitgliedern einer globalen moralischen Gemeinschaft machen. Jedes Kind könnte in einem beliebigen Land geboren worden sein und eine beliebige Sprache sprechen. Ereignisse in anderen Nationen sind für uns als Ereignisse verständlich, die Mitglieder unserer Art betreffen. Unser moralisches Interesse, unsere Begeisterung und unser Mitgefühl werden häufig, wenn auch ungleichmäßig, durch Ereignisse in anderen Weltregionen geweckt. [...]

Auf Knopfdruck können wir mit Menschen in Indien, Afrika und China in Kontakt treten. Netzwerke wie die internationale Frauenbewegung können zu engeren und vertrauteren Verbindungen führen, als viele Menschen sie zu ihren eigenen Verwandten und sicherlich zu ihren Mitbürgern unterhalten. Wir können uns auch nicht mit dem Gedanken trösten, dass unser Handeln nur in einem engen Bereich Konsequenzen hat. Das Benzin, das wir verbrennen, wirkt sich auf die gemeinsame Atmosphäre aus; unsere Entscheidung, ein Kind in die Welt zu setzen, ändert die Weltbevölkerung; die Gesundheitspolitik unseres Landes hat einen Einfluss auf die globale Ausbreitung von AIDS und anderen tödlichen Krankheiten.

Hinzu kommt, dass die nationale Souveränität weltweit zunehmend durch die wachsende globale Macht multinationaler privater Institutionen – insbesondere von Unternehmen und Nichtregierungsorganisationen, zu denen wir durch unsere täglichen Entscheidungen als Verbraucher auf unzählige Arten einen Beitrag leisten – untergraben wird. Wenn ich eine Pepsi trinke, habe ich einen, wenn auch noch so geringen, Einfluss auf die Lebensbedingungen der Arbeiter in Mumbai. Wenn ich ein Paar Laufschuhe kaufe, unterstütze ich Fabriken in anderen Ländern, die wahrscheinlich Kinder als Arbeiter einsetzen. Unzählige Entscheidungen, die ich als Verbraucher treffe, unterstützen Diktatoren, die durch seltene natürliche Ressourcen reich werden und ihren globalen Vorteil nutzen, um ihre Bevölkerung zu tyrannisieren.

In dieser Welt der ständigen und komplexen, häufig verborgenen, kausalen Wechselwirkungen lässt sich keine Pose der moralischen Sicherheit einnehmen. Selbst durch den Boykott aller Unternehmen, die an Kinderarbeit im Ausland beteiligt sind (eine Strategie, die mir stets moralisch selbstgefällig und letztlich recht wenig hilfreich erschien), habe ich einen Einfluss auf das Leben dieser Kinder. [...]

Unsere Verbundenheit vertieft sich, wenn wir an Migration denken: an die riesige Anzahl von Menschen, die aufgrund von politischen Katastrophen in Syrien und Lateinamerika sowie von Menschenrechtsverletzungen in vielen Teilen der Welt Asyl suchen; an die schon seit langer Zeit anhaltende Flucht vor Armut und Kriminalität aus Lateinamerika und Afrika. Als Bürger beteiligen wir uns an der Gestaltung politischer Programme, die das Leben dieser Menschen beeinflussen, indem wir sie willkommen heißen oder ablehnen. [...]

Wir sind Mitbürger, verpflichtet durch eine Reihe gemeinsamer moralischer Anliegen. Denn es scheint, dass eine hinreichende Bedingung für moralische Anteilnahme die kausale Einwirkung ist: Wenn das, was ich B antue, physische Konsequenzen für B hat, muss ich mich für die Moralität dieser Handlungen interessieren. [...]

Auf die Frage, woher er komme, antwortete der kynische Philosoph Diogenes mit einem einzigen Wort: er sei ein *kosmopolites*, was so viel wie „ein Bürger der Welt“ bedeutet. Von diesem Moment, so fiktiv er auch sein mag, könnte man sagen, er habe in der Philosophie des Abendlandes eine lange Tradition des kosmopolitischen Denkens eingeleitet. Ein griechischer Mann weigert sich, sich über Abstammung, Zugehörigkeit zu einer Stadt, soziale Klasse, ja sogar über seine freie Geburt oder selbst sein Geschlecht zu definieren. Er besteht darauf, sich selbst durch eine Eigenschaft zu definieren, die er mit allen anderen Menschen teilt, seien diese männlich oder weiblich, Griechen oder Nichtgriechen, Sklaven oder Freie. Und indem er sich nicht nur als jemanden bezeichnet, der die Welt bewohnt, sondern sogar als einen Weltbürger, deutet Diogenes damit auch auf die Möglichkeit einer Politik oder eines moralischen Herangehens an Politik hin, das sich am Menschsein ausrichtet, das uns allen gemeinsam ist, und nicht an Merkmalen wie Herkunft, Status, Klasse und Geschlecht, die uns voneinander trennen. Es ist dies ein erster Schritt auf dem Weg zu Kants wirkmächtiger Idee eines „Reichs der Zwecke“, der Vorstellung von einem auf einem moralischen Anspruch gegründeten Gemeinwesen, das alle vernunftbegabten Wesen vereint [...].

Die Tradition hat uns einige tiefe Einsichten in die Würde und Gleichberechtigung aller Menschen sowie in den Zusammenhang zwischen der Würde und einer Politik gegeben, die Menschen als Endzweck behandelt. [...] [Sie hat uns die] Vorstellung hinterlassen, dass wir in unserem Umgang mit Menschen diese niemals ausbeuten oder als bloße Mittel zu Zwecken benutzen dürfen – und wir dürfen nicht einmal zulassen, dass sie auf solche Weise ausgebeutet oder verletzt werden, wenn es in unserer Macht steht, ihnen zu helfen. *Kosmopolitismus (2020)*

Globalisierung

Unter Globalisierung versteht man den Prozess der weltweiten Verflechtung zwischen Individuen, Gesellschaften, Institutionen und Staaten im Bereich der Wirtschaft, der Kommunikations- und Transporttechnologien etc. Damit verbindet sich die ethische Frage nach der globalen Geltung und Anwendung von Gerechtigkeitsprinzipien.

A

1 Beschreiben und interpretieren Sie die Abbildung. > M1

2 Diskutieren Sie die Angaben von Martha Nussbaum unter dem Aspekt der Gerechtigkeit. > M2

3 Untersuchen Sie, wie Martha Nussbaum ihre Forderung globaler Gerechtigkeit begründet, und nehmen Sie Stellung zu ihrer Auffassung. > M3

Weltarmut – Was hat das mit uns zu tun?

M1 Wo Menschen hungern müssen

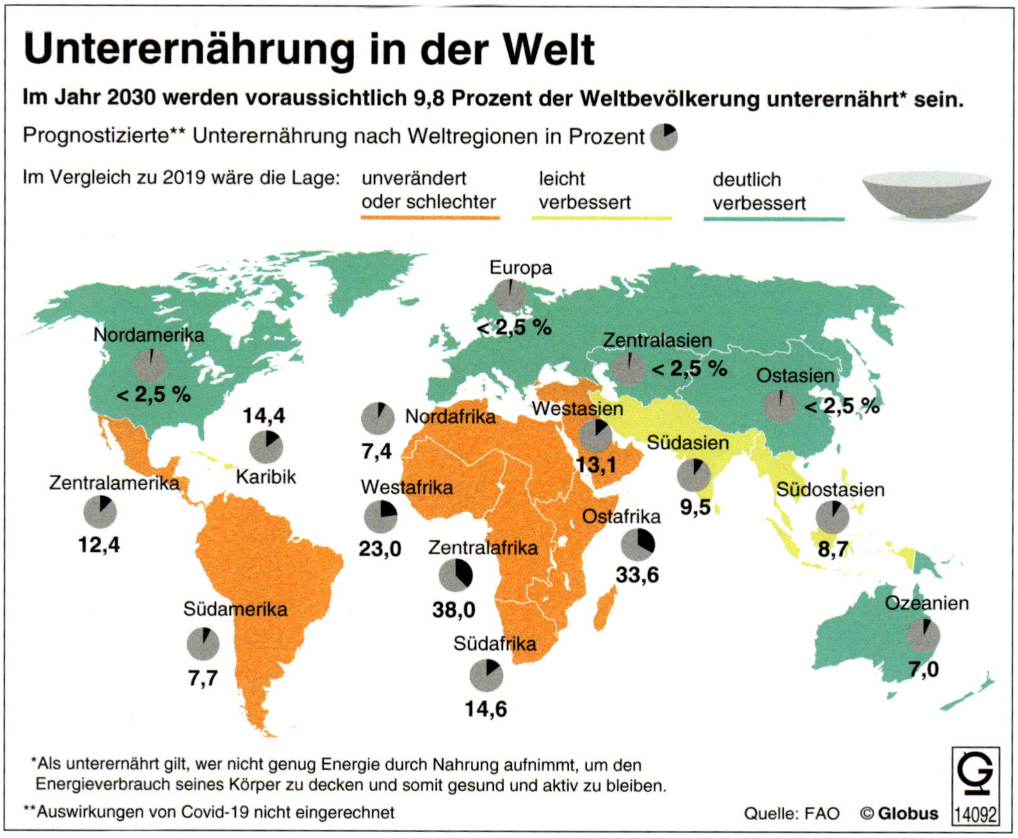

M2 Thomas Pogge: Gerechtigkeit in der einen Welt

Der deutsche Philosoph Thomas Pogge (*1953) promovierte bei John Rawls und lehrt seit 2008 Philosophie und Internationale Angelegenheiten an der Yale Universität. Er ist einer der international renommiertesten Armutsforscher.

In den letzten Jahren ist das Wohlstandsgefälle trotz der Millennium-Entwicklungsziele größer geworden. [...] Dies wirft Fragen der Gerechtigkeit auf, die auch deshalb so akut sind, weil viele der Wohlhabenden sich keinerlei Verantwortung für die Beseitigung der Armut zuschreiben. [...]

Wer ist dafür verantwortlich, dass bestimmte Güter und Lasten ungerecht verteilt sind? Hier sollte man fragen, ob die globalen Regeln, die durch die WTO [World Trade Organisation: Welthandelsorganisation] und andere Organisationen herausgebildet wurden, gerecht sind und insbesondere, ob sie die Menschenrechte erfüllen. [...]

Schon 1948, in der Allgemeinen Erklärung der Menschenrechte, wird klar gesagt, dass diese Rechte auch moralische Ansprüche an soziale Regeln einschließen: „Jeder hat Anspruch auf eine soziale und internationale Ordnung, in der die in dieser Erklärung verkündeten Rechte und Freiheiten voll verwirklicht werden können." [Art. 28] [...] Wir haben also unsere internationale Ordnung menschenrechtskonform zu gestalten.

Von seiner Verwirklichung am weitesten entfernt ist heute das Menschenrecht auf einen minimalen Lebensstandard. Dazu gehören: minimale Gesundheitsvorsorge, Nahrung, Kleidung, Wohnung und ärztliche Versorgung [Artikel 25]. Wenn wir die Allgemeine Menschenrechtserklärung als eine minimale Gerechtigkeitstheorie zugrunde legen, müssen wir feststellen, dass unsere internationale Ordnung möglicherweise sehr ungerecht ist und im Hinblick auf bessere Erfüllung der Menschenrechte reformiert werden sollte. [...]

Wir sind aktiv mitverantwortlich für das Armutsproblem, weil wir bei der Aufrechterhaltung von ungerechten Institutionen mitwirken, die vorhersehbar ein Fortbestehen massiver Armut zur Folge haben. Die reichen Länder leisten nicht nur zu wenig Hilfe, sondern tragen auch viel zu viel zum Fortbestand der Weltarmut bei. [...]

Wenn eine institutionelle Ordnung [...] menschenrechtsverletzend ist, dann trifft die Verantwortung dafür diejenigen, die an der Ausarbeitung und Durchsetzung dieser institutionellen Ordnung mitwirken. Sie trifft unsere und andere mächtige Regierungen, die das Welthandelssystem und andere internationale Regelungen aushandeln und deshalb für deren Auswirkungen verantwortlich sind. [...]

Nun gibt es ein sehr bekanntes und populäres Gegenargument gegen diese These: Ihm zufolge sind die Menschenrechtsdefizite nicht auf internationale Regeln, sondern ausschließlich auf lokale Umstände zurückzuführen, etwa auf die geografische Lage, das Klima oder die schlechten Herrschaftsstrukturen vieler Entwicklungsländer. [...]

Gegen dieses Argument möchte ich einwenden: Die nationalen und regionalen Faktoren sind in keinem Fall unwichtig, aber globale Faktoren spielen eine ebenso große Rolle bei der Erklärung des Andauerns dieser Menschenrechtsdefizite. [...]

In diesem Zusammenhang sind insbesondere [...] [zwei] globale Fakten zu nennen: Zum einen der Protektionismus. Den Entwicklungsländern wurde Mitte der 90er Jahre eine Marktöffnung versprochen. Bis heute haben sie aber viel weniger Zugang zu unseren Märkten erhalten als zunächst zugesagt. Es gibt noch immer Zölle, Antidumping-Duties und jede Menge künstlich subventionierte Waren, die die Exportmöglichkeiten der armen Länder unterminieren. [...]

[Ein weiterer] Punkt ist, dass wir illegitimen Regierungen dadurch Vorschub leisten, dass wir sie als legitim anerkennen. So erlauben wir diesen Regierungen, bei uns Kredite aufzunehmen, für deren Rückzahlung wir dann das ganze Land verantwortlich machen. Sie dürfen zudem frei über die (eigentlich dem Volk zustehenden) Rohstoffe des Landes verfügen und sich von uns für Verkäufe derselben bezahlen lassen. Sie dürfen Verträge mit uns abschließen, an die dann das ganze Volk gebunden ist, und sie dürfen von uns Waffen importieren, mit Hilfe derer sie sich gewaltsam an der Macht halten können. Wieder ist es eine globale Regel, die mit diesen vier Privilegien politische Unterdrückung produziert. Diese Regel ist gut für die Industrieländer, die aus Entwicklungsländern Rohstoffe importieren können, egal, wer dort an der Macht ist. Sie ist gut für Gewaltherrscher in Entwicklungsländern, denen sie einen beständigen Geldfluss für die Dauer ihrer Herrschaft garantiert. [...]

Sind die Bevölkerungen vieler afrikanischer Staaten wirklich selbst schuld daran, dass sie von brutalen Diktatoren beherrscht werden? Oder sind vielmehr wir diejenigen, die ihre Unterdrücker durch das Zugeständnis der genannten vier Privilegien zu Putschversuchen animieren und dann mit Geld und Waffen unterstützen? [...]

Die Verantwortung für die Ausformung und Durchsetzung dieser globalen institutionellen Ordnung liegt bei den mächtigeren Industrieländern – und damit letztlich auch bei uns Bürgern, die wir für die Politik unserer Regierung verantwortlich sind.

Gerechtigkeit in der Einen Welt (2009)

A

1 Erläutern Sie die Abbildung unter dem Aspekt der Verteilungsgerechtigkeit. > M1

2 Erarbeiten Sie Thomas Pogges Position zum Weltarmutsproblem und nehmen Sie Stellung zur Frage, ob wir mitverantwortlich sind für die Armut in der Welt. > M2

Wie kann man Armut abschaffen?

M1 Humanitäre Aktion

M2 Peter Singer: Die Verpflichtung zu helfen

Auf meinem Weg zu einer Vorlesung komme ich an einem flachen Zierteich vorbei und bemerke, dass ein kleines Kind hineingefallen ist und Gefahr läuft zu ertrinken. Ich sehe mich nach den Eltern oder einer Aufsichtsperson um, aber zu meinem Erstaunen entdecke ich, dass niemand in der Nähe ist. Offensichtlich ist es also meine Aufgabe, dafür zu sorgen, dass das Kind nicht ertrinkt. Würde irgendwer bestreiten, dass ich in den Teich hineinwaten und das Kind herausziehen sollte? Dies würde zwar bedeuten, dass ich mir die Kleidung beschmutze und meine Vorlesung entweder absagen oder verschieben muss, bis ich etwas Trockenes zum Anziehen gefunden habe; aber verglichen mit dem vermeidbaren Tod eines Kindes wäre all das unbedeutend.

Ein plausibles Prinzip zur Stützung des Urteils, dass ich das Kind retten sollte, lautet folgendermaßen: Wenn es in unserer Macht steht, etwas Schreckliches zu verhindern, ohne dass dabei etwas von vergleichbarer moralischer Bedeutung geopfert wird, dann sollten wir es tun. Dieses Prinzip scheint unumstritten zu sein. [...] Der Anschein [...] trügt gleichwohl. [...] Denn das Prinzip lässt sich nicht nur auf jene seltenen Situationen anwenden, in denen ein Kind aus einem Teich zu retten ist, sondern auf die alltägliche Situation, in der wir denen helfen können, die in absoluter Armut leben.

Hierbei unterstelle ich, dass absolute Armut mit Hunger und Unterernährung, mit Obdachlosigkeit, Analphabetismus, Krankheit, hoher Säuglingssterblichkeit und niedriger Lebenserwartung eine schlechte Sache ist. Und ich unterstelle ferner, dass es in der Macht der Reichen steht, diese absolute Armut zu verringern, ohne irgendetwas von vergleichbarer moralischer Bedeutung zu opfern. Wenn diese beiden Annahmen und das eben diskutierte Prinzip richtig sind, dann haben wir eine Verpflichtung, denen zu helfen, die in absoluter Armut leben, eine Pflicht, welche ebenso stark ist wie die, ein ertrinkendes Kind aus einem Teich zu retten. Nicht zu helfen wäre unrecht, unabhängig davon, ob dies für sich genommen mit einer Tötung gleichbedeutend wäre oder nicht. Helfen ist nicht, wie man üblicherweise denkt, eine wohltätige Handlung, die zu tun lobenswert ist, die zu unterlassen aber nicht unrecht ist; es ist etwas, das jeder tun sollte. [...]

Unser Reichtum bedeutet, dass wir Einkommen haben, über die wir verfügen können, ohne den lebensnotwendigen Bedarf aufzugeben, und dass wir diese Einkommen dazu verwenden können, äußerste Armut zu verringern. Wie viel genau aufzugeben wir uns für verpflichtet halten, wird davon abhängen, was wir angesichts der Armut, die wir verhüten könnten, als vergleichbar moralisch bedeutsam betrachten, etwa modische Kleider, teure Restaurantbesuche, eine raffinierte Stereoanlage, Ferienreisen nach Übersee, einen Luxuswagen, eine größere Behausung, Privatschulen für unsere Kinder usw. [...]

Ich habe ausgerechnet, dass 1,5 Billionen US-Dollar jährlich zusammenkommen würden, wenn jeder in den wohlhabenden Teilen der Welt [...] [5% seines Einkommens] spenden würde. Das ist das Achtfache von dem Betrag, den die Projektgruppe der Vereinten Nationen [...] als erforderlich berechnet hat, um die Ziele zu erreichen, die die Regierungschefs sämtlicher Nationen bei ihrem Treffen anlässlich des Millenniums-Gipfels für Entwicklungsfragen im Jahr 2000 festgelegt haben.

Praktische Ethik (1984; 3. Auflage 2013)

M3 Thomas Pogge: Die Pflicht, andere nicht zu schädigen

Peter Singer [plädiert] dafür, dass wir einen Großteil unserer Einkommen spenden und so Menschenleben in armen Ländern retten sollten. Er appelliert dabei an einen hypothetischen Parallelfall: Ein gesunder junger Professor sieht, als er an einem seichten Weiher vorbeigeht, ein Kind, das [...] kurz vor dem Ertrinken steht. [...] [G]enauso [wie dieser Professor die Pflicht hat, das Kind zu retten,] haben wir die Pflicht, Geld an Wohltätigkeitsorganisationen zu überweisen, die sich für Armutsbeseitigung einsetzen und mit jeder nennenswerten Spende noch ein weiteres Kind vor einem grausamen Hungertod bewahren können. [...]

Dadurch [...] zementiert Singer [...] das bei uns sehr beliebte moralische Urteil, dass die Bürger und Regierungen der reichen Länder, an die er sich wendet, für den Fortbestand gravierender Armut ebenso wenig etwas können wie der Professor dafür, dass das Kind am Ertrinken ist [...].

[Das] lenkt davon ab, dass hier auch strengere, negative Pflichten im Spiel sind – etwa die Pflicht, von uns verursachte schwere Schädigungen zu minimieren, und die Pflicht, ungerechte Verhältnisse nicht zum Nachteil ihrer Opfer auszunutzen. Diese beiden negativen Pflichten sind für uns relevant, wenn wir (manchmal im Zusammenspiel mit den Entwicklungsländer dominierenden „Eliten") eine Weltordnung durchsetzen, deren mangelnde Fairness uns bereichert und vielerorts Armut verschärft. Ist dies der Fall, dann fügen wir den Armen schweren Schaden zu und nutzen außerdem (von uns selbst geschaffene) ungerechte Verhältnisse zum Nachteil ihrer Opfer aus. Um diese Verletzungen negativer Pflichten zu vermeiden, müssen wir die Armen zumindest entschädigen.

Eine solche Entschädigung ist nicht Hilfe, sondern Verminderung der Schäden, die wir ihnen dadurch antun, dass wir sie einer ungerechten Weltordnung unterwerfen, von deren Durchsetzung wir auf ihre Kosten profitieren. Eine solche Entschädigung ist nicht „Umverteilung" von Reichen an Arme, sondern Korrektur einer ungerechten institutionellen Umverteilung von Armen an Reiche.

Globale Armut (2006)

M4 Gerechtigkeit aus Sicht des Südens

[Der Text Singers (M2) zeuge] von einer fragwürdigen Sicht auf das Verhältnis der Länder, die solche Hilfe leisten, zu denen, die sie erhalten, sagt die Philosophin Franziska Dübgen. Schon im Vergleich der Notleidenden mit einem Kind komme eine zutiefst paternalistische Sichtweise zum Ausdruck: „Das Kind ist vor allem Opfer, es kann sich nicht selbst helfen und bedarf der Hilfe des Erwachsenen. Zudem ist problematisch, dass hier Hungersnot wie ein Unfall dargestellt wird. [...] [Die] komplexen geopolitischen oder auch machtpolitischen Konstellationen werden in einer solchen Analyse überhaupt nicht mitgedacht." [...] Tatsächlich hänge Armut im globalen Süden jedoch oft mit Folgen des Kolonialismus zusammen, ebenso wie mit asymmetrischen Handelsbedingungen und mit aktuellen Regeln, wer welche Grenzen überschreiten dürfe und wer nicht. [...] „Der Erfahrungshorizont der Versklavung, der Ausbeutung, aber auch vor allem der starken kulturellen Abwertung wird in diesen Gerechtigkeitstheorien nicht angemessen reflektiert." Alternative Konzepte von Gesellschaft und Gerechtigkeit könnten unser westliches Verständnis von Individualismus produktiv herausfordern, sagt Franziska Dübgen. [...]

„In der Ubuntu-Philosophie wird es als erstrebenswert erachtet, wenn in einer Gesellschaft nicht zu große soziale Unterschiede herrschen [...]. Insofern sollte gerechtigkeitsorientierte Politik sich auf die faktischen Bedingungen von gleicher Teilhabe konzentrieren: Wohnraum, Gesundheitsvorsorge, Bildung."

www.deutschlandfunkkultur.de (2020)

A

1 Informieren Sie sich über die Ziele von *Brot für die Welt* und diskutieren Sie, inwieweit solche humanitären Aktionen dazu beitragen können, die Armut in der Welt zu verringern. > M1

2 Vergleichen Sie die Positionen Singers und Pogges und nehmen Sie Stellung zur Frage, welche Pflichten wir in Bezug auf das Problem der Armut in der Welt haben. > M2/M3

3 Stellen Sie die Kritik Franziska Dübgens an Singers Text dar. Informieren Sie sich über alternative Gerechtigkeitskonzepte in afrikanischen Philosophien. > M1

Armut und Lebenschancen

M1 Amartya Sen: Was Armut wirklich bedeutet

Amartya Sen (*1933), Professor an der Harvard University, wurde 1998 mit dem Nobelpreis für Wirtschaftswissenschaften und 2020 mit dem Friedenspreis des Deutschen Buchhandels ausgezeichnet. – Er vertritt gemeinsam mit Martha Nussbaum (vgl. S. 324f.) den Befähigungsansatz der sozialen Gerechtigkeit.

Die Lebensweise, die Menschen ermöglicht wird, ist seit langem Gegenstand der Aufmerksamkeit von Sozialanalytikern. [...] [Aber] die viel benutzten ökonomischen Kriterien für Verbesserung [...] [sind] der Tendenz nach vor allem auf die zunehmende Befriedigung materieller Bedürfnisse konzentriert [...]. [Dagegen wird im Befähigungsansatz] der individuelle Vorteil gemessen an der Befähigung einer Person, die Dinge zu tun, die sie mit gutem Grund hochschätzt. Hat eine Person geringere Befähigung – weniger reale Chancen – als eine andere, die Dinge zu tun, die sie mit Grund hoch bewertet, wird ihr Vorteil niedriger eingeschätzt. Der Schwerpunkt liegt hier auf der tatsächlichen Freiheit der Person, dies oder jenes zu tun – Dinge, die ihr wichtig sind. Selbstverständlich ist es für uns besonders wichtig, die Dinge verwirklichen zu können, die wir am höchsten schätzen. Das Konzept des Befähigungsansatzes ist also eng mit dem Chancenaspekt der Freiheit verbunden [...].

Ein zentrales Thema in diesem Kontext ist das Kriterium für Armut. Die Gleichsetzung von Armut und niedrigem Einkommen hat sich eingebürgert [...]. Jedoch können unterschiedliche Menschen ganz unterschiedliche Chancen haben, Einkommen und andere Grundgüter in charakteristische Merkmale eines guten Lebens und in Freiheit von der Art, die im menschlichen Leben hohen Wert hat, umzuwandeln. Also ist die Beziehung zwischen Ressourcen und Armut veränderlich und stark abhängig von den Besonderheiten der betroffenen Menschen und ihrer – natürlichen wie sozialen – Umwelt. [...] Es gibt verschiedene Typen von Abhängigkeiten [...].

(1) Ungleichheiten persönlicher Merkmale: Menschen haben aufgrund physischer Unterschiede im Alter und Geschlecht, im Ausmaß ihrer Gesundheit oder Behinderung oder Anfälligkeit für Krankheiten extrem verschiedene Bedürfnisse; zum Beispiel braucht ein Kranker oder Invalide vielleicht ein höheres Einkommen, um die gleichen elementaren Dinge tun zu können, während eine weniger beeinträchtigte Person mit einem bestimmten niedrigeren Satz auskommen kann. Manche Nachteile, etwa schwere Behinderungen, sind vielleicht selbst dann nicht zu beheben, wenn man sehr hohe Summen für medizinische Behandlung oder Prothesen ausgibt.

(2) Unterschiede in der geographischen Umwelt: Wie weit ein bestimmtes Einkommen reicht, wird auch von Umweltbedingungen einschließlich Klima, Extremtemperaturen oder Überschwemmungen abhängen. Die Umweltbedingungen müssen nicht unabänderlich sein – sie könnten durch gemeinschaftliche Anstrengungen verbessert oder durch Verschmutzung und Raubbau verschlimmert werden. Aber ein auf sich allein gestellter Einzelner wird Umweltbedingungen überwiegend als gegeben hinnehmen müssen, wenn er Einkommen und persönliche Ressourcen in Funktionsweisen und Lebensqualität umwandelt.

(3) Varianten im Sozialklima: Diese Umwandlung steht auch unter dem Einfluss sozialer Bedingungen, unter anderem der medizinischen Versorgung und Epidemieforschung, des staatlichen Erziehungswesens und der Verbrechensbekämpfung oder zunehmenden Gewalttätigkeit in der betreffenden Region. Neben öffentlichen Einrichtungen kann auch die Art der Beziehung in der Gemeinschaft wichtig sein [...] [, z. B. die Aufteilung von Vergünstigungen und Chancen innerhalb der Familie.] [...] Für das Einkommen der Familie sorgen ihre Geld verdienenden Mitglieder; aber dieses Einkommen steht nicht jedem einzelnen Familienangehörigen ohne Rücksicht auf Alter, Geschlecht und Arbeitsfähigkeit zur Verfügung. Wenn es unverhältnismäßig zur Förderung der Interessen einiger Familienmitglieder auf Kosten Anderer genutzt wird (wenn zum Beispiel bei der Zuteilung der Familienressourcen Jungen systematisch bevorzugt werden und Mädchen leer ausgehen), dann spiegelt der Gesamtwert des Familieneinkommens womöglich nicht zutreffend wider, in welchem Ausmaß die Zurückgesetzten (die Mädchen in unserem Beispiel) benachteiligt werden. Das ist häufig ein gravierendes Problem; Ungleichbehandlung der Geschlechter bei der Allokation der Familienressourcen scheint in vielen Ländern Asiens und Nordafrikas ein Hauptfaktor zu sein. Wie sehr Mädchen zurückgesetzt werden, lässt sich leichter – und zuverlässiger – an ihren im Vergleich zu männlichen Familienangehörigen höheren Sterblichkeits- und Krankheitsziffern, der deutlicheren Unterernährung und mangelhaften medizinischen Versorgung ablesen, da solche Daten die geringeren Aussichten der Mädchen auf ein gutes Leben genauer spiegeln als Einschätzungen, die auf dem Vergleich des Einkommens verschiedener Familien beruhen. [...]

Also kann wirkliche Armut (verstanden als Mangel an Chancen) leicht viel bedrohlicher sein, als wir aus Einkommenszahlen ablesen können.

Die Idee der Gerechtigkeit (2010)

M2 UN-Millenniums-Ziele

Die internationale Völkergemeinschaft sieht sich in der Verantwortung, für einen Ausgleich zwischen den armen Ländern und den reichen Nationen zu sorgen und einen Beitrag dazu zu leisten, dass die Kluft zwischen arm und reich nicht größer wird, sondern überbrückt werden kann. Beim Jahrtausendgipfel der Vereinten Nationen im September 2000 verpflichteten sich 189 Staats- und Regierungschefs, bis zum Jahr 2015 die extreme Armut in der Welt zu halbieren. In der Millenniums-Erklärung wurden insgesamt acht Ziele zur Bekämpfung der globalen Armut formuliert:

Ziel 1: Bekämpfung von extremer Armut und Hunger
Ziel 2: Primarschulbildung für alle
Ziel 3: Gleichstellung der Geschlechter / Stärkung der Rolle der Frauen
Ziel 4: Senkung der Kindersterblichkeit
Ziel 5: Verbesserung der Gesundheitsfürsorge der Mütter
Ziel 6: Bekämpfung von HIV / AIDS, Malaria und anderen schweren Krankheiten
Ziel 7: Ökologische Nachhaltigkeit
Ziel 8: Aufbau einer globalen Partnerschaft für Entwicklung

[...] Das bedeutet: Mehr Geld für eine qualitativ bessere Entwicklungshilfe, wirksamer Schuldenerlass, die Unterstützung von Regierungen, die die Armut in ihrem Entwicklungsland aktiv bekämpfen. Und es erfordert den Abbau von Handelshemmnissen, damit arme Länder eine echte Chance auf dem Weltmarkt haben.

http://www.un-kampagne.de (2015)

M3 Ausgaben für Entwicklungshilfe

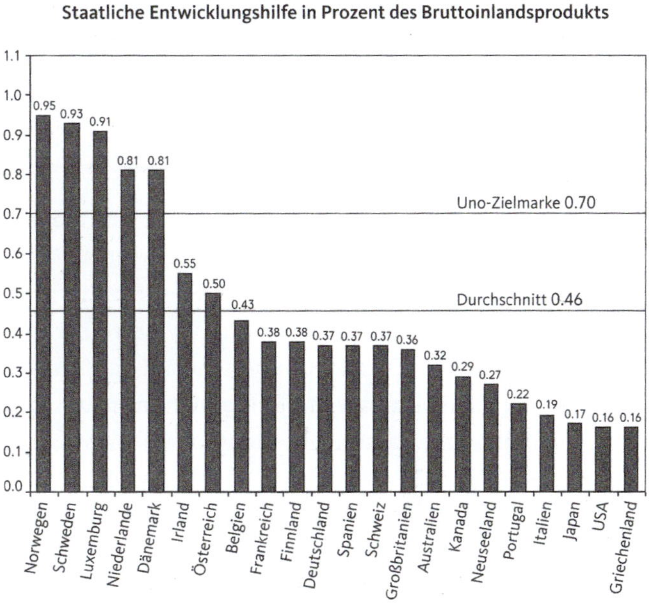

A

1 Erläutern Sie Amartya Sens Verständnis von Armut an Beispielen und nehmen Sie Stellung dazu. > M1

2 Informieren Sie sich über die Umsetzung der Millenniumsziele bis 2015 und über die 2016 beschlossenen UN-Ziele für nachhaltige Entwicklung. > M2

H

3 Bewerten Sie die Programme der UN zur Bekämpfung der globalen Armut und das finanzielle Engagement der reichen Geberländer auf der Basis von Amartya Sens (und Nussbaums) Befähigungsansatz. > M1–M3

Flucht und Migration

M1 Giorgios Christides: Rettungsinsel Europa?

[Anfang September 2020 sind durch einen Brand im Flüchtlingslager Moria auf der griechischen Insel Lesbos fast 13000 Menschen] von heute auf morgen obdachlos geworden. [...] Die Ursachen für die Feuersbrunst sind nicht vollständig geklärt. [...] [Vermutlich wurde] das Feuer [...] von Asylbewerbern als Reaktion auf [...] Corona-Quarantänemaßnahmen gelegt [...]. Sicher ist, dass mit Moria nicht nur ein Lager in Trümmern liegt, sondern die gesamte europäische Asylpolitik.

Die EU wollte Moria als Modell etablieren. In sogenannten Hotspots auf mehreren Mittelmeerinseln sollten Asylanträge innerhalb weniger Wochen geprüft werden. Anerkannte Flüchtlinge sollten auf EU-Staaten verteilt, Menschen ohne Schutzanspruch in die Türkei zurückgeschickt werden. So jedenfalls sah es das Migrationsabkommen vor, das die EU 2016 mit der Türkei geschlossen hatte.

Kaum etwas davon ist passiert. Statt die Gesuche von Asylbewerben rasch zu bearbeiten, hielten die griechischen Behörden die Schutzsuchenden zum Teil über Jahre auf Lesbos und anderen Ägäisinseln fest. Kaum ein Flüchtling [...] durfte weiterreisen nach Nordeuropa. Das Ergebnis ist, dass immer mehr Menschen sich auf der Insel stauten. Die EU nimmt für sich in Anspruch, nicht nur eine wirtschaftliche und politische, sondern auch eine moralische Macht zu sein. Auf Lesbos hat sie jede moralische Autorität eingebüßt. Es ist kein Zufall, dass Schutzsuchende in Moria eingesperrt, gedemütigt werden, keine Nachlässigkeit. Es ist Teil der europäischen Migrationspolitik. Wer Moria vor dem Brand durchquerte, erlebte einen der schmutzigsten und gefährlichsten Orte Europas. Die Menschen lebten hier auf engstem Raum unter Planen, Müll verrottete überall, Bäche waren durch Berge von Plastikflaschen verstopft. Durch die Coronakrise hat sich die Lage auf der Insel [...] [dann noch] weiter verschärft. Moria ist lange vor dem Brand zum Symbol für Europas Bigotterie geworden. [...] Seit 2014 hat die Europäische Union Griechenland rund 2,9 Milliarden Euro für die Unterbringung und Versorgung von Flüchtlingen überwiesen. Die Summe entspricht fast dem Halbjahresbudget des Uno-Flüchtlingshilfswerks (UNHCR), das für die ganze Welt zuständig ist. Trotzdem hat es Athen über all die Jahre versäumt, eine auch nur halbwegs belastbare Infrastruktur für Migrantinnen und Migranten aufzubauen, die eine solche Eskalation hätte verhindern können. Und auch in Brüssel hat offenbar nie jemand laut die Frage gestellt, wohin all die Milliarden Hilfsgelder geflossen sind. War es den Regierungen egal? Oder wollte niemand zu genau hinsehen – Hauptsache, es kommen keine Migranten aus dem Lager?

Politikberater Gerald Knaus, der als Architekt des EU-Türkei-Deals gilt, ist überzeugt, dass sich die Zustände in Moria nicht durch bloße Unfähigkeit der verantwortlichen Politiker erklären lassen. Er glaubt, dass die Europäer das Elend auf Lesbos bewusst in Kauf nehmen, um mögliche Neuankömmlinge abzuschrecken. Unstrittig ist, dass die Regierenden in Berlin, Paris, Brüssel froh waren, dass die Flüchtlinge in den vergangenen Jahren vor allem das Problem der anderen waren, der Griechen und der Italiener. Das Feuer in Moria hat ihrer Selbstlüge, wonach sich das Thema Migration auslagern lässt, ein Ende gesetzt.

Der Spiegel (2020)

M2 Clemens Sedmak: Drei Sätze über Geflüchtete

Der österreichische Philosoph und Theologe Clemens Sedmak (*1971) ist Leiter des Zentrums für Ethik und Armutsforschung der Universität Salzburg.

Flüchtlinge sind Menschen: Hinter jedem Flüchtlingsschicksal steht ein Gesicht, steht eine Geschichte, verbergen sich wohl viele Gesichter und viele Geschichten. Wir sprechen zwar von Zahlen, aber wir meinen: Menschen. [...] [U]nd gerade weil sie Menschen sind, können sie nicht wie Waren, die logistische Herausforderungen aufwerfen, behandelt werden; Waren werden registriert und gelagert; Menschen kann man nicht „lagern"; „Lager" sind keine menschengemäßen Formen der Unterbringung, schon gar nicht über eine kurzfristige Notsituation hinaus. [...]

Flüchtlinge verlassen ein Land: Flüchtlinge verlassen ein Land, das ihnen moralisch etwas schuldet, wenn man vom Begriff der Staatsbürgerschaft ausgeht; eine Grundaufgabe des Staates besteht darin, den Bürgerinnen und Bürgern dieses Staates Sicherheit zu geben und dafür zu sorgen, dass extreme Not vermieden werden kann. Ein Staat, der diese Grundaufgaben nicht erfüllt, ist dysfunktional; Notreisende befinden sich in Not, weil ein Staat nicht funktioniert und die Rahmenbedingungen für gelingendes Leben, das dezidiert auf Rahmenbedingungen und Strukturen angewiesen ist, nicht bereitstellt. [...] Wenn Menschen ein Land verlassen, verlassen sie auch eine Lebensform; sie verlassen ein Land und suchen nicht nur die Sicherung des nackten Überlebens, sie suchen einen Lebensplatz. Menschen sind Wesen, die auf einen Lebensplatz angewiesen sind. Ein Lebensplatz ist ein durch Bindungen konstituierter Raum, an dem Menschen bleiben und wachsen können. [...] Es sind Bindungen an Personen, aber auch an Rahmenbedingungen, an Arbeitgeber, an Sicherungssysteme, an Schutzstrukturen. Notreisende, die ein Land verlassen, brauchen einen Lebensplatz. [...]

Flüchtlinge überqueren Grenzen: [...] Grenzen erzeugen Erfahrungen von Unsicherheit; sie trennen ein Innen von einem Außen ab, wobei diese Trennung vielfach auch eine sprachliche Trennung ist. Wir überqueren eine Grenze und finden uns in einem fremden Land mit fremden Gebräuchen und einer unbekannten Sprache. Nahezu alle kennen die Erfahrung, in einem Land zu sein, dessen Sprache fremd ist; viele kennen die Erfahrung, in einem Land zu sein, dessen Schriftzeichen nicht den vertrauten Zeichen entsprechen. Das ist eine Erfahrung von Demütigung und Entwurzelung. Notreisende, die Grenzen überqueren, kommen als Entwurzelte an. *Drei Sätze und zwei Fische (2015)*

M3 Abkommen zum Schutz von Geflüchteten

Jeder hat das Recht, in anderen Ländern vor Verfolgung Asyl zu suchen und zu genießen.

Allgemeinen Erklärung der Menschenrechte der Vereinten Nationen (1948), Art. 14

Der Ausdruck „Flüchtling" [findet] auf jede Person Anwendung [...], die [...] aus der begründeten Furcht vor Verfolgung wegen ihrer Rasse, Religion, Nationalität, Zugehörigkeit zu einer bestimmten sozialen Gruppe oder wegen ihrer politischen Überzeugung sich außerhalb des Landes befindet, dessen Staatsangehörigkeit sie besitzt, und den Schutz dieses Landes nicht in Anspruch nehmen kann oder [...] will [...].

Abkommen über die Rechtsstellung der Flüchtlinge [Genfer Flüchtlingskonvention] (1951)

Geflüchtete – Migrantinnen und Migranten

Mit der inzwischen häufiger gewählten Bezeichnung *Geflüchtete* meint man Menschen, die im Asylrecht nach den Bestimmungen der Genfer Flüchtlingskonvention als verfolgte „Flüchtlinge" anerkannt werden. Personen, die ihre Lebensaussichten durch Auswanderung verbessern möchten, werden als *Migrantinnen und Migranten* bezeichnet.

A

1. Beschreiben Sie die Lebensverhältnisse der Menschen, die auf dem Bild erkennbar sind. > M1
2. Diskutieren Sie die europäische Flüchtlingspolitik im Jahr 2020 und informieren Sie sich über die aktuelle Situation in Bezug auf den Umgang mit Geflüchteten in der EU. > M1
3. Arbeiten Sie die ethischen und rechtlichen Konsequenzen heraus, die sich aus der Überlegungen Clemens Sedmarks und den internationalen Abkommen zum Schutz von Geflüchteten ergeben. > M2/M3

Wen aufnehmen? – Die kommunitaristische Sicht

M1 „Bitte aufmachen!"

An der deutsch-österreichischen Grenze (2015)

M2 Michael Walzer: Mitgliedschaft und Zugehörigkeit

Der US-Amerikaner Michael Walzer (*1935) ist einer der bedeutendsten Vertreter des Kommunitarismus, einer Richtung der politischen Philosophie, die die Gemeinschaft in den Mittelpunkt der Betrachtung rückt.

Welche Art von Gemeinschaft wollen die Bürger schaffen? Mit welchen anderen Männern und Frauen wollen sie ihre sozialen Güter teilen und austauschen? Dies sind genau die Fragen, die auch Vereinsmitglieder zu beantworten haben, wenn sie über Vereinsmitgliedschaften entscheiden, wenn es sich hier in aller Regel auch um eine minder große Gemeinschaft und eine schmalere Bandbreite von Sozialgütern handelt. In Vereinen wählen sich nur die Vereinsgründer selber (oder gegenseitig) aus; alle anderen Mitglieder werden von solchen ausgewählt, die bereits vor ihnen Mitglieder sind. Die Einzelnen mögen gute Gründe namhaft machen, derentwegen sie ausgewählt und aufgenommen werden sollten, aber kein Außenstehender hat einen Rechtsanspruch darauf, tatsächlich hineinzugelangen. Die Mitglieder entscheiden frei über ihre zukünftigen Gefährten, und die Entscheidungen, die sie treffen, sind autoritativ und letztinstanzlich. Nur wenn Vereine sich in kleinere Gruppen aufspalten und um das Vereinseigentum streiten, kann der Staat eingreifen und von außen eine Entscheidung darüber treffen, wer Mitglied ist und wer nicht. Wenn allerdings Staaten sich spalten, dann können keine Rechtsmittel eingelegt werden, ist keine Appellation möglich. Der Grund: eine höhere Instanz gibt es nicht. Das heißt, wir dürfen uns Staaten vorstellen als perfekte Vereine, deren Souveränität über ihre eigenen Auswahlprozesse unantastbar ist.

Wenn diese Beschreibung in Bezug auf Recht und Gesetz auch durchaus zutreffend ist, so wird sie dem moralischen Leben moderner politischer Gemeinschaften doch sehr viel weniger gerecht. Gewiss, viele Bürger fühlen sich verpflichtet, die Türen ihres Landes zu öffnen – vielleicht nicht für jeden, der den Wunsch hegt hereinzukommen, aber doch für eine bestimmte Gruppe von Außenstehenden, nämlich von solchen, die als nationale oder ethnische „Verwandte" angesehen werden. In diesem Punkt gleichen Staaten eher Familien als Vereinen, denn es ist ein Charakteristikum von Familien, dass ihre Mitglieder sich moralisch mit Menschen verbunden fühlen, die sie sich nicht ausgesucht haben und die außerhalb des eigenen Haushalts leben. [...]

Es gibt indes eine Gruppe von notleidenden Außenstehenden, deren Forderungen und Ansprüche [...] [nur durch Aufnahme] erfüllt werden können [...]. Die Gruppe, von der hier die Rede ist, ist die Gruppe der Flüchtlinge, mithin jener Menschen, denen es an einem nicht exportierbaren Gut mangelt, an der Zugehörigkeit, der Mitgliedschaft per se. Die Freiheit, die bestimmte Länder zu einer potenziellen Heimat für Männer und Frauen macht, deren politische Einstellung oder Religion dort, wo sie leben, nicht toleriert wird, auch sie ist nicht exportierbar. Zumindest kennen wir bislang keine Möglichkeit, sie zu exportieren. Diese Güter lassen sich nur innerhalb des geschützten Raumes eines speziellen Staates gemeinschaftlich besitzen und genießen. Gleichzeitig ist es aber keineswegs so, dass die Aufnahme von Flüchtlingen das Ausmaß der Freiheit, deren die Mitglieder innerhalb dieses Raumes sich erfreuen, automatisch verringerte. Die Forderung, welche die Opfer politischer oder religiöser Verfolgung anzumelden haben, ist somit absolut zwingend: Wenn ihr mich nicht aufnehmt, so sagen sie, dann werde ich von denen, die in meinem eigenen Land herrschen, getötet, verfolgt oder brutal unterdrückt. Was haben wir dem entgegenzusetzen? [...]

Manchen Flüchtlingen gegenüber können wir durchaus die gleichen Verpflichtungen haben wie unseren eigenen Mitbürgern gegenüber. [...] Es kann [...] sein, dass wir Menschen helfen müssen, die von jemand anderem verfolgt oder unterdrückt werden, weil sie sind wie wir. Ideologische Nähe kann genauso wie ethnische Verwandtschaft Bindungen auch über politische Grenzen hinweg erzeugen. [...] [S]olange die Zahl der Opfer gering ist, reicht das Prinzip der gegenseitigen Hilfeleistung aus, um die gleichen praktischen Resultate zu zeitigen; und wenn ihre Zahl wächst und wir genötigt sind, unter den Opfern auszuwählen, dann wird – legitimerweise – die jeweils engere Beziehung zu unserer eigenen Lebensweise als Kriterium dominieren. Wenn andererseits überhaupt keine Beziehung zu den einzelnen Opfern besteht und eher Antipathie als Affinität herrscht, dann gibt es keinen Grund, sie bei der Auswahl anderen, gleichermaßen in Not Geratenen gegenüber zu bevorzugen. *Sphären der Gerechtigkeit (1983)*

M3 Peter Singer: Entscheidungen in der Einwanderungspolitik

[N]ach Walzer [...] gleichen Staaten [...] Familien. Sie sind moralisch verpflichtet, die Tore ihres Landes vielleicht nicht jedem, der Einlass begehrt, zu öffnen, aber doch bestimmten Gruppen von Außenstehenden, die als nationale oder ethnische „Verwandte" angesehen werden. Walzer bedient sich der Familienanalogie derart, um für das Prinzip der Familienzusammenführung als Grundlage der Einwanderungspolitik zu plädieren. Wo es jedoch um Flüchtlinge geht, ist dies nicht sehr hilfreich. [...] Die Aufnahme eines Fremden in die eigene Familie könnten wir als einen Akt betrachten, der über die Forderung nach gegenseitiger Hilfe hinausgeht; aber die Aufnahme eines Fremden oder auch vieler Fremder in ein Gemeinwesen bedeutet eine weitaus kleinere Bürde. [...] Gemäßigt liberale Regierungen, die bereit sind, zumindest auf einige humanitäre Regungen Rücksicht zu nehmen, handeln ziemlich genau nach Walzers Vorschlägen. Sie meinen, dass einem Gemeinwesen das Recht zur Entscheidung über die Aufnahme zusteht; zuerst werden Forderungen nach Familienzusammenführung erfüllt und dann solche von Menschen, die der ethnischen Gemeinschaft der Nation nicht angehören – vorausgesetzt der Staat besitzt überhaupt eine ethnische Identität. Die Aufnahme von Notleidenden ist ein *„ex-gratia"-Akt**. Gewöhnlich wird das Asylrecht respektiert, solange die Bewerberzahlen vergleichsweise niedrig bleiben. Flüchtlinge haben aber keinen wirklichen Anspruch auf Aufnahme, es sei denn, es gelingt ihnen, an ein Gefühl politischer Verbundenheit zu appellieren, und sie sind auf die Barmherzigkeit des Aufnahmestaates angewiesen. Im Großen und Ganzen stimmt all dies mit der Einwanderungspolitik westlicher Demokratien überein. [...]

Diese Auffassung mag populär sein, aber ihr kommt keine selbstverständliche moralische Gültigkeit zu. In der Tat scheint sie mit anderen Betrachtungsweisen in Konflikt zu geraten, die, wenn man nach dem, was die Leute sagen, urteilen kann, zumindest ebenso weit verbreitet sind, einschließlich des Glaubens an die Gleichheit aller Menschen und der Zurückweisung von Prinzipien, wodurch Menschen aufgrund ihrer Rasse und nationalen Zugehörigkeit diskriminiert werden. *Praktische Ethik (1984; 2. Auflage 1994)*

A

1 Diskutieren Sie, ob ein Staat eine moralische Verpflichtung hat, alle (notleidenden) Menschen, die an seiner Grenze Einlass begehren, aufzunehmen. > M1

2 Rekonstruieren Sie Michael Walzers Position in der Migrationsfrage. > M2

3 Beurteilen Sie auf der Grundlage der Ausführungen Peter Singers den „ex-gratia"-Ansatz in der Einwanderungspolitik. > M3

Mitgliedschaft aus präferenzutilitaristischer Sicht

M1 Peter Singer: Der Bunker – ein Gedankenexperiment

Es ist Februar [...], und die Welt schätzt den Schaden ab, den der Atomkrieg im Nahen Osten gegen Ende des vorigen Jahres anrichtete. Weltweit ist jetzt und etwa für die nächsten acht Jahre der Messwert der Radioaktivität so hoch, dass nur die Menschen, die in Atombunkern aushalten, sicher sein können, einigermaßen gesund zu überleben. Für die anderen [...] sind die Aussichten düster. Aller Wahrscheinlichkeit nach werden in den nächsten zwei Monaten 10% an Strahlenkrankheiten sterben; von weiteren 30% ist zu erwarten, dass sie sich innerhalb von fünf Jahren tödliche Krebserkrankungen zuziehen [...]. Natürlich gehören die zu den Glücklichen, die weitsichtig genug waren, sich in die Atombunker einzukaufen, welche Immobilienspekulanten angesichts der wachsenden internationalen Spannungen [...] gebaut hatten. Die meisten dieser Bunker wurden als unterirdische Dörfer konzipiert, und jedes verfügt über ausreichende Räumlichkeiten und Vorräte für die Bedürfnisse von 10000 Menschen über einen Zeitraum von zwanzig Jahren. [...]

Die Nachricht, dass es nicht nötig sein werde, sehr viel länger als acht Jahre in den Bunkern auszuharren, ist selbstverständlich von den Mitgliedern einer unter der Erde lebenden Gemeinschaft mit dem Namen „Hafen der Fairness" freudig aufgenommen worden. Aber sie hat auch zu den ersten ernsten Spannungen zwischen ihnen geführt. Denn über dem Schacht, der zum „Hafen der Fairness" hinabführt, halten sich Tausende auf, die sich in keinen der Bunker eingekauft haben. Diese Menschen kann man über Fernsehkameras am Eingang sehen und hören. Sie bitten um Aufnahme. Sie wissen, wenn man sie schnell in einen Bunker aufnimmt, werden sie den schlimmsten Auswirkungen der radioaktiven Strahlung, der sie ausgesetzt sind, entgehen. Zunächst, bevor bekannt war, wie lange es bis zur sicheren Rückkehr nach draußen dauern würde, erhielten diese Bitten so gut wie keine Unterstützung aus dem Bunker. Jetzt jedoch spricht viel mehr dafür, wenigstens einige aufzunehmen. Da die Vorräte nur acht Jahre reichen müssen, werden sie auch mehr als die doppelte Zahl der Menschen, die gegenwärtig in den Bunkern leben, ernähren können. Die Unterbringung der Leute bereitet kaum größere Probleme: „Hafen der Fairness" [...] verfügt über Tennisplätze, Swimmingpools und eine große Sporthalle. [...] [Es wäre] möglich, einfachen, aber angemessenen Schlafraum für all die zu schaffen, die mit den gestreckten Vorräten ernährt werden können.

Es fehlt denen draußen jetzt also nicht an Fürsprechern drinnen. Die radikalsten, die von ihren Gegnern als die „Herzensguten" bezeichnet werden, schlagen vor, dass der Bunker zusätzlich 10000 Menschen aufnehmen solle – so viele, wie man darin nach vernünftigen Schätzungen bis zu einer sicheren Rückkehr nach draußen ernähren und unterbringen könne. Dies würde bedeuten, dass man allen Luxus beim Essen und bei den gemeinschaftlichen Einrichtungen aufgäbe; aber die Herzensguten verweisen darauf, dass das Los der Menschen draußen weit schlimmer sein werde. Unter den Gegnern der Herzensguten sind manche, die nachdrücklich geltend machen, dass die draußen im allgemeinen ein Menschenschlag minderen Wertes seien, denn sie wären entweder nicht weitsichtig oder nicht reich genug gewesen, um in einen Bunker zu investieren; folglich würden sie, so die Behauptung, im Bunker soziale Probleme verursachen, da sie das Gesundheitswesen, die Sozialhilfe und das Bildungsangebot zusätzlich beanspruchten und zu einer steigenden Verbrechensrate und Jugendkriminalität beitrügen. Die Gegner einer Aufnahme von Außenstehenden finden auch Unterstützung bei einer kleinen Gruppe, die meint, es wäre ungerecht gegenüber denjenigen, die sich in den Bunker eingekauft hätten, wenn andere, ohne zu bezahlen, daraus Vorteil zögen. Diese Gegner einer Aufnahme Außenstehender können sich Gehör verschaffen, aber es sind nur wenige; ihre Zahl erhöht sich allerdings beträchtlich durch die vielen, die lediglich sagen, dass Tennis und Schwimmen ihnen wirklich Spaß mache und dass sie beides nicht aufgeben wollten.

Zwischen den Herzensguten und den Gegnern einer Aufnahme von Außenstehenden gibt es eine Zwischengruppe: diejenigen, die meinen, in einem außerordentlichen Akt von Wohlwollen und Mildtätigkeit sollten einige von draußen aufgenommen werden, aber nicht so viele, dass dies zu einer wesentlichen Veränderung der Lebensqualität im Bunker führe. Sie schlagen vor, ein Viertel der Tennisplätze in Schlafräume umzuwandeln und einen kleinen öffentlichen Platz, der ohnehin nur wenig genutzt werde, aufzugeben. Dadurch könnten weitere 500 Menschen untergebracht werden; eine vernünftige Zahl nach Meinung der selbsternannten „Gemäßigten", groß genug, um die Betroffenheit des „Hafens" angesichts der Misere derjenigen zu zeigen, die weniger Glück haben als dessen eigene Mitglieder.

Ein Volksentscheid findet statt. Drei Vorschläge werden vorgelegt: 10 000 von draußen aufnehmen, 500 von draußen aufnehmen, niemanden von draußen aufnehmen. Für welchen würden Sie stimmen?

M2 Peter Singer: Das Prinzip der gleichen Interessenabwägung in der Flüchtlingsfrage

Ein Konsequentialist würde [...] die Meinung vertreten, dass die Einwanderungspolitik eindeutig von den Interessen sämtlicher Betroffenen auszugehen hat. Wo die Interessen verschiedener Gruppen miteinander in Konflikt treten, sollten wir alle in gleichem Maß berücksichtigen, was bedeuten würde, dass dringlichere und grundlegendere Interessen Vorrang vor weniger grundlegenden hätten. Wenn man nach dem Prinzip der gleichen Interessenabwägung verfährt, so ist der erste Schritt, diejenigen auszumachen, deren Interessen betroffen sind. Die erste und offenkundigste Gruppe sind die Flüchtlinge selbst. Um ihre dringlichsten und grundlegendsten Interessen geht es offenbar. Das Leben in einem Flüchtlingslager bietet höchstens Aussicht auf ein bloßes Weiterexistieren und bisweilen nicht einmal das. [...] Gleichzeitig haben Flüchtlinge, die in einem neuen Land Aufnahme finden, eine gute Chance, sich dort niederzulassen und ein so zufriedenes und erfülltes Leben zu führen wie die Mehrzahl von uns. [...]

Die nächste ganz unmittelbar betroffene Gruppe sind die Einwohner des Aufnahmelandes. Inwieweit sie betroffen sind, hängt davon ab, wie viele Flüchtlinge eingelassen werden, wie gut sie sich in die Gemeinschaft einfügen, in welchem Zustand sich die Wirtschaft des Landes augenblicklich befindet und so weiter. [...] Wir sollten nicht von vornherein annehmen, dass es den Einwohnern des Aufnahmelandes in der Folge schlechter geht: die Aufnahme von Flüchtlingen in großem Maßstab kann zu wirtschaftlichem Aufschwung führen [...].

Für die hochentwickelten Länder wäre es ein leichtes, ihre moralischen Verpflichtungen Flüchtlingen gegenüber besser zu erfüllen als bisher geschehen. Es gibt keinen objektiven Grund für die Annahme, dass [etwa] eine Verdopplung des Kontingents [für die Aufnahme von Flüchtlingen] ihnen in irgendeiner Form schaden würde. Eher spricht heute vieles, nicht zuletzt die Erfahrung der Vergangenheit, dafür, dass sie und ihre jetzige Bevölkerung daraus wahrscheinlich Nutzen ziehen würden. [...]

Wie hätten Sie beim Referendum im „Hafen der Fairness" [...] abgestimmt? [...] Wenn Sie unter den gegebenen Umständen mit den Herzensguten gestimmt hätten, dann fällt es schwer zu glauben, dass Sie mit der Schlussfolgerung, reiche Länder sollten weit mehr Flüchtlingen als heute ihre Tore öffnen, nicht einig gehen. Denn die Lage der Flüchtlinge ist kaum besser als die der von radioaktiver Strahlung bedrohten Menschen vor dem Bunker, und der Luxus, den wir unsererseits aufzugeben hätten, ist gewiss um nichts größer. *M1/M2 Praktische Ethik (1984; 2. Auflage 1994)*

A

1 Beantworten Sie Singers Frage am Ende des Gedankenexperimentes und begründen Sie Ihre Entscheidung. > M1

2 Vergleichen Sie Peter Singers Position (vgl. auch S. 148f.) in der Einwanderungsfrage mit der Michael Walzers (S. 360f.) und nehmen Sie Stellung. > M2

Grenzen offen halten oder schließen?

M1 Arash Abizadeh: Ein liberales Argument für offene Grenzen

Der iranisch-kanadische Philosoph Arash Abizadeh (*1970) ist Professor an der Universität Montreal.

Das demokratische Recht der Selbstbestimmung wird oft so verstanden, dass eine politische Gemeinschaft das Recht hat, ihre eigene Grenzpolitik zu bestimmen, frei von äußerer Einmischung und von den moralischen Ansprüchen von außerhalb. Aber diese Position beruht auf einem falsch verstandenen Konzept demokratischer Theorie. [...]. Die Frage ist, ob die [...] Unterscheidung zwischen Bürgern und Fremden, die eine ungleiche Behandlung durch den Staat legitimiert, wie beispielsweise auch den Grenzübertritt, mit der egalitär liberalen Konzeption der Menschenrechte kompatibel ist. [...]

[In Bezug auf] das Recht von Flüchtlingen, insbesondere von Personen, die aus ihrem Land fliehen und Angst haben zurückzukehren, weil sie ihr Leben oder Grundfreiheiten bedroht sehen [...] [, wird] argumentiert, dass die Verpflichtung zu menschlicher Hilfe von Staaten auf einer moralischen Ebene verlangt, den Eintritt solcher Menschen auf ihr Territorium zuzulassen. [...] [Ein zentrales Argument, das die Forderung nach offenen Grenzen stützt,] appelliert an die Bedeutung der Freiheit [...]. [Es gibt] einige grundlegende Freiheiten [...], die nur zum Schutz grundlegender Freiheiten eingeschränkt werden dürften. Das sind die Freiheiten, die die Bürgerrechte schützen, vor allem das Recht auf freie Meinungsäußerung. Die Bewegungsfreiheit wird auch als eine dieser grundlegenden Freiheiten betrachtet, denn ohne diese könnten Individuen nicht ihre eigenen Zwecke und Interessen verfolgen – es handelt sich hier nicht nur um eine grundlegende Freiheit, sondern auch um eine wichtige Bedingung, andere Freiheiten zu garantieren. Deswegen erkennen liberale Demokratien ein Bürgerrecht auf Bewegungsfreiheit im eigenen Territorium an. Daher ist das erste wichtige liberale Argument für eine starke Annahme offener Grenzen, dass diese genannten Überlegungen auch ein grundlegendes Menschenrecht auf Bewegungsfreiheit über Staatsgrenzen hinweg legitimieren.

Geschlossene Grenzen, Menschenrechte und demokratische Legitimation (2012)

M2 David Miller: Notwendige Beschränkungen

David Leslie Miller (*1946) ist ein britischer politischer Philosoph und Sozialwissenschaftler.

Ich werde zwei Punkte betrachten. Der erste betrifft Flüchtlinge [...]. Beim zweiten Punkt geht es um Diskriminierung in der Einwanderungspolitik. [...] Menschen, deren grundlegende Rechte in dem Land, in dem sie sich zurzeit aufhalten, bedroht oder verletzt werden, haben eindeutig das Recht, an einen Ort zu ziehen, der ihnen größere Sicherheit bietet. *Prima facie** haben Staaten daher eine Pflicht, Flüchtlinge aufzunehmen, sogar „Flüchtlinge" in einem Sinn, der über die verbreitete enge Definition hinausgeht und auch Menschen einschließt, deren Rechte auf das Lebensnotwendige, auf grundlegende Gesundheitsversorgung usw. nicht erfüllt sind. Aber das muss nicht heißen, dass sie als dauerhafte Einwanderer zu behandeln sind. Man kann ihnen vorübergehend Zuflucht in Staaten gewähren, die in der Lage sind, sie zu schützen, und sie dann auffordern, in ihre Heimatstaaten zurückzukehren, wenn die Gefahr vorüber ist. Statt Wanderungsbewegungen in ferne Länder zu unterstützen, mag es zudem die bessere Lösung sein, für Flüchtlinge Sicherheitszonen in der Nähe ihrer Heimat einzurichten und dann direkt bei den Ursachen der Rechtsverletzungen anzusetzen – etwa indem Nahrung und medizinische Versorgung geschickt werden oder durch militärische Intervention ein Regime beseitigt wird, das sich des Völkermords schuldig macht. Offensichtlich besteht hier das Risiko, dass die vorübergehende Lösung zu einem Dauerzustand wird, und das ist inakzeptabel, weil den Flüchtlingen mehr zusteht als bloß der unmittelbare Schutz ihrer grundlegenden Rechte – sie haben ein Anrecht auf die Chance, etwas aus ihrem Leben zu machen. [...]

Wenn kein Schutz vor Ort möglich ist, stellt sich die Frage, *welcher* Staat die Flüchtlinge aufnehmen sollte. Es liegt nahe, die Verpflichtung als eine zu verstehen, die all jenen Staaten, die in der Lage sind, Zuflucht zu bieten, kollektiv zukommt, und in einer idealen Welt könnte man sich ein formelles Verfahren vorstellen, nach dem die Flüchtlinge verteilt werden. Die Schwierigkeiten, ein derartiges Verteilungssystem zu entwickeln, sind jedoch enorm. [...] [Man müsste] wohl mit einfachen und relativ unkontroversen Kriterien beginnen wie etwa der Bevölkerungszahl oder Bruttonationaleinkommen pro Kopf. Das lässt jedoch viele andere Faktoren außer Acht, wie etwa Bevölkerungsdichte, das Gesamtausmaß der Einwanderung in jedem einzelnen Land, kulturelle Faktoren, welche die Aufnahme bestimmter Flüchtlingsgruppen besonders erleichtern bzw. erschweren und dergleichen mehr [...]. Das vorgeschlagene Quotensystem nimmt zudem keine Rücksicht darauf, wo die Flüchtlinge selbst um Zuflucht ersuchen wollen; es sei denn, es wird durch eine Ausgleichsregelung ergänzt, wonach Staaten, die mehr Flüchtlinge aufnehmen als ihre Quote vorschreibt, finanzielle Transfers erhalten von Staaten, die weniger aufnehmen.

Realistischerweise muss Staaten deshalb erhebliche Autonomie bei ihren Entscheidungen über einzelne Asylgesuche zugestanden werden; sie sind berechtigt, neben der Wahl, die der Flüchtling selbst getroffen hat, eine Reihe weiterer Faktoren zu berücksichtigen: die Gesamtzahl eingegangener Asylgesuche; die Belastung, die eine kurz- oder langfristige Aufnahme von Flüchtlingen für die bestehende Bevölkerung mit sich bringen wird [...]. Es stoßen hier schlicht zwei konfligierende moralische Intuitionen aufeinander: Einerseits ist jeder Flüchtling eine Person mit grundlegenden Menschenrechten, die Schutz verdienen; andererseits kommt die Verantwortung dafür den Staaten in einer Weise kollektiv zu, die es uns nicht zu sagen erlaubt, irgendein bestimmter Staat sei verpflichtet, den Flüchtling F aufzunehmen. Für jeden Staat kommt der Punkt, an dem er berechtigt ist zu sagen, er habe genug für die Bewältigung der Flüchtlingskrise getan. [...]

Die zweite Frage betrifft die unterschiedliche Behandlung von Migranten, die keine Flüchtlinge sind. Derzeit orientieren sich Staaten bei ihren Aufnahmeentscheiden an einer Vielzahl unterschiedlicher Kriterien, wählen also faktisch die Menschen aus, die sie aufnehmen wollen. Lässt sich das rechtfertigen? Nun, wenn Staaten [...] berechtigt sind, eine obere Grenze für die Zahl von Menschen festzusetzen, die sie aufnehmen, kommen sie nicht darum herum, in irgendeiner Weise eine Auswahl zu treffen [...]. Welche Kriterien können sie dabei legitimerweise anwenden? Ich meine, dass Aufnahmeländer berechtigt sind, neben der Stärke des Anspruchs, den ein Migrant hat, auch darauf abzustellen, welchen Gewinn sie selbst aus seiner Aufnahme ziehen würden. Es ist daher zulässig, Personen den Vorzug zu geben, deren kulturelle Werte denen der bestehenden Bevölkerung näher sind – beispielsweise jenen Menschen, die bereits die Landessprache sprechen. [...] Nächste Priorität haben jene, die Kompetenzen und Talente mitbringen, an denen in der aufnehmenden Gemeinschaft ein Bedarf besteht. [...] Was sich unter gar keinen Umständen rechtfertigen lässt, ist Diskriminierung auf der Grundlage von Rasse, Geschlecht oder, was am häufigsten vorkommt, Religion – Religion könnte nur da ein einschlägiges Kriterium sein, wo sie immer noch ein wesentliches Element der öffentlichen Kultur bildet, wie etwa im Fall von Israel.

Einwanderung. Das Argument für Beschränkungen (2012)

A

1 Erarbeiten Sie die Argumente Arash Abizadehs und David Millers zur Frage der Aufnahme von Geflüchteten und Migrantinnen und Migranten. > M1/M2

2 Nehmen Sie auf der Basis der Argumente Stellung zur Frage, welche Verpflichtungen ein Staat gegenüber Geflüchteten und Migrantinnen und Migranten hat. > M1/M2

Krieg als ewige Fluchtursache

M1 Mit Gewalt vertrieben

Krieg ist weltweit die zentrale Fluchtursache. Laut Angaben des Flüchtlingshilfswerks der Vereinten Nationen UNHCR gab es im Jahr 2015 fast 68,5 Millionen Menschen, die aufgrund bewaffneter Konflikte und Gewalt von ihrem Zuhause vertrieben waren. In den letzten zehn Jahren haben sich die Flüchtlingszahlen aufgrund von Krieg und Gewalt fast verdoppelt. Und in allen zehn Staaten, die 2017 die größten Fluchtbewegungen zu verzeichnen hatten, herrschte Krieg oder ein bewaffneter Konflikt.

Als mit dem Fall der Mauer in Deutschland die Nachkriegsordnung, die die Welt seit Ende des Zweiten Weltkriegs dominierte, zusammenbrach, schien eine Ära des Friedens weltweit möglich. [...] Nun, ein Vierteljahrhundert später, hat sich diese Hoffnung auf Frieden als trügerisch erwiesen. Anstelle der alten Ordnung, die unterschiedliche Konflikte entlang der Ost-West-Achse sortierte und einhegte, leben wir heute in Zeiten einer neuen Unordnung, in der sich lokale Konflikte sehr schnell in unübersichtliche internationale Konflikte mit einer unüberschaubaren Zahl an ausländischen Akteuren verwandeln. Der Syrien-Konflikt steht dafür geradezu beispielhaft mit den USA, Russland, Saudi-Arabien, Iran und der Europäischen Union als Beteiligte, die entweder direkt oder indirekt in die kriegerischen Auseinandersetzungen involviert sind. [...]

Während des Kalten Krieges gab es verheerende Stellvertreterkriege, die viele zivile Opfer forderten. Mit den USA und der Sowjetunion waren jedoch die internationalen Player überschaubar. Dem Konflikt zugrunde lagen unterschiedliche Ideologien und Systeme. Mit dem Ende dieses Konflikts der „Supermächte" gelang es, manche der Stellvertreterkriege zu befrieden. So zum Beispiel in Angola und Mozambique. Andere jedoch verwandelten sich nach kurzer Atempause wieder in Konfliktzonen, in denen die Weltordnung, die von einer Globalisierung der kapitalistischen Wirtschaft geprägt ist, mit kriegerischen Mitteln neu ausgefochten wird. Einschneidende Ereignisse in diesem Sinne sind die US-amerikanisch geführte Intervention in Afghanistan nach dem Anschlag auf das World Trade Center in New York im Jahr 2001, der ebenfalls von den USA angeführte Krieg gegen das diktatorische Regime im Irak 2003, die internationale Libyen-Intervention 2011, der kriegerische Konflikt in der Ost-Ukraine [...].

Die Folgen dieser Entwicklung sind fatal: Allein aus der umkämpften Ost-Ukraine brachten sich bis zu zwei Millionen Menschen in Sicherheit, aus Syrien weit über sechs Millionen. In Kriegsregionen wie Afghanistan oder Somalia dauert das Flüchtlingsschicksal schon seit Generationen an. Hunderttausende Somalis leben zum Beispiel seit den 1990er-Jahren in Dadaab, einem der größten Flüchtlingslager der Welt, in der Wüste im benachbarten Kenia. Die fortgesetzte Verfolgung und brutale Vertreibung der muslimischen Minderheit der Rohingya aus Myanmar hat in Bangladesch riesige Flüchtlingslager entstehen lassen. Dort leben aktuell über eine Million Rohingya unter menschenunwürdigen Bedingungen. Es zeichnet sich bei all den genannten Konflikten ab, dass eine Lösung nicht in Sicht ist, da sie eines politischen Willens aller Beteiligten bedürfte, eigene politische und ökonomische Interessen hintanzustellen, um zu einer Befriedung zu gelangen. Vom Frieden gar nicht zu reden.

medico.de (2019)

M2 Carl von Clausewitz: Politik und Krieg

Carl von Clausewitz (1780-1831) war ein preußischer General und Militärtheoretiker.

Der Krieg ist ein Akt der Gewalt, um den Gegner zur Erfüllung unseres Willens zu zwingen. [...] [Er ist] ein wahres politisches Instrument [...], eine Fortsetzung des politischen Verkehrs, ein Durchführen desselben mit anderen Mitteln. [...] [D]ie politische Absicht ist der Zweck, der Krieg ist das Mittel, und niemals kann das Mittel ohne Zweck gedacht werden.

Was ist Krieg? (1832/1834)

M3 Constantin Brunner: Das Ringen der Völker

Der in Hamburg geborene Philosoph Constantin Brunner (1862–1937) emigrierte wegen seiner jüdischen Abstammung 1933 in die Niederlande.

Man weiß oft nicht, wie es zu den Kriegen kommt [...]. Es soll Leute geben, denen immer noch [...] die Kriegserklärung fehlt. Was soll man sagen? [...]. Im Krieg der Völker tritt die unbändig egoistische, machtlüsterne, gewalttätige Grundnatur des Menschen ungehemmt in die Erscheinung. Das soll man sagen. [...] [D]ie Staaten gegeneinander zeigen uns vorübergehend den Naturstand [...]. Soweit möglich, fressen die großen und starken Völker die kleinen und schwachen, und jedes Volk übt im Kriege die auf keinerlei Rechtsvertrag und auf nichts Rücksicht nehmende, keine Folgen bedenkende, mit den Menschen, mit den Völkern spielende vernunftlose Gewalt, von der auch die Vernunfterzeugnisse und zuletzt die ganze Vernunft aufs Spiel gesetzt wird. Im Krieg benützen wir „den Fortschritt der Menschheit", vor allem in den Werkzeugen und in der Technik, zur hintertückischen Vernichtung von Menschenleben; unsre Schlauheit bringt uns um. Die Vernunft des Menschen hat diese Technik hervorgebracht, um dem Menschen zu nützen: die Unvernunft des Menschen bringt (nicht allein nur in diesem Falle) die Vernunft um ihren Sinn und bedient sich dessen, was – in den meisten Fällen unnötigen – Nutzen bringt, um dem Menschen unermesslichen Schaden zu bringen, so dass der Missbrauch der Vernunft größer wird als der Gebrauch. [...] In diesem Ringen der blutigen Völker [...] [kann] es keinen Sieger geben [...].

Die vernunftlose Gewalt des Krieges (1933)

M4 Alexander Mitscherlich: Frieden – ein bloßes Wort?

Alexander Mitscherlich (1908–1982) lehrte Psychoanalyse an der Universität Frankfurt.

Zwar gehört das Wort „Weltfrieden" in die Gebetsmühlen politischer Kommuniqués, wird es unzählige Male ausgesprochen und niedergeschrieben, aber die Versuche, zu einer Strukturvorstellung zu kommen, wie ein solches weltweites Leben in Frieden auszusehen hätte, sind demgegenüber äußerst spärlich. [...]

[Es lässt sich] die Frage stellen, ob nicht [...] die unablässige Beschwörung eines Weltfriedens Spuren verwischen soll, und zwar die Spuren davon, dass uns eine derartige Aussicht zunächst zwar lockt, dann aber auch erschreckt. Das Gefühl, der Möglichkeit kollektiver aggressiver Äußerungen beraubt zu sein, wird unbewusst als ein äußerst bedrohlicher, schutzloser Zustand aufgefasst; das reflektiert sich auch in der vagen Unlust, mehr als deklamatorisch sich mit dem Frieden zu befassen, und mag einer der Gründe sein, warum das Wort Weltfrieden in so manchem Munde hohl und unaufrichtig klingt. Aber mehr noch: es ist [...] eine Friedenswissenschaft im Entstehen; in deren Journalen [...] sucht man nahezu vergebens nach Beiträgen über ein auch psychologisch relevantes Strukturmodell friedlicher Ordnung, findet stattdessen Berichte über Rüstungswettlauf, über die elaborierten Eskalationsspiele der Planer des dritten Weltkrieges, über den „protracted conflict*", d. h. die Perversion eines permanenten Kriegszustandes.

Die Idee des Friedens und die menschliche Aggressivität (1969)

A

1. Führen Sie Recherchen zu aktuellen Kriegen durch und stellen Sie die Folgen dieser Kriege für die Bevölkerung dar. > M1
2. Vergleichen und beurteilen Sie Carl von Clausewitz' und Constantin Brunners Auffassung von Krieg. > M2/M3
3. Nehmen Sie Stellung zu Alexander Mitscherlichs Ausführungen über den Frieden und zur Aussage der Karikatur. > M4

Kants Idee der Friedensstiftung

zu M1: Kant, S. 368-373

M1 Immanuel Kant: Zum ewigen Frieden

Kants Friedensschrift hat die äußere Form eines Friedensvertrags. Nach einer Vorbemerkung werden zunächst in Verbotsform Vorbedingungen des Friedens genannt (Präliminarartikel*, von lat. *präliminar*: vorläufig), dann folgen in Gebotsform die Bestimmungen, die endgültig zum Frieden führen (Definitivartikel*, von lat. *definitiv*: endgültig).

Zum ewigen Frieden

Ob diese satirische Überschrift auf dem Schilde jenes holländischen Gastwirts, worauf ein Kirchhof gemalt war, die *Menschen* überhaupt, oder besonders die Staatsoberhäupter, die des Krieges nie satt werden können, oder wohl gar nur die Philosophen gelte, die jenen süßen Traum träumen, mag dahingestellt sein. [...]

Erster Abschnitt, welcher die Präliminarartikel zum ewigen Frieden unter Staaten enthält:

1. *„Es soll kein Friedensschluss für einen solchen gelten, der mit dem geheimen Vorbehalt des Stoffs zu einem künftigen Kriege gemacht worden."*

Denn alsdann wäre er ja ein bloßer Waffenstillstand, Aufschub der Feindseligkeiten, nicht Friede, der das Ende aller Hostilitäten* bedeutet [...].

Zum ewigen Frieden (1795)

M2 Volker Gerhardt: Kriegslüsterne Staatsoberhäupter

Volker Gerhardt (*1944) lehrt Philosophie an der Humboldt-Universität zu Berlin. Zu seinen Forschungsschwerpunkten gehören die Ethik und die Politische Philosophie.

In Kants beiläufiger Vorbemerkung hat das Schild des witzigen holländischen Gastwirts drei mögliche Adressaten:

Es könnte erstens an die Menschen überhaupt gerichtet sein. Das würde bedeuten, dass der Friede erst dann einziehen wird, wenn auch die Menschheit ihr Ende gefunden hat, wenn alle Menschen „in Frieden ruhen". Nach diesem Verständnis wäre der Krieg ein unausrottbares Merkmal der menschlichen Gattung, Friede aber nichts als eine Illusion. [...] Doch wenn dem so wäre, bedürfte es keiner Schrift gegen den Krieg. [...]

Die zweiten Adressaten könnten die Staatsoberhäupter sein – und zwar jene, „die des Krieges nie satt werden können" [...], die kriegslüsternen Potentaten. Das wären alle auf Eroberung und Machtgewinn setzenden Politiker, genauer: alle jene, die [...] von einem falschen Verständnis von Politik ausgehen. [...]

Die dritte Lesart des Schildes ist, dass es den Frieden erst dann gibt, wenn alle Philosophen zur ewigen Ruhe gekommen sind. [...] Der [von ihnen] mit Argumenten ausgetragene Streit sorgt aber für „ein entschiedenes Übergewicht der praktischen Gründe über die Gegengründe" und trägt somit dazu bei, die Verständigung zu fördern, die Gewalt einzudämmen und schließlich auch den politischen Frieden zu sichern. [...]

Also dürfen wir den in der Vorbemerkung auf die Philosophen gelenkten Verdacht als einen rhetorischen Kunstgriff ansehen, der durch Stilisierung einer abwegigen Annahme den tatsächlich Schuldigen ins Blickfeld rückt: Der fortdauernde Kriegszustand kann weder der Menschheit als ganzer noch den Philosophen zur Last gelegt werden; die Urheber der Kriege sind allein die „praktischen Politiker", somit „die Staatsoberhäupter, die des Krieges nie satt werden können". [...] Dass er die Inschrift auf dem Schild des Gastwirts tatsächlich wohl auf [sie] bezieht, wird schon wenig später deutlich, wenn er dem von unverständigen und verantwortungslosen Machthabern betriebenen „Ausrottungskrieg" die Perspektive setzt, „den ewigen Frieden nur auf dem großen Kirchhofe der Menschengattung" stattfinden lassen zu können.

Immanuel Kants Entwurf „Zum ewigen Frieden" (1995)

M3 Immanuel Kant: Friedliebende Republiken?

Erster Definitivartikel zum ewigen Frieden
„Die bürgerliche Verfassung in jedem Staate soll republikanisch sein."*

Die erstlich nach Prinzipien der Freiheit der Glieder einer Gesellschaft (als Menschen), zweitens nach Grundsätzen der *Abhängigkeit* aller von einer einzigen gemeinsamen Gesetzgebung (als Untertanen) und drittens die nach dem Gesetz der *Gleichheit* derselben *(als Staatsbürger)* gestiftete Verfassung – die einzige, welche aus der Idee des ursprünglichen Vertrags hervorgeht, auf der alle rechtliche Gesetzgebung eines Volks gegründet sein muss – ist die *republikanische.* [...] Nun ist nur die Frage: ob sie auch die einzige ist, die zum ewigen Frieden hinführen kann. [...]
[Die] republikanische Verfassung [hat] außer der Lauterkeit ihres Ursprungs, aus dem reinen Quell des Rechtsbegriffs entsprungen zu sein, noch die Aussicht in die gewünschte Folge, nämlich den ewigen Frieden; wovon der Grund dieser ist. – Wenn (wie es in dieser Verfassung nicht anders sein kann) die Beistimmung der Staatsbürger dazu erfordert wird, um zu beschließen, ob Krieg sein solle, oder nicht, so ist nichts natürlicher, als dass, da sie alle Drangsale des Krieges über sich selbst beschließen müssten (als da sind: selbst zu fechten, die Kosten des Krieges aus ihrer eigenen Habe herzugeben; die Verwüstung, die er hinter sich lässt, kümmerlich zu verbessern; zum Übermaße des Übels endlich noch eine den Frieden selbst verbitternde, nie (wegen naher, immer neuer Kriege) zu tilgende Schuldenlast selbst zu übernehmen), sie sich sehr bedenken werden, ein so schlimmes Spiel anzufangen: dahingegen in einer Verfassung, wo der Untertan nicht Staatsbürger, die also nicht republikanisch ist, es die unbedenklichste Sache von der Welt ist, weil das Oberhaupt nicht Staatsgenosse, sondern Staatseigentümer ist, an seinen Tafeln, Jagden, Lustschlössern, Hoffesten u. dgl. durch den Krieg nicht das Mindeste einbüßt, diesen also wie eine Art von Lustpartie aus unbedeutenden Ursachen beschließen und der Anständigkeit wegen dem dazu allezeit fertigen diplomatischen Korps die Rechtfertigung desselben gleichgültig überlassen kann.

Zum ewigen Frieden (1795)

M4 Jürgen Habermas: Demokratien und Frieden

Diese optimistische Annahme [der Friedensliebe von Republiken] ist durch die mobilisierende Kraft einer Idee, die Kant 1795 in ihrer Ambivalenz noch nicht erkennen konnte, widerlegt worden. [...] [Der demokratische] Nationalstaat [war] nicht friedlicher [...] als sein [...] Vorgänger, [der dynastische*] Obrigkeitsstaat. [...] Andererseits ist der Gedanke, dass ein demokratischer Zustand im Innern ein pazifistisches Verhalten nach außen nahelegt, nicht ganz falsch. Historisch-statistische Forschungen zeigen nämlich, dass demokratisch verfasste Staaten zwar nicht weniger Kriege führen als autoritäre Regime (der einen oder anderen Art); dass sie sich aber in ihren Beziehungen untereinander weniger bellizistisch* verhalten. [...] In dem Maße, wie die universalistischen Wertorientierungen einer an freiheitliche Institutionen gewöhnten Bevölkerung auch die äußere Politik prägen, verhält sich ein republikanisches Gemeinwesen zwar nicht insgesamt friedlicher, aber die Kriege, die es führt, verändern ihren Charakter. [...] Der Einsatz militärischer Gewalt ist nicht mehr ausschließlich durch eine wesentlich partikularistische Staatsraison bestimmt, sondern auch durch den Wunsch, die internationale Ausbreitung nicht-autoritärer Staats- und Regierungsformen zu fördern. Wenn sich aber die Wertpräferenzen*, über die Wahrnehmung nationaler Interessen hinaus, zugunsten der Durchsetzung von Demokratie und Menschenrechten erweitern, verändern sich die Bedingungen, unter denen das System der Mächte funktioniert.

Kants Idee des Ewigen Friedens (1995)

A

1. Erklären Sie anhand der Abbildung und des ersten Präliminarartikels, was Kant unter „ewigem Frieden" versteht. > M1
2. Erläutern Sie den in Kants Vorbemerkung enthaltenen Vorwurf an die Staatsoberhäupter. > M1/M2
3. Bestimmen Sie Kants Begriff der Republik und untersuchen Sie, inwiefern eine republikanische Verfassung nach Kant zum Frieden beiträgt. > M3
4. Erläutern Sie, inwiefern sich Kants These historisch bestätigt bzw. nicht bestätigt hat. > M4

Völkerbund und Weltbürgerrecht

METHODENKOMPETENZ: Einen (komplexen) ethischen/philosophischen Text durch Fragen erschließen

Eine Möglichkeit, einen komplexen und nicht so leicht verständlichen ethischen bzw. philosophischen Text zu erschließen, besteht darin, Fragen an den Text zu stellen. Dieses Verfahren eignet sich zugleich dazu, einen ethischen/philosophischen Sachzusammenhang produktiv – in Form eines (fiktiven) Interviews – darzustellen. Gehen Sie dazu wie folgt vor:

- Lesen Sie den Text aufmerksam (und klären Sie ggf. unbekannte Begriffe).
- Notieren Sie am Rand ethische/philosophische Fragen, auf die der Text antwortet.
- Suchen Sie bei einer weiteren Lektüre nach Antworten, die der Text auf die Fragen gibt, und markieren Sie die entsprechenden Textstellen.
- Verfassen Sie auf Grundlage der Fragen und Antworten ein (fiktives) Interview mit dem Verfasser oder der Verfasserin über den im Text thematisierten ethischen/philosophischen Sachzusammenhang.

M1 Immanuel Kant: Frieden durch einen Völkerbund

Zweiter Definitivartikel zum ewigen Frieden

„Das Völkerrecht* soll auf einen Föderalism* freier Staaten gegründet sein."

Völker als Staaten können wie einzelne Menschen beurteilt werden, die sich in ihrem Naturzustande (d. i. in der Unabhängigkeit von äußern Gesetzen) schon durch ihr Nebeneinandersein lädieren, und deren jeder um seiner Sicherheit willen von dem andern fordern kann und soll, mit ihm in eine der bürgerlichen ähnliche Verfassung zu treten, wo jedem sein Recht gesichert werden kann. [...]

Gleichwie wir nun die Anhänglichkeit der Wilden an ihre gesetzlose Freiheit, sich lieber unaufhörlich zu balgen, als sich einem gesetzlichen, von ihnen selbst zu konstituierenden Zwange zu unterwerfen, mithin die tolle Freiheit der vernünftigen vorzuziehen, mit tiefer Verachtung ansehen und als Rohigkeit, Ungeschliffenheit und viehische Abwürdigung der Menschheit betrachten, so, sollte man denken, müssten gesittete Völker (jedes für sich zu einem Staat vereinigt) eilen, aus einem so verworfenen Zustande je eher desto lieber herauszukommen [...]

Für Staaten im Verhältnisse untereinander kann es nach der Vernunft keine andere Art geben, aus dem gesetzlosen Zustande, der lauter Krieg enthält, herauszukommen, als dass sie ebenso wie einzelne Menschen ihre wilde (gesetzlose) Freiheit aufgeben, sich zu öffentlichen Zwangsgesetzen bequemen und so einen (freilich immer wachsenden) Völkerstaat (civitas gentium), der zuletzt alle Völker der Erde befassen würde, bilden.

Da sie dieses aber nach ihrer Idee vom Völkerrecht durchaus nicht wollen [...], so kann an die Stelle der positiven Idee einer Weltrepublik (wenn nicht alles verloren werden soll) nur das negative Surrogat eines den Krieg abweh-

Begriffsklärungen:
Völkerrecht: s. Glossar, S. 435
Föderalism: s. Glossar, S. 432

lädieren: beschädigen

Inwiefern können Staaten mit einzelnen Menschen im Naturzustand verglichen werden?

Wie sollen Staaten nach der Vernunft den Naturzustand überwinden?

Ist eine Weltrepublik überhaupt realisierbar?

Surrogat: Ersatz

renden, bestehenden und sich immer ausbreitenden Bundes den Strom der rechtscheuenden, feindseligen Neigung aufhalten [...].

Warum sind Staaten nicht zur Unterordnung unter eine Weltrepublik verpflichtet?

Da [...] von Staaten nach dem Völkerrecht nicht eben das gelten kann, was von Menschen im gesetzlosen Zustande nach dem Naturrecht gilt, „aus diesem Zustande herausgehen zu sollen" (weil sie als Staaten innerlich schon eine rechtliche Verfassung haben und also dem Zwange anderer, sie nach ihren Rechtsbegriffen unter eine erweiterte gesetzliche Verfassung zu bringen, entwachsen sind), indessen doch die Vernunft vom Throne der höchsten moralisch gesetzgebenden Gewalt herab den Krieg als Rechtsgang schlechterdings verdammt, den Friedenszustand dagegen zur unmittelbaren Pflicht macht, welcher doch ohne einen Vertrag der Völker unter sich nicht gestiftet oder gesichert werden kann: – so muss es einen Bund von besonderer Art geben, den man den *Friedensbund* (foedus pacificum) nennen kann, der vom *Friedensvertrag* (pactum pacis) darin unterschieden sein würde, dass dieser bloß einen Krieg, jener aber alle Kriege auf immer zu endigen suchte. Dieser Bund geht auf keinen Erwerb irgendeiner Macht des Staats, sondern lediglich auf Erhaltung und Sicherung der Freiheit eines Staats für sich selbst und zugleich anderer verbündeten Staaten, ohne dass diese doch sich deshalb (wie Menschen im Naturzustande) öffentlichen Gesetzen und einem Zwange unter denselben unterwerfen dürfen. – Die Ausführbarkeit (objektive Realität) dieser Idee der *Föderalität*, die sich allmählich über alle Staaten erstrecken soll und so zum ewigen Frieden hinführt, lässt sich darstellen. Denn wenn das Glück es so fügt: dass ein mächtiges und aufgeklärtes Volk sich zu einer Republik (die ihrer Natur nach zum ewigen Frieden geneigt sein muss) bilden kann, so gibt diese einen Mittelpunkt der föderativen Vereinigung für andere Staaten ab, um sich an sie anzuschließen und so den Freiheitszustand der Staaten gemäß der Idee des Völkerrechts zu sichern und sich durch mehrere Verbindungen dieser Art nach und nach immer weiter auszubreiten. [...]

Welche andere Möglichkeit gibt es, dauerhaft Frieden zu stiften?

Was sind die Kennzeichen eines Friedensbundes?

Wie kann es tatsächlich zu einem Friedensbund kommen?

Wenn [ein] Staat sagt: „Es soll kein Krieg zwischen mir und andern Staaten sein, obgleich ich keine oberste gesetzgebende Gewalt erkenne, die mir mein und der ich ihr Recht sichere", so ist es gar nicht zu verstehen, worauf ich dann das Vertrauen zu meinem Rechte gründen wolle, wenn es nicht das Surrogat des bürgerlichen Gesellschaftbundes, nämlich der freie Föderalism, ist, den die Vernunft mit dem Begriffe des Völkerrechts notwendig verbinden muss, wenn überall etwas dabei zu denken übrig bleiben soll.

Was muss das Völkerrecht nach der Vernunft beinhalten?

Zum ewigen Frieden (1795)

A

1 Lesen Sie den Text und vollziehen Sie nach, welche Fragen dazu entwickelt werden. > M1

2 Vollziehen Sie anhand der markierten Textstellen nach, wie die Antworten zu den Fragen lauten. > M1

M2 Frieden durch einen Völkerbund – Fiktives Interview mit dem Philosophen Immanuel Kant

Herr Kant, der zweite Definitivartikel Ihrer Schrift „Zum ewigen Frieden" lautet: „Das Völkerrecht soll auf einen Föderalism freier Staaten gegründet sein." Wie begründen Sie Ihre Auffassung, dass ein solcher Bund ein Weg ist, um dauerhaft Frieden zu stiften?

Kant: Ich greife hier Hobbes' Idee auf, dass der Naturzustand durch einen Vertrag unter den Menschen überwunden werden muss.

Aber bei Hobbes geht es doch um einzelne Menschen. Inwiefern sind denn Staaten damit vergleichbar?

Kant: So wie im Naturzustand zwischen Einzelnen ein potenzieller Kriegszustand herrscht, herrscht auch im Verhältnis zwischen Staaten ein potenzieller Kriegszustand: Kein Staat kann sich vor einem Angriff durch einen anderen Staat sicher sein.

Wie kann denn der Naturzustand zwischen Staaten überwunden werden?

Kant: Wie beim Gesellschaftsvertrag zwischen Individuen müssten Staaten nach der Vernunft ihre Freiheit aufgeben und sich einer höheren Macht, einer Weltrepublik unterstellen, die für Frieden sorgt.

Ist ein solcher Weltstaat denn überhaupt realisierbar?

Kant: Genau das ist das Problem, denn Staaten verstehen sich nach dem Völkerrecht als souverän, und sie sind nicht bereit, diese Souveränität aufzugeben. Außerdem sind sie auch nach der Vernunft nicht dazu verpflichtet. Zwar fordert die Vernunft, dass man einen gesetzlosen Zustand aufgibt, um einen rechtlichen Zustand herzustellen, aber ein staatlicher Zustand ist bereits ein Rechtszustand, und so läuft die Forderung der Vernunft hier ins Leere.

Gibt es denn keine andere Möglichkeit, einen dauerhaften Frieden zu stiften?

Kant: Doch, ein Ersatz für die Weltrepublik wäre der Völkerbund. Friede lässt sich dadurch herstellen, dass Völker auf freiwiller Basis Verträge untereinander schließen, die den Frieden sichern. Sie schließen einen Friedensbund. Der unterscheidet sich von einer Weltrepublik dadurch, dass Staaten nicht gezwungen werden, ihre Souveränität aufzugeben.

Wie kann es denn tatsächlich zu einem solchen Friedensbund kommen?

Kant: Ich stelle mir das so vor, dass ein Staat, der eine republikanische Verfassung hat und daher dem Frieden zugeneigt ist, den Anfang macht, indem er sich mit einem anderen Staat verbündet, und dass dann mit der Zeit weitere Staaten dem Bund beitreten. Das Ziel wäre, dass der Friedensbund alle Staaten der Erde umfasst.

Ist damit auch ein neues Verständnis des Völkerrechts verbunden?

Kant: Ja, denn das Völkerrecht beinhaltet nach dem vorherrschenden Verständnis die Selbstbestimmung der Völker und damit auch ein Recht zum Krieg. Aber nach der Vernunft müssen Staaten auf das Recht zum Krieg verzichten. Erst wenn dies der Inhalt des Völkerrechtes wird, ist der Friede dauerhaft gesichert.

Herr Kant, vielen Dank für dieses Interview.

ANWENDUNG

M3 Immanuel Kant: Frieden durch ein Weltbürgerrecht

Dritter Definitivartikel zum ewigen Frieden

„Das *Weltbürgerrecht* soll auf Bedingungen der allgemeinen Hospitalität eingeschränkt sein."

Es ist hier wie in den vorigen Artikeln nicht von Philanthropie, sondern vom Recht die Rede, und da bedeutet *Hospitalität* (Wirtbarkeit) das Recht eines Fremdlings, seiner Ankunft auf dem Boden eines andern wegen von diesem nicht feindselig behandelt zu werden. Dieser kann ihn abweisen, wenn es ohne seinen Untergang geschehen kann, solange er aber auf seinem Platz sich friedlich verhält, ihm nicht feindlich begegnen. Es ist kein Gastrecht, worauf dieser Anspruch machen kann (wozu ein besonderer wohltätiger Vertrag erfordert werden würde, ihn auf eine gewisse Zeit zum Hausgenossen zu machen), sondern ein Besuchsrecht, welches allen Menschen zusteht, sich zur Gesellschaft anzubieten vermöge des Rechts des gemeinschaftlichen Besitzes der Oberfläche der Erde, auf der als Kugelfläche sie sich nicht ins Unendliche zerstreuen können, sondern endlich sich doch nebeneinander dulden müssen, ursprünglich aber niemand an einem Orte der Erde zu sein mehr Recht hat, als der andere. [...]

Auf diese Art können entfernte Weltteile miteinander friedlich in Verhältnisse kommen, die zuletzt öffentlich gesetzlich werden und so das menschliche Geschlecht endlich einer weltbürgerlichen Verfassung immer näher bringen können.

Vergleicht man hiemit das *inhospitale* Betragen der gesitteten, vornehmlich handeltreibenden Staaten unseres Weltteils, so geht die Ungerechtigkeit, die sie in dem Besuche fremder Länder und Völker (welches ihnen mit dem *Erobern* derselben für einerlei gilt) beweisen, bis zum Erschrecken weit. Amerika, [...] [Afrika], die Gewürzinseln, das Kap etc. waren bei ihrer Entdeckung für sie Länder, die keinem angehörten; denn die Einwohner rechneten sie für nichts. In Ostindien (Hindustan) brachten sie unter dem Vorwande bloß beabsichtigter Handelsniederlagen fremde Kriegsvölker hinein, mit ihnen aber Unterdrückung der Eingebornen, Aufwiegelung der verschiedenen Staaten desselben zu weit ausgebreiteten Kriegen, Hungersnot, Aufruhr, Treulosigkeit, und wie die Litanei aller Übel, die das menschliche Geschlecht drücken, weiter lauten mag. [...]

Da es nun mit der unter den Völkern der Erde einmal durchgängig überhand genommenen (engeren oder weiteren) Gemeinschaft so weit gekommen ist, dass die Rechtsverletzung an einem Platz der Erde an allen gefühlt wird: so ist die Idee eines Weltbürgerrechts keine phantastische und überspannte Vorstellungsart des Rechts, sondern eine notwendige Ergänzung des ungeschriebenen Kodex sowohl des Staats- als Völkerrechts zum öffentlichen Menschenrechte überhaupt und so zum ewigen Frieden, zu dem man sich in der kontinuierlichen Annäherung zu befinden nur unter dieser Bedingung schmeicheln darf.

Zum ewigen Frieden (1795)

A

1 Vollziehen Sie nach, wie der philosophische Sachzusammenhang des „Zweiten Definitivartikels" (s. S. 370f., M1) im fiktiven Interview dargestellt ist. > M1/M2

2 Analysieren und bearbeiten Sie den Text bzw. eine Textkopie nach dem Muster von M1 (s. S. 370f.). > M3

3 Verfassen Sie nach dem Muster von M2 ein fiktives Interview zum „Dritten Definitivartikel". > M3

Auf dem Weg zu einer gerechten Weltordnung

M1 Volker Gerhardt: Das Weltbürgerrecht

Die Weltpolitik benötigt [...], wenn schon nicht die eine steuernde Hand des Universalstaates, so doch die regulierende Kraft verbindlicher Gesetze. [...] In einer Weltrepublik bedürfte es des Weltbürgerrechts nicht. Zwar sind alle Staatsbürger dann auch Weltbürger; aber ihr Recht als Weltbürger fiele mit ihrem Recht als Staatsbürger zusammen. Die Staatenvielfalt ist somit die Sinnbedingung des Weltbürgerrechts. [...] Die politische Gestaltung der Welt verlangt nach Prinzipien, die überall gültig sind. Damit ist nicht gemeint, dass es überall ein und dasselbe Recht geben muss; aber das Recht als solches muss anerkannt sein, und für den Verkehr zwischen den verschiedenen Kulturen müssen einheitliche Normen gelten. In dieser Absicht konzipiert Kant das Weltbürgerrecht. [...]

Sichern und allgemein verbindlich machen möchte [er] [...] ein „Besuchsrecht“, das jedem Menschen erlaubt, in jeden Staat der Erde einzureisen. Jeder Ankömmling muss darauf setzen können, wenigstens menschenwürdig aufgenommen zu werden. [...]

Gemessen an den vorhergehenden beiden Definitivartikeln erscheint der dritte eher marginal [nebensächlich]. Aber er ist systematisch völlig neu, und unter den Bedingungen der Weltgesellschaft, die zu Kants Zeit im Entstehen begriffen war, ist er von höchster Aktualität. Seine politische Sprengkraft wird deutlich, wenn wir uns bewusst machen, dass er das Verbot der Kolonialisierung enthält. Es hat lange gedauert, bis die offensive Kolonialpolitik der europäischen Mächte an ihr Ende gekommen ist. Die Nachfolger des Sowjetreiches haben ihren Herrschaftsanspruch aber immer noch nicht aufgegeben. Davon abgesehen haben wir es mit den Folgen der politischen und ökonomischen Ungleichheit der Völker zu tun, die nicht nur in immer neuen Kriegen, sondern auch in den Flüchtlingsströmen offenkundig werden. Durch die politisch erzeugte Heimatlosigkeit hat das Asylrecht eine Stellung erhalten, die so vor zweihundert Jahren noch nicht abzusehen war.

Kants Weltbürgerrecht spricht nicht vom Asyl, sondern nur von Hospitalität, also von einem Recht auf Besuch. Gesetzt, die ersten beiden Definitivartikel wären überall anerkannt, reichte dies auch völlig aus; dann hätte niemand einen Grund, sein Heimatland aus politischen Gründen zu verlassen; Verfolgung und Diskriminierung wären durch die Verfassungsgrundsätze ausgeschlossen, und wirtschaftliche Gründe reichten für den Anspruch auf Asyl per se nicht aus.

Das Weltbürgerrecht bringt eine rechtspolitische Innovation: Es gesteht dem Menschen positive Rechte auch unabhängig von einer bestimmten Staatsangehörigkeit zu. [...]

[Das Weltbürgerrecht] ist ein Recht, das ein Bürger eines Landes gegen die Regierung eines anderen Landes hat! Jeder, ganz gleich woher er kommt und welche Ziele er verfolgt, hat einen positiven Anspruch auf ein rechtliches Gut – in diesem Fall auf befristete Duldung, Unterstützung und Schutz. Es ist ein einklagbares Recht, das ein Mensch in Anspruch nehmen kann, wenn er eine situative Bedingung erfüllt – ganz gleich, aus welchen Rechtsverhältnissen er kommt.

Kants Entwurf „Zum ewigen Frieden“ (1995)

M2 Otfried Höffe: Völkerbund oder Staatenrepublik?

Die Staatenrepublik löst ihre menschenrechtliche Aufgabe, den Schutz der territorialen Unversehrtheit und der politischen Selbstbestimmung, staatsförmig. Obwohl diese Lösung [...] aus der Analogie von Staaten mit Individuen folgt, lehnt Kant sie überraschenderweise [...] ab. Er setzt sich [...] für jenen Völker- oder Staatenbund ein, der ohne jeden Souveränitätsverzicht auskommt [...]. Auf dem Weg von bi- und multilateralen Verträgen verzichten alle Seiten auf Krieg und erklären sich bereit, allfällige Streitigkeiten gewaltfrei zu lösen.

Die Frage, die sich aufdrängt, lautet: Wie ernst ist

es mit dieser Bereitschaft? Lässt sich der Zweck, die gewaltfreie Konfliktlösung, tatsächlich ohne jene Regelungsform erreichen, die für die einzelstaatliche Rechtssicherung als unverzichtbar gilt, nämlich ohne öffentliche Gewalten? [...]

Besser als der Kriegszustand sind Vereinbarungen ohne Zweifel; für die Sicherung des Vereinbarten, des Weltfriedens, fehlen aber die geeigneten Instrumente. Nun herrscht ein Friede, dem es an Sicherung fehlt, unter Vorbehalt; nach Kants Begriffen aus dem Ersten Präliminarartikel liegt ein bloßer Waffenstillstand vor. Da ein bloßer Bund kein „Schwert der Gerechtigkeit" besitzt, bleibt er ein (modifizierter) Naturzustand. Das Ideal des Weltfriedens büßt daher, sofern es nur als Völkerbund realisiert wird, an visionärer Kraft erheblich ein; an die Stelle des Hoffnung weckenden großen Entwurfs tritt die halbherzige Lösung.

In der Friedensschrift taucht ein Begriff auf, der [...] von den meisten Interpreten [...] übersehen wird, es ist der Begriff des Bösen. [...] Angesichts der vielen Kriege in Europa sagt Kant zu Recht, dass die entsprechende Bereitschaft zur Gewalt, folglich die „gewurzelte Bösartigkeit", tatsächlich in internationaler Hinsicht vorherrscht. Ihre „gesetzlose Freiheit" haben die Staaten Europas nicht aufgegeben. Die Tatsache, dass sich die Kriegsbereitschaft [...] „unverhohlen" blicken lässt, lässt sich leicht daraus erklären, dass ein „gemeinschaftlicher äußerer Zwang", also eine gewisse Staatlichkeit, fehlt. Daher drängt sich der Umkehrschluss auf, der die Notwendigkeit einer globalen Staatlichkeit bekräftigt: Um dem radikalen Bösen in derselben Weise wie bei Individuen entgegenzutreten, [...] braucht es für das Verhältnis von Staaten dasselbe wie für das Verhältnis von Individuen zueinander: eine sanktionsbewehrte Rechtsordnung, eine jetzt internationale Staatlichkeit. [...]

Die erste Option für eine internationale Gemeinschaft, die freie Assoziation [...] ist als Zwischenziel gewiss sinnvoll, wahrscheinlich sogar notwendig; als Leitziel taugt [sie] aber nicht, da jede Staatlichkeit fehlt. Die zweite Option, die des homogenen Weltstaates [...], maßt sich zu viel an Staatlichkeit an. Die deshalb verbleibende Option besteht aus einem Staatenstaat bzw. einer Staatenrepublik, die [...] zwar einen Staatscharakter hat, [deren Staatsaufgaben aber auf] Restaufgaben eingeschränkt sind. [...] Im Rahmen der rechtsmoralischen Aufgabe, anfallende Streitigkeiten nicht nach Maßgabe von Gewalt zu lösen, verbleibt der internationalen Rechtsgemeinschaft nur eine kleine Restzuständigkeit [...]. Die uns vertrauten Staatsaufgaben, die Fragen des Zivil- und des Strafrechts, die des Arbeits- und Sozialrechts, das Recht der Sprache, der Religion und der Kultur, all diese Zuständigkeiten eines Primärstaates, sind der staatlichen Kompetenz des Sekundärstaates, der Weltrepublik, entzogen. [...] Souveränitätsverzichte verlangt eine Weltrepublik durchaus, sie fordert aber äußerst wenige [...]. Da [...] [die Einzelstaaten] die Primärstaaten bleiben, treten sie von sich aus [...] gewisse Kompetenzen ab; sie verzichten – was nur in voller Freiwilligkeit geschehen darf – auf einen minimalen Teil ihrer Souveränität.

Völkerbund oder Weltrepublik? (1995)

Modelle für eine globale Rechtsordnung

Ein *homogener Weltstaat*, der globales Recht verbürgen könnte, setzt einen vollständigen Verzicht der Einzelstaaten auf Souveränität voraus.

Eine *Staaten- bzw. Weltrepublik* erfordert als „Sekundärstaat" von den zusammengeschlossenen einzelnen Primärstaaten lediglich einen minimalen Souveränitätsverzicht.

In einem *Völkerbund* bleibt die Souveränität der Staaten bewahrt; die Sicherung von Frieden und Gerechtigkeit erfolgt hier auf der Basis vertraglicher Vereinbarungen.

A

1 Erläutern Sie die innovative Bedeutung der kantischen Konzeption des Weltbürgerrechtes nach Volker Gerhardt. > M1

2 Wenden Sie Kants Konzept des Weltbürgerrechts auf die Situation der Asylsuchenden und Migrantinnen und Migranten (vgl. S. 358ff.) an und erörtern Sie, welche Rechte sich daraus für diese ableiten lassen. > M1

3 Analysieren Sie Otfried Höffes Kritik an Kants Idee des Friedensbundes und beurteilen Sie die Forderung nach einer Staatenrepublik. > M2

Friedensschutz durch die Vereinten Nationen

M1 United Nations: Die Institutionalisierung von Kants Friedensidee

Die Charta der Vereinten Nationen – 1942 gegründet – wurde 1945 von 50 Ländern verabschiedet. Gegenwärtig umfasst die UN 192 Mitgliedsstaaten.

Wir, die Völker der Vereinten Nationen – fest entschlossen, künftige Geschlechter vor der Geißel des Krieges zu bewahren, die zweimal zu unseren Lebzeiten unsagbares Leid über die Menschheit gebracht hat, [...] haben beschlossen, in unserem Bemühen um die Erreichung dieser Ziele zusammenzuwirken. [...]

Artikel 1

Die Vereinten Nationen setzen sich folgende Ziele:

(1) den Weltfrieden und die internationale Sicherheit zu wahren und zu diesem Zweck wirksame Kollektivmaßnahmen zu treffen, um Bedrohungen des Friedens zu verhüten und zu beseitigen, Angriffshandlungen und andere Friedensbrüche zu unterdrücken und internationale Streitigkeiten oder Situationen, die zu einem Friedensbruch führen könnten, durch friedliche Mittel nach den Grundsätzen der Gerechtigkeit und des Völkerrechts zu bereinigen oder beizulegen [...].

(2) freundschaftliche, auf der Achtung vor dem Grundsatz der Gleichberechtigung und Selbstbestimmung der Völker beruhende Beziehungen zwischen den Nationen zu entwickeln und andere geeignete Maßnahmen zur Festigung des Weltfriedens zu treffen [...].

Artikel 11

(1) Die Generalversammlung kann sich mit den allgemeinen Grundsätzen der Zusammenarbeit zur Wahrung des Weltfriedens und der internationalen Sicherheit einschließlich der Grundsätze für die Abrüstung und Rüstungsregelung befassen und in Bezug auf diese Grundsätze Empfehlungen an die Mitglieder oder den Sicherheitsrat oder an beide richten. [...]

Artikel 23

(1) Der Sicherheitsrat besteht aus fünfzehn Mitgliedern der Vereinten Nationen. Die Republik China, Frankreich, die Union der Sozialistischen Sowjetrepubliken, das Vereinigte Königreich Großbritannien und Nordirland sowie die Vereinigten Staaten von Amerika sind ständige Mitglieder des Sicherheitsrats. Die Generalversammlung wählt zehn weitere Mitglieder der Vereinten Nationen zu nichtständigen Mitgliedern des Sicherheitsrats [...].

Artikel 25

Die Mitglieder der Vereinten Nationen kommen überein, die Beschlüsse des Sicherheitsrats im Einklang mit dieser Charta anzunehmen und durchzuführen.

Artikel 27

(1) Jedes Mitglied des Sicherheitsrats hat eine Stimme.

(2) Beschlüsse des Sicherheitsrats über Verfahrensfragen bedürfen der Zustimmung von neun Mitgliedern.

(3) Beschlüsse des Sicherheitsrats über alle sonstigen Fragen bedürfen der Zustimmung von neun Mitgliedern einschließlich sämtlicher ständigen Mitglieder [...].

Charta der Vereinten Nationen (1945)

M2 Beendete UN-Friedensmissionen 2004 (/2005) – 2019

Resolution	Name	Länder	Zeit
1542	MINUSTAH	Haiti	2004 - 2017
1590	UNMIS	Sudan	2005 - 2011
1620	UNIOSIL	Sierra Leone	2006 - 2008
1704	UNMIT	Osttimor	2006 - 2012
1719	BINUB	Burundi	2007 - 2010
1778	MINURCAT	Tschad, Zentralafrikanische Republik	2007 - 2010
1829	UNIPSIL	Sierra Leone	2008 - 2010
1959	BNUB	Burundi	2011 - 2014
2042, 2043, 2059	UNSMIS	Syrien	2012 - 2012
2350	MINUJUSTH	Haiti	2017 - 2019

UN (2020)

M3 Maya Shwayder: Die UN in der Ukraine-Krise

Die Journalistin Maya Shwayder befasst sich in dem folgenden Beitrag mit der Haltung der UN zur Annexion der ukrainischen Halbinsel Krim durch Russland (2014).

Insgesamt 17 Mal haben sich die Mitglieder der Vereinten Nationen (UN) getroffen, seit der Zerfall der Ukraine im vergangenen Dezember [2013] begonnen hat – angefangen im Februar, als der Flughafen von Simferopol auf der Krim von prorussischen Kräften eingenommen wurde. [...] Ein Entwurf für eine Erklärung, der die Annexion der Krim verurteilt hätte, wurde durch ein russisches Veto verhindert. [...] Das Vorgehen der prorussischen Separatisten wurde von den Vereinten Nationen bisher in keiner Erklärung verurteilt: Und das trotz der sich anhäufenden Beweise für die Menschenrechtsverletzungen und die Gesetzlosigkeit in den Gebieten, die sie kontrollieren. Auch der Angriff auf die russische Botschaft in Kiew im Juni wurde nicht offiziell missbilligt, und gegen diejenigen, die die Separatisten unterstützen, wie beispielsweise Russland, wurde ebenfalls nichts unternommen.

Und das liegt nicht daran, dass man es nicht versucht hat. Ebenso wie die USA ihre Interessen dadurch verteidigen, den vielen Resolutionen gegen Israel oder andere Alliierte zu widersprechen oder sie zu blockieren, so nutzt auch Russland als eines der fünf ständigen Mitglieder des UN-Sicherheitsrats sein Recht auf Einspruch. Doch diese Macht des Vetos, zurzeit in der Hand von Russland, den USA, Großbritannien, Frankreich und China, gehört zu den großen Hindernissen für einen wirksamen Sicherheitsrat – und macht die Arbeit der UN ineffektiv. *Die Welt (2014)*

M4 Jürgen Habermas: Die Ambivalenz der UN

Die Völkergemeinschaft muss ihre Mitglieder unter Androhung von Sanktionen zu rechtmäßigem Verhalten mindestens anhalten können. Erst damit wird sich das instabile, auf wechselseitiger Bedrohung beruhende System sich selbst behauptender souveräner Staaten in eine Föderation mit gemeinsamen Institutionen verwandeln, die staatliche Funktionen übernehmen, nämlich den Verkehr ihrer Mitglieder untereinander rechtlich regeln und die Einhaltung dieser Regeln kontrollieren. [...] Diesen Sinn hat die Charta der Vereinten Nationen, die [...] Angriffskriege verbietet und [...] den Sicherheitsrat ermächtigt, geeignete Maßnahmen, erforderlichenfalls militärische Aktionen zu ergreifen, wenn „eine Bedrohung oder ein Bruch des Friedens oder eine Angriffshandlung vorliegen". Andererseits wird den Vereinten Nationen ein Eingreifen in die inneren Angelegenheiten eines Staates [...] ausdrücklich untersagt. Jeder Staat behält das Recht auf militärische Selbstverteidigung.

Mit diesen zweideutigen Regelungen, die die einzelstaatliche Souveränität zugleich einschränken und garantieren, trägt die Charta einer Übergangslage Rechnung. Die Vereinten Nationen verfügen noch nicht über eigene Streitkräfte, auch nicht über solche, die sie unter eigenem Kommando einsetzen könnten, geschweige denn über ein Gewaltmonopol. Sie sind zur Durchsetzung ihrer Beschlüsse auf die freiwillige Kooperation handlungsfähiger Mitglieder angewiesen. Die fehlende Machtbasis sollte durch die Konstruktion eines Sicherheitsrates ausgeglichen werden, der die mit Vetorecht ausgestatteten großen Mächte als ständige Mitglieder in die Weltorganisation einbindet. Das hat bekanntlich dazu geführt, dass sich die Supermächte jahrzehntelang gegenseitig blockiert haben. Und soweit der Sicherheitsrat Initiativen ergreift, macht er von seinem Ermessensspielraum unter Missachtung des Gleichbehandlungsgrundsatzes einen höchst selektiven Gebrauch.

Kants Idee des Ewigen Friedens (1995)

1 Analysieren Sie die Ziele und die Organisationsform der UN und stellen Sie dar, inwiefern die Vereinten Nationen Kants Friedensidee aufgreifen und modifizieren. > M1

2 Führen Sie Recherchen zu weiteren Friedensmissionen der UN durch. > M2

3 Diskutieren Sie Shwayders und Habermas' Kritik an der UN und überlegen Sie, wo eine Reform ansetzen müsste, damit die Organisation noch effektiver zur Friedenssicherung beitragen kann. > M3/M4

Krieg im Auftrag der UN?

M1 Humanitäre Intervention in Libyen

Französische Kampfflugzeuge über Libyen

Aufgrund systematischer Verletzung von Menschenrechten durch das Gaddafi-Regime beim Vorgehen gegen aufständische Demonstrantinnen und Demonstranten wurde Libyen 2011 aus der Arabischen Liga und aus dem Menschenrechtsrat der UN ausgeschlossen. Der UN-Sicherheitsrat verfügte zunächst nicht-militärische Zwangsmaßnahmen und beschloss dann – bei Enthaltung Deutschlands – unter Verweis auf seine „Verantwortung, Zivilisten [...] zu schützen" (Resolution 1973), die Internationale Gemeinschaft zu militärischen Maßnahmen gegen Libyen zu ermächtigen. Infolge der Luftangriffe, die Frankreich, Großbritannien und die USA unter dem Kommando der NATO auf die libyschen Truppen und Militäreinrichtungen durchführten, gelang es den Rebellen, die Regierungstruppen zurückzudrängen und Gaddafi zu töten. Im Oktober 2011 wurde das Land für frei erklärt.

Autorenbeitrag

M2 Ernst Tugendhat: Die Frage des berechtigten Krieges

Ernst Tugendhat (*1930) war Professor für Philosophie an der Freien Universität Berlin.

Das üblichste Verständnis des Pazifismus ist, dass er sich auf eine absolute Haltung der Gewaltlosigkeit gründet. Aber gilt es auch gegenüber jemandem, der seinerseits tötet? Sind wir nicht moralisch verpflichtet, einen Mörder an seinem Tun zu hindern und dies, wenn es kein anderes Mittel gibt, indem wir ihn selbst töten? Gibt es nicht ein moralisches Gesetz der Notwehr? Sind wir nicht insbesondere moralisch verpflichtet, Unschuldige, denen Gewalt angetan wird, die getötet, gefoltert usw. werden, aus den Händen ihrer Unterdrücker zu befreien und dabei deren Leben und auch unser eigenes Leben notfalls nicht zu schonen? [...] Gibt es einen Grund, der zur Führung eines Krieges berechtigt?

Es genügt für unsere Zwecke [...], uns auf die folgenden zwei [Gesichtspunkte] zu beschränken:

1. Der positive Grund für den Krieg muss ein Schaden sein, der einem selbst oder gegebenenfalls einem Dritten von der anderen Seite zugefügt wurde oder werden soll [...].
2. Das Übel, das durch den Krieg in Kauf genommen wird, darf nicht so groß sein, dass es das Gut, das durch den Krieg erreicht oder erhalten werden soll, überwiegt. Es ist klar, dass dieses zweite Prinzip, das als Prinzip der Verhältnismäßigkeit bezeichnet wird, die möglichen positiven Gründe für die Bereitschaft, einen Krieg zu führen, sehr stark einschränken muss, besonders unter den Bedingungen eines modernen Krieges. So kommt es, dass in der zeitgenössischen Diskussion über die Frage des Rechts zum Krieg eine Tendenz besteht, als einzigen Rechtsgrund den der Verteidigung gegen einen Aggressor gelten zu lassen. Die Auffassung, derzufolge die Unterscheidung zwischen berechtigtem und unberechtigtem Krieg sich geradezu reduzieren lässt auf die Unterscheidung zwischen Verteidigungs- und Angriffskrieg, ist wohl die gängige Auffassung, die heute [...] von vielen Moraltheoretikern vertreten wird [...].

Wenn man sich nun fragt, ob die Abwehr von Unterdrückung ein moralisch ausreichender Grund für die Bereitschaft ist, einen [...] Krieg zu führen, so wird man das wohl bejahen, freilich nur unter einer Reihe von Bedingungen: erstens wenn alle anderen Mittel versagen (und es ist schwer, das festzustellen), zweitens wenn man glaubt, dass das vorhin erwähnte Prinzip der Verhältnismäßigkeit das zulässt, drittens wenn sich dieser Tatbestand der Abwehr von Unterdrückung überhaupt klar eingrenzen lässt. [...] Ein Recht zur Vorbereitung auf Verteidigung scheint nur legitim, wenn erstens eine Absicht der Gegenseite zu einem Angriff erkennbar ist und wenn zweitens die Verteidigungsvorbereitung von einer Art ist, die nicht ihrerseits von der Gegenseite offensiv interpretierbar ist. [...]

Wir sind moralisch berechtigt oder sogar verpflichtet, jemanden, der Unschuldige unterdrückt oder überfällt, zu töten, wenn wir ihm nicht anders Einhalt gebieten können, und eben darauf konzentriert sich das Recht zum Krieg. Daraus folgt dann aber, dass wir im Krieg nur diejenigen angreifen dürfen, die selbst angreifen oder unterdrücken oder Instrumente des Angriffs oder der Unterdrückung sind.

Pazifismus und berechtigter Krieg (1991)

M3 Jan Niklas Rolf: Das UN-Konzept der Schutzverantwortung

Jan Niklas Rolf (*1984) ist wissenschaftlicher Mitarbeiter im Bereich International Relations der Hochschule Rhein-Waal.

2005 nahm die Generalversammlung der Vereinten Nationen ein Konzept zur Schutzverantwortung, das von der ICISS (International Commission on Intervention and State Sovereignty) erarbeitet wurde, in seiner Grundaussage an.

Ziel der ICISS war es, das spätestens seit dem Kosovo-Krieg diskreditierte Konzept der humanitären Intervention durch ein neues konsensfähiges Konzept zu ersetzen. Danach liegt es in der Verantwortung souveräner Staaten, ihre Bürgerinnen und Bürger zu schützen. Falls sie dieser Verantwortung nicht nachkommen, entweder weil sie dazu nicht fähig oder willig sind oder weil sie die eigene Bevölkerung bewusst terrorisieren, geht diese Verantwortung auf die Staatengemeinschaft über. Deren *„responsibility to react"* besteht darin, auf humanitäre Krisen zu reagieren, notfalls auch mit Einsatz militärischer Mittel. Um einen Missbrauch zu verhindern, werden sechs Kriterien genannt, die bei einer militärischen Intervention erfüllt sein müssen:

1. *„Right authority"* (rechte Autorität): Humanitäre Einsätze sollen grundsätzlich durch den UN-Sicherheitsrat autorisiert werden. Ist der UN-Sicherheitsrat gelähmt, ist es die Aufgabe der UN-Generalversammlung oder regionaler Organisationen, ein Mandat zu erteilen.
2. *„Just cause"* (gerechter Grund): Dazu zählen „Verlust an Menschenleben in großem Ausmaß – tatsächlich oder befürchtet, mit der Absicht des Genozids* oder nicht – aufgrund staatlicher Maßnahmen oder des Nichteingreifens des Staates bzw. der Unfähigkeit des Staates dazu oder einer vom Staat verschuldeten Situation; oder ein hohes Maß ‚ethnischer Säuberung', tatsächlich oder befürchtet, durch Tötung, Vertreibung, Terror oder Vergewaltigung".
3. *„Right intention"* (rechte Intention): Es muss die primäre, aber nicht ausschließliche Intention des intervenierenden Staates sein, menschliches Leid abzuwenden oder zu verhindern.
4. *„Last resort"* (letzter Ausweg): Bevor Staaten zu militärischen Mitteln greifen dürfen, müssen zunächst alle diplomatischen und wirtschaftlichen Mittel untersucht (wenn auch nicht notwendigerweise ausgeschöpft) sein.
5. *„Proportional means"* (verhältnismäßige Mittel): Die Intervention ist mit dem minimal notwendigen Maß an Gewalt durchzuführen.
6. *„Reasonable prospects"* (vernünftige Erfolgsaussichten): Die Intervention darf menschliches Leid nicht noch vergrößern und den Konflikt nicht weiter verschärfen.

Originalbeitrag

A

1 Recherchieren Sie die Details des Falles und diskutieren Sie, ob die Luftangriffe der NATO auf Libyen berechtigt waren. > M1

2 Erläutern Sie Ernst Tugendhats Position zur Frage des berechtigten Krieges und nehmen Sie dazu Stellung. > M2

3 Untersuchen Sie, inwiefern das Konzept der Schutzverantwortung (M3) den Kriterien eines berechtigten Krieges (M2) entspricht, und überprüfen Sie, inwiefern der NATO-Einsatz in Libyen die in M3 genannten Bedingungen erfüllt. > M1–M3

Brücken in eine friedliche Zukunft

M1 Nicolas Richter: Kampf der Kulturen?

Zu den Spezialgebieten des Journalisten Nicolas Richter (*1973) gehören der internationale Terrorismus und das Völkerrecht.

[Im Jahr 1993] war der Eiserne Vorhang noch nicht lange weg, auf dem Balkan herrschte Krieg, und die Zeitschrift *Foreign Affairs* druckte den Aufsatz „The Clash of Civilizations?". Der amerikanische Wissenschaftler Samuel Huntington stellte darin eine Prognose auf: Nicht Wirtschaft oder Ideologie würden die Menschheit spalten und ihre nächsten großen Konflikte auslösen, sondern Zivilisation. Eine Zivilisation definiere sich durch ihre Kultur, Tradition, am meisten aber durch Religion, und der Kampf der Kulturen werde vor allem Westen und Islam entzweien.

Der Aufsatz wurde bald zum Klassiker, obwohl viele ihn für abstrus hielten. Nach dem Al-Qaida-Terror 2001 entschuldigten sich manche Kritiker, weil es aussah, als habe Huntington als Einziger in die Zukunft gesehen. Der Applaus war freilich verfehlt: Wer Al-Qaida für die islamische Zivilisation hielt, der war nur ihrer Propaganda aufgesessen. Heute, nach 20 Jahren, sollte man die „Clash"-These endgültig als widerlegt betrachten. Sie beruhte schon 1993 auf zweifelhaften Annahmen und ist inzwischen erst recht überholt. [...]

Huntingtons Idee ist eine des 20. Jahrhunderts, weil sie die Welt in Blöcke teilt: die westliche Zivilisation (Europa, USA), die islamische, die konfuzianische, die lateinamerikanische, und so weiter. [...] Generell widerspricht dieses Blockdenken der vernetzten Welt von heute, in der selbst Rivalen wie die USA und China stark voneinander abhängen.

Vor allem [...] ist der kulturelle „Clash" zwischen Huntingtons Blöcken ausgeblieben. Die blutigsten Konflikte finden innerhalb von Zivilisationen statt, nicht zwischen ihnen. Im Kongo bringen Afrikaner Afrikaner um; in Ägypten ermorden Muslime Muslime, im syrischen Bürgerkrieg sind wohl mehr Menschen gestorben als bei der US-Invasion im Irak. In den Neunzigern wiederum ist der Westen auf dem Balkan den Muslimen beigesprungen. [...]

Huntingtons Prognose stimmt insofern, als dass Religion ein Quell geblieben ist von Misstrauen, Hass und Gewalt. [...] Besonders in Ländern mit jungen Bevölkerungen dürfte der Glaube noch lange Gewalt anfachen, und auch der Terror im Namen Gottes wird nicht verschwinden. Wer am Rande der globalen Märkte steht, wer deren Verheißungen nicht erreicht oder sie für dekadent hält, der mag auch künftig auf Gewalt setzen. Diese Gewalt dürfte noch tödlicher werden; Waffen, Gifte oder Viren sind künftig leichter zu haben.

Allerdings hat Huntington die Konfliktlinien falsch gezogen. Osama bin Laden spielte sich zwar immer als Rächer aller Muslime auf, aber er hat die Muslime von Marokko bis Indonesien nie zu einer Einheit, noch weniger zu einer geostrategischen Macht geformt. Die jüngsten Kriege in Afghanistan und im Irak waren keine Kulturkriege. Der erste war Vergeltung für den 11. September, der zweite entsprang der Inkompetenz und Paranoia der Regierung von George W. Bush, der – trotz breiter Missbilligung im Westen – ein Zeichen der Stärke gegen einen weltlichen Diktator setzen wollte.

All dies hat davon abgelenkt, dass die gefährlichsten Gräben längst durch die muslimische Welt selbst verlaufen. Sie trennen Sunniten von Schiiten, weltliche Kräfte von religiösen, militärische von zivilen, Putschisten von Demokraten, Bürokraten von Facebook-Revolutionären. [...]

Anders als es Huntington darstellt, muss Kultur nicht durch Religion definiert sein. [...] Die Spannung zwischen Individualismus und Kollektivismus, Glaube und Konsum, Weltbürgertum und Heimatgefühl, sie wächst heute nicht zwischen Kulturblöcken, sondern in jedem Einzelnen. [...]

Die Welt ist unordentlicher, als es Huntington erwartet hat. *Wo Huntington irrte (Süddeutsche Zeitung, 2013)*

M2 Kofi Annan: Dialog der Kulturen

In einem Manifest zum UN-Jahr des Dialogs der Kulturen (2001) entwarf Kofi Annan (1938-2018), der damalige Generalsekretär der Vereinten Nationen, ein neues Paradigma der internationalen Beziehungen.

Globalisierung kann zu einer gesichtslosen Homogenisierung führen, die nichts von Unterschieden weiß und auf eine hegemoniale Machtstellung stolz ist; durch einen Dialog kann sie aber auch zu einem echten Gefühl globaler Gemeinsamkeit führen. [...] Das Streben nach Identität kann zu bösartiger Ausgrenzung führen, verbunden mit ethnozentrischer Engstirnigkeit und auf Ausgrenzung abzielender Gewalttätigkeit; durch Dialog kann es auch hier zu einer authentischen Form globaler Kommunikation und zu einem echten Respekt vor Vielfalt kommen. [...] Die Akzeptanz von Unterschieden [ist] eine Voraussetzung für jede ernsthafte Kommunikation. [...] [B]loße Toleranz ist eine viel zu passive Haltung, wenn es darum geht, eine enge Froschperspektive zu überwinden. Wir müssen uns der Präsenz des anderen in aller Deutlichkeit bewusst sein, bevor wir wirklich beginnen können, miteinander zu kommunizieren. Das Bewusstsein von der Präsenz des anderen als potenziellem Gesprächspartner zwingt uns, unsere Koexistenz als nicht zu leugnende Tatsache zu akzeptieren. Dies führt zu der Erkenntnis, dass die Rolle des anderen (mit seinem Glauben, seiner Haltung und seinem Verhalten) belangvoll und wichtig für uns ist. [...] Wenn die beiden beteiligten Seiten schließlich genügend Vertrauen aufgebaut haben, um einander mit gegenseitiger Hochachtung in die Augen zu schauen, dann wird das Zusammentreffen möglich.
Dialog, so verstanden, ist eine Vorgehensweise, die weder auf Überredung noch auf Bekehrung aus ist. Sie zielt vielmehr darauf, Verständnis füreinander zu entwickeln, indem man sich auf gemeinsame Werte einigt und gemeinsam dem Zusammenleben eine neue Bedeutung verschafft. Wenn wir Dialoge der Kulturen anstreben, dann müssen wir unseren Drang unterdrücken, andere unbedingt von unseren Ideen überzeugen zu wollen, ihre Zustimmung für unsere Ansichten zu gewinnen, unsere Vorgehensweise danach zu bewerten, ob wir Übereinstimmung im Hinblick auf das erzielen, was wir für wahr halten, und ob wir unsere tiefsten Überzeugungen durchsetzen. [...] Dialoge bringen, ob bewusst oder unbewusst, Gleichstellung mit sich, denn sie sind ein Prozess, durch den wir genauso akzeptieren, wie wir akzeptiert werden wollen. Wir beziehen genauso ein, wie wir einbezogen werden wollen. Wir hören zu, genau wie wir wollen, dass man uns zuhört. So betrachtet, kann der Dialog vielleicht schließlich ein neues Paradigma der globalen Beziehungen einleiten [...].
Es scheint außer Frage zu stehen, dass der Begriff Gleichstellung auf internationaler Ebene instinktiv als idealistisches und unerreichbares Ziel betrachtet wird, vor allem da wir ein Jahrzehnt hinter uns haben, in dem Staaten ziemlich oft von „Macht" Gebrauch gemacht haben. Diese Fälle von „Macht vor Recht" haben jedoch zu einer Reaktion geführt, die mit der Zeit immer stärker wird: Lauter und lauter fordern Stimmen Recht und Gerechtigkeit. Vielleicht haben wir in den letzten zehn Jahren Fälle „ungerechten" Friedens kennen gelernt. Höchstwahrscheinlich werden wir solche Fälle immer seltener sehen, denn nach dem alten Paradigma war es viel leichter, vorübergehend dem Frieden den Vorzug vor der Gerechtigkeit zu geben, doch dem aufkommenden neuen nach ist das schwieriger. Dass Frieden um jeden Preis über Gerechtigkeit ging, passte besser zum Paradigma der Ausgrenzung, des „Macht schafft Recht" und der Sieger und Besiegten, in dem der Begriff „Feind" König ist. Jetzt, da das neue Paradigma aufkommt, scheint das Gebot des Friedens um jeden Preis, auch auf Kosten der Gerechtigkeit, einiges von seiner Attraktivität zu verlieren.

Brücken in die Zukunft (2001)

A

1 Erläutern Sie Samuel Huntingtons These vom Kampf der Kulturen. > M1

2 Analysieren Sie Nicolas Richters Kritik an Huntingtons These und nehmen Sie dazu Stellung. > M1

3 Erörtern Sie auf der Grundlage der Ausführungen Kofi Annans, inwiefern ein Dialog der Kulturen zu globaler Gerechtigkeit und Frieden beitragen kann. > M2

Wissen kompakt

Globalisierung

Prozess der weltweiten Verflechtung zwischen Individuen, Gesellschaften, Institutionen und Staaten

Ungleiche Lebensverhältnisse

Armut: nicht nur Mangel an materiellen Gütern, sondern Mangel an Chancen, ein menschenwürdiges Leben zu führen *(Amartya Sen)*

Flucht und Migration

- Flucht vor Verfolgung
- Migration zur Verbesserung der Lebenschancen

Forderungen der Gerechtigkeit:

- *positive Pflichten:*
  Geldspenden, Unterstützung von Hilfsorganisationen, Entwicklungshilfe *(Peter Singer)*
- *negative Pflichten:*
  unterlassen, was andere schädigt, z. B. Ausbeutung infolge der bestehenden Weltwirtschaftsordnung *(Thomas Pogge)*
- *Verpflichtung,* den *Mangel* an Chancen auszugleichen, der mit Armut einhergeht *(Amartya Sen)*
- *Recht auf Asyl*
  (Allgemeine Erklärung der Menschenrechte; Genfer Flüchtlingskonvention)
- *Recht von Staaten,*
  über die Aufnahme von Geflüchteten zu entscheiden *(Michael Walzer)*
- *Abwägung* zwischen den Interessen von Geflüchteten/Migrant:innen und den Interessen der Einwohner:innen des Aufnahmelandes *(Peter Singer, David Miller)*

statt Kampf der

Dialog der

- Gleichstellung der Gesprächspartner:innen
- Akzeptanz von Unterschieden
- Entwicklung von Vertrauen

Krieg

Austragung von Konflikten mit Waffengewalt,
Naturzustand zwischen den Staaten (Rechtslosigkeit)

↓

Frieden:

dauerhafter Zustand, in dem Staaten darauf verzichten,
Konflikte mit Waffengewalt auszutragen

Völkerbund

Zusammenschluss von Staaten
ohne Souveränitätsverzichte

Idee eines Weltbürgerrechts

Staatenrepublik

(Otfried Höffe)

erfordert Souveränitätsverzichte; verfügt über
die Macht, globales *Recht* durchzusetzen

Organisation der Vereinten Nationen

- freiwillige vertragliche Vereinbarungen zur Herstellung von *Frieden* und *Gerechtigkeit*
- Programme zur *Beseitigung von Armut*
- *Friedensmissionen / Humanitäre Interventionen* im Sinne eines berechtigten Krieges

Kulturen *(Samuel Huntington)*:
Kulturen *(Kofi Annan)*

- Verständnis für die Anderen statt Durchsetzung eigener Überzeugungen
- Grundsatz „Recht vor Macht" statt „Macht vor Recht"

Bedeutungsverlust von Religion?

M1 Ohne kirchlichen Beistand?

Standesamt Karlsruhe 2020

Begräbnisrednerin in einem Friedwald in Heiligenberg

M2 Kirchenaustritte in Deutschland 1992–2019

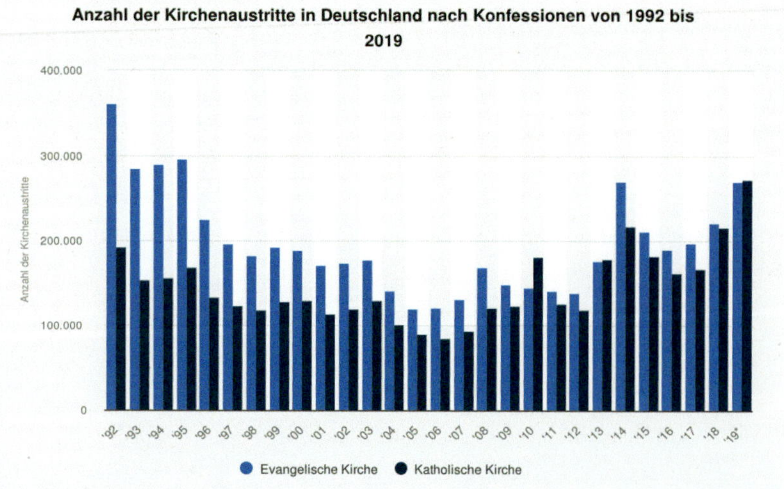

M3 Hans-Peter Müller: Säkularisierung und Pluralisierung der Religionen

Hans-Peter Müller (*1951) ist Professor für Soziologie an der Humboldt-Universität Berlin.

In vormodernen Gesellschaften spielte die Religion stets eine zentrale Rolle: Zum einen ist sie neben der weltlich-politischen Macht die größte geistige Autorität der Gesellschaft. Über weite Strecken herrschten weltliche Regierung (der Adel durch das „Schwert") und spirituelle Regierung (die Kirche durch das „Zepter") vereint über die Gesellschaft. Zum anderen markiert die Religion die Lebensführungsmacht schlechthin. Denn sie ist es, die den Menschen vorschreibt, wie sie zu leben haben oder doch zumindest leben sollten, wenn sie sich die Aussicht auf das Paradies im Jenseits erhalten wollen. Sie diktiert die Werte, sie bestimmt die kirchliche Milieubindung, und sie schreibt den richtigen Lebenswandel vor. So riet Martin Luther den Protestanten zu einem Lebensstil des „Ora et labora", des „Bete und arbeite", und mithin zur Einheit von beruflicher Pflichterfüllung und religiöser Lebensführung.

Diese Einheit zerbröckelt mit dem Anbruch der Moderne. Die Religionen, allen voran Protestantismus, Katholizismus und Judentum, stehen mit der Moderne regelrecht auf Kriegsfuß. Zwar war zumindest der Protestantismus mit seiner Propagierung des religiösen Individualismus ein Stück weit modern – man denke nur an Luthers bahnbrechende Tat der Bibelübersetzung aus dem Lateinischen ins Deutsche und den Aufruf, durch Bibellektüre seinen eigenen Weg zu Gott zu finden. Doch seither scheinen Säkularisierung und Entzauberung der Welt (Max Weber) unaufhaltsam voranzuschreiten. In diesem Prozess wird die Religion als umfassende Lebensführungsmacht abgelöst von anderen Systemen wie der Wirtschaft (Kapitalismus), der Politik (Demokratie), der Wissenschaft (Wissen statt Glauben), einer säkularen Bildung und Erziehung, ja Kultur überhaupt (Individualismus, der nicht religiös, sondern weltlich begründet ist). Wozu braucht man noch Religion, wenn die wichtigsten Lebensziele nicht mehr im religiösen Heil, sondern im weltlichen Erfolg und diesseitigen Reichtum gesucht und gefunden werden? Das Jenseits, einstmals als Paradies im Glauben herbeigesehnt, ist verblasst angesichts der vielfältigen „irdischen Paradiese“, die im Diesseits locken.

Betrachtet man vor diesem Hintergrund die Entwicklung der Religionen und Kirchen in Deutschland nach dem Zweiten Weltkrieg, so findet sich eine vergleichbare Entwicklung wie beim Werte- und Milieuwandel. Nach dem Krieg waren in West- und Ostdeutschland 80% der Bevölkerung in den beiden großen christlichen Kirchen religiös gebunden. Dieses einheitliche Bild zwischen West und Ost änderte sich in der Folgezeit radikal durch die staatlich verordnete Säkularisierung von oben in der DDR, die nach Überwindung harter Widerstände sehr erfolgreich und nachhaltig war. Heute gehören den beiden großen Kirchen rund 65% der Gesamtbevölkerung an; in den neuen Bundesländern sind es nur noch 28% der Bevölkerung. Aber auch in den alten Bundesländern zeichnet sich in jüngerer Zeit eine wachsende Entkirchlichung, Pluralisierung sowie Individualisierung und Privatisierung religiöser und spiritueller Glaubensüberzeugungen ab. Die Entkirchlichung, also die Distanzierung der Menschen von den religiösen Lehren und Riten der Anstaltskirchen, kommt im Rückgang des Glaubens an Gott und an ein Leben nach dem Tode zum Ausdruck. Die Abnahme der Kirchenbindung zeigt sich zudem am rückläufigen Kirchenbesuch. Dieser Prozess setzte in den 1960er- und 1970er-Jahren ein und hat sich in den 1990er-Jahren fortgesetzt. Dennoch halten viele Menschen an ausgewählten religiösen Dienstleistungen bei Geburt, Heirat oder Tod fest und besuchen einmal im Jahr zu Weihnachten eine Christmesse, auch wenn sie keine Kirchensteuern mehr entrichten.

Die Pluralisierung der Religionen kommt im Wachstum nichtchristlicher Religionsgemeinschaften (wie des Buddhismus und Hinduismus) ebenso zum Ausdruck wie in der Zunahme außerkirchlicher Formen der Religiosität (wie neureligiöse Gemeinschaften) und Spiritualität (New Age und andere esoterische Bewegungen). Inzwischen ist auch der Islam in Europa und Deutschland zu einer großen Religionsgemeinschaft [...] geworden. In Deutschland stellt [...] [er] mit 3,2 Millionen Gläubigen die drittgrößte Religionsgemeinschaft dar.

Unter religiöser Individualisierung werden ganz unterschiedliche und zum Teil in sich heterogene Prozesse neuer Religiosität verstanden. Zum einen zeichnet sich als neuartiges Phänomen ein „Glauben ohne Zugehörigkeit“ ab. Man glaubt an Transzendentales, ohne einer der großen Kirchen anzugehören. Zum anderen spiegelt dieser Prozess eine Ausweitung des Religiösen wider, die auch die Schaffung einer „Bastel-Religiosität“ aus dem gesamten Arsenal spiritueller Angebote umfasst: sei es die Sakralisierung der eigenen Person als Extremform religiöser Subjektivität, sei es die Wiederkehr des Okkulten oder auch die Sakralisierung von Liebes- und Transzendenzerfahrungen mit oder ohne Drogeneinsatz. Je nach Alter, Bildung und Milieuzugehörigkeit scheint sich eine facettenreiche „religiöse und spirituelle Erlebnisgesellschaft“ herauszubilden.

Säkularisierung und die Rückkehr der Religion? (2012)

Säkularisierung

Säkularisierung (von lat. *saeculum*: Jahrhundert; die zeitliche Welt im Unterschied zum Ewigen) bezeichnet ursprünglich die Überführung von Kirchenbesitz in weltliche Hände. Im weiteren Sinne versteht man darunter den Prozess des Bedeutungsverlustes der Religion in der modernen Gesellschaft, der zu einer Ablösung von den durch Religion und Theologie bestimmten Denk- und Ordnungssystemen führt.

A

1 Diskutieren Sie anhand der Abbildungen, welche Bedeutung religiöse Riten heute noch haben. > M1

2 Stellen Sie Vermutungen über die Gründe der in der Statistik dargestellten Entwicklung an. > M2

3 Stellen Sie die Rolle der Religion(en) in der modernen Gesellschaft nach Hans-Peter Müller dar und nehmen Sie Stellung zu seiner Sichtweise. > M3

Glaube und kritische Vernunft

M1 Woran Jugendliche (nicht) glauben

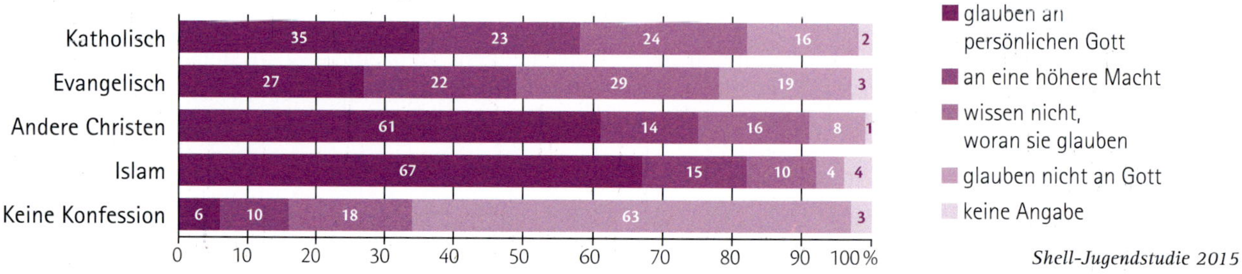

Shell-Jugendstudie 2015

M2 Wilhelm Weischedel: Gründe für eine philosophische Befragung des Glaubens

Wilhelm Weischedel (1905-1975) war Professor für Philosophie an der Freien Universität Berlin.

Warum lasse ich den Glauben nicht einfach stehen und wende mich, unbekümmert um ihn, meiner Aufgabe des Denkens zu? Ich habe darüber nachgedacht und vier Gründe dafür gefunden [...].

1. Es gibt faktisch den Glauben als eine bedeutende geschichtliche Macht. Er hat entscheidend dazu beigetragen, dass unsere Gegenwart das geworden ist, was sie ist. [...] [Deshalb ist es] die Aufgabe des Philosophen [...] den christlichen Glauben als einen der wesentlichsten Ursprünge unserer Gegenwart [zu] untersuchen.
2. [Der christliche Glaube] [...] gehört auch zu den Wurzeln der heutigen Philosophie selber. Wir würden nie so philosophieren, wie wir dies tun, wenn es nicht in der Geschichte des Gedankens selber einen maßgeblichen Einfluss des Glaubens gegeben hätte. Wenn es aber so ist, dann muss die [...] Philosophie aus der Sache heraus zu einer Auseinandersetzung mit dem Glauben werden.
3. In den beiden ersten Punkten geht es um den Glauben als geschichtliches Phänomen. [...] Zu einer Auseinandersetzung kann es erst da kommen, wo der Glaube dem Philosophierenden konkret in dessen je gegenwärtiger Situation entgegentritt. Das geschieht in der Gestalt des ihm begegnenden Glaubenden. Dieser behauptet, von einer Wahrheit zu wissen, die der Philosophierende nicht aus sich selber heraus finden könne, sondern erst von ihm hören müsse. Da nun der Philosoph seinerseits leidenschaftlich an der Wahrheit interessiert ist, da er aber auch die Schwierigkeiten erfährt, die der Suche nach der Wahrheit entgegenstehen, wird es ihn nicht gleichgültig lassen können, wenn er einem begegnet, der sich selber den Besitz der Wahrheit zuschreibt. Was ihn also zu einer Auseinandersetzung mit dem Glauben drängt, ist seine Orientierung auf die Wahrheit hin.

[...] [Darüber hinaus ist der] Glaube [...] nicht irgendeine Behauptung über irgendeine Sache, sondern er behauptet, a) er wisse die Wahrheit, und b) vom Ergreifen dieser schlechthinnigen Wahrheit hänge die Entscheidung auch über die Existenz des Philosophierenden ab. Dieser Absolutheitsanspruch im Felde der Wahrheit ist es, was den Philosophierenden dazu bringt, den christlichen Glauben ernst zu nehmen und sich mit ihm auseinanderzusetzen. *Denken und Glauben (1965)*

M3 Herbert Schnädelbach: Aufklärung als Religionskritik

Herbert Schnädelbach (s. S. 402) befasst sich mit der Rolle der Religion in der modernen Welt.

Wenn man fragt, wie sich Aufklärung und Religionskritik zueinander verhalten, liegt eine Antwort ziemlich nahe: „Aufklärung *ist* Religionskritik; beides ist wesentlich dasselbe." Dafür spricht einiges. [...]

[F]olgen wir Kant, dann leben auch wir in einem „Zeitalter der *Aufklärung*" [...]. Das Zeitalter der Aufklärung bricht dort an und dauert fort, wo sich Kritik regt – nicht als Mäkelei oder als das Verächtlichmachen dessen, was man nicht mag, sondern als „freie und öffentliche Prüfung“ des Bestehenden und Geltenden mit den Mitteln der Vernunft. [...]

Wer fängt dann mit der Aufklärung an? Wer ist der Erste im Konzert der Kritik? Tatsächlich beginnt der Ausgang aus der Unmündigkeit nicht mit den Mündigen, die Aufklärung nicht mit den Aufgeklärten, sondern mit dem Zweifel, der um sich greift, und der ist nur das Symptom der Verunsicherung und Erschütterung lebensweltlicher Selbstverständlichkeiten [...].

[Hat der Zweifel] sich erst einmal geregt, kann man nicht: ihn wieder ganz aus der Welt schaffen. Das zeigt, dass die Aufklärung, wo sie trotz aller Kosten und Lasten an Boden gewinnt, einen gesamtkulturellen Hintergrundsvorgang anzeigt, den man [...] als das Reflexivwerden von Kulturen beschreiben kann. [...]

An diesem Prozess hat auch das Christentum teilgenommen, aber er ist ihm nicht nur von außen widerfahren, so als sei es im Strom der Zeit nur mit fortgeschwemmt worden. Was „Ausgang aus der Unmündigkeit“ zu nennen ist, war schon im Judentum und erst recht im Christentum von vornherein als Ziel enthalten; sie sind Religionen der Freiheitsverheißung. [...] Vor allem im Christentum bedeutete dies einen ständigen Konflikt zwischen den Ansprüchen persönlicher Frömmigkeit und den Folgen der unvermeidlichen Institutionalisierung des Christlichen in einer Amtskirche und ihrer Dogmatik; er wurde selber zum Motor der abendländischen Aufklärung.

Belegen kann man dies an der Geschichte der neuzeitlichen Religionskritik. In ihrer großen Mehrheit waren die Aufklärungsphilosophen keine Ungläubigen; sie verstanden sich nicht als neue Heiden. Wenn sie sich immer wieder vor dem Offenbarungsglauben verneigten und dann meist nichts weiter darüber sagten, so war das niemals bloß Taktik oder Konfliktvermeidung; wir können davon ausgehen, dass die meisten Aufklärer gläubige Christen waren. Sie bestanden aber wie schon die großen Scholastiker* darauf, dass das Geglaubte mit den Ansprüchen der mündigen Vernunft vereinbar sein müsse, und deswegen machten sie sich auf die Suche nach dem rationalen Kern der christlichen Überlieferung; der sollte dann auch Anspruch erheben dürfen auf die „unverstellte Achtung“, die in Kants Worten „die Vernunft nur demjenigen bewilligt, was ihre freie und öffentliche Prüfung hat aushalten können“.

Der Maßstab der Kritik besteht aber nicht nur in der Freiheit und Öffentlichkeit der Prüfung, sondern vor allem im Wahrheitsanspruch. Das Christentum lehrt, dass es die Wahrheit ist, die frei macht. [...] [Es trägt sich] im Unterschied zum Judentum, das wesentlich von der Autorität der Anweisungen der Thora lebt, vor allem in der Gestalt von Tatsachenbehauptungen und Prophezeiungen vor [...], die als wahr gelten oder anzunehmen sind. [...] Wahrheitsansprüche aber, die mit Tatsachenbehauptungen verbunden werden, öffnen ein viel breiteres Einfallstor für den Zweifel als der Autoritätsanspruch der „Weisungen“, die der gläubige Jude als Zeichen der Gnade und besonderen Zuwendung Gottes zum eigenen Volk versteht. [...]

Und der Fundamentalismus – nicht nur der islamische? Sofern der überhaupt für kritische Argumente zugänglich ist, wäre es ein Verrat an dem Projekt der Aufklärung, wenn wir glaubten, ihm erfolgreich mit Indoktrination und Propaganda entgegentreten zu können. Auch hier gilt, dass die Aufklärung ein selbstgeleisteter Ausgang aus der Unmündigkeit sein muss, oder sie findet nicht statt; dies können wir nicht erzeugen oder herbeiführen, sondern nur befördern, wenn es sich regt, und dazu ermutigen durch unser Beispiel eines Lebens in Freiheit und in der Wahrheit.

Religion in der modernen Welt (2009)

A

1. Diskutieren Sie die Ergebnisse der Shell-Jugendstudie. > M1
2. Erklären Sie Wilhelm Weischedels Gründe für eine philosophische Befragung des Glaubens und nehmen Sie dazu Stellung. > M2
3. Vergegenwärtigen Sie sich Kants Verständnis von Aufklärung (s. s. 52f.) und stellen Sie dar, inwiefern Aufklärung nach Herbert Schnädelbach Religionskritik einschließt. > M3
4. Erläutern und beurteilen Sie Schnädelbachs Auffassung, dass insbesondere Christentum und Fundamentalismus Gegenstand aufklärerischen Zweifels sind. > M3

Das Theodizee-Problem

M1 Eine Welt voller Übel

M2 Elie Wiesel: Gott am Galgen

Elie Wiesel (1928-2016), Überlebender des Holocaust, beschreibt in seinen Lebenserinnerungen eine Szene, die er im Konzentrationslager Auschwitz erlebt hat.

Als wir eines Tages von der Arbeit zurückkamen, sahen wir auf dem Appellplatz drei Galgen. Antreten. Ringsum die SS mit drohenden Maschinenpistolen, die übliche Zeremonie. Drei gefesselte Todeskandidaten, darunter der kleine Pipel, der Engel mit den traurigen Augen. Die SS schien besorgter, beunruhigter als gewöhnlich. Ein Kind vor Tausenden von Zuschauern zu hängen, war keine Kleinigkeit. Der Lagerchef verlas das Urteil. Alle Augen waren auf das Kind gerichtet. Es war aschfahl, aber fast ruhig und biss sich auf die Lippen. Der Schatten des Galgens bedeckte es ganz.

Diesmal weigerte sich der Lagerkapo, als Henker zu dienen. Drei SS-Männer traten an seine Stelle. Die drei Verurteilten stiegen zusammen auf ihre Stühle. Drei Hälse wurden zu gleicher Zeit in die Schlingen eingeführt. „Es lebe die Freiheit!", riefen beide Erwachsenen. Das Kind schwieg. „Wo ist Gott, wo ist er?", fragte jemand hinter mir. Auf ein Zeichen des Lagerchefs kippten die Stühle um. Absolutes Schweigen im ganzen Lager. Am Horizont ging die Sonne unter. „Mützen ab!", brüllte der Lagerchef. Seine Stimme klang heiser. Wir weinten. „Mützen auf!" Dann begann der Vorbeimarsch. Die beiden Erwachsenen lebten nicht mehr. Ihre geschwollenen Zungen hingen bläulich heraus. Aber der dritte Strick hing nicht reglos: der leichte Knabe lebte noch ... Mehr als eine halbe Stunde hing er so und kämpfte vor unseren Augen zwischen Leben und Sterben seinen Todeskampf. Und wir mussten ihm ins Gesicht sehen. Er lebte noch, als ich an ihm vorüberschritt. Seine Zunge war noch rot, seine Augen noch nicht erloschen. Hinter mir hörte ich denselben Mann fragen: „Wo ist Gott?" Und ich hörte eine Stimme in mir antworten: „Wo er ist? Dort – dort hängt er, am Galgen ..." *Die Nacht. Erinnerungen und Zeugnis (1958)*

M3 Epikur: Gott und das Problem des Übels

Vor mehr als 2300 Jahren formulierte der griechische Philosoph Epikur ein Problem, das seither als Theodizee-Problem (Problem der Rechtfertigung Gottes) diskutiert wird.

Entweder will Gott die Übel beseitigen und kann es nicht, oder er kann es und will es nicht, oder er kann es nicht und will es nicht, oder er kann es und will es. Wenn er nun will und nicht kann, so ist er schwach, was auf ihn nicht zutrifft. Wenn er kann und nicht will, dann ist er missgünstig, was ebenfalls Gott fremd ist. Wenn er nicht will und nicht kann, dann ist er sowohl missgünstig wie auch schwach und dann auch nicht Gott. Wenn er aber will und kann, was allein sich für Gott ziemt, woher kommen dann die Übel und warum nimmt er sie nicht weg?

Von der Überwindung der Furcht (ca. 310 v. Chr.)

M4 Hans Jonas: Der Gottesbegriff nach Auschwitz

Hans Jonas (vgl. S. 204) geht im folgenden Text auf die jüdische Sicht des Theodizee-Problems ein.

Es folgt aus dem bloßen Begriff der Macht, dass Allmacht ein sich selbst widersprechender, selbstaufhebender, ja sinnloser Begriff ist. [...] Absolute, totale Macht bedeutet Macht, die durch nichts begrenzt ist, nicht einmal durch die Existenz von etwas Anderm überhaupt, etwas außer ihr selbst und von ihr Verschiedenem. Denn die bloße Existenz eines solchen anderen würde schon eine Begrenzung darstellen, und die eine Macht müsste dies andere vernichten, um ihre Absolutheit zu bewahren. Absolute Macht hat dann in ihrer Einsamkeit keinen Gegenstand, auf den sie wirken könnte. Als gegenstandslose Macht aber ist sie machtlose Macht, die sich selbst aufhebt. „All“ ist hier gleich „Null“. Damit sie wirken kann, muss etwas anderes da sein, und sobald es da ist, ist das eine nicht mehr allmächtig, obwohl seine Macht bei jedem Vergleich beliebig hoch überlegen sein kann. [...] Kurz, „Macht“ ist ein *Verhältnisbegriff* und erfordert ein mehrpoliges Verhältnis. [...] So wie in der Physik Kraft ohne Widerstand, also Gegenkraft, leer bleibt, so auch in der Metaphysik Macht ohne Gegenmacht [...]. Dasjenige also, worauf die Macht wirkt, muss eine Macht von sich her haben, selbst wenn diese von jener ersten abstammt und dem Inhaber, in eins mit seinem Dasein, ursprünglich gewährt wurde durch einen Selbstverzicht der grenzenlosen Macht – eben im Akt der Schöpfung. Kurz, es kann nicht sein, dass alle Macht auf Seiten eines Wirksubjekts allein sei. Macht muss geteilt sein, damit es überhaupt Macht gibt.

Doch [...] [es gibt auch] einen mehr theologischen und echt religiösen Einwand gegen die Idee absoluter und unbegrenzter göttlicher Allmacht. [...] [Die] drei Attribute in Frage – absolute Güte, absolute Macht und Verstehbarkeit – stehen in einem solchen Verhältnis, dass jede Verbindung von zweien von ihnen das dritte ausschließt. Die Frage ist dann: Welche von ihnen sind wahrhaft integral für unsern Begriff von Gott und daher unveräußerlich, und welches dritte muss als weniger kräftig dem überlegenen Anspruch der andern weichen? Gewiss nun ist Güte, d. h. das Wollen des Guten, untrennbar von unserm Gottesbegriff und kann keiner Einschränkung unterliegen. Verstehbarkeit oder Erkennbarkeit, die zweifach bedingt ist: vom Wesen Gottes und von den Grenzen des Menschen, ist in letzterer Hinsicht allerdings der Einschränkung unterworfen, aber unter keinen Umständen duldet sie totale Verneinung. [...] Unsere Lehre, die Thora, beruht darin und besteht darauf, dass wir Gott verstehen können, nicht vollständig natürlich, aber etwas von ihm – von seinem Willen, seinen Absichten und sogar von seinem Wesen, denn er hat es uns kundgetan. Es hat Offenbarung gegeben, wir besitzen seine Gebote und sein Gesetz, und manchen – seinen Propheten – hat er sich direkt mitgeteilt [...]. Ein gänzlich verborgener, unverständlicher Gott ist ein unannehmbarer Begriff nach jüdischer Norm. Genau das aber müsste er sein, wenn ihm zusammen mit Allgüte auch Allmacht zugeschrieben würde. Nach Auschwitz können wir mit größerer Entschiedenheit als je zuvor behaupten, dass eine allmächtige Gottheit entweder nicht allgütig oder [...] total unverständlich wäre. Wenn aber Gott auf gewisse Weise und in gewissem Grade verstehbar sein soll [...], dann muss sein Gutsein vereinbar sein mit der Existenz des Übels, und das ist es nur, wenn er nicht allmächtig ist. Nur dann können wir aufrechterhalten, dass er verstehbar und gut ist und es dennoch Übel in der Welt gibt. Und da wir sowieso den Begriff der Allmacht als zweifelhaft in sich selbst befanden, so ist es dieses Attribut, das weichen muss.

Philosophische Untersuchungen und metaphysische Vermutungen (1992)

A

1 Beschreiben Sie die abgebildeten Situationen und sprechen Sie darüber, welche Fragen sich für einen gläubigen Menschen daraus ergeben könnten. > M1

2 Erläutern Sie, was im Text von Elie Wiesel mit der inneren Stimme (Z. 33f.) zum Ausdruck gebracht werden soll. > M2

3 Erklären Sie das logische Problem, das Epikur im Hinblick auf den Gottesbegriff entfaltet. > M3

4 Untersuchen Sie, wie Hans Jonas das Theodizee-Problem nach Ausschwitz zu lösen versucht, und nehmen Sie dazu Stellung. > M4

Der kosmologisch-teleologische Gottesbeweis

M1 Gott erschafft die Welt

Bible moralisée, Buchmalerei um 1225

M2 Thomas von Aquin: Die erste Ursache

Fides quaerens intellectum (Glaube, der Einsicht sucht) war das Motto christlicher Denker des Mittelalters. Sie wollten das, was sie glaubten, mit Mitteln der Vernunft beweisen. Einer der bekanntesten Gottesbeweise ist das kosmologische Argument von Thomas von Aquin (s. S. 50).

Wir stellen nämlich fest, dass es bei dem, was wir wahrnehmen können, eine Reihe von wirkenden Ursachen gibt. Dabei findet man nirgends [...], dass etwas die Ursache seiner selbst sei. Denn dann wäre es früher als es selbst, und das ist unmöglich. Es ist aber [auch] nicht möglich, bei den wirkenden Ursachen bis ins Unendliche fortzuschreiten. [...] Gäbe es also bei den wirkenden Ursachen kein erstes, so gäbe es auch kein letztes [...]. [W]enn man bei den wirkenden Ursachen bis ins Unendliche fortschritte, so gäbe es keine erste wirkende Ursache. Und folglich gäbe es auch keine letzte Wirkung [...], was offenbar falsch ist. Also muss man eine erste wirkende Ursache annehmen: diese nennen alle Gott.

Summa theologica (1267-1273)

M3 Nigel Warburton: Kritik am kosmologischen Argument

Der britische Philosoph Nigel Warburton (*1962) verfasste eine Reihe von Einführungen in die klassische Philosophie.

Der kosmologische Gottesbeweis beginnt mit der Annahme, dass jedes einzelne Ding von irgendetwas anderem verursacht worden sei, widerspricht ihr dann aber selbst, indem er behauptet, dass Gott die allererste Ursache gewesen ist. Er argumentiert, dass es keine unverursachte Ursache geben kann, wie auch, dass es eine unverursachte Ursache gibt: Gott. Er fordert geradezu die Frage heraus: „Und was verursachte Gott?" Wer von dem kosmologischen Gottesbeweis überzeugt ist, könnte dem entgegenhalten, damit sei nicht gemeint, dass alles eine Ursache hat, sondern nur, dass alles außer Gott eine Ursache hat. Aber das ist nicht besser. Wenn die Reihe von Wirkungen und Ursachen irgendwo haltmacht, warum muss sie dann bei Gott haltmachen? Warum kann sie bei ihrem Rückgang nicht früher haltmachen, bei der Entstehung des Universums selbst?

Was können wir wissen, was dürfen wir tun? (1992)

M4 William Paley: Anzeichen eines Plans

Der britische Theologe und Philosoph William Paley (1743–1805) hat den teleologischen (von gr. *telos*: Zweck, Ziel) Gottesbeweis, der auf Thomas von Aquin zurückgeht, neu gefasst.

Ich ging einst über eine Heide und stieß meinen Fuß an einen Stein. Da war mir's, als fragte mich jemand, wie der Stein hierher komme? Ich weiß nicht anders, als dass er von jeher da gelegen, gab ich zur Antwort [...]. Setze ich aber den Fall, ich hätte eine Uhr auf dem Boden gefunden und würde gefragt, wie die Uhr hierher komme, so würde ich mich sehr bedenken, die vorhin gegebene Antwort [...] nochmals zu geben. [...] Wenn wir eine Uhr untersuchen, so bemerken wir (was wir an dem Stein nicht wahrnehmen konnten), dass ihre verschiedenen Teile um eines Zweckes willen so und nicht anders geformt und zusammengesetzt sind, dass sie so einander angepasst erscheinen, um Bewegung hervorzubringen, und dass diese Bewegung so geregelt ist, dass sie die Stunden des Tages anzeigt. [...]

Hat man nun diesen Mechanismus aufgefasst, so ist meines Erachtens der Schluss unvermeidlich, dass die Uhr einen Urheber haben müsse, dass zu irgendwelcher Zeit und an irgendwelchem Orte ein oder mehrere Künstler gelebt haben müssen, die sie zu dem Zwecke, dem sie, wie wir sehen, wirklich entspricht, absichtlich verfertigten. [...]

Alle Merkmale von Kunst, alle Anzeichen von Plan, wie wir sie bei der Uhr entdecken, finden sich auch bei den Werken der Natur, nur mit dem Unterschiede, dass die letztern außer allem Vergleich größer und zahlreicher sind. Die Werke der Natur lassen die der Kunst, was die Zartheit des Gefüges, die Feinheit und Sorgfalt des Mechanismus betrifft, unendlich weit hinter sich, sie übertreffen sie womöglich noch weit mehr an Zahl und Mannigfaltigkeit, und dabei ist in einer Menge von Fällen ihr Mechanismus, die Kunst und Zweckmäßigkeit ihrer Einrichtung nicht weniger augenfällig als bei den vollkommensten Schöpfungen des menschlichen Scharfsinns. *Paley's natürliche Theologie (1802)*

M5 John Hospers: Kritik am teleologischen Argument

John Hospers (1918-2011) unterrichtete Philosophie und Ästhetik an der University of Southern California.

Das Universum hat die und die Eigenschaften, daher existiert ein göttlicher Planer: Das ist die Struktur des [teleologischen] Arguments. [...] Das Universum [...] ist geordnet und Ordnung ergibt sich aus einem Plan. [...] Doch eine derartige Argumentation unterliegt verschiedenen Einwänden: [...] Das Wort „Ordnung" ist nicht sehr klar: Was dem einen als geordnet erscheint, muss nicht auch dem anderen so erscheinen. [...] Was am wichtigsten ist: Was garantiert uns, dass Ordnung immer das Ergebnis eines Plans ist? Einige Vorkommen von Ordnung sind in der Tat das Ergebnis eines Plans, wie zum Beispiel mechanische Objekte (etwa Uhren, Schraubenschlüssel oder Automobile). Wir wissen dies, weil wir selbst (oder andere Menschen) die Materialien genommen und sie auf bestimmte Weise zu diesen Gegenständen, die uns von Nutzen sind, zusammengesetzt haben. Die Ordnung ist hier das Ergebnis eines planenden Bewusstseins – *unseres* Bewusstseins. Doch [...] Ordnung ist *nur insoweit* ein Beweis für Planung, als man *beobachtet* hat, dass Ordnung aus Planung resultiert. Und man hat *nicht* beobachtet, dass die Ordnung, die wir etwa bei Pflanzen und Tieren finden, aus Planung resultiert. Wir haben nie irgendein Wesen beobachtet, wie es, einem Plan folgend, Tiere, Pflanzen oder auch Sterne formte, und daher sind wir nicht zu dem Schluss berechtigt, dass diese Dinge tatsächlich das Ergebnis einer Planung sind. [...]

In einem Universum, das überwiegend aus anorganischer Materie besteht, schien die Existenz von Leben und Geist ein Geheimnis zu sein, das nur mit Hilfe der Hypothese von einem kosmischen Planer erklärt werden konnte. Doch schon seit einigen tausend Jahren gibt es Theorien einer organischen Evolution, die die Existenz von Organismen zu erklären versuchen, ohne zu der Hypothese von einem Planer Zuflucht zu nehmen. [...] [Es war] Charles Darwin, der in seinem 1859 erschienenen Buch *Der Ursprung der Arten* erstmals eine umfassende Theorie aufstellte, die auf der Grundlage einer detaillierten und sorgfältigen empirischen Beobachtung stand. [...] Als Ergebnis seiner Pionierarbeit und der Forschungen zahlreicher späterer Biologen wurde die Hypothese von der organischen Evolution in so hohem Maße bestätigt, dass sie heute in der Biologie allgemein anerkannt ist.

Die Unhaltbarkeit der zentralen Gottesbeweise (1953)

A

1 Beschreiben Sie die Abbildung und stellen Sie dar, welches Gottesverständnis hier zum Ausdruck kommt. > M1

2 Welche Argumentation bezüglich der Frage der Existenz Gottes halten Sie für überzeugend? Begründen Sie Ihre Auffassung. > M2/M3

3 Stellen Sie die Argumente William Paleys und John Hospers' für und gegen die Annahme eines göttlichen Planers zusammen und beurteilen Sie ihre Plausibilität. Greifen Sie dabei auf Ihre Kenntnisse der Evolutionstheorie (s. S. 54ff.) zurück. > M4/M5

Der ideologische Gottesbeweis

METHODENKOMPETENZ: Einen Gedankengang visualisieren

Zur Vorbereitung einer schriftlichen Textanalyse empfiehlt es sich, den Gedankengang eines Textes in grafischer Form deutlich zu machen. Eine Visualisierung kann auch als Grundlage und Stütze für einen mündlichen Vortrag (z. B. in der mündlichen Abiturprüfung, s. S. 416f.) hilfreich sein. Gehen Sie dabei z. B. folgendermaßen vor:

- Unterstreichen Sie die einzelnen Argumente im Text.
- Machen Sie sich am Textrand Notizen zur Argumentation.
- Klären Sie den gedanklichen Zusammenhang der einzelnen Argumentationsschritte (z. B. Ansatz / Voraussetzung, Argumente und Folgerungen).
- Stellen Sie den Argumentationsgang in einem Schaubild strukturiert dar, indem Sie die einzelnen Schritte mithilfe von Pfeilen und sonstigen geeigneten grafischen Symbolen deutlich machen.

M1 René Descartes: *Ideae innatae* – angeborene Ideen

In seinem Hauptwerk *Meditationen* legt der französische Philosoph und Mathematiker René Descartes (1596-1650) unter anderem drei Gottesbeweise vor. Der berühmteste und wichtigste beruht auf der Vorstellung Gottes als einer angeborenen Idee (ideologischer Gottesbeweis).

Unter dem Namen „Gott" verstehe ich eine Substanz, die unendlich, unabhängig, allwissend und allmächtig ist und von der ich selbst geschaffen bin ebenso wie alles andere Existierende [...]. Dies alles ist nun in der Tat so vorzüglich, dass mir dessen Abstammung aus mir allein umso weniger möglich erscheint, je sorgfältiger ich es betrachte. [...].

Ich (endliche Substanz) habe eine Vorstellung von Gott (unendliche Substanz).

Denn: Zwar habe ich eine Vorstellung von Substanz, eben weil ich ja selbst Substanz bin; dennoch wäre das deshalb noch nicht die Vorstellung einer unendlichen Substanz, da ich endlich bin; es sei denn, sie rührte von einer Substanz her, die in Wahrheit unendlich ist.

Bleibt [...] zu untersuchen, wie ich jene Vorstellung von Gott erhalten habe. Denn weder habe ich sie aus den Sinnen geschöpft, noch ist sie mir jemals wider Erwarten gekommen [...]; noch auch habe ich sie mir ausgedacht, denn ich kann ganz und gar nichts von ihr wegnehmen und ihr auch nichts hinzufügen. Daher bleibt nur übrig, dass sie mir angeboren ist [*ideae innatae*], ebenso wie mir auch die Vorstellung von mir selbst angeboren ist. [...]

Die Idee Gottes habe ich weder durch die Sinne noch durch Nachdenken noch durch Zufall erhalten.

Es bleibt nur übrig, dass mir die Idee Gottes angeboren ist, d. h. Gott hat sie mir eingepflanzt.

Es ist auch gar nicht zu verwundern, dass Gott mir, als er mich schuf, diese Vorstellung eingepflanzt hat, [...] [denn da] Gott mich geschaffen hat, ist es ganz glaubhaft, dass ich gewissermaßen nach seinem Bilde und seinem Gleichnis geschaffen bin. [...] Die ganze Kraft dieses Beweises liegt in der Erkenntnis, dass ich selbst mit der Natur, die mir eigentümlich ist, – nämlich im Besitze einer Vorstellung Gottes – unmöglich existieren könnte, wenn nicht auch Gott wirklich existierte, derselbe Gott, sage ich, dessen Vorstellung in mir ist, d. h. der alle die Vollkommenheiten besitzt, die ich zwar nicht begreifen, aber doch gewissermaßen mit den Gedanken berühren kann.

Wenn Gott mir diese Idee eingepflanzt hat, dann existiert er notwendig.

Meditationen über die Grundlagen der Philosophie (1641)

Descartes: Beweis der Existenz Gottes aus der angeborenen Idee Gottes

Ich habe eine Idee einer endlichen Substanz (Mensch) und einer unendlichen Substanz (Gott). — Voraussetzung

↓

Die Idee Gottes stammt nicht aus mir und ist — Argumentation

↙ ↓ ↘

nicht durch die Sinne erworben (Außenwelt). | nicht durch Nachdenken erhalten (Bewusstsein). | nicht durch Zufall gegeben.

Daher kann die Idee Gottes nur angeboren sein, d. h. Gott hat sie mir eingepflanzt. — Folgerung

↓

Wenn Gott dem Menschen diese Idee eingepflanzt hat, existiert er notwendig. — Schlussfolgerung

M2 John Locke: Kritik an Descartes' Gottesbeweis

In seinem erkenntnistheoretischen Hauptwerk *Versuch über den menschlichen Verstand* zeigt John Locke (s. S. 74) die Schwächen des ideologischen Gottesbeweises auf.

Besäßen […] alle Menschen an allen Orten den Begriff eines Gottes (die Geschichte lehrt uns allerdings das Gegenteil), so würde daraus nicht folgen, dass die Gottesidee angeboren sei. Denn fände sich auch kein Volk ohne den Namen und einzelne dunkle Begriffe von Gott, so würde damit nicht bewiesen sein, dass es sich hierbei um im Geist befindliche natürliche Eindrücke handelt; es wäre so wenig bewiesen, wie die Namen für das Feuer, die Sonne, die Hitze oder die Zahl der Ideen, für die sie stehen, sich dadurch als angeboren erweisen, dass sie und diese Ideen unter den Menschen so allgemein verbreitet und bekannt sind. […].

Wie lange dauert es, bevor sich irgendein […] [Gottesbegriff] bei Kindern entdecken lässt! Und wenn wir ihn dort finden, wie viel mehr gleicht er der Meinung und dem Begriff des Lehrers als dem Abbild des wahren Gottes. Wer bei Kindern den Vorgang beobachtet, wie ihr Geist die Kenntnisse, die sie besitzen, erwirbt, wird zu der Ansicht gelangen, dass die Objekte, mit denen sie zuerst und am eingehendsten zu tun haben, jene sind, welche die ersten Eindrücke auf ihren Verstand hervorrufen; von irgendwelchen anderen Einprägungen wird er nicht die leisesten Spuren entdecken. […]

Welchen wahren oder auch nur leidlichen Begriff von einem göttlichen Wesen konnten die haben, die Hunderte von Göttern anerkannten und verehrten? Jede Verehrung von mehr als einer einzigen Gottheit war ein unfehlbarer Beweis dafür, dass sie Ihn nicht kannten, ein Beweis dafür, dass sie von Gott keinen wahren Begriff hatten, da der ihrige Einheit, Unendlichkeit und Ewigkeit ausschloss. […] Wenn die so oft geltend gemachte allgemeine Übereinstimmung irgendetwas für angeborene Eindrücke beweist, so jedenfalls nur so viel, dass Gott dem Geist aller Menschen, die dieselbe Sprache reden, einen Namen, aber keinerlei Idee von sich eingeprägt hat; denn jene Leute, die hinsichtlich des Namens übereinstimmten, besaßen gleichzeitig ganz verschiedene Vorstellungen von dem bezeichneten Ding.

Versuch über den menschlichen Verstand (1690)

1 Vollziehen Sie den Argumentationsgang von Descartes mithilfe der Anleitung für die Visualisierung nach. > M1

2 Bewerten Sie die Plausibilität des Gottesbeweises von Descartes. > M1

3 Wenden Sie die Anleitung zur Visualisierung eines Argumentationsgangs auf den Text von John Locke an. > M2

4 Nehmen Sie Stellung zu der Frage, ob sich aus der angeborenen Idee Gottes dessen Existenz beweisen lässt. > M2

Der ontologische Gottesbeweis

M1 Anselm von Canterbury: „Der, über dem Größeres nicht gedacht werden kann"

Der ontologische Gottesbeweis ist ein Schluss vom Denken (gr. *logos*) auf das Sein (gr. *on*). Er stammt von dem mittelalterlichen Theologen und Philosophen Anselm von Canterbury (1033–1109).

So gib mir nun, o Herr, der Du dem Glauben auch die Einsicht verleihst, gib mir, soweit es nach Deinem Wissen für mich zuträglich ist, die Erkenntnis des Verstandes, dass Du bist, wie wir glauben, und dass Du das bist, was wir glauben. Wir glauben aber von Dir, dass über Dich hinaus Größeres nicht gedacht werden kann. Oder gibt es etwa kein solches Wesen, weil der Tor in seinem Herzen spricht: Es ist kein Gott? Aber selbst dieser Tor versteht meine Worte, wenn ich sage: Etwas, worüber hinaus Größeres nicht gedacht werden kann. Und was er versteht, ist in seinem Erkennen, auch wenn er nicht versteht, dass es dieses Etwas wirklich gibt.

Es ist zweierlei, ob eine Sache im Erkennen ist, oder ob erkannt wird, dass die Sache in Wirklichkeit da ist. Wenn ein Maler sich ein Bild ausdenkt, so hat er dieses in seinem Denken; aber er kann es nicht als daseiend erkennen, da er es noch nicht gemalt hat. Hat er es aber gemalt, so hat er es zum einen in seinem Denken, erkennt aber auch, dass es wirklich da ist. Also wird auch der Tor davon überzeugt sein, dass es wenigstens in seinem Denken etwas gibt, worüber hinaus Größeres nicht gedacht werden kann; denn er versteht, was er hört, und alles, was verstanden wird, ist im Verstande.

Aber das, worüber hinaus Größeres nicht gedacht werden kann, kann nicht nur im Denken sein. Ist es nämlich nur in unserem Denken, so kann man es sich auch als wirklich seiend vorstellen; dann aber wäre es größer. Wenn also das, worüber hinaus Größeres nicht gedacht werden kann, nur im Denken ist, so ist eben das, worüber hinaus Größeres nicht gedacht werden kann, etwas, über das hinaus etwas Größeres denkbar ist. Dies ist aber offenbar unmöglich. Daher ist zweifellos etwas, worüber hinaus Größeres nicht gedacht werden kann, sowohl dem Denken als auch der Sache nach wirklich.

Gottes Dasein ist also so gewiss, dass sein Nichtsein nicht einmal gedacht werden kann. Denn es ist eine Wirklichkeit denkbar, deren Nichtsein undenkbar ist, und sie ist größer als eine Wirklichkeit, deren Nichtsein gedacht werden kann. Wenn das Nichtsein dessen, worüber hinaus Größeres nicht gedacht werden kann, gedacht werden kann, so ist das, worüber hinaus Größeres nicht gedacht werden kann, nicht das, worüber hinaus Größeres nicht gedacht werden kann; und das ist ein Widerspruch. Es gibt also wahrhaft etwas, über das hinaus Größeres nicht gedacht werden kann, derart, dass nicht einmal der Gedanke an dessen Nichtsein möglich ist. Und das bist Du, Herr, unser Gott.

So also bist Du, Herr, mein Gott, wirklich, dass Dein Nichtsein gar nicht gedacht werden kann. Und dies mit Recht. Denn könnte irgendein Geist etwas ausdenken, das besser wäre als Du, so stände das Geschöpf höher als der Schöpfer und urteilte über ihn, was wohl sehr widersinnig wäre. Alles Seiende, außer Dir allein, kann auch als nichtseiend gedacht werden. Nur Du allein bist in wahrhaftester Weise und daher in höchstem Maße unter allem Sein als Wirklichkeit da, weil jegliches sonstige Ding nicht in so wahrer Weise und somit in geringerem Grade Sein hat. [...]

Gott ist nämlich das, worüber hinaus Größeres nicht gedacht werden kann. Wer diesen Satz richtig versteht, erkennt, dass Er so ist, dass Er nicht einmal in Gedanken als nichtseiend angenommen werden kann. Begreift also jemand, dass Gott solcherart ist, so kann er sein Nichtsein auch nicht denken.

Dank sei Dir, Herr, Dank sei Dir dafür, dass ich durch Dich erleuchtet erkenne, was ich früher durch Dich beschenkt schon geglaubt habe; wollte ich auch an Dein Dasein nicht glauben, so wäre ich doch außerstande, es nicht zu erkennen. *Proslogion (1077/78)*

M2 Gaunilo von Marmoutiers: Die verschwundene Insel

Gaunilo von Marmoutiers war ein Benediktinermönch des 11. Jahrhunderts. Er wurde bekannt durch seine Kritik an Anselms Gottesbeweis.

[Auf das, was Anselm dem Zweifler oder Leugner sagt, kann dieser] möglicherweise erwidern: Wenn gesagt wird, dass dies allein deswegen bereits in meinem Verstand ist, weil ich das, was gesagt wird, verstehe: könnte ich dann nicht auch ganz ähnlich sagen, dass ich jedwedes Falsche und in keiner Weise in sich selbst Existierende im Verstand habe, weil ich doch dann, wenn jemand dies sagte, es dadurch, dass er es sagte, auch verstünde? So sagt man zum Beispiel, dass es irgendwo im Ozean eine Insel gebe, die wegen der Schwierigkeit oder vielmehr der Unmöglichkeit, zu finden, was es nicht gibt, von einigen auch „die verschwundene" genannt wird, die, wie man sich erzählt, noch weit mehr, als es von den Inseln der Glückseligen berichtet wird, von einem unermesslichen Überfluss an Schätzen und Wonnen erfüllt wird, und die, ohne dass sie einen Eigentümer oder Einwohner hätte, an der Überfülle der Besitztümer alle anderen von Menschen bewohnten Länder allenthalben übertrifft. Sage mir jemand, dass dies so sei, und ich werde das Gesagte, in dem es keinerlei Schwierigkeit gibt, leicht verstehen. Wenn er aber hierauf (so als ob es daraus folgte) weiterhin sagte: Du kannst nun nicht länger daran zweifeln, dass diese Insel, die vortrefflicher ist als alle anderen Länder, wahrhaft irgendwo in Wirklichkeit ist, insofern sie für Dich doch ohne Zweifel auch in deinem Verstand ist; und weil es vortrefflicher ist, nicht allein nur im Verstand, sondern auch in Wirklichkeit zu sein, deshalb ist es notwendig, dass sie in dieser Weise ist, denn wenn sie es nicht wäre, dann wäre jegliches andere Land, das in Wirklichkeit ist, vortrefflicher als sie, und so wäre dann sie, von der Du bereits verstanden hast, dass sie die vortrefflichere ist, gar nicht die vortrefflichere; – wenn er nun, so sage ich, mir dadurch beweisen wollte, dass es von der wirklichen Existenz dieser Insel nicht mehr länger einen Zweifel geben könnte, so wüsste ich nicht, wen ich für einfältiger halten müsste: mich, wenn ich ihm dies zugestünde, oder ihn, wenn er meinte, mir das Wesen dieser Insel mit irgendeiner Gewissheit bewiesen zu haben.

Pro insipiente (11. Jahrhundert)

M3 Denis Huisman: Kants Kritik des ontologischen Beweises

Der französische Philosoph Denis Huisman (*1929) stellt Immanuel Kants Kritik des ontologischen Gottesbeweises dar.

Kant hat in der „Kritik der reinen Vernunft" [...] zu zeigen versucht, dass [...] [die ontologische Argumentation] nicht aufrechtzuhalten ist. [...] [Er] stellt sich vor, dass sich in seiner Tasche ein Hunderttalerstück befindet, das vollkommen ist. Bei dieser Hypothese hat das Goldstück absolut alle Qualitäten: Es ist fein graviert, es hat genau das Goldgewicht, das es haben muss, es ist glänzend, rein, tadellos sauber wie ein neues Geldstück, ganz glatt usw. Es ist vollkommen, hat alle Eigenschaften ohne eine Ausnahme. Es ist also auch existent. Ich stecke plötzlich die Hand in die Hosentasche, ich ziehe sie wieder hervor, ich drehe sie um, kein Geldstück da! – Halt! Ich habe doch geglaubt, dass es alle Eigenschaften besitzt, also auch Realität! – Was beweist das? Es beweist, dass die Vorstellung von diesem Geldstück nicht ausreicht, die Realität selber entstehen zu lassen. Im Falle der Idee des Vollkommenen oder des Unbegrenzten ist das Problem dasselbe: Man hat nur bewiesen, dass die Idee Gottes möglich ist, dass Gott existieren könnte – aber nicht, dass man Gewissheit haben kann, dass er existiert. Das ist ebenso nur möglich, wie es auch nur möglich ist, dass ich ein Hunderttalerstück in meiner Tasche habe. Aber es ist nicht gewiss.

Philosophie für Einsteiger (1983)

A

1. Visualisieren Sie die Argumentation Anselms in einem Schaubild. › M1
2. Ergänzen Sie das Schaubild mit den Gegenargumenten Gaunilos und Immanuel Kants. › M2/M3
3. Nehmen Sie Stellung zur Überzeugungskraft des ontologischen Arguments für die Existenz Gottes. › M1 M3

Gott – nur eine Projektion des Menschen?

M1 Xenophanes: Götterbilder

Darstellung der griechischen Göttin Athene

[W]enn die Ochsen [und Rosse] und Löwen Hände hätten oder malen könnten mit ihren Händen und Werke bilden wie die Menschen, so würden die Rosse rossähnliche, die Ochsen ochsenähnliche Göttergestalten malen und solche Körper bilden, wie [jede Art] gerade selbst das Aussehen hätte.

Fragmente (5. Jh. v. Chr.)

M2 Ludwig Feuerbach: Der Wunsch als Ursprung der Religion

Mit Ludwig Feuerbach (1804-1872) begann eine bis heute andauernde Auseinandersetzung um das Wesen der Religion.

Der Wunsch ist der *Ursprung*, ist das *Wesen selbst der Religion.* [...] So ist es eine [...] selbst schon von den frommen Heiden mit dem bittersten Tadel bemerkte Erscheinung der Religion, dass die Menschen insgemein nur im Unglück zu ihr ihre Zuflucht nehmen, an Gott sich wenden und denken [...]. Im Unglück, in der Not, sei sie nun meine eigne oder die Not anderer, macht der Mensch die schmerzliche Erfahrung, dass er nicht kann, was er will, dass ihm seine Hände gebunden sind. Aber [...] [j]e mehr mir die Hände gebunden sind, desto ungebundener sind meine Wünsche, desto heftiger meine Sehnsucht nach Erlösung, desto energischer mein Trieb nach Freiheit, mein Wille, nicht beschränkt zu sein. Die von der Macht der Not auf den höchsten Grad gesteigerte, überreizte, übermenschliche Macht des menschlichen Herzens oder Willens ist die Macht der Götter, für die es keine Not und Schranken gibt. [...] Die Götter sind die wohlbeleibten, verkörperten, verwirklichten Wünsche des Menschen – die aufgehobenen Naturschranken des menschlichen Herzens und Willens. [...] „Wie dein Herze, so dein Gott." *Wie die Wünsche der Menschen so sind ihre Götter.*

Das Wesen der Religion (1846)

M3 Ludwig Feuerbach: Der Anthropomorphismus in der Vorstellung Gottes

Das Bewusstsein Gottes ist das Selbstbewusstsein des Menschen, die Erkenntnis Gottes die Selbsterkenntnis des Menschen. Aus seinem Gotte erkennst du den Menschen, und wiederum aus dem Menschen seinen Gott; beides ist eins. Was dem Menschen *Gott* ist, das ist *sein Geist, seine Seele*, und was des *Menschen Geist, seine Seele, sein Herz, das ist sein Gott*: Gott ist das *offenbare* Innere, das *ausgesprochne* Selbst des Menschen; die Religion die feierliche Enthüllung der verborgenen Schätze des Menschen, das Eingeständnis seiner innersten Gedanken, das *öffentliche Bekenntnis seiner Liebesgeheimnisse.*

Wenn aber die Religion, das Bewusstsein Gottes, als das Selbstbewusstsein des Menschen bezeichnet wird, so ist dies nicht so zu verstehen, als wäre der religiöse Mensch sich direkt bewusst, dass sein Bewusstsein von Gott das Selbstbewusstsein seines Wesens ist, denn der Mangel dieses Bewusstseins begründet eben das eigentümliche Wesen der Religion. Um diesen Missverstand zu beseitigen, ist es besser zu sagen: Die Religion ist das *erste* und *zwar indirekte Selbstbewusstsein* des Menschen. [...]

Die Religion, wenigstens die christliche, ist *das Verhalten des Menschen zu sich selbst*, oder richtiger: *zu seinem Wesen*, aber das Verhalten zu seinem Wesen *als zu einem andern Wesen. Das göttliche Wesen ist nichts andres als* das menschliche Wesen oder besser: *das Wesen des Menschen*, abgesondert von den

Schranken des individuellen, das heißt wirklichen, leiblichen Menschen, vergegenständlicht, das heißt *angeschaut* und *verehrt als ein andres, von ihm unterschiednes, eignes Wesen* – alle *Bestimmungen* des göttlichen Wesens sind darum Bestimmungen des menschlichen Wesens. [...]
Du glaubst an die Liebe als eine göttliche Eigenschaft, weil du selbst liebst, du glaubst, dass Gott ein weises, ein gütiges Wesen ist, weil du nichts Besseres von dir kennst als Güte und Verstand, und du glaubst, dass Gott existiert, dass er also Subjekt oder Wesen ist – was existiert, ist Wesen, werde er nun als Substanz oder Person oder sonstwie bestimmt und bezeichnet –, weil du selbst existierst, selbst Wesen bist. Du kennst kein höheres menschliches Gut, als zu lieben, als gut und weise zu sein, und ebenso kennst du kein höheres Glück, als überhaupt zu existieren, Wesen zu sein; denn das Bewusstsein alles Guten, alles Glückes ist dir an das Bewusstsein des Wesenseins, der Existenz gebunden. Gott ist dir ein Existierendes, ein Wesen aus demselben Grunde, aus welchem er dir ein weises, ein seliges, ein gütiges Wesen ist. Der Unterschied zwischen den göttlichen Eigenschaften und dem göttlichen Wesen ist nur dieser, dass dir das Wesen, die Existenz *nicht* als ein Anthropomorphismus *erscheint*, weil in diesem deinem *Wesensein* die *Notwendigkeit* liegt, dass dir Gott ein Existierendes, ein Wesen ist, die Eigenschaften dagegen als Anthropomorphismen *erscheinen*, weil die Notwendigkeit derselben, die Notwendigkeit, dass Gott weise, gut, gerecht usw. ist, keine unmittelbare, mit dem Sein des Menschen identische, sondern durch sein Selbstbewusstsein, die Tätigkeit des Denkens vermittelte Notwendigkeit ist. Subjekt, Wesen bin ich, ich existiere, ich mag weise oder unweise, gut oder schlecht sein. Existieren ist dem Menschen das Erste, das Grundwesen in seiner Vorstellung, die Voraussetzung der Prädikate. Die Prädikate gibt er daher frei, aber die Existenz Gottes ist ihm eine ausgemachte, unantastbare, absolut gewisse, gegenständliche Wahrheit. Aber gleichwohl ist dieser Unterschied nur ein scheinbarer. Die Notwendigkeit des Subjekts liegt nur in der Notwendigkeit des Prädikats. Du bist *Wesen* nur als *menschliches* Wesen; die Gewissheit und Realität deiner Existenz liegt nur in der Gewissheit und Realität deiner menschlichen Eigenschaften. [...]
Die Religion ist die *Entzweiung* des Menschen mit *sich selbst*: Er setzt sich Gott als ein ihm *entgegengesetztes* Wesen gegenüber. Gott ist *nicht*, was der *Mensch* ist – der Mensch *nicht*, was *Gott* ist. Gott ist das unendliche, der Mensch das endliche Wesen, Gott vollkommen, der Mensch unvollkommen, Gott ewig, der Mensch zeitlich, Gott allmächtig, der Mensch unmächtig, Gott heilig, der Mensch sündhaft. Gott und Mensch sind Extreme: Gott das schlechthin Positive, der Inbegriff aller Realitäten, der Mensch das schlechtweg Negative, der Inbegriff aller Nichtigkeiten. [...]
Der notwendige Wendepunkt der Geschichte ist daher dieses *offene Bekenntnis und Eingeständnis*, dass das Bewusstsein Gottes nichts anderes ist als das Bewusstsein der Gattung [...]. Die Religion ist das erste Selbstbewusstsein des Menschen. Heilig sind die Religionen, eben weil sie die Überlieferungen des ersten Bewusstseins sind. Aber was der Religion das Erste ist, Gott, das ist, wie bewiesen, an sich, der Wahrheit nach das Zweite, denn er ist nur das sich *gegenständliche* Wesen des Menschen, und was ihr das Zweite ist, der Mensch, das muss daher als das Erste gesetzt und *ausgesprochen* werden. Die Liebe zum Menschen darf keine abgeleitete sein; sie muss zur *ursprünglichen* werden. Dann allein wird die Liebe eine *wahre, heilige, zuverlässige* Macht. Ist das Wesen des Menschen das *höchste* Wesen des Menschen, so muss auch praktisch das *höchste* und *erste Gesetz* die *Liebe des Menschen zum Menschen* sein. *Homo homini Deus est** – dies ist der oberste praktische Grundsatz, dies der Wendepunkt der Weltgeschichte.

Das Wesen des Christentums (1841)

A

1 Erläutern Sie Xenophanes' Religionskritik anhand der Abbildungen antiker griechischer Götter. > M1

2 Visualisieren Sie Ludwig Feuerbachs Religionskritik und erläutern Sie sie durch Beispiele. > M2/M3

3 Vergleichen Sie Feuerbachs Gottesbild mit dem von Thomas von Aquin (s. S. 50) und nehmen Sie dazu Stellung. > M3

Religion – Opium des Volkes?

M1 Die Toten Hosen: Ich will nicht ins Paradies

Cover des Albums Opium fürs Volk (1996) der Rockgruppe „Die Toten Hosen"

[W]er immer JA und DANKE sagt,
dessen Chancen stehen nicht schlecht.
Wer sich brav in jede Reihe stellt
mit geputzten Schuhen,
wer sein Schicksal mit Demut trägt,
dem winkt die Erlösung zu.
Wir sollen zuhören und aufpassen,
tun, was man uns sagt,
unterordnen und nachmachen
vom ersten bis zum letzten Tag.
Immer schön nach den Regeln spielen,
wie sie befohlen sind,
wie sie im Buch des Lebens stehn,
in Ewigkeit Amen. [...]
Ich will nicht ins Paradies,
wenn der Weg dorthin so schwierig ist,
und bevor ich auf Knien fleh,
bleib ich meinetwegen hier.

Songtext Paradies (1996)

M2 Karl Marx: Religion – ein gesellschaftliches Produkt

Karl Marx (s. S. 186) bezieht sich in seiner Religionskritik auf die Theorie Ludwig Feuerbachs.

Feuerbach geht von dem Faktum der [...] Verdopplung der Welt in eine religiöse und eine weltliche aus. Seine Arbeit besteht darin, die religiöse Welt in ihre weltliche Grundlage aufzulösen. Aber dass die weltliche Grundlage sich von sich selbst abhebt und sich ein selbständiges Reich in den Wolken fixiert, ist nur aus der Selbstzerrissenheit und Sichselbstwidersprechen dieser weltlichen Grundlage zu erklären. Diese selbst muss also in sich selbst sowohl in ihrem Widerspruch verstanden als praktisch revolutioniert werden. [...]
Feuerbach löst das religiöse Wesen in das *menschliche* Wesen auf. Aber das menschliche Wesen ist kein dem einzelnen Individuum inwohnendes Abstraktum. In seiner Wirklichkeit ist es das Ensemble der gesellschaftlichen Verhältnisse. [...]
Feuerbach sieht daher nicht, dass das „religiöse Gemüt" selbst ein gesellschaftliches Produkt ist und dass das abstrakte Individuum, das er analysiert, einer bestimmten Gesellschaftsform angehört. [...]
Der Standpunkt des alten Materialismus ist die bürgerliche Gesellschaft, der Standpunkt des neuen die menschliche Gesellschaft oder die gesellschaftliche Menschheit. [...]
Die Philosophen haben die Welt nur verschieden *interpretiert*, es kömmt drauf an, sie zu verändern.

Thesen über Feuerbach (1845)

M3 Karl Marx: Der Seufzer der bedrängten Kreatur

Der Mensch, der in der phantastischen Wirklichkeit des Himmels, wo er einen Übermenschen suchte, nur den *Widerschein* seiner selbst gefunden hat, wird nicht mehr geneigt sein, nur den *Schein* seiner selbst, nur den Unmenschen zu finden, wo er seine wahre Wirklichkeit sucht und suchen muss. [...]
Der *Mensch macht die Religion*, die Religion macht nicht den Menschen. Und zwar ist die Religion das Selbstbewusstsein und das Selbstgefühl des Menschen, der sich selbst entweder noch nicht erworben oder schon wieder verloren hat. Aber *der Mensch*, das ist kein abstraktes, außer der Welt hockendes Wesen. Der Mensch, das ist *die Welt des Menschen*, Staat, Sozietät. Dieser Staat, diese Sozietät produzieren die Religion, ein *verkehrtes Weltbewusstsein*, weil sie

eine *verkehrte Welt* sind. Die Religion ist die allgemeine Theorie dieser Welt, [...] ihre moralische Sanktion, ihre feierliche Ergänzung, ihr allgemeiner Trost- und Rechtfertigungsgrund. Sie ist die *phantastische Verwirklichung* des menschlichen Wesens, weil das *menschliche Wesen* keine wahre Wirklichkeit besitzt. Der Kampf gegen die Religion ist also mittelbar der Kampf gegen *jene Welt*, deren geistiges *Aroma* die Religion ist.

Das *religiöse* Elend ist in einem der *Ausdruck* des wirklichen Elendes und in einem die *Protestation* gegen das wirkliche Elend. Die Religion ist der Seufzer der bedrängten Kreatur, das Gemüt einer herzlosen Welt, wie sie der Geist geistloser Zustände ist. Sie ist das *Opium* des Volks.

Die Aufhebung der Religion als des *illusorischen* Glücks des Volkes ist die Forderung seines *wirklichen* Glücks. Die Forderung, die Illusionen über seinen Zustand aufzugeben, ist die *Forderung, einen Zustand aufzugeben, der der Illusionen bedarf.* Die Kritik der Religion ist also im *Keim* die *Kritik des Jammertales*, dessen *Heiligenschein* die Religion ist.

Die Kritik hat die imaginären Blumen an der Kette zerpflückt, nicht damit der Mensch die phantasielose, trostlose Kette trage, sondern damit er die Kette abwerfe und die lebendige Blume breche. Die Kritik der Religion enttäuscht den Menschen, damit er denke, handle, seine Wirklichkeit gestalte wie ein enttäuschter, zu Verstand gekommener Mensch, damit er sich um sich selbst und damit um seine wirkliche Sonne bewege. Die Religion ist nur die illusorische Sonne, die sich um den Menschen bewegt, solange er sich nicht um sich selbst bewegt.

Es ist also die *Aufgabe der Geschichte*, nachdem *das Jenseits der Wahrheit* verschwunden ist, die *Wahrheit des Diesseits* zu etablieren. Es ist zunächst die *Aufgabe der Philosophie*, die im Dienste der Geschichte steht, nachdem die *Heiligengestalt* der menschlichen Selbstentfremdung entlarvt ist, die Selbstentfremdung in ihren *unheiligen Gestalten* zu entlarven. Die Kritik des Himmels verwandelt sich damit in die Kritik der Erde, die *Kritik der Religion* in die *Kritik des Rechts*, die *Kritik der Theologie* in die *Kritik der Politik.*

Zur Kritik der Hegelschen Rechtsphilosophie (1844)

M4 Das Religiöse bei Marx

H

Der Philosoph und Autor Christoph Henning (*1973) erklärt in einem Gespräch mit der Journalistin Annette Riedel (Deutschlandfunk Kultur) Marx' Religionsverständnis.

Deutschlandfunk Kultur: Marx [...] hatte vielleicht [...] weniger etwas gegen die Religion in der Ausübung der Freiheit des Individuums, sondern er hatte etwas dagegen, dass sie instrumentalisiert wird [...]. [Er vertrat die Ansicht], dass Religion dazu beiträgt, dass das Volk in Ignoranz gehalten wird und eben angenehm betäubt wird und damit die geltenden Herrschaftsverhältnisse zementiert werden.

Christoph Hennig: Ja. Das Opium des Volkes heißt aber, dass es aktiv selbst sich sozusagen betäubt. Es wird nicht von jemand anderem quasi eingenebelt, wobei das natürlich noch dazu kommt gewissermaßen, sondern es ist selbst der Akteur, der sich da benebelt. Das ist sozusagen einer der Freiheitsmomente in dem Religiösen, weswegen Religion auch über Jahrtausende immer wieder vorkommt, nicht irgendwie eingeht oder so. [...] Und ein Moment dieser Freiheit, die man sich da in der Religion nehmen kann, ist eben tatsächlich dieses Rauschhafte. Also, da gibt's Riten, da gibt's Mythen, da gibt's alle möglichen Praktiken, die einen sozusagen aus dem Alltag herausheben. Was Marx daran [...] gestört hat, ist eben: Wenn das an die Stelle tritt von rationalen Welterklärungen – dann ist es problematisch. [...] Oder eben, [...] [w]enn man zum Beispiel bei politischer Herrschaft anfängt, die Religion zu bemühen als eine Legitimation von einer Herrschaft, die man sonst nicht mehr begründet bekommt, dann würde Marx sagen: Das ist jetzt der Punkt, wo dieses Opiathafte, dass man nicht mehr klar denkt quasi, wirklich zum Problem wird.

Deutschlandfunk Kultur (2018)

A

1 Formulieren Sie die Kritik an der Religion, die im Songtext und in der Coverillustration zum Ausdruck kommt, in einem Satz. > M1

2 Untersuchen Sie, worin sich Marx in seiner Auffassung der Religion von Feuerbach unterscheidet. > M2

3 Erläutern Sie, welche Funktion Karl Marx der Religion zuschreibt und welche Wirkung er von einer Kritik der Religion erwartet. > M3/M4

Religion als tröstliche Illusion

M1 Gut aufgehoben!

M2 Sigmund Freud: Die Elterninstanz

Sigmund Freud (s. S. 42) hat in mehreren Werken das Wesen der Religion untersucht.

Will man sich vom großartigen Wesen der Religion Rechenschaft geben, so muss man sich vorhalten, was sie den Menschen zu leisten unternimmt. Sie gibt ihnen Aufschluss über Herkunft und Entstehung der Welt, sie versichert ihnen Schutz und endliches Glück in den Wechselfällen des Lebens und sie lenkt ihre Gesinnungen und Handlungen durch Vorschriften, die sie mit ihrer ganzen Autorität vertritt. [...] Man versteht das merkwürdige Zusammensein von Belehrung, Tröstung und Anforderung in der Religion erst, wenn man diese einer genetischen Analyse unterzieht. [...]

Denn dieselbe Person, der das Kind seine Existenz verdankt, der Vater (richtiger wohl, die aus Vater und Mutter zusammengesetzte Elterninstanz), hat auch das schwache, hilflose, allen in der Außenwelt lauernden Gefahren ausgesetzte Kind beschützt und bewacht; in seiner Obhut hat es sich sicher gefühlt. Selbst erwachsen geworden, weiß sich der Mensch zwar im Besitz größerer Kräfte, aber auch seine Einsicht in die Gefahren des Lebens hat zugenommen, und er schließt mit Recht, dass er im Grunde noch ebenso hilflos und ungeschützt geblieben ist wie in der Kindheit, dass er der Welt gegenüber noch immer Kind ist. Er mag also auch jetzt nicht auf den Schutz verzichten, den er als Kind genossen hat. Längst hat er aber auch erkannt, dass sein Vater ein in seiner Macht eng beschränktes, nicht mit allen Vorzügen ausgestattetes Wesen ist. Darum greift er auf das Erinnerungsbild des von ihm so überschätzten Vaters der Kinderzeit zurück, erhebt es zur Gottheit und rückt es in die Gegenwart und in die Realität. Die affektive Stärke dieses Erinnerungsbildes und die Fortdauer seiner Schutzbedürftigkeit tragen miteinander seinen Glauben an Gott. [...]

Derselbe Vater (die Elterninstanz), der dem Kind das Leben gegeben und es vor den Gefahren desselben behütet hat, belehrte es auch, was es tun darf und was es unterlassen soll, wies es an, sich bestimmte Einschränkungen seiner Triebwünsche gefallen zu lassen, ließ es wissen, welche Rücksichten auf Eltern und Geschwister von ihm erwartet werden, wenn es ein geduldetes und gern gesehenes Mitglied des Familienkreises und später größerer Verbände werden will. Durch ein System von Liebesprämien und Strafen wird das Kind zur Kenntnis seiner sozialen Pflichten erzogen, wird es belehrt, dass seine Lebenssicherheit davon abhängt, dass die Eltern und dann auch die Anderen es lieben und an seine Liebe zu ihnen glauben können. Alle diese Verhältnisse trägt dann der Mensch unverändert in die Religion ein. Die Verbote und Forderungen der Eltern leben als sittliches Gewissen in seiner Brust weiter; mit Hilfe desselben Systems von Lohn und Strafe regiert Gott die Menschenwelt, von der Erfüllung der ethischen Forderungen hängt es ab, welches Maß von Schutz und Glücksbefriedigung dem Einzelnen zugewiesen wird; in der Liebe zu Gott und im Bewusstsein, von ihm geliebt zu werden, ist die Sicherheit begründet, mit der man sich gegen die Gefahren der Außenwelt wie der menschlichen Mitwelt wappnet. Endlich hat man sich im Gebet einen direkten Einfluss auf den göttlichen Willen und damit einen Anteil an der göttlichen Allmacht gesichert.

Vorlesungen zur Einführung in die Psychoanalyse (1933)

M3 Sigmund Freud: Der illusionäre Charakter religiöser Vorstellungen

Die religiösen Vorstellungen, die sich als Lehrsätze ausgeben, sind nicht Niederschläge der Erfahrung oder Endresultate des Denkens, es sind Illusionen, Erfüllungen der ältesten, stärksten, dringendsten Wünsche der Menschheit; das Geheimnis ihrer Stärke ist die Stärke dieser Wünsche. Wir wissen schon, der schreckende Eindruck der kindlichen Hilflosigkeit hat das Bedürfnis nach Schutz – Schutz durch Liebe – erweckt, dem der Vater abgeholfen hat, die Erkenntnis von der Fortdauer dieser Hilflosigkeit durchs ganze Leben hat das Festhalten an der Existenz eines – aber nun mächtigeren Vaters – verursacht. Durch das gütige Walten der göttlichen Vorsehung wird die Angst vor den Gefahren des Lebens beschwichtigt, die Einsetzung einer sittlichen Weltordnung versichert die Erfüllung der Gerechtigkeitsforderung, die innerhalb der menschlichen Kultur so oft unerfüllt geblieben ist, die Verlängerung der irdischen Existenz durch ein zukünftiges Leben stellt den örtlichen und zeitlichen Rahmen bei, in dem sich diese Wunscherfüllungen vollziehen sollen. Antworten auf Rätselfragen der menschlichen Wissbegierde, wie nach der Entstehung der Welt und der Beziehung zwischen Körperlichem und Seelischem, werden unter den Voraussetzungen dieses Systems entwickelt; es bedeutet eine großartige Erleichterung für die Einzelpsyche, wenn die nie ganz überwundenen Konflikte der Kinderzeit aus dem Vaterkomplex ihr abgenommen und einer von allen angenommenen Lösung zugeführt werden. [...]

Wenn ich sage, das alles sind Illusionen, muss ich die Bedeutung des Wortes abgrenzen. Eine Illusion ist nicht dasselbe wie ein Irrtum, sie ist auch nicht notwendig ein Irrtum. Die Meinung des Aristoteles, dass sich Ungeziefer aus Unrat entwickle, an der das unwissende Volk noch heute festhält, war ein Irrtum [...]. Dagegen war es eine Illusion des Kolumbus, dass er einen neuen Seeweg nach Indien entdeckt habe. Der Anteil seines Wunsches an diesem Irrtum ist sehr deutlich. [...] Für die Illusion bleibt charakteristisch die Ableitung aus menschlichen Wünschen [...]. Wir heißen also einen Glauben eine Illusion, wenn sich in seiner Motivierung die Wunscherfüllung vordrängt [...].

Ich widerspreche [denen, die] [...] folgern, dass der Mensch überhaupt den Trost der religiösen Illusion nicht entbehren kann, dass er ohne sie die Schwere des Lebens, die grausame Wirklichkeit, nicht ertragen würde. [...] [D]er Infantilismus ist dazu bestimmt, überwunden zu werden [...]. Der Mensch kann nicht ewig Kind bleiben, er muss endlich hinaus, ins „feindliche Leben". Man darf das „die Erziehung zur Realität" heißen, brauche ich Ihnen noch zu verraten, dass es die einzige Absicht meiner Schrift ist, auf die Notwendigkeit dieses Fortschritts aufmerksam zu machen? [...] Die vom Druck der religiösen Lehren befreite Erziehung wird vielleicht nicht viel am psychologischen Wesen des Menschen ändern, unser Gott Logos ist vielleicht nicht sehr allmächtig, kann nur einen kleinen Teil von dem erfüllen, was seine Vorgänger versprochen haben. Wenn wir es einsehen müssen, werden wir es in Ergebung hinnehmen. Das Interesse an Welt und Leben werden wir darum nicht verlieren, denn wir haben an einer Stelle einen sicheren Anhalt, der Ihnen fehlt. Wir glauben daran, dass es der wissenschaftlichen Arbeit möglich ist, etwas über die Realität der Welt zu erfahren, wodurch wir unsere Macht steigern und wonach wir unser Leben einrichten können. Wenn dieser Glaube eine Illusion ist, dann sind wir in derselben Lage wie Sie, aber die Wissenschaft hat uns durch zahlreiche und bedeutsame Erfolge den Beweis erbracht, dass sie keine Illusion ist.

Die Zukunft einer Illusion (1927)

1 Sprechen Sie darüber, welche Bedeutung einer Elternfigur im Sozialisationsprozess für die Kinder zukommt. > M1

2 Erläutern Sie die Genese der Religion aus psychoanalytischer Sicht. > M2

3 Erklären Sie, inwiefern religiöse Vorstellungen nach Freud Illusionen darstellen. > M3

4 Vergleichen Sie Freuds Religionskritik mit der Ludwig Feuerbachs (s. S. 396f.). > M3

5 Nehmen Sie Stellung zur Frage, ob der Mensch des Trostes der religiösen Illusionen entbehren kann. > M3

Glauben – Wahrheit – Wissen

M1 Unterschiedliche Wahrheiten

„Es ist wahr, dass Jesus von den Toten auferstanden ist."

„Es ist wahr, dass sich nichts schneller bewegen kann als das Licht im Vakuum."

„Es ist wahr, dass der Koran die Botschaft Allahs ist, die Mohammed vom Erzengel Gabriel geoffenbart wurde."

„Es ist wahr, dass Moses die 10 Gebote auf dem Berg Sinai von Gott empfangen hat."

M2 Herbert Schnädelbach: Zwei Erkenntnisordnungen

Herbert Schnädelbach (s. S. 16) setzt sich mit dem Wahrheitsanspruch der Religionen auseinander.

Man kann in sehr verschiedener Weise nach der Vernunft der Religion fragen – zunächst in objektiver oder subjektiver Hinsicht. Religion *obiective spectata* – das ist für die Soziologen ein Teilsystem von sozialen Systemen überhaupt, über dessen Rationalitätsbedingungen sich trefflich streiten lässt und das schon die klassischen Religionskritiker wie Ludwig Feuerbach, Karl Marx oder Sigmund Freud im Auge hatten, wenn sie vom Wesen und der Funktion des Religiösen handelten. [...] Bei Religion *subiective spectata* hingegen ist von etwas die Rede, was man hat oder nicht hat, lebt oder auf sich beruhen lässt, und hier sollte man, um Verwechslungen auszuschließen, besser „Glaube" sagen, und da gibt es wieder zwei Möglichkeiten: Ist eine bestimmte Glaubensüberzeugung gemeint *(fides quae creditur)* oder eine Glaubenshaltung *(fides qua creditur)*? Diese Unterscheidung entspricht ungefähr der zwischen den englischen Ausdrücken *belief* und *faith*, und dass wir sie im Deutschen nicht mit unseren Wörtern wiedergeben können, trägt bis heute zu massiven Verwirrungen in der Glaubensdiskussion bei [...]. In diesem Feld kann man beobachten, dass die Katholiken dazu neigen, den religiösen *faith* auf lauter *beliefs* zu reduzieren, d. h. die subjektive Glaubenshaltung als bloße Konsequenz der Glaubensüberzeugungen zu deuten, die man sich durch gehorsame Zustimmung zu den von der Kirchenlehre angebotenen Glaubensinhalten zu eigen gemacht hat. [...] Der Glaube wird primär als eine besondere „Erkenntnisquelle" angesehen, aus der Einsichten fließen, die der Vernunft allein nicht zugänglich sind, und wenn man die angenommen hat, soll sich dann auch das einstellen, was das Wort „Glaube" [...] bedeutet: Vertrauen, Zuversicht, Hingabe. [...] Demzufolge gibt es zwei Erkenntnisordnungen – die der Vernunft und die des Glaubens [...].

Was aber könnte genau der Unterschied sein zwischen der „durch philosophisches Nachdenken erlangten Wahrheit" und der „Wahrheit der Offenbarung"?

Für die Philosophen ist „Wahrheit" ein großes Wort [...]. Das Wort verwenden wir manchmal als Sammel- oder Bereichsausdruck für einzelne Wahrheiten, in der Regel hingegen als Bezeichnung einer bestimmten Eigenschaft von Aussagen oder Behauptungen, nämlich der, wahr zu sein. Diese Eigenschaft, über die schon ganze Bibliotheken geschrieben wurden, sollten wir die Urteilswahrheit nennen. [Dem gegenüber steht die] Seinswahrheit, [...] die man besser Evidenz nennen sollte [...]. Dass sie die Grundlage der Urteilswahrheit sei, [...] ist ziemlich unwahrscheinlich, denn Urteile, Aussagen oder Behauptungen haben die logische Eigenschaft, auch falsch oder irrig sein zu können. [...] Evidenzen [...] haben diese Eigenschaft nicht; sie bestehen oder bestehen nicht, und wenn sie nicht bestehen, gibt es auch nichts Falsches oder Irriges. [...]

Wenn ich rot sehe, erübrigt sich doch die skeptische Frage, ob ich wirklich rot sehe [...]. Aber von der Wahrnehmung zum Wahrnehmungsurteil ist es immer noch ein Schritt, und nur Urteile nennen wir wahr oder falsch, während wir nicht wissen, was eine falsche Wahrnehmung sein soll. [...] Tatsächlich sind Evidenzen von der Art, dass sich bei ihnen die Frage nach Wahrheit oder Irrtum gar nicht stellt, weil sie, wenn es sie gibt, das Falschsein gewissermaßen grammatisch aus sich ausschließen. So sind sie die Basis aller Offenbarungsreligionen. Als Mose den brennenden Busch sah und Gottes Stimme hörte, hatte er gar nicht die Möglichkeit zu fragen, ob das, was er da erlebte, wahr oder falsch sei; ebenso war es schon Abraham ergangen, später Samuel bei seiner Berufung und schließlich dem Saulus vor den Toren von Damaskus. Und was war zu Ostern? Das Grab war leer, und Jesus wurde gesehen – Paulus zufolge von Kephas, den Zwölfen, von fünfhundert Brüdern auf einmal, Jakobus, danach von allen Aposteln und schließlich von ihm selbst.

Das subjektive Korrelat solcher Evidenzen ist Gewissheit, und Gewissheit ist der Aspekt des Glaubens, den wir mit der *fides qua creditur* ansprechen – als Vertrauen und „gewisse Zuversicht". Wenn von Glaubenswahrheiten die Rede ist [...], sind in der Regel solche Glaubensgewissheiten gemeint. Urteilswahrheiten hingegen sind der Gehalt dessen, was wir Wissen nennen und mit guten Gründen als wahre, gerechtfertigte Überzeugung verstehen. Es ist verständlich, dass die *fides quae creditur* gern von dieser Art wäre, denn sie versteht sich in der Regel selbst so. Wichtig ist hier, dass man Gewissheit und Wissen nicht miteinander verwechselt: Gewissheit ist ein subjektiver Zustand, der keineswegs die Wahrheit dessen garantiert, was jemand für gewiss hält; Wissen hingegen ist etwas Transsubjektives, weil wahr und gerechtfertigt zu sein die Überzeugungen auszeichnet, von denen viele und im Prinzip alle Subjekte überzeugt sein können. Zudem ist unser Wissen fehlbar, während man nicht sagen kann, was eine fehlbare Gewissheit sein könnte; wie die Evidenzen existieren Gewissheiten oder eben nicht. Ich denke, dass alle echten „Glaubenswahrheiten" von dieser Art sind, und deswegen kennt der religiöse Glaube, wie ich ihn verstehe, auch keine Grade, keine Wahrscheinlichkeiten: Niemand verlässt sich im Leben und im Sterben auf etwas, dessen er nur zu 51% gewiss ist. Deswegen ist dieser Glaube auch keine defizitäre Form des Wissens [...]. Die Glaubensgewissheit kann man durch Argumente weder erzeugen noch widerlegen, wie es im Bereich des Wissens möglich ist; man kann sie nur als Ganze verlieren – z. B. durch mit dem Geglaubten unvereinbare Evidenzen, die jemanden am Glauben nicht nur zweifeln, sondern verzweifeln lassen. Das Problem jener akustischen oder optischen Offenbarungsevidenzen besteht darin, dass sie nicht von einem Erlebniszusammenhang in einen anderen unmittelbar transportierbar sind; will man sie mit anderen teilen, muss man sie mitteilen, also von ihnen berichten, somit das Feld der Urteilswahrheit betreten. [...]

Nach diesen [...] Betrachtungen über die Probleme von Wahrheit und Evidenz, Wissen und Gewissheit soll es noch ganz kurz um das Verhältnis von Glaube und kritischer Vernunft gehen. [...] Kritisch ist die Vernunft als unterscheidende [...] also, wenn sie zumindest zwischen wahr und falsch zu entscheiden weiß. [...] Die Wahr-Falsch-Differenz ist die elementare Sinnbedingung der menschlichen Rede und damit des menschlichen *logos* [der Vernunft] [...]. So wird erst im Übergang von der Evidenz zur Urteilswahrheit die Wahrheit menschlich, aber um den Preis, dass sie bezweifelbar und zum Gegenstand möglicher kritischer Prüfung wird. Evidenzen und erst recht Glaubensgewissheiten lassen sich durch menschliche Rede allein nicht erzeugen; man muss sie erleben, um sie zu haben [...].

Religion in der modernen Welt (2009)

1 Diskutieren Sie, ob und ggf. auf welcher Basis die Aussagen jeweils als wahr bezeichnet werden können. > M1

2 Fertigen Sie eine Mindmap zu den begrifflichen Unterscheidungen Herbert Schnädelbachs im Wortfeld Glaube – Wahrheit – Wissen an und erläutern Sie diese durch (weitere) Beispiele. > M2

3 Nehmen Sie Stellung zu Schnädelbachs Auffassung religiöser Wahrheiten. > M2

Die Funktion von Religion für das Individuum

M1 Emile Durkheim: Eine andere Betrachtungsweise

Der französische Soziologe Emile Durkheim (1858-1917) gilt als Begründer der funktionalistischen Religionstheorie.

Meistens haben die Theoretiker, die es unternahmen, die Religion in rationalen Begriffen auszudrücken, in ihr vor allem ein System von Ideen gesehen, das auf eine bestimmte Frage Antwort gibt. [...] [D]ie Debatten, die die Religion zum Gegenstand haben, [kreisen] meistens um die Frage [, ob] [...] neben wissenschaftlicher Erkenntnis Platz für eine andere, spezifisch religiöse Form des Denkens sei. Die Gläubigen jedoch, Menschen, die, indem sie das religiöse Leben leben, die unmittelbare Empfindung davon haben, entgegnen dieser Auffassung, dass sie nicht ihrer täglichen Erfahrung entspreche. Sie verspüren wirklich, dass die wahre Aufgabe der Religion nicht die ist, uns zum Denken zu bewegen, unsere Kenntnisse zu bereichern, die Vorstellungen, die wir der Wissenschaft verdanken, durch andere Vorstellungen zu ergänzen, sondern uns zum Handeln zu bringen, uns fürs Leben zu helfen.

Die Grundformen des religiösen Lebens (1912)

M2 Karl-Wilhelm Dahm: Religion im Leben einer Bäuerin

Der Sozialwissenschaftler Karl-Wilhelm Dahm (*1931) veranschaulicht die Funktion der Religion am Beispiel einer Bäuerin, die in einem evangelischen Umfeld groß geworden ist.

[Welche Funktion erfüllte die Religion im Leben von Frau Michel, nachdem sie] geheiratet hatte und selbst Mutter geworden war[?] Ich unterscheide zur Verdeutlichung drei Bereiche, in denen diese Funktion klar zu beobachten ist. Der erste Bereich betrifft das so genannte Gefühlsleben. [...] [Die Bäuerin] muss mit ihren verschiedenen Ängsten fertig werden, beispielsweise mit der Angst, dass ihr lebensgefährlich erkranktes Kind sterben könnte, oder mit der Angst, dass der eigene Ehemann als Soldat im Kriege fallen könnte, oder dass das heimatliche Dorf und die eigene Familie durch eine Epidemie oder durch eine Folge katastrophaler Missernten in Not und Elend geraten könnte. Mit all diesen Ängsten fertig zu werden hilft ihr ihre Religion, sie betet, sie bittet Gott um Hilfe, sie sagt sich die Gesangbuchverse auf, die ihr die Möglichkeit geben, ihre eigenen Empfindungen überhaupt einmal in Worte zu fassen, sie damit ein Stück weit aufzuarbeiten. Überhaupt findet sie in diesen Gesangbuchversen ihre eigenen Lebensverhältnisse wieder, nicht nur, was die Angst betrifft, sondern auch, was die Erfahrungen der Freude oder des Glücks, des Vertrauens oder der Enttäuschung, des Leidens und des Sterbens angeht. [...]

Der zweite Bereich, in dem die Religion eine wichtige Bedeutung für die Frau hat, sind die so genannten Sinnfragen des Lebens. Es ist nicht so, dass sie sich dauernd mit diesen Fragen beschäftigt, dass sie von ihnen umgetrieben würde. Aber sie weiß, sie sind grundsätzlich beantwortet. Diese Fragen, woher es beispielsweise kommt, dass man das Gute will und doch das Böse tut, woher es kommt, dass der eine, obwohl ein durch und durch anständiger Mensch, geradezu vom Pech verfolgt ist, und der andere, ein durchtriebener Schurke, auch noch Glück mit seinen finsteren Geschäften hat; warum Menschen überhaupt leiden und sterben müssen, diese Fragen haben ihre beängstigende Macht verloren. Im Katechismus hat sie gelernt, warum die Welt so ist. Und diese Antworten des Katechismus hat sie ebenso wenig wie ihre Altersgefährten und sonstigen Dorfgenossen je hinterfragt. Die so genannten Sinnfragen des Lebens waren letzten Endes geregelt – auch wenn, das freilich wusste Frau Michel genau, es im persönlichen Leben oft sehr schwer war, sich in diesen Sinn zu schicken, ihn zu akzeptieren.

Der dritte Bereich, in dem die Religion für sie eine wichtige Rolle spielt, betrifft die sittliche Ordnung, die ethischen Werte und Normen, das, was man im

Volksmund „gut und böse" nennt. Diese sittliche Ordnung hatte ihr Zentrum in den Zehn Geboten, ausgelegt und erklärt wiederum im lutherischen Katechismus. [...] [Sie hielt] entschieden daran fest, dass von den Zehn Geboten nicht ein Tüpfelchen abgestrichen werden dürfe; denn wenn die grundsätzliche Gültigkeit der Zehn Gebote außer Kraft gerate, dann, so meinte sie ebenso wie die allermeisten ihrer Zeitgenossen, werde das Leben aus den Fugen geraten, werde gewissermaßen alles „drunter und drüber" gehen.

Religion als Ausdruck der persönlichen kulturellen Identität (1971)

M3 Detlef Pollack: Religion als Kontingenzbewältigung

Detlef Pollack (*1955) ist Professor für Religionssoziologie an der Universität Münster.

Das Problem der Kontingenz, auf das sich Religion bezieht, ist von universaler Relevanz. Die Voraussetzung für sein Aufkommen besteht in dem Bewusstsein anderer Möglichkeiten, die im Augenblick zwar nicht aktualisierbar, prinzipiell aber denkbar sind. [...] Warum musste gerade mir dieses oder jenes passieren? Warum gerade jetzt? Warum ging diese Liebe zu Ende? Warum wurde ich zum Vorstellungsgespräch eingeladen? Warum habe ich mich im Datum geirrt? [...] Kontingenz ist emotional vor allem erfahrbar, wenn etwas Unerwartetes, etwas Gutes oder Schlechtes, geschieht. Die affektive Kontingenzerfahrung ist häufig mit Gefühlen von Furcht und Hoffnung, von Freude und Dankbarkeit, von Trauer und Bedauern verbunden. Hervorgebracht wird die Kontingenzerfahrung insbesondere, wenn Menschen Situationen von Ohnmacht, Hilflosigkeit und Unvermögen ausgeliefert sind, wenn sie zum Beispiel konfrontiert sind mit Krankheit, Tod, Armut, unaufhaltsamen sozialem Abstieg, Ungerechtigkeit, mit dem Zerbrechen sozialer Beziehungen oder unerklärlichen inneren Ängsten. [...] In jedem Falle bringt die Kontingenzerfahrung ein Gefühl der Unsicherheit und Ungewissheit mit sich und ein Bedürfnis nach Sicherheit, Ordnung, Beruhigung und Trost. [...] Es ist klar, dass das Bedürfnis nach Religion, wenn es von Kontingenzerfahrungen abhängt, nicht konstant ist, sondern nach sich wandelnden Umständen jeweils variiert.

Das Kontingenzproblem selbst kann wohl kaum als religiös bezeichnet werden, denn Sinnlosigkeit, Tragik und Zufälligkeit stellen Dimensionen der menschlichen Existenz dar, die nicht als solche religiös sind, und es gibt die verschiedensten Strategien, mit denen man auf derartige Probleme reagieren kann: Man kann sich Ideologien und Weltdeutungen zurechtlegen, die die erfahrene Kontingenz erklären, man kann sich in psychotherapeutische Behandlung begeben, sein Verhalten verändern, Gespräche mit guten Freunden führen, sich in harte Arbeit stürzen oder auch seine Erwartungen zurücknehmen. Religiöse Ideen und Praktiken sind nur eine Möglichkeit neben anderen, mit Kontingenzproblemen umzugehen.

Was unterscheidet religiöse Lösungsformen von anderen Antworten auf das Kontingenz- und Sinnproblem? Religion arbeitet mit der Unterscheidung von Immanenz und Transzendenz. Während alles Immanente erreichbar, hinterfragbar, bezweifelbar und kritisierbar ist, bietet das Transzendente aufgrund seiner Unerreichbarkeit Sicherheit und Nicht-Irritierbarkeit. Mit der Einführung der Unterscheidung von Immanenz und Transzendenz schließt Religion die Horizonte der Welt und überführt das Unbestimmbare der Welt in Bestimmbares. Auf diese Weise macht sie Kontingenz hinnehmbar [...].

Rückkehr des Religiösen? (2009)

Kontingenz

Unter Kontingenz versteht man im allgemeinen philosophischen Sprachgebrauch die Zufälligkeit im Gegensatz zur Notwendigkeit. Anthropologisch bedeutet Kontingenz, dass es dem Menschen unmöglich ist, über das Eintreten bestimmter Ereignisse zu verfügen; die Zufälligkeit von negativen wie positiven Ereignissen gehört zu den menschlichen Grunderfahrungen.

A

1 Erklären Sie, wie sich die funktionalistische Betrachtung der Religion von der herkömmlichen Religionstheorie (s. auch S. 402, M2) unterscheidet. > M1

2 Erläutern Sie die Funktion der Religion nach Karl Dahm und Detlef Pollack. > M2/M3

3 Nehmen Sie Stellung zur funktionalistischen Auffassung der Religion. > M1-M3

Religion nach der Aufklärung

M1 Hermann Lübbe: Auswirkungen religiöser Aufklärung

Hermann Lübbe (*1926) war Professor für Philosophie und politische Theorie an der Universität Zürich.

[I]n unserer Zivilisation, im Zusammenhang unserer intellektuellen, moralischen und politischen Kultur leben wir religiös unter Voraussetzungen vollbrachter Aufklärung. [...] [Um die These plausibel zu machen, möchte ich] einige wichtige der bekannten und anerkannten öffentlichen Wirkungen religiöser Aufklärung [...] nennen [...]: [...]

Abbau des institutionellen Geltungsschutzes für religiöse Wahrheiten – das heißt beispielsweise, die Wahrheiten der Religion fungieren nicht mehr als Zensurinstanz. [...] Selbst Gottesleugnung ist öffentlich nicht als Frevel identifizierbar, und entsprechend begegnet uns heute die Existenz Gottes sogar bei Theologen, anstatt als Prämisse unseres Daseins, als ernsthaft gemeinte Buchtitelfrage. –

Die Abkoppelung der Bürgerrechte vom Bekenntnis religiöser Wahrheiten veranschaulicht man sich am besten am Beispiel jener staatskirchenrechtlichen Restbestände, in deren Bereich, insoweit, noch etwas zu tun übrig bliebe. Immerhin kann man in Schweden nicht Kirchenminister werden, ohne der Reichskirche anzugehören, und auch die Königin der Niederlande ist in ihrem Bekenntnis, wie man weiß, nicht frei. Bei uns gibt es solche Koppelung bekanntlich einzig noch bei ordentlichen Professoren theologischer Fakultäten [...]. Unter Anrufung Gottes geschworen wird bei uns auch noch, aber man kann das, wenn man will, nach Maßgabe unserer Prozess- und Verfahrensordnungen auch lassen – nicht das Schwören zwar, aber doch die Anrufung Gottes. –

Auch den Sinn der These von der religiösen Indifferenz der Wandlungen unserer wissenschaftlich kontrollierten Annahmen in Bezug auf das, was der Fall ist, veranschaulicht man sich zweckmäßigkeitshalber an Fällen residualer Abwehr dieser Indifferenz. Noch in meiner Studentenzeit habe ich [...] versichern hören, das paläontologisch gesuchte missing link [Bindeglied] zwischen den gottesebenbildlich geschaffenen Menschen und jener oligozänen* Stammesverwandtschaft heutiger Affen werde niemals gefunden werden; hier klafften theologisch begründete Unterschiede des Wesens. Der Zoologe Köhler erwiderte [...]: die missing-link-Suche sei auch im Erfolgsfall theologisch absolut irrelevant. Es sei kein Widerspruch, dass er nach Ausweis seiner Geburtsurkunde bürgerlich ein Kind seines Vaters sei, gemäß Konfirmandenunterricht aber von Gott geschaffen und in zoologischer Hinsicht als Gattungswesen ein Verwandter des Affen mit gemeinsamer Ahnschaft vor siebenundzwanzig Millionen Jahren. [...] [Ich wüsste] nicht, dass man irgendwo noch die Wahrheiten der Religion in Verdacht hätte, als Indikatoren für Irrtümer unter den Sätzen der Wissenschaft fungieren zu sollen, und dem entspricht umgekehrt, dass die rührende Meldung sowjetischer Astronauten, auch bei wiederholter Erdumrundung seien sie im Weltraum Gott nicht begegnet, heute ohne jeden atheistischen Propaganda-Effekt bleibt. Das Problem, das jene Astronauten-Meldung indiziert, ist ein Problem der Sowjets – nicht aber ein Problem nachaufgeklärter existierender Frommer.

Religion nach der Aufklärung (1978)

M2 Jürgen Habermas: Religion in der postsäkularen Gesellschaft

Nach [...] [einer weit verbreiteten Lesart des Begriffs Säkularisierung] werden religiöse Denkweisen und Lebensformen durch vernünftige, jedenfalls überlegene Äquivalente ersetzt [...]. Dieses Bild passt nicht zu einer postsäkularen Gesellschaft, die sich auf das Fortbestehen religiöser Gemeinschaften in einer sich fortwährend säkularisierenden Umgebung einstellt. [...]

[A]us der Sicht des liberalen Staates verdienen nur die Religionsgemeinschaften das Prädikat „vernünftig“, die aus eigener Einsicht auf eine gewaltsame Durchsetzung ihrer Glaubenswahrheiten und auf den militanten Gewissenszwang gegen die eigenen Mitglieder [...] Verzicht leisten. Jene Einsicht verdankt sich einer dreifachen Reflexion der Gläubigen auf ihre Stellung in einer pluralistischen Gesellschaft.

- Das religiöse Bewusstsein muss erstens die kognitiv dissonante Begegnung mit anderen Konfessionen und anderen Religionen verarbeiten.
- Es muss sich zweitens auf die Autorität von Wissenschaften einstellen, die das gesellschaftliche Monopol an Weltwissen innehaben.
- Schließlich muss es sich auf die Prämissen des Verfassungsstaates einlassen, die sich aus einer profanen Moral begründen.

Ohne diesen Reflexionsschub entfalten die Monotheismen in rücksichtslos modernisierten Gesellschaften ein destruktives Potential. Das Wort „Reflexionsschub“ legt freilich die falsche Vorstellung eines einseitig vollzogenen und abgeschlossenen Prozesses nahe. Tatsächlich findet diese reflexive Arbeit bei jedem neu aufbrechenden Konflikt auf den Umschlagplätzen der demokratischen Öffentlichkeit eine Fortsetzung. *Glauben und Wissen (2001)*

M3 Religion und moderner Verfassungsstaat

Aus dem Grundgesetz der Bundesrepublik Deutschland

Präambel

Im Bewusstsein seiner Verantwortung vor Gott und den Menschen [...] hat sich das Deutsche Volk kraft seiner verfassungsgebenden Gewalt dieses Grundgesetz gegeben.

Artikel 4

(1) Die Freiheit des Glaubens, des Gewissens und die Freiheit des religiösen und weltanschaulichen Bekenntnisses sind unverletzlich.

(2) Die ungestörte Religionsausübung wird gewährleistet.

Artikel 140

Die Bestimmungen der Artikel 136, 137, 138, 139 [...] der deutschen Verfassung vom 11. August 1919 sind Bestandteil dieses Grundgesetzes.

Bestimmungen der Weimarer Verfassung (1919):

Artikel 136

(1) Die bürgerlichen und staatsbürgerlichen Rechte und Pflichten werden durch die Ausübung der Religionsfreiheit weder bedingt noch beschränkt.

(2) Der Genuss bürgerlicher und staatsbürgerlicher Rechte sowie die Zulassung zu öffentlichen Ämtern sind unabhängig von dem religiösen Bekenntnis. [...]

(4) Niemand darf zu einer kirchlichen Handlung oder Feierlichkeit oder zur Teilnahme an religiösen Übungen oder zur Benutzung einer religiösen Eidesform gezwungen werden.

Artikel 137 [...]

(3) Jede Religionsgesellschaft ordnet und verwaltet ihre Angelegenheiten selbständig innerhalb der Schranken des für alle geltenden Gesetzes. [...]

Artikel 138 [...]

(2) Das Eigentum und andere Rechte der Religionsgesellschaften und religiösen Vereine an ihren für Kultus-, Unterrichts- und Wohltätigkeitszwecke bestimmten Anstalten, Stiftungen und sonstigen Vermögen werden gewährleistet.

Artikel 139

Der Sonntag und die staatlich anerkannten Feiertage bleiben als Tage der Arbeitsruhe und der seelischen Erhebung gesetzlich geschützt.

A

1 Analysieren Sie die Anforderungen, die nach Lübbe und Habermas in einer aufgeklärten säkularen bzw. postsäkularen Gesellschaft an die Religion gestellt werden, und nehmen Sie dazu Stellung. > M1/M2

2 Vergegenwärtigen Sie sich Konflikte zwischen religiösen und säkularen Denk- und Lebensformen, die in den vorausgegangenen Kapiteln thematisiert wurden, und kommentieren Sie sie aus der Sicht der von Habermas und Lübbe dargestellten Prinzipien. > M1/M2

3 Diskutieren Sie, ob und inwiefern die Verfassung der Bundesrepublik Deutschland den Erfordernissen der religiösen Aufklärung gerecht wird. Informieren Sie sich über das Verhältnis von Staat und Religion in anderen Staaten und bewerten Sie es. > M3

H

Religiöse Legitimation staatlicher Gewalt?

M1 Vierzig Jahre Islamische Revolution

M2 Imam Ruhullah Al-Musavi Al-Khomeini: Der islamische Gottesstaat

Der spätere Ajatollah Khomeini (1902-1989), der nach dem Sturz des Schahs und der sog. „Islamischen Revolution" 1979 die Macht im Iran übernahm, hatte während seines Exils in Frankreich dargestellt, was die Prinzipien islamischer Herrschaft in einem „Gottesstaat" sind.

Gott, der Erhabene und Allmächtige, [sandte] durch seinen Würdigsten Propheten (Friede und Gnade sei mit ihm) Gesetze, die uns wegen ihrer Größe in Erstaunen versetzen. Er stiftete Gesetze und Praxis für alle menschlichen Angelegenheiten [...]. [Es gibt] Gesetze, die die Pflichten des Kultus für die Menschen festlegen, und ebenso gibt es Gesetze, Praktiken und Normen für die Angelegenheiten der Gesellschaft und der Herrschaft. Das islamische Gesetz ist ein progressives, sich weiterentwickelndes und umfassendes Rechtssystem. Alle die voluminösen Bücher, die von frühester Zeit an in verschiedenen Bereichen des Rechts gesammelt sind, z. B. Rechtsverfahren, soziale Transaktionen, Strafrecht, Vergeltung, internationale Beziehungen, Regelungen über Krieg und Frieden, privates und öffentliches Recht, sie alle zusammen enthalten ein Muster der Gesetze und Verfügungen des Islam. Es gibt kein einziges Thema im menschlichen Leben, für das der Islam nicht Vorschriften vorgesehen und Normen etabliert hat.

Die islamische Herrschaft entspricht keiner anderen Form der Herrschaft. Sie ist z. B. keine Tyrannei, wo das Oberhaupt des Staates willkürlich über Besitz und Leben der Menschen verfügen kann. [...] Das islamische Regime ist weder tyrannisch noch absolut, sondern konstitutionell. Allerdings nicht im üblichen Verständnis, d. h. gegründet auf der Zustimmung zu den Gesetzen in Übereinstimmung mit der Meinung der Mehrheit. Es ist konstitutionell in dem Sinne, dass die Regierenden an bestimmte Bedingungen in der Regierung und Verwaltung des Landes gebunden sind, wie sie im Koran und der Sunna* vom Propheten Mohammed festgelegt wurden. Diese Gesetze und Verordnungen des Islam müssen beachtet und praktiziert werden. Deshalb kann die islamische Herrschaft definiert werden als Herrschaft göttlichen Rechts über die Menschen.

Der fundamentale Unterschied zwischen einer islamischen Herrschaft einerseits und konstitutionellen Monarchien und Demokratien andererseits ist dieser: Während die Repräsentanten des Volkes oder der Monarch in solchen Regimen die Exekutive und Legislative ausüben, steht im Islam die legislative Gewalt und die Kompetenz, Gesetze zu erlassen, ausschließlich Gott dem Allmächtigen zu. Der Heilige Gesetzgeber des Islam ist die einzige legislative Gewalt. Niemand sonst hat das Recht, die Legislative zu verkörpern, und kein Gesetz darf angewendet werden außer dem Gesetz des göttlichen Gesetzgebers.

Es ist ein geltender Grundsatz, dass „der *faqih* [religiöse Führer] Autorität besitzt über den [weltlichen] Herrscher". Wenn der Herrscher dem Islam angehört, muss er sich notwendig dem *faqih* unterwerfen, ihn über die Gesetze und Vorschriften des Islam befragen, um sie zu erfüllen. Da dies so ist, sind die wahren Herrscher die *fuqaha* [religiösen Führer] selbst, und die Herrschaft sollte offiziell ihnen zukommen und ihnen auferlegt werden, nicht denen, die verpflichtet sind, der Leitung der *fuqaha* zu folgen wegen ihrer Unkenntnis des Rechts. *Islamische Herrschaft (1970)*

M3 Jürgen Habermas: Der säkuläre liberale Verfassungsstaat

Das Selbstverständnis des demokratischen Verfassungsstaates hat sich im Rahmen einer philosophischen Tradition herausgebildet, die sich auf „natürliche" Vernunft, also allein auf öffentliche, ihrem Anspruch nach allen Personen *gleichermaßen zugängliche* Argumente beruft. Die Annahme einer gemeinsamen Menschenvernunft ist die epistemische* Grundlage für die Rechtfertigung einer säkularen Staatsgewalt, die nicht länger von religiösen Legitimationen abhängt. Und das wiederum ermöglicht auf institutioneller Ebene die Trennung von Staat und Kirche. Für das liberale Hintergrundverständnis bildet die Überwindung der Religionskriege und Konfessionsstreitigkeiten der frühen Neuzeit die historische Ausgangslage; darauf hat der Verfassungsstaat mit der weltanschaulichen Neutralisierung der Herrschaftsausübung und der demokratischen Selbstbestimmung gleichberechtigter Bürger reagiert. [...]

Das Grundrecht der Gewissens- und Religionsfreiheit ist die angemessene politische Antwort auf die Herausforderungen des religiösen Pluralismus. So kann nämlich auf der Ebene des sozialen Umgangs der Staatsbürger das Konfliktpotential entschärft werden, das auf der kognitiven Ebene zwischen den existentiell relevanten Überzeugungen von Gläubigen, Andersgläubigen und Ungläubigen uneingeschränkt fortbesteht. Für eine gleichmäßige Gewährleistung der Religionsfreiheit ist nun der säkulare Charakter des Staates [...] eine notwendige [...] Bedingung. [...]

Im säkularen Staat muss die politische Herrschaftsausübung [...] auf eine nicht-religiöse Grundlage umgestellt werden. Die demokratische Verfassung muss die Legitimationslücke ausfüllen, die die weltanschauliche Neutralisierung der Staatsgewalt aufreißt. Aus der verfassungsgebenden Praxis gehen die Grundrechte hervor, die freie und gleiche Bürger sich gegenseitig zuerkennen müssen, wenn sie ihr Zusammenleben mit Mitteln des positiven Rechts autonom und vernünftig regeln wollen. Das demokratische Verfahren verdankt seine legitimationserzeugende Kraft zwei Komponenten – einerseits der gleichmäßigen politischen Beteiligung der Bürger, die gewährleistet, dass sich die Adressaten der Gesetze zugleich als deren Autoren verstehen können, andererseits der epistemischen Dimension von Formen einer diskursiv gesteuerten Auseinandersetzung, die die Vermutung auf rational akzeptable Ergebnisse begründen.

Aus diesen beiden Legitimationskomponenten erklären sich die rechtlich nicht erzwingbaren Erwartungen an Verhalten und Gesinnung der Bürger. Die Bedingungen für die gelingende Teilnahme an der gemeinsam ausgeübten Praxis der Selbstbestimmung definieren die Staatsbürgerrolle: Die Bürger sollen sich, trotz ihres fortdauernden Dissenses in Fragen der Weltanschauung und der religiösen Überzeugung, als gleichberechtigte Mitglieder ihres politischen Gemeinwesens gegenseitig respektieren; und auf dieser Basis staatsbürgerlicher Solidarität sollen sie in Streitfragen eine rational motivierte Verständigung suchen – sie schulden einander gute Gründe. [...] Erst mit der Ausdifferenzierung einer nach eigenen Normen begründeten und sich selbst bestimmenden Assoziation von freien und gleichen Bürgern entsteht die Bezugsbasis für einen öffentlichen Gebrauch der Vernunft: die Bürger rechtfertigen ihre politischen Stellungnahmen im Lichte (einer begründeten Interpretation) geltender Verfassungsgrundsätze voreinander. [...]

Nach liberaler Auffassung gewährleistet der Staat Religionsfreiheit nur unter der Bedingung, dass sich die Religionsgemeinschaften aus der Perspektive ihrer eigenen Überlieferungen nicht nur auf die weltanschauliche Neutralität der staatlichen Institutionen, also auf die Trennung von Staat und Kirche einlassen, sondern auch auf die restriktive Bestimmung des öffentlichen Vernunftgebrauchs der Bürger.

Zwischen Naturalismus und Religion (2005)

A

1 Beschreiben Sie die beiden dargestellten Szenen und suchen Sie Erklärungen für die unterschiedlichen Reaktionen der Menschen. > M1

2 Erläutern Sie das Islamische Regime nach Al-Khomeini und untersuchen Sie, wie es legitimiert wird. > M2

3 Analysieren Sie Habermas' Argumente zur Legitimation des säkularen Staates. > M3

4 Nehmen Sie Stellung zu den beiden Staatskonzepten. > M2/M3

Religiöser Fundamentalismus als Krisenerscheinung

M1 „Nine eleven" – Ein Anschlag erschüttert die Welt

Terroranschlag auf die Twin Towers in New York am 11.09.2001

M2 Bassam Tibi: Islamismus als politische Ideologie

Bassam Tibi (*1944 in Damaskus) ist Professor für Internationale Beziehungen an der Universität Göttingen.

Die Terroristen des 11. September waren arabische Islamisten und gehörten der Bin-Laden-Connection an. Sie haben ihr Leben dafür gegeben, der westlichen Zivilisation [...] symbolisch den Krieg zu erklären. [...]

[D]er Islamismus als die islamische Spielart des Fundamentalismus [bietet] weit mehr Stoff für die Analyse von Konfliktpotentialen als irgendeine andere fundamentalistische Strömung. Dafür gibt es eine Reihe von Gründen, deren wichtigster die Tatsache ist, dass der islamische Fundamentalismus die einzige weltpolitisch relevante Form einer politisierten Religion darstellt. [...]

Ein Fundamentalist ist kein *homo religiosus*, sondern ein politischer Ideologe und ein Aktivist, der durch den Rückgriff auf das Religiöse Millionen von verzweifelten Menschen in einer desperaten Situation mobilisieren kann. [...] Religion dient hierbei als Ausgangspunkt einer weltanschaulichen Vorstellung von politischer Ordnung. Dies gilt allgemein und insbesondere für den Islam; der islamische Fundamentalismus verwandelt den entsprechenden Universalismus des islamischen Glaubens in einen politischen Internationalismus mit weltanschaulichen Ordnungsvorstellungen, der erfolgreich mit säkularen Ideologien wie etwa dem Kommunismus wetteifern [...] kann. [...]

Wie die Fundamentalisten anderer Schriftreligionen lehnen auch die Islamisten die Trennung zwischen Religion und Politik [...] vehement ab. [...] Die Politisierung der Religion und der Protest der Fundamentalisten gegen die Moderne tritt in der Welt des Islam besonders deutlich zutage. Der Islamismus ist gegen die Säkularität als eine aus dem Westen eingeführte Lebensform und auch gegen säkulare Ordnungsvorstellungen allgemein gerichtet. Entsäkularisierung beinhaltet also die Ablehnung alles Westlichen, das heißt das Bestreben nach einer Entwestlichung der Welt. *Die fundamentalistische Herausforderung (1992)*

M3 Martin Riesebrodt: Fundamentalismus und Krisenbewusstsein

Der deutsch-amerikanische Soziologe Martin Riesebrodt (1948-2014) war Professor an der University of Chicago.

[W]arum praktizieren Menschen Religion? Ich behaupte, dass interventionistische Praktiken in allen religiösen Traditionen zu allen Zeitpunkten aufs Engste darauf abzielen, Krisen (Risiken, Gefahren) vorzubeugen oder diese zu bewältigen, wenn sie eingetreten sind. [...] Die Unvorhersehbarkeit der Jagd oder Ernte, der ausbleibende Regen, die Überschwemmung, die Feuersbrunst, die Sonnenfinsternis, das Unwetter, die Machtlosigkeit des Seefahrers oder Bergbewohners gegenüber den Elementen stellen Beispiele dar. [...] Schließlich beziehen sich religiöse Praktiken zentral auf die Labilität sozialer Beziehungen, speziell auf Beziehungen der Ungleichheit, der Autorität, des Machtgefälles, auf soziale Konflikte, Krisen der Solidarität sowie auf Wechsel im sozialen Status und sozialer Identität. [...]

Krisen stellen einen wesentlichen Antrieb religiöser

Arbeit dar. So erfolgen etwa Religionsstiftungen in der Regel aus einem Krisenbewusstsein heraus. Religiöse Glaubensvorstellungen und Praktiken werden aufgrund von Krisenerfahrungen erdacht, uminterpretiert, abgeschafft oder wiederbelebt und können somit soziale Strukturen und institutionelle Ordnungen bekräftigen, reformieren oder gar revolutionieren.
[D]ieser Ansatz [wirft] ein [...] Licht auf die Rolle der Religion in der modernen Welt. Säkularisierung [hat] stattgefunden als Konsequenz zunehmender menschlicher Kontrolle und „Weltbeherrschung" [...] [und] die Relevanz von Religion eingeschränkt und diese zu einem gewissen Grade auf den Privatbereich konzentriert. Jedoch haben sich, teils gleichzeitig, teils mit einer gewissen zeitlichen Verzögerung, neue Dimensionen der Ungewissheit und Machtlosigkeit aufgetan. [...]. Der Kapitalismus hat nicht nur untergeordnete soziale Klassen und Frauen von patriarchalischer Abhängigkeit emanzipiert und ihnen neue Chancen eröffnet, sondern er hat auch Verwandtschaftsbindungen aufgelöst, Familienstrukturen destabilisiert und Menschen der Irrationalität und Unberechenbarkeit des Marktes ausgeliefert. Der Kapitalismus als revolutionäre Macht transformiert zudem permanent soziale Strukturen, erzeugt sozialen Auf- und Abstieg und unterminiert damit soziale Identitäten. [...]
Fundamentalistische Bewegungen [...] werden in der Regel als Ausdruck gesellschaftlicher Krisen verstanden. [...] [Sie] setzen sich kritisch mit der gesellschaftlichen Realität auseinander und erheben den Anspruch, dass die von ihnen diagnostizierte abgrundtiefe Gesellschaftskrise nur durch eine Rückkehr zu den Grundlagen der jeweiligen religiösen Tradition zu überwinden sei. [...]
Das durchgehende Thema fundamentalistischer Gesellschaftskritik ist der moralische Verfall. Pamphlete wie Reden ergehen sich in Klagen über den Zerfall der Familie, Ehescheidungen, Ehebruch, Prostitution, Homosexualität, Pornographie, Geschlechtskrankheiten, Alkoholismus und Glücksspiel. Ein weiterer Themenkomplex fundamentalistischer Gesellschaftskritik ist der religiöse Identitätsverlust der Nation. [...]
Diese Verfallsprozesse werden nicht als unbeabsichtigte Nebenfolgen sozioökonomischer, politischer und kultureller Wandlungsprozesse verstanden, sondern als beabsichtigte Unterminierung gesellschaftlicher Strukturen und Moral, die konkreten Gruppen und Agenten angelastet werden kann. [...]
Ein Großteil der Dynamik und der Radikalität des Konfliktes zwischen modernistischem und fundamentalistischem Milieu speist sich aus der Einbettung von Idealen und Praktiken frommer Lebensführung und sozialer Ordnung in ein heilsgeschichtliches Drama [...]. Dem anthropozentrischen Geschichtsbild zunehmender Verwirklichung von Modernität, Aufklärung, Wirtschaftswachstum sowie menschlicher Autonomie und Weltbeherrschung wird ein theozentrisches Weltbild entgegengestellt, in dem Geschichte als Degeneration erscheint, als Abfall von den Ordnungsprinzipien des ewigen, geoffenbarten, göttlichen Gesetzes. Das Heil liegt nicht in der Überwindung der Gegenwart durch künftigen Fortschritt, sondern in der Rückkehr zur Vergangenheit. Der gegenwärtige Konflikt ist [...] ein apokalyptischer Kampf zwischen den göttlichen und den satanischen Mächten. Es geht nicht um Menschengeschichte, sondern um Heilsgeschichte, in der Kompromiss und Pluralismus nicht Tugend, sondern Verderbnis bedeuten.
Es ist vor allem dieses Szenario mit seiner radikalen Umwertung der modernistischen Werte, das zu einer spezifisch fundamentalistischen Deutung historischer Ereignisse und Prozesse führt [...].

Die Rückkehr der Religionen (2000)

A

1 Informieren Sie sich über die Hintergründe der Terroranschläge des 11. September 2001 und erläutern Sie, inwiefern ihnen symbolische Bedeutung zugesprochen wurde. > M1

2 Erläutern Sie Bassam Tibis Unterscheidung zwischen Religion und politischer Ideologie und nehmen Sie Stellung zu seiner Deutung der Terroranschläge vom 11. September. > M2

3 Untersuchen Sie weitere Erscheinungsformen des religiösen Fundamentalismus (s. z. B. *Abenteuer Ethik 3*, S. 152f.) mit Bezug auf Martin Riesebrodts Analyse dieses Phänomens und diskutieren Sie über Lösungsvorschläge für das Problem des Fundamentalismus. > M3

Religionen im gemeinsamen Einsatz für den Frieden

M1 Mareike Enghusen: Tief verankerte gemeinsame Werte

[Im Jahre 1969] gründeten Vertreterinnen und Vertreter verschiedener Glaubensgemeinschaften *Religions for Peace.* [...] Rund 250 religiöse Autoritäten aus 40 Staaten versammelten sich in Kyoto, um über eine große Frage zu beraten: Wie können Glaubensgemeinschaften sich über konfessionelle Grenzen hinweg für den Frieden einsetzen? [...]

Aktuell bemüht sich *Religions for Peace* unter anderem um interreligiösen Dialog und Versöhnung in Myanmar, wo 2017 über 700 000 Angehörige der muslimischen Minderheit der Rohingya vor gewalttätigen Soldaten ins Nachbarland Bangladesch fliehen mussten. Dabei wendet die Organisation das gleiche Rezept an, das schon in Bosnien und anderen Krisengebieten zum Erfolg führte. „Wenn eine religiöse Gemeinde in Schwierigkeiten ist, suchen wir in ihrer eigenen Apotheke nach Medizin", sagt Generalsekretär Vendley. Wir reisen also in Begleitung buddhistischer Führungspersönlichkeiten aus Sri Lanka und Kambodscha nach Myanmar, die dort großen Respekt genießen. Diese respektierten Führer können der lokalen Gemeinde helfen, ihre eigenen friedlichen Wurzeln zu erkennen: Es ist buddhistisch, sich in interreligiösem Dialog zu engagieren."

Auch der Kampf gegen Extremismus in den eigenen Reihen gehört zu den Anliegen der *Religions for Peace.* Zu jenen, die ihn führen, gehört der mauretanische Scheich Abdallah Bin Bayyah, der islamische Studien an der King Abdulaziz University im saudischen Dschidda lehrt. [...] [Er] sprach 2014 eine Fatwa, ein religiöses Gutachten, gegen den sogenannten „Islamischen Staat" aus und verurteilte dessen Brutalität in einem theologisch fundierten Schreiben.

„Religiöse Gemeinschaften lernen langsam, und sie haben Widersprüche wie wir alle", sagt Generalsekretär William Vendley. „Doch sie eint die Überzeugung, dass das Wohlergehen jedes einzelnen Menschen mit dem Wohlergehen anderer Menschen verknüpft ist. Ich denke, selbst nichtreligiöse Menschen werden sich freuen zu sehen, dass die religiösen Gemeinden dieser Welt eine Allianz zugunsten des globalen Gemeinwohles bilden.

Welt Religionen Frieden (2019)

M2 David Rosen: Extremismus bekämpfen und den Frieden fördern

Rabbi David Rosen (1951) ist Direktor für interreligiöse Angelegenheiten beim American Jewish Committee.

Frieden, Eintracht und das Wohlergehen aller Menschen [sind] erklärte Ziele aller Religionen. Unübersehbar ist aber auch, dass im Namen der Religion nicht nur entsetzliche Gewalt verübt wurde, sondern dass es bis heute in verschiedenen Teilen der Welt viele Menschen gibt, die tatsächlich glauben, Konflikte und Gewalt gegen Andersdenkende seien das, was ihre Religion von ihnen verlangt. Um diesen Missbrauch des Glaubens in den Griff zu bekommen, müssen wir uns mit der Frage auseinandersetzen, warum Religionen allzu oft eben gerade nicht die Rolle spielen, die sie spielen sollten – vor allem in den Konfliktzonen unserer Welt. Warum verschärfen religiöse Bindungen Konflikte offenbar so häufig, statt zu ihrer Lösung beizutragen und Frieden und Versöhnung zu fördern, die doch angeblich ihr ureigenes Metier sind?

Renommierte Sozialwissenschaftler unterscheiden bei Religionen drei Dimensionen: Glaube, Verhalten und Zugehörigkeit. Verschiedene Religionen können

diese drei Dimensionen unterschiedlich kombinieren oder gewichten. Ihr Missbrauch ist oft mit den ersten beiden verbunden: Immer wieder rufen Streitigkeiten über religiöse Dogmen oder auch Rituale gewaltsame Auseinandersetzungen hervor. [...]
Doch hat Gewalt im Namen der Religion besonders in unserer modernen Welt meist weitaus mehr mit der Ebene der „Zugehörigkeit" zu tun. In ihr spiegeln sich die soziokulturellen, territorialen und politischen Kontexte wider, in denen die Religion wirkt. Weil Religion darauf zielt, unserem Leben einen Sinn zu geben, ist sie untrennbar mit sämtlichen Kategorien der menschlichen Identität verbunden. Diese reichen von den Beziehungen in der eigenen Familie über die Zugehörigkeit zu einer Gemeinschaft, einer ethnischen Gruppe, einer Nation und einem Volk bis hin zur Sorge um die Menschheit und die Schöpfung als Ganzes. Diese Bestandteile der menschlichen Identität sind die Grundsteine unseres seelisch-geistigen Wohlbefindens [...]. In konfliktgeladenen Situationen stützt diese Identität oft nicht nur ein positives Gefühl der Zusammengehörigkeit, sondern nährt auch Gefühle von Selbstgerechtigkeit und Herabsetzung „des anderen". [...] Wenn sich Menschen in dem Kontext, in dem sie sich befinden, sicher fühlen, können sie sich auf vielerlei Zusammenhänge einlassen: auf der Ebene von Familien, Gemeinschaften oder Nationen. Dann können Religionen zum Gemeinwohl aller beitragen und die menschliche Würde stärken. Fühlen sich Menschen jedoch in ihren jeweiligen Kontexten unbehaglich, dann schneiden sie sich von den umfassenderen Zusammenhängen ab, sie isolieren sich und begegnen anderen mit Unbehagen. Dadurch aber vertiefen sie das Gefühl der Entfremdung.
Weil die Religion so eng mit der Identität verknüpft ist, spielt sie bei der Entwicklung einer Bedrohung (auch einer lediglich gefühlten) eine entscheidende Rolle; in einem konflikthaften Umfeld bietet sie eine Stütze und Beistand. Doch indem sie Menschen vor allem dann, wenn diese sich angreifbar und verunsichert fühlen, ein Bewusstsein des eigenen Wertes und Sinnes vermitteln, verfallen Religionen allzu oft in die erwähnte Selbstgerechtigkeit. Sie missachten die Legitimität der anderen, verschärfen Konflikte und Ausgrenzungen und verraten damit ihre universellen Werte. [...]
Die Bekämpfung des religiösen Extremismus verlangt von uns maximale Anstrengungen. Wir müssen den Sumpf der Ausgrenzung trockenlegen, in dem sich der Moskito des Konfliktes vermehrt. Doch wie bereits angedeutet, sind nicht nur materielle und politische Faktoren Auslöser dieser Ausgrenzung. Die mächtigste Ursache liegt wohl in der Entfremdung. Wir werden die Feindseligkeit von Fanatikern, die ihre Gewalttätigkeit in ihrer Religion begründet sehen, nicht ansatzweise verstehen, wenn wir die Macht dieser Entfremdung ignorieren, dieses Gefühls von Herabsetzung und Erniedrigung.
Es ist somit nicht nur essenziell, dass Menschen – vor allem die jungen – ein Leben in materieller und sozialer Würde führen können. Sie müssen auch ein Gefühl von Verbundenheit und Verantwortung erleben – als Individuen und als anerkannte Mitglieder in ihren jeweiligen Gemeinschaften. [...] Die Hand ausstrecken, den anderen willkommen heißen – das gibt Menschen das Gefühl, akzeptiert zu werden. Dann können sie sich als Teil einer höheren Identität fühlen und etwas beitragen anstatt sich zu entfremden. Tut man dies mit dem nötigen Respekt vor der zentralen spirituellen Identität des anderen, dann hat dieses Bemühen noch größere Wirkung und Bedeutung. Die interreligiöse Zusammenarbeit spielt somit eine unschätzbare Rolle dabei, Menschen und Gemeinschaften unterschiedlichen Glaubens dazu zu befähigen, ihre eigenen religiösen Identitäten und Zugehörigkeiten zu verstehen. Sie leistet einen konstruktiven Beitrag zur Steigerung des Wohlergehens der Gesellschaft insgesamt. *Welt Religionen Frieden (2019)*

A

1 Interpretieren Sie die Abbildung und informieren Sie sich genauer über die Aktivitäten von *Religions for Peace.* > M1

2 Erläutern Sie Rabbi Rosens Auffassung der Ursache von Gewalt im Namen von Religion und sein Konzept zur Herstellung von Frieden. > M2

3 Bewerten Sie die Erfolgsaussichten dieses Konzeptes und begründen Sie Ihre Auffassung. > M1/M2

Wissen kompakt

Religion in de

Säkularisierun

Aufklärung (als Prozess

Theodizee:

Problem der Rechtfertigung Gottes angesichts des Übels in der Welt:
Warum lässt Gott das Übel zu, wenn er allmächtig und gütig ist?

Argumente für und gegen die Existenz Gottes:

↙ ↘

- Gott als Ursache alles Seienden (kosmologischer Gottesbeweis)
- Gott als Schöpfer der Zielgerichtetheit in der Natur (teleologischer Gottesbeweis)
- Gott als angeborene Idee (ideologischer Gottesbeweis)
- Gott als vollkommenens Wesen, dem es an Existenz nicht mangeln kann (ontologischer Gottesbeweis)

- Die Annahme einer (unverursachten) ersten Ursache ist in sich widersprüchlich.
- Der Schluss von der Zielgerichtetheit in der Natur auf einen intelligenten Schöpfer ist nicht zwingend.
- Die Idee Gottes ist nicht bei allen Menschen vorhanden; nicht immer beinhaltet der Name Gott die gleichen Vorstellungen.
- Existenz gehört nicht zu den Eigenschaften, die ein Wesen sachhaltig bestimmen.

Religionskritik:

↙ ↓ ↘

Gott ist eine Projektion des idealen Menschen, der Wunsch ist der Ursprung der Religion.
(Ludwig Feuerbach)

Religion ist das Opium des Volkes; sie beruhigt das Volk und trägt dazu bei, die bestehenden Herrschaftsverhältnisse zu stabilisieren.
(Karl Marx)

Religiöse Vorstellungen sind Illusionen, die auf einer frühkindlichen Neurose beruhen.
(Sigmund Freud)

äkularisierten Gesellschaft

rozess der Verweltlichung,

blösung von durch Religion bestimmten Denk- und Ordnungssystemen

rüfung des Glaubens durch die Vernunft

Glauben und Wissen

beruht auf Evidenz, subjektiver Gewissheit

beruht auf Urteilswahrheit, transsubjektiven Gründen

Religion nach der Aufklärung

- Abbau des institutionellen Geltungsschutz für religiöse Überzeugungen
- Abkoppelung der Bürgerrechte vom religiösen Bekenntnis
- Einstellung auf die Autorität der Wissenschaft
- Toleranz gegenüber anderen Konfessionen und Religionen

Funktion von Religion

- Kontingenzbewältigung
- Sinnstiftung
- Identitätsstiftung
- Stabilisierung der sittlichen Ordnung

Säkularer Staat

Überwindung der Religionskriege der frühen Neuzeit durch Gründung der staatlichen Gewalt auf eine nicht-religiöse Grundlage: Legitimation von Herrschaft durch öffentliche, allen Personen gleichermaßen zugängliche Argumente

Gottesstaat

Autorität der religiösen Führungspersönlichkeit über die weltliche Herrschaftsinstanz, Unterordnung der legislativen Gewalt unter das göttliche Gesetz
Ziel: weltweite Ausbreitung der eigenen Wertvorstellungen, Krieg und Terror im Namen der Religion

Fundamentalismus

Verstärkte Hinwendung zu traditionellen Werten als Reaktion auf Krisenerfahrung, Identitätsverlust infolge der Ausbreitung liberaler Werte

Beispiel: Islamischer Fundamentalismus als Kritik der westlichen Lebensweise

Förderung von Frieden und Versöhnung durch interreligiösen Dialog

Respekt und Anerkennung als Mittel gegen Identitätsverlust und Entfremdung

Anforderungen in der Abiturprüfung und Tipps zur Vorbereitung

Die Prüfungsaufgaben im schriftlichen und mündlichen Abiturfach Ethik beziehen sich immer auf die laut Lehr- bzw. Bildungsplänen der einzelnen Bundesländer jeweils behandelten *Themenbereiche.*
In Baden-Württemberg ist z. B. die Moralphilosophie verpflichtender Bestandteil jedes Prüfungsformats. Anhand einer unbekannten *Materialgrundlage* sollen Sie Ihr Wissen und Können in den drei *Anforderungsbereichen* Reproduktion, Reorganisation und Transfer, Urteilen und Bewerten unter Beweis stellen.

Gehen Sie zur Vorbereitung wie folgt vor:

- Wiederholen und vertiefen Sie Ihr Wissen zu den vorgegebenen bzw. von Ihren gewählten Schwerpunkten. Entwickeln Sie hierfür zu den einzelnen Positionen und Theorien Begriffsglossare und Begriffsnetze. Dabei können Sie auch mit den Wissen-kompakt-Seiten dieses Buch arbeiten.
- Vergleichen Sie beispielsweise die verschiedenen im Buch behandelten Moralphilosophien / Verantwortungsethiken / Theorien der Gerechtigkeit anhand ausgewählter Kriterien miteinander, z. B. Menschenbild, historischer Kontext, höchstes Gut, Moralprinzip bzw. moralische Prinzipien, Werte und Normen.
- Erarbeiten Sie kritische Stellungnahmen zu einzelnen Moralphilosophien aus der Sicht anderer moralphilosophischer Positionen.
- Führen Sie Fallanalysen zu aktuellen Fragen Angewandter Ethik durch.
- Vergegenwärtigen Sie sich die Bedeutung einzelner Operatoren anhand der Übersicht von am Ende des Buches.

Ethik als mündliches Abiturfach

M1 Beispiel für eine Prüfungsaufgabe

Themenbereich: Gerechtigkeit, Recht und Zusammenleben
Materialgrundlage: Argumentierender Text
(Vorbereitungszeit: 20 Minuten)
Problemfrage:
Wie lassen sich Menschenrechte begründen?

Aufgabe 1
Arbeiten Sie Arnd Pollmanns Begründung für die Notwendigkeit von Menschenrechten heraus.
Aufgabe 2
Vergleichen Sie Pollmanns Position mit einer anderen Ihnen bekannten Begründung von Menschenrechten.
Aufgabe 3
Prüfen Sie, ob die Würde des Menschen durch die Menschenrechte garantiert wird.

Im Gegensatz zu allen sonstigen Alltagsorientierungen, z. B. bloßen Vorlieben, Präferenzen oder Bedürfnissen, besitzen Werte eine besondere Erheblichkeit und Dringlichkeit: Man ist fest gewillt, ihnen im Konfliktfall den Vorzug zu geben – und zwar notfalls gegen Widerstand und unter enormer Kraftaufwendung. [...] Angesichts dieser definitorischen Bestimmungen ist die Menschenwürde offenkundig ein solcher Wert, aber nicht nur irgendein Wert, sondern ein so genannter Grundwert oder genauer noch: der Grundwert, an dem sich moderne Rechtsgemeinschaften samt allen übrigen Wertsetzungen ausrichten. Während man viele andere Werte, z. B. Freiheit, Gerechtigkeit oder Sicherheit, in Notsituationen oder Konfliktfällen gegen andere dringliche Präferenzen abzuwägen bereit ist, gilt das Verbot, die Würde zu verletzen, gemeinhin als absolut. [...]
Jeder Mensch, so unterstellen wir, will ein Leben in Würde führen. Und jeder Mensch, so unterstellen wir ebenfalls, wird von den Verhältnissen, in denen er lebt, mal mehr, mal weniger von einem menschenwürdigen Leben abgehalten. [...] Gerade weil der Mensch nicht von vornherein die gleiche oder volle Würde hat, benötigt er den gleichen und vollen Schutz seitens der Rechtsgemeinschaft. Und es sind genau diese fundamentalen Schutzansprüche auf ein Leben in Würde, für die heute der Begriff „Menschenrechte" steht. Unverlierbar sind diese Rechte nur in dem Sinn, dass man sie nicht verlieren kann, ohne dadurch zugleich auch der Gefahr ausgesetzt zu sein, die eigene Würde zu verlieren. Die Menschenrechte wollen im Einzelnen festschreiben, welche rechtlichen Garantien für die Verwirklichung der Menschenwürde notwendig wären. Es geht ihnen um den Schutz und die Gewährleistung all jener Fundamentalinteressen des Menschen, deren Verwirklichung zu einem menschenwürdigen Leben in Achtung und Selbstachtung notwendig wäre.

Quelle: Pollmann, Arnd (2010): Und die Moral von der Geschicht'. Menschenwürde und Menschenrechte als Antworten auf die totalitäre Barbarei. In: Alfred Schäfer/Christiane Thompson (Hrsg.): Werte. Paderborn: Schöningh, S. 109-128, hier: S. 121, 123f. – Der Autor ist Professor für Philosophie.

M2 Erwartungshorizont

Problemfrage:
Wie lassen sich Menschenrechte begründen?
Mögliche Antworten
(Ergebnispräsentation: 10 Minuten):

Aufgabe 1
Pollmann geht von der Prämisse aus, dass jeder Mensch ein „Fundamentalinteresse“, d. h. grundlegendes Interesse besitzt, ein Leben in Würde zu führen. De facto wird der Mensch auf vielfache Weise daran gehindert ein Leben in Würde zu führen. Menschenwürde ist für Pollmann ein „Grundwert“. Mit dem Begriff „Wert“ bezeichnet er eine wertende Einstellung, die bei der Lebensorientierung gegenüber Interessen und Bedürfnissen Vorrang besitzt. Der Terminus „Grundwert“ dient ihm zur Bezeichnung eines höchsten Werts, an dem sich andere Werte in einer modernen, rechtlich strukturierten Gesellschaft auszurichten haben. Im Unterschied zu anderen Werten ist Menschenwürde für ihn ein Wert, der nicht gegenüber anderen Werten abgewogen werden kann, also „absolut“, d. h. uneingeschränkt von räumlichen und zeitlichen Bedingungen Gültigkeit besitzt.
Um ein menschenwürdiges Leben zu realisieren, sind nach Pollmann bestimmte rechtliche Normen notwendig, die als Schutzmechanismus der Menschenwürde, d. h. einem Leben in „Achtung und Selbstachtung“, dienen. Diese rechtlich fixierten Garantien sind für Pollmann die Menschenrechte. Respektierung der Menschenwürde ist demzufolge angewiesen auf die Anerkennung von Menschenrechten.

Aufgabe 2
Die Notwendigkeit von Menschenrechten kann mittels des Naturrechts [s. S. 338f.] begründet werden. Das kantische Vernunftrecht basiert auf dem Prinzip, dass das Recht dazu dient, „die Willkür des einen mit der Willkür des anderen nach einem allgemeinen Gesetz der Freiheit in Einklang zu bringen“ [vgl. S. 303]. Vertragstheorien in der Tradition von Locke [s. S. 302f.] und Rawls [s. S. 318ff.] begründen Menschenrechte als Basissätze fairer Kooperation. Es gibt also Begründungen von Menschenrechten, die nicht aus dem Schutz der Menschenwürde abgeleitet werden.

Aufgabe 3
Menschen können auch in ihrer Würde durch Handlungen verletzt werden, die nicht gegen die Menschenrechte verstoßen, zum Beispiel wenn Menschen in ihrer Achtung und Selbstachtung herabgesetzt werden. Jede und jeder verdient einen menschenwürdigen Umgang.
Immanuel Kant sieht die Menschenwürde durch die Einhaltung des Instrumentalisierungsverbot, wie es in der Menschheits-Zweck-Formel des kategorischen Imperativs zum Ausdruck kommt, garantiert, nicht durch das Einhalten von rechtlichen Normen wie den Menschenrechten [s. S. 168f. und S. 304f.].

M3 Pfadstrukturen für das Prüfungsgespräch (Beispiel)

(Dauer: 10 Minuten)
Ausgangspunkt (Textthema):
Grundlagen und Voraussetzungen für ein gutes und gerechtes Zusammenleben: Bedeutung der Menschenrechte und die Achtung der Menschenwürde
Weiterführende Fragen
(Themenbereich Moralphilosophie):
- Pflichtethik: Wert und Würde bei Kant? „Grundwert“ = „absoluter Wert“; Begründung der Menschenwürde durch kategorischen Imperativ; Autonomie als Grundlage von Würde, Abgrenzung der Pflichtethik Kants vom Utilitarismus beim Thema Menschenwürde
- Grundrechte im Utilitarismus? Grundlagen des Zusammenlebens, Typen von Menschenrechten? (z. B. Freiheitsrechte, politische Rechte, Sozialrechte, kulturelle Rechte; Tugend der Toleranz)

Ü

Übungsmöglichkeit im Unterricht:

1 Bearbeiten Sie (jede und jeder für sich) die Aufgaben (M1) innerhalb von 20 Minuten.
2 Eine Schülerin oder ein Schüler trägt in 10 Minuten ihre bzw. seine Lösung vor.
3 Mehrere Schülerinnen und Schüler richten (weiterführende) Fragen an die Referentin bzw. den Referenten: zu den Teilaufgaben (vgl. M2, Erwartungshorizont) und insbesondere zu Bezügen des Themas zu Moralphilosophien und zu diesen selbst (s. M3)

Ethik als schriftliches Abiturfach

(Beispiele für Baden-Württemberg)

Vorgegebener Themenbereich

Schwerpunktthemen der Moralphilosophie: Tugendethik (Vergleich mit Stoa), Utilitarismus, Pflichtethik und die moralkritische Position von Marx und Freud sowie die Gerechtigkeitstheorie von John Rawls im Vergleich mit der Position von Martha Nussbaum

(Ethik – neues Schwerpunktthema im Abitur, Online: https://lfbo.kultus-bw.de/lfb/termine/D4PQP, 04.03.2021)

Bearbeitungszeit:

240 Minuten einschließlich Auswahlzeit

Erlaubte Hilfsmittel:

Nachschlagwerk zur deutschen Rechtschreibung

Wahlmöglichkeiten:

- Aufgabe I: Argumentierender Text aus dem Bereich der Moralphilosophie (M1)
- Aufgabe II: Fallanalyse zur Angewandten Ethik (M2)

Aufgabenart I: Auseinandersetzung mit einem moralphilosophischen Text

M1 Beispiel für eine Prüfungsaufgabe

Teilaufgaben:

1. Stellen Sie eine Position der Moralkritik dar. (8)
2. Fassen Sie Alfred C. Ewings Kritik am Utilitarismus von Jeremy Bentham zusammen. (10)
3. Erläutern Sie an einem nicht im Text genannten Beispiel aus der Ethik, was Ewing unter dem „Prinzip" versteht, „dass der Wert eines Ganzen nicht nur vom Wert seiner Teile abhängt, sondern auch von deren Verhältnis zueinander." (12)
4. Vergleichen Sie Ewings Moralphilosophie des „idealen Utilitarismus" mit John Stuart Mills' Utilitarismus. (12)
5. Prüfen Sie anhand eines moralischen Einwands, der seitens der Moralphilosophie Kants gegen die utilitaristische Ethik vorgebracht wird, ob dieser durch Ewings Moralphilosophie entkräftet werden kann. (8)
6. Nehmen Sie unter Bezugnahme auf eine Theorie der Gerechtigkeit Stellung zu der These: „Für ein gutes Zusammenleben in der Gesellschaft ist es notwendig, dass soziale Ungleichheiten in Kauf genommen werden." (10)

► (Hinweis: Die Angaben in Klammern sind die maximal erreichbaren Punkte.)

Materialgrundlage:

Gerechtigkeitsprobleme des Utilitarismus

Der britische Philosoph Alfred Cyril Ewing (1899-1973) setzt sich mit Problemen des klassischen Utilitarismus auseinander:

Angenommen, wir können das kollektive Glück einer Gruppe von zehn Menschen ein wenig anheben, indem wir einem von ihnen eines jedes Glückes berauben. Wäre es dann richtig, dies zu tun? Darüber ließe sich vielleicht streiten, wenn der Glücksgewinn bei den übrigen neun sehr groß, nicht aber, wenn er sehr klein wäre. Wenn der Zuwachs an Glück bei den neun durch die Qualen des einen erkauft wäre, scheint die damit einhergehende Ungerechtigkeit ihr Glück zu vergiften und selbst dann um seinen Wert zu bringen, wenn sie hartherzig genug wären, sich an ihm zu erfreuen. Nach utilitaristischer Auffassung ist jede Verteilung des Guten, wie unfair sie auch sein mag, jeder anderen vorzuziehen, sofern sie auch nur ein Minimum an zusätzlichem Glück bedeutet. Wie wäre es ferner, wenn man durch die Bestrafung eines Unschuldigen insgesamt gesehen weniger Leid bewirkt als durch die Bestrafung des Schuldigen, während die abschreckende Wirkung in beiden Fällen dieselbe wäre: Soll man dann wirklich den Unschuldigen bestrafen? […]
Das Problem [des Utilitarismus] ist, dass der Wert von etwas nicht allein von den einzelnen Elementen, aus denen es sich zusammensetzt, abhängt, sondern auch von deren Beziehungen zueinander; und deshalb können wir uns nicht darauf verlassen, dass wir, bloß indem wir den Wert der Teile zusammenzählen und ohne zu berücksichtigen, in welchen Beziehungen sie zueinander stehen, eine angemessene Vorstellung von seinem Wert als Ganzen erhalten. Wir verbessern eine Situation nicht unbedingt, indem wir wahllos in sich gute Dinge hinzufügen, sondern dadurch, dass wir sie am rechten Ort im rechten Moment hinzufügen. Der Weg zur Bewertung der Folgen einer Handlung führt somit nicht über irgendein quasimathematisches Kalkül. Alles, was wir tun können, ist, dass wir die relevanten Vor- und Nachteile aller uns zur Auswahl stehenden Handlungsalternativen bedenken und zusehen, welchen Gesamteindruck dies auf unseren Geist hinterlässt. […]
Wie wäre der Utilitarismus zu modifizieren, damit er die genannten Beispiele in den Griff bekommt? Als Erstes

müssen wir anerkennen, dass es nicht nur auf die Quantität, sondern auch auf die Qualität einer Lust ankommt, so dass die geringere Lust einer höheren Art der größeren Lust einer niedrigeren Art richtigerweise vorgezogen werden kann. Was aber macht eine Lust verglichen mit einer anderen zu einer höheren? Der Unterschied liegt nicht in dem angenehmen Gefühl als solchen. Er liegt vielmehr in der damit verbundenen Geistestätigkeit oder in deren Gegenstand. Einige Vergnügen werden im Vergleich zu anderen höher eingestuft, weil sie mit dem Denken verbunden sind, mit ästhetischen Erfahrungen, Liebe und moralischem Handeln – Tätigkeiten, die wir als höher erachten als Essen und Trinken. Wir glauben, dass diese Tätigkeiten einen inneren Wert haben, der zu dem inneren Wert der puren Befriedigung, die sie einem verschaffen, hinzukommt. [...]
Unsere frühere Diskussion des hedonistischen Utilitarismus ist zu dem Ergebnis gekommen, dass wir bestimmte Zustände der Güterverteilung als in sich „fairer" und darum besser betrachten müssen als andere. [...] Wenn bei derselben zu verteilenden Menge an Gütern eine fairere Verteilung besser als eine unfairere ist, dann kann die Menge der bewirkten Güter oder der verhinderten Übel nicht das einzige Kriterium für ihre Richtigkeit sein. Im Gegensatz zu den hedonistischen Utilitaristen kann der ideale Utilitarist* darauf allerdings reagieren, indem er die Fairness einer Verteilung selbst unter die intrinsischen Güter rechnet. In diesem Fall müssten wir zu den verteilten Gütern noch das Gut einer fairen Verteilung hinzufügen und ihnen das Übel einer unfairen Verteilung entgegensetzen. Dies wäre ein weiteres Beispiel des eben erwähnten Prinzips, dass der Wert eines Ganzen nicht nur vom Wert seiner Teile abhängt, sondern auch von deren Verhältnis zueinander.

**idealer Utilitarismus: Bezeichnung von Ewing für seinen eigene Variante des Utilitarismus*

Quelle: Ewing, Alfred Cyril (1953/2014): Ethik. Eine Einführung. Übersetzer: Bernd Goebel. Hamburg: Felix Meiner, S. 51f., 76f., 78f.

M2 Erwartungshorizont

Aufgabe 1

Dargestellt werden könnten von Ihnen zum Beispiel die Moralkritik von Karl Marx, Friedrich Nietzsche oder Sigmund Freud [siehe die Skizzen hier im Schulbuch, S. 196f.].

Aufgabe 2

Alfred C. Ewing kritisiert den „hedonistischen Utilitarismus" von Jeremy Bentham in mehrfacher Hinsicht. Zunächst deckt er anhand des Beispiels vom „kollektiven Glück" auf Kosten des Leids eines Einzelnen und des Beispiels der Bestrafung eines Unschuldigen das Gerechtigkeitsproblem des Utilitarismus auf. Das Nutzenprinzip des klassischen Utilitarismus sei nur an der Maximierung des Glücks orientiert, die Verteilung des Glücks spiele dagegen keine Rolle bei der moralischen Beurteilung einer Handlung. Problematisch sei es, gemäß dem hedonistischen Kalkül das Glück bzw. Leid aller von der Handlung Betroffenen additiv zu verrechnen. So wird Benthams Rechenvorschrift zur Bilanzierung der Glückssumme von Ewing als „irgendein quasimathematisches Kalkül" bezeichnet. Der Philosoph fordert eine Gesamtbetrachtung des durch eine Handlung hervorgerufenen Glücks vorzunehmen, bei der die Beziehungen zwischen den Lust- und Leidanteilen zu beachten sind.
Ewings weitere Kritik an Benthams Utilitarismus richtet sich gegen dessen Konzentration nur auf die quantitative Dimension von Lust und damit auf die Vernachlässigung von unterschiedlichen Qualitäten von Lust. Bentham fehle eine Hierarchisierung der Lüste nach den mit ihr verbundenen kognitiven Aktivitäten. Grundsätzlich sei daher der Wertmonismus Benthams, nach dem es nur einen intrinsischen Wert – nämlich Lust – gebe, nach Ewing zu korrigieren.

Aufgabe 3

Ewings Grundsatz lässt sich auch durch die Erkenntnis des Aristoteles ausdrücken, dass das Ganze mehr ist als die Summe seiner Teile. Demnach sind bei der moralischen Bewertung auch die Beziehungen zwischen den einzelnen Gütern zu berücksichtigen. Dieses sei am Beispiel des fehlenden Minderheitenschutzes im klassischen Utilitarismus erläutert. So kann die Einschränkung der Rechte von Minderheiten (z. B. Menschen mit Beeinträchtigungen, Homosexuelle) oder sogar deren Vertreibung (z. B. Indigene) mit dem Glück der Mehrheit gerechtfertigt werden. Dabei wird die Schwere von Menschenrechtsverletzungen nicht in ein angemessenes Verhältnis zu dem möglichen Lustgewinn der Mehrheit gesetzt.

Aufgabe 4

Ewings Moralphilosophie des „idealen Utilitarismus“ zählt wie John Stuart Mills qualitativer Hedonismus [s. S. 142f.] zu den Varianten des Utilitarismus. Ewing kritisiert wie Mill den quantitativen Hedonismus von Bentham und tritt ein für Berücksichtigung der Qualität von Freuden bei der Beurteilung ethischer Handlungen.

Beide Philosophen nehmen eine Hierarchisierung zwischen „Lust einer höheren Art“ und „Lust einer niedrigeren Art“ vor. Bei Mill und Ewing zählen zu den höheren Lüsten solche, die im Zusammenhang mit kognitiven Tätigkeiten aus den Bereichen Ethik, Ästhetik und Logik stehen. Niedrigere Lüste sind für sie solche, die mit körperlichen Befriedigungen wie Essen und Trinken verbunden sind.

Mill und Ewing erkennen in ihren Ethiken den besonderen Stellenwert der Gerechtigkeit. Ewing geht in seinem „idealen Utilitarismus“ so weit, den Wertmonismus des klassischen Utilitarismus nicht mehr zu teilen, zählt er doch Fairness – neben Lust – zu den „intrinsischen Gütern“. Demnach gilt es bei der moralischen Beurteilung einer Handlung auch zu berücksichtigen, ob die Güterverteilung fair erfolgt oder nicht. Während Mill die Nützlichkeit von Handlungsregeln wie der Wahrhaftigkeit betrachtet, fokussiert Ewing die Nützlichkeit einzelner Handlungen.

Aufgabe 5

Eine Hauptkritik aus der Sicht der deontologischen Ethik Kants am Utilitarismus, sei es des Handlungs-, Regel- oder Präferenzutilitarismus, lautet, dass dem menschlichen Leben kein unbedingter Wert, keine Menschenwürde im Sinne Kants zugesprochen wird. Ein absolutes Tötungsverbot ist im Utilitarismus nicht begründbar [s. S. 154f.]. Dieses Problem kann auch Ewing mit seinem um den Wert der Fairness erweiterten „idealen Utilitarismus“ nicht lösen. Ebenso wenig kann Ewings „idealer Utilitarismus“ ausschließen, dass trotz fairer Güterverteilung gegen Kants Instrumentalisierungsverbot [s. S. 168f.] verstoßen wird.

Aufgabe 6

- *Lösungsmöglichkeit 1:* Nonegalitaristische Gerechtigkeitstheorien wie etwa die von Friedrich August von Hayek [s. S. 332f.] halten soziale Ungleichheiten für legitim und für unvermeidbar. Die Verteilung von Gütern erfolgt für ihn ausschließlich nach dem Marktprinzip. Wie bei einem Spiel könne von Hayek zufolge niemand für die entstehenden Ungleichheiten verantwortlich gemacht werden. Soziale Gerechtigkeit bezeichnet er als eine Illusion. Dabei werden von ihm aber die ungleichen Startchancen der Menschen übersehen. Außerdem kann diskutiert werden, ob es nicht Güter gibt, die so wesentlich für ein gutes Zusammenleben sind, dass sie jedem Menschen zukommen und dem Marktmechanismus entzogen werden sollten, zum Beispiel Bildung und Gesundheit. Empirische Forschungen zur Sozialepidemiologie zeigen, dass Gesellschaften mit großer sozialer Ungleichheit solche sind, in denen mehr Menschen an gesundheitlichen und Drogenproblemen und psychischen Erkrankungen leiden als in Gesellschaften mit geringer Wohlstandspolarisierung.
- *Lösungsmöglichkeit 2:* John Rawls [s. S. 318ff.] betont in seiner egalitaristischen Theorie der Gerechtigkeit, dass jedem Menschen die gleichen Grundgüter zukommen, die auch aus utilitaristischen Gründen nicht eingeschränkt werden dürfen. Gemäß seinem Differenzprinzip sind nur solche sozialen Ungleichheiten legitim, die zum Vorteil der am wenigsten Begünstigten sind. Eine progressive Einkommensteuer, welche Menschen mit hohen Einkommen gegenüber denen mit mittleren und unteren Einkommen überproportional besteuert, wäre mit Rawls‘ Gerechtigkeitsgrundsätzen vereinbar.
- Sie können hier natürlich auch noch auf andere Gerechtigkeitstheorien Bezug nehmen und dabei folgende Fragen genauer untersuchen:
  - Was sind die Kennzeichen eines guten Zusammenlebens in der Gesellschaft?
  - Sind soziale Ungleichheiten überhaupt mit einer guten Gesellschaft vereinbar, wenn ja, welchen Umfang dürfen diese annehmen und welchen sozialen Gruppen sind sie zumutbar?
  - Welche Formeln sozialer Gerechtigkeit gilt es zu unterscheiden?

Aufgabenart II: Fallanalyse

M1 Beispiel für eine Prüfungsaufgabe

Teilaufgaben

1. Skizzieren Sie zwei Formeln des Kategorischen Imperativ. (6)
2. Vergleichen Sie John Rawls' Theorie der Gerechtigkeit mit den Gerechtigkeitsüberlegungen von Martha Nussbaum. (12)
3. Erläutern Sie anhand eines Beispiels den Zusammenhang zwischen Bildung und einem guten Leben. (10)
4. Soll in Baden-Württemberg der Besuch von Kindergärten für alle Kinder kostenlos sein? (32)

Führen Sie mit Hilfe der Materialien A, B und C dazu eine Fallanalyse durch:

Benennen Sie zunächst die Interessen der wesentlichen Beteiligten und Betroffenen.

Arbeiten Sie einen zentralen Wertekonflikt heraus.

Nehmen Sie abschließend Stellung zu der Problemfrage, indem Sie sich auf eine Moralphilosophie und eine Theorie der Gerechtigkeit beziehen.

► (Hinweis: Die Angaben in Klammern sind die maximal erreichbaren Punkte.)

Materialgrundlage

Material A:

Kindergartenbeiträge in Baden-Württemberg

Im Jahre 2019 besuchten in Baden-Württemberg 291.235 Kinder im Alter zwischen 3 und 6 Jahren eine Kindertageseinrichtung. Dazu zählen insbesondere Kindergärten. Von den Kindern erhielten 27%, also 77.678, eine Ganztagesbetreuung, d. h. sie waren durchgehend mehr als 7 Stunden pro Betreuungstag in der Kindertageseinrichtung. Kindertageseinrichtungen wie Krippen, Kindergärten, Schülerhorte sowie altersgemischte Einrichtungen werden von Kindern unter drei Jahren bis unter 14 Jahren besucht. 39% von ihnen hatten im Jahre 2019 ein aus dem Ausland stammendes Elternteil. 26% aller betreuten Kinder leben in einer Familie, in der vorrangig nicht Deutsch gesprochen wird. Insbesondere durch die Sprachförderung tragen Kindergärten zur Integration von Kindern anderer Kulturen bei. Diese Einrichtungen leisten wichtige Beiträge zur motorischen, körperlichen und geistigen Entwicklung der Kinder. Außerdem lernen Kinder in ihnen Werte und Normen eines guten Zusammenlebens. Kindergärten sind nicht nur Orte der Erziehung, sondern sie gelten auch als Bildungsorte. Bildungsökonomen können belegen, dass Investitionen in die vorschulische Bildung langfristig beitragen zum Erwerb von (höheren) Bildungsabschlüssen und zur Senkung der Arbeitslosigkeit.

Die meisten Kindertageseinrichtungen werden aus öffentlichen Mitteln finanziert. Träger der Institutionen sind dann die Kommunen, d. h. Städte und Gemeinden. Sie übernehmen die Kosten für das pädagogische Personal, sowie für das Personal, das in der Leitung, in der Verwaltung, im technischen und hauswirtschaftlichen Bereich eingesetzt wird. Zur Finanzierung der Kosten erhalten die Kommunen Zuschüsse vom Bund. Ob Eltern Kindergartengebühren zahlen müssen, hängt ab von ihrem Einkommen, insbesondere aber von dem Bundesland, in dem ihre Kinder den Kindergarten besuchen. Laut einem Gesetz des Bundesministeriums für Familien, Senioren, Frauen und Jugend brauchen Familien in der Bundesrepublik, die Sozialleistungen beziehen, keine Kitagebühren zahlen. Auch Familien, die wegen ihres geringen Einkommens einen Kinderzuschlag oder Wohngeld erhalten, haben keine Gebühren zu entrichten.

4% der Eltern, die ihre Kinder in Baden-Württemberg in die Kinderbetreuung schicken, sind von den Gebühren befreit. Es gibt in Baden-Württemberg wie in anderen Bundesländern auch aber einen kleinen Anteil von Kindern, die von ihren Eltern aus finanziellen, familiären oder religiösen Gründen zu Hause betreut werden. Im Unterschied zur Schulpflicht ist der Besuch des Kindergartens nicht verbindlich. Die Kommunen legen selbst den Satz für die Kindergartengebühren fest, die nach dem Einkommen der Eltern gestaffelt sind, sowie abhängig sind von der Zahl der Betreuungsstunden und der Zahl der in Kindertageseinrichtungen betreuten Geschwister. So können die monatlichen Gebühren für ein Kindergartenkind, das 35 Stunden pro Woche in der Betreuung ist und das keine betreuten Geschwister hat, in Baden-Württemberg etwa zwischen ca. 60 Euro (bei einem Jahreseinkommen bis zu 20.000 Euro) und ca. 390 Euro (bei einem Jahreseinkommen über 85.000 Euro) liegen. Hinzu kommen bei Bedarf noch Gebühren für das Mittagessen der Kinder.

Es gibt aber auch Bundesländer, in denen das letzte und sogar das vorletzte Kindergartenjahr gebührenfrei ist. In Berlin brauchen Eltern sogar seit August 2018 gar keine Gebühren mehr zu entrichten für Kindertagesstätten und Kindertagespflege. *(Quelle: Autorenbeitrag)*

Material B:

Stellungnahme von Michael B. aus M. (Kinderloser)
„Ich habe und will keine Kinder. Als Kinderloser muss ich sowieso schon mehr Steuern in die Sozialversicherung zahlen als Väter oder Mütter. Es ist sozial ungerecht, wenn ich noch mehr zahlen soll für gut verdienende Eltern, damit diese ihre Kinder kostenlos in den Kindergarten schicken können."

Material C:

Stellungnahme von Franziska G. aus B. (Politikerin)
„Der kostenlose Besuch von Kindergärten für alle Kinder ist ein Gebot der Chancengleichheit. Bildung ist ein Gut der Allgemeinheit. Der Zugang zu ihm darf nicht abhängig sein von dem Elternhaus, aus dem man stammt. Außerdem gilt es insbesondere Frauen die Vereinbarkeit von Beruf und Familie zu ermöglichen."

M2 Erwartungshorizont

Aufgabe 1

Dargestellt werden könnten von Ihnen die Universalisierungsformel und die Menschheits-Zweck-Formel von Immanuel Kant oder auch die Naturgesetzformel [siehe hier im Schulbuch S. 177].

Aufgabe 2

Gerechtigkeit ist für John Rawls die oberste Tugend sozialer Institutionen. Martha Nussbaum [s. S. 322ff.] teilt die beiden Grundsätze der Gerechtigkeit von John Rawls (Recht auf Grundgüter und Differenzprinzip), kritisiert aber deren Ableitung. Gegenüber Rawls' kontraktualistischem Ansatz mit seiner Ableitung der Gerechtigkeitsprinzipien durch das Gedankenexperiment mit dem „Schleier des Nichtwissens" vertritt sie einen Fähigkeitenansatz, orientiert an Aristoteles' Theorie des guten Lebens. Nach Nussbaum sind Rawls' Grundgüter um eine Liste von zentralen menschlichen Grundfähigkeiten zu ergänzen, welche für ein menschenwürdiges Leben notwendig sind. Ein gerechter Staat hat nach Nussbaum durch die Gestaltung politischer, sozialer und ökonomischer Verhältnisse dafür zu sorgen, dass die Menschen ihre Fähigkeiten entwickeln können. Im Unterschied zu Rawls berücksichtigt Nussbaum in ihrem Fähigkeitenansatz zum Beispiel auch Menschen mit (geistiger) Beeinträchtigung, welche bei Rawls nicht vertragsfähig sind. Die Gerechtigkeitstheorien von Rawls und Nussbaum zielen beide darauf ab, die Freiheitsspielräume der Menschen zu vergrößern.

Aufgabe 3

Ein gutes Leben kann beispielsweise dadurch näher bestimmt werden, dass Menschen über Grundrechte verfügen, materielle Sicherheiten und Chancen der Selbstverwirklichung besitzen. Bildung kann begriffen werden als Prozess und Ergebnis der Entwicklung eigener Fähigkeiten, insbesondere der Fähigkeit zur Kritik und autonomen Urteilsbildung. So trägt beispielsweise Bildung in der Schule durch den Erwerb von Kenntnissen und Fähigkeiten dazu bei, sich selbst zu verwirklichen, weil das Abitur weitere Bildungschancen ermöglicht. Neben dem auf den formalen Abschluss abzielenden Unterricht kann die reflexive Auseinandersetzung mit kulturellen Gütern die Entwicklung der eigenen Identität fördern. Ziel des Ethikunterricht ist es beispielsweise, Schülerinnen und Schüler zu einem selbstbestimmten und verantwortungsvollen Leben zu befähigen.

Aufgabe 4

Interessen der Beteiligten:
- Eltern: Bildung, professionelle Betreuung, finanzielle Entlastung, Chancengleichheit, Integration ihrer Kinder, Vereinbarkeit von Beruf und Familie
- Kinder: Bildung, gute Betreuung
- Kommune: Bildung, Senkung der Betreuungskosten, sozialer Ausgleich

Interessen der Betroffenen:
- Kinderlose: keine Beteiligung an den Kosten für die Kinderbetreuung
- Familien ohne Kind(er) in der Betreuung: keine Beteiligung an den Kosten für die Kinderbetreuung

Zentraler Wertekonflikt:
- Bildung als Grundwert vs. Bildung als Mittel zur Kostenersparnis
  Bildung kann als Grundwert, als „Zweck an sich selbst" begriffen werden, der nicht eingesetzt werden darf, um Mittel für den Haushalt von Kommunen zu generieren, was durch kommunale Kinderbetreuungsgebühren aber geschieht.

- Chancengleichheit vs. soziale Gerechtigkeit
  Die Abschaffung von Kindergartengebühren ist ein Signal dafür, dass jedem Kind unabhängig von seinem Elternhaus die gleichen Chancen zu kommen sollen. Andererseits können gestaffelte Kindergartengebühren dazu dienen, soziale Ungleichheiten zwischen sozialen Gruppen indirekt durch Abgaben zu verringern – so wie bei der progressiven Einkommenssteuer.

Stellungnahme zur Problemfrage

Pflichtethik (Kant)

Mithilfe der Universalisierungsformel des Kategorischen Imperativs von Kant kann geprüft werden, ob man wollen kann, dass Bildungschancen an das elterliche Einkommen gebunden sind. Dieses würde zu einem Widerspruch im Wollen führen. So könnte man mit Kant die indirekte Pflicht formulieren, seine Talente und Fähigkeiten zu entfalten. Dass der Schulbesuch in öffentlichen Einrichtungen nicht an einkommensabhängige Gebühren gebunden ist, der Besuch des Kindergartens in Baden-Württemberg sehr wohl, widerspricht – unabhängig von der Schulpflicht, die eine rechtliche Regelung ist – der Verallgemeinerung der Maxime.

Utilitaristische Ethik

Mit dem quantitativen Utilitarismus von Bentham [s. S. 139ff.] könnte für die Beibehaltung von Kindergartenbeiträgen in Baden-Württemberg argumentiert werden, da kurzfristig der Nutzen für die größtmögliche Zahl der von der Handlung Betroffenen maximiert wird. Den Kommunen steht Geld für andere Projekte zur Verfügung, das sie ohne die Kindergartenbeiträge nicht hätten. Kinderlose und Familien, die ihre Kinder nicht in den Kindergarten schicken, werden zudem nicht noch mehr durch erhöhte Abgaben belastet.

Betrachtet man aber die langfristigen Folgen, etwa dass den Familien entsprechende Gelder aufgrund der Kindergartenbeiträge nicht zur Verfügung stehen oder ein Elternteil seinem Beruf nicht nachgehen kann oder Eltern ihre Kinder nicht in den Kindergarten schicken und ihnen damit Integrationsmöglichkeiten vorenthalten, könnte mit Benthams quantitativen Hedonismus auch für eine Abschaffung der Kindergartengebühren argumentiert werden.

Fähigkeitenansatz (Martha Nussbaum)

Nach Nussbaum [s. S. 322ff.] zeichnet sich ein gerechter Staat dadurch aus, dass er seinen Menschen für ein würdevolles Leben die Entfaltung ihrer Grundfähigkeiten ermöglicht. Dazu zählen nach ihrer Liste u. a. Sicherung von Bildungsmöglichkeiten – durch die Förderung von kognitiven Fähigkeiten – die Entwicklung von Gefühlen und von praktischer Vernunft, die Unterstützung bei der Ausbildung von sozialen Kompetenzen, Förderung der körperlichen Gesundheit, sowie der Fähigkeit zum Spiel. Alle die hier genannten Aspekte zur Optimierung menschlicher Lebensqualität können durch den Bildungsort Kindergarten in besonderem Maße gefördert werden. Da diese Bildungsmöglichkeiten allen offen stehen sollen, darf dieses nicht durch Kindergartengebühren verhindert werden.

John Rawls' egalitaristische Gerechtigkeitstheorie

Nach John Rawls' zweitem Grundsatz seiner Theorie der Gerechtigkeit, dem Differenzprinzip [s. S. 320], sind sozioökonomische Ungleichheiten nur dann legitim, wenn sie den größtmöglichen Vorteil für die am wenigsten Begünstigten bringen und faire Chancengleichheit gilt. So wäre es nach Rawls fair, dass 96% der Eltern Kindergartenbeiträge zahlen. Andererseits fordert er in seinem ersten Gerechtigkeitsgrundsatz auf der rechtlich-politischen Ebene gleiche Grundfreiheiten für jeden für jeden, die nicht aus utilitaristischen Gründen verletzt werden können. Wenn aber die Ausübung von Freiheiten beispielsweise wie dem Recht öffentliche Ämter zu bekleiden oder das Recht auf persönliches Eigentum durch die zu entrichtenden Kindergartengebühren massiv beschnitten wird, dann wäre diese nicht gerechtfertigt, da der erste Gerechtigkeitsgrundsatz Priorität gegenüber dem zweiten Grundsatz hat.

Hilfestellungen

EINFÜHRUNG
S. 11, A3:

B kann sich auf unterschiedliche moralische Prinzipien stützen und sagen: Moralisch falsch handelt jemand,	A kann dagegen einwenden, dass für ihn diese moralischen Prinzipien nicht gelten:
- der den Willen Gottes missachtet.	- Gottes Wille ist für mich kein Grund; ich bin nicht gläubig.
- der seine Versprechen bricht.	- …
- der andere unglücklich macht.	- …
- der sich langfristig schadet.	- …

KAPITEL 1A
S. 31, A2:

Maßnahmen einzelner Bundesländer und der Bund-Länder-Kommission (seit 09.04.2020) / Bestimmungen des Infektionsschutzgesetzes (Änderung am 21.04.2021):	Grundrechtseinschränkungen
Maskenpflicht	Freie Entfaltung der Persönlichkeit (Art. 2, Abs. 2 GG)
Kontaktbeschränkungen	…
Ausgangsbeschränkungen	…
Testpflicht	…
Betreten der Wohnung durch Amtsärztinnen und Amtsärzte zur Untersuchung von Infizierten	…
Homeoffice	…
Verbot von Versammlungen und Zusammenkünften	…
Schließung von Einzelhandel, Gastronomiebetrieben, Dienstleistungsbetrieben	…
Schließungen von Theatern, Opern, Konzerthäusern, Kinos	…
Verbot des Besuchs von Gottesdiensten	Religionsfreiheit (Art 4, Abs. 1, 2 GG)
Verbot des Reisens in andere Städte / Bundesländer	…
Beherbergungsverbot	…
Verbot des Aufenthalts in Ferienwohnungen	…
Schließung von Grenzen zu Nachbarstaaten	…
…	…

KAPITEL 1B
S. 41, A3:

Arthur Schopenhauer: Beispiel: ein Mann, der meint, er könne frei entscheiden, was er tut ...	**Peter Bieri:** Beispiel: ein Emigrant, dessen Freiheit darin besteht, das zu tun, was er für richtig hält ...
John Hospers: These: Die Freiheit des Willens ist eine Illusion. Begründung: ...	**Michael Pauen:** These: Freiheit bedeutet nicht Unabhängigkeit von jeglicher Bestimmung, sondern ... Begründung: ...
Stellungnahme: Ich bin der Auffassung, dass ... Recht hat. Begründung: ...	

KAPITEL 1C
S. 101, A2:

Die folgende Zeichnung kann Ihnen bei der Darstellung des Gedankenexperimentes *Das Chinesische Zimmer* behilflich sein:

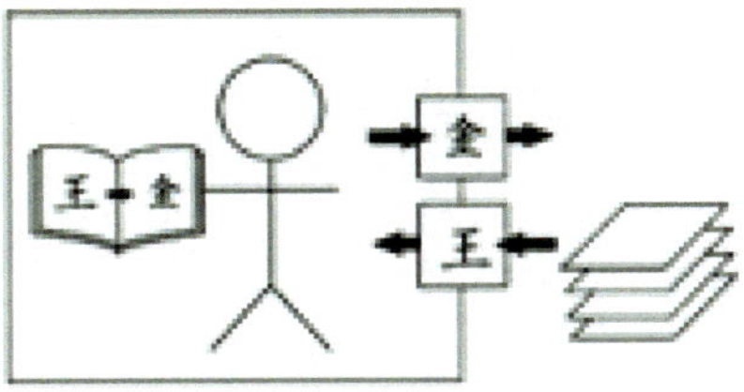

KAPITEL 2A
S. 117, A2:

Seelenteil (Stand)		Tugend	
... (...)	→	**Weisheit:** Wissen – nicht bloß von einzelnen Gegenständen, sondern vom Ganzen	**Gerechtigkeit:** suum cuique („Jedem das Seine / Jedem das, was ihm zusteht)": richtiges Verhältnis der Seelenteile / Stände, d. h. ...
Muthafter Drang (Wächter)	→	**Tapferkeit:** ...	
... (...)	→	**Besonnenheit:** ...	

S. 127, A2:

Dianoetische Tugenden
(Tugenden des Verstandes)

↑ **Verstand** (nous)
- ...

↖ **Wissenschaft** (episteme)
- ein Wissen von dem, was immer so (notwendig) ist
- beruht auf logischen Schlüssen aus Prinzipien

↗ **Weisheit** (sophia)
- ...

↙ **Kunst** (techne)
- ein Hervorbringen (poiesis) ...

↘ **Klugheit** (phronesis)
- ...

KAPITEL 2B
S. 141, A2:

Betroffene	A	B	...
Summe der Freuden			
Summe der Leiden			
Bilanz für das Individuum			
Gesamtbilanz			

Fragen, die Ihnen bei der Erprobung und Bewertung des hedonistischen Kalküls helfen können:
- Wie soll der Umfang der Betroffenen einer Entscheidung genau bestimmt werden?
- Inwiefern sind Lust und Leid eines Menschen überhaupt objektiv bestimmbar?
- Kann das Glückserleben eines Menschen gemessen und in Lust- und Unlustwerten quantifiziert werden?
- Sind die Intensitäten von Glückserlebnissen eines Individuums (etwa in verschiedenen Situationen oder zu verschiedenen Zeitpunkten) miteinander vergleichbar?
- Ist es möglich, die Intensität des Glückserlebens verschiedener Individuen miteinander zu vergleichen?
- Überwiegt die Lust vieler Betroffener grund-sätzlich das unermessliche Leid weniger?

S. 145, A1:

Handlungsutilitarismus | **Regelutilitarismus**

Was wären die Folgen, wenn ...

Handlungsutilitarismus:

... ich in diesem konkreten Fall so handle

↓

...

↓

Primat der Handlung

↓

Es ist richtig, zu lügen, wenn ...

Regelutilitarismus:

...

↓

Bewertung einer Regel für Handlungen

↓

...

↓

Es ist niemals richtig zu lügen, denn ...

KAPITEL 2C
S. 161, A2:

- Verdeutlichen Sie die Unterscheidung von „Talenten des Geistes", „Eigenschaften des Temperaments" und „Glücksgaben" und erklären Sie, warum keine von diesen, sondern nur der gute Wille ohne Einschränkung gut ist.
- Erläutern Sie, inwiefern der gute Wille nicht durch das, was er bewirkt, sondern an sich gut ist.
- Legen Sie dar, wodurch sich der gute Wille von einem bloßen Wunsch unterscheidet.

KAPITEL 2C
S. 163, A2:

Orientieren Sie sich an folgendem Schema:

Handlung

↙ ↘

... pflichtmäßig

↙ ↘

... aus Pflicht

↙ ↘ ↓

aus Egoismus (mittelbarer Neigung) ... ...

KAPITEL 2D
S. 187, A3:

Verlauf der Geschichte nach Marx / Engels:

Klassenkampf zwischen

- Freien und Sklaven
  ↓
- ...
  ↓
- ...
  ↓
- ...
  ↓
- Bourgeoisie und Proletariat
  ↓

...
...
...

KAPITEL 3A
S. 203, A2:

Verantwortung

Kausalhandlungs-verantwortung	positiv: für das Ergebnis von Handlungen ...
Präventions-verantwortung	...
Aufgaben-/Rollen-verantwortung	...
stellvertretend übernommene Verantwortung	...
rechtliche Verantwortung	...
moralische Verantwortung	...

S. 207, A4:

Traditionelle Ethik		Neuer ethischer Imperativ	
in zeitlicher Hinsicht bezogen auf den anderen *Menschen* als Teilnehmer einer gemeinsamen *Gegenwart*	in räumlicher Hinsicht bezogen auf den *Nahkreis* des *menschlichen* Handelns	im Unterschied zur traditionellen Ethik in räumlicher Hinsicht bezogen auf ...	im Unterschied zur traditionellen Ethik in räumlicher Hinsicht bezogen auf ...
\ / im Mittelpunkt der ethischen Überlegungen steht *der Mensch* (anthropozentrische Ethik)		\ / im Mittelpunkt der ethischen Überlegungen steht ... (...)	

KAPITEL 3B
S. 221, A2

Links, die Ihnen bei Ihrer Recherche zu den Folgen der Überschreitung der Belastbarkeitsgrenze weiterhelfen könnten:

- https://www.stockholmresilience.org/research/planetary-boundaries.html
- https://www.pik-potsdam.de/de/aktuelles/nachrichten/planetare-grenzen-wechselwirkungen-im-erdsystem-verstaerken-menschgemachte-veraenderungen
- https://de.wikipedia.org/wiki/Planetare_Grenzen

S. 223, A3

	Anthropozentrisch-instrumentalistische Ethik	Hans Jonas: Verantwortungsethik
Gegenstand der Verantwortung	...	der Mensch
Zeitdimension	Gegenwart	...
Wert der Natur	...	...

KAPITEL 3C
S. 251, A3:

Anwendungsmöglichkeiten	Klonierung von Menschen um eines *Zweckes willen, dem der hergestellte Mensch dienen* soll (etwa als Organspender, als genetische Kopie eines anderen Menschen, für eugenische oder kommerzielle Zwecke)	Klonierung mit dem Ziel, *menschliche Embryonen zu Zwecken der Diagnose oder der Forschung* herzustellen (etwa, um die Behandlung von Infertilität zu verbessern)
Werte, die tangiert sind	- Würde des Menschen (Selbstzwecklichkeit) - ...	
Argumente gegen diese Anwendungsmöglichkeiten	- nicht: Übereinstimmung des Genoms mit dem Genom eines anderen Menschen - sondern: ...	- nicht: ... - sondern: ...

S. 263, A2:

Links, die bei der Recherche zu weiteren Fällen von Fälschung, Betrug und Korruption in der Wissenschaft hilfreich sein könnten:

- https://www.deutschlandfunkkultur.de/betrug-in-der-wissenschaft-tricksen-taeuschen-fabulieren.976.de.html?dram:article_id=346719
- https://www.deutschlandfunk.de/ergebnisse-um-jeden-preis-wenn-forscher-betruegen.724.de.html?dram:article_id=410757
- https://de.wikipedia.org/wiki/Betrug_und_Fälschung_in_der_Wissenschaft
- https://www.welt.de/wissenschaft/article134669083/So-dreist-wird-in-der-Wissenschaft-betrogen.html
- https://www.bfr.bund.de/cm/343/fake-in-der-wissenschaft.pdf

[alle zuletzt geöffnet am 16.04.2021]

KAPITEL 3D

S. 281, A3:

Zur Beurteilung der Handlungsweisen Frankies und der Freunde Ramons kann die Durchführung einer Fallanalyse hilfreich sein. Führen Sie eine Situationsanalyse, Interessenanalyse und Werteanalyse durch (vgl. S. 237).

KAPITEL 4A

S. 291, A2:

Vgl. hierzu die relevanten Paragrafen des Bürgerlichen Gesetzbuches: § 1303 BGB Ehemündigkeit; § 1314 Aufhebungsgründe: Absatz (1); § 1315 Ausschluss der Aufhebung: Absatz (1)

S. 301, A2:

Menschenrechte	
bürgerlich-politische Rechte:	**wirtschaftlich, soziale und kulturelle Rechte:**
Art. 1: Recht auf Leben, Freiheit, Sicherheit Art. 4: Verbot von Sklaverei ...	Art. 22: Recht auf soziale Sicherheit Art. 23: Recht auf Arbeit, freie Berufswahl ... ...

Link zur Allgemeinen Erklärung der Menschenrechte:
https://www.un.org/depts/german/menschenrechte/aemr.pdf

KAPITEL 4B

S. 335, A3:

Informationen finden Sie z. B.

- unter dem Suchbegriff „Bankenregulierung"
- in dem Artikel: So legt Europa die Banken an die Kette von Andreas Hoffmann, Stern Nr. 29, 12.07.2012, S. 66-71, veröffentlicht in dem Reader: Geld und Gier,

https://www.yumpu.com/de/document/view/4854385/der-grosse-crash-fachverband-philosophie-hamburg
[zuletzt geöffnet am 22.09.2020]

S. 345, A2:

Zweck staatlichen Strafens:

<table>
<tr><th>Vergeltungstheorie</th><th colspan="2">Präventionstheorien</th></tr>
<tr><td rowspan="3">- Vergangenheitsorientierung
- Strafe nötig, weil ...
- ...</td><td colspan="2">- ...
- ...</td></tr>
<tr><td>Spezialprävention</td><td>Generalprävention</td></tr>
<tr><td>- ...</td><td>- ...</td></tr>
</table>

KAPITEL 4C
S. 357, A2:

Links zur Recherche der Umsetzung der Millenniumsziele und zu den UN-Zielen für nachhaltige Entwicklung:

- https://www.oxfam.de/unsere-arbeit/themen/millenniumsziele-mdgs
- https://www.un.org/Depts/german/millennium/MDG%20Report%202015%20German.pdf
- https://www.bmz.de/de/themen/2030_agenda/historie/MDGs_2015/index.html
- https://www.sueddeutsche.de/wissen/hunger-armut-krankheit-wo-die-welt-im-kampf-gegen-hunger-und-armut-steht-1.2662369

[alle zuletzt geöffnet am 16.04.2021]

KAPITEL 4D
S. 407, A3:

Zum Gottesbezug in der Präambel des Grundgesetzes der Bundesrepublik Deutschland vgl. folgende Links:

- https://www.bundestag.de/resource/blob/425096/ecc17a8eebd0b36bc9313d057f532136/WD-3-067-16-pdf-data.pdf
- https://www.deutschlandfunk.de/denkfabrik-gott-im-grundgesetz-teil-1-wie-gott-in-die.886.de.html?dram:article_id=446929
- https://www.die-tagespost.de/politik/aktuell/Gott-und-Grundgesetz;art315,198371
- https://www.domradio.de/themen/kirche-und-politik/2019-05-23/platzhalter-fuer-das-hoehere-das-grundgesetz-und-der-gottesbezug-unter-der-lupe
- https://heukelbach.org/gott-im-grundgesetz/b

[alle zuletzt geöffnet am 16.04.2021]

Links zur Information über das Verhältnis von Staat und Religion in anderen Staaten:

- https://www.bpb.de/veranstaltungen/dokumentation/129989/staat-und-religion-in-europa-im-vergleich
- https://de.wikipedia.org/wiki/Trennung_zwischen_Staat_und_religi%C3%B6sen_Institutionen
- https://de.wikipedia.org/wiki/Laizismus
- http://media.fwu.de/beihefte/55/112/5511206.pdf (zur DVD: Kirche und Staat, D 2017)

[alle zuletzt geöffnet am 16.04.2021]

Begriffsglossar

Im Folgenden finden Sie Erläuterungen zu den Begriffen, die in den in *Kolleg Ethik neu* abgedruckten Texten mit einem Sternchen* gekennzeichnet sind.

Affekt(ion)
heftige Gemütsbewegung, etwas, das einen überkommt (wie etwa Freude, Wut usw.)

affizieren
(von lat. *afficere*: antun, mit etwas versehen, in einen Zustand versetzen) berühren, bewegen

a fortiori
(wörtlich: vom Stärkeren her)
um so mehr, erst recht

Aggregat
(von lat. *aggregare*: beigesellen, anhäufen)
Zusammenstellung; Gesamtheit, die aus mehreren Teilen besteht

Amphibolie
Mehrdeutigkeit, Doppelsinn

anthropozentrisch
(von gr. *ánthropos*: Mensch; *kéntro*: Mitte)
Bezeichnung dafür, dass der Mensch sich selbst in den Mittelpunkt stellt, z. B. in Fragen der Ethik

Arier
ursprünglich eine Bezeichnung für Sprecher indoiranischer Sprachen; von Rassenideologen zur Bezeichnung einer angeblich überlegenen Menschengruppe („Herrenrasse") missbraucht

axiomatisch
auf Axiomen (grundlegenden Lehrsätzen) beruhend, unmittelbar einleuchtend

bellizistisch
(von lat. *bellus*: Krieg)
den Krieg befürwortend, kriegstreiberisch; Gegenbegriff: pazifistisch

biotisch
(von altgr. *bíos*: Leben)
bezeichnet Vorgänge und Zustände, an denen Lebewesen beteiligt sind

bona fide
guten Glaubens; in der Annahme, dass es richtig ist

Bourgeoisie
wohlhabendes Bürgertum; in einer kapitalistischen Gesellschaft die herrschende Klasse, die im Besitz der Produktionsmittel (Fabriken, Maschinen, Rohstoffe usw.) ist

cartesisch
auf den französischen Philosophen René Descartes (1596-1650) bezogen

ceteris paribus
unter (sonst) gleichen Umständen

Chimäre
in der griechischen Mythologie ein Mischwesen, hier (S. 47): Trugbild

Deduktion/deduktiv
(von lat. *deductio*: Ableitung, Fortführung)
eine Form des Schlussfolgerns, wobei die Herleitung des Besonderen oder Einzelnen aus dem Allgemeinen erfolgt (Gegensatz: > Induktion)

Definitivartikel
(von lat. *definitus*: abgegrenzt, bestimmt, endgültig)
abschließende, endgültige Bestimmungen in diplomatischen Verhandlungen

Deliberation / deliberativ
(von lat. *deliberare*: erwägen, überlegen, sich entscheiden, beschließen)
Erwägung, Überlegung, Entscheidung / auf Erwägung, Überlegung, Entscheidung bezogen

Despotismus
(von gr. *despótes*: Herr)
schrankenlose Gewalt- oder Willkürherrschaft

Dissident
(von lat. *sidere*: setzen; *dissidere*: auseinandersetzen, absetzen, widerstreben)
ein Andersdenkender, ein Kritiker eines in der Regel totalitären Systems, der seine von der Regierungslinie abweichende Meinung offen äußert

Divergenz
Auseinandergehen von Meinungen, Unterschiedlichkeit

dynastisch
(von gr. *dynástes*: Herrscher)
das Herrschergeschlecht betreffend; dynastischer Staat: ein Staat, in dem die Herrschaft innerhalb einer Herrschaftsfamilie vererblich ist

Echokammern
Bezeichnung für das Phänomen, dass viele Menschen dazu neigen, nur mit Gleichgesinnten umzugehen, die ihre Meinung zu einem bestimmten Thema bestätigen

empirisch
(von griech. *empeiría*: Erfahrung)
die Erfahrung betreffend, auf Erfahrung beruhend

Enhancement
(von engl. *to enhance*: erhöhen, verbessern)
Verbesserung der Fähigkeiten des Menschen, z. B. durch gentechnische Eingriffe

Entität
(von lat. *ens*: seiend)
ein Seiendes, das Dasein eines Dinges (im Unterschied zu seinem Wesen), gegebene Größe;
distinkte Entität: abgetrennt Seiendes, selbständig Existierendes

epistemisch/epistemologisch
(von gr. *epistéme*: Erkenntnis, Wissen, Wissenschaft)
auf Erkenntnis bzw. Wissen bezogen / wissenschafts-, erkenntnistheoretisch

Eugenik/eugenisch
Anwendung der Erkenntnisse der Humangenetik auf die Bevölkerungs- und Gesundheitspolitik mit dem Ziel, den Anteil positiv bewerteter Erbanlagen zu vergrößern und den negativ bewerteter Erbanlagen zu verringern

„ex-gratia"-Akt
Handlung aus Wohlwollen (nicht aus Verpflichtung)

extended peer community
erweiterter Gemeinschaft von Gleichrangigen

Föderalism[us]
(von lat. *foedus*: Bund)
Organisation in Form eines Bundes (d. h. auf der Grundlage freiwilliger vertraglicher Vereinbarungen)

Genozid
(von gr. *génos*: Herkunft, Abstammung, Geschlecht; lat. *caedium*: Tötung)
Massenvernichtung, Völkermord

Gesetzmäßigkeit
die Form eines Gesetzes (im Unterschied zu seinem Inhalt), die Allgemeingültigkeit

Habitus
(von lat. *habere*: haben)
bezeichnet die Gewohnheiten im Handeln, aber auch im Denken und Fühlen einer Person

haploid
(von gr. *haplóos*: einfach)
In Ei- und Samenzelle liegt der Chromosomensatz in einfacher Form vor. Bei der Befruchtung ergeben die beiden haploiden Chromosomensätze dieser Keimzellen zusammen den zweifachen Chromosomensatz der Zygote, aus der ein Lebewesen entsteht.

Häresie
von der offiziellen Lehrmeinung abweichende Meinung, Ketzerei

Heuristik
(von gr. *heurískein*: finden, entdecken):
die methodische Anweisung oder Anleitung, Neues zu finden;
Heuristik der Furcht: bei Hans Jonas die Bezeichnung für die Anweisung, das zu finden, was man fürchten muss, um dann dessen Eintreten verhindern zu können

Homo homini Deus est (lat.):
Der Mensch ist der Gott des Menschen

Homogenität
gleiche Beschaffenheit, Gleichförmigkeit

Hostilität
(von lat. *hostis*: Feind)
Feindschaft

hypertroph
übermäßig, übersteigert, überzogen

hypothetisch
(von altgr. *hypóthesis*: Unterstellung)
bei Immanuel Kant Bezeichnung für eine Aussage, die unter einer bestimmten Bedingung gültig ist (im Unterschied zu: > kategorisch); allgemein etwas, das man für möglich hält, das aber (noch) nicht bewiesen ist

ikonografisch
die Ikonografie (*hier*: Bilddarstellung) betreffend

Induktion
(von lat. *inducere*: einführen, hinführen)
eine Form des Schlussfolgerns, die vom Einzelnen auf Allgemeines schließt (Gegensatz: > Deduktion)

Infantizid
(von lat. *infans*: Kind; *caedium*: Tötung)
Kindestötung

inhärent
(einer Sache) innewohnend

Interaktion
(von lat. *inter*: zwischen; *agere*: handeln)
das aufeinander bezogene Handeln von Personen bzw. Wechselwirkung zwischen zwei Akteuren

intrinsisch
von innen her, aus eigenem Antrieb

kategorisch
(von lat. *categoricus*: zur Aussage gehörend, einfach aussagend)
mit Nachdruck und bestimmt, keinen Widerspruch duldend, nicht an Bedingungen geknüpft, unbedingt gültig (im Unterschied zu: > hypothetisch)

Kernverschmelzung
Verschmelzung der Kerne von Eizelle und Samenzelle nach der Befruchtung, mit der ein Embryo entsteht

kontingent
auf Zufall beruhend, zufällig (im Gegensatz zu notwendig)

kontrafaktisch
(von lat. *contra*: gegen; *factum*: Tatsache)
der Wirklichkeit widersprechend, nicht wirklich gegeben

Konvenienz
(von lat. *convenire*: zusammen-, übereinkommen)
Übereinkunft

legislativ
(von lat. *lex*: Gesetz; *latum*: getragen)
gesetzgebend; die gesetzgebende Gewalt ist neben der > Exekutive (Regierung, Verwaltung) und Judikative (Rechtsprechung) eine der drei unabhängigen Gewalten im Staat

Leviathan
bösartiges Seeungeheuer in der altorientalischen Mythologie, auch in der Bibel erwähnt, bei dem englischen Philosophen Thomas Hobbes (1588–1679) Sinnbild für die Allmacht des Staates

Menschheit sowohl in meiner Person als auch in der Person eines jedes anderen
bei Immanuel Kant eine Bezeichnung für den Menschen, insofern er sich kraft seiner Vernunft selbst Zwecke setzen kann; Vernunftwesen Mensch

misogyn
frauenfeindlich

Moratorium
vertraglich vereinbarter oder gesetzlich angeordneter Aufschub, Stillhalteabkommen

Neigung
ein Handlungsmotiv, das auf Empfindung, auf sinnlichem Begehren beruht; kann nach Immanuel Kant im Unterschied zur Achtung nicht als sittliches Motiv gelten

obligat
(von lat. *obligare*: anbinden, verpflichten)
unerlässlich, erforderlich

Oligozän:
frühe Epoche der Erdgeschichte, Beginn vor etwa 33,9 Millionen Jahren

ontisch
(von gr. *on*: seiend)
auf das (bloße) Sein von etwas bezogen

Off-Target-Effekte
unbeabsichtigte Auswirkungen des CRISPR-Verfahrens, Veränderung der DNA an Stellen im Genom, die nicht der Zielposition entsprechen

os sacrum
Kreuzbein
Mit „Ende des *os sacrum*" ist das Steißbein gemeint, ein Rudiment der Schwanzwirbel der Wirbeltiere. Bentham spielt mit dieser Redewendung darauf an, dass die Spezies Mensch sich durch Rückbildung der Schwanzwirbel von den übrigen Wirbeltieren unterscheidet.

Partikularismus
(von lat. *pars*: Teil)
bezeichnet einen Zustand politischer Systeme – z. B. Gruppen, Gesellschaften, Staaten –, bei dem Teile ihre besonderen Interessen gegenüber allgemeinen Interessen durchsetzen (wollen)

paternalistisch
(von lat. *pater*: Vater)
bevormundend, gängelnd

pathologisieren
als krankhaft bewerten, für krankhaft erklären

Patrizier
Angehöriger der alteingesessenen Oberschicht, des Adels im antiken Rom

pflichtmäßig
gemäß der Pflicht, pflichtgemäß; Gegensatz: pflichtwidrig

Plebejer S. 186
im antiken Rom Angehörige des einfachen Volkes; ungebildete Bauern und Handwerker

prädikative Aussage
grundlegende Form einer sprachlichen Aussage, in der einem Gegenstand (Subjekt) eine Eigenschaft (ein Prädikat) zu- oder abgesprochen wird („S ist / ist nicht P")

Präferenz
(von lat. *praeferre*; franz. *préférer*: vorziehen)
Vorliebe, ausgeprägte Neigung

pragmatisch
anwendungsbezogen, handlungsbezogen; die Beziehung zwischen sprachlichem Zeichen und Zeichenbenutzer betreffend

Präliminarartikel
(von lat. *prae*: vor; *limes*: Grenze; *articulus*: Teil, Abschnitt)
vorläufige Bestimmungen, Vorbedingungen als Ergebnisse von Präliminarien, d. h. diplomatischen Vorverhandlungen

prima facie
auf den ersten Blick

Prima-facie-Pflichten
moralische Pflichten, die intuitiv Gültigkeit besitzen, solange sich kein Widerspruch zu anderen Pflichten erweist

Prinzip des größten Glücks oder der größten Glückseligkeit
die Formulierung geht zurück auf den schottischen Philosophen Francis Hutcheson, der in seiner Schrift „An Inquiry into the Original of Our Ideas of beauty and Virtue" (1726) *das größte Glück der größten Zahl (the greatest Happiness for the greatest Numbers)* zum Kriterium des guten Handelns erklärte

probabilistisch
eine Zufallskomponente enthaltend, zufällig

Produktionsverhältnisse
die gesellschaftlichen Beziehungen, die Menschen bei der Herstellung von Produkten zum Zweck der Bedürfnisbefriedigung eingehen. Eine wichtige Rolle spielt dabei das Eigentum an Produktionsmitteln, das in der bürgerlichen Gesellschaft bei der Bourgeoisie liegt.

Proletariat
in einer kapitalistischen Gesellschaft die Klasse der abhängig Beschäftigten, die nicht über eigenen Produktionsmittel verfügt

protracted conflict
(engl. *protracted*: langwierig; *conflict*: Auseinandersetzung)
beschreibt lang andauernde, sich hinziehende Konflikte zwischen zwei Parteien

Publikum
(von lat. *publice*: öffentlich) die Gesamtheit von Menschen, die an etwas teilnimmt; die Öffentlichkeit

republikanisch
bei Immanuel Kant Bezeichnung für eine Verfassung, die auf den Prinzipien der Freiheit, der Gleichheit und der Mitbestimmung der Bürger beruht (Die heutigen Demokratien sind in diesem Sinne republikanisch; Kant würde sie nicht als demokratisch bezeichnen, weil er unter Demokratie „direkte Demokratie" im Sinne Rousseaus versteht.)

Scholastiker
Vertreter der Scholastik, einer Epoche der Philosophie und Theologie, die sich auf die antike Philosophie und christliche Dogmen stützte (ca. 9.-14. Jh.)

semantisch
die Semantik, d. h. den Inhalt eines sprachlichen Zeichens, die Bedeutung von Wörtern betreffend

Skeptiker
(von gr. *sképsis*: Betrachtung, Prüfung, Untersuchung)
ein Mensch, der Bedenken oder Zweifel an etwas äußert

Status quo
gegenwärtiger Zustand

sui generis
einzigartig, von besonderer, eigentümlicher Art

Sunna
(arab. Weg, Regel)
Inbegriff der Lebensgewohnheiten, der religiösen und rechtlichen Auffassungen Mohammeds, die von den Muslimen als Norm und Ideal für das Handeln anerkannt werden sollen

Syndikalist
Vertreter eines Syndikats, d. h. *hier:* eines Verbandes, der bestimmte Interessen vertritt

teleologisch
(von gr. *télos*: Ziel, Zweck, *lógos*: Wort, Lehre)
auf ein Ziel, einen Zweck bezogen; Bezeichnung für Entwicklungsprozesse oder Handlungen, die an Zielen orientiert sind und durchgängig zweckmäßig ablaufen

VO
(Abkürzung für: *Visual Objects*)
Programmiersprache, mit der Apps zum Betrieb unter Windows entwickelt werden

Völkerrecht
nach der im 18. Jahrhundert vorherrschenden Auffassung ein Recht, das die Souveränität der Völker bzw. Staaten beinhaltet und ein Recht zum Krieg einschließt

Willkür
Fähigkeit zu tun, was man will; Freiheit der Wahl zwischen verschiedenen Möglichkeiten

Witz
(von ahd. *wizzi*: Wissen)
im 18. Jahrhundert eine Bezeichnung für Scharfsinn, Geisteskraft (vgl. frz. *esprit*); oft als Übersetzung für das lateinische Wort *ingenium* (Einfallsreichtum) benutzt

Methodenüberblick

Im Folgenden finden Sie eine Übersicht über die methodischen Schwerpunkte in den einzelnen Kapiteln, ergänzt durch Hinweise zu weiteren Methoden, die für die Arbeit mit Kolleg Ethik neu relevant sind.

Argumentation

siehe *Argumentieren nach dem Toulmin-Schema*, S. 282

Begriffsbestimmung

siehe *Zentrale Begriffe der Ethik bestimmen*, S. 28

Beurteilung

siehe *Einen moralphilosophischen Sachzusammenhang in Form eines (fiktiven) Briefes darstellen und beurteilen*, S. 130
siehe *Eine ethische Position bewerten*, S. 188
siehe *Einen Fall analysieren und ethisch beurteilen*, S. 236
siehe *Eine Technikbewertung vornehmen*, S. 254

Bildbetrachtung

Unsere Lebenswelt ist in zunehmendem Maße durch Medien geprägt. Neben der Möglichkeit, die audiovisuellen Medien zur Veranschaulichung von Sachzusammenhängen zu nutzen, geht es im Unterricht auch darum, die suggestiven, sinngebenden und auch manipulativen Potenziale der Medien zu thematisieren. Im Rahmen eines Buches liegt der Schwerpunkt naturgemäß bei Bildern, insbesondere Gemälden, Comics und Cartoons. Bei einer Bildbetrachtung könnten u. a. folgende Fragen leitend sein: Was ist zu sehen? Was fällt besonders auf? Wie ist das Bild gestaltet? Was löst es in mir aus? Welche Wirkung hat es auf mich? Wie ist das Dargestellte zu deuten? Welche Fragen oder Probleme werden durch das Bild aufgeworfen?

Brief / Leserbrief

siehe *Einen moralphilosophischen Sachzusammenhang in Form eines (fiktiven) Briefes darstellen und beurteilen*, S. 130

Dilemmadiskussion

Von einem moralischen Dilemma spricht man, wenn jemand eine Entscheidung zwischen zwei Handlungsoptionen treffen muss, die eigentlich beide moralisch geboten sind. So kann es z. B. in einer gegebenen Situation moralisch richtig sein, die moralische Norm A zu befolgen, und auch, die moralische Norm B zu befolgen. Wenn ich aber A befolge, verstoße ich gegen B und umgekehrt.

Gehen Sie folgendermaßen vor, um in einer Dilemmasituation zu einer Entscheidung zu kommen:

1. Erfassen Sie die gegebene *Situation* und bestimmen Sie, welche *Personen* in dem Fall *betroffen* sind.
2. Klären Sie, welche *Handlungsoptionen* in dieser Situation gegeben und welche *moralischen Normen* dabei relevant sind.
3. Analysieren Sie, was *für* und *gegen* die jeweiligen Handlungsoptionen und moralischen Normen spricht.
4. Führen Sie eine *Güterabwägung* durch: Welcher Handlungsoption bzw. welcher Norm ist in dieser Situation der Vorzug zu geben?
5. Treffen Sie eine dementsprechende Entscheidung.

Erläuterung an Beispielen / in Anwendungskontexten

siehe *Eine ethische Position an Beispielen / in Anwendungskontexten erläutern*, S. 216

Erörterung
siehe *Eine Erörterung auf der Grundlage eines (fiktiven) Fallbeispiels verfassen*, S. 282
siehe *Eine Erörterung auf der Grundlage eines ethischen Textes verfassen*, S. 328

Fallanalyse
siehe *Einen Fall analysieren und ethisch beurteilen*, S. 236
siehe *Eine Erörterung auf der Grundlage eines (fiktiven) Fallbeispiels verfassen*, S. 282

Filmanalyse
Aufgrund der Allgegenwart bewegter Bilder ist die Ausbildung der Kompetenz, Filme analysieren zu können, eines der wichtigsten fächerübergreifenden Ziele. Damit das Ansehen von Filmen im Philosophieunterricht nicht mit Kino verwechselt wird, bedarf es einer klaren Anbindung an philosophische Fragen und Problemstellungen. Wegen der Komplexität von Filmen und der Flüchtigkeit der Informationen ist im Unterricht in der Regel eine Analyse von kürzeren Sequenzen mithilfe von vorgegebenen Beobachtungsaufgaben zu empfehlen. Um solche Ausschnitte in das Ganze einordnen zu können, empfehlen sich Inhaltsangaben, die z. B. in Online-Filmlexika zugänglich sind.
Beobachtet werden können die Schauplätze, der Gang der Handlung, das Verhalten der Figuren, die filmischen Gestaltungselemente (Kameraeinstellung, Filmschnitt, Lichtführung, Sound und Geräusche, Musik, Spezialeffekte), Probleme, die zur Sprache kommen.

Gedankenexperiment
siehe *Mit Gedanken experimentieren*, S. 152

Interview
siehe: *Einen (komplexen) ethischen/philosophischen Text durch Fragen erschließen*, S. 370

Mindmapping
Eine Mindmap dient dazu, die eigenen Gedanken, Assoziationen usw. zu einem Thema zu sammeln und in eine Ordnung zu bringen. Schreiben Sie das Thema in die Mitte einer leeren Seite und notieren Sie darum herum alles, was Ihnen dazu einfällt. Ordnen Sie Ihre Gedanken, indem Sie Überbegriffe suchen und diese mithilfe von Linien mit den darunter einzuordnenden Begriffen verbinden.

Recherche
Die gezielte Suche nach Information gehört zu den Grundlagen wissenschaftlichen Arbeitens. Für den Philosophieunterricht ist vor allem Recherche von philosophischen Begriffen von Bedeutung.
Dazu können herangezogen werden:
- *Universallexika und philosophische Wörterbücher* (in der Regel in der Schulbibliothek vorhanden)
- *Bibliotheken* (Ermittlung einschlägiger Schriften anhand des Katalogs, der in der Regel auch online einzusehen ist)
- *das Internet* (Hierbei ist es wichtig, die Verlässlichkeit der Quelle zu bewerten. Explizit philosophische Portale sind in der Regel verlässlich, Informationen aus anderen Quellen treffen jedoch nicht immer zu. Deshalb sollten immer auch mehrere Quellen miteinander verglichen werden.)

Rekonstruktion einer philosophischen Position
siehe: *Ethische Positionen miteinander vergleichen*, S. 174 (Vorarbeit: Rekonstruktion einer ethischen Position)

Stellungnahme
siehe: *Einen Fall analysieren und ethisch beurteilen*, S. 259 (Punkt 4: Ethische Beurteilung / Stellungnahme)

Textanalyse und -interpretation
siehe *Einen philosophischen/ethischen Text analysieren*, S. 62
siehe *Einen (komplexen) ethischen/philosophischen Text durch Fragen erschließen*, S. 370

Textwiedergabe

Die einzelnen Schritte eines Gedankenganges bzw. einer Argumentation lassen sich mithilfe performativer Verben darstellen. Hier eine Liste gebräuchlicher performativer Verben:

- ablehnen
- ableiten
- abwägen
- analysieren
- angeben
- antworten
- argumentieren
- auffordern
- ausschließen
- beantworten
- begründen
- behaupten
- bejahen
- bekräftigen
- belegen
- benennen
- bestätigen
- bestimmen
- bestreiten
- beurteilen
- beweisen
- bewerten
- bezeichnen
- beziehen
- bezweifeln
- definieren
- deuten
- diskutieren
- durch ein Beispiel verdeutlichen
- ein Gedankenexperiment durchführen
- ein Missverständnis ausräumen
- eine Lösung vorschlagen
- eine These aufstellen
- einen Widerspruch nachweisen
- einwenden
- entgegnen
- erklären
- erläutern
- erörtern
- erwidern
- feststellen
- folgern
- fragen
- in Frage stellen
- interpretieren
- klassifizieren
- kritisieren
- nennen
- präzisieren
- problematisieren
- schließen
- überprüfen
- unterscheiden
- unterteilen
- verallgemeinern
- veranschaulichen
- vergleichen
- verweisen
- von einer Voraussetzung ausgehen
- vorschlagen
- widerlegen
- widersprechen
- Widerspruch aufzeigen
- wiedergeben
- wiederholen
- würdigen
- zitieren
- zusammenfassen
- zustimmen

Vergleich verschiedener Positionen

siehe *Verschiedene Informationen und Sichtweisen zur Deutung ethischer Fragestellungen nutzen*, S. 94
siehe *Ethische Positionen miteinander vergleichen*, S. 174

Visualisierung

siehe *Einen Gedankengang visualisieren*, S. 392

Aufgabenformate für die Abiturprüfung

Mündliches Abitur

siehe S. 416f.

Schriftliches Abitur

Aufgabenart I:

Analyse philosophischer Texte und Argumentationen sowie argumentative Anwendung ethischer Grundprinzipien

siehe S. 418-420

Aufgabenart II:

Durchführung einer Fallanalyse (mittels Situations- und Interessenanalyse, Abwägung konkurrierender Werte und Normen sowie einer ethischen Beurteilung)

siehe S. 421-423

Personenregister

Sachregister

Textnachweise

GRUNDLAGEN PHILOSOPHISCHER ETHIK

Seite 8/9: Bernd Rolf
Seite 10/11: M1 Bernd Rolf; M2 Annemarie Pieper: Einführung in die Ethik. A. Francke, Tübingen [2]1991. S. 23, 28, S. 16; M3 Norbert Hoerster: Ethik und Moral. In: Texte zur Ethik. Hrsg. v. Dieter Birnbacher und Norbert Hoerster. dtv, München 1976. S. 10-12
Seite 12/13: M2 Robert Spaemann: Moralische Grundbegriffe. C. H. Beck, München [1]1982. S. 11, 12, 15; M3 nach: Michael Hauskeller: Versuch über die Grundlagen der Moral. C. H. Beck, München 2001. S. 46, 49, 50; M4 Detlef Horster: Was ist Moral? In: Vera Moser und Detlef Horster (Hg.): Ethik der Behindertenpädagogik. Menschenrechte, Menschenwürde, Behinderung. Eine Grundlegung. Kohlhammer Verlag, Stuttgart [1]2012. S. 24, 25
Seite 14/15: M1 Bernd Rolf; M2 Nico Scarano: Metaethik - ein systematischer Überblick. In: Handbuch Ethik. Hrsg. v. M. Düwell, C. Hübenthal, M. H. Werner. Stuttgart/Weimar 2002. S. 25-35; S. 25-27; M3 ebd., S. 25-35; S. 27-30
Seite 16/17: M1 Bernd Rolf; M2 David Hume: Ein Traktat über die menschliche Natur. Übersetzt von T. Lipps. Band II: Buch 2 und 3 (3. Buch. Teil I, Kap. 1) Meiner Verlag, Hamburg 1978. S. 211f.; M3 Herbert Schnädelbach: Was Philosophen wissen und was man von ihnen lernen kann. C.H. Beck, München [2]2012. S. 147, 164; M4/M5 Bernd Rolf
Seite 18/19: M2 Annemarie Pieper: Selber denken. Anstiftung zum Philosophieren. Reclam, Leipzig 1997. S. 14; Karl Jaspers, Einführung in die Philosophie. Zwölf Radiovorträge. Ungekürzte Taschenbuchausgabe. Piper Verlag, München, 21. Auflage 1998. S. 12-13; M3 Thomas Nagel: Was bedeutet das alles? Aus dem Englischen übersetzt von Michael Gebauer. Reclam Verlag, Stuttgart 1990. S. 6-7; M4 Immanuel Kant: Logik, A 25. In: Immanuel Kant. Werke in zehn Bänden. Hrsg. v. Wilhelm von Weischedel, Bd. 5: Schriften zur Metaphysik und Logik, Sonderausgabe. Wissenschaftliche Buchgesellschaft, Darmstadt 1983. S. 447f.; M5/M6 Bernd Rolf
Seite 20/21: Bernd Rolf

FREIHEIT UND SELBSTVERSTÄNDNIS DES MENSCHEN

Seite 22/23: Bernd Rolf

FREIHEIT UND NATURALISMUS

Seite 24/25: M1 Zitate aus: Nelson Mandela: Meine Waffe ist das Wort. Übersetzt von Elisabeth Liebl, mit einem Vorwort von Desmond Tutu. Kösel-Verlag, München 5. Auflage 2014. S. 52, 109; M2 Bieri, Peter: Das Handwerk der Freiheit. Hanser Verlag, München/Wien 2001. S. 110-112, S. 91-92, S. 96-97; M3 Aristoteles: Nikomachische Ethik. Übersetzt von Franz Dirlmeier. Reclam, Stuttgart 1994, S. 54f.
Seite 26/27: M1 Isaiah Berlin: Zwei Freiheitsbegriffe. In: Ders.: Freiheit. Vier Versuche. Aus dem Englischen von Reinhard Kaiser. Fischer Verlag, Frankfurt 2006. S. 201-203, 208, 211; M2 Matthias Warkus: Zwei Arten von Freiheit. Warkus' Welt 11.05.2018. In: Spektrum Dossier Gehirn und Geist 1/2018. Online: https://www.spektrum.de/kolumne/zwei-arten-von-freiheit/1564700
Seite 28/29: Methodenkompetenz: Bernd Rolf; M1 Fernando Savater: Die Fragen des Lebens, aus dem Spanischen von Andreas Simon. Campus Verlag, Frankfurt am Main 2000. S. 145-146; M2/M3 Bernd Rolf
Seite 30/31: M2 Steffen Golembiewski u. a.: Protest gegen Corona-Einschränkungen, auf: https://www.facebook.com/steffen.golembiewski/posts/2857036547713894, Pressebericht darüber: https://www.saechsische.de/plus/zittauer-protest-gegen-corona-einschraenkungen-5191563.html; M3 Juli Zeh: Grundrechte sind kein Luxus nur für gute Zeiten. FOCUS Magazin 15 (2020). Online: https://www.focus.de/politik/deutschland/meinung-grundrechte-sind-kein-luxus-nur-fuer-gute-zeiten_id_11849613.html
Seite 32/33: M1 Arthur Schopenhauer: Preisschrift über die Freiheit des Willens (1839). In: ders.: Sämtliche Werke. Hrsg. von W. Löhneysen, Bd. 3. Wissenschaftliche Buchgesellschaft, Darmstadt 1977. S. 527, 561-562, 563, 565; M2 Wolfgang Prinz: Der Mensch ist nicht frei. In: Hirnforschung und Willensfreiheit. Hrsg. von Christian Geyer. Suhrkamp Taschenbuch Verlag, Frankfurt am Main 2004. S. 21-22; M3 Hospers, John: An Introduction to Philosophical Analysis. London 1970. S. 321. Übersetzt von Winrich de Schmidt. In: Winrich de Schmidt, Jürgen Velser: Handeln und Beurteilen (Kurs: Philosophie 4). Schwann-Bagel, Düsseldorf 1983. S. 29-30
Seite 34/35: M1 Ansgar Beckermann: Gehirn, Ich, Freiheit. Mentis, Paderborn 2008. S. 88-91; M2 Brigitte Falkenburg: Mythos Determinismus. Wieviel erklärt uns die Hirnforschung? Springer, Heidelberg 2012. S. 189-193; M3 Ansgar Beckermann: Willensfreiheit. Greifen die Argumente der Hirnforscher zu kurz? In: Information Philosophie 1/2005. S. 62
Seite 36/37: M2 Julian Nida-Rümelin: Über menschliche Freiheit. Reclam, Stuttgart 2005. S. 69, 73, 76-77, 92-95; M3 Thomas Nagel: Geist und Kosmos, aus dem Amerikanischen von Karin Wördemann. Suhrkamp, Berlin 2013. S. 56f., 59f., 55; Infokasten: Naturalismus und Reduktionismus: Bernd Rolf
Seite 38/39: M1 Peter Bieri: Das Handwerk der Freiheit. Hanser Verlag, München/Wien 2001. S. 19f.; M2 ebda., S. 230f., 242-245; M3 Michael Pauen: Grundprobleme der Philosophie des Geistes. Eine Einführung. Fischer Taschenbuch Verlag, Frankfurt/Main 2001, S. 274, 284f.; Infokasten: Kompatibilismus und Inkompatibilismus: Bernd Rolf
Seite 40/41: M1 Peter Bieri: Das Handwerk der Freiheit. Hanser Verlag, München, Wien 2001. S. 80-81, 82; M2 Michael Pauen: Illusion Freiheit? Fischer Verlag, Frankfurt am Main 2004. S. 60, 61-62, 63, 64, 67, 96

Seite 42/43: M1 Sigmund Freud: Eine Schwierigkeit der Psychoanalyse. In: Imago. Zeitschrift für Anwendung der Psychoanalyse auf die Geisteswissenschaften V (1917). S. 1-7, hier: http://www.gutenberg.org/files/29097/29097-h/29097-h.htm; M2 Sigmund Freud: Abriss der Psychoanalyse. Das Unbehagen in der Kultur. Fischer Verlag, Frankfurt am Main 1953. S. 9-12, 20, 23
Seite 44/45: M2 John Hospers: Zweifel eines Deterministen. Übersetzt von Dieter Birnbacher. In: Dieter Birnbacher / Norbert Hoerster (Hgg.): Texte zur Ethik. Dtv, München 1978. S. 330-332, 334; M3 Gerhard Roth: Das Problem der Willensfreiheit. Die empirischen Befunde. In: Information Philosophie 5/2004. S. 18, 20; M4 Carsten Könneker: „Reparaturanstalt für verletzte Normen". Ein Gespräch mit den Rechtswissenschaftlern Björn Burkhardt und Reinhard Merkel. In: Gehirn und Geist 1/2008. S. 56-59
Seite 46/47: M1 Susan Neiman: Moralische Klarheit. Leitfaden für erwachsene Idealisten. Übersetzt von Christiana Goldmann. Hamburger Edition, Hamburg 2010. S. 109-110; M2 Julian Nida-Rümelin: Über menschliche Freiheit. Reclam, Stuttgart 2005. S. 125, 149, 154-159
Seite 48/49: Bernd Rolf

DAS SELBSTVERSTÄNDNIS DES MENSCHEN

Seite 50/51: M2 Thomas von Aquin: Summa theologica. Die deutsche Thomas-Ausgabe. Vollständige ungekürzte Deutsch-Lateinisch Ausgabe. Übersetzt und kommentiert von Dominikanern und Benediktinern Deutschlands und Österreichs. Bd. 7, Gemeinschaftsverlag: F. H. Kerle Verlag, Heidelberg und München, Anton Pustet Verlag Graz-Wien-Salzburg bzw. Styria Verlag, Graz-Wien-Köln 1941. S. 487f., 494, 498, 499. (online verfügbar unter http://www.unifr.ch/bkv/summa/kapitel94.htm; M3 Giovanni Pico della Mirandola: Über die Würde des Menschen. Lat. – Dt., Hrsg. u. übers. von Gerd von der Gönna. Reclam, Stuttgart 2009. S. 7f.; M4 Gregor Delvaux de Fenffe: Der Humanismus meint den Menschen. Online: https://www.planet-wissen.de/geschichte/neuzeit/die_renaissance_das_goldene_zeitalter/pwiehumanismusdasmenschenbildderrenaissance100.html
Seite 52/53: M2 Immanuel Kant: Beantwortung der Frage: Was ist Aufklärung? In: Immanuel Kant: Werke in zehn Bänden. Hrsg. v. Wilhelm Weischedel, Sonderausgabe. Wissenschafliche Buchgesellschaft, Darmstadt 1983. Bd. 9. S. 53-55, 59; M3 Volker Steenblock: Kleine Philosophiegeschichte. Reclam, Stuttgart 2002. S. 168f.
Seite 54/55: M1 Bernd Rolf; Zitat Darwin nach: Peter Düweke: Darwins Affe. Sternstunden der Biologie. C. H. Beck, München 2000. S. 54; Zitat Frau des Bischofs von Worcester: T. H. Huxley: Zeugnisse für die Stellung des Menschen in der Natur. Einleitung von G. Heberer. Gustav Fischer, Stuttgart 1963 (zit. nach: Funkkolleg Der Mensch. Anthropologie heute, Studienbrief 1. Hrsg. vom Deutschen Institut für Fernstudien an der Universität Tübingen. DIFF, Tübingen 1992. S. 25); M2 Charles Darwin: Die Entstehung der Arten durch natürliche Zuchtwahl. Übersetzt von Carl W. Neumann. Reclam, Stuttgart 1963. S. 24, 26, 28-29; M3 Charles Darwin: Die Abstammung des Menschen. In: ders.: Gesammelte Werke. Hrsg. von J. Victor Carus. Zweitausendeins, Frankfurt am Main 2006. S. 1148f.
Seite 56/57: M2 Ernst Mayr: ... und Darwin hat doch recht. Charles Darwin, seine Lehre und die moderne Evolutionstheorie. Aus dem Englischen von Inge Leipold. Piper, München 1994. S. 118-121
Seite 58/59: M1 Herbert Spencer: Die Principien der Biologie. Autorisierte deutsche Ausgabe, übersetzt von B. Vetter nach der 2. englischen Auflage. In: Herbert Spencer: System der synthetischen Philosophie, Bd. 2: Die Principien der Biologie, 1. Bd. E. Schweizerbart'sche Verlagsbuchhandlung Nägele und Dr. Sproesser, Stuttgart 1877, § 164. S. 484; M2 Ernst Haeckel: Natürliche Schöpfungsgeschichte. Verlag Georg Reimer, Berlin 1868. S. 76 (Text online: http://reader.digitale-sammlungen.de/de/fs1/object/display/bsb10075783_00155.html?leftTab=toc); Houston Stewart Chamberlain: Die Grundlagen des 19. Jahrhunderts (1899). In: Detlev Claussen: Was heißt Rassismus? Wissenschaftliche Buchgesellschaft, Darmstadt 1994. S. 81; Christian Zehntner: Adolf Hitlers Mein Kampf. Eine kommentierte Auswahl. List, München [22]2013. S. 142, 143, 144, 160; M3 Hoimar von Ditfurth: Innenansichten eines Artgenossen. Meine Bilanz. Claassen, Düsseldorf 1990. S. 112f.; M4 Vittorio Hösle / Christian Illies: Darwin. Buchner, Bamberg 2005. S. 134, 136f.
Seite 60/61: M1 Arnold Gehlen: Der Mensch. Seine Natur und seine Stellung in der Welt. Aula-Verlag, Wiebelsheim [14]2004. S. 14, 15, 16, 33f.; M3 ebd., S. 35f.; Infokasten: Weltoffenheit: Bernd Rolf
Seite 62/63: Bernd Rolf; M1 Arnold Gehlen: Ein Bild vom Menschen. In: ders.: Anthropologische Forschung. Rowohlt, Reinbek bei Hamburg 1961. S. 47, 48
Seite 64/65: M1 Arnold Gehlen: Mensch und Institution. In: ders.: Anthropologische Forschung. Rowohlt, Reinbek bei Hamburg 1961. S. 70-72; M2 Theodor W. Adorno / Arnold Gehlen: Ist die Soziologie eine Wissenschaft vom Menschen? Ein Streitgespräch. In: Friedemann Grenz: Adornos Philosophie in Grundbegriffen. Auflösung einiger Deutungsprobleme. Suhrkamp Verlag, Frankfurt am Main 1974. S. 242-244, 245, 247-248, 249, 250-251; Infokasten: Institution: Bernd Rolf
Seite 66/67: M1 Max Scheler: Die Stellung des Menschen im Kosmos. Francke, Bern/München 1966[7]. S. 37, 38, 39; M2 Markus Gabriel: Warum es die Welt nicht gibt. Ullstein, Berlin 2013. S. 204, 205, 206, 207, 208
Seite 68/69: M1 Helmuth Plessner: Mit anderen Augen. Aspekte einer philosophischen Anthropologie. Reclam, Stuttgart 1982. S. 6, 9-13, 15-17, 25; M2 Peter Kunzmann / Franz-Peter Burkard / Franz Wiedmann: dtv-Atlas zur Philosophie, Deutscher Taschenbuch Verlag, München 1991. S. 231; Infokasten: Selbstbewusstsein: Bernd Rolf
Seite 70/71: M2 Michael Tomasello: Mensch werden. Eine Theorie der Ontogenese. Übersetzt von Jürgen Schröder. Suhrkamp, Frankfurt 2020. S. 23, 31-39
Seite 72/73: M2 Hannah Arendt: Vita activa oder Vom tätigen Leben. Piper, München, Zürich [6]1989. S. 14, 15; M3 ebd., S. 29, 164, 165
Seite 74/75: M1 John Locke: Gedanken über Erziehung.

Übersetzung, Anmerkungen und Nachwort von Heinz Wohlers. Philipp Reclam jun., Stuttgart 1983. §1 (S. 7), §217 (S. 268), §66 (S. 59), §18 (S. 23), §70 (S. 71), §94 (S. 109); M2 Immanuel Kant: Über Pädagogik. In: Immanuel Kant: Werke in 10 Bänden. Hrsg. von Wilhelm Weischedel. Wissenschaftliche Buchgesellschaft, Sonderausgabe Darmstadt 1983, Bd. 10. S. 697-699; M3 ebd., S. 711-712; Infokasten: Sozialisation und Erziehung: Bernd Rolf

Seite 76/77: M2 Peter Bieri: Wie wäre es, gebildet zu sein? In: Rolf Göppel [u.a.] (Hg.): Bildung ist mehr. Potentiale über Pisa hinaus. Mattes, Heidelberg 2008. S. 13-21

Seite 78/79: M1 Marina Lordick: Die Cyborgisierung des Menschen. Online: https://www.zukunftsinstitut.de/artikel/transhumanismus-die-cyborgisierung-des-menschen/ [09/2016]; M2 Lorenz Stefan Sorgner: Transhumanismus „Die gefährlichste Idee der Welt"!? Herder, Freiburg 2016. S. 9f., 18, 28f.; M3 Francis Fukuyama: The World's Most Dangerous Ideas. Transhumanism. In: Foreign Policy 144, Sept./Oct. 2004. S. 42-43. Online: https://www.au.dk/fukuyama/boger/essay/, Übersetzung: Jörg Peters

Seite 80/81: Bernd Rolf

*FREIHEIT UND DIGITALE WELT

Seite 82/83: M1 Bernd Rolf; M2 Richard David Precht: Hirten, Jäger, Kritiker. Goldmann, München 2018. S. 15-18, 21f., 12

Seite 84/85: M1 Danah Boyd: Affordanzen, [Originaltitel: It's Complicated. Übersetzt v. Almuth Braun] In: Macht im Netz. Hrsg. von Philippe Wampfler. Reclam, Stuttgart 2019. S. 48, 50-51; M2 Bernhard Pörksen, Hanne Detel: Der entfesselte Skandal. Herbert von Halem Verlag, Köln 2012. S. 232-235

Seite 86/87: M2 Shoshana Zuboff: Willkommen im Überwachungskapitalismus. Übers. v. Nicola Liebert. In: Philosophie Magazin Edition 2020. S. 25-33

Seite 88/89: M2 Felix Lee: Im Reich der überwachten Schritte. In: taz vom 10.02.2018. Online: https://taz.de/Social-Scoring-in-China/!5480926/; M3 Kai Biermann: Die Absauger. In: DIE ZEIT Nr. 27/2020, 25. Juni 2020. Online: https://www.zeit.de/2020/27/spionage-ueberwachung-nso-israel-pegasus; M4 Hans-Jürgen Papier: Wie der Staat Freiheit und Sicherheit vereint. In: Die Welt, 01. Juni 2008. Online:http://www.welt.de/politik/article2055921/Wie-der-Staat-Freiheit-und-Sicherheit-vereint.html

Seite 90/91: M1 Christian Heller: Post-Privacy. Prima leben ohne Privatsphäre. Beck, München 2011. S. 7, 21f., 24, 137, 139, 148f.; M2 Petra Grimm: Privatheit – ein digitales Schutzgut?. In: Petra Grimm, Tobias O. Keber, Oliver Zöllner (Hg.): Digitale Ethik. Leben in vernetzten Welten. Reclam, Stuttgart 2019. S. 27, 32f., 36-39

Seite 92/93: M1 Bernd Rolf; M2 Eli Pariser: Filter Bubble. Wie wir im Netz entmündigt werden. Übersetzt von Ursula Held. Hanser, München 2011. S. 13f., 17f., 22-24; M3 Romy Jaster/ David Lanius: Die Wahrheit schafft sich ab. Reclam, Stuttgart 2020. S. 74; M4 Bernhard Pörksen: Die Theorie der Filterblase ist nicht länger haltbar, denn wir leiden bereits unter dem Filterclash. Neue Zürcher Zeitung, 12.07.2018. Online: https://www.nzz.ch/feuilleton/die-theorie-der-filterblasen-ist-nicht-laenger-haltbar-denn-wir-leiden-bereits-unter-dem-filter-clash-ld.1402553

Seite 94/95: Bernd Rolf; M2 Art. 8(1) der Charta der Grundrechte der Europäischen Union (2012); Meldung der Tageschau am 16.07.2020, https://www.tagesschau.de/ausland/eugh-datenaustausch-usa-101.html

Seite 96/97: M1 (Beispiel 1) Johannes Fischer: Als Deep Blue das Genie Garri Kasparow schlug. Zeit online, 11. März 2016. Online: https://blog.zeit.de/schach/als-deep-blue-das-genie-garry-kasparow-schlug/; (Beispiel 2) Stephan Scheuer: Revolution in der Medizintechnik: Der Roboter wird Arzt. Handelsblatt vom 23.01.2020. Online: https://www.handelsblatt.com/politik/international/weltwirtschaftsforum-revolution-in-der-medizintechnik-der-roboter-wird-arzt/25465754.html?ticket=ST-26757-hXZ-cL3KQmI2lrGsOa7kH-ap1;(Beispiel 3) https://www.youtube.com/watch?v=D5VN56jQMWM, englischer Text auch in: Petra Grimm, Tobias O. Keber, Oliver Zöllner (Hgg.): Digitale Ethik. Leben in vernetzten Welten. Reclam, Stuttgart 2019. S. 155. Übersetzung: Bernd Rolf; M2 Manuela Lenzen: Künstliche Intelligenz. Was sie kann & was uns erwartet. C.H. Beck, München [2]2018. S. 10-13; Infokasten: Künstliche Intelligenz: Jörg Peters

Seite 98/99: M2 Clarissa Henning: Arbeit 4.0: Zurück in die Zukunft. In: Petra Grimm, Tobias O. Keber, Oliver Zöllner (Hgg.): Digitale Ethik. Leben in vernetzten Welten. Reclam, Stuttgart 2019. S. 189f, 194; M3 ebd., S. 196-199

Seite 100/101: M1 Manuela Lenzen: Künstliche Intelligenz. Was sie kann & was uns erwartet. C.H. Beck, München [2]2018, S. 133; M2 John R. Searle: „Können Computer denken?" In: ders.: Geist, Hirn und Wissenschaft. Übersetzt von Harvey P. Gavagai. Suhrkamp Verlag, Frankfurt am Main 1986. S. 30-32; M3 Deutschlandfunk Kultur: Wissenschaftler: Computer werden niemals denken können. David Gelernter im Gespräch mit Frank Meyer. Übersetzer: Jörg Taszman. Online: https://www.deutschlandfunkkultur.de/wissenschaftler-computer-werden-niemals-denken-koennen.954.de.html?dram:article_id=145384

Seite 102/103: M1 Bernd Rolf; M2 Slavoj Zizek: Singularität als Apokalypse. Philosophie Magazin Edition Nr. 01, Januar/April 2020. S. 128-133; zuerst veröffentlicht unter dem Titel „Quand nos cerveaux seront connectés" im französischen Philosophie Magazine n°131, Juli 2019 (Übersetzung: Felix Kurz). S. 129-131; M3 „Ich würde Hirn-Computer-Schnittstellen nutzen". Fragen von Franziska Badenschier an Christiane Woopen. Online: https://www.dasgehirn.info/entdecken/brain-computer-interface/ich-wuerde-hirn-computer-schnittstellen-nutzen

Seite 104/105: M2 Ray Kurzweil: Menschheit 2.0. Übers. v. Martin Rötzschke. Lola Books, Berlin [2]2014 S. 15-17, 21f., 303, 313f.; M3 ebd., S. 315-316; Infokasten: Cyborg: Bernd Rolf

Seite 106/107: M1 Richard David Precht: Künstliche Intelligenz und der Sinn des Lebens. Goldmann, München 2020. S. 92f., 103, 110f.; M2 ebd., S. 73f., 76f., 80-84

Seite 108/109: M1 Frank-Walter Steinmeier: Zukunftsvertrauen in der digitalen Moderne, Rede auf dem 37. Deutschen Evangelischen Kirchentag, Dortmund 20.06.2019.

Online: https://www.bundespraesident.de/SharedDocs/Reden/DE/Frank-Walter-Steinmeier/Reden/2019/06/190620-Kirchentag-Podiumdiskussion.html;jsessionid=2F01F7F7F415636A678809B5A64625F1.1_cid387?nn=9042544; M2 Julian Nida-Rümelin / Nathalie Weidenfeld: Digitaler Humanismus. Piper, München 2018. S. 203-207
Seite 110/111: Bernd Rolf

MORALPHILOSOPHIE

Seite 112/113: Bernd Rolf

TUGENDETHIK

Seite 114/115: M1 Ulrich Wickert: Weshalb Tugenden modern sind. In: ders. (Hg.): Das Buch der Tugenden. Hoffmann und Campe, Hamburg 1995. S. 25-26; M2 Alain de Botton: Zehn Tugenden für das moderne Leben. Übersetzt von Gilbert Dietrich, auf: www.geistundgegenwart.de/2013/05/zehntugenden-manifest.html; M3 Platon: Gorgias. Nach der Übers. v. Friedrich Schleiermacher hrsg. v. Kurt Hildebrandt. Reclam, Stuttgart 1993. S. 70-74 [1491e-1495a]; Infokasten: Tugend: Bernd Rolf
Seite 116/117: M1 Platon: Der Staat, Buch IV. In: Platon: Sämtliche Dialoge. Hrsg. u. übers. v. Otto Apelt. Bd. 5. Meiner Verlag, Hamburg 2004. S. 145-153, 155-156; M2 ebd., S. 164, 166-168, 170-171
Seite 118/119: M1 Zitate von Franz Dingelstedt und Marie von Ebner-Eschenbach. Nach: Günther Bien: Über das Glück. In: Joachim Schummer (Hg.): Glück und Ethik. Königshausen und Neumann, Würzburg 1998. S. 29; M2 Aristoteles: Nikomachische Ethik. Nach der Übersetzung von Eugen Rolfes bearbeitet von Günther Bien. Felix Meiner Verlag, Hamburg 1995, S. 1-2 (I.1, 1094a1-1094a26); S. 4 (I.2, 1095a15-1095a20); S. 9-11 (1.5, 1097a25-1097b23); M3 nach: Jörg Peters / Bernd Rolf: Kant & Co. im Interview. Fiktive Gespräche über ihre Theorien. Texte und Materialien für den Unterricht 15062. Philipp Reclam jun, Stuttgart 2009. S.71-73; Infokasten: Eudaimonie: Bernd Rolf, Originalbeitrag
Seite 120/121: M2 Aristoteles: Philosophische Schriften, Bd. 3: Nikomachische Ethik. Nach der Übersetzung von Eugen Rolfes bearbeitet von Günther Bien. Felix Meiner Verlag, Hamburg 1995, S. 5f. (I.3, 1095b14-1096a5); M3 ebd., S. 11-12 (II.6, 1097b24-1098a16), S. 248-251 (X.7, 1177a23-1178a1), S. 251 (X.8, 1178a9-14)
Seite 122/123: M1 Aristoteles: Philosophische Schriften, Bd. 3: Nikomachische Ethik. Nach der Übersetzung von Eugen Rolfes bearbeitet von Günther Bien. Felix Meiner Verlag, Hamburg 1995, S. 26-27 (II.1, 1103a17-1103b25); M2 ebd., S. 34-35 (II.5, 1106a25-1106b7, 1106b15-18); S. 37-39 (II.7, 1107b4 –1108a30)
Seite 124/125: M2 Aristoteles: Nikomachische Ethik. Nach der Übersetzung von Eugen Rolfes bearbeitet von Günther Bien, Felix Meiner Verlag, Hamburg 1995, S. 100 (V, 1, 5, 6, 7; 1129a), S. 106-109 (1130b-1132a), S. 111-114 (1132b-1134b); M3 Bernd Rolf
Seite 126/127: M2 Aristoteles: Die Nikomachische Ethik. Nach der Übersetzung von Eugen Rolfes bearbeitet. von Günther Bien. Felix Meiner Verlag, Hamburg 1995. S. 131 (1138b35), S. 133-134 (1139b15-35), S. 137-138 (1141a5-20), S. 134-135 (1140a1-24), S. 139 (1141b15), S. 147-149 (1144a6-1145a6); Infokasten: Ethische und dianoetische Tugenden: Bernd Rolf
Seite 128/129: M1 Monika Sänger; M2 Martha Nussbaum: Nicht-relative Tugenden: Ein aristotelischer Ansatz. In: Tugendethik (UB 9749). Hrsg. von Klaus Peter Rippe und Peter Schaber. Übers. v. Ilse Utz. Reclam, Stuttgart 1998. S. 114-165; S. 115, 140-144
Seite 130/131: Jörg Peters
Seite 132/133: M2 Seneca: Vom glücklichen Leben, I, IV, V. In: Wolfgang Weinkauf: Die Stoa. Kommentierte Werkausgabe. Übers. u. hrsg. von Wolfgang Weinkauf. Pattloch Verlag, Augsburg 1994. S. 214-219; M3 Wolfgang Weinkauf: Geschichte und System der Stoa. In: Die Stoa. Kommentierte Werkausgabe. Übers. u. hrsg. von Wolfgang Weinkauf, Pattloch Verlag, Augsburg 1994. S. 17-85; S. 68-71
Seite 134/135: M1 Epiktet: Handbüchlein der Moral. In: Die Stoa. Hrsg. u. übers. v. Wolfgang Weinkauf. Pattloch, Augsburg 1995. S.263-283; S. 263,-264, 264, 269, 277; M2 Jan Rein. Online: http://janrein.de/15-zitate-stoische-philosophie-digitales-zeitalter/; Quellen der Zitate: „Es überstürzt jeder ...“: Seneca: Von der Kürze des Lebens. Aus dem Lat. v. Otto Apelt. dtv, München 2005. S. 28; „Ich wundere mich oft ...“: Seneca: Von der Kürze des Lebens. Aus dem Lat. v. Otto Apelt. dtv, München 2005. S. 30; „Frage dich also ...“: Marc Aurel: Selbstbetrachtungen. Hrsg. u. übers. v. Albert Wittstock. Reclam, Stuttgart 1986, S. 24; „Woher kann ich denn wissen ...“: Epiktet – Was von ihm erhalten ist: Neubearb. dt. Übers. von Johann Georg Schulthess und Rudolf Mücke. Carl Winter Verlag, Heidelberg 1926. S. 97
Seite 136/137: Bernd Rolf

UTILITARISMUS

Seite 138/139: M1 Organspende: Jörg Peters / Bernd Rolf, basierend auf: Jahresbericht Organspende und Transplantation in Deutschland 2018, auf: https://dso.de/SiteCollectionDocuments/DSO-Jahresbericht%202018.pdf (abgerufen 06.05.2021); Umverteilung: Jörg Peters; Enteignung: Jörg Peters; Arzneimittel: Jörg Peters, basierend auf: Dagmar Walluf-Blume: Verordnung über Arzneimittel für seltene Krankheiten in Sicht, auf: http://www.pharmazeutische-zeitung.de/index.php?id=pol2_50_1999; M2 Jeremy Bentham: Eine Einführung in die Prinzipien der Moral und Gesetzgebung. Übersetzt von Annemarie Pieper. In: Otfried Höffe (Hg.): Einführung in die utilitaristische Ethik. Francke, Tübingen ²1992. 56, 55 / 82-83
Seite 140/141: M1 Jeremy Bentham: Eine Einführung in die Prinzipien der Moral und Gesetzgebung. Übersetzt von Annemarie Pieper. In: Otfried Höffe (Hg.): Einführung in die utilitaristische Ethik. Klassische und zeitgenössische Texte. A. Francke Verlag, Tübingen ²1992. S. 79-81; M2 Otfried Höffe: Einleitung. In: ders. (Hg.): Einführung in die utilitaristische Ethik. Klassische und zeitgenössische Texte. A. Francke Verlag, Tübingen ²1992. S. 10-11; M3 ebd., S. 20-21; Infokasten: Utilitarismus: Bernd Rolf
Seite 142/143: M1 John Stuart Mill: Der Utilitarismus. Übersetzt, mit Anmerkungen versehen und Nachwort von Dieter Birnbacher. Philipp Reclam jun., Stuttgart 1985. S. 18;

M2 ebd., S. 13, 14, 15-18,19-20, 21; Infokasten: Quantitativer und qualitativer Utilitarismus: Bernd Rolf
Seite 144/145: M1 William K. Frankena: Analytische Ethik. Eine Einführung. Hrsg. und übersetzt von Norbert Hoerster. dtv, München [4]1986. S. 55-56; M2 ebd., S. 58-59; Infokasten: Handlungs- und Regelutilitarismus: Bernd Rolf
Seite 146/147: M2 Otfried Höffe: Einleitung. In: ders. (Hg.): Einführung in die utilitaristische Ethik. Klassische und zeitgenössische Texte. A. Francke, Tübingen und Basel, 3. aktualisierte Auflage 2003. S. 44f.; M3 Bernward Gesang: Nützlichkeit und Glück. In: Kolleg Praktische Philosophie. Bd. 2 Grundpositionen und Anwendungsprobleme der Ethik. Reclam, Stuttgart 2008. S. 95ff.
Seite 148/149: M2 Peter Singer: Praktische Ethik. 3. revidierte und erweiterte Auflage. Aus dem Englischen übersetzt von Oscar Bischoff / Jean Claude Wolf / Dietrich Klose / Susanne Lenz. Reclam, Stuttgart 2013. S. 39-40, 41, 52-53; M3 ebd., S. 55-56; Infokasten: Präferenzutilitarismus: Bernd Rolf
Seite 150/151: M2 Peter Singer: Praktische Ethik. 3. revidierte und erweiterte Auflage. Aus dem Englischen übersetzt von Oscar Bischoff, /Jean Claude Wolf / Dietrich Klose / Susanne Lenz. Reclam, Stuttgart 2013. S. 137, 139f., 141, 142, 143, 145f., 151-152; M3 ebd., S. 218, 186, 185f.
Seite 152/153: Methodenkompetenz: Bernd Rolf; M1 Bernd Rolf, Zitat Gedankenexperiment in: Vaas, Rüdiger: Wie das Gehirn sein Urteil fällt. In: bild der wissenschaft 1/2008. S. 88; M2 Bernd Rolf, basierend auf: Judith Jarvis Thomson: Killing, Letting Die, and the Trolley Problem. In: The Monist 59, 1976. p. 207–208
Seite 154/155: M2 Konrad Ott: Moralbegründungen zur Einführung. Junius, Hamburg 2001. S. 110-113; M3 Robert Spaemann: Moralische Grundbegriffe. Verlag C.H. Beck, München [8]2009. S. 65-66; S. 69-70
Seite 156/157: Bernd Rolf

PFLICHTETHIK

Seite 158/159: M2 Immanuel Kant: Kritik der praktischen Vernunft, A 289. In: ders.: Werke in zehn Bänden. Hrsg. v. Wilhelm Weischedel. Sonderausgabe. Wissenschaftliche Buchgesellschaft, Darmstadt 1983. Bd. 6, S. 300; Immanuel Kant: Grundlegung zur Metaphysik der Sitten, BA 107f. In: ebd., Bd. 6, S. 88f.; M3 Immanuel Kant: Kritik der praktischen Vernunft, A 40, A 46, A 51. In: ebd., Bd. 6, S. 129, 133, 137; M4 Rolf, Bernd; Infokasten: Autonomie: Bernd Rolf
Seite 160/161: M2 Immanuel Kant: Grundlegung zur Metaphysik der Sitten. Hrsg. von Theodor Valentiner. Reclam, Stuttgart 1961. S. 28-30; M3 Bernd Rolf; Infokasten: Der gute Wille: Bernd Rolf
Seite 162/163: M2 Immanuel Kant: Grundlegung zur Metaphysik der Sitten. Hrsg. von Theodor Valentiner. Reclam, Stuttgart 1961. S. 33-36, 37, 40 (Anmerkung), 38; M3 Friedrich Schiller / Johann Wolfgang Goethe: Xenien von Goethe und Schiller, Nr. 388/389. In: Johann Wolfgang Goethe: Werke, Bd. 1. Hrsg. von Gerhard Fricke / Herbert G. Göpfert. Hanser, München [5]1973. S. 299 (auch: http://gutenberg.spiegel.de/buch/xenien-3628/2); M4 Jean-Claude Wolf: Grundpositionen der neuzeitlichen Ethik. In: Helmut Hastedt / Ekkehard Martens (Hgg.): Ethik. Ein Grundkurs. Rowohlt, Reinbek bei Hamburg 1994. S. 110-112; Infokasten: Handeln aus Neigung und Pflicht: Bernd Rolf
Seite 164/165: M1 Immanuel Kant: Grundlegung zur Metaphysik der Sitten. Hrsg. von Theodor Valentiner. Reclam, Stuttgart 1961. S. 40-43, 56- 58, 67f; M2 Bernd Rolf
Seite 166/167: M1 Immanuel Kant: Grundlegung zur Metaphysik der Sitten. Hrsg. von Theodor Valentiner. Reclam, Stuttgart 1961. S. 72, 68-71; M2 William K. Frankena: Analytische Ethik. Eine Einführung. Hrsg. und übersetzt von Norbert Hoerster. dtv, München [4]1986. S. 49-50; Infokasten: Maxime, Gesetz, Imperativ: Bernd Rolf
Seite 168/169: M1 Bernd Rolf; M2 Immanuel Kant: Grundlegung zur Metaphysik der Sitten. Hrsg. von Theodor Valentiner. Reclam, Stuttgart 1961. S. 77-79, 87-89; M3 Bernd Rolf
Seite 170/171: M1 Benjamin Constant de Rebeque: Über politische Reaktion (1797), zitiert nach: Georg Geismann / Hariolf Ober: Kant und das Recht der Lüge. Könighausen und Neumann, Würzburg 1986. S. 23-24; M2 Immanuel Kant: Über ein vermeintes Recht aus Menschenliebe zu lügen. In: Georg Geismann / Hariolf Ober: Kant und das Recht der Lüge. Könighausen und Neumann, Würzburg 1986. S. 36-37, 38; M3 Michael Hauskeller: Ich denke, aber bin ich? C. H. Beck, München 2003. S. 123-125
Seite 172/173: M1 Bernd Rolf; M2 Immanuel Kant: Die Metaphysik der Sitten. Reclam, Stuttgart 1990. S. 57f, 58; M3 Günther Patzig: Ethik ohne Metaphysik. Vandenhoeck & Ruprecht, Göttingen 1971. S. 57f., 59-61
Seite 174/175: Bernd Rolf
Seite 176/177: Bernd Rolf

POSITIONEN DER MORALKRITIK

Seite 178/179: M1 Stellungnahme 1: Dominik Drießen: Petition des Humanistischen Verbandes Berlin-Brandenburg,28.05.2020.Online:https://humanistisch.de/x/hvd-bb/meldungen/2020056323; Stellungnahme 2: Mehrdeutigkeit ist unsere DNA, Interview mit Hartmut Dorgerloh, von Ralph Hanselle, 25.05.2020. Online: https://www.humboldtforum.org/de/magazin/artikel/mehrdeutigkeitgehoert-zu-unserer-dna/?dossier=1; M2 Alexander Grau: Hypermoral. Die neue Lust an der Empörung.Claudius, München 2017. S. 9-11, 17, 46-50
Seite 180/181: M1 Bernard Williams: Ethik und die Grenzen der Philosophie. Aus dem Englischen von Michael Haupt. Hrsg. v. Otto Kalscheuer. Rotbuch Verlag, Hamburg 1999. S. 242, 243, 244, 248, 250-253, 272; M2 Winfried Schröder: Moralischer Nihilismus. Reclam, Stuttgart 2005. S. 267f., 274, 275
Seite 182/183: M1 Friedrich Nietzsche: Jenseits von Gut und Böse. In: ders.: Werke in drei Bänden. Hrsg. v. Karl Schlechta, Bd. 2, Lizenzausgabe für die Wissenschaftliche Buchgesellschaft Darmstadt. Carl Hanser, München 1966. S. 730-733; M2 Winfried Schröder: Moralischer Nihilismus. Reclam, Stuttgart 2005. S. 23, 32, 34-36; Infokasten: Moralkritik: Bernd Rolf
Seite 184/185: M1 Friedrich Nietzsche: Also sprach Zarathustra. In: ders.: Werke in drei Bänden. Hrsg. v. Karl

Schlechta, Zweiter Band. Carl Hanser, München 1966. S. 280; M2 Friedrich Nietzsche: Jenseits von Gut und Böse. In: ders.: Werke in drei Bänden. Hrsg. v. Karl Schlechta. Zweiter Band. Carl Hanser, München 1966. S. 600f., 689, 728f.; M3 Winfried Schröder: Moralischer Nihilismus. Reclam, Stuttgart 2005. S. 51, 53; M4 Héctor Zagal /José Galindo, Ethik für junge Menschen. Aus dem Spanischen übersetzt v. Bernd Goebel. Reclam, Stuttgart 2000. S. 178f.
Seite 186/187: M2 Karl Marx / Friedrich Engels: Manifest der Kommunistischen Partei. In Dies.: Werke, Bd. 4. Dietz Verlag, Berlin [6]1972. S. 462, 464, 468-470, 473-474, 481-482; M3 Winfried Schröder, Moralischer Nihilismus. Radikale Moralkritik von den Sophisten bis Nietzsche. Reclam, Stuttgart 2005. S.125, 127, 130.
Seite 188/189: Bernd Rolf
Seite 190/191: M2 Sigmund Freud, Abriss der Psychoanalyse. Das Unbehagen in der Kultur. Fischer Verlag, Frankfurt 1953. S. 110-114, 119, 124, 126-127; M3 Morris Vollmann: Psychoanalytische Kulturkritik als radikale Moralkritik? Freuds antimoralisches Selbstmissverständnis. In: I. Elbe / S. Ellmers (Hgg.): Die Moral in der Kritik: Ethik als Grundlage und Gegenstand kritischer Gesellschaftstheorie. Königshausen & Neumann, Würzburg 2012. S. 123, 138, 140, 142, 143
Seite 192/193: M1 Genesis 22,2-3; 22,9-13. In: Die Bibel. Einheitsübersetzung der Heiligen Schrift. Gesamtausgabe. Verlag Katholisches Bibelwerk GmbH, Stuttgart 2016. S. 35; M2 Søren Kierkegaard: Furcht und Zittern. Deutsch von Günther Jungbluth. In: ders.: Philosophisch-theologische Schriften. Die Krankheit zum Tode. Furcht und Zittern. Die Wiederholung. Der Begriff der Angst. Unter Mitwirkung von Niels Thulstrup und der Kopenhagener Kierkegaard-Gesellschaft hrsg. v. Hermann Diem und Walter Rest. Jakob Hegner Verlag, Köln und Olten, 2. Aufl. 1968. S. 202, 205, 234, 235, 240, 243, 244, 252, 257; M3 Winfried Schröder, Moralischer Nihilismus. Reclam, Stuttgart 2005. S. 73, 84, 86, 108-109
Seite 194/195: M1 Kurt Bayertz: Warum überhaupt moralisch sein? C. H. Beck, München 2004. Der Skeptizismus: S. 22f., 27, Der Immoralismus: S. 24, 29; Der Amoralismus: S. 23; M2 ebd., S. 245-249, 259, 263f.
Seite 196/197: Bernd Rolf

VERANTWORTUNG UND ANGEWANDTE ETHIK

Seite 198/199: Bernd Rolf

VERANTWORTUNGSETHIK

Seite 200/201: M1 Wiebke Tomescheit: Ärzte dürfen Mädchen Bluttransfusion geben, obwohl die Eltern als Zeugen Jehovas dagegen sind. In: Der Stern. Online: https://www.stern.de/gesundheit/krankenhaus/aerzte-duerfen-maedchen-bluttransfusion-geben--obwohl-die-eltern-zeugen-jehovas-sind-8774410.html (28. Juni 2019); M2 Max Weber: Soziologie. Universalgeschichtliche Analysen, Politik. Herausgegeben und erläutert von Johannes Winckelmann. Kröner Verlag, Stuttgart 1973. S. 174 (auch: Max Weber, Politik als Beruf, https://de.wikisource.org/wiki/Politik_als_Beruf); M3 Günter Ropohl: Neue Wege, Technik zu verantworten. In: Technik und Ethik. Hrsg. von Hans Lenk und Günter Ropohl. Reclam, Stuttgart 1987. S. 149-176; S. 154-158; Infokasten: Verantwortung: Bernd Rolf
Seite 202/203: M1 Bernd Rolf, basierend auf: https://www.spiegel.de/geschichte/chemiekatastrophe-von-bhopal-a-948629.html; https://www.welt.de/geschichte/article134964811/Die-groesste-Gas-Katastrophe-geschah-im-Frieden.html; https://www.ingenieur.de/technik/fachbereiche/chemie/die-toedliche-giftwolke-bhopal/; https://de.wikipedia.org/wiki/Katastrophe_von_Bhopal; M2 Hans Lenk: Über Verantwortungsbegriffe und das Verantwortungsproblem in der Technik. In: Technik und Ethik. Hrsg. von Hans Lenk und Günter Ropohl. Reclam, Stuttgart 1987. S. 115-122
Seite 204/205: M1 Hans Jonas: Das Prinzip Verantwortung. Versuch einer Ethik für die technologische Zivilisation. Suhrkamp Verlag, Frankfurt am Main 1984. S. 22-23, 25, 26-28, 31, 32
Seite 206/207: M1 Hans Jonas: Das Prinzip Verantwortung. Versuch einer Ethik für die technologische Zivilisation. Suhrkamp Verlag, Frankfurt am Main 1984. S. 34-36, 37f.
Seite 208/209: M1 Hans Jonas: Das Prinzip Verantwortung. Versuch einer Ethik für die technologische Zivilisation. Suhrkamp Verlag, Frankfurt am Main 1984. S. 62, 63, 64, 68, 70, 77, 78f, 81; M2 Bernd Rolf
Seite 210/211: M1 Hans Jonas: Das Prinzip Verantwortung. Suhrkamp Verlag, Frankfurt am Main 1984. S. 214, 215; M2 Bernd Rolf; M3 Franz Josef Wetz: Hans Jonas zur Einführung. Junius Verlag, Hamburg 1994. S. 142, 140, 141, 142, 143
Seite 212/213: M1 Dieter Birnbacher: Verantwortung für zukünftige Generationen. Reclam, Stuttgart 1988. S. 101, 103; M2 ebd., S. 199, 202, 204, 206, 207, 208, 210
Seite 214/215: Bernd Rolf
Seite 216/217: Bernd Rolf
Seite 218/219: Bernd Rolf

NATURETHIK

Seite 220/221: M1 Bernd Rolf, basierend auf: Planetare Grenzen, https://de.wikipedia.org/wiki/Planetare_Grenzen; M2 Dieter Birnbacher: Sind wir für die Natur verantwortlich? In: ders. (Hg.): Ökologie und Ethik. Reclam, Stuttgart 1980. S. 103, 105-108, 114; M3 Angelika Krebs: Naturethik. Suhrkamp, Frankfurt am Main [9]2020. S. 7
Seite 222/223: M1 Bernd Rolf, basierend auf https://www.focus.de/wissen/klima/arktis-ab-2030ern-eisfrei-neue-un-studie-sieht-drastische-erwaermung_id_10489964.html und https://www.stuttgarter-nachrichten.de/inhalt.was-der-klimawandel-kosten-koennte-kosten-des-klimawandels-koennten-2070-in-die-billionen-gehen.68dfa2c5-b116-4d7b-b606-e597809817eb.html; M2 Alan Randall: Was sagen die Wirtschaftswissenschaftler über den Wert der biologischen Vielfalt? Übers. v. Andreas Held. In: Dieter Birnbacher (Hg.): Ökophilosophie. Reclam, Stuttgart 1997. S. 203-207; M3 Lawrence H. Tribe: Was spricht gegen Plastikbäume? Übers. v. Hannelore Kobbe. In: Dieter Birnbacher (Hg.): Ökologie und Ethik. Reclam, Stuttgart 1980. S. 22, 37-39, 42, 64; Infokasten: Formen anthropozentrischer Naturethik: Bernd Rolf

Seite 224/225: M2 Immanuel Kant, Metaphysik der Sitten, § 16-17. In: ders.: Werke in zehn Bänden. Hrsg. v. Wilhelm Weischedel, Bd. 7. Wissenschaftliche Buchgesellschaft, Darmstadt 1983. S. 577-579; M3 Peter Singer: Praktische Ethik. Übers. v. Oscar Bischoff, Jean-Claude Wolf, Dietrich Klose und Susanne Lenz. Reclam, Stuttgart ³2013. S. 98-102
Seite 226/227: M1 Jürgen Hinrichs: Gehirnforschung an Makaken. Der Affe heißt Wum. In: Weser-Kurier. Online (09.01.2020): https://www.weser-kurier.de/bremen/bremen-stadt_artikel,-22-jahre-affenversuche-in-bremen-eine-bilanz-_arid,1888383.html; M2 Susanne Führer im Gespräch mit John-Dylan Haynes: „Wir brauchen auch Tierexperimente". Online: https://www.deutschlandfunkkultur.de/wir-brauchen-auch-tierexperimente.954.de.html?dram:article_id=143848; M3 Peter Singer: Praktische Ethik. Reclam, Stuttgart ³2013. S. 112-114
Seite 228/229: M2 Nicholas Rescher: Wozu gefährdete Arten retten? Übers. v. Martin Sandhop. In: Dieter Birnbacher (Hg.): Ökophilosophie. Reclam, Stuttgart 1997. S. 178-179; M3 Paul W. Taylor: Die Ethik der Achtung für die Natur. Übers. von Hilal Sezgin u. Angelika Krebs. In: Dieter Birnbacher (Hg.): Ökophilosophie. Reclam, Stuttgart 1997. S. 78-84, 93-95, 97; Infokasten: Formen physiozentrischer Ethik: Bernd Rolf
Seite 230/231: M2 Arne Naess: Die tiefenökologische Bewegung: Einige philosophische Aspekte. Übers. v. Hajo Greif u. Sandra Moritz. In: Angela Krebs (Hg.): Naturethik. Suhrkamp, Frankfurt 1997. S. 187-190; M3 ebd., S. 194f.,197f.
Seite 232/233: M1 Robin Attfield: Biozentrismus, moralischer Status und moralische Signifikanz. Übersetzt v. Wilhelm Bermann. In: Dieter Birnbacher (Hg.): Ökophilosophie. Reclam, Stuttgart 1997. S. 117, 126, 128-131; M2 Angelika Krebs: Naturethik. Suhrkamp, Frankfurt am Main ⁹2020. S. 377-379, 346
Seite 234/235: M2 Luisa Neubauer / Alexander Repenning: Vom Ende der Klimakrise. Cotta, Stuttgart 2019. S. 191-195; M3 Maja Göpel: Unsere Welt neu denken. Ullstein, Berlin ¹⁰2020. S. 174, 177-179
Seite 236-239: Z. 1-39: Bernd Rolf, basierend auf: Regenwald am Amazonas brennt wie schon lange nicht mehr. Online: https://www.zeit.de/gesellschaft/zeitgeschehen/2020-07/brasilien-amazonas-braende-ausbreitung-klimakrise; Amazonas-Regenwald brennt heftiger als im Katastrophenjahr 2019. Online: https://www.spiegel.de/wissenschaft/natur/amazonas-regenwald-braende-so-schwer-wie-seit-13-jahren-nicht-a-3ca502c1-0fb8-419c-9b1d-197fd9626dfa; Julia Köppe: „Der Regenwald braucht mindestens hundert Jahre, um sich zu erholen", Interview mit Rico Fischer. Online: https://www.spiegel.de/wissenschaft/natur/amazonas-braende-regenwald-braucht-mindestens-100-jahre-um-sich-zu-erholen-a-1283383.html; Claus Hecking: Die Milliardengeschäfte mit Brasiliens Ressourcen. spiegel.de vom 23.08.2019. Online: https://www.spiegel.de/wirtschaft/unternehmen/brasilien-rindfleisch-soja-holz-milliarden-geschaefte-in-amazonien-a-1283434.html; Z. 40-79: Claus Hecking: Der Präsident, dem Umwelt und Klima egal sind. Online: https://www.spiegel.de/wissenschaft/natur/jair-bolsonaro-wahlergebnis-in-brasilien-bedeutet-attacke-auf-weltklimavertrag-a-1235619.html (aus didaktischen Gründen wurden Textabschnitte umgestellt); Methodenkompetenz: Bernd Rolf; M2 Bernd Rolf; M3 Lena Bodewein: Australiens Klimakonflikt am Great Barrier Reef. Weltgrößte Kohlemine bedroht Korallen, Deutschlandfunk 22.08.2019. Online: https://www.deutschlandfunkkultur.de/australiens-klimakonflikt-am-great-barrier-reef.979.de.html?dram:article_id=456887
Seite 240/241: M1/M2 Ökozid (Film: Deutschland 2008, Regie: Andreas Veiel). Szenen 0:00:45–0:01:13, 0:04.27–0:06:41, 0:07:38–0:08:04, 0:012-36–0:13:39, 0:14:33–0:24:44 und 0:34:08–0:37:11, 0:47:50–0:48:12. Transkription: Bernd Rolf
Seite 242/243: M1 Klaus Michael Meyer-Abich: Aufstand für die Natur. Hanser, München 1990. S. 119-122, 124, 135; M2 Klaus Michael Meyer-Abich: Dreißig Thesen zur praktischen Naturphilosophie. In: Monika Sänger (Hg.): Verantwortung. Arbeitstexte für den Unterricht. Reclam, Stuttgart 1991. S. 141f., 145-147
Seite 244/245: Bernd Rolf

TECHNIK- UND WISSENSCHAFTSETHIK

Seite 246/247: M1 Bernd Rolf, basierend auf: Stefanie Reiffert: Climate Engineering. Beherzte Gehilfen des Wettergotts. Online: https://www.focus.de/wissen/technik/erfindungen/tid-23780/climate-engineering-beherzte-gehilfen-des-wettergotts_aid_670619.html, 09.09.2015; M2 Sascha Karberg: Forschen an der Chimäre, tagesspiegel.de 18.01.2016. Online: https://www.tagesspiegel.de/wissen/menschliche-organe-aus-tieren-forschen-an-der-chimaere/12841756.html; M3 Hans Lenk / Günter Ropohl: Technik zwischen Können und Sollen. In: dies. (Hgg.): Technik und Ethik. Reclam, Stuttgart 1987. S. 5-8
Seite 248/249: M1 Günter Ropohl: Ethik und Technikbewertung. Suhrkamp, Frankfurt/M. 1996. S. 214-217; M2 Christoph Hubig. Technik- und Wissenschaftsethik. Springer, Berlin 1993. S. 133; M3 Werteoktogon, Werte im technischen Handeln (aus: VDI 3780, 1991, S. 12). In: Günter Ropohl: Ethik und Technikbewertung. Suhrkamp, Frankfurt/M. 1996. S. 224 (auch in: Funkkolleg Technik, Studienbrief 2, S. 4/14); Infokasten: Technikbewertung: Bernd Rolf
Seite 250/251: M1 Norbert Lossau, Shari Langemak: Forscher klonen erstmals menschliches Leben. Online: https://www.welt.de/gesundheit/article116231480/Forscher-klonen-erstmals-menschliches-Leben.html, (veröffentlicht 15.05.2013); M2 Klonierung beim Menschen. Biologische Grundlagen und ethisch-rechtliche Bewertung, Stellungnahme von Prof. Dr. Albin Eser, Prof. Dr. Wolfgang Frühwald, Prof. Dr. Ludger Honnefelder, Prof. Dr. Hubert Markl, Prof. Dr. Johannes Reiter, Prof. Dr. Widmar Tanner, Prof. Dr. Ernst-Ludwig Winnacker für den Rat für den Rat für Forschung, Technologie und Innoovation. Bundesministerium für Bildung, Wissenschaft, Forschung und Technologie, April 1997. S. 8-10. Online: https://www.dfg.de/download/pdf/dfg_im_profil/reden_stellungnahmen/archiv_download/klonierung_beim_menschen_97.pdf
Seite 252/253: M2 Barbara Bleisch: Dürfen wir uns gene-

tisch optimieren? Gespräch mit Peter Dabrock und Reinhard Merkel. In: Philosophie Magazin Nr. 05/2019. S. 25-28; M3 Jürgen Habermas: Die Zukunft der menschlichen Natur. Suhrkamp, Frankfurt/M. 2001. S. 29f., 78-80
Seite 254/255: Bernd Rolf; M2 Deutscher Ethikrat (Hg.): Eingriffe in die menschliche Keimbahn. Berlin 2019. S. 95, https://www.ethikrat.org/themen/medizin-und-gesundheit/eingriffe-in-die-menschliche-keimbahn/
Seite 256/257: M1 Richard David Precht: Künstliche Intelligenz und der Sinn des Lebens. Goldmann, München 2020. S. 182; M3 Ethik-Kommission Automatisiertes und Vernetztes Fahren. Bericht Juni 2017, S. 16-18; M4 Richard David Precht: Künstliche Intelligenz und der Sinn des Lebens. Goldmann, München 2020. S. 190-192
Seite 258/259: M1 Bernd Rolf, basierend auf: Barbara Jentzsch: „Die Physiker haben erfahren, was Sünde ist", Deutschlandfunk 16.07.2005. Online: https://www.deutschlandfunk.de/die-physiker-haben-erfahren-was-suende-ist.871.de.html?dram:article_id=125210; M2 Werner Heisenberg: Über die Verantwortung des Forschers. In: Ders.: Der Teil und das Ganze. Gespräche im Umkreis der Atomphysik. Piper, (ursprünglich: München 1969) Taschenbuchausgabe München 1996. S. 228-231
Seite 260/261: M1 Deutscher Ethikrat (Hg.): Biosicherheit – Freiheit und Verantwortung der Wissenschaft. Berlin 2014, S. 9, https://www.ethikrat.org/fileadmin/Publikationen/Stellungnahmen/deutsch/stellungnahme-biosicherheit.pdf; M2 Hubert Markl: Freiheit der Wissenschaft, Verantwortung der Forscher. In: Hans Lenk (Hg.): Wissenschaft und Ethik. Reclam, Stuttgart 1991. S. 40-42; M3 Hans Jonas: Wissenschaft und Forschungsfreiheit. Ist erlaubt, was machbar ist? In: Hans Lenk (Hg.): Wissenschaft und Ethik. Reclam, Stuttgart 1991. S. 198f., 201, 203-205, 207
Seite 262/263: M1 Thilo Grüning, Nicolas Schönfeld: Tabakindustrie und Ärzte: „Vom Teufel bezahlt". In: Deutsches Ärzteblatt. Jg. 104, Heft 12, 23. März 2007. S. 770-774. Online: https://www.aerzteblatt.de/archiv/54940/Tabakindustrie-und-Aerzte-Vom-Teufel-bezahlt; M2 Bernd Rolf, basierend auf https://de.wikipedia.org/wiki/Nongovernmental_International_Panel_on_Climate_Change; Zitat Z. 34-49: Anita Blasberg, Kerstin Kohlenberg: Die Klimakrieger. In: Die Zeit, Nr. 48/2012. S. 17 ff.; M3 Stangl, W. (2021). Stichwort: 'CUDOS-System'. Online Lexikon für Psychologie und Pädagogik, https://lexikon.stangl.eu/15658/cudos-system/
Seite 264/265: M1 Zitate nach https://www.deutschlandfunknova.de/beitrag/virologie-christian-drosten-keine-sorge-fuer-normalbuerger; https://www.merkur.de/welt/coronavirus-deutschland-drosten-interview-oesterreich-lockdown-prognose-charite-herbst-zr-90102220.html; https://www.sueddeutsche.de/gesundheit/maske-gesundheitsbehoerden-coronavirus-1.4963751-0; https://www.merkur.de/leben/gesundheit/coronavirus-mundschutzmasken-verhindern-infektionen-gesundheitsbehoerden-pandemie-stoppen-zr-13507842.html ; M2 Hans von Storch: Covid-19 und menschgemachter Klimawandel als postnormale wissenschaftliche Objekte. Online: https://www.globkult.de/blogs/hans-von-storch-zur-sache-klima/1919-covid-19-und-menschgemachter-klimawandel-als-postnormale-wissenschaftliche-objekte (veröffentlicht: 23. Juli 2020)
Seite 266/267: Bernd Rolf

MEDIZINETHIK

Seite 268/269: M1 Tim Niklas Peters; M2 Jörg Peters; M3 Judith Jarvis Thomson: Eine Verteidigung der Abtreibung. Übersetzt von Anton Leist. In: Anton Leist (Hg.): Um Leben und Tod. Moralische Probleme bei Abtreibung, künstlicher Befruchtung, Euthanasie und Selbstmord. Suhrkamp Taschenbuch Verlag, Frankfurt am Main 1990. S. 108-109, 111-112, 121
Seite 270/271: M2 Reinhard Löw: Genmanipulation. In: Ethik in der Medizin. Ein Reader. Hrsg. von Urban Wiesing. Reclam, Stuttgart 2000. S. 150-151; M3 Peter Singer: Praktische Ethik, 3. revidierte und erweiterte Auflage. Aus dem Englischen übersetzt von Oscar Bischoff / Jean Claude Wolf / Dietrich Klose / Susanne Lenz. Reclam, Stuttgart 2013. S. 244f., 246-248
Seite 272/273: M1 Bernd Rolf; M2 Peter Singer: Praktische Ethik, 3. revidierte und erweiterte Auflage. Aus dem Englischen übersetzt von Oscar Bischoff / Jean Claude Wolf / Dietrich Klose / Susanne Lenz. Reclam, Stuttgart 2013. S. 289, 290, 291, 299; M3 ebd., S. 296f.
Seite 274/275: M2 Clemens August von Galen: Predigt vom 3. August 1941 in der Lambertikirche, Münster. In: „Endlich hat einer den Mut zu sprechen." Clemens August von Galen und die Predigten vom Sommer 1941 – kommentiert und illustriert. Dialogverlag, Münster 22013. S. 108, 116, 120; M3 Norbert Hoerster: Tötungsverbot und Sterbehilfe. In: Hans-Martin Sass (Hg.): Medizin und Ethik. Reclam, Stuttgart 1999. S. 292-294; M4 Bernd Rolf; M5 Dagmar Fenner: Sterbehilfe und Suizidbeihilfe. In: Angewandte Ethik. Hrsg. von Detlef Horster. Reclam, Stuttgart 2013. S. 56, 57, 56f., 59f.
Seite 276/277: M1 Ezekiel J. Emanuel / Linda L. Emanuel: Vier Modelle der Arzt-Patient-Beziehung. Übersetzt von Simone Bertsch und Georg Marckmann. In: Urban Wiesing (Hg.): Ethik in der Medizin. Reclam, Stuttgart 2000. S. 85-88; M2 Bernd Rolf; M3 Peter Singer: Praktische Ethik. 3. revidierte und erweiterte Auflage. Aus dem Englischen übersetzt von Oscar Bischoff / Jean Claude Wolf / Dietrich Klose / Susanne Lenz. Reclam, Stuttgart 2013. S. 325f.
Seite 278/279: M1 Bernd Rolf; M2 Deutsche Bischofskonferenz / Rat der Evangelischen Kirche in Deutschland: Leben bis zuletzt: Sterben als Teil des Lebens (Erklärung der Deutschen Bischofskonferenz und des Rates der Evangelischen Kirche in Deutschland zur Woche für das Leben vom 4.-10.5.1996). In: Ethik in der Medizin. Hrsg. von Urban Wiesing. Reclam, Stuttgart 2000. S. 210f., 212; M3 Ronald Dworkin [u.a.]: Hilfe zum Selbstmord: Das Resümee des Philosophen. Übersetzt von Ilona Szlezák und Matthias Bormuth. In: Ethik in der Medizin. Hrsg. von Urban Wiesing. Reclam, Stuttgart 2000. S. 226f.; M4 Nikolaus Schneider sichert seiner Frau Sterbehilfe zu. Die Zeit online, 16.07.2014, http://www.zeit.de/gesellschaft/zeitgeschehen/2014-07/ekd-nikolaus-schneider-sterbehilfe
Seite 280/281: M1 Million Dollar Baby (USA 2004), Regie: Clint Eastwood, Warner Bros., DVD 1:13.50-1:14:25;

1:47:28-1:49:46 und 1:51:45-1:52:56. Transkription: Jörg Peters; M2 Das Meer in mir (E / F / I 2004), Regie: Alejandro Amenábar, Tobis Film GmbH, DVD 1:48:53-1:52:52. Transkription: Jörg Peters
Seite 282-285: Jörg Peters; M1 Fallbeispiel: Lawrence M. Hinman: Power Point Presentation on Utilitarianism – download PPT, auf: http://ethics.sandiego.edu/theories/Utilitarianism/index.asp, übersetzt von Jörg Peters, Folie 25
Seite 286/287: Bernd Rolf

GERECHTIGKEIT, RECHT UND ZUSAMMENLEBEN

Seite 288/289: Bernd Rolf

GRUNDLAGEN DES ZUSAMMENLEBENS

Seite 290/291: M1 VGH Baden-Württemberg, Urteil vom 03. April 2012. In: Entscheidungen in Kirchensachen seit 1946. Herausgegeben von Manfred Baldus und Stefan Muckel in Verbindung mit dem Institut für Kirchenrecht und rheinische Kirchenrechtsgeschichte der Universität zu Köln. Walter de Gruyter Gmbh, Berlin – Boston 2016. S. 272f. (auch online: https://openjur.de/u/576484.html); M2 Klage gegen den Muezzin erfolgloserfolglos. In: Rheinische Post, 24.09.2020, S. A3. © dpa Deutsche Presse-Agentur GmbH; M3 Bundesgerichtshof: Beschluss vom 22. Juli 2020 - XII ZB 131/20. Pressemitteilung Nr. 108/2020 vom 14.08.2020. Online: https://www.bundesgerichtshof.de/SharedDocs/Pressemitteilungen/DE/2020/2020108.html; M4 Karsten Polke-Majewski: Kein Weg aus dem Dilemma Beschneidung, ZEIT ONLINE Gesellschaft vom 27. Juni 2012, auf: http://www.zeit.de/gesellschaft/2012-06/beschneidung-urteil-koeln; M5 Otfried Höffe: Gerechtigkeit. Eine philosophische Einführung. C. H. Beck, München 2001. S. 94
Seite 292/293: M1 Edikt von Nantes. In: Claudia Herdtle / Thomas Leeb (Hgg.): Toleranz. Texte zur Theorie und politischen Praxis. Reclam, Stuttgart 1987. S. 68 [dort als Quelle angegeben: Wolfgang Lautemann / Manfred Schlenke (Hgg.): Geschichte in Quellen. Bd. 3: Renaissance, Glaubenskämpfe, Absolutismus. Bayerischer Schulbuch-Verlag, München 1965. S. 741f.]; Goethe-Zitat: Johann Wolfgang Goethe: Maximen und Reflexionen. In: Ders.: Werke, Hamburger Ausgabe Bd. 12. dtv, München ^{9}1981. S. 385; M2 Rainer Forst: Toleranz ist nicht beliebig. Die Zeit Nr. 25, Juni 2013, Beilage *Was ist das gute Leben?* S. 34f.; Infokasten: Toleranz als Duldung und Respekt: Bernd Rolf
Seite 294/295: Bernd Rolf
Seite 296/297: M2 Annemarie Pieper: Einführung in die Ethik. UTB 1637. A. Francke Verlag, Tübingen – Basel ^{4}2000. S. 51-54; M3 Karl Raimund Popper: Die offene Gesellschaft und ihre Feinde. Band 1: Der Zauber Platons. Übersetzt von Paul K. Feyerabend. Francke Verlag, Tübingen ^{6}1980. S. 359 (Anmerkung 4 zu Kapitel 7)
Seite 298/299: M1 Günther Patzig: Ethik ohne Metaphysik. Vandenhoeck & Ruprecht, Göttingen 1971. S. 78-81; M2 Andreas Vierecke im Gespräch mit Julian Nida-Rümelin. Gibt es ein Menschenrecht? Online: http://www.goethe.de/ges/phi/eth/de6294965.htm; Infokasten: Ethischer Relativismus / Universalismus: Bernd Rolf
S. 300/301: M1 Declaration of Independence. In: Hartmut Wasser: Die USA – Der unbekannte Partner. Schöningh, Paderborn 1983. S. 38ff.; M2 Déclaration des Droits de l'Homme et du Citoyen. Übersetzt von Christian Autexier. Online: https://www.bijus.eu/?p=8701; M3 Allgemeine Erklärung der Menschenrechte der Vereinten Nationen vom 10. Dezember 1948. Online: https://www.un.org/Depts/german/menschenrechte/aemr.pdf; M4 Gertrud Gandenberger, Michael Krennerich: Menschenrechte: Unveräußerlich – universell – unteilbar. In: Politik & Unterricht 3/4-2014. S. 4f. Online: http://www.politikundunterricht.de/3_4_14/menschenrechte.pdf; Infokasten: Menschenrechte: Bernd Rolf
Seite 302/303: M2 John Locke: Zwei Abhandlungen über die Regierung. Übersetzt von Jörn Hoffmann. Hrsg. und eingel. von Walter Euchner. Suhrkamp Taschenbuch Verlag, Frankfurt am Main 1977. S. 201, 203, 278f., 281; M3 Immanuel Kant: Die Metaphysik der Sitten. In: Ders.: Werke in zehn Bänden. Hrsg. v. Wilhelm Weischedel. Bd. 7. Sonderausgabe Wissenschaftliche Buchgesellschaft, Darmstadt 1983. S. 337
Seite 304/305: M2 Heiner Bielefeld: Die Würde des Menschen – Fundament der Menschenrechte. In: Hans Jörg Sandkühler (Hg.): Recht und Moral. Meiner, Hamburg 2010. S. 107-109, 119-121
Seite 306/307: M1 Verlagsredaktion, basierend auf verschiedenen Pressemeldungen und https://de.wikipedia.org/wiki/Mord_an_Samuel_Paty; M2 Alexander Ulfig: Universelle Menschenrechte versus partikuläre Sonderrechte. Online: https://alexander-ulfig.de/2016/03/14/universelle-menschenrechte-versus-partikulare-sonderrechte/; M3 Heiner Bielefeldt: Menschenrechte. In: Böll - Das Magazin der Heinrich-Böll-Stiftung, 2/2005. S. 29-31, www.boell.de
Seite 308/309: M2 Heiner Bielefeldt: Menschenrechte in der Einwanderungsgesellschaft. Plädoyer für einen aufgeklärten Multikulturalismus. transcript Verlag, Bielefeld 2007. S. 57, 64-70
Seite 310/311: M1 Aktion „Deutschland spricht". Ausschreibung für 2019. Online: https://www.zeit.de/gesellschaft/2019-08/deutschland-spricht-2019-diskussion-anmeldung; M2 Jürgen Habermas: Moralbewusstsein und kommunikatives Handeln. Suhrkamp, Frankfurt am Main 1983. S. 73f., 75f., 77, 103; M3 Jürgen Habermas: Wahrheitstheorien (1972). In: ders.: Vorstudien und Ergänzungen zur Theorie des kommunikativen Handelns. Suhrkamp, Frankfurt am Main 1984. Seite 177-180
Seite 312/313: Bernd Rolf

GERECHTIGKEIT UND RECHT

Seite 314/315: M1 Statistisches Bundesamt 2020. Online: https://www.destatis.de/DE/Presse/Pressemitteilungen/2020/03/PD20_097_621.html; M3 Thomas Nagel: Was bedeutet das alles? Aus dem Engl. v. Michael Gebauer. Reclam, Stuttgart 1990. S. 65-68; Infokasten: Gerechtigkeit: Bernd Rolf
Seite 316/317: M1 Amartya Sen: Die Idee der Gerechtigkeit. Aus dem Engl. v. Christa Krüger. C. H. Beck, München 2010. S. 41f.; M2 Wolfgang Huber: Ethik. Die Grundfra-

gen unseres Lebens. C. H. Beck, München 2013. S. 79-80; M3 Chaim Perelman: Eine Studie über die Gerechtigkeit. Übersetzt v. Ulrike Blüm. In: Philosophie der Gerechtigkeit. Hrsg. von Christoph Horn u. Nico Scarano. Suhrkamp, Frankfurt 2002. S. 305, 307-310
Seite 318/319: M1 John Rawls: Eine Theorie der Gerechtigkeit. Übersetzt von Hermann Vetter. Suhrkamp, Frankfurt am Main 1979. S. 23, 19, 27-31; M2 Bernd Rolf
Seite 320/321: M2 John Rawls: Eine Theorie der Gerechtigkeit. Übersetzt von Hermann Vetter. Suhrkamp, Frankfurt am Main 1979. S. 31, 336, 81f.; M3 ebd., S. 83, 85, 113, 117, 115, 98f.
Seite 322/323: M1 Martha Nussbaum: Die Grenzen der Gerechtigkeit. Aus dem Amerikanischen von Robin Celikates und Eva Engels. Suhrkamp, Berlin 2010. S. 138f.,141-143; M2 ebd., S. 157-159, 161f., 164f., 233f., 20
Seite 324/325: M1, Z. 1-9: Martha Nussbaum: Jenseits des Gesellschaftsvertrags: Fähigkeiten und globale Gerechtigkeit. Aus dem Amerikanischen übersetzt von Robin Celikates, Eva Engels und Christoph Broszies. In: Christoph Broszies / Henning Hahn (Hgg.): Globale Gerechtigkeit. Suhrkamp, Berlin ^{2}2013. S. 229; ab Z. 10: Martha Nussbaum: Die Grenzen der Gerechtigkeit. Aus dem Amerikanischen von Robin Celikates und Eva Engels. Suhrkamp, Berlin 2010. S. 103f., 109f., 111f.; M2 Martha Nussbaum: Kosmopolitismus. Revision eines Ideals. Aus dem Englischen von Manfred Weltecke. Wissenschaftliche Buchgesellschaft, Darmstadt 2020. S. 304-306; Infokasten: Fähigkeit (capability): Bernd Rolf
Seite 326/327: M1 Robert Nozick: Anarchie, Staat, Utopia. Aus dem Amerikanischen übertragen von Hermann Vetter. Moderne Verlagsgesellschaft, München 1983. S. 149-150; M2 ebd., S. 150; M3 ebd., S. 141-145
Seite 328-331: Bernd Rolf; M1 Robert Nozick: Anarchie, Staat, Utopia. Aus dem Amerikanischen übertragen von Hermann Vetter. Moderne Verlagsgesellschaft, München 1983. S. 159-161; M2 Michael Sandel: Gerechtigkeit. Aus dem Amerikanischen von Helmut Reuter. Ullstein, Berlin ^{2}2013. S. 211, 216-217
Seite 332/333: M1 Michael J. Sandel: Gerechtigkeit. Wie wir das Richtige tun. Ullstein, Berlin 2009. S. 9f.; M2, Z. 1-36: Friedrich August von Hayek: Der Atavismus sozialer Gerechtigkeit. In: ders.: Drei Vorlesungen über Demokratie, Gerechtigkeit und Sozialismus. Mohr, Tübingen 1977, S. 27, 33f.; Z. 37-53 Friedrich August von Hayek: Recht, Gesetzgebung und Freiheit. Bd. 2: Die Illusion der sozialen Gerechtigkeit. Moderne Industrie, Landsberg 1981. S.95, S. 53 f.; M3 Friedrich A. Hayek: Die Verfassung der Freiheit. Hrsg. von Alfred Bosch u. Reinhold Veit. Mohr Siebeck, Tübingen (1971) ^{4}2012, S. 128, S. 316-318
Seite 334/335: M1 Michael Sandel: Was man für Geld nicht kaufen kann. Die moralischen Grenzen des Marktes. Aus dem Amerikanischen von Helmut Reuter. Ullstein, Berlin ^{2}2012. S. 19, 20, 22f.; Jürgen Habermas: Zur Verfassung Europas. Ein Essay. Frankfurt 2011. S. 99-111. DIE ZEIT, 06.11.2008 Nr. 46. Online: http://www.zeit.de/2008/46/Habermas; M2 Karl Homann / Franz Blome-Drees: Wirtschafts- und Unternehmensethik. Vandenhoek & Ruprecht, Göttingen 1992. S. 65f., S. 23-25, S. 35
Seite 336/337: M1 Otfried Höffe: Den Staat braucht selbst ein Volk von Teufeln: ein Dilemma der natürlichen Gerechtigkeit. In: ders.: Den Staat braucht selbst ein Volk von Teufeln. Reclam, Stuttgart 1988. S. 63, 69-71, 75; M2 Uwe Wesel: Fast alles, was Recht ist. Eichborn, Frankfurt a. M. ^{6}1999. S. 406f.; Infokasten: Recht: Bernd Rolf
Seite 338/339: M1 Bernd Rolf; M2 Hans Kelsen: Die Rechtsordnung als hierarchisches System von Zwangsnormen. – Aus: Hans Kelsen: Reine Rechtslehre. 2. Aufl. Wien 1960. In: Norbert Hoerster (Hg.), Recht und Moral. Reclam, Stuttgart 1987. S. 20, 24, 28, 30f, 34; M3 Gustav Radbruch: Gesetzliches Unrecht und übergesetzliches Recht. In: Norbert Hoerster (Hg.), Recht und Moral. Reclam, Stuttgart 1987. S. 46-49
Seite 340/341: M2 Gottfried Loeck: Im Sog des Rechtsnihilismus. Preußische Allgemeine Zeitung vom 12.02.2005. Jg. 56, Folge 6, S. 5. Online: https://archiv.preussische-allgemeine.de/2005/paz0605.pdf; Jürgen Habermas: Ziviler Ungehorsam – Testfall für den demokratischen Rechtsstaat. In: Ders.: Die Neue Unübersichtlichkeit. Suhrkamp, Frankfurt am Main 1985. S. 82f.; M3 Ziviler Ungehorsam: Extinction Rebellion „auf jeden Fall legitim". Robin Celikates im Gespräch mit Änne Seidel. Deutschlandfunk am 09.10.2019. Online: https://www.deutschlandfunk.de/ziviler-ungehorsam-extinction-rebellion-auf-jeden-fall.691.de.html?dram:article_id=460639; Infokasten: Legalität und Legitimität: Bernd Rolf
Seite 342/343: M1 Der gute Mensch von Moabit. „Unterschiedliche Strafen für gleiche Taten". In: GEO 10/2007. S. 78; M2 Norbert Hoerster: Muss Strafe sein? Positionen der Philosophie. C. H. Beck, München 2012. S. 21-23, 25f., 28f., 33f.
Seite 344/345: M2 Norbert Hoerster: Muss Strafe sein? Positionen der Philosophie. C. H. Beck, München 2012, S. 51, 53f., 56, 61-69, 78f.
Seite 346/347: M1 Karl Menninger: Therapie statt Strafe. In: Recht und Moral, Texte zur Rechtsphilosophie. Hrsg. von Norbert Hoerster. Reclam, Stuttgart 2002. S. 231-247 (=Seitenzahlen des gesamten Beitrags); S. 233, 235f., 237f., 242, 246f.; M2 Jeffrie G. Murphy: Kritik an der therapeutischen Resozialisierung. Übersetzt von Dieter Birnbacher. In: Recht und Moral, Texte zur Rechtsphilosophie. Hrsg. von Norbert Hoerster. Reclam, Stuttgart 2002. S. 248, 256f., 260-262; M3 Heribert Ostendorf: Vom Sinn und Zweck des Strafens. In: Information zur politischen Bildung 248. Hrsg. von der Bundeszentrale für politische Bildung, Bonn 1995. S. 16f.
Seite 348/349: Bernd Rolf

*GERECHTIGKEIT UND GLOBALISIERTE WELT

Seite 350/351: M2 Martha C. Nussbaum: Fähigkeiten und globale Gerechtigkeit. Übersetzt von Robin Celikates / Eva Engels / Christoph Broszies. In: Globale Gerechtigkeit. Hrsg. von Christoph Broszies / Henning Hahn. Suhrkamp, Frankfurt am Main ^{2}2013. S. 209-210; M3 Martha Nussbaum: Kosmopolitismus. Aus dem Englischen von Manfred Weltecke. Wissenschaftliche Buchgesellschaft, Darmstadt 2020. S. 263-265; Infokasten: Globalisierung: Bernd Rolf

Seite 352/353: M2 Thomas Pogge: Gerechtigkeit in der Einen Welt. In: Neue Gesellschaft. Frankfurter Hefte 1 + 2 / 2009 (Verlag H. W. Dietz Nachf., Bonn 2009). S. 13-17. Online: https://www.frankfurter-hefte.de/media/Archiv/2009/Heft_01-02/NGFH_Jan-Feb_09_Pogge_Web.pdf
Seite 354/355: M2 Peter Singer: Praktische Ethik, Dritte Auflage. Aus dem Englischen übersetzt von Oscar Bischoff, Jean-Claude Wolf, Dietrich Klose und Susanne Lenz. Reclam, Stuttgart 2013. S. 354f., 359, 381; M3 Thomas Pogge: Globale Armut – Erklärung und Verantwortung. In: Peter Koller (Hg.): Die globale Frage. Empirische Befunde und ethische Herausforderungen. Passagen Verlag, Wien 2006. S. 101-102, 118-119; M4 Deutschlandfunk Kultur: Postkolonialismus und Philosophie. Gerechtigkeit aus Sicht des Südens. Franziska Dübgen im Gespräch mit Simone Miller. Beitrag vom 26.01.2020. Online: https://www.deutschlandfunkkultur.de/postkolonialismus-und-philosophie-gerechtigkeit-aus-sicht.2162.de.html?dram:article_id=468806
Seite 356/357: M1 Amartya Sen: Die Idee der Gerechtigkeit. Aus dem Englischen. v. Christa Krüger. C. H. Beck, München 2009. S. 253, 259, 282-283, 285; M2 Millenniumsziele: http://www.un-kampagne.de/index-11305.php; M3 Peter Singer: Leben retten. Wie sich Armut abschaffen lässt – und warum wir es nicht tun. Aus dem Amerikanischen von Olaf Kanter. Arche Literatur Verlag, Zürich-Hamburg 2010. S. 5
Seite 358/359: M1 Giorgios Christides u. a.: Zurück ins Inferno. Der Spiegel Nr. 38 / 12.09.2020. S. 11, 12, 14; M2 Clemens Sedmak: Drei Sätze und zwei Fische. In: Flucht und Migration. Hrsg. von Elif Özmen und Anita Rösch. Reclam, Stuttgart 2018. S. 51-54; M3 Allgemeine Erklärung der Menschenrechte der Vereinten Nationen vom 10. Dezember 1948. Online: https://www.un.org/Depts/german/menschenrechte/aemr.pdf; Abkommen über die Rechtsstellung der Flüchtlinge vom 28. Juli 1951 [Genfer Flüchtlingskonvention]. Online: https://www.unhcr.org/dach/wp-content/uploads/sites/27/2017/03/Genfer_Fluechtlingskonvention_und_New_Yorker_Protokoll.pdf; Infokasten: Geflüchtete – Migrantinnen und Migranten: Bernd Rolf
Seite 360/361: M2 Michael Walzer: „Mitgliedschaft und Zugehörigkeit". Übers. von Hanne Herkommer. In: Michael Walzer: Sphären der Gerechtigkeit. Ein Plädoyer für Pluralismus und Gleichheit. Übers. von Hanne Herkommer. Campus Verlag, Frankfurt am Main 1992. S. 78, 88-90; M3 Peter Singer: Praktische Ethik. Übers. von Oscar Bischoff, Jean-Claude Wolf, Dietrich Klose, RUB 8033. Philipp Reclam jun., Stuttgart ²1994 (revidierte und erweiterte Auflage). S. 323, 325, 321
Seite 362/363: M1 Peter Singer: Praktische Ethik. Übers. von Oscar Bischoff, Jean-Claude Wolf, Dietrich Klose. Philipp Reclam jun., Stuttgart ²1994 (revidierte und erweiterte Auflage). S. 315-318; M2 ebd., S. 326-328, 333-334
Seite 364/365: M1 Arash Abizadeh: geschlossene Grenzen, Menschenrechte und demokratische Legitimation. Übers. v. Nausikaa Schirilla und Angela Schmidt. In: polylog Zeitschrift für interkulturelles Philosophieren 30 (2013). S. 7, 9f. Online: http://www.polylog.net/fileadmin/docs/polylog/30_thema_Abizadeh.pdf (auch abgedruckt in: Flucht und Migration. Hrsg. von Elif Özmen u. Anita Rösch. Reclam, Stuttgart 2018. S.83-85f.); M2 David Miller: Einwanderung. Das Argument für Beschränkungen. Übers. v. Norbert Anwander. In: Flucht und Migration. Hrsg. von Elif Özmen und Anita Rösch. Reclam, Stuttgart 2018. S. 77-80
Seite 366/367: M1 Ramona Lenz, Christian Sälzer: Fluchtursache: Krieg und Gewalt. medico international vom 24. Januar 2019. Online: https://www.medico.de/krieg-und-gewalt-16488; M2 Carl von Clausewitz: Was ist Krieg. In: Michael Czelinski / Jürgen Stenzel (Hgg.): Krieg. Philosophische Texte von der Antike bis zur Gegenwart. Reclam, Stuttgart 2004. S. 70, 72; M3 Constantin Brunner: Vernunftlose Gewalt. In: Michael Czelinski / Jürgen Stenzel (Hgg.): Krieg. Philosophische Texte von der Antike bis zur Gegenwart. Reclam, Stuttgart 2004. S. 113-115; M4 Alexander Mitscherlich: Die Idee des Friedens und die menschliche Aggressivität. Suhrkamp, Frankfurt am Main 1969. S. 107, 108
Seite 368/369: M1 Immanuel Kant: Zum ewigen Frieden. Hrsg. von Rudolf Malter. Reclam, Stuttgart 1984. S. 3; M2 Volker Gerhardt: Immanuel Kants Entwurf „Zum ewigen Frieden". Eine Theorie der Politik. Wissenschaftliche Buchgesellschaft, Darmstadt 1995. S. 35, 36, 38, 39, 37, 39; M3 Immanuel Kant: Zum ewigen Frieden. Hrsg. von Rudolf Malter. Reclam, Stuttgart 1984. S. 9-14; M4 Jürgen Habermas: Kants Idee des Ewigen Friedens – aus dem historischen Abstand von 200 Jahren. In: Kritische Justiz 28 (1995), H. 3. S. 297, 298
Seite 370-373: Bernd Rolf; M1 Immanuel Kant: Zum ewigen Frieden. Hrsg. von Rudolf Malter. Reclam, Stuttgart 1984. S. 16, 20, 18; M3 ebd., S. 21, 22, 24
Seite 374/375: M1 Volker Gerhardt: Immanuel Kants Entwurf „Zum ewigen Frieden": eine Theorie der Politik. Wissenschaftliche Buchgesellschaft, Darmstadt 1995. S. 105, 104, 105, 106; M2 Otfried Höffe: Völkerbund oder Weltrepublik? In: Immanuel Kant: Zum ewigen Frieden. Hrsg. von Otfried Höffe. Akademie Verlag, Berlin 1995. S. 119, 120, 128, 129, 130, 131, 117; Infokasten: Modelle für eine globale Rechtsordnung: Bernd Rolf
Seite 376/377: M1 Charta der Vereinten Nationen, 1945. Online: https://unric.org/de/charta/; M2 https://de.wikipedia.org/wiki/Liste_der_UN-Missionen (Stand: 12.11.2020); M3 Maya Shwayder: Vereinte Nationen versagen in der Ukraine-Krise. Übersetzt von Sonja Gillert. In: Die Welt, 21.08.2014, http://www.welt.de/politik/ausland/article131408816/Vereinte-Nationen-versagen-in-der-Ukraine-Krise.html; M4 Jürgen Habermas: Kants Idee des Ewigen Friedens – aus dem historischen Abstand von 200 Jahren. In: Kritische Justiz 28 (1995), H. 3. S. 301-303
Seite 378/379: M1 Bernd Rolf; M2 Ernst Tugendhat: Pazifismus und berechtigter Krieg. In: Krieg. Philosophische Texte von der Antike bis zur Gegenwart. Hrsg. von Michael Czelinski u. Jürgen Stenzel. Reclam, Stuttgart 2004. S 143-147; M3 Jan Niklas Rolf: Originalbeitrag
Seite 380/381: M1 Nicolas Richter: Wo Huntington irrte. In: Süddeutsche Zeitung, 25.08.2013 (ohne Seitenangabe). Online: http://www.sueddeutsche.de/politik/kampf-der-kulturen-wo-huntington-irrte-1.1753736; M2 Brücken in die Zukunft. Ein Manifest für den Dialog der Kulturen. Eine

Initiative von Kofi Annan. Aus dem Englischen von Klaus Kochmann / Hartmut Schickert. Fischer, Frankfurt am Main 2001. S.106, 67-68, 121-123
Seite 382/383: Bernd Rolf: Originalbeitrag

RELIGION IN DER SÄKULARISIERTEN GESELLSCHAFT

Seite 384/385: M3 Hans Peter Müller: Säkularisierung und die Rückkehr der Religion? bpb, 31.05.2012. Online: https://www.bpb.de/politik/grundfragen/deutsche-verhaeltnisse-eine-sozialkunde/138614/saekularisierung-und-die-rueckkehr-der-religion; Infokasten: Säkularisierung: Bernd Rolf
Seite 386/387: M2 Wilhelm Weischedel: Gründe für eine philosophische Befragung des Glaubens. In: Helmut Gollwitzer / Wilhelm Weischedel: Denken und Glauben. Ein Streitgespräch. Kohlhammer, Stuttgart ²1965. S. 169-173; M3 Herbert Schnädelbach: Religion in der modernen Welt. Fischer, Frankfurt/M. 2009. S. 112, 25-30, 35
Seite 388/389: M2 Elie Wiesel: Die Nacht. Erinnerungen und Zeugnis. Herder SPEKTRUM. Übers. von Curt Meyer-Clason. Herder Verlag, Freiburg ⁵2008. S. 92-94; M3 Epikur: Von der Überwindung der Furcht. Katechismus, Lehrbriefe, Spruchsammlung, Fragmente. Übersetzt von Olof Gigon. dtv, München 1983. S. 136; M4 Hans Jonas: Der Gottesbeweis nach Auschwitz. Eine jüdische Stimme. In: Ders.: Philosophische Untersuchungen und metaphysische Vermutungen. Insel Verlag, Frankfurt am Main – Leipzig 1992. S. 201-204
Seite 390/391: M2 Thomas von Aquin: Summa theologica, 1, 2, 3. Übersetzt v. Jürgen Ebach. In: Willi Oelmüller / Ruth Dölle (Hgg.): Philosophische Arbeitsbücher, Bd. 3: Diskurs Religion. Schöningh, Paderborn 1979. S. 129f.; M3 Nigel Warburton: Was können wir wissen, was dürfen wir tun? Einstieg in die Philosophie. Übersetzt von Martin Suhr. Rowohlt Taschenbuch Verlag, Reinbek bei Hamburg 1998. S. 24-26; M4 William Paley: Paley's natürliche Theologie mit Bemerkungen und Zusätzen von Lord Brougham und Sir Charles Bell, Professor zu Edinburgh. Hrsg. und übers. von Hermann Hauff. Verlag der J. G. Cotta'sche Buchhandlung, Stuttgart und Tübingen 1837. S. 1-2, 3, 13; M5 John Hospers: Die Unhaltbarkeit der zentralen Gottesbeweise. In: Norbert Hoerster (Hg.): Religionskritik. Arbeitstexte für den Unterricht. Bd. 9584. Übers. von Eveline Neugebauer. Philipp Reclam jun., Stuttgart 1990. S. 28-32 (entnommen aus: John Hospers: An Introduction to Philosophical Analysis, Routledge & Kegan Paul, ²1967. p. 429-434, 455-458, 470-471, 472
Seite 392/393: M1 René Descartes: Meditationen über die Grundlagen der Philosophie. Hrsg. von Lüder Gäbe, durchgesehen von Günter Zekl. Felix Meiner Verlag, Hamburg 1976. S. 41, 46-47; M2 John Locke: Versuch über den menschlichen Verstand. In vier Büchern. 2 Bde., Bd. 1: Buch I und II. Übers. von C. Winckler, erweitert um eine Bibliographie von Reinhardt Brandt. Felix Meiner Verlag, Hamburg 1981. S. 86, 90-92
Seite 394/395: M1 Anselm von Canterbury: Der ontologische Gottesbeweis. In: Glaube und Vernunft. Texte zur Religionsphilosophie. Hrsg. v. Norbert Hoerster. dtv, München 1979. S. 19-21; M2 Gaunilo von Marmoutiers: Was man anstelle des Toren hierauf erwidern konnte (Pro insipiente). Übers. von Guido Kreis und Christian Rode. In: Anselmi Cantuariensis Archiepiscopi Opera omnia. Hrsg. von V.F.S. Schmitt. 6 Bde., Bd. 1. Frommann-Holzboog, Stuttgart – Bad Cannstatt 1968. S. 125-129; M3 Denis Husman, Philosophie für Einsteiger. Aus dem Französischen von Ludwig Gehlen und Ute Penner. Rowohlt, Reinbek bei Hamburg 1983. S. 36
Seite 396/397: M1 Die Fragmente der Vorsokratiker. Griechisch und Deutsch von Hermann Diels. 1. Band, Berlin ⁴1922, S. 59f. Online: http://www.zeno.org/nid/200092 7815X; M2 Ludwig Feuerbach: Das Wesen der Religion (1846). In: Werke in sechs Banden, Bd. 4: Kritiken und Abhandlungen III (1844-1866). Hrsg. von Erich Thies. Suhrkamp Verlag, Frankfurt am Main 1975. S. 112-114, 150-153; M3 Ludwig Feuerbach: Das Wesen des Christentums. Reclam, Stuttgart 1969, S. 53f., 60f., 80, 400f.
Seite 398/399: M1 Die Toten Hosen (Andreas Frege): Paradies. 1996 © Edition DTH; BMG Rights Management GmbH, Berlin; M2 Karl Marx: Thesen über Feuerbach. In: Marx-Engels-Werke (= MEW). Hrsg. vom Institut für Marxismus-Leninismus beim ZK der SED. Band 3. Berlin / DDR 1973. (Karl) Dietz Verlag. S. 5-7; M3 Marx, Karl: Zur Kritik der Hegelschen Rechtsphilosophie. In: ebd., Band 1. Berlin / DDR 1976. (Karl) Dietz Verlag. S. 378f.; M4 Opium fürs Volk? Das Religiöse bei Marx. Thomas Goppel und Christoph Henning im Gespräch mit Annette Riedel. Deutschlandfunk Kultur, 05.05.2018. Online: https://www.deutschlandfunkkultur.de/zur-aktualitaet-von-karl-marx-7-und-schluss-opium-fuers.990.de.html?dram:article_id=417096
Seite 400/401: M2 Sigmund Freud: Neue Folge der Vorlesungen zur Einführung in die Psychoanalyse [1932]. In: ders.: Gesammelte Werke, Bd. XV. S. Fischer Verlag, Frankfurt/M. ³1961. S. 174-177; M3 Sigmund Freud: Der illusionäre Charakter religiösen Glaubens. Aus: ders.: Die Zukunft einer Illusion. In: Norbert Hoerster (Hg.): Glaube und Vernunft, Texte zur Religionsphilosophie. Reclam, Stuttgart 1988, S. 177f., 181-183
Seite 402/403: M1 Bernd Rolf; M2 Herbert Schnädelbach: Religion in der modernen Welt. Fischer, Frankfurt/M. 2009. S. 36f., 44-47, 50
Seite 404/405: M1 Emile Durkheim: Die Grundformen des religiösen Lebens. In: Willi Oelmüller u.a. (Hg.): Philosophische Arbeitsbücher, Bd. 3: Diskurs: Religion. Schöningh, Paderborn 1979. S. 221f.; M2 Karl-Wilhelm Dahm: Religion. In: Informationen zum Religionsunterricht, Heft 1. Schroedel, Hannover 1971. S. 2-4; M3 Detlef Pollack: Rückkehr des Religiösen? Studien zum religiösen Wandel in Deutschland und Europa II. Mohr, Tübingen 2009. S. 177-179; Infokasten: Kontingenz: Bernd Rolf
Seite 406/407: M1 Hermann Lübbe: Religion nach der Aufklärung. In: Willi Oelmüller / Ruth Dölle / Jürgen Ebach / Hartmut Przybylski (Hgg.): Philosophische Arbeitsbücher, Bd. 3: Diskurs: Religion. Schöningh, Paderborn 1979. 315-319; M2 Jürgen Habermas: Glauben und Wissen. Friedenspreis des Deutschen Buchhandels 2001. Suhrkamp, Frankfurt/M. 2001. S. 12-14; M3 Grundgesetz der Bun-

desrepublik Deutschland. Online: https://www.gesetze-im-internet.de/gg/BJNR000010949.html
Seite 408/409: M2 Imam Ruhullah Al-Musavi Al-Khomeini: Das islamische Regime. (Engl.: Islamic Government. In: Islam and Revolution. Translated by Hamid Algar. Berkeley 1981.) Aus dem Englischen übersetzt von Ruth Dölle-Ölmüller. In: Willi Oelmüller, Ruth Dölle-Oelmüller: Grundkurs Religionsphilosophie. Fink, München 1997. S. 211-214; M3 Jürgen Habermas: Zwischen Naturalismus und Religion. Suhrkamp, Frankfurt/M. 2005. S. 124-128
Seite 410/411: M1 Bassam Tibi: Die fundamentalistische Herausforderung. C. H. Beck, München [3]2002. S. 17, 23, 162, 170f.; M2 Martin Riesebrodt: Die Rückkehr der Religionen. C. H. Beck, München 2000. S. S. 42, 47, 49f., 52, 86f., 89f.;
Seite 412/413: M1 Mareike Enghusen: Tief verankerte gemeinsame Werte. In: Stiftung Friedensdialog der Weltreligionen und Zivilgesellschaft SdbR (Hg.): Welt Religionen Frieden. Das Magazin zur 10. Weltversammlung von *Religions for Peace*. Tempus Corporate GmbH, Berlin 2019. S. 6-8; M2 David Rosen: Extremismus bekämpfen und den Frieden fördern. In: ebd., S.14-15
Seite 414/415: Bernd Rolf

(*Hinweis:* Angegebene Internetquellen wurden alle im Zeitraum der Erarbeitung des Schulbuchs zwischen Herbst 2019 und Frühjahr 2021 abgerufen.)

ABIVORBEREITUNG

Seite 416-423: Marcel Remme

HILFESTELLUNGEN

Seite 424-430: Bernd Rolf

BEGRIFFSGLOSSAR

Seite 431-435: Bernd Rolf

METHODENÜBERBLICK

Seite 436-438: Jörg Peters / Bernd Rolf

Bildnachweise

123RF / Yauheni Lizahub – S. 70; © 1996 JKP Jochens Kleine Plattenfirma GmbH & Co. KG – S. 398; AdobeStock / caifas – S. 186; - / Tatiana Shepeleva – S. 23; akg-images – S. 126, 390; - / Cameraphoto – S. 192; - / Niklaus Stauss – S. 46; - / viennaslide – S. 18; Alamy Stock Photo / Classic Image – S. 115; - / GK Images – S. 288; - / Granger Historical Picture Archive – Cover, S. 160; - / Heritage Image Partnership Ltd – S. 52; - / Keystone Pictures USA – S. 200; - / Lebrecht Music and Arts Photo Library – S. 74; - / Keith Morris, Hay Fotos – S. 148; - / Panther Media GmbH – S. 106; - / PictureLux, The Hollywood Archive – S. 118; - / PRISMA ARCHIVO – S. 300; - / The Picture Art Collection – S. 192; Arizona State University / Jeffrie G. Murphy – S. 347; ARTAe Galerie & Kunstvermittlung, Leipzig / Enrico Niemann – S. 288; © Robin Attfield – S. 232; Baaske Cartoons / Thomas Plaßmann – S. 124, 154; - / Jan Tomaschoff – S. 132, 309, 367; Roland Beier, Berlin – S. 8; Prof. Dr. Dieter Birnbacher / Heinrich-Heine-Universität Düsseldorf – S. 212; bpk-Bildagentur / Antikensammlung, SMB, Ingrid Geske-Heiden – S. 396; - / Antikensammlung, SMB, Johannes Laurentius – S. 132; © Nikolaus Brade / Max-Planck-Institut für Kognitions- und Neurowissenschaften – S. 32; Daniel Breininger, Düsseldorf – S. 140, 145, 302 (2), 350; Bridgeman Images / Bible Society, London, UK – S. 50; - / © Christie's Images, © VG Bild-Kunst, Bonn 2021 – S. 12; Brot für die Welt / Gute Botschafter – S. 148, 354; Andreas Buck, Dortmund – S. 198; Daimler AG, Stuttgart – S. 256; Alain de Botton / The School of Life – S. 114; © Deutscher Caritasverband e. V. – S. 314; dieKLEINERT.de / Enno Kleinert – S. 270; dpa Infografik / Globus-Grafik – S. 146, 314; dpa Picture-Alliance – S. 68; - / Aas,_Erlend – S. 230; - / AFP, Chet Hawes – S. 202; - / AFP, Stan_Honda – S. 96: - / akg-images, Bruni Meya – S. 406; - / J. W. Alker – Cover; - / AP Photo – S. 72; - / AP Photo, Compassion & Choices, Diaz Maynard family – S. 278; - / AP Photo, Christophe Ena – S. 378; - / AP Pool, Markus Schreiber – S. 88; - / Associated Press, Markus Schreiber – S. 408; - / Augenblick, KUNZ, Bernhard Kunz – S. 24; - / Auswärtiges Amt – S. 288; - / Ulrich Baumgarten – S. 102; - / Bildarchiv, Fotoreport BUAV Deutscher Tierschutzbund – S. 226; - / Bildarchiv, Roland Witschel – S. 204; - / Christian Charisius – S. 344; - / Costa, Leemage – S. 76; - / DB Rep. of Maledives, Dol, Ho – S. 234; - / Arne Dedert – S. 310; - / dpa, maxppp – S. 214; - / dpa-Bildarchiv, Schnoerrer – S. 60; - / dpa-Fotoreport, Tim Brakemeier – S. 272; - / dpa-infografik – S. 228; - / dpa-infografik GmbH – S. 252, 352; - / dpa-Zentralbild, Britta Pedersen – S. 84; - / Effigie, Leemage – S. 26, 360; - / empics, PA – S. 332; - / Eventpress, Eventpress Stauffenberg – S. 103; - / Everett Collection – S. 346; - / Flashpic, Jens Krick – S. 108, 264; - / Fotoreport, Oliver Berg – S. 202; - / Fotoreport, epa, afp, Macallister – S. 410; - / Andreas Franke – S. 340; - / Horst Galuschka – S. 40, 90; - / Geisler-Fotopress, gbrci – S. 85; - / Geisler-Fotopress, Christoph Hardt – S. 67, 109; - / Godong, robertharding – S. 288; - / imageBROKER, Michael Weber – S. 384; - / Ipol – S. 172; - / Rainer Jensen – S. 72; - / JFK, EXPA, picturedesk.com – S. 360; - / Felix Kästle – S. 384; - / landov, Matthew Hinton – S. 198; - / Leemage – S. 404; - / MAXPPP, David Ademas – S. 86; - / MAXPPP, Michael Bunel, Le Pictorium –

S. 306; - / © MP, Leemage – S. 170; - / Karla Neef – S. 91; - / NurPhoto, Jorge Mantilla – S. 388; - / NurPhoto, Grigoris Siamidis – S. 358; - / Stephan Persch – S. 235; - / Photoshot – S. 381, 388; - / Pool, Bernd von Jutrczenka – S. 86; - / REUTERS, Richard Carson – S. 215; - / Heinrich Sanden – S. 242; - / Sina Schuldt – S. 30; - / SVEN SIMON – S. 120; - / Süddeutsche Zeitung Photo, Andreas Heddergott – S. 172; - / Bernd Thissen – S. 290; - / United Archives, kpa Publicity – S. 281; - / United Press International, UPI – S. 408; - / Jan Vetter – S. 97; - / WILDLIFE, C. Heumader – S. 198; - / ZB, Wolfgang Kluge – S. 70; - / ZB, Karlheinz Schindler – S. 336; - / ZB-Report, Karlheinz Schindler – S. 24; - / Uwe Zucchi – S. 36, 337; - / ZUMAPRESS.com, Sazzad Hossain – S. 306; - / ZUMAPRESS.com, Saikat Paul – S. 356; dtv Verlagsgesellschaft mbH & Co. KG / dtv-Atlas Philosophie – S. 23, 69, 117, 123; Europa-Universität Flensburg / Dr. Rolf Schulte, Ahrensburg – S. 274; Fotolia / Yuri Arcurs – S. 120; - / Digitalpress – S. 120; - / K. C. - S. 288; - / lassedesignen – Cover; - / lenskiss – S. 112; - / Syda Productions – S. 112; - / Benny Weber – S. 112; - / Alexander Wurdisch – S. 112; Artwork: Rita Erven / GEOMAR – S. 246; Getty Images / AFP, Jim Watson – S. 92; - / Corbis, Patrick Robert – S. 150; - / Denver Post – S. 33; - / Pictorial Parade – S. 263; - / Steve Pyke – S. 318; Getty Images Plus / DigitalVision – S. 72; - / DigitalVision, Michael Blann – S. 82; - / Dorling Kindersley – S. 23; - / Getty Images News, Steve Dykes – S. 120; - / iStockphoto, 123b_rock – S. 112, 268; - / iStockphoto, amenic181 – Cover; - / iStockphoto, Breedfoto – S. 126; - / iStockphoto, curraheeshutter – S. 198; - / iStockphoto, dan4 – Cover; - / iStockphoto, johan10 – S. 186; - / iStockphoto, liveslow – S. 224; - / iStockphoto, Meinzahn – S. 288; - / iStockphoto, nndanko – S. 290: - / iStockphoto, PhonalamaiPhoto – Cover; - / iStockphoto, Editorial Prykhodov – S. 268; - / iStockphoto, Reynardt – S. 270; - / iStockphoto, roman023 – S. 72; - / iStockphoto, Sablin – S. 198; - / iStockphoto, Sashkinw – S. 288; - / iStockphoto, shironosov – S. 126; - / iStockphoto, Slphotography – S. 120; - / iStockphoto, tommasolizzul – S. 250; - / iStockphoto, Andreas Weber – S. 198; - / iStockphoto, Zurijeta – S. 210; - / liquidlibrary, Dynamic Graphics – S. 44; Horst Haitzinger, München – S. 207; Harvard University / Photo by Jane Reed – S. 326; Hauschild / Ostkreuz – S. 234; Photo by IISD/ENB (enb.iisd.org) – S. 215; IMAGO / Everett Collection – S. 262; iStockphoto / JoseGirarte – S. 82; - / Kristian Sekulic – S. 120; - / Syldavia – S. 112; - / zorani – S. 82; „Der Mensch als Industriepalast“ / Fritz Kahn 1926, Franckh/Kosmos, fritz-kahn.com – S. 23; © Angelika Krebs – S. 233; Bettina Kumpe, Braunschweig – S. 190, 316, 320; © Richmond Lam – S. 364; © Seth Lazar – S. 364; Mauritius Images / Alamy Stock Photo, Piero Cruciatti – S. 78; - / Alamy Stock Photo, Entertainment Pictures – S. 104; - / Alamy Stock Photo, Gameover – S. 52; - / Alamy Stock Photo, Geogphotos – S. 139; - / Alamy Stock Photo, GL Archive – S. 142; - / Alamy Stock Photo, Darla Hallmark – S. 142; - / Alamy Stock Photo, Historia y arte – S.76; - / Alamy Stock Photo, Historic Collection – S. 66; - / Alamy Stock Photo, Historic Images – S. 32, 186; - / Alamy Stock Photo, Historische Sammlung – S. 42; - / Alamy Stock Photo, Geoff A Howard – S. 180; - / Alamy Stock Photo, IanDagnall – S. 92, 258; - / Alamy Stock Photo, Joko – S. 178; - / Alamy Stock Photo, Keystone Press – S. 100; - / Alamy Stock Photo, Oleksiy Maksymenko Photography – S. 260; - / Alamy Stock Photo, Pictorial Press Ltd – S. 258, 394; - / Alamy Stock Photo, PRISMA FILE – S. 396; - / Alamy Stock Photo, Anton Shaparenko – S. 92; - / Alamy Stock Photo, Roman Tiraspolsky – S. 301, 376; - / Alamy Stock Photo, Uber Bilder – S. 134; - / Alamy Stock Photo, Universal Images Group North America LLC – S. 246; - / Alamy Stock Photo, Matthias Wehnert, © VG Bild-Kunst, Bonn 2021 – S. 18; - / Collection Christophel, Lakeshore Entertainment, Malpas – S. 280; - / imageBROKER – Cover; - / Image Source – S. 262; - / Science Source – S. 74; - / Science Source, David M. Phillips – S. 270; - / Westend61, Ekaterina Yakunina – S. 400; - / World Book Inc. – S. 54; © Andrews McMeel Syndicate/Distr. Bulls. – S. 162; Dirk Meissner, Köln – S. 98; Thomas Nagel – S. 37; Neanderthal Museum, Mettmann – S. 56 (4); OECD (2019) / Development finance data, https://www.oecd.org/dac/financing-sustainable-development/development-finance-data/ODA-2018-complete-data-tables.pdf - S. 357; © Open Doors / www.opendoors.de – S. 129; Michael Patton – S. 36; Nils Perraut, Bamberg – Cover; Illustration von Karsten Petrat für Die Zeit – S. 412; Thomas Pogge – S. 352; © Alan Randall – S. 222; © rbb / zero one film, Julia Terjung- S. 240; Michael Rechl, Kassel – S. 304; Jan Rein – S. 135; Simone Sass / earlybirds, Agentur für digitale Projekte – S. 310; Roger Schmidt, Brunsbüttel – S. 334; Reinhold Schmücker – S. 194; © Herbert Schnädelbach – S. 402; Shutterstock / M-SUR – S. 92; Statista GmbH, Hamburg – S. 384; Stiftung Berliner Mauer / Foto: Hans-Joachim Grimm - S. 338; Judith Thomson – S. 269; Robinson & Garratt, Ethik – Ein Sachcomic/TibiaPress Verlag GmbH, Mühlheim an der Ruhr, 2012, S. 17, ISBN 978-3-935254-24-3 – S. 296; © Laurence H. Tribe – S. 223; ullstein bild / Poklekowski – S. 322; Maurice Vink, Köln – S. 368; © Hanspeter Walter – S. 230; © Watterson/Distr. Universal Uclick/Distr. Bulls. – S. 61; www.dasgehirn.info – S. 102; www.moralmachine.net / Awad, E., Dsouza, S., Kim, R., Schulz, J., Henrich, J., Shariff, A., Rahwan, I. (2018). The moral machine experiment. Nature, 563 (7729), 59-64, https://doi.org/10.1038/s41586-018-0637-6 – S. 256; www.wikimedia.org – S. 144, 270

Operatorenübersicht

Anforderungsbereich I: Reproduktion von Wissen und Kenntnissen
Er umfasst das Wiedergeben und Beschreiben von Sachverhalten aus einem abgegrenzten Gebiet im gelernten Zusammenhang sowie die reproduktive Verwendung geübter Arbeitstechniken und Methoden.

Anforderungsbereich II: Reorganisation und Transfer von Gelerntem
Er umfasst das selbstständige Auswählen, Ordnen, Bearbeiten, Erklären und Darstellen bekannter Sachverhalte und insbesondere den Transfer bekannter Inhalte und Methoden auf andere Sachverhalte, zum Beispiel auf neue Fragestellungen, Verfahrensweisen, Sachzusammenhänge oder unbekannte Texte.

Anforderungsbereich III: Selbstständiges Urteilen und Bewerten
Er umfasst den bewussten, reflektierten Umgang mit neuen Erkenntnissen, insbesondere Problemstellungen, und den angewandten Methoden, um zu eigenständigen Begründungen, Folgerungen, Perspektiven, Kontextuierungen, Lösungen, Werturteilen etc. zu gelangen. Hier werden vor allem Leistungen der Problemfindung und der Urteilsfindung gefordert.

Operatoren	Beschreibung	AFB
abwägen	Sachverhalte, Argumente und Positionen anhand eigener oder vorgegebener Kriterien prüfen	II, III
analysieren, untersuchen	Begriffe bestimmen, formale und inhaltliche Aspekte eines Textganzen oder eines Zusammenhangs unter aspektgeleiteten Fragestellungen herausarbeiten und den argumentativen Aufbau oder Wechselbeziehungen strukturiert und systematisiert darstellen	II
anwenden	einen bekannten Sachverhalt oder eine bekannte Methode auf eine neue Problemstellung beziehen und zu deren Lösung und zum Erreichen von Zielen nutzen	II
argumentieren	eine Meinung, Position im Kontext ethisch-moralischer Fragestellungen begründen und vertreten	II, III
aufzeigen, zeigen	Sachverhalte, Zusammenhänge, Textinhalte und/oder Textformen sachbezogen, teils deskriptiv, teils analysierend darlegen	I
begründen	Positionen, Auffassungen, Urteile bestimmen, argumentativ herleiten und durch Argumente stützen	II, III
belegen	Aussagen durch ein explizit ausgewiesenes Zitat oder einen Verweis stützen	II
(be-)nennen	Gegenstände oder Sachverhalte einer Bezeichnung zuordnen; Begriffe und Sachverhalte aufzählen	I
berücksichtigen	Bekanntes und Neues in das Herstellen von Zusammenhängen einbeziehen	II
beschreiben	Personen, Situationen, Vorgänge, Sachverhalte oder Zusammenhänge (strukturiert, nicht wertend) mit eigenen Worten darstellen	I
bestimmen	Begriffe festlegen, voneinander abgrenzen oder Sachverhalte, Positionen und Perspektiven prägnant und kriteriengeleitet feststellen	I
beurteilen, bewerten	Textinhalte und Textgestaltungen, Sachverhalte, Aussagen, Maßnahmen, Lösungen reflektieren und prüfen und gegebenenfalls unter Verwendung von Wissen, Methoden und Maßstäben eine eigene begründete Position vertreten	III